法律注释全书
系 列

新公司法
注释全书

The Annotation of Company Law of
the People's Republic of China

刘 斌 /编著

中国法制出版社
CHINA LEGAL PUBLISHING HOUSE

作者简介

刘 斌

中国政法大学民商经济法学院副教授、博士生导师、法学博士，商法研究所副所长、钱端升青年学者。自2020年3月起，担任公司法修改工作专班成员。先后参加国务院《市场主体登记管理条例》《上市公司监督管理条例》等的起草论证工作。

兼任中国政法大学国际银行法律与实务研究中心执行主任。担任中国法学会银行法学研究会理事、中国法学会证券法学研究会理事、北京银行法学研究会常务理事、秘书长。主要研究领域为民商法、公司法、金融私法。先后发表CSSCI论文数十篇，主持和参加国家社科基金、省部级课题十余项。

新公司法如何弘扬企业家精神：
从形式入法到实质入法

1993年12月29日，第八届全国人民代表大会常务委员会第五次会议通过了《中华人民共和国公司法》（以下简称《公司法》）。三十年后，2023年12月29日，第十四届全国人民代表大会常务委员会第七次会议审议通过了六次修改后的《公司法》，这也是我国《公司法》的第二次修订。在这三十年间，中国公司的数量从寥寥无几增加至4800万家（国家市场监督管理总局2023年12月数据），公司早已成为最重要的市场主体，也是中国经济发展的中坚力量。企业家则是经济活动的重要主体，企业家精神的激荡与市场活力高度相关，其重要性已经毋庸多言。

2023年修订后的《公司法》第一条开宗明义，增加规定了"完善中国特色现代企业制度，弘扬企业家精神"作为立法目的。在这部共计31456字的法律中，"弘扬企业家精神"七个字仅占其万分之二，但却实质地改变了这部法律的精神气质。这是企业家精神第一次进入我国公司法的视野，将对公司法的价值体系起到实质塑造的效用，也将对向管理者赋权、管理者的义务和责任配置等诸多公司治理问题乃至于授权资本制等资本规则产生实质映射。公司法是一部以公司利益为中心的法律，也应当是一部以企业家和企业家精神（Entrepreneurship）为中心的法律。

2017年9月8日，中共中央、国务院发布了《关于营造企业家健康成长环境弘扬优秀企业家精神更好发挥企业家作用的意见》，明确提出"弘扬优秀企业家精神",具体包括爱国敬业、遵纪守法、艰苦奋斗、创新发展、专注品质、追求卓越、履行责任、敢于担当、服务社会等精神。为了贯彻落实前述文件,包括北京市、广东省、青海省、吉林省、江西省、江苏省、黑龙江省、重庆市等省市也先后发布了相关弘扬企业家精神的意见或措施。2017年10月,党的十九大报告明确提出,激发和保护企业家精神,鼓励更多社会主体投身创新创业。2022年10月,二十大报告中进一步指出:"完善中国特色现代企业制度,弘扬企业家精神,加快建设世界一流企业。"这是对企业家精神的高度肯认。

在重农抑商的整体基调中,我国两千多年的商业史可谓跌宕起伏。早在汉代,司马迁就在《史记·货殖列传》中,开创了正史为商人立传的先河,描述了中国早期商人的智慧与伦理。商业发展的重要性自不待言,正如司马迁之谓:待农而食之,虞而出之,工而成之,商而通之。但是,历史文献中更多的是对商人的嘲讽和压制。诸如,"君子喻于义,小人喻于利"的圣人教导,"商人重利轻别离,前日浮梁买茶去"的文人遣词,都屡见不鲜。尽管如此,逐利、敬业和冒险仍然是我国传统商人精神的主要体现。晋商、徽商、潮商等不畏艰辛、开拓创业、敢于冒险的商业精神,重商立业、诚信义利的经商理念,矢志高远、务实精进的商业追求,历经苦难、百折不挠的本心坚持,是我国古代集权管制经济体制中的一抹亮色。

截至目前,对企业家精神的研究多呈现于经济学和管理学领域,间接体现在公司法特别是公司治理制度领域。18世纪,法国经济学家理查德·坎蒂隆在《商业性质概论》中首次提出了企业家概念,后被萨伊所普及,用以指代企业的组织者。马克斯·韦伯总结了企业家的精神品质包括进取心、合理获得利润、禁欲主义、勤劳、诚信公正等。管理学家熊彼特指出,企业家的功能是创新,创造性地破坏均衡。彼得·德鲁克指出,企业家精神就是有目的、有组织的系统创新。张维迎教授将企业家精神总结为冒险精神、创新精神、不满足精神、英雄主义精神。

不同于经济学、管理学意义上的企业家精神，公司法上的企业家精神界定应当有其规范性、体系性。企业家精神概念抽象，在规范上如何界定存在巨大困难，有待系统审视。虽然《公司法》已经实现了企业家精神的形式入法，但是，更为重要的是实现企业家精神的实质入法。什么是企业家精神？公司法如何弘扬企业家精神？企业家精神引入公司法体系之后，如何解释适用？在裁判、法律解释中如何落实？除了一般条款之外，企业家精神如何实质性进入法律体系？如何协同私法与公法路径？前述种种问题将是中国商法学界和企业界未来需要持续关注的问题。

企业家精神内涵丰富，包括政治内涵、伦理内涵、法律内涵等不同面向。从法律层面而言，企业家精神最为核心的是自主决断。但是，自主决断不是宣示性的说辞，而是一个系统的规范体系，包括给予公司管理者自主决断的独立权力，不受他人的干涉，并事后独立承担责任。正如诺贝尔奖经济学家肯尼斯·阿罗所指出，组织治理的要害在于权力（Authority）和责任（Accountability）的平衡。在公司管理者承担责任的过程中，应当认识到企业家决策不是科学实验室的测算，而是在复杂市场经济中的商业判断。因此，应当给予企业家以容错空间，避免"成王败寇式"的追责。企业家精神的弘扬，不但需要对企业家精神进行规范表达，更需要以具体条款充实抽象的立法目的，以企业家精神为中心调整公司治理体系。

在公司法上，弘扬企业家精神需要建立企业家为中心的公司规范体系，包括强化公司自治、明确产权规则、设置合理责任、实现权责平衡、增强可诉性等。具体而言，在公司治理制度中，向经营者赋权，通过董事会中心主义乃至于经理层中心主义，赋予企业家以企业经营之中心地位；通过明确商业判断规则，给予企业家充分的自治决策权，实现企业家经营创新和商业创造之赋能；通过经营者责任的区分、限制与免除，避免简单的"大锅饭""一锅端"式责任，解除企业家的后顾之忧，实现企业家对经营风险的理性控制；便利企业融资决策，减少压制企业家经营权利的障碍，以实现契合创新需求的"进取型"公司治理规则体系。在公司资本制度中，应明确肯认企业家的人力价值，将人力资本纳入出资形式范畴。唯有实现企业家精神的实质入法，才能促进企业活力的进一步增长，鼓励和激荡企业家意志。

在其他法律上，企业家精神还体现在证券法、刑法、行政法、诉讼法等关联制度中。金融的核心功能是筛选出具有创新精神的企业家，金融制度的改革应当以促成企业家组合金融要素为价值目标。在破产法上，不但需要公司法的责任限制，还需要个人破产免责和更为效率化的企业破产制度，以限制企业家的经营风险。此外，对于企业家权益的保护，不应当停留在政策式的保护，而应当在行政执法和诉讼程序等领域予以规范。

除了制度建设之外，在《公司法》引入企业家精神条款之后，更为重要的是企业家精神条款的司法适用。在司法适用中，企业家精神有以下三个层次的功能：其一，法律解释功能。对于法律条款的阐释，企业家精神条款能够提供实质的解释基础，诸如董事权力的扩张、信义义务的内涵等。其二，裁判说理功能。在司法裁判中，企业家精神条款可以为法律适用的方向提供指南针，为裁判说理提供支持。其三，作为价值判断冲突的取舍依据。法律上的冲突本身是利益冲突，而利益冲突的平衡取舍取决于价值判断。面对复杂的商事纠纷，企业家精神可以为解决公司治理冲突提供新的价值判断理据。

桥水资本的创始人瑞·达里奥指出，创新和商业精神是经济繁荣的命脉。通过创新发明、商业精神和高效发达的资本市场，生产率能够获得大幅提升，进而增加公司和社会的财富。美国第三十任总统卡尔文·柯立芝曾指出，美国的事业就是企业。对于仍然处于发展中阶段的我国，企业又何尝不是我国的事业？唯有实现企业家精神的实质入法，才能促进企业活力的进一步增长，鼓励和激荡消沉的企业家意志。

我们所处的是一个伟大的时代，应当是企业家精神激荡的时代，也应当是企业家精神回响的时代。

是为序。

刘斌
2024 年 2 月 20 日于蓟门桥

缩略语表

序号	全称	简称
一、法律法规		
1	《中华人民共和国民法典》（2020年5月28日通过）	《民法典》
2	《中华人民共和国民事诉讼法》（2023年9月1日修正）	《民事诉讼法》
3	《中华人民共和国刑法》（2023年12月29日修正）	《刑法》
4	《中华人民共和国证券法》（2019年12月28日修订）	《证券法》
5	《中华人民共和国合伙企业法》（2006年8月27日通过）	《合伙企业法》
6	《中华人民共和国企业破产法》（2006年8月27日通过）	《企业破产法》
7	《中华人民共和国反不正当竞争法》（2019年4月23日修正）	《反不正当竞争法》
8	《中华人民共和国商标法》（2019年4月23日修正）	《商标法》
9	《中华人民共和国劳动法》（2018年12月29日修正）	《劳动法》
10	《中华人民共和国劳动合同法》（2012年12月28日修正）	《劳动合同法》

序号	全称	简称
11	《中华人民共和国工会法》（2021年12月24日修正）	《工会法》
12	《中华人民共和国企业国有资产法》（2008年10月28日通过）	《企业国有资产法》
13	《中华人民共和国全民所有制企业法》（2009年8月27日修正）	《全民所有制工业企业法》
14	《中华人民共和国保险法》（2015年4月24日修正）	《保险法》
15	《中华人民共和国证券投资基金法》（2015年4月24日修正）	《证券投资基金法》
16	《中华人民共和国商业银行法》（2015年8月29日修正）	《商业银行法》
17	《中华人民共和国会计法》（2017年11月4日修订）	《会计法》
18	《中华人民共和国资产评估法》（2016年7月2日修订）	《资产评估法》
19	《中华人民共和国注册会计师法》（2014年8月31日修订）	《注册会计师法》
20	《中华人民共和国外商投资法》（2019年3月15日通过）	《外商投资法》
21	《中华人民共和国外资银行管理条例》（2019年9月30日修订）	《外资银行管理条例》
22	《中华人民共和国市场主体登记管理条例》（2021年7月27日通过）	《市场主体登记管理条例》
23	《中华人民共和国行政许可法》（2019年4月23日修正）	《行政许可法》

序号	全称	简称
24	《中华人民共和国市场主体登记管理条例实施细则》（2022年3月1日通过）	《市场主体登记管理条例实施细则》
二、司法解释及文件		
25	《最高人民法院关于适用〈中华人民共和国公司法〉若干问题的规定（一）》（法释〔2014〕2号）	《公司法司法解释（一）》
26	《最高人民法院关于适用〈中华人民共和国公司法〉若干问题的规定（二）》（法释〔2020〕18号）	《公司法司法解释（二）》
27	《最高人民法院关于适用〈中华人民共和国公司法〉若干问题的规定（三）》（法释〔2020〕18号）	《公司法司法解释（三）》
28	《最高人民法院关于适用〈中华人民共和国公司法〉若干问题的规定（四）》（法释〔2020〕18号）	《公司法司法解释（四）》
29	《最高人民法院关于适用〈中华人民共和国公司法〉若干问题的规定（五）》（法释〔2020〕18号）	《公司法司法解释（五）》
30	《最高人民法院关于适用〈中华人民共和国民法典〉总则编若干问题的解释》（法释〔2022〕6号）	《民法典总则编司法解释》
31	《最高人民法院关于适用〈中华人民共和国民法典〉有关担保制度的解释》（法释〔2020〕28号）	《民法典担保制度司法解释》

序号	全称	简称
32	《最高人民法院关于适用〈中华人民共和国民法典〉合同编通则若干问题的解释》（法释〔2023〕13号）	《民法典合同编通则司法解释》
33	《最高人民法院关于适用中华人民共和国民法典》婚姻家庭编的解释（一）（法释〔2020〕22号）	《民法典婚姻家庭编司法解释（一）》
34	《最高人民法院关于适用〈中华人民共和国民事诉讼法〉的解释》（法释〔2022〕11号修正）	《民事诉讼法司法解释》
35	《最高人民法院关于适用中华人民共和国企业破产法》若干问题的规定（一）（法释〔2011〕22号）	《破产法司法解释（一）》
36	《最高人民法院关于审理民间借贷案件适用法律若干问题的规定》（法释〔2020〕17号）	《民间借贷司法解释》
37	《最高人民法院关于审理证券市场虚假陈述侵权民事赔偿案件的若干规定》（法释〔2022〕2号）	《虚假陈述司法解释》
38	《最高人民法院关于印发〈全国法院民商事审判工作会议纪要〉的通知》（法〔2019〕254号）	《九民纪要》
39	《最高人民法院关于印发《全国法院审理债券纠纷案件座谈会纪要》的通知》（法〔2020〕185号）	《债券纠纷会议纪要》

目　　录

第一章　总　　则

第 一 条　【立法目的】 …………………………………… 1
第 二 条　【公司类型】 …………………………………… 4
第 三 条　【公司的法律地位】 …………………………… 8
第 四 条　【股东有限责任和股东权利】 ………………… 11
第 五 条　【公司章程】 …………………………………… 13
第 六 条　【公司名称】 …………………………………… 16
第 七 条　【公司名称中的组织形式】 …………………… 26
第 八 条　【公司住所】 …………………………………… 27
第 九 条　【经营范围】 …………………………………… 32
第 十 条　【法定代表人的选任、辞任与补任】 ………… 37
第十一条　【法定代表人的行为后果】 …………………… 45
第十二条　【公司形式变更】 ……………………………… 49
第十三条　【子公司与分公司】 …………………………… 52
第十四条　【转投资的对象】 ……………………………… 55
第十五条　【公司投资或提供担保的限制】 ……………… 58
第十六条　【职工权益保护】 ……………………………… 76
第十七条　【工会和公司民主管理】 ……………………… 79
第十八条　【公司党组织】 ………………………………… 83
第十九条　【合法合规经营义务】 ………………………… 85

第 二 十 条	【公司社会责任】	87
第二十一条	【禁止股东滥用权利】	91
第二十二条	【不当关联交易】	100
第二十三条	【法人人格否认】	107
第二十四条	【电子通信会议和表决】	115
第二十五条	【决议无效】	120
第二十六条	【决议可撤销】	130
第二十七条	【决议不成立】	137
第二十八条	【瑕疵决议的效力】	143

第二章 公司登记

第二十九条	【设立登记】	147
第 三 十 条	【申请材料】	151
第三十一条	【设立准则主义】	155
第三十二条	【公司登记事项】	158
第三十三条	【营业执照】	167
第三十四条	【变更登记与登记效力】	171
第三十五条	【变更登记的申请文件】	178
第三十六条	【营业执照换发】	180
第三十七条	【注销登记】	181
第三十八条	【分公司登记】	185
第三十九条	【公司设立登记的撤销】	187
第 四 十 条	【公司信息公示】	193
第四十一条	【优化登记服务和立法授权】	198

第三章 有限责任公司的设立和组织机构

第一节 设　立 ·· 201
　第四十二条　【股东人数】·· 201
　第四十三条　【设立协议】·· 204
　第四十四条　【设立责任】·· 207
　第四十五条　【章程制定】·· 211
　第四十六条　【公司章程内容】··································· 212
　第四十七条　【注册资本】·· 216
　第四十八条　【出资方式】·· 224
　第四十九条　【出资义务】·· 233
　第 五 十 条　【出资补足责任】··································· 240
　第五十一条　【董事会的核查和催缴义务】··················· 243
　第五十二条　【催缴失权】·· 249
　第五十三条　【抽逃出资的法律责任】·························· 256
　第五十四条　【股东出资义务加速到期】······················ 266
　第五十五条　【出资证明书】······································· 279
　第五十六条　【股东名册】·· 281
　第五十七条　【股东知情权】······································· 285
第二节 组织机构 ··· 294
　第五十八条　【股东会的组成及地位】·························· 294
　第五十九条　【股东会职权】······································· 295
　第 六 十 条　【一人公司的股东决定】·························· 301
　第六十一条　【首次股东会会议】································ 301
　第六十二条　【股东会定期会议和临时会议】··············· 302
　第六十三条　【股东会会议的召集与主持】··················· 303

第六十四条	【股东会会议的通知与记录】	....	306
第六十五条	【股东表决权行使】	....	308
第六十六条	【股东会会议的议事方式和表决程序】	......	312
第六十七条	【董事会职权】	....	313
第六十八条	【董事会的组成】	....	321
第六十九条	【审计委员会】	....	324
第 七 十 条	【董事的任期、选任与辞任】	....	328
第七十一条	【董事解任】	....	332
第七十二条	【董事会会议的召集和主持】	....	336
第七十三条	【董事会的议事方式和表决程序】	....	339
第七十四条	【经理的设置与职权】	....	343
第七十五条	【不设董事会的有限公司】	....	346
第七十六条	【监事会的设置与组成】	....	349
第七十七条	【监事的任期、选任与辞任】	....	352
第七十八条	【监事会职权】	....	354
第七十九条	【列席权、质询建议权和调查权】	....	359
第 八 十 条	【要求提交执行职务报告的权力】	....	361
第八十一条	【监事会会议】	....	363
第八十二条	【监事会履职费用的承担】	....	364
第八十三条	【不设监事会的有限责任公司】	....	366

第四章 有限责任公司的股权转让

第八十四条	【股权转让】	....	368
第八十五条	【强制执行程序中的优先购买权】	....	381
第八十六条	【股东名册变更】	....	384
第八十七条	【股权转让后的变更记载】	....	391

第八十八条　【出资义务与责任承担】 …………………… 393
第八十九条　【异议股东股权回购请求权】 ………………… 398
第 九 十 条　【股东资格的继承】 …………………………… 404

第五章　股份有限公司的设立和组织机构

第一节　设　立 …………………………………………………… 407

第九十一条　【设立方式】 …………………………………… 407
第九十二条　【发起人的限制】 ……………………………… 409
第九十三条　【发起人的义务】 ……………………………… 410
第九十四条　【章程制定】 …………………………………… 411
第九十五条　【公司章程内容】 ……………………………… 412
第九十六条　【注册资本】 …………………………………… 417
第九十七条　【发起人认购股份】 …………………………… 420
第九十八条　【缴纳股款】 …………………………………… 421
第九十九条　【发起人的连带责任】 ………………………… 423
第 一 百 条　【公开募集股份】 ……………………………… 425
第一百零一条　【验资】 ……………………………………… 429
第一百零二条　【股东名册】 ………………………………… 431
第一百零三条　【成立大会】 ………………………………… 433
第一百零四条　【成立大会职权】 …………………………… 434
第一百零五条　【不得抽回股本】 …………………………… 436
第一百零六条　【申请设立登记】 …………………………… 438
第一百零七条　【出资责任和抽逃出资等规则的引致】 … 439
第一百零八条　【公司形式的变更】 ………………………… 440
第一百零九条　【重要资料的置备】 ………………………… 442
第一百一十条　【股东知情权】 ……………………………… 444

第二节　股东会 … 448

- 第一百一十一条　【股东会的组成与地位】… 448
- 第一百一十二条　【股东会职权】… 450
- 第一百一十三条　【股东会年度会议和临时会议】… 451
- 第一百一十四条　【股东会会议的召集与主持】… 454
- 第一百一十五条　【股东会的通知与提案】… 459
- 第一百一十六条　【股东表决权和决议比例】… 463
- 第一百一十七条　【董事、监事选举的累积投票制】… 465
- 第一百一十八条　【出席股东会的代理】… 468
- 第一百一十九条　【股东会会议记录】… 471

第三节　董事会、经理 … 472

- 第一百二十条　【董事会的组成、任期及职权】… 472
- 第一百二十一条　【审计委员会】… 473
- 第一百二十二条　【董事长的产生及职权】… 477
- 第一百二十三条　【董事会会议的召开】… 478
- 第一百二十四条　【董事会会议的议事规则】… 480
- 第一百二十五条　【董事会会议的出席及异议免责】… 482
- 第一百二十六条　【经理的设置与职权】… 485
- 第一百二十七条　【董事兼任经理】… 487
- 第一百二十八条　【不设董事会的股份有限公司】… 488
- 第一百二十九条　【董事、监事、高级管理人员的报酬披露】… 489

第四节　监事会 … 493

- 第一百三十条　【监事会的组成及任期】… 493
- 第一百三十一条　【监事会的职权及费用】… 494
- 第一百三十二条　【监事会会议】… 495
- 第一百三十三条　【不设监事会的股份有限公司】… 496

第五节　上市公司组织机构的特别规定 ·········· 496

- 第一百三十四条　【上市公司的定义】·········· 496
- 第一百三十五条　【特别事项的决议】·········· 499
- 第一百三十六条　【独立董事】·········· 503
- 第一百三十七条　【上市公司的审计委员会】·········· 519
- 第一百三十八条　【董事会秘书】·········· 522
- 第一百三十九条　【关联事项的决议】·········· 525
- 第 一 百 四 十 条　【禁止违法代持】·········· 526
- 第一百四十一条　【禁止交叉持股】·········· 531

第六章　股份有限公司的股份发行和转让

第一节　股份发行 ·········· 534

- 第一百四十二条　【面额股和无面额股】·········· 534
- 第一百四十三条　【股份发行的原则】·········· 537
- 第一百四十四条　【类别股】·········· 538
- 第一百四十五条　【类别股的章程记载】·········· 544
- 第一百四十六条　【类别股股东会】·········· 545
- 第一百四十七条　【记名股票】·········· 547
- 第一百四十八条　【面额股股票的发行价格】·········· 549
- 第一百四十九条　【股票载明的事项】·········· 551
- 第 一 百 五 十 条　【股票交付】·········· 553
- 第一百五十一条　【发行新股的决议】·········· 554
- 第一百五十二条　【授权发行股份】·········· 557
- 第一百五十三条　【授权发行新股的董事会决议】·········· 561
- 第一百五十四条　【招股说明书】·········· 562
- 第一百五十五条　【证券承销】·········· 566

第一百五十六条　【代收股款】 …………………… 569

第二节　股份转让 …………………………………… 571

第一百五十七条　【股份转让的一般规定】 ………… 571
第一百五十八条　【股份转让的场所和方式】 ……… 572
第一百五十九条　【股票的转让】 …………………… 575
第 一 百 六 十 条　【股份转让限制】 ………………… 578
第一百六十一条　【异议股东股份回购请求权】 …… 582
第一百六十二条　【股份回购】 ……………………… 584
第一百六十三条　【禁止财务资助】 ………………… 590
第一百六十四条　【股票丢失的救济】 ……………… 598
第一百六十五条　【上市公司的股票交易】 ………… 599
第一百六十六条　【上市公司的信息披露】 ………… 601
第一百六十七条　【股东资格的继承】 ……………… 608

第七章　国家出资公司组织机构的特别规定

第一百六十八条　【国家出资公司的概念】 ………… 609
第一百六十九条　【国家出资公司的出资人】 ……… 613
第 一 百 七 十 条　【国家出资公司中的党组织】 …… 618
第一百七十一条　【国有独资公司章程的制定】 …… 619
第一百七十二条　【国有独资公司股东会职权的行使】 … 622
第一百七十三条　【国有独资公司的董事会】 ……… 625
第一百七十四条　【国有独资公司的经理】 ………… 627
第一百七十五条　【国有独资公司董事、高级管
　　　　　　　　　理人员的兼职限制】 …………… 629
第一百七十六条　【国有独资公司的审计委员会】 … 630
第一百七十七条　【国家出资公司的合规治理】 …… 632

第八章 公司董事、监事、高级管理人员的资格和义务

第一百七十八条 【董事、监事、高级管理人员的消极资格】 ………… 637

第一百七十九条 【董事、监事、高级管理人员的合法性义务】 ………… 643

第 一 百 八 十 条 【信义义务与事实董事】 ………… 644

第一百八十一条 【违反对公司忠实义务的行为】 ……… 652

第一百八十二条 【关联交易的决议程序】 ………… 655

第一百八十三条 【董事、监事、高级管理人员不得谋取公司商业机会】 ………… 660

第一百八十四条 【董事、监事、高级管理人员的竞业禁止】 ………… 663

第一百八十五条 【利益冲突事项的回避表决】 ………… 666

第一百八十六条 【归入权】 ………… 668

第一百八十七条 【董事、监事、高级管理人员列席股东会会议】 ………… 671

第一百八十八条 【董事、监事、高级管理人员的赔偿责任】 ………… 672

第一百八十九条 【股东代表诉讼】 ………… 674

第 一 百 九 十 条 【股东直接诉讼】 ………… 683

第一百九十一条 【董事、高级管理人员对第三人责任】 ………… 684

第一百九十二条 【影子董事与影子高管】 ………… 693

第一百九十三条 【董事责任保险】 ………… 701

第九章　公司债券

第一百九十四条　【公司债券的定义】 …………… 703
第一百九十五条　【公司债券募集办法】 …………… 711
第一百九十六条　【公司债券的票面记载事项】 …… 717
第一百九十七条　【记名债券】 ………………………… 718
第一百九十八条　【公司债券持有人名册】 …………… 719
第一百九十九条　【公司债券的登记结算】 …………… 720
第 二 百 条　【公司债券转让】 ……………………… 723
第二百零一条　【公司债券的转让方式】 …………… 724
第二百零二条　【可转换公司债券的发行】 …………… 726
第二百零三条　【可转换公司债券的转换】 …………… 730
第二百零四条　【债券持有人会议】 …………………… 731
第二百零五条　【债券受托管理人】 …………………… 745
第二百零六条　【债券受托管理人的义务和责任】 …… 752

第十章　公司财务、会计

第二百零七条　【公司财务、会计制度】 ……………… 757
第二百零八条　【财务会计报告】 ……………………… 759
第二百零九条　【财务会计报告的公示】 ……………… 761
第二百一十条　【公积金提取与利润分配】 …………… 763
第二百一十一条　【违法利润分配的法律后果】 ……… 769
第二百一十二条　【利润分配的时限】 ………………… 771
第二百一十三条　【资本公积金】 ……………………… 773
第二百一十四条　【公积金的用途】 …………………… 774

第二百一十五条　【聘用、解聘会计师事务所】………… 777
第二百一十六条　【提供真实会计资料】………… 778
第二百一十七条　【会计账簿和开立账户的禁止行为】… 779

第十一章　公司合并、分立、增资、减资

第二百一十八条　【公司合并方式】………… 782
第二百一十九条　【简易合并】………… 783
第 二 百 二 十 条　【公司合并的程序】………… 788
第二百二十一条　【公司合并时债权债务的承继】………… 790
第二百二十二条　【公司分立】………… 792
第二百二十三条　【公司分立前的债务承担】………… 794
第二百二十四条　【公司减资】………… 796
第二百二十五条　【简易减资】………… 802
第二百二十六条　【违法减资的法律后果】………… 806
第二百二十七条　【优先认购权】………… 811
第二百二十八条　【公司增资时的出资缴纳】………… 813

第十二章　公司解散和清算

第二百二十九条　【公司解散事由】………… 815
第 二 百 三 十 条　【特定解散情形下的公司存续】………… 819
第二百三十一条　【司法强制解散公司】………… 821
第二百三十二条　【清算义务人和清算组】………… 828
第二百三十三条　【强制清算】………… 835
第二百三十四条　【清算组的职权】………… 840
第二百三十五条　【债权人申报债权】………… 843

第二百三十六条	【清算程序】	846
第二百三十七条	【破产申请】	849
第二百三十八条	【清算组成员的义务与责任】	851
第二百三十九条	【清算结束后程序】	856
第二百四十条	【简易注销】	860
第二百四十一条	【强制注销】	866
第二百四十二条	【破产清算】	869

第十三章　外国公司的分支机构

第二百四十三条	【外国公司的概念】	871
第二百四十四条	【外国公司分支机构的设立程序】	873
第二百四十五条	【外国公司分支机构的设立条件】	875
第二百四十六条	【外国公司分支机构的名称】	878
第二百四十七条	【外国公司分支机构的法律地位】	879
第二百四十八条	【外国公司分支机构的活动原则】	880
第二百四十九条	【外国公司分支机构的撤销与清算】	883

第十四章　法律责任

第二百五十条	【欺诈登记的法律责任】	885
第二百五十一条	【未依法公示信息的法律责任】	891
第二百五十二条	【虚假出资的法律责任】	892
第二百五十三条	【抽逃出资的法律责任】	895
第二百五十四条	【违法会计行为的法律责任】	898
第二百五十五条	【不按规定通知债权人的法律责任】	902
第二百五十六条	【违法清算的法律责任】	904

第二百五十七条	【资产评估、验资或者验证机构违法的法律责任】	906
第二百五十八条	【公司登记机关违法的法律责任】	912
第二百五十九条	【冒用公司名义的法律责任】	914
第二百六十条	【逾期开业、停业、不依法办理变更登记的法律责任】	916
第二百六十一条	【外国公司擅自设立分支机构的法律责任】	918
第二百六十二条	【利用公司名义从事严重违法行为的法律责任】	919
第二百六十三条	【民事赔偿优先】	920
第二百六十四条	【刑事责任】	921

第十五章 附 则

第二百六十五条	【本法相关用语的含义】	930
第二百六十六条	【施行日期与过渡安排】	935

致 谢 ……………………………………………… 939

第一章 总　　则

> **第一条　【立法目的】**＊
> 为了规范公司的组织和行为，保护公司、股东、职工和债权人的合法权益，完善中国特色现代企业制度，弘扬企业家精神，维护社会经济秩序，促进社会主义市场经济的发展，根据宪法，制定本法。

◆ **条文主旨**

本条规定了公司法的立法目的。

◆ **修改情况**

在2018年《公司法》第1条的基础上，2023年《公司法》修订将"职工"列为立法目的条款中的权益保护主体，新增了"完善中国特色现代企业制度，弘扬企业家精神"的立法目的，同时新增了"根据宪法"的规定。

◆ **条文注释**

作为公司法的立法目的条款，本条明确了公司法的功能定位和价值取向，为具体条文的解释和适用提供了基础。

其一，公司法既是组织法，又是行为法。2021年12月，全国人大常委会《公司法（修订草案一审稿）》审议说明中指出，公司是

＊ 条文主旨为作者所加，供读者参考。

最重要的市场主体。公司作为最重要的商事组织类型，其成立、运行、退出等过程均涉及诸多法律问题，既包括静态的组织机构设置，如股东会、董事会、监事会、经理等组织机构的设置和权力配置、债券持有人会议的设置等，也包括动态的组织机构运行，如各类会议的召集与主持、决议等，均需要遵循法律和公司章程所规定的相关规则。公司所进行的担保、投资、募集股份、发行债券、合并、分立、增资、减资、解散、清算等各类行为，亦有赖于公司法予以规范。相较于合同法等行为法，公司法具有鲜明的组织法特征，所涉及的利益主体和利益冲突关系更为复杂。

其二，公司法提供对公司、股东、职工和债权人的差序保护。以公司为中心，所涉利益主体众多，包括但不限于股东、债权人、职工、政府、社区乃至于环境等。其中，公司、股东和债权人是公司法所关注的核心利益主体。公司法的核心问题是对各类利益冲突进行衡量取舍，进而对各类主体的利益提供有序保护。本条提供了公司法上价值判断的基本框架，以公司利益为本位，为公司、股东、债权人的利益设定了差序化而非等同齐观的保护格局。除了公司法之外，其他法律也提供对前述主体的保护。比如，《民法典》中的合同制度、担保制度等从民法角度为债权人提供相应保护，与公司法上的债权人保护规则兼容并济。

职工是公司治理中的重要参与者。党的二十大报告指出："全心全意依靠工人阶级，健全以职工代表大会为基本形式的企事业单位民主管理制度，维护职工合法权益。"为贯彻落实二十大报告精神，本条将职工与公司、股东、债权人相并列，以保护其合法权益。职工关心公司兴衰又熟悉公司情况，保护职工权益，能够更好地维护公司利益。

其三，"完善中国特色现代企业制度，弘扬企业家精神"是2023年《公司法》修订中新增的内容。我国公司法的制定和修改与现代企业制度密切相关。1993年《中共中央关于建立社会主义市场经济体制若干问题的决定》明确提出，建立"产权清晰、权责明确、政企分开、管理科学的现代企业制度"。1993年《公司法》第1条规定："为了适应建立现代企业制度的需要，规范公司的组织和行为，保护公司、股东和债权人的合法权益，维护社会经济秩序，促进社会主义市场经济的发展，根据宪法，制定本法。"2005年修改《公司法》时，立法目的中"适应建立现代企业制度的需要"的表述被删除，旨在表明公司法不再是仅仅为了建立现代企业制度而制定，可以普遍适用于各类公司。2019年《关于坚持和完善中国特色社会主义制度，推进国家治理体系和治理能力现代化若干重大问题的决定》提出，"深化国有企业改革，完善中国特色现代企业制度"。2022年，二十大报告提出，"完善中国特色现代企业制度，弘扬企业家精神"。与之相适应，2022年12月审议的《公司法（修订草案二审稿）》增加了"完善中国特色现代企业制度，弘扬企业家精神"的规定。

值得注意的是，现代企业制度是社会主义市场经济体制的重要内容，主要特点为国有企业，但并不局限于国有企业。比如，2013年《中共中央关于全面深化改革若干重大问题的决定》提出，"鼓励有条件的私营企业建立现代企业制度"。无论是国有企业抑或私营企业，均存在现代企业制度的建设需求，法律均提供平等的产权保护，均平等适用公司法这一基础性法律制度。

其四，维护社会经济秩序，促进社会主义市场经济的发展，是公司法的宏观价值目标。营商环境是企业从设立、运行至退出各阶段的各种周边条件的总和，包括影响企业活动的政治因素、经济因素、法律因素、社会因素等。通过良好的公司治理和资本制度等公司法规范，能够为公司提供友好的营商环境和市场经济秩序，进而促进我国社会主义市场经济的发展。

> **第二条　【公司类型】**
> 本法所称公司，是指依照本法在中华人民共和国境内设立的有限责任公司和股份有限公司。

◆ **条文主旨**

本条规定了我国公司法上的公司类型。

◆ **修改情况**

本条未作修改。

◆ **条文注释**

在我国公司法上，公司包括有限责任公司和股份有限公司两种类型。基于商事主体类型法定原则，公司类型由法律予以规定，而不能由当事人自主创设。有限责任公司，是指股东以其认缴的出资额为限对公司承担责任的公司。股份有限公司，是指公司的资本划分为等额股份，其股东以其认购的股份为限对公司承担责任的公司。无论是有限责任公司还是股份有限公司，其股东承担的均系有限责任，公司以其全部财产独立承担责任，这一点不同于合伙企业。我国公司法的这种分类与大陆法系国家的公司分类基本一致。大陆法系国家除规定有限责任公司和股份有限公司之外，还规定无限公司和两合公司。无限公司与我国的个人独资企业、普通合伙企业的基本特征一致；两合公司与我国有限合伙企业的基本特征一致。英美法系国家通常将公司分为封闭公司和公开公司。

在我国，有限责任公司的数量远远多于股份有限公司。根据国家市场监督管理总局的统计，截至2020年底，全国有限责任公司数量为3832.3万家（占比98.66%），股份有限公司51.9万家（占比1.34%），合计约3884.2万家公司。截至2023年10月，两类公司合计约 4800 万家。

我国 1993 年《公司法》将有限责任公司预设为中小型的封闭公司，将股份有限公司预设为大型的公开公司。但是，两类公司均不断演进、分化。实践中不乏大型有限责任公司，特别是部分国有有限责任公司在资产规模、职工人数、营业收入等方面远远超过一般的股份有限公司。在遵守相关规定的情况下，有限责任公司也可以在区域性股权市场进行股权融资或转让，开始呈现出相当的公开性特征。随着股份有限公司的设立从审批制转向准则制，注册资本不断降低直至 2013 年《公司法》修订中取消最低注册资本限制，我国绝大多数股份有限公司也呈现出小型化和封闭性的特征。这导致了两类公司的趋同化，以及两类公司规则之间的适用争议。

在 2023 年《公司法》修订过程中，对公司类型改革的主要意见有：其一，基于公司法及实践惯性，维持股份有限公司与有限责任公司的分置格局，但将股份有限公司进行公开化改造，将有限责任公司进行封闭化改造。有意见建议分别制定《股份公司法》与《有限公司法》，对当前统一公司立法体系进行改弦更张。其二，废止有限责任公司，实现股份有限公司一元化，并在股份有限公司内部进行公开股份有限公司与封闭股份有限公司的规范分置。其三，维持有限责任公司和股份有限公司的独立类型，在现有股份有限公司基础上增加公开公司和封闭公司，也有意见主张基于公司规模大小的标准区分大公司和小公司。其四，废止股份有限公司与有限责任公司的类型划分方式，直接转向封闭公司与公开公司。其五，引入合同公司（LLC），填补我国公司法上的公司类型缺失。[1]

对此，本轮公司法修改在尊重既有公司类型的路径依赖的基础上，对两种公司类型的规则进行了微调。

---

[1] 刘斌：《公司类型的差序规制与重构要素》，载《当代法学》2021 年第 2 期。

经过2023年《公司法》修订，两类公司的差异如下：

（1）股东人数限制差异。有限责任公司股东人数为1—50人，股份有限公司为1人以上，无上限限制。经由本次公司法修改，增设了一人股份有限公司，使得两类公司的股东人数下限均为1人。

（2）设立方式差异。有限责任公司只能发起设立，股份有限公司可以发起设立或募集设立，其中募集设立包括公开募集方式和非公开募集方式。2005年，证监会停止了对募集设立公司的募股申请的受理。但是，在公司法层面，仍然保留着募集设立公司的制度空间。历史上也存在着公开募集方式设立股份有限公司的先例。比如，中兴通讯在1997年10月通过首次公开发行（IPO）完成其"募集设立"，注册为股份有限公司的时间是1997年11月；邯郸钢铁在1997年11月进行了首次公开发行（IPO），1998年1月注册成立股份有限公司；东风汽车在1999年6月进行了首次公开发行（IPO），1999年7月注册成立股份有限公司。

（3）治理机制差异。总体而言，有限责任公司的治理机制比股份有限公司更具弹性。比如，有限责任公司和股份有限公司均可选择单层制模式，不设监事会，但是监事会的选出条件（opt-out）不同：有限责任公司仅需设董事会审计委员会并由审计委员会行使全面的监督职权即可，股份有限公司在此基础上还要求满足审计委员会中独立董事过半数的条件。再比如，规模较小的有限责任公司和股份有限公司均可只设监事而不设监事会，在此基础上，经全体股东同意，有限责任公司甚至可以不设监事，也不需要设审计委员会，但股份有限公司不可。又比如，有限责任公司的全体股东一致同意的，可以不召开股东会会议，直接作出决定，而股份有限公司不适用该规定。

（4）资本是否划分为等额股份不同。有限责任公司的资本不划分为等额股份，股份有限公司的资本划分为等额股份。该差异仅为形式差异，是否划分等额股份并无实质差异。

（5）资本形成制度不同。在资本发行制度上，有限责任公司采法定资本制，股份有限公司可以采用法定资本制或授权资本制，但有限责任公司不能采用授权资本制。在资本缴纳制度上，有限责任公司采最长不超过 5 年的限期认缴制，股份有限公司则采取实缴制。

（6）可否适用类别股和无面额股制度不同。股份有限公司可以选择发行类别股和无面额股，有限责任公司不能发行类别股和无面额股。

（7）股权转让限制不同。本轮公司法修改将有限责任公司的股权转让限制模式从"同意权+优先购买权"的双重限制模式简化为单重的"优先购买权"模式，股份有限公司则不存在此默认限制。

（8）优先认购权差异。在公司增资时，有限责任公司股东默认在同等条件下有权优先按照实缴的出资比例认缴出资，股份有限公司股东默认不享有优先认购权。

（9）可否上市不同。有限责任公司不能公开发行股份并上市，股份有限公司可以公开发行股份并上市。有限责任公司如果选择上市，需要改制为股份有限公司。

◆ **关联规范**

1.《**民法典**》（2021 年 1 月 1 日起施行）

第 76 条 【**营利法人**】以取得利润并分配给股东等出资人为目的成立的法人，为营利法人。

营利法人包括有限责任公司、股份有限公司和其他企业法人等。

2.《**市场主体登记管理条例**》（2022 年 3 月 1 日起施行）

第 2 条 【**市场主体**】本条例所称市场主体，是指在中华人民共和国境内以营利为目的从事经营活动的下列自然人、法人及非法人组织：

（一）公司、非公司企业法人及其分支机构；

（二）个人独资企业、合伙企业及其分支机构；

（三）农民专业合作社（联合社）及其分支机构；

（四）个体工商户；

（五）外国公司分支机构；

（六）法律、行政法规规定的其他市场主体。

> **第三条　【公司的法律地位】**
> 公司是企业法人，有独立的法人财产，享有法人财产权。公司以其全部财产对公司的债务承担责任。
> 公司的合法权益受法律保护，不受侵犯。

◆ 条文主旨

本条规定了公司的法律地位。

◆ 修改情况

本条统合了 2018 年《公司法》第 3 条第 1 款 "公司是企业法人，有独立的法人财产，享有法人财产权。公司以其全部财产对公司的债务承担责任" 和第 5 条第 2 款 "公司的合法权益受法律保护，不受侵犯" 的规定。

◆ 条文注释

本条第 1 款规定，公司是企业法人。之所以将公司界定为企业法人，与 1993 年《公司法》制定时所施行的《民法通则》（已失效）中的法人分类有关。按照《民法通则》的规定，法人包括企业法人、机关法人、事业单位法人和社会团体法人四类，公司属于其中的企业法人。2020 年审议通过的《民法典》改采营利法人和非营利法人的分类。《民法典》第 76 条规定，营利法人包括有限责任公司、股份有限公司和其他企业法人等。因此，本法所称公司，既是企业法人，具有企业法人的属性，也是营利法人，具有营利法人的属性。

《民法典》第 57 条规定，法人是具有民事权利能力和民事行为能力，依法独立享有民事权利和承担民事义务的组织。《民法典》第 58 条规定，法人应当依法成立，有自己的名称、组织机构、住所、财产或者经费。公司作为独立法人，其资产与股东的资产既实现了正向的切割，也实现了反向的切割。股东在履行其出资义务之后，无须对公司债务承担责任，但构成本法第 23 条规定的法人人格否认情形的除外。公司以其全部财产对公司债务承担责任，也无须对其股东的个人债务承担责任。

本条第 2 款规定公司的合法权益受法律保护，不受侵犯。在我国公司实践中，部分股东对公司的独立财产权不够尊重，对公司财产权的归属认识不清，侵害公司财产权的情形时有发生。公司作为独立法人，其独立享有各类财产权益，股东、董事、监事、高级管理人员、其他主体等均不得侵害，否则，须向公司承担相应的法律责任。

◆ **关联规范**

《民法典》（2021 年 1 月 1 日起施行）

第 57 条 【法人的概念】法人是具有民事权利能力和民事行为能力，依法独立享有民事权利和承担民事义务的组织。

第 58 条 【法人成立的条件】法人应当依法成立。

法人应当有自己的名称、组织机构、住所、财产或者经费。法人成立的具体条件和程序，依照法律、行政法规的规定。

设立法人，法律、行政法规规定须经有关机关批准的，依照其规定。

第 59 条　【法人民事权利能力和民事行为能力的起止】 法人的民事权利能力和民事行为能力，从法人成立时产生，到法人终止时消灭。

第 60 条　【法人民事责任承担】 法人以其全部财产独立承担民事责任。

◆ 案例指引

【公报案例】 海南碧桂园房地产开发有限公司与三亚凯利投资有限公司、张某男等确认合同效力纠纷案（最高人民法院（2019）最高法民终960号，载《最高人民法院公报》2021年第2期）

裁判要旨

公司人格独立和股东有限责任是《公司法》的基本原则。否认公司独立人格，由滥用公司法人独立地位和股东有限责任的股东对公司债务承担连带责任，是股东有限责任的例外情形。否认公司独立人格，须具备股东实施滥用公司法人独立地位及股东有限责任的行为以及该行为严重损害公司债权人利益的法定要件。案涉凯利公司与其股东间的转账行为，虽相关证据未形成证据链证明股东与公司间存在真实有效的借款关系，但认定公司与股东人格混同，需要综合多方面因素判断公司是否具有独立意思、公司与股东的财产是否混同且无法区分、是否存在其他混同情形等。案涉凯利公司与其股东间的单笔转账行为尚不足以证明二者间构成人格混同，且凯利公司为案涉债务设立抵押，不能证明该笔转账行为严重损害了公司债权人利益，因此尚未达到否认凯利公司独立人格的程度。但股东张某男未能证明其与凯利公司间存在交易关系或借贷关系等合法依据的情况下，接收公司转款的行为在客观上减少了凯利公司资产，降低了公司的偿债能力，应当承担相应的责任。依据相应司法解释关于股东抽逃出资情况下的责任形态的规定,张某男应在其接收转账数额及其利息范围内承担补充赔偿责任。

> **第四条　【股东有限责任和股东权利】**
>
> 　　有限责任公司的股东以其认缴的出资额为限对公司承担责任;股份有限公司的股东以其认购的股份为限对公司承担责任。
>
> 　　公司股东对公司依法享有资产收益、参与重大决策和选择管理者等权利。

◆ **条文主旨**

本条规定了股东有限责任和股东权利。

◆ **修改情况**

本条整合了 2018 年《公司法》第 3 条第 2 款和第 4 条的内容,统一规定了股东有限责任和股东权利。

◆ **条文注释**

本条第 1 款规定了股东的有限责任及其限度。依照本款规定,有限责任公司的股东以其认缴的出资额为限对公司承担责任;股份有限公司的股东以其认购的股份为限对公司承担责任。故而,两类公司的股东所承担的均为有限责任,在完成出资义务之后,不再负担超额责任。股东责任与公司责任的分离,可以使得股东在公司破产情形下获得破产隔离的保护,反之亦然。但是,股东的有限责任也并非绝对,如果存在本法第 23 条所规定的滥用公司法人独立地位和股东有限责任的行为,将导致法人人格否认的后果和法律责任。

股东有限责任贯穿于整部公司法的股东出资责任之中。除股东有其他不当行为之外，股东承担有限责任为公司法之基本规则。比如，依照本法第241条所规定的强制注销程序注销公司登记的，原公司股东、清算义务人的责任不受影响，此处的股东责任应受有限责任之限制，而非无限责任。

就股东承担有限责任的额度，在实务中产生过如下争议：究竟依照股东应当承担的出资额为限，抑或其所认购的注册资本数额为限？由于股份不得折价发行的规则限制，股东所应承担的出资额不得低于其所认购的注册资本数额，超出部分需要计入资本公积金项目之下。由于股份发行本质上系公司与股东之间的合同安排，股东应向公司全面履行其出资义务，其责任额度应该为全部发行对价，而不仅限于所对应的注册资本数额，也即应以股东所应承担的出资额为限承担有限责任。特别是，在本法引入无面额股制度之后，并非所有发行所得均计入公司注册资本，此时强调股东有限责任的范围为股份发行的对价更加具有意义。

本条第2款规定了股东的主要权利类型，包括资产收益、参与重大决策和选择管理者等权利。根据公司法的规定，股东享有多种权利，根据不同的标准，可以区分为共益权与自益权、固有权与非固有权、财产性权利和管理性权利、单独股东权与少数股东权等类型。这些权利主要可归为三大类，即资产收益、参与重大决策和选择管理者。本款规定作为股东权利的一般条款，在具体权利缺失或不够明确时，发挥着补充功能。比如，《公司法司法解释（四）》第15条所规定的违反法律规定滥用股东权利导致公司不分配利润，给其他股东造成损失的情形，即侵害了本款规定的资产收益权利。

> **第五条　【公司章程】**
>
> 设立公司应当依法制定公司章程。公司章程对公司、股东、董事、监事、高级管理人员具有约束力。

◆ **条文主旨**

本条规定了公司章程的制定及约束力。

◆ **修改情况**

本条将 2018 年《公司法》第 11 条中的"必须"修改为"应当"。

◆ **条文注释**

公司章程是由公司依法制定的，旨在规范公司组织与行为的自治性规范文件，对公司、股东、董事、监事和高级管理人员具有约束力。公司章程是公司的法定必备文件，是公司的宪章。在 2023 年《公司法》中，公司章程先后出现了 110 余次，与公司法所规定的规则之间呈现出紧密且复杂的关系。公司章程发挥了对公司法予以细化、选择、排除、填补等多重功能。比如，本法所规定的公司治理架构单层制、法定代表人的产生和变更等均需基于公司章程的规定予以实现。

本条第 1 句规定了公司章程的法律地位，系设立公司的法定必备文件。具体而言，本法第 45 条规定，设立有限责任公司，应当由股东共同制定公司章程。本法第 46 条规定了有限责任公司章程的内容。本法第 94 条规定，设立股份有限公司，应当由发起人共同制订公司章程；第 104 条规定，股份有限公司的成立大会审议通过公司章程。成立大会应当有持有表决权过半数的股东出席，方可举行。成立大会决议通过公司章程，应当经出席会议的股东所持表决权过半数通过。本法第95条规定了股份有限公司章程的内容。

本条第2句规定了公司章程的效力范围，即对公司、股东、董事、监事、高级管理人员具有约束力。公司章程是规范公司组织和行为的基本规则，公司在经营活动中必须遵守其规定。股东作为公司的成员，无论是先加入公司的创始股东，还是后加入公司的股东，均需要遵守公司章程的规定。违反公司章程的规定行使股东权利，或将构成滥用股东权利，引发公司法上规定的法律责任。

董事、监事、高级管理人员作为公司的受托管理者，对公司负有信义义务，亦需要遵守公司章程。董事、监事、高级管理人员违反公司章程，将可能导致违反信义义务的法律责任。不仅董事、监事、高级管理人员等个体需要遵守公司章程，股东会、董事会、监事会等公司组织机构也需要遵守公司章程。否则，程序或内容违反章程的公司决议将产生可撤销的法律后果。

除了前述主体之外，公司章程对公司债权人等外部主体通常无约束力。在我国公司法上，公司章程系备案事项，并非法定登记事项，也非法定公示事项，债权人通常不负有审查公司章程的义务。当然，法律另有特别规定的情形除外。

此外，人民法院等司法机关、公司登记机关等行政机关在司法和行政管理中也应当尊重公司章程的自治性。在司法裁判中，法院可对公司章程的合法性作必要审查，在公司章程并未违反法律、行政法规的强制性规定情形下，应当尊重公司章程对公司事项的安排，不应越权司法和越权行政。

◆ 关联规范

1.《民法典》（2021年1月1日起施行）

第79条　【营利法人章程的制定】 设立营利法人应当依法制定法人章程。

2.《国有企业公司章程制定管理办法》（2020 年 12 月 31 日起施行）

第 4 条 国有企业公司章程的制定管理应当坚持党的全面领导、坚持依法治企、坚持权责对等原则，切实规范公司治理，落实企业法人财产权与经营自主权，完善国有企业监管，确保国有资产保值增值。

3.《上市公司章程指引》(2023 年修正)

第 10 条 本公司章程自生效之日起，即成为规范公司的组织与行为、公司与股东、股东与股东之间权利义务关系的具有法律约束力的文件，对公司、股东、董事、监事、高级管理人员具有法律约束力的文件。依据本章程，股东可以起诉股东，股东可以起诉公司董事、监事、经理和其他高级管理人员，股东可以起诉公司，公司可以起诉股东、董事、监事、经理和其他高级管理人员。

◆ **案例指引**

【公报案例】南京安盛财务顾问有限公司诉祝某股东会决议罚款纠纷案（载《最高人民法院公报》2012 年第 10 期）

裁判要旨

公司章程对公司、股东、董事、监事、高级管理人员具有约束力。公司股东应当遵守法律、行政法规和公司章程，依法行使股东权利。由此可见，公司章程是公司自治的载体，既赋予股东权利，亦使股东承担义务，是股东在公司的行为准则，股东必须遵守公司章程的规定。案涉公司章程中载明了关于股东会对股东处以罚款的规定，系公司全体股东所预设的对违反公司章程股东的一种制裁措施，符合公司的整体利益，体现了有限责任公司的人合性特征，不违反公司法的禁止性规定，应合法有效。但公司章程在赋予股东会对股东处以罚款职权时，应明确规定罚款的标准、幅度，股东会在没有明确标准、幅度的情况下处罚股东，属法定依据不足，相应决议无效。

> **第六条　【公司名称】**
> 公司应当有自己的名称。公司名称应当符合国家有关规定。
> 公司的名称权受法律保护。

◆ 条文主旨

本条规定了公司名称和名称权。

◆ 修改情况

本条为新增条文，衔接了《民法典》第58条、第110条等条文对名称和名称权的规定，以及《市场主体登记管理条例》第10条的规定。

◆ 条文注释

公司名称是区分法人主体的重要标志，是绝对必要的公司登记事项，也是公司章程、营业执照、股票、债券等文件中必须记载的事项。公司名称通常由行政区划名称、字号、行业或者经营特点、组织形式组成。有限责任公司必须在公司名称中标明有限责任公司或者有限公司字样。股份有限公司必须在公司名称中标明股份有限公司或者股份公司字样。一经登记，公司即取得对该名称专有使用的权利。

公司名称关系到企业的合法权益，对社会经济秩序具有重要影响。《企业名称登记管理规定》规定了企业名称的具体要求和登记管理制度。国务院市场监督管理部门主管全国企业名称登记管理工作，负责制定企业名称登记管理的具体规范。县级以上人民政府市场监督管理部门负责中国境内设立企业的企业名称登记管理。企业只能登记一个企业名称，应当使用规范汉字，民族自治地方的企业名称可以同时使用本民族自治地方通用的民族文字。企业名称应当合法适当，《企业名称登记管理规定》第11条规定："企业名称不得有下列情形：（一）损害国家尊严或者利益；（二）损害社会公共利益或者妨碍社会公共秩序；（三）使用或者变相使用政党、党政军机关、群团组织名称及其简称、特定称谓和部队番号；（四）使用外国国家（地区）、国际组织名称及其通用简称、特定称谓；（五）含有淫秽、色情、赌博、迷信、恐怖、暴力的内容；（六）含有民族、种族、宗教、性别歧视的内容；（七）违背公序良俗或者可能有其他不良影响；（八）可能使公众受骗或者产生误解；（九）法律、行政法规以及国家规定禁止的其他情形。"

公司的名称权是指公司享有的依法决定、使用、变更、转让或者许可他人使用自己名称的权利。从权利性质来看，名称权属于公司的人格权之一。任何组织或者个人不得以干涉、盗用、假冒等方式侵害公司的名称权。侵害公司名称权的，《民法典》第1182条规定，侵害他人人身权益造成财产损失的，按照被侵权人因此受到的损失或者侵权人因此获得的利益赔偿；被侵权人因此受到的损失以及侵权人因此获得的利益难以确定，被侵权人和侵权人就赔偿数额协商不一致，向人民法院提起诉讼的，由人民法院根据实际情况确定赔偿数额。

除了《民法典》之外，侵害公司名称权的行为还可能涉及《商标法》《反不正当竞争法》等。商标注册不得与他人在先取得的合法权利相冲突。《商标法》第32条规定，申请商标注册不得损害他人现有的在先权利，也不得以不正当手段抢先注册他人已经使用并有一定影响的商标。对于侵害他人在先权利的，《商标法》第45条规定，在先权利人或者利害关系人可以请求商标评审委员会宣告该注册商标无效。

公司名称权还受反不正当竞争法律的保护。《反不正当竞争法》第 6 条规定，擅自使用他人有一定影响的企业名称（包括简称、字号）属于不正当竞争行为。《反不正当竞争法》第 17 条第 3 款、第 4 款规定，因不正当竞争行为受到损害的经营者的赔偿数额，按照其因被侵权所受到的实际损失确定；实际损失难以计算的，按照侵权人因侵权所获得的利益确定。经营者恶意实施侵犯商业秘密行为，情节严重的，可以在按照上述方法确定数额的一倍以上五倍以下确定赔偿数额。赔偿数额还应当包括经营者为制止侵权行为所支付的合理开支。经营者违反《反不正当竞争法》第 6 条、第 9 条规定，权利人因被侵权所受到的实际损失、侵权人因侵权所获得的利益难以确定的，由人民法院根据侵权行为的情节判决给予权利人 500 万元以下的赔偿。

◆ **关联规范**

1. 《民法典》（2021 年 1 月 1 日起施行）

第 58 条 【法人成立的条件】法人应当依法成立。

法人应当有自己的名称、组织机构、住所、财产或者经费。法人成立的具体条件和程序，依照法律、行政法规的规定。

设立法人，法律、行政法规规定须经有关机关批准的，依照其规定。

第 110 条 【民事主体的人格权】自然人享有生命权、身体权、健康权、姓名权、肖像权、名誉权、荣誉权、隐私权、婚姻自主权等权利。

法人、非法人组织享有名称权、名誉权和荣誉权。

第 990 条 【人格权类型】人格权是民事主体享有的生命权、

身体权、健康权、姓名权、名称权、肖像权、名誉权、荣誉权、隐私权等权利。

除前款规定的人格权外，自然人享有基于人身自由、人格尊严产生的其他人格权益。

第993条　【人格标识许可使用】民事主体可以将自己的姓名、名称、肖像等许可他人使用，但是依照法律规定或者根据其性质不得许可的除外。

第999条　【人格权的合理使用】为公共利益实施新闻报道、舆论监督等行为的，可以合理使用民事主体的姓名、名称、肖像、个人信息等；使用不合理侵害民事主体人格权的，应当依法承担民事责任。

第1013条　【名称权】法人、非法人组织享有名称权，有权依法决定、使用、变更、转让或者许可他人使用自己的名称。

第1014条　【姓名权或名称权不得被非法侵害】任何组织或者个人不得以干涉、盗用、假冒等方式侵害他人的姓名权或者名称权。

第1016条　【决定、变更姓名、名称或转让名称】自然人决定、变更姓名，或者法人、非法人组织决定、变更、转让名称的，应当依法向有关机关办理登记手续，但是法律另有规定的除外。

民事主体变更姓名、名称的，变更前实施的民事法律行为对其具有法律约束力。

第1017条　【名称简称等的保护】具有一定社会知名度，被他人使用足以造成公众混淆的笔名、艺名、网名、译名、字号、姓名和名称的简称等，参照适用姓名权和名称权保护的有关规定。

2.《反不正当竞争法》(2019年修正)

第6条　【不得实施混淆行为】经营者不得实施下列混淆行为，引人误认为是他人商品或者与他人存在特定联系：

（一）擅自使用与他人有一定影响的商品名称、包装、装潢等相同或者近似的标识；

（二）擅自使用他人有一定影响的企业名称（包括简称、字号等）、社会组织名称（包括简称等）、姓名（包括笔名、艺名、译名等）；

（三）擅自使用他人有一定影响的域名主体部分、网站名称、网页等；

（四）其他足以引人误认为是他人商品或者与他人存在特定联系的混淆行为。

3.《市场主体登记管理条例》（2022年3月1日起施行）

第10条　【名称登记】市场主体只能登记一个名称，经登记的市场主体名称受法律保护。

市场主体名称由申请人依法自主申报。

4.《企业名称登记管理规定》（2020年修订）

第1条　为了规范企业名称登记管理，保护企业的合法权益，维护社会经济秩序，优化营商环境，制定本规定。

第2条　县级以上人民政府市场监督管理部门（以下统称企业登记机关）负责中国境内设立企业的企业名称登记管理。

国务院市场监督管理部门主管全国企业名称登记管理工作，负责制定企业名称登记管理的具体规范。

省、自治区、直辖市人民政府市场监督管理部门负责建立本行政区域统一的企业名称申报系统和企业名称数据库，并向社会开放。

第3条　企业登记机关应当不断提升企业名称登记管理规范化、便利化水平，为企业和群众提供高效、便捷的服务。

第4条　企业只能登记一个企业名称，企业名称受法律保护。

第5条　企业名称应当使用规范汉字。民族自治地方的企业名称可以同时使用本民族自治地方通用的民族文字。

第6条　企业名称由行政区划名称、字号、行业或者经营特点、组织形式组成。跨省、自治区、直辖市经营的企业，其名称可以不含行政区划名称；跨行业综合经营的企业，其名称可以不含行业或者经营特点。

第 7 条 企业名称中的行政区划名称应当是企业所在地的县级以上地方行政区划名称。市辖区名称在企业名称中使用时应当同时冠以其所属的设区的市的行政区划名称。开发区、垦区等区域名称在企业名称中使用时应当与行政区划名称连用，不得单独使用。

第 8 条 企业名称中的字号应当由两个以上汉字组成。

县级以上地方行政区划名称、行业或者经营特点不得作为字号，另有含义的除外。

第 9 条 企业名称中的行业或者经营特点应当根据企业的主营业务和国民经济行业分类标准标明。国民经济行业分类标准中没有规定的，可以参照行业习惯或者专业文献等表述。

第 10 条 企业应当根据其组织结构或者责任形式，依法在企业名称中标明组织形式。

第 11 条 企业名称不得有下列情形：

（一）损害国家尊严或者利益；

（二）损害社会公共利益或者妨碍社会公共秩序；

（三）使用或者变相使用政党、党政军机关、群团组织名称及其简称、特定称谓和部队番号；

（四）使用外国国家（地区）、国际组织名称及其通用简称、特定称谓；

（五）含有淫秽、色情、赌博、迷信、恐怖、暴力的内容；

（六）含有民族、种族、宗教、性别歧视的内容；

（七）违背公序良俗或者可能有其他不良影响；

（八）可能使公众受骗或者产生误解；

（九）法律、行政法规以及国家规定禁止的其他情形。

第 12 条 企业名称冠以"中国"、"中华"、"中央"、"全国"、

"国家"等字词，应当按照有关规定从严审核，并报国务院批准。国务院市场监督管理部门负责制定具体管理办法。

企业名称中间含有"中国"、"中华"、"全国"、"国家"等字词的，该字词应当是行业限定语。

使用外国投资者字号的外商独资或者控股的外商投资企业，企业名称中可以含有"（中国）"字样。

第13条 企业分支机构名称应当冠以其所从属企业的名称，并缀以"分公司"、"分厂"、"分店"等字词。境外企业分支机构还应当在名称中标明该企业的国籍及责任形式。

第14条 企业集团名称应当与控股企业名称的行政区划名称、字号、行业或者经营特点一致。控股企业可以在其名称的组织形式之前使用"集团"或者"（集团）"字样。

第15条 有投资关系或者经过授权的企业，其名称中可以含有另一个企业的名称或者其他法人、非法人组织的名称。

第16条 企业名称由申请人自主申报。

申请人可以通过企业名称申报系统或者在企业登记机关服务窗口提交有关信息和材料，对拟定的企业名称进行查询、比对和筛选，选取符合本规定要求的企业名称。

申请人提交的信息和材料应当真实、准确、完整，并承诺因其企业名称与他人企业名称近似侵犯他人合法权益的，依法承担法律责任。

第17条 在同一企业登记机关，申请人拟定的企业名称中的字号不得与下列同行业或者不使用行业、经营特点表述的企业名称中的字号相同：

（一）已经登记或者在保留期内的企业名称，有投资关系的除外；

（二）已经注销或者变更登记未满1年的原企业名称，有投资关系或者受让企业名称的除外；

（三）被撤销设立登记或者被撤销变更登记未满 1 年的原企业名称，有投资关系的除外。

第 18 条　企业登记机关对通过企业名称申报系统提交完成的企业名称予以保留，保留期为 2 个月。设立企业依法应当报经批准或者企业经营范围中有在登记前须经批准的项目的，保留期为 1 年。

申请人应当在保留期届满前办理企业登记。

第 19 条　企业名称转让或者授权他人使用的，相关企业应当依法通过国家企业信用信息公示系统向社会公示。

第 20 条　企业登记机关在办理企业登记时，发现企业名称不符合本规定的，不予登记并书面说明理由。

企业登记机关发现已经登记的企业名称不符合本规定的，应当及时纠正。其他单位或者个人认为已经登记的企业名称不符合本规定的，可以请求企业登记机关予以纠正。

第 21 条　企业认为其他企业名称侵犯本企业名称合法权益的，可以向人民法院起诉或者请求为涉嫌侵权企业办理登记的企业登记机关处理。

企业登记机关受理申请后，可以进行调解；调解不成的，企业登记机关应当自受理之日起 3 个月内作出行政裁决。

第 22 条　利用企业名称实施不正当竞争等行为的，依照有关法律、行政法规的规定处理。

第 23 条　使用企业名称应当遵守法律法规，诚实守信，不得损害他人合法权益。

人民法院或者企业登记机关依法认定企业名称应当停止使用的，企业应当自收到人民法院生效的法律文书或者企业登记机关的处理决定之日起 30 日内办理企业名称变更登记。名称变更前，由企业登记机关以统一社会信用代码代替其名称。企业逾期未办理变更登的，企业登记机关将其列入经营异常名录；完成变更登记后，企业登记机关将其移出经营异常名录。

第24条 申请人登记或者使用企业名称违反本规定的，依照企业登记相关法律、行政法规的规定予以处罚。

企业登记机关对不符合本规定的企业名称予以登记，或者对符合本规定的企业名称不予登记的，对直接负责的主管人员和其他直接责任人员，依法给予行政处分。

第25条 农民专业合作社和个体工商户的名称登记管理，参照本规定执行。

第26条 本规定自2021年3月1日起施行。

◆ **案例指引**

【公报案例】 山东起重机厂有限公司与山东山起重工有限公司侵犯企业名称权纠纷案（最高人民法院（2008）民申字第758号，载《最高人民法院公报》2010年第3期）

裁判要旨

企业名称的简称源于语言交流的方便。企业简称的形成与两个过程有关：一是企业自身使用简称代替其正式名称；二是社会公众对于企业简称的认同，即认可企业简称与其正式名称所指代对象为同一企业。由于简称省略了正式名称中某些具有限定作用的要素，可能会不适当地扩大正式名称所指代的对象范围。因此，企业简称能否特指该企业，取决于该企业简称是否为相关社会公众所认可，并在相关社会公众中建立起与该企业的稳定的关联关系。对于具有一定的市场知名度、为相关社会公众所熟知并已经实际具有商号作用的企业或者企业名称的简称，可以视为企业名称。如果经过使用和社会公众认同，企业的特定简称已经在特定地域内为相关社会公众所认可，具有相应的市场知名度，与该企业建立了稳定的关联关系，具有识别经营主体的商业标识意义，他人在后擅自使用该知名企业简称，足以使特定地域内的相关社会公众对在后使用者和在先企业之间发生市场主体的混淆、误认，在后使用者就会不恰当地利用在先企业的商誉，侵害在先企业的合法权益。具有此种情形的，应当将在先企业的特定简称视为企业名称，并根据《反不正当竞争法》第 5 条第 3 项的规定加以保护。

【公报案例】福建省白沙消防工贸有限公司诉南安市白沙消防设备有限公司侵犯企业名称（字号）权及不正当竞争纠纷案（福建省高级人民法院（2008）闽民终字第 514 号，载《最高人民法院公报》2010 年第 6 期）

裁判要旨

南安白沙公司的现有企业名称是依法定程序申请登记并得到核准注册的。两家公司企业名称的行政区划、经营特点均不相同，可以认定二者既不相同也不近似。福建白沙公司在一审时提供的证据，仅能证明邮政部门等投递信件错误，尚不足以证明消防行业的相关公众对两家公司的消防产品产生混淆。因此，南安白沙公司使用依法经核准注册的企业名称的行为，不属于我国《反不正当竞争法》第 5 条第 3 项所称的"擅自使用他人的企业名称"的行为，不对福建白沙公司构成不正当竞争。从本案查明的事实看，该地区还有多家企业也是以"白沙"为企业名称字号。因此，南安白沙公司延续使用"白沙"字号并无主观恶意，不存在"傍名牌"的不正当竞争行为，也没有侵犯福建白沙公司的企业名称专用权。到本案诉讼时，南安白沙公司使用"白沙"字号已长达 12 年，其为该字号的声誉提升也付出了大量心血和努力。如果在此时责令其停止使用，则有违公平合理原则。因此，驳回福建省白沙公司的全部诉讼请求。

> **第七条　【公司名称中的组织形式】**
> 依照本法设立的有限责任公司，应当在公司名称中标明有限责任公司或者有限公司字样。
> 依照本法设立的股份有限公司，应当在公司名称中标明股份有限公司或者股份公司字样。

◆ 条文主旨

本条规定了公司名称中应当标明组织形式。

◆ 修改情况

本条将2018年《公司法》第8条第1款和第2款中的"必须"修改为"应当"。

◆ 条文注释

本条规定旨在使得社会公众通过公司名称快速了解公司的性质和责任形式，进而判断公司的信用基础，进而维护交易相对人的合法权益和交易安全，保障社会经济秩序。

我国市场中的商事主体类型众多，不仅包括按照我国法律设立的公司、非公司企业法人、个人独资企业、合伙企业、农民专业合作社、个体工商户等，还包括外国公司的分支机构、代表处等。在公司名称中标明组织形式，能够提供最基本和最直观的信用信息，以区别于其他非公司制的商事主体。

除了其他非公司制的商事主体之间存在差异，有限责任公司和股份有限公司之间在公司设立、股权转让、公司治理结构、公司资本制度等领域也存在诸多差异，标明其有限责任公司或股份有限公司的身份，有利于公司开展经营活动，保障利益相关者的合法权益。

◆ **关联规范**

《企业名称登记管理规定》(2020 年修订)

第 10 条 企业应当根据其组织结构或者责任形式,依法在企业名称中标明组织形式。

第八条 【公司住所】

公司以其主要办事机构所在地为住所。

◆ **条文主旨**

本条规定了公司住所的确定方式。

◆ **修改情况**

本条未作修改。

◆ **条文注释**

公司作为法人,所进行的经营、管理等活动开展均需要一定的场所。从域外立法例上来看,公司住所的确定通常有三种标准:其一,管理中心主义,即以公司的管理中枢所在地为公司住所;其二,营业中心主义,即以公司的主要营业所在地为公司住所;其三,由公司章程确定。根据本条规定,我国公司法采管理中心主义,即以公司的主要办事机构所在地为住所。

如何确定公司的主要办事机构所在地,在实践中存在争议。主要办事机构的确定,需要综合考虑股东会、董事会、监事会等组织机构所在地,董事、监事、高级管理人员的办公地点,公司的财务、法务、行政等职能部门的办公地点等。2022 年修正的《民事诉讼法司法解释》第 3 条第 2 款规定:"法人或者其他组织的主要办事机构所在地不能确定的，法人或者其他组织的注册地或者登记地为住所地。"

公司住所具有多重法律意义：

其一，确定合同的成立地和履行地。《民法典》第492条规定："承诺生效的地点为合同成立的地点。采用数据电文形式订立合同的，收件人的主营业地为合同成立的地点；没有主营业地的，其住所地为合同成立的地点。当事人另有约定的，按照其约定。"如果合同当事人对履行地点没有约定或约定不明确的，可以协议补充，不能达成补充协议的，按照合同相关条款或者交易习惯确定。如果仍然不能确定的，第511条规定，履行地点不明确，给付货币的，在接受货币一方所在地履行；交付不动产的，在不动产所在地履行；其他标的，在履行义务一方所在地履行。

其二，确定诉讼管辖。《民事诉讼法》第22条规定，对法人或者其他组织提起的民事诉讼，由被告住所地人民法院管辖。《民事诉讼法》第27条规定，因公司设立、确认股东资格、分配利润、解散等纠纷提起的诉讼，由公司住所地人民法院管辖。《民事诉讼法司法解释》第22条规定，因股东名册记载、请求变更公司登记、股东知情权、公司决议、公司合并、公司分立、公司减资、公司增资等纠纷提起的诉讼，依照《民事诉讼法》第27条的规定确定管辖。

其三，确定法律文书的送达地。根据我国《民事诉讼法》第88条的规定，人民法院送达诉讼文书时，应当直接送交受送达人，直接送达诉讼文书有困难的，可以委托其他人民法院代为送达，或者邮寄送达。无论何种送达方式，公司住所均为受送达处所。

其四，确定公司的行政管理所在地。根据《市场主体登记管理条例实施细则》第10条规定，申请人应当根据市场主体类型依法向其住所（主要经营场所、经营场所）所在地具有登记管辖权的登记机关办理登记。各省市还制定了企业住所和经营场所的相关管理办法，细化了对公司住所的登记管理规则。

其五，确定涉外法律适用准据法。公司住所是涉外民事关系法律适用中的密切联系点之一。比如，《涉外民事关系法律适用法》第14条规定，法人及其分支机构的民事权利能力、民事行为能力、组织机构、股东权利义务等事项，适用登记地法律。法人的主营业地与登记地不一致的，可以适用主营业地法律。法人的经常居所地，为其主营业地。

◆ **关联规范**

1. **《民法典》**（2021年1月1日起施行）

第63条　【法人的住所】法人以其主要办事机构所在地为住所。依法需要办理法人登记的，应当将主要办事机构所在地登记为住所。

2. **《市场主体登记管理条例》**（2022年3月1日起施行）

第8条　【一般登记事项】市场主体的一般登记事项包括：

（一）名称；

（二）主体类型；

（三）经营范围；

（四）住所或者主要经营场所；

（五）注册资本或者出资额；

（六）法定代表人、执行事务合伙人或者负责人姓名。

除前款规定外，还应当根据市场主体类型登记下列事项：

（一）有限责任公司股东、股份有限公司发起人、非公司企业法人出资人的姓名或者名称；

（二）个人独资企业的投资人姓名及居所；

（三）合伙企业的合伙人名称或者姓名、住所、承担责任方式；

（四）个体工商户的经营者姓名、住所、经营场所；

（五）法律、行政法规规定的其他事项。

第 11 条　【住所登记】市场主体只能登记一个住所或者主要经营场所。

电子商务平台内的自然人经营者可以根据国家有关规定，将电子商务平台提供的网络经营场所作为经营场所。

省、自治区、直辖市人民政府可以根据有关法律、行政法规的规定和本地区实际情况，自行或者授权下级人民政府对住所或者主要经营场所作出更加便利市场主体从事经营活动的具体规定。

第 27 条　【住所变更】市场主体变更住所或者主要经营场所跨登记机关辖区的，应当在迁入新的住所或者主要经营场所前，向迁入地登记机关申请变更登记。迁出地登记机关无正当理由不得拒绝移交市场主体档案等相关材料。

3.《民事诉讼法司法解释》(2022 年修订)

第 3 条　公民的住所地是指公民的户籍所在地，法人或者其他组织的住所地是指法人或者其他组织的主要办事机构所在地。

法人或者其他组织的主要办事机构所在地不能确定的，法人或者其他组织的注册地或者登记地为住所地。

◆ 案例指引

【典型案例】胥某、西藏天匀商业管理有限公司等股东资格确认纠纷其他民事民事裁定书（最高人民法院（2021）最高法民辖 23 号）

裁判要旨

《民事诉讼法司法解释》第 3 条规定："法人或者其他组织的住所地是指法人或者其他组织的主要办事机构所在地。法人或者其他组织的主要办事机构所在地不能确定的，法人或者其他组织的注册地或者登记地为住所地。"根据《民法典》第 63 条和第 65 条的规定，法人应当将主要办事机构所在地登记为住所，法人的实际情况与登记的事项不一致的，不得对抗善意相对人。天匀公司已于2019年7月11日将住所从四川省郫县犀浦镇国宁东路991号1栋1单元1号，变更为拉萨市经济技术开发区金珠西路158号阳光新城A区3栋1单元5-2房，目前工商登记注册显示的住所位于西藏自治区拉萨市经济技术开发区，西藏自治区拉萨市堆龙德庆区人民法院作为天匀公司住所地人民法院，对案件有管辖权。虽然天匀公司提交了《房屋租赁协议》《公证书》等证据，证明其主要办事机构在四川省成都市高新区，但《房屋租赁协议》不仅签订时间为2019年6月3日，晚于天匀公司住所变更时间，且签订主体也为成都天中公司，并非天匀公司。《公证书》只能表明天匀公司在成都市高新区有办事场所，上述证据均无法证明天匀公司主要办事机构在四川省成都市高新区。西藏自治区拉萨市堆龙德庆区人民法院作为被告住所地人民法院，对本案有管辖权。

【典型案例】孙某才、中恒信达信息咨询（吉林）有限公司民事执行监督执行裁定书（最高人民法院民事执行监督执行裁定书（2021）最高法执监549号）

裁判要旨

依据《民法典》第63条规定，法人登记的住所与主要办事机构所在地应该是一致的。法人登记信息具有公示效力，能够作为确定执行管辖的依据。一方当事人基于法人登记信息确定法人住所地，并据此确定管辖法院寻求司法救济，人民法院应予支持，否则将使公众不得不自力调查法人的各项情况与登记信息是否一致，增加社会成本及当事人负担。此外，申诉人非因自身过错而不掌握法人实际主要办事机构所在地，依据登记信息确定法人住所，并据此向有管辖权的人民法院申请执行，应该推定其属于善意相对人，对其请求应予支持。本案中，中恒信达公司的登记地在延林中院的辖区内。延林中院和吉林高院查明中恒信达公司登记地并非其主要办事机构所在地，并未查明其主要办事机构具体所在。申诉人亦表示自己不清楚中恒信达公司的主要办事机构所在。这种情况下，应当认定符合司法解释规定的"法人或者其他组织的主要办事机构所在地不能确定的"情形，应当以中恒信达公司登记的住所作为公司住所，故延林中院对本案具有管辖权。

第九条　【经营范围】

公司的经营范围由公司章程规定。公司可以修改公司章程，变更经营范围。

公司的经营范围中属于法律、行政法规规定须经批准的项目，应当依法经过批准。

◆ 条文主旨

本条规定了公司的经营范围由章程自主规定，以及需要经过批准的情形。

◆ 修改情况

本条将2018年《公司法》第12条中经营范围应当依法登记和变更登记的内容统合至本法第32条"公司登记事项"中予以规定。

◆ 条文注释

公司的经营范围，是指公司经营活动中所涉及的领域。公司的经营范围，应当按照登记机关公布的经营范围规范目录办理经营范围登记。为此，国家市场监督管理总局以《国民经济行业分类》为基础，参照相关政策文件、行业习惯和专业文献，编制了《经营范围登记规范表述目录（试行）》，由市场主体自主选择规范条目办理经营范围登记。规范条目采用归类概括的方式表述经营活动内容，与规范条目标示的经营活动相关及附属的具体经营方式、服务内容、产品规格及生产环节等，均使用对应的规范条目办理登记。

本条第 1 款规定，公司的经营范围系由公司通过公司章程的方式自主确定。根据本法第 46 条和第 95 条的规定，经营范围是公司章程的法定记载事项，也是公司法规定的登记事项之一。通过修改公司章程，公司可以变更经营范围，但应自决议修改公司章程、变更经营范围之日起 30 日内向登记机关申请变更登记，属于依法须经批准的，还应当履行批准手续。

本条第 2 款规定，公司的经营范围中属于法律、行政法规规定须经批准的项目，应当依法经过批准。需要特别注意的是，根据本款规定，只有法律、行政法规方能设置许可事项，其他位阶的规范性文件并不能设定权限。根据《市场主体登记管理条例》第 14 条的规定，公司的经营范围，依照是否须经批准，可以分为一般经营项目和许可经营项目。根据批准须在公司设立之前取得还是设立之后取得，还可以进一步分为前置许可经营项目和后置许可经营项目。

（1）一般经营项目，是指公司可以自主决定从事的经营项目，仅需进行公司登记即可，无须审批。凡是未列入许可经营项目的事项，均属于商事自治范畴，"法无禁止皆可为"。对于一般经营项目，如果公司超出其章程规定或登记的经营范围，不仅因超越经营范围而导致合同无效。对此，《民法典》第 505 条规定，"当事人超越经营范围订立的合同的效力，应当依照本法第一编第六章第三节和本编的有关规定确定，不得仅以超越经营范围确认合同无效"。

（2）前置许可经营项目，是指在公司设立之前必须经有关部门批准，方可设立公司从事经营活动的事项。2014 年以来，国务院将原来的 226 项前置审批中的 87% 改为后置或取消，根据有关法律、行政法规、国务院决定修改完善情况，国家市场监督管理部门适时修订《企业登记前置审批项目目录》和《企业变更登记、注销登记前置审批事项目录》，实现了对工商登记前置审批事项目录的动态管理。目前的企业登记前置审批事项包括快递业务经营许可、经营劳务派遣业务许可等。

（3）后置许可经营项目，是指在公司设立之后，需要经过有关部门批准，方可从事的经营事项。比如，《中华人民共和国食品安全法》第35条规定，从事食品生产、食品销售、餐饮服务等，应当依法取得许可。后置许可经营项目具体可参见各省、自治区、直辖市的市场监督管理部门发布的后置审批事项目录。

◆ **关联规范**

1. 《民法典》（2021年1月1日起施行）

第505条 【超越经营范围的合同效力】当事人超越经营范围订立的合同的效力，应当依照本法第一编第六章第三节和本编的有关规定确定，不得仅以超越经营范围确认合同无效。

2. 《全民所有制工业企业法》（2009年修正）

第16条 设立企业，必须依照法律和国务院规定，报请政府或者政府主管部门审核批准。经工商行政管理部门核准登记、发给营业执照，企业取得法人资格。

企业应当在核准登记的经营范围内从事生产经营活动。

3. 《合伙企业法》（2006年修订）

第9条 申请设立合伙企业，应当向企业登记机关提交登记申请书、合伙协议书、合伙人身份证明等文件。

合伙企业的经营范围中有属于法律、行政法规规定在登记前须经批准的项目的，该项经营业务应当依法经过批准，并在登记时提交批准文件。

4. 《市场主体登记管理条例》（2022年3月1日起施行）

第14条 【经营范围】市场主体的经营范围包括一般经营项目

和许可经营项目。经营范围中属于在登记前依法须经批准的许可经营项目，市场主体应当在申请登记时提交有关批准文件。

市场主体应当按照登记机关公布的经营项目分类标准办理经营范围登记。

第 26 条　【经营范围变更】市场主体变更经营范围，属于依法须经批准的项目的，应当自批准之日起 30 日内申请变更登记。许可证或者批准文件被吊销、撤销或者有效期届满的，应当自许可证或者批准文件被吊销、撤销或者有效期届满之日起 30 日内向登记机关申请变更登记或者办理注销登记。

5.《最高人民法院关于审理外商投资企业纠纷案件若干问题的规定（一）》（2020 年修订）

第 2 条　当事人就外商投资企业相关事项达成的补充协议对已获批准的合同不构成重大或实质性变更的，人民法院不应以未经外商投资企业审批机关批准为由认定该补充协议未生效。

前款规定的重大或实质性变更包括注册资本、公司类型、经营范围、营业期限、股东认缴的出资额、出资方式的变更以及公司合并、公司分立、股权转让等。

◆ **案例指引**

【典型案例】北京月球村新能源科技有限公司不服北京市工商行政管理局朝阳分局登记驳回通知案（北京市第二中级人民法院（2007）二中行终字第 233 号）

裁判要旨

《行政许可法》第 2 条规定，本法所称行政许可，是指行政机关根据公民、法人或者其他组织的申请，经依法审查，准予其从事特定活动的行为。我国行政许可法将行政许可行为作了广义的理解，不仅包括行政机关对所有的申请行为的处分，而且包括诸如执照、注册证书、批准证书等的处分。公司的经营范围用语应当参照国民经济行业分类标准。从上述法规字面理解，一般来说公司的经营范围由经营者自行决定，上报工商行政管理部门备案只是一个登记程序，而非审查批准程序。但是，从法理上以及上述《行政许可法》规定的精神来看，公司经营范围的登记申请是需要审查的，不但涉及特许经营的需要进行审查，涉及一些超出现有法规所列明或者社会公众依常理所认可的经营内容，工商行政机关也应行使审查权。所以，在此意义上来说，公司的经营范围属于行政许可的范畴。本案中，法院认定《国民经济行业分类标准》是工商部门在核定经营范围时确定经营范围用语的参照依据，也是市场经济秩序相应监管部门确认相关事项的参照依据，并无不妥。月球村公司申请增加的经营事项为"销售特定地区的特色空气"，该申请内容指向的销售对象具有不确定性，且经营行为所属行业无法参照《国民经济行业分类与代码》予以确认。据此，朝阳工商分局作出驳回登记申请的通知，符合前述法规的规定，有利于维护现阶段我国市场经济发展水平下的市场经济秩序。

【典型案例】 北京玖富普惠信息技术有限公司与杨某借款合同纠纷案（陕西省渭南市中级人民法院（2022）陕05民终2270号）

裁判要旨

公司的经营范围应依法登记；公司的经营范围中属于法律、行政法规规定须经批准的项目，应当依法经过批准。案涉公司开展网络借贷信息中介业务的机构，应当在经营范围中实质明确网络借贷信息中介，但其《营业执照》没有实质明确"网络借贷信息中介"经营范围，虽然中国互联网金融协会向玖富公司颁发了《中国互联网协会会员证书》，但该协会属行业性协会组织，不是管理办法要求的备案机构，被告未按上述规定及营业执照载明要求向工商登记注册地地方金融监管部门备案登记。故被告不具有网络借贷信息中介的经营范围。

第十条 【法定代表人的选任、辞任与补任】

公司的法定代表人按照公司章程的规定,由代表公司执行公司事务的董事或者经理担任。

担任法定代表人的董事或者经理辞任的,视为同时辞去法定代表人。

法定代表人辞任的,公司应当在法定代表人辞任之日起三十日内确定新的法定代表人。

◆ **条文主旨**

本条规定了法定代表人的选任范围、辞任、补任规则。

◆ **修改情况**

本条对 2018 年《公司法》第 13 条的修改有以下四点:

一是将"法定代表人依法登记"的内容统合至本法第 32 条"公司登记事项"之中;

二是修改了"法定代表人的选任范围",将其扩大至"代表公司执行公司事务的董事或经理";

三是新增了担任法定代表人的董事或经理的辞任规则;

四是新增了法定代表人辞任后,公司在 30 日内确定新的法定代表人的义务。

◆ **条文注释**

法定代表人是我国公司法中的独特制度。依照《民法典》第 61 条的规定,法定代表人是代表法人从事民事活动的负责人,其以法人名义从事的民事活动,法律后果由法人承担。在 2023 年《公司法》修订之前,该制度存在选任范围狭窄、导致董事地位异化、垄断公司表意渠道、工商登记变更困难、削弱公司治理效用等问题。[①] 在 2023 年《公司法》修订过程中，各方面的意见主要集中在建议废除法定代表人制度、降低法定代表人制度的强制性、扩大法定代表人的选任范围、允许设立复数法定代表人、明确法定代表人的任免机制等方面。

2023 年《公司法》对法定代表人制度作出了有针对性的重大修改，修订内容分散在本法第 10 条、第 35 条、第 46 条、第 70 条、第 95 条等条文，共同构成了修订后的法定代表人制度体系。其中，本法第 10 条扩大了法定代表人的选任范围，第 35 条明确法定代表人的登记变更规则，第 46 条和第 95 条修改了章程对法定代表人事项的记载内容。其他条款的具体阐释请参见各条款。经修改后，法定代表人制度的自治性得以增强，实践中法定代表人制度的部分痼疾在一定程度上得以克服。

本条的规范要旨有以下四点：

一、法定代表人的选任由公司章程规定

本条第 1 款前段明确法定代表人的选任和产生由公司章程规定。本法第 46 条规定，有限责任公司章程应当载明公司法定代表人的产生、变更办法。本法第 95 条对股份有限公司章程作了同样规定。因此，法定代表人如何产生、变更，由谁担任，均须依照公司章程确定。

二、法定代表人的选任范围

本条在 2018 年《公司法》的基础上扩张了可以担任法定代表人的人员范围。按照 2018 年《公司法》第 13 条的规定，公司法定代表人依照公司章程的规定，由董事长、执行董事或者经理担任，并

[①] 刘斌：《公司治理视域下公司表意机制之检讨》，载《中国政法大学学报》2021 年第 2 期。

依法登记。2018年《公司法》中的执行董事，是指股东人数较少或者规模较小的有限责任公司所设的执行董事，由其行使董事会的职权。2023年《公司法》修订之后，新法删除了执行董事的该种用法，将执行董事的概念重塑为执行公司事务的董事，与非执行董事相对应。但是，为了避免新法与旧法中用语的混淆，本条采取了"代表公司执行公司事务的董事"的内涵表述方式，而没有径直将其定义为执行董事。

在各国公司实践中，根据董事外部性、独立性的程度，可将董事分为执行董事与非执行董事、内部董事与外部董事、独立董事与非独立董事。

（1）执行董事和非执行董事。执行董事，是指除了在公司中担任董事职务之外，还兼任公司高级管理人员并代表公司执行业务的董事。非执行董事，是指除了在公司中担任董事外不担任其他任何职务，不负责公司业务执行的董事。

（2）内部董事和外部董事。内部董事，是指由公司经营管理人员或者其他员工等内部人员担任的董事。外部董事与非执行董事一样，在公司中除了担任董事职务，不担任其他任何职务，不负责执行公司业务。与非执行董事的区别是，外部董事不在公司中领取除津贴之外的报酬。

（3）独立董事和非独立董事。独立董事除应当符合外部董事的条件外，还应当与公司的股东、实际控制人以及其他董事、监事、高级管理人员等不存在可能影响其独立客观判断和独立履行职务的关系。非独立董事是指不满足前述独立性要求的董事。目前，我国公司法要求上市公司设独立董事。

根据本条第1款规定，可担任法定代表人的董事范围从董事长扩大至所有执行公司事务的董事，以及公司的经理。需要指出的是，此处的经理仅指总经理，而不包括副经理。无论执行公司事务的董事，抑或负责日常经营管理工作的经理，均具有担任法定代表人的适合性。

三、新增法定代表人的辞任规则

本条第2款规定，担任法定代表人的董事或经理辞任的，视为同时辞去法定代表人。由于本条第1款限定了法定代表人的选任范围，并非公司的任何人员皆可担任，故而，如果担任法定代表人的董事或经理辞任，其本身即不再符合本法规定的担任法定代表人的资格条件，应当视为同时卸任法定代表人职务。

除了本款规定的辞任情形外，法定代表人还可以单独辞去其法定代表人职务，并同时保留其董事或经理职务。此时，仅发生法定代表人卸任的后果，并不影响其董事或经理的职位。

四、法定代表人辞任后公司的补任义务

本条第3款规定，法定代表人辞任的，公司应当在法定代表人辞任之日起30日内确定新的法定代表人。法定代表人是公司的法定表意机构，也是公司对外意思表示的惯常通道。除了通过法定代表人对外进行意思表示之外，在司法实践中，在法定代表人空缺或怠于履职时，由股东会或董事会通过决议的方式授权代理人的表意方式，也为法院所承认。比如，在巴菲特投资有限公司诉上海自来水投资建设有限公司股权转让纠纷案中，上海市第二中级人民法院认为，案涉被告自来水公司形成的董事会决议，虽然未标明为"授权委托书"，但其内容已体现出授权委托的意思表示，符合授权委托的基本要素。

本款规定实际上也承认了公司的法定代表人可以因特殊事由而短暂空缺。在司法实践中，法定代表人在辞任后请求公司变更登记或者涤除登记的诉讼屡见不鲜，有法院基于法定代表人是公司的法定组织机构不能缺位、变更法定代表人系公司自治事项、法定代表人负有类似于看守董事的信义义务等原因不予支持。对此，根据本

款规定，公司在 30 日内确定新的法定代表人即可，此系法定代表人辞任后的公司义务，并不能反噬法定代表人辞任和请求涤除登记的正当性。总之，无论基于辞任抑或解任，卸任的法定代表人均可请求涤除登记。

基于同样的法理，如果公司解任法定代表人的，同样也应当在解任之日起 30 日内确定新的法定代表人。易言之，本款同样适用于法定代表人被解任的情形。

◆ **关联规范**

1.《民法典》(2021 年 1 月 1 日起施行)

第 61 条　**【法定代表人及其代表行为后果】** 依照法律或者法人章程的规定，代表法人从事民事活动的负责人，为法人的法定代表人。

法定代表人以法人名义从事的民事活动，其法律后果由法人承受。

法人章程或者法人权力机构对法定代表人代表权的限制，不得对抗善意相对人。

2.《企业破产法》(2007 年 6 月 1 日起施行)

第 15 条　**【债务人有关人员的义务】** 自人民法院受理破产申请的裁定送达债务人之日起至破产程序终结之日，债务人的有关人员承担下列义务：

（一）妥善保管其占有和管理的财产、印章和账簿、文书等资料；

（二）根据人民法院、管理人的要求进行工作，并如实回答询问；

（三）列席债权人会议并如实回答债权人的询问；

（四）未经人民法院许可，不得离开住所地；

（五）不得新任其他企业的董事、监事、高级管理人员。

前款所称有关人员，是指企业的法定代表人；经人民法院决定，可以包括企业的财务管理人员和其他经营管理人员。

3.《民事诉讼法司法解释》（2022年修订）

第50条　【法定代表人的确定】 法人的法定代表人以依法登记的为准，但法律另有规定的除外。依法不需要办理登记的法人，以其正职负责人为法定代表人；没有正职负责人的，以其主持工作的副职负责人为法定代表人。

法定代表人已经变更，但未完成登记，变更后的法定代表人要求代表法人参加诉讼的，人民法院可以准许。

其他组织，以其主要负责人为代表人。

4.《市场主体登记管理条例》（2022年3月1日起施行）

第12条　【法定代表人的消极资格】 有下列情形之一的，不得担任公司、非公司企业法人的法定代表人：

（一）无民事行为能力或者限制民事行为能力；

（二）因贪污、贿赂、侵占财产、挪用财产或者破坏社会主义市场经济秩序被判处刑罚，执行期满未逾5年，或者因犯罪被剥夺政治权利，执行期满未逾5年；

（三）担任破产清算的公司、非公司企业法人的法定代表人、董事或者厂长、经理，对破产负有个人责任的，自破产清算完结之日起未逾3年；

（四）担任因违法被吊销营业执照、责令关闭的公司、非公司企业法人的法定代表人，并负有个人责任的，自被吊销营业执照之日起未逾3年；

（五）个人所负数额较大的债务到期未清偿；

（六）法律、行政法规规定的其他情形。

5. 《企业信息公示暂行条例》(2014年10月1日起施行)

第 17 条 有下列情形之一的,由县级以上工商行政管理部门列入经营异常名录,通过企业信用信息公示系统向社会公示,提醒其履行公示义务;情节严重的,由有关主管部门依照有关法律、行政法规规定给予行政处罚;造成他人损失的,依法承担赔偿责任;构成犯罪的,依法追究刑事责任:

(一)企业未按照本条例规定的期限公示年度报告或者未按照工商行政管理部门责令的期限公示有关企业信息的;

(二)企业公示信息隐瞒真实情况、弄虚作假的。

被列入经营异常名录的企业依照本条例规定履行公示义务的,由县级以上工商行政管理部门移出经营异常名录;满3年未依照本条例规定履行公示义务的,由国务院工商行政管理部门或者省、自治区、直辖市人民政府工商行政管理部门列入严重违法企业名单,并通过企业信用信息公示系统向社会公示。被列入严重违法企业名单的企业的法定代表人、负责人,3年内不得担任其他企业的法定代表人、负责人。

企业自被列入严重违法企业名单之日起满5年未再发生第一款规定情形的,由国务院工商行政管理部门或者省、自治区、直辖市人民政府工商行政管理部门移出严重违法企业名单。

◆ **案例指引**

【公报案例】韦某兵与新疆宝塔房地产开发有限公司等请求变更公司登记纠纷案(最高人民法院(2022)最高法民再94号,载《最高人民法院公报》2022年第12期)

裁判要旨

法定代表人是对外代表公司从事民事活动的公司负责人,法定代表人登记依法具有公示效力。就公司内部而言,公司与法定代表人之间为委托法律关系，法定代表人代表权的基础是公司的授权，自公司任命时取得至免除任命时终止。公司权力机关依公司章程规定免去法定代表人的职务后，法定代表人的代表权即为终止。有限责任公司股东会依据章程规定免除公司法定代表人职务的，公司执行机关应当执行公司决议，依法办理公司法定代表人工商变更登记。

【典型案例】大拇指环保科技集团（福建）有限公司与中华环保科技集团有限公司股东出资纠纷案（最高人民法院（2014）民四终字第20号）

裁判要旨

法律规定对法定代表人变更事项进行登记，其意义在于向社会公示公司意志代表权的基本状态。工商登记的法定代表人对外具有公示效力，如果涉及公司及股东以外的第三人因公司代表权而产生的外部争议，应以工商登记为准。而对于公司与股东之间因法定代表人任免产生的内部争议，则应以有效的股东会任免决议为准，并在公司内部产生法定代表人变更的法律效果。

【典型案例】张某玲与武汉兴新业经贸有限公司请求变更公司登记纠纷案（湖北省武汉市中级人民法院（2020）鄂01民终10587号）

裁判要旨

公司法定代表人的任免或者更换，本质上属于公司自治范围，是公司内部治理问题，并非法律强制管理范畴。为保持公司的活力，人民法院应当充分尊重公司的意思自治，充分保护公司股东选择公司法定代表人和管理者的权利，而不应进行干预。

> **第十一条** 【法定代表人的行为后果】
> 法定代表人以公司名义从事的民事活动,其法律后果由公司承受。
> 公司章程或者股东会对法定代表人职权的限制,不得对抗善意相对人。
> 法定代表人因执行职务造成他人损害的,由公司承担民事责任。公司承担民事责任后,依照法律或者公司章程的规定,可以向有过错的法定代表人追偿。

◆ 条文主旨

本条规定了法定代表人以公司名义从事民事活动的法律后果、越权行为的效力、职务侵权行为的法律责任。

◆ 修改情况

本条为新增条文,衔接了《民法典》第 61 条第 2 款、第 3 款和第 62 条关于法定代表人责任的规定。

◆ 条文注释

本条第 1 款规定,法定代表人以公司名义从事的民事活动,其法律后果由公司承受。法定代表人与公司之间的关系为代表关系,而非代理关系,其代表权来自法律的明确授权,故而其行使代表权时无须公司出具授权委托书。法定代表人以公司名义从事民事活动,该行为本身即为公司的行为,其法律后果理应由公司承受。本款规定的"以公司名义",包括明示和默示两种方式。所谓明示方式,是指法定代表人明确以公司名义从事民事活动,比如签订合同。所谓默示方式,是指法定代表人虽然未明确以公司名义从事民事活动,但存在以公司名义从事民事活动的商事外观。

本条第 2 款规定,公司章程或者股东会对法定代表人职权的限制,不得对抗善意相对人。法定代表权的限制包括法定限制、章程限制、公司决议限制等形式。典型的法定限制,例如本法第 15 条规定,公司向其他企业投资或者为他人提供担保,按照公司章程的规定,由董事会或者股东会决议。章程限制和公司决议限制均来自公司内部,且未经登记公示。此时,相对人并无审查章程和公司决议之法定义务。例如,《欧盟第一号公司法指令》第 2 节第 9 条第 2 款明确规定,公司章程或者有决策权的公司机关对于公司机关权力的限制,不得被公司利用对抗第三人,即便这些限制已经公告。故而,公司不得以公司章程或公司决议对法定代表人职权的内部限制对抗善意相对人,超越内部职权限制的代表行为仍为有效,且法律后果归属于公司。此时,为了保护交易中无过错一方,善意相对人的善意可被依法推定,相对人无须举证。若公司举证相对人非为善意,即相对人知道或应当知道法定代表人的行为为越权行为,则该越权代表行为无效。需要注意的是,法定代表人越权行为不同于公司超越经营范围经营,后者并非法定代表人超越其代表权,而是公司超越了其法定或章程规定的公司能力限制。

本条第 3 款规定了法定代表人职务侵权行为的法律责任及追偿。法定代表人因执行职务造成他人损害的,系属于职务侵权行为,法律后果由法人对外承担责任。职务侵权行为的构成前提,系法定代表人职务行为的成立,如果法定代表人的行为与执行职务无关,则不构成职务侵权。职务行为的认定,应考量该行为与执行职务的牵连关系,依照通常理性人的认识标准判断即可。

公司对外承担民事责任后,对内可以依照法律或者公司章程的规定,向有过错的法定代表人追偿。此时,公司的追偿应当满足两项条件:一是存在法律或章程的依据,如果法律或章程未规定公司可以追偿,则公司无权追偿;二是法定代表人须有过错,包括故意、重大过失、一般过失。这一点与《民法典》第1191条所规定的用人单位向工作人员的追偿权不同。后者规定，用人单位的工作人员因执行工作任务造成他人损害的，由用人单位承担侵权责任。用人单位承担侵权责任后，可以向有故意或者重大过失的工作人员追偿。可见，用人单位向工作人员追偿的情形仅限于工作人员存在故意或者重大过失的情形，而根据本条规定，法定代表人的过失并不限于故意或重大过失，还包括一般过失的情形。

◆ **关联规范**

1. 《民法典》（2021年1月1日起施行）

第61条 【法定代表人及其代表行为后果】依照法律或者法人章程的规定，代表法人从事民事活动的负责人，为法人的法定代表人。

法定代表人以法人名义从事的民事活动，其法律后果由法人承受。

法人章程或者法人权力机构对法定代表人代表权的限制，不得对抗善意相对人。

第62条 【法定代表人职务行为的法律责任】法定代表人因执行职务造成他人损害的，由法人承担民事责任。

法人承担民事责任后，依照法律或者法人章程的规定，可以向有过错的法定代表人追偿。

第504条 【表见代表的效力】法人的法定代表人或者非法人组织的负责人超越权限订立的合同，除相对人知道或者应当知道其超越权限外，该代表行为有效，订立的合同对法人或者非法人组织发生效力。

2. 《民法典担保制度司法解释》（2021年1月1日起施行）

第7条 【越权担保的效力】公司的法定代表人违反公司法关于公司对外担保决议程序的规定，超越权限代表公司与相对人订立担保合同，人民法院应当依照民法典第六十一条和第五百零四条等规定处理：

（一）相对人善意的，担保合同对公司发生效力；相对人请求公司承担担保责任的，人民法院应予支持。

（二）相对人非善意的，担保合同对公司不发生效力；相对人请求公司承担赔偿责任的，参照适用本解释第十七条的有关规定。

法定代表人超越权限提供担保造成公司损失，公司请求法定代表人承担赔偿责任的，人民法院应予支持。

第一款所称善意，是指相对人在订立担保合同时不知道且不应当知道法定代表人超越权限。相对人有证据证明已对公司决议进行了合理审查，人民法院应当认定其构成善意，但是公司有证据证明相对人知道或者应当知道决议系伪造、变造的除外。

3.《民间借贷司法解释》（2020年第2次修正）

第22条 法人的法定代表人或者非法人组织的负责人以单位名义与出借人签订民间借贷合同，有证据证明所借款项系法定代表人或者负责人个人使用，出借人请求将法定代表人或者负责人列为共同被告或者第三人的，人民法院应予准许。

法人的法定代表人或者非法人组织的负责人以个人名义与出借人订立民间借贷合同，所借款项用于单位生产经营，出借人请求单位与个人共同承担责任的，人民法院应予支持。

◆ 案例指引

【典型案例】黑龙江昆丰农业发展集团有限公司、瓮福集团农资有限责任公司企业借贷纠纷案（最高人民法院（2019）最高法民终1451号）

裁判要旨

法人或法定代表人超越权限订立的合同，除相对人知道或应当知道其超越权限外，该代表行为有效。实践中，法定代表人以公司名义超越权限签订的合同无效，债权人知道或应当知道法定代表人提供的担保为超越代表权限的担保，但未尽审慎审查义务致使损害的，应当承担相应责任。因此，债权人、保证人在订立合同中均存在过错，应分别承担相应的责任。

> **第十二条　【公司形式变更】**
> 有限责任公司变更为股份有限公司，应当符合本法规定的股份有限公司的条件。股份有限公司变更为有限责任公司，应当符合本法规定的有限责任公司的条件。
> 有限责任公司变更为股份有限公司的，或者股份有限公司变更为有限责任公司的，公司变更前的债权、债务由变更后的公司承继。

◆ 条文主旨

本条规定了公司形式变更的条件和债权债务承担规则。

◆ 修改情况

本条未作修改。

◆ 条文注释

根据本条第 1 款规定，有限责任公司和股份有限公司在符合法定条件的情形下可以互相转换。在公司经营过程中，有限责任公司可能需要变更为股份有限公司，股份公司也有可能需要变更为有限公司。但是，两类公司在股东人数上限、公司资本制度、公司治理结构等事项上存在诸多差异，如果要进行公司形式变更，需要满足拟转换公司类型的法定条件。比如，有限责任公司的股东人数上限为 50 人，股份有限公司的股东人数可能超过这一数字，如果要转换成有限责任公司的话，需要将股东人数削减至 50 人以内。再比如，本法第 83 条规定，规模较小或者股东人数较少的有限责任公司，可以不设监事会，设一名监事，行使本法规定的监事会的职权；经全体股东一致同意，也可以不设监事。但如果要转换成股份有限公司，则需要设置符合公司法要求的审计委员会、监事会或监事。

本条第 2 款规定了公司形式变更后原有债权债务的处理。由于此时仅系公司形式变化，公司人格仍然延续，变更形式后公司的资产和财务状况也不发生变化。故而，变更前公司的权利和义务也当然由变更后的公司享有和承担。

◆ 关联规范

《最高人民法院关于审理与企业改制相关的民事纠纷案件若干问题的规定》（2020 年修正）

二、企业公司制改造

第 4 条 国有企业依公司法整体改造为国有独资有限责任公司的，原企业的债务，由改造后的有限责任公司承担。

第 5 条 企业通过增资扩股或者转让部分产权，实现他人对企业的参股，将企业整体改造为有限责任公司或者股份有限公司的，原企业债务由改造后的新设公司承担。

第 6 条 企业以其部分财产和相应债务与他人组建新公司，对所转移的债务债权人认可的，由新组建的公司承担民事责任；对所转移的债务未通知债权人或者虽通知债权人，而债权人不予认可的，由原企业承担民事责任。原企业无力偿还债务，债权人就此向新设公司主张债权的，新设公司在所接收的财产范围内与原企业承担连带民事责任。

第 7 条 企业以其优质财产与他人组建新公司，而将债务留在原企业，债权人以新设公司和原企业作为共同被告提起诉讼主张债权的，新设公司应当在所接收的财产范围内与原企业共同承担连带责任。

三、企业股份合作制改造

第8条 由企业职工买断企业产权，将原企业改造为股份合作制的，原企业的债务，由改造后的股份合作制企业承担。

第9条 企业向其职工转让部分产权，由企业与职工共同组建股份合作制企业的，原企业的债务由改造后的股份合作制企业承担。

第10条 企业通过其职工投资增资扩股，将原企业改造为股份合作制企业的，原企业的债务由改造后的股份合作制企业承担。

第11条 企业在进行股份合作制改造时，参照公司法的有关规定，公告通知了债权人。企业股份合作制改造后，债权人就原企业资产管理人（出资人）隐瞒或者遗漏的债务起诉股份合作制企业的，如债权人在公告期内申报过该债权，股份合作制企业在承担民事责任后，可再向原企业资产管理人（出资人）追偿。如债权人在公告期内未申报过该债权，则股份合作制企业不承担民事责任，人民法院可告知债权人另行起诉原企业资产管理人（出资人）。

◆ **案例指引**

【**典型案例**】甘肃省文化产业投融资担保有限公司、涂某星追偿权纠纷案（甘肃省兰州市中级人民法院（2019）甘01民终2397号）

裁判要旨

有限责任公司变更为股份有限公司是以组织形式转换为核心的相关内容变更，公司形式变更的性质为公司组织形式变化，变更前后公司仍保持其法律人格的同一性，体现在公司无须进行解散，有关的资产和债权债务均不发生转移，在变更前后公司人格持续统一，公司的权利义务在变更前后，均在同一个主体内存续。甘肃华协种业有限公司虽对公司类型和名称进行了变更，但法定代表人仍为王某琴，从工商登记资料显示看，两者属同一企业，涂某星仍是华协农业公司股东。涂某星向王某琴出具的授权委托书，虽有涂某星系甘肃华协种业有限公司股东、占有公司10%的股东等内容的记载，但并未明确表明上述内容是否作为授权委托书生效的前提条件，因此本院对上述记载认定为涂某星仅作为股东资格和身份的表述，并非授权委托书生效条件。涂某星在授权委托书中对王某琴的权限有明确记载，对代表涂某星本人作出承诺、保证、抵押等法律行为及签署贷款合同、抵押合同、保证合同等代理权限有明确表述，而案涉保证反担保合同的签署确在授权委托书记载的委托事项中，没有超越委托权限，对该保证反担保合同中王某琴的签字认定为涂某星授权的意思表示，涂某星系该合同的相对人即保证反担保人。主债务人华协农业公司未按约履行还款付息义务，属华协农业公司违约，对引起诉争，应承担全部违约过错责任。华协农业公司的股东王某琴、涂某星、朱某东、夏某博亦应依其所签保证反担保合同在担保范围内对华协农业公司所负债务向省文投公司承担连带保证责任。

第十三条 【子公司与分公司】

公司可以设立子公司。子公司具有法人资格，依法独立承担民事责任。

公司可以设立分公司。分公司不具有法人资格，其民事责任由公司承担。

◆ **条文主旨**

本条规定了分公司和子公司的法律地位。

◆ 修改情况

本条延续了 2018 年《公司法》第 14 条的规定，但是，将"分公司应当申请登记"的内容剥离至本法第 38 条之中，作为本法第二章公司登记部分之一条。

◆ 条文注释

公司根据经营需求，可设立子公司和分公司。其中，子公司与母公司相对应，分公司与总公司相对应。两组概念存在实质差异，子公司是独立法人，其民事责任由其独立承担；分公司是公司所设的分支机构，不具备独立法人地位，其民事责任由公司承担。

本条第 1 款规定了子公司及其法律地位。母公司可以通过股权或协议方式支配和控制子公司：就前者而言，母公司通过持有子公司一定比例以上的股份来实现支配和控制；就后者而言，母公司通过协议来实现支配和控制。尽管被母公司控制，但子公司系独立法人，拥有独立的财产，以自己名义进行各类民事活动，独立承担法律责任。如果母公司滥用其控制权，损害子公司法人独立地位，严重损害公司债权人利益的，可能导致本法第 23 条规定的法人人格否认的后果。

如果子公司是一人公司，还应当适用本法对一人公司的特别规定。本轮公司法修订大幅删减了 2018 年《公司法》第 57 条至第 63 条所对一人有限责任公司的特别规定，仅保留了原法第 63 条的举证责任倒置规则，并将其规定于本法第 23 条第 3 款。

本条第 2 款规定了分公司及其法律地位。在民事责任承担的顺位上，《民法典》第 74 条第 2 款规定："分支机构以自己的名义从事民事活动，产生的民事责任由法人承担；也可以先以该分支机构管理的财产承担，不足以承担的，由法人承担。"

◆ **关联规范**

1. 《民法典》(2021年1月1日起施行)

第74条 【法人分支机构及其民事责任承担】法人可以依法设立分支机构。法律、行政法规规定分支机构应当登记的，依照其规定。

分支机构以自己的名义从事民事活动，产生的民事责任由法人承担；也可以先以该分支机构管理的财产承担，不足以承担的，由法人承担。

2. 《市场主体登记管理条例》(2022年3月1日起施行)

第23条 市场主体设立分支机构，应当向分支机构所在地的登记机关申请登记。

3. 《企业名称登记管理规定》(2020年修订)

第13条 企业分支机构名称应当冠以其所从属企业的名称，并缀以"分公司"、"分厂"、"分店"等字词。境外企业分支机构还应当在名称中标明该企业的国籍及责任形式。

◆ **案例指引**

【典型案例】李某国与孟某生、长春圣祥建筑工程有限公司等案外人执行异议之诉案（最高人民法院（2016）最高法民再149号）

裁判要旨

法律规则是立法机关综合衡量取舍之后确立的价值评判标准，应当成为司法实践中具有普遍适用效力的规则，除非法律有特别规定，否则在适用时不应受到某些特殊情况或者既定事实的影响。根据2013年《公司法》第14条之规定，分公司的财产即为公司财产，分公司的民事责任由公司承担。以分公司名义依法注册登记的，应受到该既有规则调整。当事人之间有关公司、分公司内部经营模式、权责关系的特别约定，不足以对抗公司注册登记的公示效力，亦不足以对抗案外第三人。企业或者个人以承包租赁为名，行借用建筑施工企业资质之实的，因违反法律及司法解释规定，应当承担不受法律保护的风险。

> **第十四条　【转投资的对象】**
> 公司可以向其他企业投资。
> 法律规定公司不得成为对所投资企业的债务承担连带责任的出资人的，从其规定。

◆ **条文主旨**

本条规定了公司向其他企业投资的规则。

◆ **修改情况**

本条第2款调整了2018年《公司法》第15条的表述方式，对公司承担连带责任的投资，从"但是，除法律另有规定外，不得成为对所投资企业的债务承担连带责任的出资人"修改为"法律规定公司不得成为对所投资企业的债务承担连带责任的出资人的，从其规定"。

◆ **条文注释**

公司是独立法人，对其资产拥有财产权，享有自主经营的权利，运用公司资产进行投资是公司的正常权利。因此，本条第1款规定，公司可以向其他企业投资。历次公司法修订，也呈现出逐渐放宽公司转投资限制的过程。

为了避免公司投资失败导致公司承担无限责任，进而导致公司利益受到重大损失，进而损害公司股东和债权人的利益，2018年《公司法》规定，公司对外投资通常只限于有限责任形式的投资，除非法律另有规定。这种规定在公司信誉不佳、经营信息不透明、市场信用不健全的情况下，是有其合理性的，但是也不可避免地造成了对公司投资权利的限制。对此，2023年《公司法》进行了重大调整，从对连带责任投资的一般禁止修改为例外禁止，契合"法无禁止皆可为"的私法要义。只有法律规定公司不得成为对所投资企业的债务承担连带责任的出资人的，公司才不可进行连带责任投资，从而彻底理顺了公司转投资问题上的规范逻辑。

典型的法律限制，比如《合伙企业法》第3条规定，国有独资公司、国有企业、上市公司以及公益性的事业单位、社会团体不得成为普通合伙人。

◆ 关联规范

《合伙企业法》（2006年修订）

第3条 【不得成为普通合伙人的主体】国有独资公司、国有企业、上市公司以及公益性的事业单位、社会团体不得成为普通合伙人。

◆ 案例指引

【典型案例】广西金伍岳能源集团有限公司合同纠纷案（最高人民法院（2019）最高法民申5131号）

裁判要旨

2018年《公司法》第15条是关于公司对外投资责任限制的规定，2018年《公司法》规定公司可以对其他企业投资，但不能在出资时约定对该企业的债务承担连带责任，本案并不属于2018年《公司法》第15条规定的情形。《保证合同》是《股权转让合同》及《债务清偿协议》的从合同。在主合同有效的情况下，从合同作为当事人的真实意思表示，没有违反法律法规的禁止性规定，《保证合同》应为有效合同。

【典型案例】 禹州神火双耀矿业有限公司、高俊超建设工程合同纠纷案（河南省许昌市中级人民法院（2018）豫10民终127号）

裁判要旨

《最高人民法院关于审理与企业改制相关的民事纠纷案件若干问题的规定》第7条规定："企业以其优质财产与他人组建新公司，而将债务留在原企业，债权人以新设公司和原企业作为共同被告提起诉讼主张债权的，新设公司应当在所接收的财产范围内与原企业共同承担连带责任。"本案中，设立被告神火双耀时，被告乘龙矿业以其核心资产采矿权与经营资产房屋、井巷、机器设备等资产作价的一部分向被告神火双耀予以出资，其他部分约定作为被告神火双耀对被告乘龙矿业的负债，被告乘龙矿业的全部资产的所有权益（包括但不限于所有权、使用权、占有权、处置权等）归被告神火双耀所有和管理，同时被告乘龙矿业的原有债务留在原企业。被告乘龙矿业已经没有了自己独立的经营性财产，丧失了进行正常生产经营活动的能力，实质上已名存实亡。被告神火双耀虽辩称本案乘龙矿业对神火双耀的出资属于企业投资行为，乘龙矿业系神火双耀的股东之一，乘龙矿业具有独立的财产权。但根据乘龙矿业与许昌神火矿业集团所签订的合同书第一章总则内容，能够确定双方签订合同的目的是对小煤矿企业的兼并重组，并非2013年《公司法》第15条之规定企业可以向其他企业投资的单纯投资行为，故被告神火双耀的辩称不能成立。

第十五条 【公司投资或提供担保的限制】

公司向其他企业投资或者为他人提供担保，按照公司章程的规定，由董事会或者股东会决议；公司章程对投资或者担保的总额及单项投资或者担保的数额有限额规定的，不得超过规定的限额。

公司为公司股东或者实际控制人提供担保的，应当经股东会决议。

前款规定的股东或者受前款规定的实际控制人支配的股东，不得参加前款规定事项的表决。该项表决由出席会议的其他股东所持表决权的过半数通过。

◆ 条文主旨

本条规定了公司投资或提供担保的规则。

◆ 修改情况

本条延续了2018年《公司法》第16条的规定。

与2023年《公司法》修订将2018年《公司法》中有限责任公司的"股东会"、股份有限公司的"股东大会"统一为"股东会"相一致，本条的文字表述也进行了相应调整，并将"依照"修改为"按照"，"必须"修改为"应当"，其他内容未作修改。

◆ 条文注释

本条是公司法的重点条款，历来为司法实践和理论研究所关注。公司担保问题是民商法领域的重大争议问题，在部分案件中裁判立场甚至南辕北辙。为统一裁判尺度，最高人民法院曾起草专门关于公司担保的司法解释，后在《九民纪要》《民法典担保制度司法解释》中进一步形塑了公司担保的效力规则，形成了十分丰富的规则体系。其中，《民法典担保制度司法解释》对《九民纪要》的规定还进行了进一步的修改完善，在司法实践中应根据施行时间区分适用。此外，还存在大量关于公司担保的部门规章和监管文件。本条释义将分别阐述法条本旨和司法解释的续造规则。

一、法条本旨

1. 本条第 1 款前段规定了公司向其他企业投资或者为他人提供担保的决议程序，即按照公司章程的规定，由董事会或者股东会决议。本部分的适用要点如下：

（1）规范对象。根据本款规定，从规范对象上而言，既包括公司对外投资，也包括对外担保，均适用同样的决议规范。由于最高人民法院在《民法典担保制度司法解释》中续造了公司对外担保行为的效力规则，由此产生了公司对外投资能否参照适用公司对外担保规则的争议，包括接受投资一方有无审查决议的义务、缺少公司决议时是否影响投资行为的效力等。对此，最高人民法院在 2023 年 12 月发布的《合同编通则司法解释》第 20 条第 1 款规定："法律、行政法规为限制法人的法定代表人或者非法人组织的负责人的代表权，规定合同所涉事项应当由法人、非法人组织的权力机构或者决策机构决议，或者应当由法人、非法人组织的执行机构决定，法定代表人、负责人未取得授权而以法人、非法人组织的名义订立合同，未尽到合理审查义务的相对人主张该合同对法人、非法人组织发生效力并由其承担违约责任的，人民法院不予支持，但是法人、非法人组织有过错的，可以参照民法典第一百五十七条的规定判决其承担相应的赔偿责任。相对人已尽到合理审查义务，构成表见代表的，人民法院应当依据民法典第五百零四条的规定处理。"由此，基于越权理论，公司对外投资的相对人未审查公司决议，也将影响合同效力。这是基于越权理论解释路径的必然结果。

对此，本书认为，公司对外投资与对外担保有本质不同，二者不应被简单粗暴地同等对待。从逻辑基础上而言，公司对外投资与公司对外担保的交易结构存在实质区别，投资行为系有对价的商业行为，对外担保则系单务行为，商业风险和法律风险悬殊。更为致命的是，与"担保"在法律上的概念较为明确不同，"投资"并非严格的法律概念，将对外投资的效力与决议相关联，将进一步恶化交易的确定性，对交易效率和交易安全造成沉重打击。

（2）"为他人"意指除公司之外的其他主体。如果公司系为自己债务提供抵押、质押等典型担保和非典型担保，均系为自身利益担保，无须履行本款规定程序。如果系为其他公司、公司股东、实际控制人、董事、监事、高级管理人员等提供担保，均系为他人提供担保。此时，存在的例外是公司的全资子公司，且仅限于公司的全资子公司。根据《民法典担保制度司法解释》第8条的规定，公司为其全资子公司开展经营活动提供担保，公司以其未依照公司法关于公司对外担保的规定作出决议为由主张不承担担保责任的，人民法院不予支持。

（3）决议程序的法定性。根据本款规定，公司对外投资或对外担保，必须提供股东会决议或董事会决议，而不能是公司的其他组织机构的决议或决定。

（4）决议机构由章程规定。至于公司对外投资或对外担保具体需要由股东会或董事会决议，由公司通过章程的方式自主确定，但必须在二者中选择。

总之，本条第1款前段的规定，系对公司对外提供担保的程序限制，也表明了法定代表人不享有对外担保的决定权。法定代表人未经决议程序对外提供担保，系超越其职权的越权行为。

2. 本条第1款后段规定，公司章程对投资或者担保的总额及单项投资或者担保的数额有限额规定的，不得超过规定的限额。为了便于公司就对外投资和对外担保事项进行管理，本款规定了公司章程可以作出规定，公司、股东、董事、高级管理人员等应当遵守，股东会或董事会在作出决议时不得超出规定的限额。至于超出章程规定限额的对外担保或对外投资行为的效力，需要结合相对人的善意与否予以判断。

3. 本条第 2 款规定了公司为公司股东或者实际控制人提供担保的，必须经股东会决议。需要注意的是，此处的股东，虽然通常是公司的控股股东，但并不限于公司的控股股东。公司的实际控制人，是指通过投资关系、协议或者其他安排，能够实际支配公司行为的人。此处之所以要求经股东会决议，原因有二：其一，公司董事会通常处于控股股东或实际控制人的控制之下，可能存在利用对董事会的控制权，操纵公司对外提供担保，进而损害公司和其他股东利益；其二，公司向股东或实际控制人提供担保，将对其他股东或中小股东利益造成影响。

4. 本条第 3 款规定了为股东、实际控制人提供担保时的表决回避与表决通过规则。其中，表决回避规则要求，前款规定的股东或者受前款规定的实际控制人支配的股东，不得参加前款规定事项的表决。如果回避后造成没有适格股东参与会议，自不得形成决议。表决通过规则要求，该项表决由出席会议的其他股东所持表决权的过半数通过。需要注意的是，此处的表决通过基数为出席会议的其他股东所持表决权，而非公司的全体股东所持表决权。该表决通过规则同时适用于有限责任公司和股份有限公司。对于有限责任公司而言，公司法通常要求的是全体股东所持表决权的过半数或者多数通过，此处可视为一项特例。

二、司法解释的法律续造

1. 基于越权代表规则判断对外担保效力

基于本法第 15 条规定的公司对外担保的程序规则，如果未经决议对外提供担保，显然系违反公司法的行为。但是，无论 2018 年

《公司法》抑或 2023 年《公司法》，均未直接明确规定越权担保行为的效力。最高人民法院在《民法典担保制度司法解释》中采取了越权代表行为的效力判断规则。根据该司法解释第 7 条规定，法定代表人越权提供对外担保的，根据《民法典》第 61 条和第 504 条等规定予以处理。分述如下：

（1）基于相对人的善意与否判断对外担保效力。相对人善意的，担保合同对公司发生效力，相对人可请求公司承担担保责任的。相对人非善意的，担保合同对公司不发生效力。

（2）相对人善意与否的判断。《民法典担保制度司法解释》第 7 条规定，此处的善意，是指相对人在订立担保合同时不知道且不应当知道法定代表人超越权限。相对人有证据证明已对公司决议进行了合理审查，人民法院应当认定其构成善意。但是，如果公司有证据证明相对人知道或者应当知道决议系伪造、变造的，此时相对人不构成善意。至于需要审查何种决议，司法解释并未作进一步的具体规定，应认为股东会决议或董事会决议均可。但是，法律明确规定需要经过股东会决议的担保，如向股东或实际控制人提供的担保，则必须审查股东会决议。

（3）越权导致担保无效后的责任承担。由此导致的担保合同无效，相对人请求公司承担赔偿责任的，参照适用《民法典担保制度司法解释》第 17 条的规定。该条规定："主合同有效而第三人提供的担保合同无效，人民法院应当区分不同情形确定担保人的赔偿责任：（一）债权人与担保人均有过错的，担保人承担的赔偿责任不应超过债务人不能清偿部分的二分之一；（二）担保人有过错而债权人无过错的，担保人对债务人不能清偿的部分承担赔偿责任；（三）债权人有过错而担保人无过错的，担保人不承担赔偿责任。主合同无效导致第三人提供的担保合同无效，担保人无过错的，不承担赔偿责任；担保人有过错的，其承担的赔偿责任不应超过债务人不能清偿部分的三分之一。"

（4）法定代表人越权担保给公司造成损失的，公司可以请求法定代表人承担赔偿责任。该请求权明确规定于《民法典担保制度司法解释》第7条第2款。

2. 公司对外担保决议的例外情形

由于我国公司的整体治理水平不理想，缺乏公司决议进行担保的情形普遍存在。如果因公司未提供决议而径行否定担保合同效力，不利于维护债权人利益和市场秩序。故而，最高人民法院在《民法典担保制度司法解释》第8条中规定了三种例外情形：（1）金融机构开立保函或者担保公司提供担保；（2）公司为其全资子公司开展经营活动提供担保；（3）担保合同系由单独或者共同持有公司2/3以上对担保事项有表决权的股东签字同意。其中，第二种和第三种情形不适用于上市公司。

3. 境内上市公司对外担保的特殊规则

（1）相对人审查义务的特殊性。与普通公司不同，上市公司涉及中小投资者的权益。为了保护中小投资者权益，《民法典担保制度司法解释》对境内上市公司对外担保进行了特别规定。其特殊之处在于：其一，境内上市公司不仅须根据2023年《公司法》第15条的规定由股东会或董事会作出决议，还需要将决议进行公开披露。但是，如果债权人仅根据"上市公司公开披露的关于担保事项已经董事会或者股东大会决议通过的信息"订立担保合同，人民法院也应认定为有效担保。其二，如果债权人仅审查了上市公司的股东会或董事会决议，而非根据公开披露的信息签订担保合同，此时担保合同对上市公司不发生效力，进一步提高了上市公司对外担保情形下债权人的注意义务。

（2）上市公司责任的特殊性。在担保合同对上市公司不发生效力的情况下，上市公司既不承担担保合同有效的责任，也不承担担保合同无效后的赔偿责任。但是，发生在《民法典》和《民法典担保制度司法解释》施行之前的上市公司越权担保行为，上市公司仍然要根据其过错情况承担不超过主债务人不能履行部分的1/2或1/3的民事赔偿责任。

（3）上市公司对外担保特殊规则的准用范围。《民法典担保制度司法解释》第9条规定的特殊规则适用于境内上市公司，不包括境外上市公司。此外，该规则还准用于上市公司已公开披露的控股子公司、股票在国务院批准的其他全国性证券交易场所交易的公司。目前，国务院批准的其他全国性证券交易场所仅有全国中小企业股份转让系统，即新三板。

4. 一人公司为其股东担保的特别规则

一人公司为其股东提供担保的情况下，不存在适格的决议机关，自然无须公司决议，此时不影响担保合同效力。一人公司为其股东提供担保后，将导致公司财产和股东财产发生混同，或将进而导致公司人格丧失独立性。因此，《民法典担保制度司法解释》第10条规定，一人有限责任公司为其股东提供担保，公司因承担担保责任导致无法清偿其他债务，提供担保时的股东不能证明公司财产独立于自己的财产，其他债权人有权请求该股东承担连带责任。需要特别注意的是，此处的股东限于提供担保时的股东，以避免一人公司股东通过一人公司向自己提供担保后，又将股权转让给他人以规避法律责任的情况。

5. 分支机构提供担保的特别规则

（1）普通公司的分支机构对外提供担保的规则。公司的分支机构未经公司股东会或者董事会决议以自己的名义对外提供担保，公司或者其分支机构不承担担保责任，但是相对人不知道且不应当知道分支机构对外提供担保未经公司决议程序的除外。

（2）金融机构的分支机构对外提供担保的规则。金融机构的分支机构在其营业执照记载的经营范围内开立保函，或者经有权从事担保业务的上级机构授权开立保函，此时无须审查金融机构的决议。金融机构的分支机构未经金融机构授权提供保函之外的担保，金融机构或者其分支机构不承担担保责任，但是相对人不知道且不应当知道分支机构对外提供担保未经金融机构授权的除外。

（3）担保公司的分支机构对外提供担保的规则。担保公司的分支机构未经担保公司授权对外提供担保，担保公司或者其分支机构不承担担保责任，但是相对人不知道且不应当知道分支机构对外提供担保未经担保公司授权的除外。

（4）公司的分支机构对外提供担保，相对人非善意，请求公司承担赔偿责任的，参照《民法典担保制度司法解释》第17条的规定处理。

6. 公司对外担保规则的准用情形

《民法典》第388条规定，担保合同包括抵押合同、质押合同和其他具有担保功能的合同。由此，《民法典》对担保合同采功能主义界定方式，涵盖了各类典型担保与非典型担保。无论公司提供何种担保，均在《民法典担保制度司法解释》的射程范围之内。除了担保之外，该司法解释第12条规定，债务加入行为参照本解释关于公司为他人提供担保的有关规则处理。其逻辑基础在于，债务加入的责任更重于公司担保，根据举轻以明重的原理，也应当适用2023年《公司法》第15条和《民法典担保制度司法解释》的相关规定。

◆ **关联规范**

1.《民法典担保制度司法解释》（2021年1月1日起施行）

第7条　【越权担保的效力】 公司的法定代表人违反公司法关于公司对外担保决议程序的规定，超越权限代表公司与相对人订立担保合同，人民法院应当依照民法典第六十一条和第五百零四条等

规定处理:

(一) 相对人善意的,担保合同对公司发生效力;相对人请求公司承担担保责任的,人民法院应予支持。

(二) 相对人非善意的,担保合同对公司不发生效力;相对人请求公司承担赔偿责任的,参照适用本解释第十七条的有关规定。

法定代表人超越权限提供担保造成公司损失,公司请求法定代表人承担赔偿责任的,人民法院应予支持。

第一款所称善意,是指相对人在订立担保合同时不知道且不应当知道法定代表人超越权限。相对人有证据证明已对公司决议进行了合理审查,人民法院应当认定其构成善意,但是公司有证据证明相对人知道或者应当知道决议系伪造、变造的除外。

第8条 【公司决议的例外】 有下列情形之一,公司以其未依照公司法关于公司对外担保的规定作出决议为由主张不承担担保责任的,人民法院不予支持:

(一) 金融机构开立保函或者担保公司提供担保;

(二) 公司为其全资子公司开展经营活动提供担保;

(三) 担保合同系由单独或者共同持有公司三分之二以上对担保事项有表决权的股东签字同意。

上市公司对外提供担保,不适用前款第二项、第三项的规定。

第9条 【上市公司对外担保的效力】 相对人根据上市公司公开披露的关于担保事项已经董事会或者股东大会决议通过的信息,与上市公司订立担保合同,相对人主张担保合同对上市公司发生效力,并由上市公司承担担保责任的,人民法院应予支持。

相对人未根据上市公司公开披露的关于担保事项已经董事会或者股东大会决议通过的信息,与上市公司订立担保合同,上市公司主张担保合同对其不发生效力,且不承担担保责任或者赔偿责任的,人民法院应予支持。

相对人与上市公司已公开披露的控股子公司订立的担保合同，或者相对人与股票在国务院批准的其他全国性证券交易场所交易的公司订立的担保合同，适用前两款规定。

第 10 条　【一人公司为其股东提供担保的效力】 一人有限责任公司为其股东提供担保，公司以违反公司法关于公司对外担保决议程序的规定为由主张不承担担保责任的，人民法院不予支持。公司因承担担保责任导致无法清偿其他债务，提供担保时的股东不能证明公司财产独立于自己的财产，其他债权人请求该股东承担连带责任的，人民法院应予支持。

第 11 条　【公司分支机构提供担保的效力】 公司的分支机构未经公司股东（大）会或者董事会决议以自己的名义对外提供担保，相对人请求公司或者其分支机构承担担保责任的，人民法院不予支持，但是相对人不知道且不应当知道分支机构对外提供担保未经公司决议程序的除外。

金融机构的分支机构在其营业执照记载的经营范围内开立保函，或者经有权从事担保业务的上级机构授权开立保函，金融机构或者其分支机构以违反公司法关于公司对外担保决议程序的规定为由主张不承担担保责任的，人民法院不予支持。金融机构的分支机构未经金融机构授权提供保函之外的担保，金融机构或者其分支机构主张不承担担保责任的，人民法院应予支持，但是相对人不知道且不应当知道分支机构对外提供担保未经金融机构授权的除外。

担保公司的分支机构未经担保公司授权对外提供担保，担保公司或者其分支机构主张不承担担保责任的，人民法院应予支持，但是相对人不知道且不应当知道分支机构对外提供担保未经担保公司授权的除外。

公司的分支机构对外提供担保，相对人非善意，请求公司承担赔偿责任的，参照本解释第十七条的有关规定处理。

第 12 条　【债务加入准用公司担保规则】 法定代表人依照民法典第五百五十二条的规定以公司名义加入债务的，人民法院在认定该行为的效力时，可以参照本解释关于公司为他人提供担保的有关规则处理。

2.《民法典合同编通则司法解释》(2023 年 12 月 5 日起施行)

第 20 条　【法定代表人或负责人越权行为的效力】 法律、行政法规为限制法人的法定代表人或者非法人组织的负责人的代表权，规定合同所涉事项应当由法人、非法人组织的权力机构或者决策机构决议，或者应当由法人、非法人组织的执行机构决定，法定代表人、负责人未取得授权而以法人、非法人组织的名义订立合同，未尽到合理审查义务的相对人主张该合同对法人、非法人组织发生效力并由其承担违约责任的，人民法院不予支持，但是法人、非法人组织有过错的，可以参照民法典第一百五十七条的规定判决其承担相应的赔偿责任。相对人已尽到合理审查义务，构成表见代表的，人民法院应当依据民法典第五百零四条的规定处理。

合同所涉事项未超越法律、行政法规规定的法定代表人或者负责人的代表权限，但是超越法人、非法人组织的章程或者权力机构等对代表权的限制，相对人主张该合同对法人、非法人组织发生效力并由其承担违约责任的，人民法院依法予以支持。但是，法人、非法人组织举证证明相对人知道或者应当知道该限制的除外。

法人、非法人组织承担民事责任后，向有过错的法定代表人、负责人追偿因越权代表行为造成的损失的，人民法院依法予以支持。法律、司法解释对法定代表人、负责人的民事责任另有规定的，依照其规定。

第 21 条　【工作人员越权行为的效力】 法人、非法人组织的工作人员就超越其职权范围的事项以法人、非法人组织的名义订立合同，相对人主张该合同对法人、非法人组织发生效力并由其承担违约责任的，人民法院不予支持。但是，法人、非法人组织有过错的，人民法院可以参照民法典第一百五十七条的规定判决其承担相应的赔偿责任。前述情形，构成表见代理的，人民法院应当依据民法典第一百七十二条的规定处理。

合同所涉事项有下列情形之一的，人民法院应当认定法人、非法人组织的工作人员在订立合同时超越其职权范围：

（一）依法应当由法人、非法人组织的权力机构或者决策机构决议的事项；

（二）依法应当由法人、非法人组织的执行机构决定的事项；

（三）依法应当由法定代表人、负责人代表法人、非法人组织实施的事项；

（四）不属于通常情形下依其职权可以处理的事项。

合同所涉事项未超越依据前款确定的职权范围，但是超越法人、非法人组织对工作人员职权范围的限制，相对人主张该合同对法人、非法人组织发生效力并由其承担违约责任的，人民法院应予支持。但是，法人、非法人组织举证证明相对人知道或者应当知道该限制的除外。

法人、非法人组织承担民事责任后，向故意或者有重大过失的工作人员追偿的，人民法院依法予以支持。

3. 《九民纪要》(2019年11月8日起施行)

二、关于公司纠纷案件的审理

（六）关于公司为他人提供担保

关于公司为他人提供担保的合同效力问题，审判实践中裁判尺度不统一，严重影响了司法公信力，有必要予以规范。对此，应当把握以下几点：

17.【违反《公司法》第16条构成越权代表】 为防止法定代表人随意代表公司为他人提供担保给公司造成损失，损害中小股东利益,《公司法》第16条对法定代表人的代表权进行了限制。根据该条规定,担保行为不是法定代表人所能单独决定的事项,而必须以公司股东(大)会、董事会等公司机关的决议作为授权的基础和来源。法定代表人未经授权擅自为他人提供担保的,构成越权代表,人民法院应当根据《合同法》第50条关于法定代表人越权代表的规定,区分订立合同时债权人是否善意分别认定合同效力:债权人善意的,合同有效;反之,合同无效。

18.【善意的认定】前条所称的善意,是指债权人不知道或者不应当知道法定代表人超越权限订立担保合同。《公司法》第16条对关联担保和非关联担保的决议机关作出了区别规定,相应地,在善意的判断标准上也应当有所区别。一种情形是,为公司股东或者实际控制人提供关联担保,《公司法》第16条明确规定必须由股东(大)会决议,未经股东(大)会决议,构成越权代表。在此情况下,债权人主张担保合同有效,应当提供证据证明其在订立合同时对股东(大)会决议进行了审查,决议的表决程序符合《公司法》第16条的规定,即在排除被担保股东表决权的情况下,该项表决由出席会议的其他股东所持表决权的过半数通过,签字人员也符合公司章程的规定。另一种情形是,公司为公司股东或者实际控制人以外的人提供非关联担保,根据《公司法》第16条的规定,此时由公司章程规定是由董事会决议还是股东(大)会决议。无论章程是否对决议机关作出规定,也无论章程规定决议机关为董事会还是股东(大)会,根据《民法总则》第61条第3款关于"法人章程或者法人权力机构对法定代表人代表权的限制,不得对抗善意相对人"的规定,只要债权人能够证明其在订立担保合同时对董事会决议或者股东(大)会决议进行了审查,同意决议的人数及签字人员符合公司章程的规定,就应当认定其构成善意,但公司能够证明债权人明知公司章程对决议机关有明确规定的除外。

债权人对公司机关决议内容的审查一般限于形式审查，只要求尽到必要的注意义务即可，标准不宜太过严苛。公司以机关决议系法定代表人伪造或者变造、决议程序违法、签章（名）不实、担保金额超过法定限额等事由抗辩债权人非善意的，人民法院一般不予支持。但是，公司有证据证明债权人明知决议系伪造或者变造的除外。

19. 【无须机关决议的例外情况】存在下列情形的，即便债权人知道或者应当知道没有公司机关决议，也应当认定担保合同符合公司的真实意思表示，合同有效：

（1）公司是以为他人提供担保为主营业务的担保公司，或者是开展保函业务的银行或者非银行金融机构；

（2）公司为其直接或者间接控制的公司开展经营活动向债权人提供担保；

（3）公司与主债务人之间存在相互担保等商业合作关系；

（4）担保合同系由单独或者共同持有公司三分之二以上有表决权的股东签字同意。

20. 【越权担保的民事责任】依据前述 3 条规定，担保合同有效，债权人请求公司承担担保责任的，人民法院依法予以支持；担保合同无效，债权人请求公司承担担保责任的，人民法院不予支持，但可以按照担保法及有关司法解释关于担保无效的规定处理。公司举证证明债权人明知法定代表人超越权限或者机关决议系伪造或者变造，债权人请求公司承担合同无效后的民事责任的，人民法院不予支持。

21. 【权利救济】法定代表人的越权担保行为给公司造成损失，公司请求法定代表人承担赔偿责任的，人民法院依法予以支持。公司没有提起诉讼，股东依据《公司法》第 151 条的规定请求法定代表人承担赔偿责任的，人民法院依法予以支持。

22.【上市公司为他人提供担保】 债权人根据上市公司公开披露的关于担保事项已经董事会或者股东大会决议通过的信息订立的担保合同，人民法院应当认定有效。

23.【债务加入准用担保规则】 法定代表人以公司名义与债务人约定加入债务并通知债权人或者向债权人表示愿意加入债务，该约定的效力问题，参照本纪要关于公司为他人提供担保的有关规则处理。

4.《非上市公众公司监督管理办法》(2023年修订)

第14条 公众公司应当采取有效措施防止股东及其关联方以各种形式占用或者转移公司的资金、资产及其他资源。

公众公司股东、实际控制人、董事、监事及高级管理人员不得实施侵占公司资产、利益输送等损害公众公司利益的行为。

未经董事会或股东大会批准或授权，公众公司不得对外提供担保。

5.《上市公司章程指引》(2023年修正)

第42条 公司下列对外担保行为，须经股东大会审议通过。

（一）本公司及本公司控股子公司的对外担保总额，超过最近一期经审计净资产的百分之五十以后提供的任何担保；

（二）公司的对外担保总额，超过最近一期经审计总资产的百分之三十以后提供的任何担保；

（三）公司在一年内担保金额超过公司最近一期经审计总资产百分之三十的担保；

（四）为资产负债率超过百分之七十的担保对象提供的担保；

（五）单笔担保额超过最近一期经审计净资产百分之十的担保；

（六）对股东、实际控制人及其关联方提供的担保。

公司应当在章程中规定股东大会、董事会审批对外担保的权限和违反审批权限、审议程序的责任追究制度。

6.《上市公司监管指引第 8 号——上市公司资金往来、对外担保的监管要求》(2022 年 1 月 28 日起施行)

第三章　对外担保

第 7 条　上市公司对外担保必须经董事会或者股东大会审议。

第 8 条　上市公司的《公司章程》应当明确股东大会、董事会审批对外担保的权限及违反审批权限、审议程序的责任追究制度。

第 9 条　应由股东大会审批的对外担保，必须经董事会审议通过后，方可提交股东大会审批。须经股东大会审批的对外担保，包括但不限于下列情形：

（一）上市公司及其控股子公司的对外担保总额，超过最近一期经审计净资产百分之五十以后提供的任何担保；

（二）为资产负债率超过百分之七十的担保对象提供的担保；

（三）单笔担保额超过最近一期经审计净资产百分之十的担保；

（四）对股东、实际控制人及其关联方提供的担保。

股东大会在审议为股东、实际控制人及其关联方提供的担保议案时，该股东或者受该实际控制人支配的股东，不得参与该项表决，该项表决由出席股东大会的其他股东所持表决权的半数以上通过。

第 10 条　应由董事会审批的对外担保，必须经出席董事会的三分之二以上董事审议同意并做出决议。

第 11 条　上市公司为控股股东、实际控制人及其关联方提供担保的，控股股东、实际控制人及其关联方应当提供反担保。

第 12 条　上市公司董事会或者股东大会审议批准的对外担保，必须在证券交易所的网站和符合中国证监会规定条件的媒体及时披露，披露的内容包括董事会或者股东大会决议、截止信息披露日上市公司及其控股子公司对外担保总额、上市公司对控股子公司提供担保的总额。

第 13 条　上市公司在办理贷款担保业务时，应向银行业金融机构提交《公司章程》、有关该担保事项董事会决议或者股东大会决议原件、该担保事项的披露信息等材料。

第14条 上市公司独立董事应在年度报告中，对上市公司报告期末尚未履行完毕和当期发生的对外担保情况、执行本章规定情况进行专项说明，并发表独立意见。

第15条 上市公司控股子公司对于向上市公司合并报表范围之外的主体提供担保的，应视同上市公司提供担保，上市公司应按照本章规定执行。

第四章　上市公司提供担保的贷款审批

第16条 各银行业金融机构应当严格依据《民法典》《公司法》《最高人民法院关于适用〈中华人民共和国民法典〉有关担保制度的解释》等法律法规、司法解释，加强对由上市公司提供担保的贷款申请的审查，切实防范相关信贷风险，并及时将贷款、担保信息登录征信管理系统。

第17条 各银行业金融机构必须依据本指引、上市公司《公司章程》及其他有关规定，认真审核以下事项：

（一）由上市公司提供担保的贷款申请的材料齐备性及合法合规性；

（二）上市公司对外担保履行董事会或者股东大会审批程序的情况；

（三）上市公司对外担保履行信息披露义务的情况；

（四）上市公司的担保能力；

（五）贷款人的资信、偿还能力等其他事项。

第18条 各银行业金融机构应根据相关法律法规和监管规定完善内部控制制度，控制贷款风险。

第19条 对由上市公司控股子公司提供担保的贷款申请，比照本章规定执行。

第五章 资金占用和违规担保的整改

第 20 条 上市公司应对其与控股股东、实际控制人及其他关联方已经发生的资金往来、对外担保情况进行自查。对于存在资金占用、违规担保问题的公司，应及时完成整改，维护上市公司和中小股东的利益。

◆ 案例指引

【典型案例】安徽省江北新城建设发展有限公司诉安徽群裕企业管理有限公司等保证合同纠纷案（最高人民法院（2020）最高法民终 1082 号）

裁判要旨

1. 公司法定代表人虽未经公司决议程序对外提供担保，但其为单独持有公司 2/3 以上有表决权的股东，应当认定担保合同符合公司的真实意思表示，合同有效。

2. 担保合同上担保人处虽加盖有公司印章，但无公司法定代表人签名，债权人亦不能证明该公司对该担保有相应授权，债权人主张该公司承担担保责任的，不予支持。

【典型案例】华仪电气股份有限公司等诉平安银行股份有限公司上海分行等担保合同纠纷案（上海金融法院（2021）沪74民初1195号）

裁判要旨

《民法典担保制度司法解释》第 9 条规定相对人对上市公司公开披露的控股子公司担保决议的审查，应当参照上市公司担保决议予以审查。制定上述司法解释规定的依据是 2018 年《公司法》第 16 条，但由于 2018 年《公司法》第 16 条并无关于上市公司担保的特别规定，因此《民法典担保制度司法解释》第 9 条规定属于规则创制性质的广义法律解释。若将《民法典担保制度司法解释》第 9 条规定的相对人审查义务，适用于民法典施行之前上市公司控股子公司签订的担保合同，将明显减损当事人合法权益、增加当事人法定义务或者背离当事人合理预期。《民法典担保制度解释》第9条规定的上市公司担保规则不应具有溯及力，法院不得据此认定相关担保合同无效。

> **第十六条 【职工权益保护】**
> 公司应当保护职工的合法权益，依法与职工签订劳动合同，参加社会保险，加强劳动保护，实现安全生产。
> 公司应当采用多种形式，加强公司职工的职业教育和岗位培训，提高职工素质。

◆ 条文主旨

本条规定了公司职工权益的保护。

◆ 修改情况

本条未作修改。

◆ 条文注释

本条第1款规定了公司对职工权益的保护义务，包括按照《劳动合同法》与职工签订劳动合同，办理社会保险。同时，还应当加强劳动保护，实现安全生产。

本条第2款规定，公司应当加强职工教育，包括职业教育和岗位培训，以提高职工素质。

加强对职工权益的保护，有助于保护社会生产力，调动劳动者的积极性，提高公司经营生产效率。

◆ **关联规范**

1.《劳动法》(2018年修正)

第3条 【劳动者的权利】劳动者享有平等就业和选择职业的权利、取得劳动报酬的权利、休息休假的权利、获得劳动安全卫生保护的权利、接受职业技能培训的权利、享受社会保险和福利的权利、提请劳动争议处理的权利以及法律规定的其他劳动权利。

劳动者应当完成劳动任务，提高职业技能，执行劳动安全卫生规程，遵守劳动纪律和职业道德。

第4条 【建立和完善规章制度】用人单位应当依法建立和完善规章制度，保障劳动者享有劳动权利和履行劳动义务。

第68条 【职业培训和岗前培训】用人单位应当建立职业培训制度，按照国家规定提取和使用职业培训经费，根据本单位实际，有计划地对劳动者进行职业培训。

从事技术工种的劳动者，上岗前必须经过培训。

2.《劳动合同法》(2012年修正)

第3条 【基本原则】订立劳动合同，应当遵循合法、公平、平等自愿、协商一致、诚实信用的原则。

依法订立的劳动合同具有约束力，用人单位与劳动者应当履行劳动合同约定

第4条 【规章制度】用人单位应当依法建立和完善劳动规章制度，保障劳动者享有劳动权利、履行劳动义务。

用人单位在制定、修改或者决定有关劳动报酬、工作时间、休息休假、劳动安全卫生、保险福利、职工培训、劳动纪律以及劳动定额管理等直接涉及劳动者切身利益的规章制度或者重大事项时，应当经职工代表大会或者全体职工讨论，提出方案和意见，与工会或者职工代表平等协商确定。

在规章制度和重大事项决定实施过程中，工会或者职工认为不适当的，有权向用人单位提出，通过协商予以修改完善。

用人单位应当将直接涉及劳动者切身利益的规章制度和重大事项决定公示，或者告知劳动者。

第8条 【用人单位的告知义务和劳动者的说明义务】用人单位招用劳动者时，应当如实告知劳动者工作内容、工作条件、工作地点、职业危害、安全生产状况、劳动报酬，以及劳动者要求了解的其他情况；用人单位有权了解劳动者与劳动合同直接相关的基本情况，劳动者应当如实说明。

3.《企业破产法》(2007年6月1日起施行)

第6条 【职工权益保护】人民法院审理破产案件，应当依法保障企业职工的合法权益，依法追究破产企业经营管理人员的法律责任。

第113条 【清偿顺序】破产财产在优先清偿破产费用和共益债务后，依照下列顺序清偿：

（一）破产人所欠职工的工资和医疗、伤残补助、抚恤费用，所欠的应当划入职工个人账户的基本养老保险、基本医疗保险费用，以及法律、行政法规规定应当支付给职工的补偿金；

（二）破产人欠缴的除前项规定以外的社会保险费用和破产人所欠税款；

（三）普通破产债权。

破产财产不足以清偿同一顺序的清偿要求的，按照比例分配。

破产企业的董事、监事和高级管理人员的工资按照该企业职工的平均工资计算。

◆ **案例指引**

【典型案例】全某忠与江苏省东台市浩之鸣不锈钢制品有限公司确认劳动关系纠纷案（江苏省东台市人民法院（2019）苏0981民初1378号）

裁判要旨

筹备阶段的公司虽尚未具备独立的法人资格，但具有与设立行为相关的有限权利能力，能够从事一定的法律行为，享有一定权利并承担一定义务。公司筹备阶段招用劳动者，设立后沿用原工作场所、设备、人员等，从事与设立前相同的经营活动，应当认定双方之间形成事实上的劳动关系。公司设立后应自设立之日起1个月内与劳动者订立书面劳动合同。否则，应自公司设立之日的次月起向劳动者每月支付2倍工资。

第十七条 【工会和公司民主管理】

公司职工依照《中华人民共和国工会法》组织工会，开展工会活动，维护职工合法权益。公司应当为本公司工会提供必要的活动条件。公司工会代表职工就职工的劳动报酬、工作时间、休息休假、劳动安全卫生和保险福利等事项依法与公司签订集体合同。

公司依照宪法和有关法律的规定，建立健全以职工代表大会为基本形式的民主管理制度，通过职工代表大会或者其他形式，实行民主管理。

公司研究决定改制、解散、申请破产以及经营方面的重大问题、制定重要的规章制度时，应当听取公司工会的意见，并通过职工代表大会或者其他形式听取职工的意见和建议。

◆ 条文主旨

本条规定了工会、职工代表大会和民主管理。

◆ 修改情况

本条在 2018 年《公司法》第 18 条基础上作出如下修改：

其一，本条第 1 款在 2018 年《公司法》第 18 条第 1 款的基础上增加"休息休假"的规定。

其二，本条第 2 款在 2018 年《公司法》第 18 条第 2 款的基础上增加了"建立健全以职工代表大会为基本形式的民主管理制度"的规定。

其三，本条第 3 款在 2018 年《公司法》第 18 条第 3 款的基础上增加了公司决定"解散、申请破产"等重大问题的明确列举，应听取工会及职工的意见。

◆ 条文注释

本条第 1 款规定，公司职工有权依法组织工会，开展工会活动。按照《工会法》的规定，工会是中国共产党领导的职工自愿结合的工人阶级群众组织。在中国境内的企业、事业单位、机关、社会组织中以工资收入为主要生活来源的劳动者，不分民族、种族、性别、职业、宗教信仰、教育程度，都有依法参加和组织工会的权利。工会的基本职责是维护职工合法权益、竭诚服务职工群众。《劳动法》第 33 条第 1 款规定，企业职工一方与企业可以就劳动报酬、工作时间、休息休假、劳动安全卫生、保险福利等事项，签订集体合同；第 2 款规定，集体合同由工会代表职工与企业签订，没有建立工会的企业，由职工推举的代表与企业签订。

本条第 2 款规定，公司依照宪法和有关法律的规定，建立健全以职工代表大会为基本形式的民主管理制度，通过职工代表大会或者其他形式，实行民主管理。党的二十大报告指出："全心全意依靠工人阶级，健全以职工代表大会为基本形式的企事业单位民主管理制度，维护职工合法权益。"为贯彻落实二十大报告精神，本款新增规定"建立健全以职工代表大会为基本形式的民主管理制度"。职工参与公司治理不仅是为了保护职工利益，职工关心公司兴衰又熟悉公司情况，能够更好地维护公司利益。

本条第3款规定，公司研究决定改制、解散、申请破产以及经营方面的重大问题、制定重要的规章制度时，应当听取公司工会的意见，并通过职工代表大会或者其他形式听取职工的意见和建议。本条所称改制，是指改革企业体制。传统企业制度具有产权不清、政企不分、管理落后、缺乏激励与制衡等弊端。通过企业改制，可以从传统企业制度转变为公司制的现代企业制度。现代企业制度具有产权清晰、权责明确、政企分开、科学管理等优势，可以克服传统企业制度的前述弊端。

◆ **关联规范**

《工会法》（2021年修正）

第3条 【工会结社权】在中国境内的企业、事业单位、机关、社会组织（以下统称用人单位）中以工资收入为主要生活来源的劳动者，不分民族、种族、性别、职业、宗教信仰、教育程度，都有依法参加和组织工会的权利。任何组织和个人不得阻挠和限制。

工会适应企业组织形式、职工队伍结构、劳动关系、就业形态等方面的发展变化，依法维护劳动者参加和组织工会的权利。

第6条 【工会职责及维权方式】维护职工合法权益、竭诚服务职工群众是工会的基本职责。工会在维护全国人民总体利益的同时，代表和维护职工的合法权益。

工会通过平等协商和集体合同制度等，推动健全劳动关系协调机制，维护职工劳动权益，构建和谐劳动关系。

工会依照法律规定通过职工代表大会或者其他形式，组织职工参与本单位的民主选举、民主协商、民主决策、民主管理和民主监督。

工会建立联系广泛、服务职工的工会工作体系，密切联系职工，听取和反映职工的意见和要求，关心职工的生活，帮助职工解决困难，全心全意为职工服务。

第20条　【工会监督权】 企业、事业单位、社会组织违反职工代表大会制度和其他民主管理制度，工会有权要求纠正，保障职工依法行使民主管理的权利。

法律、法规规定应当提交职工大会或者职工代表大会审议、通过、决定的事项，企业、事业单位、社会组织应当依法办理。

第21条　【劳动合同指导、集体合同代签与争议处理】 工会帮助、指导职工与企业、实行企业化管理的事业单位、社会组织签订劳动合同。

工会代表职工与企业、实行企业化管理的事业单位、社会组织进行平等协商，依法签订集体合同。集体合同草案应当提交职工代表大会或者全体职工讨论通过。

工会签订集体合同，上级工会应当给予支持和帮助。

企业、事业单位、社会组织违反集体合同，侵犯职工劳动权益的，工会可以依法要求企业、事业单位、社会组织予以改正并承担责任；因履行集体合同发生争议，经协商解决不成的，工会可以向劳动争议仲裁机构提请仲裁，仲裁机构不予受理或者对仲裁裁决不服的，可以向人民法院提起诉讼。

第22条　【对用人单位有关人事管理权的监督】 企业、事业单位、社会组织处分职工，工会认为不适当的，有权提出意见。

用人单位单方面解除职工劳动合同时，应当事先将理由通知工会，工会认为用人单位违反法律、法规和有关合同，要求重新研究处理时，用人单位应当研究工会的意见，并将处理结果书面通知工会。

职工认为用人单位侵犯其劳动权益而申请劳动争议仲裁或者向人民法院提起诉讼的,工会应当给予支持和帮助。

第 23 条　【对劳动条件和安全卫生设施的监督权】企业、事业单位、社会组织违反劳动法律法规规定,有下列侵犯职工劳动权益情形,工会应当代表职工与企业、事业单位、社会组织交涉,要求企业、事业单位、社会组织采取措施予以改正;企业、事业单位、社会组织应当予以研究处理,并向工会作出答复;企业、事业单位、社会组织拒不改正的,工会可以提请当地人民政府依法作出处理:

(一) 克扣、拖欠职工工资的;
(二) 不提供劳动安全卫生条件的;
(三) 随意延长劳动时间的;
(四) 侵犯女职工和未成年工特殊权益的;
(五) 其他严重侵犯职工劳动权益的。

第 39 条　【工会和工会代表参与企业决策】企业、事业单位、社会组织研究经营管理和发展的重大问题应当听取工会的意见;召开会议讨论有关工资、福利、劳动安全卫生、工作时间、休息休假、女职工保护和社会保险等涉及职工切身利益的问题,必须有工会代表参加。

企业、事业单位、社会组织应当支持工会依法开展工作,工会应当支持企业、事业单位、社会组织依法行使经营管理权。

第十八条　【公司党组织】

在公司中,根据中国共产党章程的规定,设立中国共产党的组织,开展党的活动。公司应当为党组织的活动提供必要条件。

◆ 条文主旨

本条规定了公司党组织的设立和活动。

◆ 修改情况

本条未作修改。

◆ 条文注释

本条规定，在公司中，根据中国共产党章程的规定，设立中国共产党的组织，开展党的活动。根据不同的公司类型，党的组织发挥不同作用。根据《中国共产党章程》第33条第2款规定，国有企业党委（党组）发挥领导作用，把方向、管大局、保落实，依照规定讨论和决定企业重大事项。国有企业和集体企业中党的基层组织，围绕企业生产经营开展工作。保证监督党和国家的方针、政策在本企业的贯彻执行；支持股东会、董事会、监事会和经理（厂长）依法行使职权；全心全意依靠职工群众，支持职工代表大会开展工作；参与企业重大问题的决策；加强党组织的自身建设，领导思想政治工作、精神文明建设、统一战线工作和工会、共青团、妇女组织等群团组织。

根据《中国共产党章程》第33条第3款规定，非公有制经济组织中党的基层组织，贯彻党的方针政策，引导和监督企业遵守国家的法律法规，领导工会、共青团等群团组织，团结凝聚职工群众，维护各方的合法权益，促进企业健康发展。

◆ 关联规范

《上市公司治理准则》（2018年修订）

第5条 在上市公司中，根据《公司法》的规定，设立中国共产党的组织，开展党的活动。上市公司应当为党组织的活动提供必要条件。

国有控股上市公司根据《公司法》和有关规定，结合企业股权结构、经营管理等实际，把党建工作有关要求写入公司章程。

> **第十九条　【合法合规经营义务】**
> 公司从事经营活动，应当遵守法律法规，遵守社会公德、商业道德，诚实守信，接受政府和社会公众的监督。

◆ **条文主旨**

本条规定了公司的合法合规经营义务。

◆ **修改情况**

该条在 2018 年《公司法》第 5 条第 1 款的基础上，将"遵守法律、行政法规"变更为"遵守法律法规"，扩大了规范范围。

◆ **条文注释**

本条规定了公司从事经营活动的合法合规义务，并且将公司遵守的规范范围扩大至"法规"。有观点认为，本条确立了公司的合规义务，这种认识是不准确的。公司合规是指确保公司经营管理行为和员工履职行为符合国家法律法规、监管规定、行业准则和国际条约、规则，以及公司章程、相关规章制度等要求，是一个高度泛化的概念。从内容来看，广义的公司合规包括行为合规和合规治理两个层面，前者是指公司及其员工需要遵守法律法规、社会公德、商业道德及公司内部规范，后者是指公司合规的组织规范，包括合规制度的制定、合规机构的设置、合规职责的分配等。公司法上关注的是后者，即合规治理。由此可见，本条并非对公司的合规治理规定，也并未给所有公司施加合规治理义务。

与本条不同，本法第 177 条即明确规定了国家出资公司的合规治理义务：国家出资公司应当依法建立健全内部监督管理和风险控制制度,加强内部合规管理。易言之,本法中的合规治理义务,仅限于国家出资公司。

◆ **关联规范**

1. 《优化营商环境条例》(2019年10月22日起施行)

第9条 市场主体应当遵守法律法规,恪守社会公德和商业道德,诚实守信、公平竞争,履行安全、质量、劳动者权益保护、消费者权益保护等方面的法定义务,在国际经贸活动中遵循国际通行规则。

2. 《融资担保公司监督管理条例》(2017年10月1日起施行)

第3条 融资担保公司开展业务,应当遵守法律法规,审慎经营,诚实守信,不得损害国家利益、社会公共利益和他人合法权益。

3. 《中央企业合规管理办法》(2022年10月1日起施行)

第3条 本办法所称合规,是指企业经营管理行为和员工履职行为符合国家法律法规、监管规定、行业准则和国际条约、规则,以及公司章程、相关规章制度等要求。

本办法所称合规风险,是指企业及其员工在经营管理过程中因违规行为引发法律责任、造成经济或者声誉损失以及其他负面影响的可能性。

本办法所称合规管理,是指企业以有效防控合规风险为目的,以提升依法合规经营管理水平为导向,以企业经营管理行为和员工履职行为为对象,开展的包括建立合规制度、完善运行机制、培育合规文化、强化监督问责等有组织、有计划的管理活动。

4. 《信托公司管理办法》(2007年3月1日起施行)

第4条 信托公司从事信托活动,应当遵守法律法规的规定和信托文件的约定,不得损害国家利益、社会公共利益和受益人的合法权益。

5.《证券公司和证券投资基金管理公司合规管理办法》（2020年修正）

第 2 条 在中华人民共和国境内设立的证券公司和证券投资基金管理公司（以下统称证券基金经营机构）应当按照本办法实施合规管理。

本办法所称合规，是指证券基金经营机构及其工作人员的经营管理和执业行为符合法律、法规、规章及规范性文件、行业规范和自律规则、公司内部规章制度，以及行业普遍遵守的职业道德和行为准则（以下统称法律法规和准则）。

本办法所称合规管理，是指证券基金经营机构制定和执行合规管理制度，建立合规管理机制，防范合规风险的行为。

本办法所称合规风险，是指因证券基金经营机构或其工作人员的经营管理或执业行为违反法律法规和准则而使证券基金经营机构被依法追究法律责任、采取监管措施、给予纪律处分、出现财产损失或商业信誉损失的风险。

第二十条　【公司社会责任】

公司从事经营活动，应当充分考虑公司职工、消费者等利益相关者的利益以及生态环境保护等社会公共利益，承担社会责任。

国家鼓励公司参与社会公益活动，公布社会责任报告。

◆ 条文主旨

本条规定了公司社会责任。

◆ **修改情况**

本条在 2018 年《公司法》第 5 条的基础上，进一步明确了公司社会责任的内容："应当充分考虑公司职工、消费者等利益相关者的利益以及生态环境保护等社会公共利益，承担社会责任。"

同时，本条新增了第 2 款规定："国家鼓励公司参与社会公益活动，发布社会责任报告。"

◆ **条文注释**

传统公司法理论认为，公司是股东以营利为目的而设立的法人，旨在实现股东利益最大化，由此产生了股东至上主义。但是，基于公司营利的单一目标而导致公司侵害职工、消费者、债权人、社区、环境等权益的情形频繁发生。20 世纪 30 年代，美国学者多德（Dodd）教授首先提出了公司社会责任（CSR）概念，但围绕其展开的争论持续至今。20 世纪 60 年代以后，公司的利益相关者理论应运而生，并迅速对公司治理产生影响。20 世纪 90 年代以后，社会、环境与治理（ESG）在各国迎来了迅速的发展，方兴未艾。相比公司社会责任，ESG 的内容更加丰富，有助于实现公司从营利主体向社会公民的转变。在本轮公司法修订中，有意见认为，应当在公司社会责任的基础上进一步规定 ESG 原则及其基本内容。但是，鉴于全国 4800 万家（根据 2023 年 12 月国家市场监督管理总局统计的数据）公司规模大小不一、行业差异巨大，过高的责任负担将增加公司的运行成本，加之 ESG 本身的模糊性，本条并未将 ESG 规定为法定要求。在公司治理实践中，各公司可以将其作为最佳实践，提升公司治理水平。

根据《公司法（修订草案一审稿）》的审议说明，本条系贯彻党的十八届四中全会决定有关要求，加强公司社会责任建设而进行的修改。

本条第 1 款规定了公司社会责任，并细化了责任内容，包括充分考虑公司职工、消费者等利益相关者的利益以及生态环境保护等社会公共利益，承担社会责任。之所以表述为考虑相关主体的利益，系因为公司的董事、监事、高级管理人员并不直接向利益相关者负担法律上的义务。其之所以需要考虑利益相关者的利益，系为了更好地实现公司利益，特别是公司的长远利益，实现公司的可持续发展。因此，本款规定系在利益相关者工具主义的基础上展开的。在本轮法律修订中，有意见建议将公司社会责任转化为董事、高级管理人员的法定义务。从本条的规定来看，新法并未吸收该观点。

本条第 2 款为倡导性规定而非强制性规定，鼓励公司参与社会公益活动，公布社会责任报告。公司参加社会公益活动的方式有很多种，比如参与社会捐赠、参与社会责任投资、参与社会责任消费等。虽然法律鼓励公司参与社会公益活动，但应当符合公司章程的规定，依照公司法和公司章程的决策程序。比如，公司对外捐赠，需要符合章程规定的程序和数额。截至目前，我国各类公司发布的社会责任报告的形式包括企业社会责任报告、ESG 报告、可持续发展报告等多种形式，发布主体主要集中在上市公司和国有企业领域。整体来看，社会责任报告的数量呈缓慢上升趋势，但披露标准不统一，披露信息质量差异较大，仍有巨大的提升空间。

◆ 关联规范

1.《民法典》(2021 年 1 月 1 日起施行)

第 86 条　【营利法人的社会责任】营利法人从事经营活动，应当遵守商业道德，维护交易安全，接受政府和社会的监督，承担社会责任。

2.《企业国有资产法》(2009 年 5 月 1 日起施行)

第 17 条 【国家出资企业的社会责任】国家出资企业从事经营活动,应当遵守法律、行政法规,加强经营管理,提高经济效益,接受人民政府及其有关部门、机构依法实施的管理和监督,接受社会公众的监督,承担社会责任,对出资人负责。

国家出资企业应当依法建立和完善法人治理结构,建立健全内部监督管理和风险控制制度。

3.《上市公司治理准则》(2018 年修订)

第 3 条 上市公司应当贯彻落实创新、协调、绿色、开放、共享的发展理念,弘扬优秀企业家精神,积极履行社会责任,形成良好公司治理实践。

第 87 条 上市公司在保持公司持续发展、提升经营业绩、保障股东利益的同时,应当在社区福利、救灾助困、公益事业等方面,积极履行社会责任。

第 95 条 上市公司应当依照法律法规和有关部门的要求,披露环境信息以及履行扶贫等社会责任相关情况。

4.《国务院关于进一步提高上市公司质量的意见》(2020 年 10 月 5 日起施行)

(十五)强化上市公司主体责任。上市公司要诚实守信、规范运作,专注主业、稳健经营,不断提高经营水平和发展质量。上市公司控股股东、实际控制人、董事、监事和高级管理人员要各尽其责,公平对待所有股东。对损害上市公司利益的行为,上市公司要依法维权。鼓励上市公司通过现金分红、股份回购等方式回报投资者,切实履行社会责任。

> **第二十一条　【禁止股东滥用权利】**
>
> 公司股东应当遵守法律、行政法规和公司章程，依法行使股东权利，不得滥用股东权利损害公司或者其他股东的利益。
>
> 公司股东滥用股东权利给公司或者其他股东造成损失的，应当承担赔偿责任。

◆ **条文主旨**

本条规定了禁止股东滥用权利，以及股东滥用权利的法律责任。

◆ **修改情况**

经过2023年《公司法》修订，2018年《公司法》第20条被拆分为本法第21条和第23条，分别规定了禁止股东滥用权利、法人人格否认。

◆ **条文注释**

任何权利皆有其边界，禁止权利滥用是整个私法领域的一般条款。《民法典》第132条规定，民事主体不得滥用民事权利损害国家利益、社会公共利益或者他人合法权益。本条是公司法上禁止权利滥用的一般条款，系各类权利滥用行为的最后一道救济防线。在我国，无论是有限责任公司，抑或股份有限公司，绝大多数公司都是封闭性公司。控股股东和中小股东之间的利益冲突和代理成本，是我国公司治理中最主要的问题类型。

股东权益特别是中小股东权益的保护，事关投资者权利，与营商环境休戚相关，也是公司法修改的重要目标。根据《公司法（修订草案四审稿）》的审议说明，本轮公司法修改的四大任务之一即"完善产权保护制度、依法加强产权保护"，"切实维护公司、股东、债权人的合法权益"。在我国公司实践中，存在控股股东、实际控制人滥用控制地位侵害公司及中小股东权益的突出问题，这是2023年《公司法》修订的重要完善方向。

一、本条系禁止股东滥用权利的一般条款

在我国公司治理实践中，股东滥用股东权利损害公司或其他股东利益的情形很多，比如，股东滥用表决权、滥用查阅权、滥用提案权等。最典型的当数控股股东滥用其表决权，如表决通过不公平的决议、随意解任中小股东担任的管理职位、决议不给中小股东分红等。滥用股东权利的通常是大股东，但也不排除中小股东滥用股东权利的情形。比如，中小股东滥用查阅权、提案权的行为。

针对各类股东滥用权利的行为，修订后的2023年《公司法》增加了救济措施。相关条款可分为一般条款和特别条款，前者即本条，后者则分散在公司法的各个章节。针对具体滥用行为的条款包括：（1）本法第57条对滥用知情权的规定；（2）本法第89条规定的异议股东回购请求权；（3）《公司法司法解释（四）》第15条规定的抽象利润分配请求权；等等。在适用关系上，应当优先适用具体条款，具体条款无法提供救济的，方可适用一般条款。

二、股东滥用权利的认定标准

《民法典》并未规定权利滥用行为的认定标准。最高人民法院在《民法典总则编司法解释》第3条中对权利滥用的认定进行了规定，包括考量权利行使的对象、目的、时间、方式、造成当事人之间利益失衡的程度等因素，属于动态系统论的模式。这种认定路径，本质上是基于比例原则，对超出权利边界的比例进行判断。这种认定模式本身就是高度抽象的，在损害公司利益的情形下尚且容易判断，适用于股东权益救济时更是难得其要旨。在民事权利的救济中，其所需要权衡的是不同主体之间的利益关系。在公司法上，还附加了资本多数决、公司利益等组织元素，更加复杂。比如，资本多数决本身即蕴含着持有多数表决权的股东意志上升为公司意志的安排，小股东天然地难以对公司决策产生实质性影响，使得部分权利滥用行为天然地在形式上具有合法的外衣。

在股东滥用股东权利损害其他股东利益的认定上，既包括对个别股东利益的损害，也包括对全体股东利益的损害。对股东利益的损害，不仅限于股权利受到损害的情形，还包括股东的期待利益受到损害。比如，基于股东协议或其他股东间的非正式安排，股东有担任公司高管并获得薪酬的合理期待，此时若随意解任股东所担任的高管，即构成对股东利益的损害。如果公司管理模式、股东间关系、利润分配策略等导致股东的合理期待落空，也可能造成股东压制的情形出现。

三、股东滥用权利的法律后果

1. 本条规定的法律后果

本条第 2 款规定，公司股东滥用股东权利给公司或者其他股东造成损失的，应当承担赔偿责任。需要注意的是，本法第 89 条第 3 款规定，公司的控股股东滥用股东权利，严重损害公司或者其他股东利益的，其他股东有权请求公司按照合理的价格收购其股权。

在司法适用中，应注意前述两种法律责任的适用情形差异：其一，本条规定的赔偿责任，适用于所有股东滥用权利的情形，既包括控股股东，也包括中小股东，本法第 89 条第 3 款的规定仅适用于控股股东滥用股东权利。其二，本条规定的适用以给公司或其他股东造成损失为要件，本法第 89 条第 3 款则进一步要求系"严重损害"。之所以作此规定，系因为损害赔偿是私法上的惯常救济措施，而请求公司回购股权将对公司利益、其他股东利益、债权人利益产生重大影响，其适用情形需严格限定。

至于损害赔偿责任和回购请求权的适用关系，由于前者旨在填补损害，后者旨在解决股东压制的问题，二者通常并不冲突，可以合并适用。

2. 司法解释规定的调解方式

《公司法司法解释（五）》第 5 条规定："人民法院审理涉及有限责任公司股东重大分歧案件时，应当注重调解。当事人协商一致以下列方式解决分歧，且不违反法律、行政法规的强制性规定的，人民法院应予支持：（一）公司回购部分股东股份；（二）其他股东受让部分股东股份；（三）他人受让部分股东股份；（四）公司减资；（五）公司分立；（六）其他能够解决分歧，恢复公司正常经营，避免公司解散的方式。"虽然该条充分发挥了商事自治精神，规定了多种解决股东分歧的方式，为司法裁判提供了指引，但均建立在当事人协商一致的基础之上，人民法院并无司法裁量、径行援用的空间。

3. 域外法上的救济措施

对于封闭公司中的股东压制，各国法上所提供的救济措施不一，但通常包括但不限于司法解散、强制购买、司法监管三种最核心的救济方式。比如，在澳大利亚，根据其《公司法》第 233 条规定，法院拥有广泛的自由裁量权，可以给予小股东其认为适当的救济方式，包括：（1）解散公司；（2）修改或废除公司现有章程；（3）规范公司未来事务的处理；（4）任何成员或个人购买任何股份；（5）在适当减少公司股本的情况下购买股份；（6）由公司提起、起诉、辩护或中止特定程序；（7）授权股东或向其转让公司股份的人以公司名义和代表公司提起、起诉、辩护或中止特定诉讼；（8）任命公司任何或所有财产的接管人或接管人和管理人；（9）限制某人从事特定行为或做出特定行为；（10）要求某人做特定的行为。

在最为主流的三种救济方式中，强制购买提供了一种借由其他股东购买股份实现退出公司的方式，也是最为惯常的救济方式。法院命令压制行为的股东购买被压制一方的股份，并且给出合理的市场价格。司法解散公司是最严厉的救济手段，法院通常只有在穷尽其他救济方式而不得已的情况下，方才考虑司法解散公司。司法监管是一种保留手段，将公司管理权从管理者手中全部或部分地移转至法院，比如英国公司法规定的限制或修改公司章程、规制商业决策、授权提起派生诉讼等，加拿大、美国、澳大利亚等国家公司法也有类似条款。比较而言，本法所规定的救济措施仍然有限，存在进一步完善的空间。

◆ 关联规范

1. 《民法典》（2021年1月1日起施行）

第83条　【出资人滥用权利的责任承担】营利法人的出资人不得滥用出资人权利损害法人或者其他出资人的利益；滥用出资人权利造成法人或者其他出资人损失的，应当依法承担民事责任。

营利法人的出资人不得滥用法人独立地位和出资人有限责任损害法人债权人的利益；滥用法人独立地位和出资人有限责任，逃避债务，严重损害法人债权人的利益的，应当对法人债务承担连带责任。

第132条　【不得滥用民事权利】民事主体不得滥用民事权利损害国家利益、社会公共利益或者他人合法权益。

2. 《民法典总则编司法解释》（2022年3月1日起施行）

第3条　【滥用民事权利的认定】对于民法典第一百三十二条所称的滥用民事权利，人民法院可以根据权利行使的对象、目的、时间、方式、造成当事人之间利益失衡的程度等因素作出认定。

行为人以损害国家利益、社会公共利益、他人合法权益为主要目的行使民事权利的，人民法院应当认定构成滥用民事权利。

构成滥用民事权利的，人民法院应当认定该滥用行为不发生相应的法律效力。滥用民事权利造成损害的，依照民法典第七编等有关规定处理。

3.《公司法司法解释（四）》(2020年修正)

第15条 【未提交决议请求分配利润】股东未提交载明具体分配方案的股东会或者股东大会决议，请求公司分配利润的，人民法院应当驳回其诉讼请求，但违反法律规定滥用股东权利导致公司不分配利润，给其他股东造成损失的除外。

4.《公司法司法解释（五）》(2020年修正)

第5条 【股东重大分歧的解决机制】人民法院审理涉及有限责任公司股东重大分歧案件时，应当注重调解。当事人协商一致以下列方式解决分歧，且不违反法律、行政法规的强制性规定的，人民法院应予支持：

（一）公司回购部分股东股份；

（二）其他股东受让部分股东股份；

（三）他人受让部分股东股份；

（四）公司减资；

（五）公司分立；

（六）其他能够解决分歧，恢复公司正常经营，避免公司解散的方式。

5.《企业破产法司法解释（二）》(2020年修正)

第46条 【债务人的股东主张债务抵销】债务人的股东主张以下列债务与债务人对其负有的债务抵销，债务人管理人提出异议的，人民法院应予支持：

（一）债务人股东因欠缴债务人的出资或者抽逃出资对债务人所负的债务；

（二）债务人股东滥用股东权利或者关联关系损害公司利益对债务人所负的债务。

6.《上市公司收购管理办法》(2020年修正)

第7条 被收购公司的控股股东或者实际控制人不得滥用股东

权利损害被收购公司或者其他股东的合法权益。

被收购公司的控股股东、实际控制人及其关联方有损害被收购公司及其他股东合法权益的,上述控股股东、实际控制人在转让被收购公司控制权之前,应当主动消除损害;未能消除损害的,应当就其出让相关股份所得收入用于消除全部损害做出安排,对不足以消除损害的部分应当提供充分有效的履约担保或安排,并依照公司章程取得被收购公司股东大会的批准。

7.《非上市公众公司收购管理办法》(2020 年修正)

第 7 条 被收购公司的控股股东或者实际控制人不得滥用股东权利损害被收购公司或者其他股东的合法权益。

被收购公司的控股股东、实际控制人及其关联方有损害被收购公司及其他股东合法权益的,上述控股股东、实际控制人在转让被收购公司控制权之前,应当主动消除损害;未能消除损害的,应当就其出让相关股份所得收入用于消除全部损害做出安排,对不足以消除损害的部分应当提供充分有效的履约担保或安排,并提交被收购公司股东大会审议通过,被收购公司的控股股东、实际控制人及其关联方应当回避表决。

8.《信托公司股权管理暂行办法》(2020 年 3 月 1 日起施行)

第 27 条 信托公司主要股东不得滥用股东权利干预或利用其影响力干预董事会、高级管理层根据公司章程享有的决策权和管理权,不得越过董事会和高级管理层直接干预或利用影响力干预信托公司经营管理,进行利益输送,或以其他方式损害信托当事人、信托公司、其他股东等合法权益。

9.《商业银行股权管理暂行办法》(2018 年 1 月 5 日起施行)

第 18 条 商业银行主要股东应当严格按照法律法规、监管规定和公司章程行使出资人权利,履行出资人义务,不得滥用股东权利干预或利用其影响力干预董事会、高级管理层根据公司章程享有的决策权和管理权，不得越过董事会和高级管理层直接干预或利用影响力干预商业银行经营管理，进行利益输送，或以其他方式损害存款人、商业银行以及其他股东的合法权益。

10.《上市公司章程指引》（2023年修正）

第38条 公司股东承担下列义务：

（一）遵守法律、行政法规和本章程；

（二）依其所认购的股份和入股方式缴纳股金；

（三）除法律、法规规定的情形外，不得退股；

（四）不得滥用股东权利损害公司或者其他股东的利益；不得滥用公司法人独立地位和股东有限责任损害公司债权人的利益；

（五）法律、行政法规及本章程规定应当承担的其他义务。

公司股东滥用股东权利给公司或者其他股东造成损失的，应当依法承担赔偿责任。公司股东滥用公司法人独立地位和股东有限责任，逃避债务，严重损害公司债权人利益的，应当对公司债务承担连带责任。

◆ **案例指引**

【典型案例】广东盛乐房地产投资有限公司、广州市番禺南星有限公司损害股东利益责任纠纷案（最高人民法院（2020）最高法民申2611号）

裁判要旨

公司大股东在对公司负债情况及经营前景进行充分考量后决定增资扩股引入新的股东的决定，是企业根据自身经营发展状况作出的商业决定，属公司股东及管理层的商业规划范畴，理据充分。法院可以从"合理商业目的"以及小股东"合理预期"两方面予以审查，认为目标项目所涉各方已在合作协议中对目标公司的经营负债及利益分配等情况进行了充分考量，由此作出的增资方案于法无悖，事实和法律依据充分。小股东仅以程序标准判断案涉增资行为是否属滥用股东权利行为不当、举证责任分配不当等，均无事实和法律依据，本院不予支持。

【典型案例】 红富士公司诉董某、苏某损害公司利益责任纠纷案（上海市高级人民法院（2020）沪民再 1 号）

裁判要旨

公司法的立法宗旨在于强调公司意思自治，一般而言，公司法应当慎重介入公司内部治理及运营，但如果控股股东滥用权利对公司利益及小股东利益造成实质损害，则公司法可以对此予以规制。资本公积仅能用于公司扩大生产经营或转增注册资本，不得用于弥补公司亏损或转为负债等其他用途，控股股东为推动公司上市而将其对公司的债权转入资本公积，应视为其对公司债务的豁免，控股股东再利用其对公司的控制权，擅自将资本公积调整为公司对其的应付款，减少了公司的所有者权益，损害了公司利益和小股东利益，依法应当承担返还财产、恢复原状的责任，将账款调整回资本公积科目。

【典型案例】 四川统和集团有限公司、中铁二局集团有限公司等损害公司利益责任纠纷上诉案（四川省高级人民法院（2021）川民终 1062 号）

裁判要旨

公司大股东存在滥用股东权利侵害公司利益的行为，给公司造成了损失，应予以赔偿。其一，从公司的股权和治理结构看，公司董事长、总经理、法定代表人均由大股东委派，代表公司利益的同时也代表大股东行使相应股东权利。大股东对公司的运营、管理及决策具有重要影响力。其二，公司董事会决议明确：未经董事会一致同意，不得撤诉。但既有证据表明撤诉行为系代表大股东利益的法定代表人在未经董事会或股东会决议情形下的单方行为，大股东没有表示反对和作出处理即为认可，实质是对股东权利的滥用。其三，法定代表人代表大股东实施的撤诉、签订《清算协议书》的行为与公司董事会决议内容相悖，且直接导致公司放弃了如果诉讼程序继续进行可能获得的损害赔偿金，另一股东因此受到损害符合预期利益受损的基本原理。

> **第二十二条 【不当关联交易】**
> 公司的控股股东、实际控制人、董事、监事、高级管理人员不得利用关联关系损害公司利益。
> 违反前款规定，给公司造成损失的，应当承担赔偿责任。

◆ **条文主旨**

本条规定了禁止不当关联交易以及法律责任。

◆ **修改情况**

本条对2018年《公司法》第21条未作实质修改。

◆ **条文注释**

我国公司法并未规定关联交易的概念，但是本法265条规定了关联关系的概念，即公司控股股东、实际控制人、董事、监事、高级管理人员与其直接或者间接控制的企业之间的关系，以及可能导致公司利益转移的其他关系。但是，国家控股的企业之间不仅因为同受国家控股而具有关联关系。公司与具有关联关系的一方所进行的交易，即关联交易。关联交易并非负面概念，而是中性概念。公平的关联交易可以节约交易成本，降低交易风险，对公司的经营和发展有益。不公平的关联交易则会损害公司利益，进而损害股东、债权人的利益。故而，公司法的规范目标在于遏制不公平、不合理的关联交易，而非予以一律禁止。

本条是公司法中规制关联交易的一般条款。除本条外，与关联交易相关的条款还包括：本法第 139 条对上市公司关联事项的表决的规定；本法第 182 条对董事、监事、高级管理人员与公司进行自我交易和关联交易的规定。在具体的关联事项上，还包括本法第 15 条对关联担保的规定。《证券法》第 80 条还规定了公司从事关联交易时的临时报告制度。前述条款形成了较为完善的关联交易规范体系。

本条第 1 款规定，公司的控股股东、实际控制人、董事、监事、高级管理人员不得利用关联关系损害公司利益。实践中，关联交易是公司的控股股东、实际控制人、董事、监事、高级管理人员从公司谋取不正当利益的重要手段。比如，通过控制公司高价买入或者低价卖出商品或者服务，从而从公司谋取不正当利益。再比如，通过关联交易的形式进行抽逃出资，将同时触发抽逃出资的法律责任。我国公司法对关联交易的规制，主要体现信息披露、程序正当、对价公允三个层面。

其一，就信息披露而言，本法第 182 条规定："董事、监事、高级管理人员，直接或者间接与本公司订立合同或者进行交易，应当就与订立合同或者进行交易有关的事项向董事会或者股东会报告，并按照公司章程的规定经董事会或者股东会决议通过。董事、监事、高级管理人员的近亲属，董事、监事、高级管理人员或者其近亲属直接或者间接控制的企业，以及与董事、监事、高级管理人员有其他关联关系的关联人，与公司订立合同或者进行交易，适用前款规定。"根据该条规定，在进行自我交易与关联交易时，董事、监事、高级管理人员负有报告义务。

其二，就程序正当而言，本法第 185 条规定："董事会对本法第一百八十二条至第一百八十四条规定的事项决议时，关联董事不得参与表决，其表决权不计入表决权总数。出席董事会会议的无关联关系董事人数不足三人的，应当将该事项提交股东会审议。"

其三，就对价公允而言，系指关联交易应当符合其商业价值，并且不损害公司或者其他股东的利益。比如，在司法实践中，可通过第三方对比测试来予以判断，即公司是否愿意以同等条件与第三人进行交易作为实质性公允性判断标准。《公司法司法解释（五）》第1条规定："关联交易损害公司利益，原告公司依据民法典第八十四条、公司法第二十一条规定请求控股股东、实际控制人、董事、监事、高级管理人员赔偿所造成的损失，被告仅以该交易已经履行了信息披露、经股东会或者股东大会同意等法律、行政法规或者公司章程规定的程序为由抗辩的，人民法院不予支持。"根据本条规定，关联交易并不以履行了信息披露和决议程序即具有合法性，还需要审查关联交易的实质公平性。

对于不正当关联交易的法律效力，本法并未明确规定。《公司法司法解释（五）》第2条提及了关联交易合同存在无效、可撤销或对公司不发生效力的情形，但未予以明确。在公司法修订过程中，对不正当关联交易的效力争议巨大。有观点认为，不正当关联交易对公司发生效力，但公司可要求控股股东、实际控制人、董事、监事、高级管理人员承担赔偿责任；有观点认为，不正当关联交易对公司不发生效力；也有观点认为，不正当关联交易的效力应为无效；还有观点认为不正当关联交易的效力为可撤销，公司可以选择予以撤销或者不予撤销。由于不正当关联交易的情形众多，违反的关联交易规则并不一致，应当区分具体的情形予以判断。

本条第2款规定，违反前款规定，给公司造成损失的，应当承担赔偿责任。该责任的构成要件有三：其一，行为人为公司的控股股东、实际控制人、董事、监事、高级管理人员；其二，行为人利用关联关系实施了关联交易；其三，关联交易给公司造成了损失。

◆ **关联规范**

1.《民法典》(2021年1月1日起施行)

第84条　【禁止不当关联交易】营利法人的控股出资人、实际控制人、董事、监事、高级管理人员不得利用其关联关系损害法人的利益；利用关联关系造成法人损失的，应当承担赔偿责任。

2.《公司法司法解释（三）》(2020年修正)

第12条　【抽逃出资的认定】公司成立后，公司、股东或者公司债权人以相关股东的行为符合下列情形之一且损害公司权益为由，请求认定该股东抽逃出资的，人民法院应予支持：

（一）制作虚假财务会计报表虚增利润进行分配；

（二）通过虚构债权债务关系将其出资转出；

（三）利用关联交易将出资转出；

（四）其他未经法定程序将出资抽回的行为。

3.《公司法司法解释（五）》(2020年修正)

第1条　【关联交易损害公司利益的认定与救济】关联交易损害公司利益，原告公司依据民法典第八十四条、公司法第二十一条规定请求控股股东、实际控制人、董事、监事、高级管理人员赔偿所造成的损失，被告仅以该交易已经履行了信息披露、经股东会或者股东大会同意等法律、行政法规或者公司章程规定的程序为由抗辩的，人民法院不予支持。

公司没有提起诉讼的，符合公司法第一百五十一条第一款规定条件的股东，可以依据公司法第一百五十一条第二款、第三款规定向人民法院提起诉讼。

第2条　【关联交易存在效力瑕疵时的股东代表诉讼】关联交易合同存在无效、可撤销或者对公司不发生效力的情形，公司没有起诉合同相对方的,符合公司法第一百五十一条第一款规定条件的股东,可以依据公司法第一百五十一条第二款、第三款规定向人民法院提起诉讼。

4.《企业所得税法实施条例》(2019年修订)

第109条 企业所得税法第四十一条所称关联方,是指与企业有下列关联关系之一的企业、其他组织或者个人:

(一)在资金、经营、购销等方面存在直接或者间接的控制关系;

(二)直接或者间接地同为第三者控制;

(三)在利益上具有相关联的其他关系。

5.《上市公司治理准则》(2018年修订)

第74条 上市公司关联交易应当依照有关规定严格履行决策程序和信息披露义务。

第75条 上市公司应当与关联方就关联交易签订书面协议。协议的签订应当遵循平等、自愿、等价、有偿的原则,协议内容应当明确、具体、可执行。

第76条 上市公司应当采取有效措施防止关联方以垄断采购或者销售渠道等方式干预公司的经营,损害公司利益。关联交易应当具有商业实质,价格应当公允,原则上不偏离市场独立第三方的价格或者收费标准等交易条件。

第77条 上市公司及其关联方不得利用关联交易输送利益或者调节利润,不得以任何方式隐瞒关联关系。

6.《上市公司信息披露管理办法》(2021年修订)

第41条 上市公司董事、监事、高级管理人员、持股百分之五以上的股东及其一致行动人、实际控制人应当及时向上市公司董事会报送上市公司关联人名单及关联关系的说明。上市公司应当履行关联交易的审议程序,并严格执行关联交易回避表决制度。交易各方不得通过隐瞒关联关系或者采取其他手段,规避上市公司的关联交易审议程序和信息披露义务。

7.《非上市公众公司信息披露管理办法》(2021年第2次修正)

第38条 挂牌公司董事、监事、高级管理人员、持股百分之五以上的股东及其一致行动人、实际控制人应当及时向挂牌公司董事会报送挂牌公司关联方名单、关联关系及变化情况的说明。挂牌公司应当履行关联交易的审议程序,并严格执行关联交易回避表决制度。交易各方不得通过隐瞒关联关系或者采取其他手段,规避挂牌公司信息披露义务和关联交易审议程序。

◆ **案例指引**

【典型案例】西安陕鼓汽轮机有限公司与高某华等公司关联交易损害责任纠纷再审案(最高人民法院(2021)最高法民再181号)

裁判要旨

高某华、程某同时担任陕鼓汽轮机公司董事、高级管理人员和钱塘公司的股东,陕鼓汽轮机公司与钱塘公司之间存在采购合同关系。鉴于高某华、程某的双重身份和陕鼓汽轮机公司和钱塘公司之间的交易行为,陕鼓汽轮机公司和钱塘公司之间构成关联关系,其交易构成关联交易。案涉关联交易须审查的事项包括:其一,高某华、程某是否履行了披露义务。披露关联交易有赖于董事、高级管理人员积极履行忠诚及勤勉义务,将其所进行的关联交易情况向公司进行披露及报告。案涉人员并未履行披露义务。其二,案涉关联交易价格是否符合市场公允价格。应当从交易的实质内容即合同约定、合同履行是否符合正常的商业交易规则以及交易价格是否合理等进行审查。陕鼓汽轮机公司本可以在市场上采购相关产品,而通过钱塘公司采购产品则增设不必要的环节和增加了采购成本,由钱塘公司享有增设环节的利益,损害了陕鼓汽轮机公司权益。其三,高某华、程某的行为与陕鼓汽轮机公司损害结果的发生有因果关系。关联交易的发生及变化与高某华、程某任职期间及职务变化存在同步性。因此，高某华、程某应当承担责任。

【典型案例】 耿某友、刘某联公司关联交易损害责任纠纷（最高人民法院（2019）最高法民终496号）

裁判要旨

东驰公司与晨东公司进行资产转让期间，均由耿某友、刘某联实际控制，且各方当事人对构成关联交易并无异议。在晨东公司与东驰公司之间的关联交易符合形式合法的外观要件的情况下，应当对交易的实质内容即合同约定、合同履行是否符合正常的商业交易原则以及交易价格是否合理等进行审查。首先，耿某友、刘某联与振东医药公司合作建立在新公司收购包括东驰公司在内的耿某友所控制的所有关联企业的基础之上，并最终达到实际控制所有关联企业的目的。案涉《合作备忘录》约定："与晨东药业公司有关的一切负债均由晨东药业及耿某友、刘某联承担。"但耿某友、刘某联在其将持有的东驰公司股份转让、东驰公司已纳入振东医药物流公司经营体系的情况下，以关联交易的方式，将本应由其自行承担的晨东公司债务转由东驰公司承担，有明显的摆脱债务嫌疑。其次，从案涉交易的履行情况来看，在东驰公司已代晨东公司清偿绝大部分债务的情况下，晨东公司未能提供有效证据证明其向东驰公司转让的债权真实有效，从而导致东驰公司未能收回两份协议中约定的债权，损害了东驰公司的利益。耿某友、刘某联将晨东公司债务转入东驰公司，由东驰公司偿还，损害了东驰公司作为独立法人对其财产享有的权益以及其他东驰公司债权人的利益。东驰公司代晨东公司偿还债务的损失应由耿某友、刘某联和晨东公司赔偿。

【典型案例】李某某诉北京今润建材经销有限责任公司等股权转让纠纷案（北京市第三中级人民法院（2020）京03民终709号）

裁判要旨

作为诚信原则在公司法领域的体现，股东回避表决制度对所有类型公司均应予以适用，且不限于关联担保事项，以保障股东股权实质平等。在认定不当关联交易时，应从程序和实体两方面进行审查，着重考量是否存在关联关系、信息披露程序及公司利益实际受损等因素，同时注意举证责任的合理分配。其中，判断关联交易是否损害公司利益的关键为该交易是否公平公允，不仅应审查交易程序、关联交易信息披露是否充分，更应从交易的实质内容即根据对价是否公允、是否符合正常的商业交易原则等方面进行审查。如构成不当关联交易，未回避表决的关联股东应向公司及其他股东承担法律责任。

第二十三条　【法人人格否认】

公司股东滥用公司法人独立地位和股东有限责任，逃避债务，严重损害公司债权人利益的，应当对公司债务承担连带责任。

股东利用其控制的两个以上公司实施前款规定行为的，各公司应当对任一公司的债务承担连带责任。

只有一个股东的公司，股东不能证明公司财产独立于股东自己的财产的，应当对公司债务承担连带责任。

◆ 条文主旨

本条规定了法人人格否认制度。

◆ **修改情况**

法人人格否认制度是2005年《公司法》修订时引入的制度，但仅限于纵向法人人格否认的情形。在此基础上，2023年《公司法》进行了实质修改，本条第2款增设了公司法人人格的横向否认条款，即"公司股东利用其控制的两个以上公司实施前款规定行为的，各公司应当对任一公司的债务承担连带责任"。

此外，2018年《公司法》第63条被移至本条第3款，即"只有一个股东的公司，股东不能证明公司财产独立于股东自己的财产的，应当对公司债务承担连带责任"。

◆ **条文注释**

法人人格否认制度，是指当公司法人独立地位和股东有限责任被公司股东滥用，严重损害公司债权人利益时，否认公司的法人人格，使公司股东或被公司股东控制的其他公司承担连带责任的制度。根据刺破法人人格的方向，可以分为纵向法人人格否认、横向法人人格否认和逆向法人人格否认。其中，纵向法人人格否认，也称正向法人人格否认，是指否认公司法人人格，使公司股东对公司债务承担连带责任，是法人面纱的正向刺破；横向法人人格否认，是指否认各关联公司的法人人格，使关联公司之间对对方的债务承担连带责任，是法人面纱的横向刺破；逆向法人人格否认，也称反向法人人格否认，是指否认公司的法人人格，使公司对股东的债权人承担连带责任，是法人面纱的逆向刺破。本条规定了纵向法人人格否认和横向法人人格否认，但并未规定逆向法人人格否认。

一、纵向法人人格否认

本条第1款规定了纵向法人人格否认。公司作为独立法人，其财产和责任独立于股东，公司财产是公司债务的一般担保和唯一保障。如果公司股东滥用公司法人独立地位和股东有限责任，公司将失去其独立人格,成为公司股东逃避债务的工具。对此,可以在个案中对法人人格予以否认,进而追究公司股东的连带责任。这种否认并非对公司法人人格的永久否认,而是一时性否认。

根据本款规定,纵向法人人格否认的构成要件包括:(1)滥用行为的主体为公司股东。在本轮公司法修订中,有意见建议将实际控制人增加进来,将法人人格否认的责任主体扩大至实际控制人。从本条规定来看,本次公司法修订并未采纳该意见。(2)存在滥用公司法人独立地位和股东有限责任的行为,如人格混同、过度支配与控制、资本显著不足。具体可参见《九民纪要》第10条、第11条、第12条的规定。(3)滥用行为造成了逃避债务,严重损害公司债权人利益的法律后果。如果存在滥用行为,但最终没有造成损害,也不存在法人人格否认的必要。比如,虽然公司股东存在滥用行为,但是公司资产充足、清偿能力良好,则无须否认公司法人人格。

在责任形式上,本条规定公司股东承担的是连带责任。对于连带责任的理解,有两种意见。一种意见认为,法律并未规定此时连带责任的承担顺位,此时的连带责任不应区分顺位;另一种意见认为,此时股东的责任为补充连带责任。本书认为,由于公司股东与公司人格之间出现混同,难以有效区分,并无区分责任顺位之必要。

二、横向法人人格否认

本条第2款规定了横向法人人格否认。在司法实践中,若干个兄弟公司或姐妹公司,在同一股东的控制之下,可能存在财产混乱、业务混乱、人员混乱等情形,完全丧失了法人人格的独立性。最高人民法院在第15号指导性案例徐工集团工程机械股份有限公司诉成都川交工贸有限责任公司等买卖合同纠纷案中确认了横向法人人格否认的规则:关联公司人格混同,严重损害债权人利益的,关联公司相互之间对外部债务承担连带责任。

在此基础上,《九民纪要》第11条规定,控制股东或实际控制人控制多个子公司或者关联公司，滥用控制权使多个子公司或者关联公司财产边界不清、财务混同，利益相互输送，丧失人格独立性，沦为控制股东逃避债务、非法经营，甚至违法犯罪工具的，可以综合案件事实，否认子公司或者关联公司法人人格，判令承担连带责任。但是，《九民纪要》并非法律，也不是司法解释，人民法院在裁判时不能够直接适用，而仅能作为说理的依据。

在前述案例和会议纪要的经验基础上，本条增加规定了横向人格否认制度：公司股东利用其控制的两个以上公司实施前款规定行为的，各公司应当对任一公司的债务承担连带责任。根据本款规定，除满足本法第1款规定的要件之外，本条要求各关联公司存在共同被公司股东控制的要件。

三、本条第1款和第2款的适用关系

对于本条第1款和第2款能否同时合并适用，既纵向否认公司的法人人格，也横向否认公司的法人人格，存在不同意见。一种意见认为，公司的债权人，要么可以要求公司股东承担连带责任，要么要求公司的关联公司承担连带责任，而不能同时要求公司股东和关联公司承担连带责任。另一种意见认为，可以同时适用。根据2023年《公司法》修订过程中的讨论，第二种意见更符合立法本意。如果公司股东既有本条第1款的滥用行为，又进行了本条第2款的滥用行为，应该由公司股东和关联公司同时承担连带责任。易言之，本条第1款和第2款既可以单独适用，也可以合并适用。

四、一人公司的举证责任倒置

本条第3款规定了一人公司的举证责任倒置，即只有一个股东的公司，股东不能证明公司财产独立于股东自己的财产的，应当对公司债务承担连带责任。由于一人公司股东的单一性，通常缺乏有效的内部制约，故本法特别设置了此时的举证责任倒置规则。由于2023年《公司法》引入了一人股份有限公司，本款规定同时适用于

一人有限责任公司和一人股份有限公司。

◆ **关联规范**

1. 《九民纪要》(2019年11月8日起施行)

(四) 关于公司人格否认

10.【人格混同】认定公司人格与股东人格是否存在混同,最根本的判断标准是公司是否具有独立意思和独立财产,最主要的表现是公司的财产与股东的财产是否混同且无法区分。在认定是否构成人格混同时,应当综合考虑以下因素:

(1) 股东无偿使用公司资金或者财产,不作财务记载的;

(2) 股东用公司的资金偿还股东的债务,或者将公司的资金供关联公司无偿使用,不作财务记载的;

(3) 公司账簿与股东账簿不分,致使公司财产与股东财产无法区分的;

(4) 股东自身收益与公司盈利不加区分,致使双方利益不清的;

(5) 公司的财产记载于股东名下,由股东占有、使用的;

(6) 人格混同的其他情形。

在出现人格混同的情况下,往往同时出现以下混同:公司业务和股东业务混同;公司员工与股东员工混同,特别是财务人员混同;公司住所与股东住所混同。人民法院在审理案件时,关键要审查是否构成人格混同,而不要求同时具备其他方面的混同,其他方面的混同往往只是人格混同的补强。

11.【过度支配与控制】公司控制股东对公司过度支配与控制,操纵公司的决策过程,使公司完全丧失独立性,沦为控制股东的工具或躯壳,严重损害公司债权人利益,应当否认公司人格,由滥用控制权的股东对公司债务承担连带责任。实践中常见的情形包括:

(1) 母子公司之间或者子公司之间进行利益输送的;

（2）母子公司或者子公司之间进行交易，收益归一方，损失却由另一方承担的；

（3）先从原公司抽走资金，然后再成立经营目的相同或者类似的公司，逃避原公司债务的；

（4）先解散公司，再以原公司场所、设备、人员及相同或者相似的经营目的另设公司，逃避原公司债务的；

（5）过度支配与控制的其他情形。

控制股东或实际控制人控制多个子公司或者关联公司，滥用控制权使多个子公司或者关联公司财产边界不清、财务混同、利益相互输送，丧失人格独立性，沦为控制股东逃避债务、非法经营，甚至违法犯罪工具的，可以综合案件事实，否认子公司或关联公司法人人格，判令承担连带责任。

12.【资本显著不足】资本显著不足指的是，公司设立后在经营过程中，股东实际投入公司的资本数额与公司经营所隐含的风险相比明显不匹配。股东利用较少资本从事力所不及的经营，表明其没有从事公司经营的诚意，实质是恶意利用公司独立人格和股东有限责任把投资风险转嫁给债权人。由于资本显著不足的判断标准有很大的模糊性，特别是要与公司采取"以小博大"的正常经营方式相区分，因此在适用时要十分谨慎，应当与其他因素结合起来综合判断。

13.【诉讼地位】人民法院在审理公司人格否认纠纷案件时，应当根据不同情形确定当事人的诉讼地位：

（1）债权人对债务人公司享有的债权已经由生效裁判确认，其另行提起公司人格否认诉讼，请求股东对公司债务承担连带责任的，列股东为被告，公司为第三人；

（2）债权人对债务人公司享有的债权提起诉讼的同时，一并提起公司人格否认诉讼，请求股东对公司债务承担连带责任的，列公司和股东为共同被告；

（3）债权人对债务人公司享有的债权尚未经生效裁判确认，直接提起公司人格否认诉讼，请求公司股东对公司债务承担连带责任的，人民法院应当向债权人释明，告知其追加公司为共同被告。债权人拒绝追加的，人民法院应当裁定驳回起诉。

2. 《上市公司章程指引》（2023年修正）

第38条 公司股东承担下列义务：

（一）遵守法律、行政法规和本章程；

（二）依其所认购的股份和入股方式缴纳股金；

（三）除法律、法规规定的情形外，不得退股；

（四）不得滥用股东权利损害公司或者其他股东的利益；不得滥用公司法人独立地位和股东有限责任损害公司债权人的利益；

（五）法律、行政法规及本章程规定应当承担的其他义务。

公司股东滥用股东权利给公司或者其他股东造成损失的，应当依法承担赔偿责任。公司股东滥用公司法人独立地位和股东有限责任，逃避债务，严重损害公司债权人利益的，应当对公司债务承担连带责任。

◆ 案例指引

【指导案例15号】徐工集团工程机械股份有限公司诉成都川交工贸有限责任公司等买卖合同纠纷案（江苏省高级人民法院（2011）苏商终字第0107号）

裁判要旨

1. 关联公司的人员、业务、财务等方面交叉或混同，导致各自财产无法区分，丧失独立人格的，构成人格混同。三个公司的经理、财务负责人、出纳会计、工商手续经办人均相同，其他管理人员亦存在交叉任职的情形；三个公司实际经营中均涉及工程机械相关业务，经销过程中存在共用销售手册、经销协议的情形；对外进行宣传时信息混同；三个公司使用共同账户，以王某礼的签字作为具体用款依据，对其中的资金及支配无法证明已作区分；三个公司与徐工机械公司之间的债权债务、业绩、账务及返利均计算在川交工贸公司名下。

2. 关联公司人格混同，严重损害债权人利益的，关联公司相互之间对外部债务承担连带责任。

【公报案例】 中国信达资产管理公司成都办事处与四川泰来装饰工程有限公司、四川泰来房屋开发有限公司、四川泰来娱乐有限责任公司借款担保合同纠纷案（最高人民法院（2008）民二终字第55号，载《最高人民法院公报》2008年第10期）

裁判要旨

存在股权关系交叉、均为同一法人出资设立、由同一自然人担任各个公司法定代表人的关联公司，如果该法定代表人利用其对于上述多个公司的控制权，无视各公司的独立人格，随意处置、混淆各个公司的财产及债权债务关系，造成各个公司的人员、财产等无法区分的，该多个公司法人表面上虽然彼此独立，但实质上构成人格混同。因此损害债权人合法权益的，该多个公司法人应承担连带清偿责任。

【典型案例】 重庆奇谐建筑劳务有限公司与常某等申请执行人执行异议之诉纠纷上诉案（北京市高级人民法院（2019）京民终1424号）

裁判要旨

被执行人在债务形成时系一人有限责任公司，在执行程序前通过股权转让的形式将公司类型变更为非一人公司。如果该公司财产不足以清偿生效法律文书确定的债务，原一人公司股东不能证明公司财产独立于自己的财产，申请执行人申请追加该股东为被执行人并要求其对公司债务承担连带责任的，应予支持。

> **第二十四条　【电子通信会议和表决】**
> 　　公司股东会、董事会、监事会召开会议和表决可以采用电子通信方式，公司章程另有规定的除外。

◆ **条文主旨**

本条规定了公司股东会、董事会、监事会会议和表决采用电子通信方式的"默示选入，明示选出"规则。

在适用范围上，审计委员会作为董事会专门委员会，亦可适用之。

◆ **修改情况**

本条为2023年《公司法》修订的新增条款。

◆ **条文注释**

电子通信方式，是指通过电子技术传输信息的方法进行信息交流的方式，可以用于会议、教学等多种场景。电子通信方式具有速度快、成本低、效率高的优势，能够补足传统实体会议的物理限制。但是，电子通信方式也改变了传统实体会议的信息交流方式，也可能存在网络传输技术障碍、参会人员的网络知识限制、信息交流和沟通不畅等问题，进而导致会议和决议本身存在各种瑕疵。因此，电子通信会议和实体会议本身也存在诸多差异，电子通信方式会议和表决的法律效力，需要在法律上予以规定。

就电子通信方式的立法模式问题上，有两种意见：一种意见认为，应当采取"默示选入，明示选出"的模式，即除非公司章程另有规定外，公司均可以采取电子通信方式召开会议和作出决议。另一种意见认为，应当采取"默示选出，明示选入"的模式，即只有公司章程规定可以采取电子通信方式召开会议和作出决议时，公司方可采用电子通信方式。从本条规定来看，本条采取了第一种模式。根据本条规定，除非公司章程排除电子通信方式，否则，公司召开股东会、董事会、监事会均可采电子通信方式，也可通过电子通信方式作出决议。

之所以采取"默示选入，明示选出"模式，与我国当前的互联网发展水平有关。根据2023年8月中国互联网络信息中心（CNNIC）发布的第52次《中国互联网络发展状况统计报告》，截至2023年6月，我国网民规模达10.79亿人，互联网普及率达76.4%。[①] 在上市公司中，2022年修订的《上市公司股东大会规则》第20条第2款规定，股东大会应当设置会场，以现场会议形式召开，并应当按照法律、行政法规、证监会或公司章程的规定，采用安全、经济、便捷的网络和其他方式为股东参加股东大会提供便利。股东通过上述方式参加股东大会的，视为出席。这表明，我国公司基本具备采用电子通信方式召开会议和作出决议的技术能力。

如果电子通信方式形成的决议存在本法第25条、第26条、第27条所规定的决议瑕疵，适用相关规则。

◆ **关联规范**

1.《上市公司股东大会规则》（2022年修订）

第20条 公司应当在公司住所地或公司章程规定的地点召开股东大会。

股东大会应当设置会场，以现场会议形式召开，并应当按照法律、行政法规、中国证监会或公司章程的规定，采用安全、经济、

[①]《第52次〈中国互联网络发展状况统计报告〉》，载中国互联网络信息中心网站，https://www.cnnic.cn/n4/2023/0828/c88-10829.html。

便捷的网络和其他方式为股东参加股东大会提供便利。股东通过上述方式参加股东大会的，视为出席。

股东可以亲自出席股东大会并行使表决权，也可以委托他人代为出席和在授权范围内行使表决权。

2.《上海证券交易所上市公司自律监管指引第 1 号——规范运作》(2023 年 12 月 15 日起施行)

2.1.10 上市公司召开股东大会按照相关规定向股东提供网络投票方式的，应当做好股东大会网络投票的相关组织和准备工作，按照本所公告格式的要求，使用本所公告编制软件编制股东大会相关公告，并按规定披露。

公司利用本所网络投票系统为股东提供网络投票方式的，现场股东大会应当在本所交易日召开。

2.1.11 本所会员应当开发和维护相关技术系统，确保其证券交易终端支持上市公司股东大会网络投票。由于会员相关技术系统原因，导致公司股东无法完成投票的，会员应当及时协助公司股东通过其他有效方式参与网络投票。

本所会员应当按照相关规定妥善保管公司股东的投票记录，不得盗用或者假借股东名义进行投票，不得擅自篡改股东投票记录，不得非法影响股东的表决意见。

3.《深圳证券交易所上市公司股东大会网络投票实施细则》(2020 年修订)

第 2 条 本细则适用于上市公司利用本所股东大会网络投票系统向其股东提供股东大会网络投票服务。

第 3 条 本细则所称上市公司股东大会网络投票系统（以下简称"网络投票系统"）是指本所利用网络与通信技术，为上市公司股东行使股东大会表决权提供服务的信息技术系统。

网络投票系统包括本所交易系统、互联网投票系统（网址：http://wltp.cninfo.com.cn）。

上市公司可以选择使用现场投票辅助系统收集汇总现场投票数据，并委托深圳证券信息有限公司（以下简称"信息公司"）合并统计网络投票和现场投票数据。

第 4 条 上市公司召开股东大会，除现场会议投票外，应当向股东提供股东大会网络投票服务。

上市公司股东大会现场会议应当在本所交易日召开。

第 5 条 股东大会股权登记日登记在册的所有股东，均有权通过网络投票系统行使表决权。

4.《上市公司股东大会规则》(2022 年修订)

第 20 条 公司应当在公司住所地或公司章程规定的地点召开股东大会。

股东大会应当设置会场，以现场会议形式召开，并应当按照法律、行政法规、中国证监会或公司章程的规定，采用安全、经济、便捷的网络和其他方式为股东参加股东大会提供便利。股东通过上述方式参加股东大会的，视为出席。

股东可以亲自出席股东大会并行使表决权，也可以委托他人代为出席和在授权范围内行使表决权。

第 21 条 公司应当在股东大会通知中明确载明网络或其他方式的表决时间以及表决程序。

股东大会网络或其他方式投票的开始时间，不得早于现场股东大会召开前一日下午 3：00，并不得迟于现场股东大会召开当日上午 9：30，其结束时间不得早于现场股东大会结束当日下午 3：00。

第 35 条 同一表决权只能选择现场、网络或其他表决方式中的一种。同一表决权出现重复表决的以第一次投票结果为准。

第 38 条 股东大会会议现场结束时间不得早于网络或其他方式，会议主持人应当在会议现场宣布每一提案的表决情况和结果，并根据表决结果宣布提案是否通过。

在正式公布表决结果前，股东大会现场、网络及其他表决方式中所涉及的公司、计票人、监票人、主要股东、网络服务方等相关各方对表决情况均负有保密义务。

◆ 案例指引

【典型案例】银隆新能源股份有限公司、珠海市银隆投资控股集团有限责任公司等公司决议撤销纠纷案（广东省珠海市中级人民法院（2019）粤04民终2943号）

裁判要旨

一则，随着时代的发展，会议的召开形式从原来单一的现场会议发展为多元化的电视会议、电话会议、微信视频会议等，银隆新能源公司主张案涉股东大会采用现场会议及电话会议是基于方便股东参会的主张，与时代发展相吻合，亦符合常理，而案涉银隆新能源公司的章程没有明确规定股东大会仅能采取现场会议的方式，也没有禁止电话会议或视频会议。虽然银隆投资公司对现场会议与电话会议相结合的会议形式提出异议，但是并无证据显示此等会议形式实质性损害了银隆投资公司的利益。二则，会议的计票模式与会议形式密切相关，在案涉股东大会采取的是现场与电话相结合会议模式的前提下，会议采取现场投票及网络投票、微信群监票，是与会议召开模式相配套的方式。仅以会议采取现场投票与网络投票结合的方式而质疑投票真实性、有效性，理据不足。并且，在采取现场与电话相结合会议模式，公司章程规定的会议当场公布表决结果，不能机械地理解为会议现场公布表决结果，也正因如此，在现场会议结束后统计票数并于微信群公布的做法不属于重大程序瑕疵。三则，从查明的事实可知，在现场投票时案涉几项决议已经过半数通过，即便没有网络投票，案涉5项决议按照公司章程决议也已经过半数通过，银隆投资公司亦称其对表决结果并无异议，召集程序或表决方式的瑕疵，也并未对决议的结果产生实质性的影响。

【典型案例】艾荻环境技术（上海）有限公司诉上海境闲机械设备制造有限公司公司决议撤销纠纷案（上海市第一中级人民法院（2018）沪01民终3108号）

裁判要旨

境闲公司以及法定代表人（董事）于某瑞、董事华某回函确认收悉上述通知，称7月27日的董事会决议和股东会会议议题违反合同约定，其表示反对。该函未表示境闲公司委派的董事于某瑞、华某不会参加该次董事会微信视频会议。相反，境闲公司员工于当日13时56分获该次董事会通知中指定的人员陈某添加微信的验证通过。境闲公司该行为表明其意欲派员参加微信视频会议，但境闲公司委派人员最终未被加入该次董事会会议微信群组，致其无法参加视频会议。因参加微信视频必须由建立者将与会人员加入群组方可进行，故该次董事会将境闲公司委派的两名董事排除在董事会会议之外无法参与表决，应视为该次董事会并未完成召集程序，显属违法，应予撤销。

第二十五条　【决议无效】

公司股东会、董事会的决议内容违反法律、行政法规的无效。

◆ **条文主旨**

本条规定了公司股东会、董事会决议的无效事由。

◆ **修改情况**

本条内容除删除了"股东大会"的文字表述外，未作实质修改。

◆ **条文注释**

民事法律行为因违法而无效的判断是理论和实务上的重大疑难问题，堪称世界级难题。决议作为民事法律行为之一种，其困难亦然如此。虽然在《民法总则》制定之前，理论界和实务界就决议是否为民事法律行为存在争议，但该争议随着《民法总则》第134条的明确规定而逐渐消弭。根据《民法总则》第134条（《民法典》第134条）规定，决议为法律行为之一种。除了适用《公司法》上的决议效力规则之外，决议还存在适用民事法律行为的效力规则之可能，可谓十分复杂。本条以高度概括的语言规定了股东会、董事会决议无效的情形，预留了巨大的适用空间以解释争议。

此外，本条虽然仅针对股东会决议、董事会决议进行了规定，但监事会决议亦应当适用本条规定。

一、违反法律和行政法规的决议无效

《民法典》第153条第1款规定，违反法律、行政法规强制性规定的民事法律行为无效。但是，该强制性规定不导致该民事法律行为无效的除外。与之相比，本条既未将违反的对象限于法律、行政法规的强制性规定，也未规定《民法典》第153条但书部分的内容。对此，应当结合《民法典》第153条的规定，补足本条内容。易言之，公司股东会、董事会的决议内容违反法律、行政法规的强制性规定，并不必然导致决议无效，本法第25条规定应以限缩解释。

对于违反法律、行政法规强制性规定的行为效力判断，2019年最高人民法院在《九民纪要》第30条中指出，《合同法司法解释（二）》第14条将《合同法》第52条第5项规定的"强制性规定"明确限于"效力性强制性规定"。此后，《最高人民法院关于当前形势下审理民商事合同纠纷案件若干问题的指导意见》进一步提出了

"管理性强制性规定"的概念，指出违反管理性强制性规定的，人民法院应当根据具体情形认定合同效力。随着这一概念的提出，审判实践中又出现了另一种倾向，有的人民法院认为凡是行政管理性质的强制性规定都属于"管理性强制性规定"，不影响合同效力。这种望文生义的认定方法，应予纠正。

最高人民法院在 2023 年发布的《民法典合同编通则司法解释》中放弃了长期使用的效力性强制性规定、管理性强制性规定的概念。最高人民法院 2023 年 12 月 5 日发布的《最高人民法院民二庭、研究室负责人就民法典合同编通则司法解释答记者问》指出，在解释起草的过程中，考虑到效力性强制性规定的表述已被普遍接受，不少同志建议继续将效力性强制性规定作为判断合同是否因违反强制性规定而无效的标准。经过反复研究并征求各方面的意见，解释没有继续采用这一表述。主要是因为，虽然有的强制性规定究竟是效力性强制性还是管理性强制性规定十分清楚，但是有的强制性规定的性质却很难区分。问题出在区分的标准不清晰，没有形成共识，特别是没有形成简便易行、务实管用的可操作标准，导致审判实践中有时裁判尺度不统一。在对效力性强制性规定和管理性强制性规定不予区分的基础上，该司法解释第 16 条进一步细化了"该强制性规定不导致该民事法律行为无效的除外"的情形。该条规定详见下文的关联规范部分，此处不赘。

二、违反公序良俗的决议无效

如果公司决议并未违反法律、行政法规的强制性规定，而是违反了其他层级的法规或规章，其效力如何？最高人民法院在《九民纪要》第 31 条中规定，违反规章一般情况下不影响合同效力，但该规章的内容涉及金融安全、市场秩序、国家宏观政策等公序良俗的，应当认定合同无效。由此可见，尽管规章的规范层级较低，但其背后有可能代表公序良俗，违反其规定同样有可能导致行为无效。此时，否定行为效力的基础在于《民法典》第 153 条第 2 款规定，违背公序良俗的民事法律行为无效。

最高人民法院在《民法典合同编通则司法解释》第 17 条第 1 款中规定："合同虽然不违反法律、行政法规的强制性规定，但是有下列情形之一，人民法院应当依据民法典第一百五十三条第二款的规定认定合同无效：（一）合同影响政治安全、经济安全、军事安全等国家安全的；（二）合同影响社会稳定、公平竞争秩序或者损害社会公共利益等违背社会公共秩序的；（三）合同背离社会公德、家庭伦理或者有损人格尊严等违背善良风俗的。"如果公司决议存在前述情形，也将导致其无效。

三、公司决议无效的典型类型

相较于合同，公司决议所关涉的利益主体更多，所涉利益更为复杂。在公司法司法实践中，公司决议无效的情形繁多，比如损害股东利益、损害公司利益、损害国家利益、损害他人利益、超越决策权限、违反公序良俗等，裁判尺度差异较大。

最高人民法院在《公司法司法解释（四）原则通过稿》（2016 年 12 月 5 日）中曾试图规定决议无效的类型："股东会或者股东大会、董事会决议内容有下列情形之一的，应当确认无效：（一）违反公司法第 20 条规定，损害公司、股东或公司债权人的利益；（二）违反公司法第 37 条、第 46 条、第 99 条等规定，超越股东会或者股东大会、董事会职权；（三）违反公司法第 166 条规定向股东分配利润；（四）违反法律、行政法规的强制性规定的其他情形。"但因争议过大，本条最终未出现在正式发布的司法解释之中。在本轮公司法修订中，该问题亦因争议过大而搁置，2023 年《公司法》中也未能进行类型规定。

对此，在司法实践中，应当结合公司决议所违反的具体法律条款及其背后法益进行判断，更为细致的类型化规则有待未来的立法或司法解释予以完善。

◆ **关联规范**

1.《民法典》(2021 年 1 月 1 日起施行)

第 134 条 【民事法律行为的成立】民事法律行为可以基于双方或者多方的意思表示一致成立,也可以基于单方的意思表示成立。

法人、非法人组织依照法律或者章程规定的议事方式和表决程序作出决议的,该决议行为成立。

第 153 条 【违反强制性规定和违背公序良俗的民事法律行为效力】违反法律、行政法规的强制性规定的民事法律行为无效。但是,该强制性规定不导致该民事法律行为无效的除外。

违背公序良俗的民事法律行为无效。

2.《公司法司法解释(四)》(2020 年修正)

第 1 条 【决议无效与不成立之诉的原告】公司股东、董事、监事等请求确认股东会或者股东大会、董事会决议无效或者不成立的,人民法院应当依法予以受理。

第 3 条 【其他当事人的地位】原告请求确认股东会或者股东大会、董事会决议不成立、无效或者撤销决议的案件,应当列公司为被告。对决议涉及的其他利害关系人,可以依法列为第三人。

一审法庭辩论终结前,其他有原告资格的人以相同的诉讼请求申请参加前款规定诉讼的,可以列为共同原告。

第 6 条 【决议无效或被撤销的效力】股东会或者股东大会、董事会决议被人民法院判决确认无效或者撤销的,公司依据该决议与善意相对人形成的民事法律关系不受影响。

3.《民法典合同编通则司法解释》(2023 年 12 月 4 日起施行)

第 16 条 【《民法典》第 153 条但书的适用】合同违反法律、行政法规的强制性规定,有下列情形之一,由行为人承担行政责任或者刑事责任能够实现强制性规定的立法目的的,人民法院可以依据民法典第一百五十三条第一款关于"该强制性规定不导致该民事法律行为无效的除外"的规定认定该合同不因违反强制性规定无效:

(一) 强制性规定虽然旨在维护社会公共秩序,但是合同的实际履行对社会公共秩序造成的影响显著轻微,认定合同无效将导致案件处理结果有失公平公正;

(二) 强制性规定旨在维护政府的税收、土地出让金等国家利益或者其他民事主体的合法利益而非合同当事人的民事权益,认定合同有效不会影响该规范目的的实现;

(三) 强制性规定旨在要求当事人一方加强风险控制、内部管理等,对方无能力或者无义务审查合同是否违反强制性规定,认定合同无效将使其承担不利后果;

(四) 当事人一方虽然在订立合同时违反强制性规定,但是在合同订立后其已经具备补正违反强制性规定的条件却违背诚信原则不予补正;

(五) 法律、司法解释规定的其他情形。

法律、行政法规的强制性规定旨在规制合同订立后的履行行为,当事人以合同违反强制性规定为由请求认定合同无效的,人民法院不予支持。但是,合同履行必然导致违反强制性规定或者法律、司法解释另有规定的除外。

依据前两款认定合同有效,但是当事人的违法行为未经处理的,人民法院应当向有关行政管理部门提出司法建议。当事人的行为涉嫌犯罪的,应当将案件线索移送刑事侦查机关;属于刑事自诉案件的,应当告知当事人可以向有管辖权的人民法院另行提起诉讼。

第17条　【《民法典》第153条第2款的适用】 合同虽然不违反法律、行政法规的强制性规定,但是有下列情形之一,人民法院应当依据民法典第一百五十三条第二款的规定认定合同无效:

（一）合同影响政治安全、经济安全、军事安全等国家安全的；

（二）合同影响社会稳定、公平竞争秩序或者损害社会公共利益等违背社会公共秩序的；

（三）合同背离社会公德、家庭伦理或者有损人格尊严等违背善良风俗的。

人民法院在认定合同是否违背公序良俗时，应当以社会主义核心价值观为导向，综合考虑当事人的主观动机和交易目的、政府部门的监管强度、一定期限内当事人从事类似交易的频次、行为的社会后果等因素，并在裁判文书中充分说理。当事人确因生活需要进行交易，未给社会公共秩序造成重大影响，且不影响国家安全，也不违背善良风俗的，人民法院不应当认定合同无效。

第18条　【不适用《民法典》第153条第1款的情形】法律、行政法规的规定虽然有"应当""必须"或者"不得"等表述，但是该规定旨在限制或者赋予民事权利，行为人违反该规定将构成无权处分、无权代理、越权代表等，或者导致合同相对人、第三人因此获得撤销权、解除权等民事权利的，人民法院应当依据法律、行政法规规定的关于违反该规定的民事法律后果认定合同效力。

4.《九民纪要》(2019年11月8日起施行)

7.【表决权能否受限】股东认缴的出资未届履行期限，对未缴纳部分的出资是否享有以及如何行使表决权等问题，应当根据公司章程来确定。公司章程没有规定的，应当按照认缴出资的比例确定。如果股东（大）会作出不按认缴出资比例而按实际出资比例或者其他标准确定表决权的决议，股东请求确认决议无效的，人民法院应当审查该决议是否符合修改公司章程所要求的表决程序，即必须经代表三分之二以上表决权的股东通过。符合的，人民法院不予支持；反之，则依法予以支持。

30.【强制性规定的识别】合同法施行后，针对一些人民法院动辄以违反法律、行政法规的强制性规定为由认定合同无效，不当扩大无效合同范围的情形，合同法司法解释（二）第14条将《合同法》第52条第5项规定的"强制性规定"明确限于"效力性强制性规定"。此后，《最高人民法院关于当前形势下审理民商事合同纠纷案件若干问题的指导意见》进一步提出了"管理性强制性规定"的概念，指出违反管理性强制性规定的，人民法院应当根据具体情形认定合同效力。随着这一概念的提出，审判实践中又出现了另一种倾向，有的人民法院认为凡是行政管理性质的强制性规定都属于"管理性强制性规定"，不影响合同效力。这种望文生义的认定方法，应予纠正。

人民法院在审理合同纠纷案件时，要依据《民法总则》第153条第1款和合同法司法解释（二）第14条的规定慎重判断"强制性规定"的性质，特别是要在考量强制性规定所保护的法益类型、违法行为的法律后果以及交易安全保护等因素的基础上认定其性质，并在裁判文书中充分说明理由。下列强制性规定，应当认定为"效力性强制性规定"：强制性规定涉及金融安全、市场秩序、国家宏观政策等公序良俗的；交易标的禁止买卖的，如禁止人体器官、毒品、枪支等买卖；违反特许经营规定的，如场外配资合同；交易方式严重违法的，如违反招投标等竞争性缔约方式订立的合同；交易场所违法的，如在批准的交易场所之外进行期货交易。关于经营范围、交易时间、交易数量等行政管理性质的强制性规定，一般应当认定为"管理性强制性规定"。

31. **【违反规章的合同效力】** 违反规章一般情况下不影响合同效力，但该规章的内容涉及金融安全、市场秩序、国家宏观政策等公序良俗的，应当认定合同无效。人民法院在认定规章是否涉及公序良俗时，要在考察规范对象基础上，兼顾监管强度、交易安全保护以及社会影响等方面进行慎重考量，并在裁判文书中进行充分说理。

◆ 案例指引

【公报案例】刘某芳诉常州凯瑞化学科技有限公司等公司决议效力确认纠纷案（江苏省常州市中级人民法院（2018）苏04民终1874号，载《最高人民法院公报》2023年第2期）

裁判要旨

有限责任公司的股东未履行出资义务或者抽逃全部出资，经公司催告缴纳或者返还，在合理期间内仍未缴纳或者返还出资的，公司可以股东会决议解除其股东资格。但如公司股东均为虚假出资或抽逃全部出资，部分股东通过股东会决议解除特定股东的股东资格，由于该部分股东本身亦非诚信守约股东，其行使除名表决权丧失合法性基础，该除名决议应认定为无效。

【公报案例】南京安盛财务顾问有限公司诉祝某股东会决议罚款纠纷案（载《最高人民法院公报》2012年第10期）

裁判要旨

有限责任公司的公司章程关于股东会对股东处以罚款的规定，系公司全体股东所预设的对违反公司章程股东的一种制裁措施，符合公司的整体利益，体现了有限责任公司的人合性特征，不违反公司法的禁止性规定，应合法有效。但公司章程在赋予股东会对股东处以罚款职权时，应明确规定罚款的标准、幅度，股东会在没有明确标准、幅度的情况下处罚股东，属法定依据不足，相应决议无效。

有限责任公司的股东会作为权力机构，其依法对公司事项所作出决议或决定是代表公司的行为，对公司具有法律约束力。股东履行出资义务后，其与公司之间是平等的民事主体，相互之间具有独立的人格，不存在管理与被管理的关系，公司的股东会原则上无权对股东施以任何处罚。因此，在公司章程未作另行约定的情况下，有限责任公司的股东会无权对股东处以罚款。本案中，安盛公司章程第 36 条明确记载有"股东会决议罚款",祝某亦在章程上签字予以认可,故包括祝某在内的所有股东都应当遵守。因此安盛公司的股东会享有对违反公司章程的股东处以罚款的职权。

有限责任公司的公司章程在赋予股东会对股东处以罚款职权的同时,应明确规定罚款的标准和幅度,股东会在没有明确标准和幅度的情况下处罚股东,属法定依据不足,相应决议无效。安盛公司章程所规定"罚款"虽与行政法等公法意义上的罚款不能完全等同,但在罚款的预见性及防止权力滥用上具有可比性。而根据我国行政处罚法的规定,对违法行为给予行政处罚的规定必须公布;未经公布的,不得作为行政处罚的依据,否则该行政处罚无效。本案中,安盛公司的公司章程对罚款的标准及幅度未予明确,使得祝某对违反公司章程行为的后果无法做出事先预料,故安盛公司临时股东会所作出对祝某罚款的决议明显属法定依据不足,应认定为无效。

【典型案例】鸿大(上海)投资管理有限公司与姚锦城等公司决议纠纷上诉案(上海市第二中级人民法院(2019)沪 02 民终 8024 号)

裁判要旨

有限责任公司章程或股东出资协议确定的公司注册资本出资期限系股东之间达成的合意。除法律规定或存在其他合理性、紧迫性事由需要修改出资期限的情形外,股东会会议作出修改出资期限的决议应经全体股东一致通过。公司股东滥用控股地位,以多数决方式通过修改出资期限决议,损害其他股东期限权益,其他股东请求确认该项决议无效的,人民法院应予支持。

> **第二十六条** **【决议可撤销】**
>
> 公司股东会、董事会的会议召集程序、表决方式违反法律、行政法规或者公司章程,或者决议内容违反公司章程的,股东自决议作出之日起六十日内,可以请求人民法院撤销。但是,股东会、董事会的会议召集程序或者表决方式仅有轻微瑕疵,对决议未产生实质影响的除外。
>
> 未被通知参加股东会会议的股东自知道或者应当知道股东会决议作出之日起六十日内,可以请求人民法院撤销;自决议作出之日起一年内没有行使撤销权的,撤销权消灭。

◆ 条文主旨

本条规定了公司股东会决议、董事会决议撤销的事由和规则。

◆ 修改情况

除了将股东会和股东大会统一为"股东会"之外,本条在2018年《公司法》第22条第2款的基础上作出了实质修改,包括以下内容:

一是本条第1款增设了轻微瑕疵情形的规定,即"股东会、董事会的会议召集程序或者表决方式仅有轻微瑕疵,对决议未产生实质影响的除外";

二是本条第2款前段增加规定了"未被通知参加股东会会议的股东自知道或者应当知道股东会决议作出之日起六十日内,可以请求人民法院撤销";

三是本条第2款后段新增了自决议作出之日起1年内行使撤销权的最长法定期间;

四是本条删除了2018年《公司法》第22条第3款关于"股东

依照前款规定提起诉讼的,人民法院可以应公司的请求,要求股东提供相应担保"的规定。

◆ **条文注释**

决议成立后,如果存在可撤销事由,撤销权主体可根据法定程序请求人民法院予以撤销。如果决议不成立,则不存在撤销与否的问题。本条的适用要点包括撤销事由、撤销主体、撤销程序、撤销后果、轻微瑕疵豁免等五个方面。

一、决议的可撤销事由与瑕疵治愈

本条规定,决议的可撤销事由包括三种:(1)会议的召集程序违反法律、行政法规、公司章程。股东会会议和董事会会议的召开需要遵守法律和公司章程规定的程序。常见的召集程序瑕疵有召集权瑕疵、通知程序瑕疵、通知内容瑕疵、通知未附带议案、通知方式瑕疵、通知对象遗漏、会议主持人主持权瑕疵或主持方式瑕疵等。(2)表决方式违反法律、行政法规或公司章程。常见的表决方式瑕疵有无表决权人参与表决、表决事项瑕疵、表决权计算错误等。(3)决议内容违反公司章程。公司章程作为公司经营的自治规范,公司作出决议时应当遵守之。此处的决议内容违反章程,系仅违反章程对公司事项的规定,但并不存在违反法律、行政法规的强制性规定导致决议无效和违反公序良俗的情形,否则决议的效力不限于可撤销。尽管存在前述可撤销事由,但并非一定会给公司和股东造成损害,故撤销权主体可自主选择撤销与否。

虽然存在前述瑕疵,但如果决议瑕疵被事后治愈,则不可撤销。比如,公司全体股东同意豁免通知瑕疵、未被通知股东追认决议内容等,此时可撤销决议可转换为无瑕疵决议,不得撤销。

二、决议的撤销权主体

公司决议的撤销权主体范围存在巨大争议。在决议无效或不成立情形下,《公司法司法解释(四)》第1条规定,公司股东、董事、监事等均有权主张决议无效或不成立。但是,本条规定的撤销权主体仅限于股东。有意见认为,股东会决议、董事会决议有可能对股东、董事、监事、高级管理人员等利益造成影响,股东之外的其他主体同样可能成为利害关系人。该观点值得赞同。

对此,在本轮公司法修订过程中,《公司法(修订草案一审稿)》曾作出了重大调整,扩大了决议撤销权的权利主体,《公司法(修订草案一审稿)》第73条将撤销权主体扩张为"股东、董事、监事"。但是,遗憾的是,在后续的草案中被恢复至股东,这有待未来立法或司法解释予以完善。

在司法实践中,由于隐名出资和股权代持的现象普遍,出现了实际出资人能否直接提起撤销之诉的争议。此时,实际出资人并非公司法意义上的股东,其并不能直接向公司行使股东权利,应认为其不具有适格的诉讼主体地位。此外,还产生了已经转让股权的前股东能否提起决议撤销之诉的问题。对于前述问题,《公司法司法解释(四)》第2条规定,请求撤销股东会或者股东大会、董事会决议的原告,应当在起诉时具有公司股东资格。

三、决议的撤销程序

符合瑕疵决议撤销条件的,股东必须通过决议撤销之诉的方式行使撤销权。在诉讼中,被告为公司,对决议涉及的其他利害关系人,可以依法列为第三人。在撤销期间上,需要在决议作出之日起60日内提出请求。在实践中,有股东未收到参加会议的通知,从而超过了60日的法定期间,导致了撤销权消灭的后果。对此,本条第2款新增规定,未被通知参加股东会的股东,自知道或者应当知道股东会决议作出之日起60日内,可以请求人民法院撤销。但是,自决议作出之日起1年内没有行使撤销权的,撤销权消灭。

与《民法典》规定的撤销权最长期间为5年不同,本条第2款规定的最长期间为 1 年。在本轮公司法修订中,《公司法(修订草案三审稿)》曾规定最长期间为 5 年。对此,有意见认为 5 年期间过长,建议修改为 1 年甚至更短时间。有基于此,2023 年《公司法》最终采取了最长撤销期间为 1 年的方案。

四、决议撤销的法律后果

决议撤销后的效力可分为对内效力与对外效力,可参见本法第 28 条的规定。

对内而言,决议被判决撤销后,对公司自始没有约束力。依据决议进行的行为,应当恢复原状,比如根据决议已经办理公司变更登记的,应当撤销公司变更登记;股东根据决议获得利润分配的,应当返还分配所得。

对外而言,决议撤销不得对抗善意相对人。在相对人不知道且不应当知道决议存在可撤销的瑕疵时,基于相对人的信赖保护,公司根据决议与善意相对人形成的民事法律关系不受影响。

五、可撤销决议的轻微瑕疵豁免

本条吸收了《公司法司法解释(四)》第 4 条但书部分规定的轻微瑕疵豁免规则,也称"裁量驳回"制度。轻微瑕疵豁免规则赋予了法院以自由裁量权,以避免将决议撤销问题机械化、绝对化。轻微瑕疵豁免须同时满足以下三项要件:

(1)瑕疵限于"股东会、董事会会议的召集程序或者表决方式"。内容违反公司章程虽属于本条规定的可撤销事由,但不属于可豁免的轻微瑕疵范畴。

(2)须为轻微瑕疵。在司法实践中关于瑕疵轻微与否的判断标准存在分歧,通常认为,应当以该瑕疵是否导致股东无法公平地参与会议和决议为标准。例如,如果章程规定召集通知应当为书面形式,但公司以电话或其他确保股东可以获得全部信息的方式予以通知的,并未影响股东公平地参与会议,应当认定为轻微瑕疵。

（3）该瑕疵对决议未产生实质影响。通常认为，未产生实质影响是指程序瑕疵不具有影响决议结果的可能，该瑕疵的存在与否不改变决议的结果。对此，需要在个案中予以实质判断。

◆ **关联规范**

1. 《民法典》（2021年1月1日起施行）

第85条 【营利法人决议的撤销】营利法人的权力机构、执行机构作出决议的会议召集程序、表决方式违反法律、行政法规、法人章程，或者决议内容违反法人章程的，营利法人的出资人可以请求人民法院撤销该决议。但是，营利法人依据该决议与善意相对人形成的民事法律关系不受影响。

2. 《公司法司法解释（四）》（2020年修正）

第2条 【决议撤销之诉的原告资格】依据民法典第八十五条、公司法第二十二条第二款请求撤销股东会或者股东大会、董事会决议的原告，应当在起诉时具有公司股东资格。

第3条 【其他当事人的诉讼地位】原告请求确认股东会或者股东大会、董事会决议不成立、无效或者撤销决议的案件，应当列公司为被告。对决议涉及的其他利害关系人，可以依法列为第三人。

一审法庭辩论终结前，其他有原告资格的人以相同的诉讼请求申请参加前款规定诉讼的，可以列为共同原告。

第4条 【可撤销决议的裁量驳回】股东请求撤销股东会或者股东大会、董事会决议，符合民法典第八十五条、公司法第二十二条第二款规定的，人民法院应当予以支持，但会议召集程序或者表决方式仅有轻微瑕疵，且对决议未产生实质影响的，人民法院不予支持。

第6条 【决议无效或被撤销的效力】股东会或者股东大会、董事会决议被人民法院判决确认无效或者撤销的，公司依据该决议

3. 《公司法司法解释（五）》（2020 年修正）

第 4 条　【利润分配的期限限制】分配利润的股东会或者股东大会决议作出后，公司应当在决议载明的时间内完成利润分配。决议没有载明时间的，以公司章程规定的为准。决议、章程中均未规定时间或者时间超过一年的，公司应当自决议作出之日起一年内完成利润分配。

决议中载明的利润分配完成时间超过公司章程规定时间的，股东可以依据民法典第八十五条、公司法第二十二条第二款规定请求人民法院撤销决议中关于该时间的规定。

◆ 案例指引

【指导案例 10 号】李某军诉上海佳动力环保科技有限公司公司决议撤销纠纷案（上海市第二中级人民法院（2010）沪二中民四（商）终字第 436 号）

裁判要旨

人民法院在审理公司决议撤销纠纷案件中应当审查：会议召集程序、表决方式是否违反法律、行政法规或者公司章程，以及决议内容是否违反公司章程。在未违反上述规定的前提下，解聘总经理职务的决议所依据的事实是否属实，理由是否成立，不属于司法审查范围。

【典型案例】韩某某诉北京金辇酒店管理有限公司公司决议撤销纠纷案（北京市高级人民法院（2020）京民申 3396 号）

裁判要旨

人民法院在审理公司决议撤销纠纷案件中应当审查会议召集程序、表决方式是否违反法律、行政法规或者公司章程，以及决议内容是否违反公司章程。如会议决议在内容上或者程序上存在瑕疵，则人民法院应判断该瑕疵是否属于轻微瑕疵范围，并根据瑕疵程度及影响力认定该公司决议是否应被撤销。

【典型案例】 马某诉北京某某科技有限公司公司决议撤销纠纷案（北京市朝阳区人民法院（2018）京0105民初15755号）

裁判要旨

股东会的召集程序要确保股东提前获知会议议题所需要的信息，以便于提前了解会议内容、做好相应的会议准备，进而形成相关意见，参与会议表决，充分行使股东权利。因此，股东会召集过程中，公司应当将会议议题的相关内容、具体审议事项作为会议通知的一部分按照法律及公司章程规定的时间向股东送达。北京某某公司虽于2018年1月24日向马某发送了六项审议事项的具体文件，但此时距离股东会召开仅有五天时间，在涉及多项议题且内容繁多、复杂的情况下，无法保障股东能够充分行使相应的权利。因此，该次股东会在召集程序方面存在瑕疵。股东会的后五项议题虽然延期表决，但未能就相关议题通过召开会议的方式进行深度讨论、交换意见，失去了股东会的召开意义。因此，延期表决不足以弥补北京某某公司在股东会召集程序中存在的瑕疵。其次，是否属于轻微瑕疵。实际情况中，可以是否会导致各个股东无法公平地参与多数意思的形成以及获取对此所需的信息为判定标准。该次股东会涉及的议题均为公司治理方面的重要内容，且均较为复杂，股东需要足够的时间以获取相应的信息。结合《增资扩股协议》的内容来看，各方针对增资扩股后公司的运作、管理包括股东会、监事会的组成人员等进行了约定，而该次股东会的内容系针对公司治理结构的进一步细化，并且在董事会的构成等内容方面与《增资扩股协议》的约定有所变更，在此情况下，仅仅提前五天发送议题内容，无法保障马某有充分的时间研读、分析议题内容，进而公平参与会议、发表意见、充分行使股东权利。因此，该次股东会会议在召集程序方面的瑕疵不属于轻微瑕疵，并且该瑕疵能够避免。因此，北京某某公司于2018年1月29日召开的股东会的召集程序违反法律及公司章程的规定，且不属于轻微瑕疵，应予撤销。

【典型案例】邝某冠与厦门铝邦信息科技有限公司股东知情权纠纷案（福建省厦门市集美区人民法院（2019）闽0211民初5364号）

裁判要旨

2018年《公司法》第22条规定了公司决议撤销权，允许司法介入公司决议程序审查。当裁判者审查公司决议程序时，应以该程序瑕疵是否会导致包括中小股东在内的各股东无法公平地参与多数意思的形成以及获取对此所需的信息为判定标准。在审理公司决议撤销纠纷类案件时，裁判者应注重各方利益的平衡与统一。

第二十七条　【决议不成立】

有下列情形之一的，公司股东会、董事会的决议不成立：

（一）未召开股东会、董事会会议作出决议；

（二）股东会、董事会会议未对决议事项进行表决；

（三）出席会议的人数或者所持表决权数未达到本法或者公司章程规定的人数或者所持表决权数；

（四）同意决议事项的人数或者所持表决权数未达到本法或者公司章程规定的人数或者所持表决权数。

◆ 条文主旨

◆ 修改情况

本条为新增条文，吸收了《公司法司法解释（四）》第5条的规定。

◆ **条文注释**

2018年《公司法》仅规定了决议无效、可撤销两种情形,采决议效力的"二分法"。《公司法司法解释(四)》第5条增设决议不成立之诉,使得我国公司法上的公司决议效力分为不成立、无效、可撤销三种形式。2023年《公司法》修订后,本法采决议效力的"三分法"。从"两分法"到"三分法",实际上蕴含了公司决议系属于法律行为的涵义,不成立的决议自然谈不上无效、可撤销的问题。

需要指出的是,与《公司法司法解释(四)》第5条相比,本条删除了第5项兜底条款,"导致决议不成立的其他情形"。但是,这并非意指决议不成立仅限于本条规定的四种情形。由于决议行为是民事法律行为之一种,即使本条删去了司法解释中的兜底条款,但仍然可以类推适用民事法律行为的不成立规则。

根据本条规定,决议不成立包括以下四种情形:

(1)未召开股东会、董事会会议作出决议。我国公司治理实践中会议繁多,但缺乏严格的会议规则,也缺乏成熟的会议文化。未召开会议进行"传签"等情况经常发生。如果没有召开股东会、董事会,不存在形成决议的会议基础,此时决议无法成立。但是,本法第59条规定有例外情形:有限责任公司的股东对股东会的职权事项以书面形式一致表示同意的,可以不召开股东会会议,直接作出决定,并由全体股东在决定文件上签名或者盖章。除了法律另有规定的情况,会议乃决议之当然基础,未召开股东会、董事会会议作出决议,决议不成立。

(2)股东会、董事会会议未对决议事项进行表决。虽然召开了股东会、董事会,但并未对决议事项进行表决,也无法形成共同的意思表示，此时决议不成立。比如，部分股东在股东会后伪造其他股东签名，并未形成真实的公司意思。

（3）出席会议的人数或者所持表决权数未达到本法或者公司章程规定的人数或者所持表决权数。为确保公司决议具有足够广泛的代表性，各国公司法通常要求参加股东会的股东、参加董事会的董事须达到一定比例，会议方能合法召开。比如，美国《示范公司法》规定，参加股东会会议的法定人数不应少于在会议上有表决权股份的1/3。在我国公司治理实践中，中小股东参加股东会的积极性不高，使得股份公司的"股东大会"经常变身"大股东会"。在本轮公司法修订中，有意见建议增加股东会会议的最低参会股权比例或"定足数"，但2023年《公司法》并未予以规定。主要原因在于担心影响股东会的效率，增加公司不得不二次召开股东会的成本，甚至引发为吸引中小股东参会的不当激励问题。但是，公司章程可以对此予以特别规定，《公司法》在该事项上也预留了公司自治空间。此时，如果出席股东会会议的股东所持表决权数未达到章程规定的表决权数下限，此时应视为股东会未召开，所形成的决议不成立。

对于董事会会议，本法第73条规定，董事会会议应当有过半数的董事出席方可举行。董事会作出决议，应当经全体董事的过半数通过。对于该比例，公司章程还可以予以提高，以督促全体董事履职，充分交流意见，促进公司董事会决议更为合理。未达到最低出席人数的董事会会议，是严重的程序瑕疵，所形成的决议应认定为不成立。

（4）同意决议事项的人数或者所持表决权数未达到本法或者公司章程规定的人数或者所持表决权数。在公司决议形成过程中，需要达到法定或章程规定的通过比例。如果未达到通过比例，则决议不能成立。按照决议通过所需比例，可分为一般决议和特别决议，分别针对一般事项和特殊事项，前者需要一般多数，后者需要绝对多数。

需要特别决议的事项，《公司法》上有特别规定。例如，本法第66条规定，股东会会议作出修改公司章程、增加或者减少注册资本的决议，以及公司合并、分立、解散或者变更公司形式的决议，应当经代表2/3以上表决权的股东通过。本法第116条对股份有限公司的股东会决议，亦作出了同样规定。再例如，本法第153条规定，公司章程或者股东会授权董事会决定发行新股的，董事会决议应当经全体董事2/3以上通过。

《公司法》上没有进行特别规定的事项，只需一般决议即可。比如，本法第204条规定，公开发行公司债券的，应当为同期债券持有人设立债券持有人会议，债券持有人会议可以对与债券持有人有利害关系的事项作出决议。债券持有人会议决议应当经出席债券持有人会议且有表决权的持有人所持表决权的过半数通过。因此，从公司法层面来看，即使是与债券持有人有利害关系的重大事项，也并未要求绝对多数为通过比例。当然，公司债券募集办法可以另外规定更高比例，但不得降低过半数通过的法定要求。

◆ **关联规范**

《公司法司法解释（四）》（2020年修正）

第1条　【决议无效和不成立之诉的原告】 公司股东、董事、监事等请求确认股东会或者股东大会、董事会决议无效或者不成立的，人民法院应当依法予以受理。

第3条　【其他当事人的诉讼地位】 原告请求确认股东会或者股东大会、董事会决议不成立、无效或者撤销决议的案件，应当列公司为被告。对决议涉及的其他利害关系人，可以依法列为第三人。

一审法庭辩论终结前，其他有原告资格的人以相同的诉讼请求申请参加前款规定诉讼的，可以列为共同原告。

第 5 条　【决议不成立】股东会或者股东大会、董事会决议存在下列情形之一，当事人主张决议不成立的，人民法院应当予以支持：

（一）公司未召开会议的，但依据公司法第三十七条第二款或者公司章程规定可以不召开股东会或者股东大会而直接作出决定，并由全体股东在决定文件上签名、盖章的除外；

（二）会议未对决议事项进行表决的；

（三）出席会议的人数或者股东所持表决权不符合公司法或者公司章程规定的；

（四）会议的表决结果未达到公司法或者公司章程规定的通过比例的；

（五）导致决议不成立的其他情形。

◆ **案例指引**

【典型案例】北京汇力钊众矿业投资有限公司与湖北恒金矿业投资有限公司等公司决议效力确认纠纷上诉案（湖北省宜昌市中级人民法院（2021）鄂05民终956号）

裁判要旨

本案双方在金山公司章程中对如何通知股东参加会议没有另行规定，全体股东也没有另行约定，故双方应当遵守2018年《公司法》的相关规定；在《秭归金山实业有限公司股东会议决议》上没有恒金公司签章或周某的签名，且汇力公司始终未能提交通知股东的记录和会议记录，恒金公司对此也不知情，足以证实在2013年11月8日金山公司未召开股东会，故汇力公司单方形成的"股东会决议"缺乏成立的要件，该决议不成立。因此，依照《公司法司法解释（四）》第5条第1项之规定，恒金公司提起股东会决议不成立之诉，依据充分，本院予以支持。

【典型案例】上海群大家具市场经营管理有限公司与张某强公司决议纠纷上诉案（上海市第一中级人民法院（2020）沪01民终10383号）

裁判要旨

根据2018年《公司法》第4条规定，公司股东依法享有资产收益、参与重大决策和选择管理者等权利。本案的争议焦点即在于以承包经营改变公司分红、管理等的方式，是否须经全体股东一致同意。为保障商事活动效率，我国公司法采纳资本多数决的规则，并区分普通决议和特别决议。但公司法的上述规定有其具体的适用范围，并不意味着就涉及公司经营管理的所有情况都允许采取资本多数决方式。对于涉及公司股东基本法定权利的事项，仍应由全体股东一致同意，并非股东会可以进行多数决的范围。本案中，从案涉决议内容看，所谓承包经营指的是内部股东获得公司管理权，且每年需要向各股东提供各股东投资额的15%—20%的分红。上述内容涉及转移公司经营权及约定分红方式，实质是要求股东让渡其获取资产收益、参与重大决策和选择管理者等基本权利，而非仅仅涉及公司经营方针的调整。因此，案涉决议所涉内容并不能由公司股东进行多数决，而须全体股东一致同意。但张红强作为群大公司股东之一，并未同意案涉决议，故该次股东会会议的表决结果未达法定通过比例，一审法院依据《公司法司法解释（四）》第5条规定，认定案涉决议不成立，并无不当，本院予以维持。

【典型案例】葛某某诉北京赛都广告有限责任公司等公司决议纠纷案（北京市第二中级人民法院（2021）京02民终3541号）

裁判要旨

股东会或股东大会决议上的股东签字不是本人亲自书写，在决议作出之后，未亲自签字的股东已经实际执行决议或接受决议执行且未提出异议，视为股东对他人代其签署决议行为的追认。股东不能以签字不真实为由请求人民法院确认决议不成立、无效或撤销决议。

> **第二十八条 【瑕疵决议的效力】**
> 公司股东会、董事会决议被人民法院宣告无效、撤销或者确认不成立的,公司应当向公司登记机关申请撤销根据该决议已办理的登记。
> 股东会、董事会决议被人民法院宣告无效、撤销或者确认不成立的,公司根据该决议与善意相对人形成的民事法律关系不受影响。

◆ **条文主旨**

本条规定了瑕疵决议的内部效力和外部效力。

◆ **修改情况**

本条为新增条文,衔接了《民法典》第85条对营利法人决议的外部效力的规定。

◆ **条文注释**

股东会、董事会决议被司法宣告无效、撤销或者确认不成立的,其法律效力可分为对内效力与对外效力。

对内而言,决议被人民法院宣告无效、撤销或者确认不成立的,对公司自始没有约束力。该部分内容仅涉及公司内部关系。易言之,人民法院宣告无效、撤销或者确认不成立的判决在公司内部事项上具有溯及效力。依据决议进行的行为,应当恢复原状,比如根据决议已经办理公司变更登记的,应当撤销公司变更登记;股东根据决议获得利润分配的,应当返还分配所得。

对外而言，决议被人民法院宣告无效、撤销或者确认不成立的，不得对抗善意相对人。决议与公司基于决议对外形成的法律关系，本质上属于两个法律关系，其效力不应直接混同。相应的，公司决议效力的诉讼、公司与相对人的民事法律关系争讼，二者是两个独立的诉讼。在相对人不知道且不应当知道决议存在可撤销的瑕疵时，基于相对人的信赖保护，公司根据决议与善意相对人形成的民事法律关系不受影响。

◆ 关联规范

1.《民法典》（2021年1月1日起施行）

第85条 【营利法人决议的撤销】营利法人的权力机构、执行机构作出决议的会议召集程序、表决方式违反法律、行政法规、法人章程，或者决议内容违反法人章程的，营利法人的出资人可以请求人民法院撤销该决议。但是，营利法人依据该决议与善意相对人形成的民事法律关系不受影响。

2.《公司法司法解释（四）》（2020年修正）

第6条 【决议无效或被撤销的效力】股东会或者股东大会、董事会决议被人民法院判决确认无效或者撤销的，公司依据该决议与善意相对人形成的民事法律关系不受影响。

◆ 案例指引

【典型案例】郑某南等与北京煜森股权投资有限公司决议撤销纠纷再审案（北京市高级人民法院（2021）京民申2081号）

公司股东会决议被撤销后，并不必然导致公司依据该股东会决议所完成的公司变更登记亦应当被撤销。本案中，煜森公司依据2019年6月28日《北京煜森股权投资有限公司股东会决议》办理了相关公司变更登记，谢某已经公司登记机关登记为煜森公司股东，在无证据证明谢某系非善意相对人的情形下，根据《公司法司法解释（四）》第 6 条的规定，谢某与煜森公司所形成的投资关系不应受到 2019 年 6 月 28 日《北京煜森股权投资有限公司股东会决议》被撤销的影响。按照法律规定和公司章程组织召开股东会是公司应尽的义务，煜森公司股东会在召集程序上违反法律规定和公司章程，并不当然导致第三人谢某为非善意相对人。

【典型案例】郑某利等与北京山泉房地产开发有限公司等公司决议效力确认纠纷上诉案（北京市高级人民法院（2021）京民终 78 号）

裁判要旨

股东会决议被认定不成立后，对公司因该决议与公司以外的善意相对人发生的其他法律关系没有溯及效力。案涉《北京山泉房地产开发有限公司股东会决议》增加的股东为徐某，该股东会决议被认定不成立后，是否对山泉公司及其股东与徐某之间投资关系有溯及力，应当取决于徐某是否属于善意相对人。本院庭审中，徐某 1 认可徐某系代其持有山泉公司的股权，徐某对此不持异议。即依据案涉两份《北京山泉房地产开发有限公司股东会决议》与山泉公司建立增资法律关系的主体是徐某 1 而不是徐某。故案涉股东会决议内容并不涉及公司以外的相对人。据此，应当撤销基于案涉两份《北京山泉房地产开发有限公司股东会决议》增加徐某为股东，以及变更相关注册资本和公司章程的登记事项。综上，案涉两份《北京山泉房地产开发有限公司股东会决议》被确认不成立后，山泉公司应当向登记机关申请撤销原变更登记。

【典型案例】朱某平、三明市瑞城房地产开发有限公司等公司决议撤销纠纷案（福建省三明市中级人民法院（2022）闽 04 民终 1157 号）

裁判要旨

瑞城公司于 2021 年 11 月 21 日召开的临时股东会在召集程序上

违反法律、公司章程和和解协议的规定，应当予以撤销。但是，本案中，瑞城公司已经依据2021年11月21日股东会决议办理了工商变更登记，陈某青、高某已经登记为瑞城公司股东，在现无证据证明陈某青、高某非善意相对人的情形下，其与姚某渠之间的股权转让行为不应受瑞城公司2021年11月21日《股东会决议》被撤销的影响，该决议即使被撤销亦不必然导致案涉股权转让行为无效，瑞城公司不能仅凭该决议被撤销的事实向公司登记机关申请撤销陈某青和高某的股东变更登记，各方当事人如果对案涉股权转让行为的效力存在争议应另行解决。

第二章 公司登记

> **第二十九条 【设立登记】**
> 设立公司,应当依法向公司登记机关申请设立登记。
> 法律、行政法规规定设立公司必须报经批准的,应当在公司登记前依法办理批准手续。

◆ **条文主旨**

本条规定了设立公司的登记要求。

◆ **修改情况**

本条来自2018年《公司法》第6条第1款第1句和第2款的规定。在立法体例上,2018年《公司法》将设立登记的条文规定在总则第6条。2023年《公司法》新设公司登记专章,整合了与公司登记相关的规定。与之相适应,公司设立登记的相关条款被移至本法第2章。

◆ **条文注释**

本条第1款规定,设立公司,应当依法向公司登记机关申请设立登记。我国对商事主体的设立采强制登记主义。未经登记无法取得商事主体资格,也无法获得经营资格。对于未经登记以公司名义从事活动的情形,本法第259条规定:"未依法登记为有限责任公司或者股份有限公司,而冒用有限责任公司或者股份有限公司名义的,或者未依法登记为有限责任公司或者股份有限公司的分公司,而冒用有限责任公司或者股份有限公司的分公司名义的,由公司登记机关责令改正或者予以取缔,可以并处十万元以下的罚款。"

本条第 2 款规定了公司设立的特殊情形,即在向公司登记机关申请设立登记前,需要先取得有关机关的审批。在商事登记实践中,这种情形被称为前置许可审批,或者"先证后照"。根据本条规定,可以设立前置许可审批事项的规范性文件为法律、行政法规。《市场主体登记管理条例》第 21 条规定设立前置许可审批的规范性文件包括法律、行政法规或者国务院决定,可设定许可的法律规范范围有所扩大。根据有关法律、行政法规、国务院决定修改完善情况,国家市场监督管理部门适时修订《企业登记前置审批事项目录》。

近年来,随着商事制度改革的推进,登记注册前置审批事项大幅减少。目前,法律、行政法规、国务院决定设置的前置许可事项,主要适用于涉及国家安全、公共利益和关系国计民生等特定行业。以 2021 年《企业登记前置审批事项目录》为例,其中包括证券公司设立审批、中资银行业金融机构及其分支机构设立审批、外资银行营业性机构及其分支机构设立审批、非银行金融机构(分支机构)设立审批、保险公司及其分支机构设立审批、金融控股公司设立审批、融资担保公司设立审批等。

设立登记的主管部门、管辖机关、登记程序,参见以下所列《市场主体登记管理条例》和《市场主体登记管理条例实施细则》的具体规定,此处不赘。

◆ **关联规范**

1. **《市场主体登记管理条例》**(2022 年 3 月 1 日起施行)

第 3 条 【登记要求】市场主体应当依照本条例办理登记。未经登记,不得以市场主体名义从事经营活动。法律、行政法规规定无需办理登记的除外。

市场主体登记包括设立登记、变更登记和注销登记。

第21条　【登记和签发营业执照】申请人申请市场主体设立登记，登记机关依法予以登记的，签发营业执照。营业执照签发日期为市场主体的成立日期。

法律、行政法规或者国务院决定规定设立市场主体须经批准的，应当在批准文件有效期内向登记机关申请登记。

第43条　【未登记经营的法律责任】未经设立登记从事经营活动的，由登记机关责令改正，没收违法所得；拒不改正的，处1万元以上10万元以下的罚款；情节严重的，依法责令关闭停业，并处10万元以上50万元以下的罚款。

2.《市场主体登记管理条例实施细则》（2022年3月1日起施行）

第3条　【市场主体登记管理的主管部门】国家市场监督管理总局主管全国市场主体统一登记管理工作，制定市场主体登记管理的制度措施，推进登记全程电子化，规范登记行为，指导地方登记机关依法有序开展登记管理工作。

县级以上地方市场监督管理部门主管本辖区市场主体登记管理工作，加强对辖区内市场主体登记管理工作的统筹指导和监督管理，提升登记管理水平。

县级市场监督管理部门的派出机构可以依法承担个体工商户等市场主体的登记管理职责。

各级登记机关依法履行登记管理职责，执行全国统一的登记管理政策文件和规范要求，使用统一的登记材料、文书格式，以及省级统一的市场主体登记管理系统，优化登记办理流程，推行网上办理等便捷方式，健全数据安全管理制度，提供规范化、标准化登记管理服务。

第4条　【特殊企业的登记机关】省级以上人民政府或者其授

权的国有资产监督管理机构履行出资人职责的公司,以及该公司投资设立并持有50%以上股权或者股份的公司的登记管理由省级登记机关负责;股份有限公司的登记管理由地市级以上地方登记机关负责。

除前款规定的情形外,省级市场监督管理部门依法对本辖区登记管辖作出统一规定;上级登记机关在特定情形下,可以依法将部分市场主体登记管理工作交由下级登记机关承担,或者承担下级登记机关的部分登记管理工作。

外商投资企业登记管理由国家市场监督管理总局或者其授权的地方市场监督管理部门负责。

第10条 【登记的管辖机关】申请人应当根据市场主体类型依法向其住所(主要经营场所、经营场所)所在地具有登记管辖权的登记机关办理登记。

第22条 【报批要求】法律、行政法规或者国务院决定规定市场主体申请登记、备案事项前需要审批的,在办理登记、备案时,应当在有效期内提交有关批准文件或者许可证书。有关批准文件或者许可证书未规定有效期限,自批准之日起超过90日的,申请人应当报审批机关确认其效力或者另行报批。

市场主体设立后,前款规定批准文件或者许可证书内容有变化、被吊销、撤销或者有效期届满的,应当自批准文件、许可证书重新批准之日或者被吊销、撤销、有效期届满之日起30日内申请办理变更登记或者注销登记。

第68条 【未经登记从事一般经营活动的行政处罚】未经设立登记从事一般经营活动的,由登记机关责令改正,没收违法所得;拒不改正的,处1万元以上10万元以下的罚款;情节严重的,依法责令关闭停业,并处10万元以上50万元以下的罚款。

第69条 【未经登记从事特许经营活动的查处】未经设立登记

从事许可经营活动或者未依法取得许可从事经营活动的，由法律、法规或者国务院决定规定的部门予以查处；法律、法规或者国务院决定没有规定或者规定不明确的，由省、自治区、直辖市人民政府确定的部门予以查处。

> **第三十条　【申请材料】**
> 申请设立公司，应当提交设立登记申请书、公司章程等文件，提交的相关材料应当真实、合法和有效。
> 申请材料不齐全或者不符合法定形式的，公司登记机关应当一次性告知需要补正的材料。

◆ 条文主旨

本条规定了设立公司的申请材料。

◆ 修改情况

本条在 2018 年《公司法》第 29 条的基础上作出如下修改：

其一，新增了对申请材料的真实、合法和有效的要求；

其二，删去了提交申请材料的主体，2018 年《公司法》第 29 条规定的材料提交主体为全体股东指定的代表或共同委托的代理人；

其三，新增了公司登记机关的一次性告知义务。

◆ 条文注释

本条第 1 款前段规定了申请设立公司应当提交的文件。根据《市场主体登记管理条例》第 16 条第 1 款的规定："申请办理公司登记，应当提交以下材料：（一）申请书；（二）申请人资格文件、自然人身份证明；（三）住所或者主要经营场所相关文件；（四）公司章程；（五）法律、行政法规和国务院市场监督管理部门规定提交的其他材料。"

本条第1款还规定了申请材料的真实、合法和有效的要求。本条并未明确规定对申请材料负责的主体。对此，《市场主体登记管理条例》第17条规定，申请人应当对提交材料的真实性、合法性和有效性负责。《市场主体登记管理条例实施细则》第14条规定，申请人可以自行或者指定代表人、委托代理人办理市场主体登记、备案事项。此时，申请人、代表人、代理人等均负有不得提交虚假材料的义务。

本条第2款规定了公司登记机关的一次性告知义务。该款是对公司登记机关义务的规定。一次性告知制度是提升政务服务质量的重要举措，是指服务对象到政务部门办事或咨询时，接受服务的工作人员必须履行一次性告知义务，一次性告知其所要办理事项的依据、时限、程序、所需的全部材料或不予办理的理由。

具体而言，根据《市场主体登记管理条例》第19条的规定，在对当事人的登记申请进行形式审查后，对申请材料齐全、符合法定形式的，公司登记能够当场确认并登记的，应当当场确认并登记。不能当场登记的，应当在3个工作日内予以登记；情形复杂的，经登记机关负责人批准，可以再延长3个工作日。申请材料不齐全或者不符合法定形式的，登记机关应当一次性告知申请人需要补正的材料。此外，根据《市场主体登记管理条例》第20条的规定，登记申请不符合法律、行政法规规定，或者可能危害国家安全、社会公共利益的，公司登记机关可以不予登记，但须说明理由。

◆ **关联规范**

1.《**市场主体登记管理条例**》（2022年3月1日起施行）

第15条 【**实名登记**】市场主体实行实名登记。申请人应当配合登记机关核验身份信息。

第 16 条 【申请材料】申请办理市场主体登记，应当提交下列材料：

（一）申请书；

（二）申请人资格文件、自然人身份证明；

（三）住所或者主要经营场所相关文件；

（四）公司、非公司企业法人、农民专业合作社（联合社）章程或者合伙企业合伙协议；

（五）法律、行政法规和国务院市场监督管理部门规定提交的其他材料。

国务院市场监督管理部门应当根据市场主体类型分别制定登记材料清单和文书格式样本，通过政府网站、登记机关服务窗口等向社会公开。

登记机关能够通过政务信息共享平台获取的市场主体登记相关信息，不得要求申请人重复提供。

第 17 条 【申请材料的要求】申请人应当对提交材料的真实性、合法性和有效性负责。

第 18 条 【办理方式】申请人可以委托其他自然人或者中介机构代其办理市场主体登记。受委托的自然人或者中介机构代为办理登记事宜应当遵守有关规定，不得提供虚假信息和材料。

第 44 条 【虚假登记法律责任】提交虚假材料或者采取其他欺诈手段隐瞒重要事实取得市场主体登记的，由登记机关责令改正，没收违法所得，并处 5 万元以上 20 万元以下的罚款；情节严重的，处 20 万元以上 100 万元以下的罚款，吊销营业执照。

2.《**市场主体登记管理条例实施细则**》（2022 年 3 月 1 日起施行）

第 14 条 【办理方式】申请人可以自行或者指定代表人、委托代理人办市场主体登记、备案事项。

第15条 【申请人签章】申请人应当在申请材料上签名或者盖章。

申请人可以通过全国统一电子营业执照系统等电子签名工具和途径进行电子签名或者电子签章。符合法律规定的可靠电子签名、电子签章与手写签名或者盖章具有同等法律效力。

第16条 【实名验证】在办理登记、备案事项时,申请人应当配合登记机关通过实名认证系统,采用人脸识别等方式对下列人员进行实名验证:

(一)法定代表人、执行事务合伙人(含委派代表)、负责人;

(二)有限责任公司股东、股份有限公司发起人、公司董事、监事及高级管理人员;

(三)个人独资企业投资人、合伙企业合伙人、农民专业合作社(联合社)成员、个体工商户经营者;

(四)市场主体登记联络员、外商投资企业法律文件送达接受人;

(五)指定的代表人或者委托代理人。

因特殊原因,当事人无法通过实名认证系统核验身份信息的,可以提交经依法公证的自然人身份证明文件,或者由本人持身份证件到现场办理。

第17条 【申请材料的要求】办理市场主体登记、备案事项,申请人可以到登记机关现场提交申请,也可以通过市场主体登记注册系统提出申请。

申请人对申请材料的真实性、合法性、有效性负责。

办理市场主体登记、备案事项,应当遵守法律法规,诚实守信,不得利用市场主体登记,牟取非法利益,扰乱市场秩序,危害国家安全、社会公共利益。

第18条 【当场登记和一次性告知】申请材料齐全、符合法定形式的，登记机关予以确认，并当场登记，出具登记通知书，及时制发营业执照。

不予当场登记的，登记机关应当向申请人出具接收申请材料凭证，并在3个工作日内对申请材料进行审查；情形复杂的，经登记机关负责人批准，可以延长3个工作日，并书面告知申请人。

申请材料不齐全或者不符合法定形式的，登记机关应当将申请材料退还申请人，并一次性告知申请人需要补正的材料。申请人补正后，应当重新提交申请材料。

不属于市场主体登记范畴或者不属于本登记机关登记管辖范围的事项，登记机关应当告知申请人向有关行政机关申请。

第50条 【撤销登记】对涉嫌提交虚假材料或者采取其他欺诈手段隐瞒重要事实取得市场主体登记的行为，登记机关可以根据当事人申请或者依职权主动进行调查。

第三十一条 【设立准则主义】

申请设立公司，符合本法规定的设立条件的，由公司登记机关分别登记为有限责任公司或者股份有限公司；不符合本法规定的设立条件的，不得登记为有限责任公司或者股份有限公司。

◆ 条文主旨

本条规定了公司设立的准则主义。

◆ 修改情况

本条来自2018年《公司法》第6条第1款第2句的规定。

◆ 条文注释

公司设立需要符合公司法上规定的设立条件，包括名称、住所、符合法定人数的股东、组织机构、注册资本、公司章程等条件。2018年《公司法》第23条曾专门规定了公司的具体设立条件："设立有限责任公司，应当具备下列条件：（一）股东符合法定人数；（二）有符合公司章程规定的全体股东认缴的出资额；（三）股东共同制定公司章程；（四）有公司名称，建立符合有限责任公司要求的组织机构；（五）有公司住所。"2023年《公司法》修改后，该条被删除，但仍然分散在其他具体条文之中。

就公司设立的原则而言，公司法历史上曾有特许主义、许可主义、准则主义等不同准入原则。我国《行政许可法》第12条规定："下列事项可以设定行政许可：……（五）企业或者其他组织的设立等，需要确定主体资格的事项……"由此产生了我国法上公司设立究竟采许可主义还是准则主义的理论争议。本法第31条明确了我国公司设立的准则主义，凡是符合公司法上公司设立条件的，均可进行公司设立登记，并没有数量控制。

在国务院制定《市场主体登记管理条例》的过程中，就商事登记的法律属性究竟为行政许可抑或行政确认，也产生了诸多争议。最终通过的《市场主体登记管理条例》第19条明确规定了登记机关对申请材料实行形式审查，对申请材料齐全、符合法定形式的予以确认并当场登记，明确了商事登记的行政确认属性。行政确认行为不同于行政许可行为，行政许可系属于裁量行政行为，行政机关在实施行政许可行为时具有裁量权，行政确认则为羁束行政行为，行政机关无裁量权。所谓行政确认，并非指公司登记机关确认公司已经存在的事实，而是确认符合公司设立条件，即可以按照当事人的意思自治安排创设公司。与之相适应，在登记事项审查时，公司登记机关仅须进行形式审查,而非实质审查。

◆ **关联规范**

1. 《**市场主体登记管理条例**》(2022 年 3 月 1 日起施行)

第 19 条 【**登记程序**】登记机关应当对申请材料进行形式审查。对申请材料齐全、符合法定形式的予以确认并当场登记。不能当场登记的,应当在 3 个工作日内予以登记;情形复杂的,经登记机关负责人批准,可以再延长 3 个工作日。

申请材料不齐全或者不符合法定形式的,登记机关应当一次性告知申请人需要补正的材料。

第 20 条 【**不予登记情形**】登记申请不符合法律、行政法规规定,或者可能危害国家安全、社会公共利益的,登记机关不予登记并说明理由。

2. 《**市场主体登记管理条例实施细则**》(2022 年 3 月 1 日起施行)

第 18 条 【**公司登记的办理程序**】申请材料齐全、符合法定形式的,登记机关予以确认,并当场登记,出具登记通知书,及时制发营业执照。

不予当场登记的,登记机关应当向申请人出具接收申请材料凭证,并在 3 个工作日内对申请材料进行审查;情形复杂的,经登记机关负责人批准,可以延长 3 个工作日,并书面告知申请人。

申请材料不齐全或者不符合法定形式的,登记机关应当将申请材料退还申请人,并一次性告知申请人需要补正的材料。申请人补正后,应当重新提交申请材料。

不属于市场主体登记范畴或者不属于本登记机关登记管辖范围的事项,登记机关应当告知申请人向有关行政机关申请。

第 19 条 【**不予登记的情形**】市场主体登记申请不符合法律、

行政法规或者国务院决定规定,或者可能危害国家安全、社会公共利益的,登记机关不予登记,并出具不予登记通知书。

利害关系人就市场主体申请材料的真实性、合法性、有效性或者其他有关实体权利提起诉讼或者仲裁,对登记机关依法登记造成影响的,申请人应当在诉讼或者仲裁终结后,向登记机关申请办理登记。

第25条 【设立登记的一般申请材料】申请办理设立登记,应当提交下列材料:

(一)申请书;

(二)申请人主体资格文件或者自然人身份证明;

(三)住所(主要经营场所、经营场所)相关文件;

(四)公司、非公司企业法人、农民专业合作社(联合社)章程或者合伙企业合伙协议。

第26条 【公司设立登记的特别材料】申请办理公司设立登记,还应当提交法定代表人、董事、监事和高级管理人员的任职文件和自然人身份证明。

除前款规定的材料外,募集设立股份有限公司还应当提交依法设立的验资机构出具的验资证明;公开发行股票的,还应当提交国务院证券监督管理机构的核准或者注册文件。涉及发起人首次出资属于非货币财产的,还应当提交已办理财产权转移手续的证明文件。

第三十二条 【公司登记事项】

公司登记事项包括:

(一)名称;

(二)住所;

（三）注册资本；

（四）经营范围；

（五）法定代表人的姓名；

（六）有限责任公司股东、股份有限公司发起人的姓名或者名称。

公司登记机关应当将前款规定的公司登记事项通过国家企业信用信息公示系统向社会公示。

◆ 条文主旨

本条规定了公司登记事项，以及公司登记事项的信息公示。

◆ 修改情况

本条为 2023 年《公司法》修订的新增条款，第一次在我国公司法中对公司登记事项进行了系统规定。

2018 年《公司法》中未对公司登记事项作出系统规定，本条衔接了《民法典》和《市场主体登记管理条例》对公司登记事项和登记事项的公示的规定。

◆ 条文注释

公司登记事项是最核心的公司信息，也是公司向社会公众和监管部门提供的最基本信息。本轮公司法修订中，在登记信息的范围划定上产生了较大争议。基于"放管服"理念而主张削减登记事项和备案事项的观点是非常有代表性的观点。但是，需要指出的是，公司登记事项的设定不仅有放松管制的价值需求，其还肩负着便利交易相对人和社会公众了解公司基本情况的使命，以促进交易进行，保障交易安全，应当有其完整性。基于我国 2018 年《公司法》的规定和公司登记实践，本条规定了六类公司登记事项，并明确了公司登记信息公示的法定要求。

一、公司登记事项的种类

（1）名称。名称是公司的标识和表征，在经营活动中代表公司，是公司对外活动中必不可少的信息类型。公司名称经登记后，公司方可以使用该名称。

（2）住所。住所是公司的主要办事机构所在地，具有确定登记管理机关、确定诉讼管辖地、确定法律文书送达地、确定合同成立地或债务履行地等功能，是第三人应当可以查知的基本信息。

（3）注册资本。公司资本是公司登记机关登记的全体股东认缴的出资额或者股份公司已发行股份的股本总额，是公司法上通过资本维持规则维护公司资产的基本标尺，是确定股东出资义务和禁止违法分配的重要基准。虽然公司信用的基础在于公司的资产，但是注册资本制度构成了公司资产形成和分配的约束性规则，也是判断公司信用的重要依据之一。对注册资本进行登记，将一定数额的公司资本公之于众，以便交易相对人了解公司的资信情况，有助于保护债权人利益和交易安全。

（4）经营范围。经营范围反映了公司的商事行为能力，不仅具有约束公司经营领域的内部价值，也有助于交易相对人了解公司的主要业务范围，节约交易成本。此外，经营范围也是政府对公司进行行政管理的一项抓手，包括前置审批、后置审批等事项，都基于经营范围事项的审查路径。登记经营范围，有助于监管部门全面了解宏观信息，维护消费者利益、社会公共利益、市场经济秩序等。

（5）法定代表人的姓名。法定代表人是依照公司章程的规定，代表公司从事民事活动的负责人。法定代表人作为公司行为的代表者，是公司对外意思表示的法定渠道，对交易相对人、第三人、公权力部门而言，均有公示必要。

（6）有限责任公司股东、股份有限公司发起人的姓名或者名称。股东是通过认缴出资或受让股权而取得股东身份的人，包括原始取得股权的股东和继受取得股权的股东。股权是重要的财产权利类型，但是由于我国公司法股权变动模式不够明确，隐名出资和股权代持十分普遍，导致股东资格确认纠纷和股权转让纠纷成为我国公司法纠纷中的绝对主流。在公司实践中，登记的股权信息具有更佳的公信力，是实践中股权交易的重要信息和交易基础。将有限责任公司的股东作为登记信息，有助于减少股权变动纠纷，也有助于明确股东的外部责任。对于股份有限公司而言，其预设为公开性公司，股东变动较为频繁，上市公司和非上市公众公司的股东人数更为众多，本法仅规定了登记其发起人的姓名或者名称，而非全体股东。

需要指出的是，本条规定的登记事项仅限于以上六种，为封闭型列举，并不包括其他事项。

二、公司登记信息的公示

本条第2款规定，公司登记机关应当将前款规定的公司登记事项通过国家企业信用信息公示系统向社会公示。对法人登记信息，《民法典》第66条规定，登记机关应当依法及时公示法人登记的有关信息。相较于《民法典》的规定，本条第2款进一步明确了登记机关的公示方式，即通过国家企业信用信息公示系统进行公示。此处国家企业信用信息公示系统，是指2014年2月上线的国家企业信用信息公示系统，该系统是我国商事制度改革的重要成果，提供了企业的注册登记、许可审批、年度报告、行政处罚、经营状态异常等丰富的信息，在全世界范围内都处于领先地位。

三、公司登记、备案与企业信息公示的关系

根据《公司法》《市场主体登记管理条例》《企业信息公示暂行条例》，公司需要披露的信息主要有登记信息、备案信息和通过国家企业信用信息公示系统公示的信息。三类信息在内容、行政管理程序等事项上并不一致。其中，登记信息处于前述各类信息的核心位置。

在内容上，登记信息包括本条规定的六类事项。根据《市场主体登记管理条例》第9条的规定，备案信息包括：章程，经营期限，有限责任公司股东或者股份有限公司发起人认缴的出资数额，公司董事、监事、高级管理人员，受益所有人相关信息，以及法律、行政法规规定的其他事项。本法第40条规定的公示信息事项包括：有限责任公司股东认缴和实缴的出资额、出资方式和出资日期，股份有限公司发起人认购的股份数；有限责任公司股东股权转让等股权变更信息；行政许可取得、变更、注销等信息；法律、行政法规规定的其他信息。《企业信息公示暂行条例》规定的企业公示信息包括：注册登记、备案信息，动产抵押登记信息，股权出质登记信息，行政处罚信息，以及其他依法应当公示的信息。从文义来看，所有登记信息和备案信息都需要依法公示，但是并非所有的备案信息都予以整体公示，比如章程属于备案信息，但是并不全文向社会公开。总体来看，与登记信息相比，备案事项的重要性较低。

在公示效力上，本法第34条第2款规定，公司登记事项未经登记或者未经变更登记，不得对抗善意相对人。对于备案信息、其他公示信息的公示效力，《公司法》未作规定，实践中存在较大争议。一种观点认为，除登记外的信息均不能产生登记对抗的效力，仅具有信息披露的效果。另一种观点认为，凡是公示的事项均有公示效力，交易相对人均应予以审查。本书认为，登记信息和非登记信息在产生来源、信息类型、审查机制、公示基础等方面均存在诸多差异，不宜直接等量齐观。

在法律后果上，未按照规定办理备案的行政处罚措施整体弱于未按规定办理登记。《市场主体登记管理条例》第46条规定："市场主体未依照本条例办理变更登记的，由登记机关责令改正；拒不改正的，处 1 万元以上 10 万元以下的罚款；情节严重的，吊销营业执照。"第 47 条规定："市场主体未依照本条例办理备案的，由登记机关责令改正；拒不改正的，处 5 万元以下的罚款。"未按规定办理备案的罚款幅度低于未按规定办理登记，也不导致吊销营业执照的严重后果。在实践中，公司设立时无须单独申请备案，是由登记机关从登记材料中主动进行信息采集完成备案的。

◆ 关联规范

1.《民法典》(2021 年 1 月 1 日起施行)

第 66 条　【法人登记信息的公示】登记机关应当依法及时公示法人登记的有关信息。

2.《市场主体登记管理条例》(2022 年 3 月 1 日起施行)

第 8 条　【登记事项】市场主体的一般登记事项包括：

(一) 名称；

(二) 主体类型；

(三) 经营范围；

(四) 住所或者主要经营场所；

(五) 注册资本或者出资额；

(六) 法定代表人、执行事务合伙人或者负责人姓名。

除前款规定外，还应当根据市场主体类型登记下列事项：

(一) 有限责任公司股东、股份有限公司发起人、非公司企业法人出资人的姓名或者名称；

(二) 个人独资企业的投资人姓名及居所；

(三) 合伙企业的合伙人名称或者姓名、住所、承担责任方式；

(四) 个体工商户的经营者姓名、住所、经营场所；

(五) 法律、行政法规规定的其他事项。

第 9 条　【备案事项】市场主体的下列事项应当向登记机关办

理备案：

（一）章程或者合伙协议；

（二）经营期限或者合伙期限；

（三）有限责任公司股东或者股份有限公司发起人认缴的出资数额，合伙企业合伙人认缴或者实际缴付的出资数额、缴付期限和出资方式；

（四）公司董事、监事、高级管理人员；

（五）农民专业合作社（联合社）成员；

（六）参加经营的个体工商户家庭成员姓名；

（七）市场主体登记联络员、外商投资企业法律文件送达接受人；

（八）公司、合伙企业等市场主体受益所有人相关信息；

（九）法律、行政法规规定的其他事项。

第19条　【登记程序】登记机关应当对申请材料进行形式审查。对申请材料齐全、符合法定形式的予以确认并当场登记。不能当场登记的，应当在3个工作日内予以登记；情形复杂的，经登记机关负责人批准，可以再延长3个工作日。

申请材料不齐全或者不符合法定形式的，登记机关应当一次性告知申请人需要补正的材料。

第20条　【不予登记的情形】登记申请不符合法律、行政法规规定，或者可能危害国家安全、社会公共利益的，登记机关不予登记并说明理由。

3.《**市场主体登记管理条例实施细则**》（2022年3月1日起施行）

第6条　【登记事项】市场主体应当按照类型依法登记下列事项：

（一）公司：名称、类型、经营范围、住所、注册资本、法定代表人姓名、有限责任公司股东或者股份有限公司发起人姓名或者名称；

（二）非公司企业法人：名称、类型、经营范围、住所、出资额、法定代表人姓名、出资人（主管部门）名称；

（三）个人独资企业：名称、类型、经营范围、住所、出资额、投资人姓名及居所；

（四）合伙企业：名称、类型、经营范围、主要经营场所、出资额、执行事务合伙人名称或者姓名，合伙人名称或者姓名、住所、承担责任方式。执行事务合伙人是法人或者其他组织的，登记事项还应当包括其委派的代表姓名；

（五）农民专业合作社（联合社）：名称、类型、经营范围、住所、出资额、法定代表人姓名；

（六）分支机构：名称、类型、经营范围、经营场所、负责人姓名；

（七）个体工商户：组成形式、经营范围、经营场所，经营者姓名、住所。个体工商户使用名称的，登记事项还应当包括名称；

（八）法律、行政法规规定的其他事项。

第7条 【备案事项】市场主体应当按照类型依法备案下列事项：

（一）公司：章程、经营期限、有限责任公司股东或者股份有限公司发起人认缴的出资数额、董事、监事、高级管理人员、登记联络员、外商投资公司法律文件送达接受人；

（二）非公司企业法人：章程、经营期限、登记联络员；

（三）个人独资企业：登记联络员；

（四）合伙企业：合伙协议、合伙期限、合伙人认缴或者实际缴付的出资数额、缴付期限和出资方式、登记联络员、外商投资合伙企业法律文件送达接受人；

（五）农民专业合作社（联合社）：章程、成员、登记联络员；

（六）分支机构：登记联络员；

（七）个体工商户：家庭参加经营的家庭成员姓名、登记联络员；

（八）公司、合伙企业等市场主体受益所有人相关信息；

（九）法律、行政法规规定的其他事项。

上述备案事项由登记机关在设立登记时一并进行信息采集。

受益所有人信息管理制度由中国人民银行会同国家市场监督管理总局另行制定。

第11条 【法定代表人等的登记】 申请人申请登记市场主体法定代表人、执行事务合伙人（含委派代表），应当符合章程或者协议约定。

合伙协议未约定或者全体合伙人未决定委托执行事务合伙人的，除有限合伙人外，申请人应当将其他合伙人均登记为执行事务合伙人。

第12条 【经营范围登记】 申请人应当按照国家市场监督管理总局发布的经营范围规范目录，根据市场主体主要行业或者经营特征自主选择一般经营项目和许可经营项目，申请办理经营范围登记。

第13条 【注册资本（出资额）的登记】 申请人申请登记的市场主体注册资本（出资额）应当符合章程或者协议约定。

市场主体注册资本（出资额）以人民币表示。外商投资企业的注册资本（出资额）可以用可自由兑换的货币表示。

依法以境内公司股权或者债权出资的，应当权属清楚、权能完整，依法可以评估、转让，符合公司章程规定。

> **第三十三条 【营业执照】**
>
> 依法设立的公司,由公司登记机关发给公司营业执照。公司营业执照签发日期为公司成立日期。
>
> 公司营业执照应当载明公司的名称、住所、注册资本、经营范围、法定代表人姓名等事项。
>
> 公司登记机关可以发给电子营业执照。电子营业执照与纸质营业执照具有同等法律效力。

◆ **条文主旨**

本条规定了公司营业执照的规定。

◆ **修改情况**

本条在 2018 年《公司法》第 7 条第 1 款和第 2 款的基础上,新增了电子营业执照的规定。同时,将 2018 年《公司法》第 7 条第 3 款独立规定为本法第 36 条。

◆ **条文注释**

本条第 1 款规定了公司营业执照的签发。严格来说,公司登记完成之时,即公司成立之时。之所以规定公司营业执照签发日期为公司成立日期,是因为设立登记的证明是签发营业执照。签发营业执照意味着设立登记的完成,而设立登记具有创设公司的效力。自营业执照签发之后,公司即获得商事主体的权利能力和行为能力。需要强调的是,公司的成立日期是营业执照的签发日期,而不是营业执照的领取日期。

本条第 2 款规定了公司营业执照应当载明的事项。本款规定为不完全列举。《市场主体登记管理条例实施细则》第 23 条规定了更完整的载明事项,包括公司名称、法定代表人姓名、类型、注册资本、住所、经营范围、登记机关、成立日期、统一社会信用代码。根据《市场主体登记管理条例》第36条的规定，市场主体应当将营业执照置于住所或者主要经营场所的醒目位置，从事电子商务经营的市场主体应当在其首页显著位置持续公示营业执照信息或者相关链接标识。因而，公司营业执照应当载明基本的公司信息，以保障交易安全。在实践中，营业执照样式、电子营业执照标准由国务院市场监督管理部门统一制定，营业执照为高度标准化的文件。

本条第3款规定了电子营业执照的签发和效力。《国务院关于印发注册资本登记制度改革方案的通知》（国发〔2014〕7号）和《国务院关于加快推进"互联网+政务服务"工作的指导意见》（国发〔2016〕55号）提出，要大力推行电子营业执照和全程电子化登记管理。为此，原国家工商行政管理部门制定了《电子营业执照管理办法（试行）》（国市监注〔2018〕249号），在全国范围推行电子营业执照。《市场主体登记管理条例》第22条第2款、第3款规定，电子营业执照与纸质营业执照具有同等法律效力。营业执照样式、电子营业执照标准由国务院市场监督管理部门统一制定。基于成熟的商事登记实践，本条明确规定了电子营业执照的效力。

是否申请电子营业执照或纸质营业执照，由申请人自主决定，取决于公司的实际需求。电子营业执照自动产生，公司在需要时可随时通过网络终端下载使用。公司变更登记事项涉及营业执照记载事项时，电子营业执照可同步更新；公司营业执照被撤销时，电子营业执照同步被撤销，二者具有同等的法律效力。

◆ 关联规范

1.《市场主体登记管理条例》（2022年3月1日起施行）

第21条 【登记和签发营业执照】 申请人申请市场主体设立登记，登记机关依法予以登记的，签发营业执照。营业执照签发日期为市场主体的成立日期。

法律、行政法规或者国务院决定规定设立市场主体须经批准的，应当在批准文件有效期内向登记机关申请登记。

第22条 【营业执照】营业执照分为正本和副本，具有同等法律效力。

电子营业执照与纸质营业执照具有同等法律效力。

营业执照样式、电子营业执照标准由国务院市场监督管理部门统一制定。

第36条 【亮照经营】市场主体应当将营业执照置于住所或者主要经营场所的醒目位置。从事电子商务经营的市场主体应当在其首页显著位置持续公示营业执照信息或者相关链接标识。

第37条 【营业执照的使用规范】任何单位和个人不得伪造、涂改、出租、出借、转让营业执照。

营业执照遗失或者毁坏的，市场主体应当通过国家企业信用信息公示系统声明作废，申请补领。

登记机关依法作出变更登记、注销登记和撤销登记决定的，市场主体应当缴回营业执照。拒不缴回或者无法缴回营业执照的，由登记机关通过国家企业信用信息公示系统公告营业执照作废。

第48条 【违反营业执照管理的法律责任】市场主体未依照本条例将营业执照置于住所或者主要经营场所醒目位置的，由登记机关责令改正；拒不改正的，处3万元以下的罚款。

从事电子商务经营的市场主体未在其首页显著位置持续公示营业执照信息或者相关链接标识的，由登记机关依照《中华人民共和国电子商务法》处罚。

市场主体伪造、涂改、出租、出借、转让营业执照的，由登记机关没收违法所得，处10万元以下的罚款；情节严重的，处10万元以上50万元以下的罚款，吊销营业执照。

2.《市场主体登记管理条例实施细则》（2022年3月1日起施行）

第15条　【申请人签名或盖章】申请人应当在申请材料上签名或者盖章。

申请人可以通过全国统一电子营业执照系统等电子签名工具和途径进行电子签名或者电子盖章。符合法律规定的可靠电子签名、电子签章与手写签名或者盖章具有同等法律效力。

第23条　【营业执照】市场主体营业执照应当载明名称、法定代表人（执行事务合伙人、个人独资企业投资人、经营者或者负责人）姓名、类型（组成形式）、注册资本（出资额）、住所（主要经营场所、经营场所）、经营范围、登记机关、成立日期、统一社会信用代码。

电子营业执照与纸质营业执照具有同等法律效力，市场主体可以凭电子营业执照开展经营活动。

市场主体在办理涉及营业执照记载事项变更登记或者申请注销登记时，需要在提交申请时一并缴回纸质营业执照正、副本。对于市场主体营业执照拒不缴回或者无法缴回的，登记机关在完成变更登记或者注销登记后，通过国家企业信用信息公示系统公告营业执照作废。

第64条　【亮照经营】市场主体应当将营业执照（含电子营业执照）置于住所（主要经营场所、经营场所）的醒目位置。

从事电子商务经营的市场主体应当在其首页显著位置持续公示营业执照信息或者其链接标识。

营业执照记载的信息发生变更时，市场主体应当于15日内完成对应信息的更新公示。市场主体被吊销营业执照的，登记机关应当将吊销情况标注于电子营业执照中。

第67条　【特别标注】市场主体被撤销设立登记、吊销营业执照、责令关闭，6个月内未办理清算组公告或者未申请注销登记的，登记机关可以在国家企业信用信息公示系统上对其作出特别标注并予以公示。

第75条　【违反营业执照管理的法律责任】市场主体未按规定将营业执照置于住所（主要经营场所、经营场所）醒目位置的，由登记机关责令改正；拒不改正的，处3万元以下的罚款。

电子商务经营者未在首页显著位置持续公示营业执照信息或者相关链接标识的，由登记机关依照《中华人民共和国电子商务法》处罚。

市场主体伪造、涂改、出租、出借、转让营业执照的，由登记机关没收违法所得，处10万元以下的罚款；情节严重的，处10万元以上50万元以下的罚款，吊销营业执照。

> 第三十四条　【变更登记与登记效力】
> 公司登记事项发生变更的，应当依法办理变更登记。
> 公司登记事项未经登记或者未经变更登记，不得对抗善意相对人。

◆ **条文主旨**

本条规定了公司登记事项变更及其法律效力。

◆ **修改情况**

本条为2023年《公司法》修订的新增条款。

2018年《公司法》未对公司登记事项未经登记或者未经变更登记的效力进行统一规定，本条衔接了《民法典》第65条对法人的实际情况与登记不符时登记事项对第三人的效力问题的规定。

◆ **条文注释**

为了确保登记信息的及时性和准确性，保护交易相对人利益，维护交易安全，本条规定了公司登记事项发生变更时公司的变更登记义务，以及未经登记或者未经变更登记的效力。

根据本条第1款规定，公司登记事项发生变更的，应当依法办理变更登记。本款所称的公司登记事项，系指本法第32条规定的名称、住所、注册资本、经营范围、法定代表人的姓名、有限责任公司股东、股份有限公司发起人的姓名或者名称等6项。根据《市场主体登记管理条例》第24条第1款规定，市场主体变更登记事项，应当自作出变更决议、决定或者法定变更事项发生之日起30日内向登记机关申请变更登记。之所以规定在30日内，系为了确保登记信息及时更新，与实际情况保持一致。

本条第2款规定了公司登记的效力，即公司登记事项未经登记或者未经变更登记，不得对抗善意相对人。2018年《公司法》第32条第3款规定："公司应当将股东的姓名或者名称向公司登记机关登记；登记事项发生变更的，应当办理变更登记。未经登记或者变更登记的，不得对抗第三人。"该条规定仅限于股东姓名或名称的登记效力，对于其他登记事项并未一体规定。本法第34条则系统规定了各类公司登记事项的效力，与《民法典》第65条的规定相一致。

需要特别注意的是，相较于2018年《公司法》第32条第3款的规定，本条第2款将"不得对抗第三人"修改为"不得对抗善意相对人"，大幅限缩了公示对抗效力的作用范围。本条所称相对人，是指与公司进行民事活动的民事主体。本条所称善意，是指相对人对与登记情况不一致的公司实际情况不知情，如果知情则不构成善意。公司登记信息具有公示效力和公信效力，是商法上商事外观主义的应有之义。但是，外观主义的边界止于交易安全之保护必要。

正如最高人民法院在《九民纪要》中指出，"特别注意外观主义系民商法上的学理概括，并非现行法律规定的原则，现行法律只是规定了体现外观主义的具体规则，如《物权法》第106条规定的善意取得，《合同法》第49条、《民法总则》第172条规定的表见代理，《合同法》第50条规定的越权代表，审判实务中应当依据有关具体法律规则进行判断，类推适用亦应当以法律规则设定的情形、条件为基础。从现行法律规则看，外观主义是为保护交易安全设置的例外规定，一般适用于因合理信赖权利外观或意思表示外观的交易行为"。因此，超出交易相对人的第三人，并非外观主义的保护对象，需要注重财产的实质归属，而不单纯地取决于公示外观。

比如，在股权代持中，人民法院针对登记在被执行人名下的房产或者有限责任公司的股权等实施强制执行，案外人有证据证明其系实际出资人，与被执行人存在借名买房、隐名持股等关系的，往往发生激烈争议。如果案外人系善意相对人，则属于外观主义的保护范畴；如果案外人属于相对人之外的第三人，则超出了外观主义的保护范畴。因此，本条对于登记效力的规定，对于解决因股权代持导致的内外部权利冲突，具有十分重要的意义。

除了本条规定的登记事项之外，本法第29条规定的设立登记和第37条规定的注销登记，均系登记生效事项，登记后具有生效效力，而非本条所规定的登记对抗效力。

◆ **关联规范**

1. 《民法典》(2021年1月1日起施行)

第64条 【变更登记】法人存续期间登记事项发生变化的，应当依法向登记机关申请变更登记。

第65条 【登记情况与实际不符】法人的实际情况与登记的事项不一致的，不得对抗善意相对人。

2.《市场主体登记管理条例》(2022年3月1日起施行)

第24条　【变更登记】市场主体变更登记事项，应当自作出变更决议、决定或者法定变更事项发生之日起30日内向登记机关申请变更登记。

市场主体变更登记事项属于依法须经批准的，申请人应当在批准文件有效期内向登记机关申请变更登记。

第25条　【法定代表人变更】公司、非公司企业法人的法定代表人在任职期间发生本条例第十二条所列情形之一的，应当向登记机关申请变更登记。

第26条　【经营范围变更】市场主体变更经营范围，属于依法须经批准的项目的，应当自批准之日起30日内申请变更登记。许可证或者批准文件被吊销、撤销或者有效期届满的，应当自许可证或者批准文件被吊销、撤销或者有效期届满之日起30日内向登记机关申请变更登记或者办理注销登记。

第27条　【住所或主要经营场所迁移】市场主体变更住所或者主要经营场所跨登记机关辖区的，应当在迁入新的住所或者主要经营场所前，向迁入地登记机关申请变更登记。迁出地登记机关无正当理由不得拒绝移交市场主体档案等相关材料。

第28条　【营业执照换发】市场主体变更登记涉及营业执照记载事项的，登记机关应当及时为市场主体换发营业执照。

第29条　【办理备案】市场主体变更本条例第九条规定的备案事项的，应当自作出变更决议、决定或者法定变更事项发生之日起30日内向登记机关办理备案。农民专业合作社（联合社）成员发生变更的，应当自本会计年度终了之日起90日内向登记机关办理备案。

第30条　【歇业登记】因自然灾害、事故灾难、公共卫生事件、社会安全事件等原因造成经营困难的，市场主体可以自主决定在一定时期内歇业。法律、行政法规另有规定的除外。

市场主体应当在歇业前与职工依法协商劳动关系处理等有关事项。

市场主体应当在歇业前向登记机关办理备案。登记机关通过国家企业信用信息公示系统向社会公示歇业期限、法律文书送达地址等信息。

市场主体歇业的期限最长不得超过3年。市场主体在歇业期间开展经营活动的，视为恢复营业，市场主体应当通过国家企业信用信息公示系统向社会公示。

市场主体歇业期间，可以以法律文书送达地址代替住所或者主要经营场所。

第46条　【未按规定变更登记的法律责任】市场主体未依照本条例办理变更登记的，由登记机关责令改正；拒不改正的，处1万元以上10万元以下的罚款；情节严重的，吊销营业执照。

第47条　【未按规定备案的法律责任】市场主体未依照本条例办理备案的，由登记机关责令改正；拒不改正的，处5万元以下的罚款。

3.《市场主体登记管理条例实施细则》（2022年3月1日起施行）

第20条　【法定代表人及住所异常的变更登记】市场主体法定代表人依法受到任职资格限制的，在申请办理其他变更登记时，应当依法及时申请办理法定代表人变更登记。

市场主体因通过登记的住所（主要经营场所、经营场所）无法取得联系被列入经营异常名录的，在申请办理其他变更登记时，应当依法及时申请办理住所（主要经营场所、经营场所）变更登记。

第31条　【变更登记】市场主体变更登记事项，应当自作出变更决议、决定或者法定变更事项发生之日起30日内申请办理变更登记。

市场主体登记事项变更涉及分支机构登记事项变更的，应当自市场主体登记事项变更登记之日起30日内申请办理分支机构变更登记。

第32条　【变更登记的申请材料】申请办理变更登记，应当提交申请书，并根据市场主体类型及具体变更事项分别提交下列材料：

（一）公司变更事项涉及章程修改的，应当提交修改后的章程或者章程修正案；需要对修改章程作出决议决定的，还应当提交相关决议决定；

（二）合伙企业应当提交全体合伙人或者合伙协议约定的人员签署的变更决定书；变更事项涉及修改合伙协议的，应当提交由全体合伙人签署或者合伙协议约定的人员签署修改或者补充的合伙协议；

（三）农民专业合作社（联合社）应当提交成员大会或者成员代表大会作出的变更决议；变更事项涉及章程修改的应当提交修改后的章程或者章程修正案。

第33条　【变更法定代表人等登记申请的签署】市场主体更换法定代表人、执行事务合伙人（含委派代表）、负责人的变更登记申请由新任法定代表人、执行事务合伙人（含委派代表）、负责人签署。

第34条　【名称变更登记】市场主体变更名称，可以自主申报名称并在保留期届满前申请变更登记，也可以直接申请变更登记。

第35条　【住所变更登记】市场主体变更住所（主要经营场所、经营场所），应当在迁入新住所（主要经营场所、经营场所）前向迁入地登记机关申请变更登记，并提交新的住所（主要经营场所、经营场所）使用相关文件。

第36条　【注册资本等的变更登记】市场主体变更注册资本或者出资额的，应当办理变更登记。

公司增加注册资本，有限责任公司股东认缴新增资本的出资和股份有限公司的股东认购新股的，应当按照设立时缴纳出资和缴纳股款的规定执行。股份有限公司以公开发行新股方式或者上市公司以非公开发行新股方式增加注册资本，还应当提交国务院证券监督管理机构的核准或者注册文件。

公司减少注册资本，可以通过国家企业信用信息公示系统公告，公告期45日，应当于公告期届满后申请变更登记。法律、行政法规或者国务院决定对公司注册资本有最低限额规定的，减少后的注册资本应当不少于最低限额。

外商投资企业注册资本（出资额）币种发生变更，应当向登记机关申请变更登记。

第37条　【公司类型的变更】公司变更类型，应当按照拟变更公司类型的设立条件，在规定的期限内申请变更登记，并提交有关材料。

非公司企业法人申请改制为公司，应当按照拟变更的公司类型设立条件，在规定期限内申请变更登记，并提交有关材料。

个体工商户申请转变为企业组织形式，应当按照拟变更的企业类型设立条件申请登记。

第39条　【备案事项变更】市场主体变更备案事项的，应当按照《条例》第二十九条规定办理备案。

农民专业合作社因成员发生变更，农民成员低于法定比例的，应当自事由发生之日起6个月内采取吸收新的农民成员入社等方式使农民成员达到法定比例。农民专业合作社联合社成员退社，成员数低于联合社设立法定条件的，应当自事由发生之日起6个月内采取吸收新的成员入社等方式使农民专业合作社联合社成员达到法定条件。

第72条　【未依法办理变更登记的行政处罚】市场主体未按规

定办理变更登记的,由登记机关责令改正;拒不改正的,处 1 万元以上 10 万元以下的罚款;情节严重的,吊销营业执照。

第 73 条 【未依法办理备案的行政处罚】 市场主体未按规定办理备案的,由登记机关责令改正;拒不改正的,处 5 万元以下的罚款。

依法应当办理受益所有人信息备案的市场主体,未办理备案的,按照前款规定处理。

第三十五条 【变更登记的申请文件】

公司申请变更登记,应当向公司登记机关提交公司法定代表人签署的变更登记申请书、依法作出的变更决议或者决定等文件。

公司变更登记事项涉及修改公司章程的,应当提交修改后的公司章程。

公司变更法定代表人的,变更登记申请书由变更后的法定代表人签署。

◆ 条文主旨

本条规定了变更登记的申请文件。

◆ 修改情况

本条为 2023 年《公司法》修订的新增条款。

◆ 条文注释

本条第 1 款规定了公司申请变更登记应提交的文件。由于法定代表人系代表公司对外从事民事活动的人,故变更登记申请应由其签署。由于公司决议或决定系公司登记事项变更的基础,故应当提交依法作出的变更决议或者决定。如果所涉及变更需要经过批准的，还应当提交相关的批准文件。

本条第 2 款规定，公司变更登记涉及修改公司章程的，应当提交修改后的公司章程。本法第 32 条所规定的登记事项，均系本法第 46 条和第 95 条所规定的章程记载事项。根据《市场主体登记管理条例实施细则》第 32 条规定，公司申请办理变更登记，应当提交申请书，公司变更事项涉及章程修改的，应当提交修改后的章程或者章程修正案；需要对修改章程作出决议决定的，还应当提交相关决议决定。

本条第 3 款规定，公司变更法定代表人的，变更登记申请书由变更后的法定代表人签署。在公司登记实践中，部分登记机关在公司申请变更法定代表人登记时，要求原法定代表人和新法定代表人均要签署。在公司因法定代表人变更产生矛盾甚至冲突时，前述条件往往很难实现，导致了法定代表人的变更登记僵局。对此，本款专门规定了变更登记申请书的合法签署主体是变更后的法定代表人。《市场主体登记管理条例实施细则》同样规定，市场主体更换法定代表人、执行事务合伙人（含委派代表）、负责人的变更登记申请由新任法定代表人、执行事务合伙人（含委派代表）、负责人签署。前述规定的逻辑在于，公司法定代表人的选任和解任均系公司内部事项，法定代表人的变动凭公司决议或决定而发生，法定代表人的商事登记事实并不具有生效效力，而仅具有对抗效力。因此，在公司决议或决定变更法定代表人后，原法定代表人即失去其代表权，已非合法的签署主体，当然不应该由其签署变更申请文件。

◆ **关联规范**
《市场主体登记管理条例实施细则》（2022 年 3 月 1 日起施行）
第 32 条　【变更登记的申请文件】申请办理变更登记，应当提

交申请书,并根据市场主体类型及具体变更事项分别提交下列材料:

(一)公司变更事项涉及章程修改的,应当提交修改后的章程或者章程修正案;需要对修改章程作出决议决定的,还应当提交相关决议决定;

(二)合伙企业应当提交全体合伙人或者合伙协议约定的人员签署的变更决定书;变更事项涉及修改合伙协议的,应当提交由全体合伙人签署或者合伙协议约定的人员签署修改或者补充的合伙协议;

(三)农民专业合作社(联合社)应当提交成员大会或者成员代表大会作出的变更决议;变更事项涉及章程修改的应当提交修改后的章程或者章程修正案。

第33条 【法定代表人等的变更】市场主体更换法定代表人、执行事务合伙人(含委派代表)、负责人的变更登记申请由新任法定代表人、执行事务合伙人(含委派代表)、负责人签署。

> **第三十六条 【营业执照换发】**
> 公司营业执照记载的事项发生变更的,公司办理变更登记后,由公司登记机关换发营业执照。

◆ **条文主旨**

本条规定了公司营业执照的换发。

◆ **修改情况**

本条来源于2018年《公司法》第7条第3款。

◆ **条文注释**

根据本法第33条规定,公司营业执照应当载明公司的名称、住所、注册资本、经营范围、法定代表人姓名等事项。根据《市场主体登记管理条例实施细则》第 23 条规定，营业执照应当载明以下事项：公司名称、法定代表人姓名、类型、注册资本、住所、经营范围、登记机关、成立日期、统一社会信用代码。前述事项中涉及本法第 32 条所规定的 6 项登记事项：名称、住所、注册资本、经营范围、法定代表人的姓名、有限责任公司股东、股份有限公司发起人的姓名或者名称。在公司登记事项发生变更后，营业执照的记载信息也应当同步更新，即由公司登记机关换发新的营业执照，以确保公司营业执照的展示信息与公司登记信息保持一致。

◆ 关联规范

1.《**市场主体登记管理条例**》（2022 年 3 月 1 日起施行）

第 28 条 【营业执照换发】市场主体变更登记涉及营业执照记载事项的，登记机关应当及时为市场主体换发营业执照。

2.《**市场主体登记管理条例实施细则**》（2022 年 3 月 1 日起施行）

第 23 条第 3 款 【营业执照换发的具体规定】市场主体在办理涉及营业执照记载事项变更登记或者申请注销登记时，需要在提交申请时一并缴回纸质营业执照正、副本。对于市场主体营业执照拒不缴回或者无法缴回的，登记机关在完成变更登记或者注销登记后，通过国家企业信用信息公示系统公告营业执照作废。

第三十七条 【注销登记】

公司因解散、被宣告破产或者其他法定事由需要终止的，应当依法向公司登记机关申请注销登记，由公司登记机关公告公司终止。

◆ **条文主旨**

本条规定了公司的注销登记。

◆ **修改情况**

本条对 2018 年《公司法》第 188 条作出如下修改：

其一，新增了终止公司的法定事由，增加列举了"解散、被宣告破产或者其他法定事由需要终止的"的规定。

其二，明确规定了由公司登记机关公告公司终止。

◆ **条文注释**

根据本条规定，公司需要终止的事由包括解散、被宣告破产或者其他法定事由。其一，本法第 229 条规定了公司解散的事由，包括：(1) 公司章程规定的营业期限届满或者公司章程规定的其他解散事由出现；(2) 股东会决议解散；(3) 因公司合并或者分立需要解散；(4) 依法被吊销营业执照、责令关闭或者被撤销；(5) 人民法院依照本法第 231 条的规定予以解散。其二，公司被宣告破产，是指人民法院依照《企业破产法》宣告公司破产。其三，公司因其他法定事由而终止。例如，本法第 241 条规定了强制注销制度："公司被吊销营业执照、责令关闭或者被撤销，满三年未向公司登记机关申请注销公司登记的，公司登记机关可以通过国家企业信用信息公示系统予以公告，公告期限不少于六十日。公告期限届满后，未有异议的，公司登记机关可以注销公司登记。"

公司注销登记，是公司法人资格消灭的法定程序，经注销后，公司的主体资格消灭。通常而言，公司需要完成清算程序，方可注销登记。本法第 239 条规定，公司清算结束后，清算组应当制作清算报告，报股东会或者人民法院确认，并报送公司登记机关，申请注销公司登记。本法第 240 条规定了简易注销程序，即公司在存续期间未产生债务，或者已清偿全部债务的，经全体股东承诺，可以按照规定通过简易程序注销公司登记。在公司破产情形下,《企业破产法》第121条规定,公司因被宣告破产而需要终止的,由管理人向公司登记机关申请注销登记。

◆ **关联规范**

1. 《**市场主体登记管理条例**》(2022年3月1日起施行)

第31条 【注销登记】市场主体因解散、被宣告破产或者其他法定事由需要终止的,应当依法向登记机关申请注销登记。经登记机关注销登记,市场主体终止。

市场主体注销依法须经批准的,应当经批准后向登记机关申请注销登记。

第32条 【清算公告和申请注销登记】市场主体注销登记前依法应当清算的,清算组应当自成立之日起10日内将清算组成员、清算组负责人名单通过国家企业信用信息公示系统公告。清算组可以通过国家企业信用信息公示系统发布债权人公告。

清算组应当自清算结束之日起30日内向登记机关申请注销登记。市场主体申请注销登记前,应当依法办理分支机构注销登记。

2. 《**市场主体登记管理条例实施细则**》(2022年3月1日起施行)

第44条 【注销登记】市场主体因解散、被宣告破产或者其他法定事由需要终止的,应当依法向登记机关申请注销登记。依法需要清算的,应当自清算结束之日起30日内申请注销登记。依法不需要清算的,应当自决定作出之日起30日内申请注销登记。市场主体申请注销后,不得从事与注销无关的生产经营活动。自登记机关予以注销登记之日起,市场主体终止。

第45条 【清算公告】市场主体注销登记前依法应当清算的,清算组应当自成立之日起10日内将清算组成员、清算组负责人名单通过国家企业信用信息公示系统公告。清算组可以通过国家企业信用信息公示系统发布债权人公告。

第46条 【注销登记的申请材料】申请办理注销登记，应当提交下列材料：

（一）申请书；

（二）依法作出解散、注销的决议或者决定，或者被行政机关吊销营业执照、责令关闭、撤销的文件；

（三）清算报告、负责清理债权债务的文件或者清理债务完结的证明；

（四）税务部门出具的清税证明。

除前款规定外，人民法院指定清算人、破产管理人进行清算的，应当提交人民法院指定证明；合伙企业分支机构申请注销登记，还应当提交全体合伙人签署的注销分支机构决定书。

个体工商户申请注销登记的，无需提交第二项、第三项材料；因合并、分立而申请市场主体注销登记的，无需提交第三项材料。

第47条 【简易注销登记】申请办理简易注销登记，应当提交申请书和全体投资人承诺书。

第48条 【不得简易注销的情形】有下列情形之一的，市场主体不得申请办理简易注销登记：

（一）在经营异常名录或者市场监督管理严重违法失信名单中的；

（二）存在股权（财产份额）被冻结、出质或者动产抵押，或者对其他市场主体存在投资的；

（三）正在被立案调查或者采取行政强制措施，正在诉讼或者仲裁程序中的；

（四）被吊销营业执照、责令关闭、撤销的；

（五）受到罚款等行政处罚尚未执行完毕的；

（六）不符合《条例》第三十三条规定的其他情形。

第 49 条　【简易注销登记的公示】申请办理简易注销登记，市场主体应当将承诺书及注销登记申请通过国家企业信用信息公示系统公示，公示期为 20 日。

在公示期内无相关部门、债权人及其他利害关系人提出异议的，市场主体可以于公示期届满之日起 20 日内向登记机关申请注销登记。

第三十八条　【分公司登记】

公司设立分公司，应当向公司登记机关申请登记，领取营业执照。

◆ **条文主旨**

本条规定了分公司的登记要求。

◆ **修改情况**

与 2018 年《公司法》第 14 条的规定相比，本条将有关分公司登记的规定单独成条。

◆ **条文注释**

本法第 13 条第 2 款规定，公司可以设立分公司。分公司不具有法人资格，其民事责任由公司承担。根据《市场主体登记管理条例》第 2 条第 1 项，分公司也是一种市场主体。根据《市场主体登记管理条例》第 23 条之规定，公司设立分公司的，应当向分公司所在地的登记机关申请登记。根据《市场主体登记管理条例实施细则》第 6 条，申请设立分公司，应当登记分公司的名称、类型、经营范围、经营场所、负责人姓名。根据《市场主体登记管理条例》第 21 条，分公司依法登记后，公司登记机关向其签发营业执照，营业执照签发日期为市场主体的成立日期。

◆ **关联规范**

1.《**市场主体登记管理条例**》（2022年3月1日起施行）

第23条　【分支机构登记】市场主体设立分支机构，应当向分支机构所在地的登记机关申请登记。

2.《**市场主体登记管理条例实施细则**》（2022年3月1日起施行）

第21条　【分支机构登记】公司或者农民专业合作社（联合社）合并、分立的，可以通过国家企业信用信息公示系统公告，公告期45日，应当于公告期届满后申请办理登记。

非公司企业法人合并、分立的，应当经出资人（主管部门）批准，自批准之日起30日内申请办理登记。

市场主体设立分支机构的，应当自决定作出之日起30日内向分支机构所在地登记机关申请办理登记。

第30条　【分支机构登记的材料】申请办理分支机构设立登记，还应当提交负责人的任职文件和自然人身份证明。

第31条　【分支机构变更登记】市场主体变更登记事项，应当自作出变更决议、决定或者法定变更事项发生之日起30日内申请办理变更登记。

市场主体登记事项变更涉及分支机构登记事项变更的，应当自市场主体登记事项变更登记之日起30日内申请办理分支机构变更登记。

> **第三十九条　【公司设立登记的撤销】**
> 虚报注册资本、提交虚假材料或者采取其他欺诈手段隐瞒重要事实取得公司设立登记的,公司登记机关应当依照法律、行政法规的规定予以撤销。

◆ **条文主旨**

本条规定了欺诈取得公司设立登记的撤销。

◆ **修改情况**

本条系从2018年《公司法》第198条剥离出来的条款。由于撤销公司登记在法律性质上并非行政处罚,而是对公司登记行为的纠正,将其从本法的法律责任部分剥离出来进行规定,具有体系上的适当性。

◆ **条文注释**

根据本法第31条规定,申请设立公司,符合本法规定的设立条件的,由公司登记机关分别登记为有限责任公司或者股份有限公司;不符合本法规定的设立条件的,不得登记为有限责任公司或者股份有限公司。但是,如果申请人在申请设立公司时,虚报注册资本、提交虚假材料或者采取其他欺诈手段隐瞒重要事实取得公司设立登记的,将妨害公司登记的管理秩序,损害第三人的合法权益,影响交易安全,破坏公平竞争的市场秩序。

一、本条所规定的欺诈登记包括以下三种情形

(1)虚报注册资本。虚报注册资本是指为了获得公司登记而故意夸大资本数额,实际上没有出资或者没有全部出资。这里的注册资本,是指公司登记机关登记的资本数额,包括公司设立时公司的注册资本,也包括公司成立后增加的注册资本。如果仅在章程中记

载,但未在公司登记机关进行登记,则不适用本条规定。需要注意的是,本条规定适用于实行注册资本实缴登记制的公司。根据《市场主体登记管理条例》第45条的规定,实行注册资本实缴登记制的市场主体虚报注册资本取得市场主体登记的,由登记机关责令改正,处虚报注册资本金额5%以上15%以下的罚款;情节严重的,吊销营业执照。此外,实行实缴制的公司虚报注册资本,还可能构成刑事犯罪。《刑法》第158条、第159条规定了虚报注册资本罪、虚假出资、抽逃出资罪。《全国人民代表大会常务委员会关于〈中华人民共和国刑法〉第一百五十八条、第一百五十九条的解释》规定,《刑法》第158条、第159条的规定,只适用于依法实行注册资本实缴登记制的公司。

(2)提交虚假材料。本法第30条第1款规定,申请设立公司,应当提交设立登记申请书、公司章程等文件,提交的相关材料应当真实、合法和有效。《市场主体登记管理条例》第17条规定,申请人应当对提交材料的真实性、合法性和有效性负责。虚假材料,主要是指设立(变更、注销)登记申请书、公司章程、公司决议、验资证明、地址证明等文件和法律、行政法规规定须报经有关部门审批的批准文件是虚假的。比如提交了虚假的公司决议,以获得法定代表人的登记变更。

(3)采取其他欺诈手段隐瞒重要事实,即采取了前述行为之外的其他隐瞒事实真相的方法欺骗公司登记机关的行为。所谓的"重要事实",对有限责任公司而言,主要包括股东是否符合法定人数、是否有股东共同制定的公司章程、是否设立了符合有限责任公司的组织机构、是否有真实的公司住所等事实;对股份有限公司,主要包括发起人是否符合法定人数、发起人人数和社会公开募集的股本是否符合法律规定,股份发行、筹办事项是否符合法律规定,发起人是否制订公司章程并经成立大会通过、是否有公司名称、是否建立符合股份有限公司要求的组织机构、是否有真实的公司住所等事实。

二、欺诈登记的法律后果

自商事制度改革以来，公司设立的准入门槛得以降低，激发了市场活力。但是，与之同时，也产生了通过提交虚假材料、冒用他人身份等方式骗取公司登记的现象。对此，公司法规定了其法律后果，包括本条所规定的撤销设立登记，本法第250条所规定欺诈登记的行政处罚责任等。需要注意的是，本条规定仅适用于欺诈手段获得的设立登记，而本法第250条则适用于设立登记、变更登记和注销登记。

根据《市场主体登记管理条例》第40条和第42条规定，提交虚假材料或者采取其他欺诈手段隐瞒重要事实取得市场主体登记的，受虚假市场主体登记影响的自然人、法人和其他组织可以向登记机关提出撤销市场主体登记的申请。登记机关受理申请后，应当及时开展调查。经调查认定存在虚假市场主体登记情形的，登记机关应当撤销市场主体登记。登记机关或者其上级机关认定撤销市场主体登记决定错误的，可以撤销该决定，恢复原登记状态，并通过国家企业信用信息公示系统公示。

当然，并非所有的欺诈登记均须撤销，在符合法定情形时也可以不予撤销。《市场主体登记管理条例》第41条规定，有下列情形之一的，登记机关可以不予撤销市场主体登记：（1）撤销市场主体登记可能对社会公共利益造成重大损害；（2）撤销市场主体登记后无法恢复到登记前的状态；（3）法律、行政法规规定的其他情形。

在法律性质上，撤销公司登记不同于吊销营业执照，前者是对公司登记行为的纠正，后者是一种行政处罚措施，是对公司经营资格的剥夺。二者的发生原因限于各自的法定事由，并不相同。从法律后果来看，撤销设立登记导致的结果是公司的主体资格消灭，但是吊销营业执照仅导致经营资格消灭，公司的主体资格仍然存续。

◆ **关联规范**

1.《全国人民代表大会常务委员会法制工作委员会关于公司法第一百九十八条"撤销公司登记"法律性质问题的答复意见》(2017年2月23日)

行政许可法第六章监督检查第69条第1款对行政机关违法履行职责而准予行政许可的撤销作了规定,第2款对被许可人以欺骗、贿赂等不正当手段取得行政许可的撤销作了规定。第七章法律责任第79条规定,被许可人以欺骗、贿赂等不正当手段取得行政许可的,行政机关应当依法给予行政处罚。依照行政许可法的上述规定,撤销被许可人以欺骗等不正当手段取得的行政许可,是对违法行为的纠正,不属于行政处罚。

2.《市场主体登记管理条例》(2022年3月1日起施行)

第40条 【虚假登记的撤销】 提交虚假材料或者采取其他欺诈手段隐瞒重要事实取得市场主体登记的,受虚假市场主体登记影响的自然人、法人和其他组织可以向登记机关提出撤销市场主体登记的申请。

登记机关受理申请后,应当及时开展调查。经调查认定存在虚假市场主体登记情形的,登记机关应当撤销市场主体登记。相关市场主体和人员无法联系或者拒不配合的,登记机关可以将相关市场主体的登记时间、登记事项等通过国家企业信用信息公示系统向社会公示,公示期为45日。相关市场主体及其利害关系人在公示期内没有提出异议的,登记机关可以撤销市场主体登记。

因虚假市场主体登记被撤销的市场主体,其直接责任人自市场主体登记被撤销之日起3年内不得再次申请市场主体登记。登记机关应当通过国家企业信用信息公示系统予以公示。

第41条 【不予撤销虚假登记的情形】 有下列情形之一的,登记机关可以不予撤销市场主体登记：

（一）撤销市场主体登记可能对社会公共利益造成重大损害；

（二）撤销市场主体登记后无法恢复到登记前的状态；

（三）法律、行政法规规定的其他情形。

第 42 条　【撤销虚假登记后的处理】 登记机关或者其上级机关认定撤销市场主体登记决定错误的，可以撤销该决定，恢复原登记状态，并通过国家企业信用信息公示系统公示。

3.《**市场主体登记管理条例实施细则**》（2022 年 3 月 1 日起施行）

第 50 条　【登记机关查处职权】 对涉嫌提交虚假材料或者采取其他欺诈手段隐瞒重要事实取得市场主体登记的行为，登记机关可以根据当事人申请或者依职权主动进行调查。

第 51 条　【撤销登记的申请和负责机关】 受虚假登记影响的自然人、法人和其他组织，可以向登记机关提出撤销市场主体登记申请。涉嫌冒用自然人身份的虚假登记，被冒用人应当配合登记机关通过线上或者线下途径核验身份信息。

涉嫌虚假登记市场主体的登记机关发生变更的，由现登记机关负责处理撤销登记，原登记机关应当协助进行调查。

第 53 条　【撤销虚假登记】 登记机关受理申请后，应当于 3 个月内完成调查，并及时作出撤销或者不予撤销市场主体登记的决定。情形复杂的，经登记机关负责人批准，可以延长 3 个月。

在调查期间，相关市场主体和人员无法联系或者拒不配合的，登记机关可以将涉嫌虚假登记市场主体的登记时间、登记事项，以及登记机关联系方式等信息通过国家企业信用信息公示系统向社会公示，公示期 45 日。相关市场主体及其利害关系人在公示期内没有提出异议的，登记机关可以撤销市场主体登记。

第 54 条　【终止调查虚假登记的情形】 有下列情形之一的，经当事人或者其他利害关系人申请，登记机关可以中止调查：

（一）有证据证明与涉嫌虚假登记相关的民事权利存在争议的；

（二）涉嫌虚假登记的市场主体正在诉讼或者仲裁程序中的；

（三）登记机关收到有关部门出具的书面意见，证明涉嫌虚假登记的市场主体或者其法定代表人、负责人存在违法案件尚未结案，或者尚未履行相关法定义务的。

第 55 条 【不予撤销登记的情形】有下列情形之一的，登记机关可以不予撤销市场主体登记：

（一）撤销市场主体登记可能对社会公共利益造成重大损害；

（二）撤销市场主体登记后无法恢复到登记前的状态；

（三）法律、行政法规规定的其他情形。

第 56 条 【撤销登记的公示】登记机关作出撤销登记决定后，应当通过国家企业信用信息公示系统向社会公示。

第 57 条 【撤销部分虚假登记的效力】同一登记包含多个登记事项，其中部分登记事项被认定为虚假，撤销虚假的登记事项不影响市场主体存续的，登记机关可以仅撤销虚假的登记事项。

第 58 条 【撤销备案事项的参照执行】撤销市场主体备案事项的，参照本章规定执行。

第 76 条 【滥用市场主体登记的行政处罚】利用市场主体登记，牟取非法利益，扰乱市场秩序，危害国家安全、社会公共利益的，法律、行政法规有规定的，依照其规定；法律、行政法规没有规定的，由登记机关处 10 万元以下的罚款。

◆ 案例指引

【典型案例】胡某杰与舟山市市场监督管理局定海分局工商行政登记纠纷上诉案（浙江省舟山市中级人民法院（2019）浙 09 行终 89 号）

裁判要旨

根据全国人民代表大会常务委员会法制工作委员会关于 2018 年

《公司法》第198条"撤销公司登记"法律性质问题的答复意见,撤销被许可人以欺骗等不正当手段取得的行政许可,是对违法行为的纠正,不属于行政处罚。因此,在公司法未列明撤销公司注销登记法律规定的情形下,被告参照适用公司法设立登记的相关法条对案涉错误的注销登记行为进行纠正是正确的。

【典型案例】某建设集团有限公司诉江苏省南京市某区市场监督管理局撤销公司行政登记检察监督案(最高人民检察院发布6件"检察为民办实事"——行政检察与民同行系列典型案例(第八批))

裁判要旨

根据申请进行市场主体注册、变更、注销登记是行政机关履行市场监管职责的重要方式。国家持续深化"放管服"改革后,根据公司法等相关法律,市场主体登记更为便捷。近年来出现少数人员恶意提交虚假材料骗取公司登记的案件,损害了相关市场主体的合法权益,破坏了社会诚信。对于冒用他人名义提交虚假材料骗取公司登记,行政机关以形式审查为由不依法履行撤销职责的,检察机关可以依法予以监督。检察机关在办案过程中,对公司是否系恶意登记,应当结合全案事实,着重审查相关分公司设立人与总公司之间的关联关系综合认定。检察机关要强化与人民法院、行政机关的联系与沟通,促进"放管服"改革后市场监督管理的跟进,尽快实质性解决企业遇到的问题,依法维护市场主体合法权益。

第四十条 【公司信息公示】

公司应当按照规定通过国家企业信用信息公示系统公示下列事项:

> （一）有限责任公司股东认缴和实缴的出资额、出资方式和出资日期，股份有限公司发起人认购的股份数；
> （二）有限责任公司股东、股份有限公司发起人的股权、股份变更信息；
> （三）行政许可取得、变更、注销等信息；
> （四）法律、行政法规规定的其他信息。
> 公司应当确保前款公示信息真实、准确、完整。

◆ 条文主旨

本条规定了应当通过企业信用信息公示系统公示的事项。

◆ 修改情况

本条为 2023 年《公司法》修订的新增条款。

2018 年《公司法》未对企业信息公示作出规定，本条衔接了《市场主体登记管理条例》关于企业信息公示的规定。

◆ 条文注释

企业信息公示制度是为了促进企业信息透明、强化企业信用约束、维护交易安全、提高政府监管效能而建立的制度。2014 年 10 月，国务院通过的《企业信息公示暂行条例》开始施行。该条例第 10 条规定："企业应当自下列信息形成之日起 20 个工作日内通过企业信用信息公示系统向社会公示：（一）有限责任公司股东或者股份有限公司发起人认缴和实缴的出资额、出资时间、出资方式等信息；（二）有限责任公司股东股权转让等股权变更信息；（三）行政许可取得、变更、延续信息；（四）知识产权出质登记信息；（五）受到行政处罚的信息；（六）其他依法应当公示的信息。工商行政管理部门发现企业未依照前款规定履行公示义务的，应当责令其限期履行。"

在此基础上，本条规定了法定的公示事项以及公司的公示义务。

全国人民代表大会宪法和法律委员会在关于《公司法（修订草案四次审议稿）》修改意见的报告（2023年12月29日）中指出，有些常委委员建议明确公司应当按照规定真实、准确、完整公示相关信息，提高公司披露信息的透明度和准确性。因此，宪法和法律委员会经研究，建议采纳这一意见，增加规定了本条第2款的规定，即公司应当确保公示信息真实、准确、完整。

对于违反公示义务的行为，本法第251条规定了法律责任：公司未依照本法第40条规定公示有关信息或者不如实公示有关信息的，由公司登记机关责令改正，可以处以1万元以上5万元以下的罚款。情节严重的，处以5万元以上20万元以下罚款；对直接负责的主管人员和其他直接责任人员处以1万元以上10万元以下的罚款。《企业信息公示暂行条例》第17条还规定了列入经营异常名录、列入严重违法企业名单等法律后果。在法律性质上，列入经营异常名录、列入严重违法企业名单不属于行政处罚措施，不同于罚款等行政处罚。

除了本条规定的事项之外，本法中还规定了可以通过国家企业信用信息公示系统公示的以下8类事项：第220条（公司合并公告）、第222条（公司分立公告）、第224条（减资公告）、第225条（简易减资公告）、第229条（解散事由公告）、第235条（清算公告）、第240条（简易注销公告）、第241条（强制注销公告）。需要注意的是，该8类事项可以选择在报纸上或国家企业信用信息公示系统上公示。

◆ **关联规范**

1.《市场主体登记管理条例》（2022年3月1日起施行）

第35条 【年度报告和登记相关信息的公示】市场主体应当按

照国家有关规定公示年度报告和登记相关信息。

2.《企业信息公示暂行条例》（2014年10月1日起施行）

第10条　【企业应当公示的信息】 企业应当自下列信息形成之日起20个工作日内通过企业信用信息公示系统向社会公示：

（一）有限责任公司股东或者股份有限公司发起人认缴和实缴的出资额、出资时间、出资方式等信息；

（二）有限责任公司股东股权转让等股权变更信息；

（三）行政许可取得、变更、延续信息；

（四）知识产权出质登记信息；

（五）受到行政处罚的信息；

（六）其他依法应当公示的信息。

工商行政管理部门发现企业未依照前款规定履行公示义务的，应当责令其限期履行。

第17条　【违反信息公示的法律责任】 有下列情形之一的，由县级以上工商行政管理部门列入经营异常名录，通过企业信用信息公示系统向社会公示，提醒其履行公示义务；情节严重的，由有关主管部门依照有关法律、行政法规规定给予行政处罚；造成他人损失的，依法承担赔偿责任；构成犯罪的，依法追究刑事责任：

（一）企业未按照本条例规定的期限公示年度报告或者未按照工商行政管理部门责令的期限公示有关企业信息的；

（二）企业公示信息隐瞒真实情况、弄虚作假的。

被列入经营异常名录的企业依照本条例规定履行公示义务的，由县级以上工商行政管理部门移出经营异常名录；满3年未依照本条例规定履行公示义务的，由国务院工商行政管理部门或者省、自治区、直辖市人民政府工商行政管理部门列入严重违法企业名单，并通过企业信用信息公示系统向社会公示。被列入严重违法企业名单的企业的法定代表人、负责人，3年内不得担任其他企业的法定代表人、负责人。

企业自被列入严重违法企业名单之日起满 5 年未再发生第一款规定情形的，由国务院工商行政管理部门或者省、自治区、直辖市人民政府工商行政管理部门移出严重违法企业名单。

3.《市场主体登记管理条例实施细则》（2022 年 3 月 1 日起施行）

第 21 条　【合并分立的信息公示】公司或者农民专业合作社（联合社）合并、分立的，可以通过国家企业信用信息公示系统公告，公告期 45 日，应当于公告期届满后申请办理登记。

非公司企业法人合并、分立的，应当经出资人（主管部门）批准，自批准之日起 30 日内申请办理登记。

市场主体设立分支机构的，应当自决定作出之日起 30 日内向分支机构所在地登记机关申请办理登记。

第 36 条第 3 款　【减资的信息公示】公司减少注册资本，可以通过国家企业信用信息公示系统公告，公告期 45 日，应当于公告期届满后申请变更登记。法律、行政法规或者国务院决定对公司注册资本有最低限额规定的，减少后的注册资本应当不少于最低限额。

第 41 条　【歇业的信息公示】市场主体决定歇业，应当在歇业前向登记机关办理备案。登记机关通过国家企业信用信息公示系统向社会公示歇业期限、法律文书送达地址等信息。

以法律文书送达地址代替住所（主要经营场所、经营场所）的，应当提交法律文书送达地址确认书。

市场主体延长歇业期限，应当于期限届满前 30 日内按规定办理。

第 45 条　【清算的信息公示】市场主体注销登记前依法应当清算的，清算组应当自成立之日起 10 日内将清算组成员、清算组负责人名单通过国家企业信用信息公示系统公告。清算组可以通过国家企业信用信息公示系统发布债权人公告。

第49条 【简易注销登记的信息公示】申请办理简易注销登记，市场主体应当将承诺书及注销登记申请通过国家企业信用信息公示系统公示，公示期为20日。

在公示期内无相关部门、债权人及其他利害关系人提出异议的，市场主体可以于公示期届满之日起20日内向登记机关申请注销登记。

第56条 【撤销登记的信息公示】登记机关作出撤销登记决定后，应当通过国家企业信用信息公示系统向社会公示。

第四十一条 【优化登记服务和立法授权】

公司登记机关应当优化公司登记办理流程，提高公司登记效率，加强信息化建设，推行网上办理等便捷方式，提升公司登记便利化水平。

国务院市场监督管理部门根据本法和有关法律、行政法规的规定，制定公司登记注册的具体办法。

◆ **条文主旨**

本条规定了对公司登记机关的工作要求和授权国务院市场主体登记管理部门制定登记注册的具体办法。

◆ **修改情况**

本条为2023年《公司法》修订的新增条款。

◆ **条文注释**

本条第1款是对公司登记机关的工作要求。自实施商事制度改革以来，国务院、国家市场监督管理总局先后出台了多项与公司登记相关的法律法规，如《市场主体登记管理条例》《企业名称登记管理规定》《市场主体登记管理条例实施细则》等行政法规和部门规章。前述文件对优化公司登记办理流程，提高公司登记效率，提升公司登记便利化水平，发挥了重要作用。其中，加强信息化建设是提升公司登记服务工作的重要面向。

本条第 2 款是立法授权条款，授权国务院市场监督管理部门根据本法和有关法律、行政法规的规定，制定公司登记注册的具体办法。《市场主体登记管理条例》第 53 条规定，国务院市场监督管理部门可以依照本条例制定市场主体登记和监督管理的具体办法。2022 年 2 月，国家市场监督管理总局根据《市场主体登记管理条例》等有关法律法规，制定了《市场主体登记管理条例实施细则》，为公司等市场主体的登记管理提供了具体规则。

◆ **关联规范**

1. **《市场主体登记管理条例》**（2022 年 3 月 1 日起施行）

第 4 条 【登记原则】市场主体登记管理应当遵循依法合规、规范统一、公开透明、便捷高效的原则。

第 5 条 【部门职责】国务院市场监督管理部门主管全国市场主体登记管理工作。

县级以上地方人民政府市场监督管理部门主管本辖区市场主体登记管理工作，加强统筹指导和监督管理。

第 6 条 【信息化建设和优化登记服务】国务院市场监督管理部门应当加强信息化建设，制定统一的市场主体登记数据和系统建设规范。

县级以上地方人民政府承担市场主体登记工作的部门（以下称登记机关）应当优化市场主体登记办理流程，提高市场主体登记效率，推行当场办结、一次办结、限时办结等制度，实现集中办理、就近办理、网上办理、异地可办,提升市场主体登记便利化程度。

第7条 【信息共享】国务院市场监督管理部门和国务院有关部门应当推动市场主体登记信息与其他政府信息的共享和运用,提升政府服务效能。

2.**《市场主体登记管理条例实施细则》**(2022年3月1日起施行)

第5条 【信息化建设】国家市场监督管理总局应当加强信息化建设,统一登记管理业务规范、数据标准和平台服务接口,归集全国市场主体登记管理信息。

省级市场监督管理部门主管本辖区登记管理信息化建设,建立统一的市场主体登记管理系统,归集市场主体登记管理信息,规范市场主体登记注册流程,提升政务服务水平,强化部门间信息共享和业务协同,提升市场主体登记管理便利化程度。

第三章　有限责任公司的设立和组织机构

第一节　设　　立

> **第四十二条**　【股东人数】
> 有限责任公司由一个以上五十个以下股东出资设立。

◆ **条文主旨**

本条规定了有限责任公司的股东人数。

◆ **修改情况**

在 2018 年《公司法》第 24 条的基础上，本条新增了有限责任公司股东人数"一个以上"的规定，将一人有限责任公司统合进有限责任公司规范体系，并全面简化了一人有限责任的特别规定。

◆ **条文注释**

本条规定了有限责任公司的股东人数下限和上限，分别为 1 人和 50 人。

1. 在人数下限方面，经过 2023 年《公司法》修订，2018 年《公司法》中"一人有限责任公司的特别规定"一节被整体删除，仅将第 63 条关于一人有限责任股东举证责任倒置的规定整合到了本法第 23 条。除了一人有限公司之外，本法还新增了一人股份有限公司，由此构成了完整的一人公司制度体系。之所以作此修改，是因为实践中一人公司的数量庞大，占到了我国存量公司的近乎一半，已经成为非常普遍的公司类型。根据国家市场监督管理总局的统计数据，2021年底，全国一人有限公司约为1700万家，占到全部有限责任公司的40%以上，已经失去了特别规制的必要性。比较法上，域外各国也逐渐放宽了对一人公司的特别规制。

具体而言，2018年《公司法》的以下条款被删除，对一人公司的特别规制也相应被删除。

（1）2018年《公司法》第57条："一人有限责任公司的设立和组织机构，适用本节规定；本节没有规定的，适用本章第一节、第二节的规定。本法所称一人有限责任公司，是指只有一个自然人股东或者一个法人股东的有限责任公司。"

（2）2018年《公司法》第58条："一个自然人只能投资设立一个一人有限责任公司。该一人有限责任公司不能投资设立新的一人有限责任公司。"

（3）2018年《公司法》第59条："一人有限责任公司应当在公司登记中注明自然人独资或者法人独资，并在公司营业执照中载明。"

（4）2018年《公司法》第60条："一人有限责任公司章程由股东制定。"

（5）2018年《公司法》第62条："一人有限责任公司应当在每一会计年度终了时编制财务会计报告，并经会计师事务所审计。"

一人公司只有一个股东，可以为自然人股东和法人股东，那么，合伙企业能否成为公司股东？在《公司法（修订草案一审稿）》第37条曾规定，一个自然人股东或一个法人股东设立的有限责任公司为一人有限责任公司。后来该规定在后续的历次审议稿中均被删除。由此可见，一人公司的股东并不限于自然人和法人，合伙企业同样可以成为一人公司的股东。

2. 在人数上限方面，仍然维持了2018年《公司法》中的50人。在本轮公司法修订中，有意见建议删除有限责任公司的股东人数上限。但是，2023年《公司法》仍然延续了2018年《公司法》的规定。有限责任公司以封闭性为其主要特征，也是区别于股份有限公司的核心特征。从国家市场监督管理总局截至2020年底统计的数据结构来看，我国99%以上的有限责任公司股东人数为5人以下。具体分布为：股东人数在3人以下（包含3人）的有限责任公司为3698.9万家（占比96.52%），股东人数为3人至5人（包含5人）的有限责任公司为100.1万家（占比2.61%），股东人数为5人以上的有限责任公司为33.4万家（占比0.87%）；董事人数在3人以下（包含3人）的有限责任公司为3809.7万家（占比99.41%），董事人数为3人至5人（包含5人）的有限责任公司为19.3万家（占比0.50%），董事人数为5人以上的有限责任公司为3.3万家（占比0.09%）；监事人数在3人以下（包含3人）的有限责任公司为3827.5万家（占比99.87%），监事人数为3人至5人（包含5人）的有限责任公司为4.5万家（占比0.12%），监事人数为5人以上的有限责任公司为0.3万家（占比0.01%）。

对有限责任公司人数突破50人的需求，主要发生在二十世纪八九十年代。受制于公司法中股份有限公司的设立门槛较高，许多国企改革不得不选取有限责任公司的方式。但是，公司职工人数众多，如果都成为公司的股东将远远超过公司法上设定的50人限制，所以成立了职工持股会等代持员工股份的平台。随着这一改革历程的完成，这种需求也日渐消减。此外，经过历次公司法修改，股份有限公司已经从原来的核准主义转向准则主义，设立门槛也大大降低。有较多股东人数需求的公司，完全可以采取股份有限公司的形式。因此，2023年《公司法》维持了有限责任公司的股东人数上限规定。

> **第四十三条 【设立协议】**
> 有限责任公司设立时的股东可以签订设立协议,明确各自在公司设立过程中的权利和义务。

◆ **条文主旨**

本条规定了有限责任公司的设立协议。

◆ **修改情况**

本条为 2023 年《公司法》修订的新增条款。

◆ **条文注释**

有限责任公司设立时的股东,也称公司发起人,指的是为设立公司而签署公司章程、向公司认购出资并履行公司设立职责的人。设立协议是指为了设立公司,设立时的公司股东所签订的旨在规范设立公司过程中权利义务的协议,是设立公司过程中的重要文件。虽然 2018 年《公司法》未规定设立协议,但实践中,设立协议是公司设立过程普遍存在的文件。

本条规定属于任意性规定,有限责任公司设立时的股东可以签订设立协议,也可以不签订设立协议。与此不同的是,根据本法第 93 条第 2 款的规定,股份有限公司发起人设立公司时"应当"签订公司设立协议。比较而言,签订公司设立协议是股份有限公司发起人应当履行的强制性义务。

在实践中,设立协议的常见条款包括公司设立过程中各公司发起人的权利条款、义务条款、法律责任条款等。其中,公司发起人的权利条款和义务条款是设立协议的核心条款。设立中的公司不具有独立人格,不能独立承担法律义务、法律责任。根据本法第 44 条的规定,有限责任公司未成立的,其法律后果由公司设立时的股东承受；设立时的股东为二人以上的，享有连带债权，承担连带债务。设立时的股东为设立公司以自己的名义从事民事活动而产生的民事责任，第三人有权选择请求公司或者公司设立时的股东承担。设立时的股东因履行公司设立职责造成他人损害的，公司或者无过错的股东承担赔偿责任后，可以向有过错的股东追偿。对于前述责任的内部划分，设立协议可以进行具体规定。

根据《公司法司法解释（三）》第4条的规定，各公司发起人应当承担的责任份额依据设立协议的约定确定；若公司设立协议中没有约定责任承担比例，公司发起人按照约定的出资比例分担责任；若公司发起人未签订设立协议或设立协议中没有约定出资比例，公司发起人按照均等份额分担责任。可见，通过设立协议，公司发起人可以对设立中的义务和责任进行更具体、适当的分配。

◆ **关联规范**

《公司法司法解释（三）》（2020年修正）

第4条　【公司未成立时的责任承担】 公司因故未成立，债权人请求全体或者部分发起人对设立公司行为所产生的费用和债务承担连带清偿责任的，人民法院应予支持。

部分发起人依照前款规定承担责任后，请求其他发起人分担的，人民法院应当判令其他发起人按照约定的责任承担比例分担责任；没有约定责任承担比例的，按照约定的出资比例分担责任；没有约定出资比例的，按照均等份额分担责任。

因部分发起人的过错导致公司未成立，其他发起人主张其承担设立行为所产生的费用和债务的，人民法院应当根据过错情况，确定过错一方的责任范围。

◆ 案例指引

【典型案例】大连工美企业有限责任公司与弘仁（大连）集团有限公司发起人责任纠纷案（最高人民法院（2015）民二终字第90号）

裁判要旨

本案双方所签《合资合同书》《合资合同书补充条款》以及双方与刘某忠共同签署的《组建集团入股协议书》，系当事人的自愿行为，均合法有效。工美公司关于《组建集团入股协议书》因违反当时《公司法》关于无形资产或货币出资比例的强行规定而无效的主张，最高人民法院不予支持。就《合资合同书》及其补充条款与《组建集团入股协议书》之间的关系而言，尽管签约主体有所变化，《组建集团入股协议书》多了刘某忠，且前后合同有关组建公司的名称及入股比例等均有变化，但总体而言，前后合同之间仍可互为补充。《组建集团入股协议书》签署在后，《合资合同书》及其补充条款约定与《组建集团入股协议书》不一致的，以后者为准；但后者没有规定，而前者有相关规定时，可以作为处理本案双方纠纷的依据。最高人民法院认为，原审在未查明426.03万元及其利息是否实际发生、是否实际支付情形下，在未具体查明弘仁公司主张的426.03万元每笔费用具体发生的事实情形下，即将此简单认定为弘仁公司为组建公司所发生的损失，判令工美公司赔偿给付，属认定事实错误，应予撤销。至于原审判决驳回工美公司的反诉请求，理由虽有不妥，但结果可以维持。

第四十四条 【设立责任】

有限责任公司设立时的股东为设立公司从事的民事活动,其法律后果由公司承受。

公司未成立的,其法律后果由公司设立时的股东承受;设立时的股东为二人以上的,享有连带债权,承担连带债务。

设立时的股东为设立公司以自己的名义从事民事活动产生的民事责任,第三人有权选择请求公司或者公司设立时的股东承担。

设立时的股东因履行公司设立职责造成他人损害的,公司或者无过错的股东承担赔偿责任后,可以向有过错的股东追偿。

◆ **条文主旨**

本条规定了公司设立行为的法律后果和责任承担规则。

◆ **修改情况**

本条为2023年《公司法》修订的新增条款,部分吸收了《公司法司法解释(三)》第2条至第5条以及《民法典》第75条的相关规定。

◆ **条文注释**

本条规范的对象系"有限责任公司设立时的股东为设立公司从事的民事活动",即公司发起人为设立公司所实施的行为,若公司发起人的行为并未为了设立公司而是为了其个人利益,则不属于本条规范的行为。在实践中,设立公司中的常见行为包括购买或租赁住所、采购生产设备、聘请中介机构等。

对于前述行为，本条所规定的法律后果包括以下四个方面：

1. 公司成立后设立行为的法律后果

根据本条第1款的规定，公司发起人为设立公司从事活动的法律后果由公司承受。因设立中的公司不具有法人人格，无法以其名义独立承受任何法律后果。公司成立后，公司发起人为设立公司而从事的活动所产生的权利、义务、责任都由公司承受。值得注意的是，如果公司发起人是以自己的名义实施上述行为，则其法律后果的承担方式须遵循本条第3款的规定。

2. 公司设立失败时的责任承担

本条第2款规定了公司设立失败时法律后果的承担规则。公司设立失败的原因很多，但其结果是公司无法有效成立。对此，如果仅有一名发起人时，公司设立过程中产生的权利、义务、责任均由该发起人独自承担。如果存在两名以上发起人时，公司设立过程中产生的权利、义务、责任均由全体公司发起人共同承受。通说认为，设立中公司的财产为全体发起人的共同共有。对于公司设立过程中产生的债权，全体公司发起人享有连带债权，部分或者全部公司发起人均可以请求债务人履行债务。对于公司设立过程中产生的债务，全体公司发起人承担连带债务。

根据《公司法司法解释（三）》第4条的规定，债权人有权请求全体或者部分公司发起人对设立公司行为所产生的费用和债务承担连带清偿责任；部分公司发起人承担责任后，可以请求其他公司发起人按照公司设立协议约定的责任承担比例分担责任；若公司设立协议中没有约定责任承担比例，公司发起人按照约定的出资比例分担责任；若公司发起人未签订设立协议或设立协议中没有约定出资比例，公司发起人按照均等份额分担责任。

3. 公司发起人以个人名义从事活动的法律后果承担

本条第3款规定了公司发起人以其个人名义为设立公司从事活

动而产生责任的承担规则。本款规定适用于公司成立和公司设立失败的情形。在公司设立成功的情况下,债权人享有选择权,有权请求公司或者公司设立时的股东承担。在公司设立失败的情形下,债权人也可以请求其他发起人承担连带责任。

4. 公司发起人因履行公司设立职责造成他人损害的责任承担

本条第 4 款规定了公司发起人因履行公司设立职责造成他人损害的责任承担规则,包括公司成立后的责任承担规则和公司设立失败时的责任承担规则。

在公司设立成功的情形下,设立中公司的主体地位为成立后公司所承继,由此所产生的责任同样由成立后的公司负担。公司承担责任后,可以向有过错的公司发起人追偿。

在公司设立失败的情形下,对外关系上,全体公司发起人承担连带赔偿责任。在内部关系中,无过错的公司发起人可以向有过错的公司发起人追偿,并由有过错的公司发起人承担最终责任。

◆ 关联规范

1.《民法典》(2021 年 1 月 1 日起施行)

第 75 条 【法人设立行为的法律后果】设立人为设立法人从事的民事活动,其法律后果由法人承受;法人未成立的,其法律后果由设立人承受,设立人为二人以上的,享有连带债权,承担连带债务。

设立人为设立法人以自己的名义从事民事活动产生的民事责任,第三人有权选择请求法人或者设立人承担。

2.《公司法司法解释(三)》(2020 年修正)

第 1 条 【公司发起人的认定】为设立公司而签署公司章程、向公司认购出资或者股份并履行公司设立职责的人,应当认定为公司的发起人,包括有限责任公司设立时的股东。

第2条 【发起人以自己名义签订合同的法律后果】发起人为设立公司以自己名义对外签订合同,合同相对人请求该发起人承担合同责任的,人民法院应予支持;公司成立后合同相对人请求公司承担合同责任的,人民法院应予支持。

第3条 【发起人以设立中公司名义签订合同的法律后果】发起人以设立中公司名义对外签订合同,公司成立后合同相对人请求公司承担合同责任的,人民法院应予支持。

公司成立后有证据证明发起人利用设立中公司的名义为自己的利益与相对人签订合同,公司以此为由主张不承担合同责任的,人民法院应予支持,但相对人为善意的除外。

第4条 【公司未成立时的责任承担】公司因故未成立,债权人请求全体或者部分发起人对设立公司行为所产生的费用和债务承担连带清偿责任的,人民法院应予支持。

部分发起人依照前款规定承担责任后,请求其他发起人分担的,人民法院应当判令其他发起人按照约定的责任承担比例分担责任;没有约定责任承担比例的,按照约定的出资比例分担责任;没有约定出资比例的,按照均等份额分担责任。

因部分发起人的过错导致公司未成立,其他发起人主张其承担设立行为所产生的费用和债务的,人民法院应当根据过错情况,确定过错一方的责任范围。

第5条 【发起人职务侵权的责任承担】发起人因履行公司设立职责造成他人损害,公司成立后受害人请求公司承担侵权赔偿责任的,人民法院应予支持;公司未成立,受害人请求全体发起人承担连带赔偿责任的,人民法院应予支持。

公司或者无过错的发起人承担赔偿责任后,可以向有过错的发起人追偿。

◆ **案例指引**

王某与李某军、尤某等 12 人公司设立纠纷再审案（陕西省高级人民法院（2012）陕民再字第 00010 号）

裁判要旨

《公司法司法解释（三）》第 4 条规定了公司设立不能时，发起人按出资比例承担该设立阶段产生的债务的情形，但并未规定设立中公司在公司设立阶段从事经营活动产生的盈利如何分配。根据权利义务相一致的法理以及民法的公平原则，对公司设立阶段的债权分配，应比照适用债务承担的规定，发起人有权按照出资比例分配公司设立阶段从事经营行为所产生的盈利。故王某有按照出资比例参与分配其参与经营的 73 天中产生的利润及资产。

第四十五条　【章程制定】

设立有限责任公司，应当由股东共同制定公司章程。

◆ **条文主旨**

本条规定了设立有限责任公司的章程制定。

◆ **修改情况**

本条来自 2018 年《公司法》第 23 条第 3 项，衔接了《民法典》中关于营利法人章程的规定。

◆ **条文注释**

本条的规范要旨有二：一是设立有限责任公司应当制定章程，二是公司章程应当由全体股东共同制定。

其一，公司章程为设立公司的法定必设文件。公司章程是规范公司组织与行为的重要文件,对公司、股东、董事、监事和高级管理人员具有约束力。本法第30条规定,公司章程是申请设立公司必须提交的文件之一。因此,设立有限责任公司,应当由股东共同制定公司章程。需要注意的是,本法第94条规定,设立股份有限公司,应当由发起人共同制订公司章程。与之相比,本条所用词语为"制定",第94条规定的为"制订",也表明了两类公司在设立程序上的差异。对于募集设立的股份公司,发起人共同制订公司章程后,尚需成立大会表决通过。

其二,有限责任公司设立时,公司章程由股东共同制定。其原因在于,公司章程是记载、反映公司全体股东共同意志的文件,直接决定和影响全体股东的切身利益,故而应当由全体股东共同制定。在公司设立阶段,制定公司章程的主体是设立公司的股东,或者公司发起人。"共同制定"并不要求每一个公司发起人都积极参与章程的起草过程,其只要在章程上签字或者盖章就表示同意公司章程的内容即可。

◆ **关联规范**

《民法典》(2021年1月1日起施行)

第79条 **【营利法人的章程】** 设立营利法人应当依法制定法人章程。

第四十六条 【公司章程内容】

有限责任公司章程应当载明下列事项:

(一)公司名称和住所;

(二)公司经营范围;

(三)公司注册资本;

（四）股东的姓名或者名称；
（五）股东的出资额、出资方式和出资日期；
（六）公司的机构及其产生办法、职权、议事规则；
（七）公司法定代表人的产生、变更办法；
（八）股东会认为需要规定的其他事项。
股东应当在公司章程上签名或者盖章。

◆ **条文主旨**

本条规定了有限责任公司章程的记载事项和股东签章。

◆ **修改情况**

本条在2018年《公司法》第25条的基础上，作了如下修改：

其一，将2018年《公司法》第25条第1款第5项中的"出资时间"修改为"出资日期"；

其二，将2018年《公司法》第25条第1款第7项中的"公司法定代表人"修改为"公司法定代表人的产生、变更办法"，不再要求有限责任公司章程载明法定代表人姓名；

其三，将2018年《公司法》第25条第1款第8项中的"股东会会议认为需要规定的其他事项"修改为"股东会认为需要规定的其他事项"；

其四，将2018年《公司法》第25条第2款中的"签名、盖章"修改为"签名或者盖章"。

◆ **条文注释**

本条要旨有三，分别为公司章程的必要记载事项、任意记载事项、签署规则。

一、公司章程的必要记载事项

本条第 1 款规定的 8 个事项中，前 7 项为法定必要记载事项，第 8 项为任意记载事项。所谓法定必要记载事项，系章程必须予以记载的事项，否则章程系瑕疵章程。所谓任意记载事项，即公司可以自主确定是否在章程中加以规定的事项。

根据本条规定，公司章程的必要记载事项包括以下 7 项：

（1）公司名称和住所。公司名称区别于其他民事主体的标志，关于公司名称的阐释请参见本法第 6 条、第 7 条的释义。公司住所是其主要办事机构所在地，具有重要法律意义，请参见本法第 8 条的释义。公司名称和住所不仅是公司章程的必要记载事项，也是本法第 32 条规定的公司登记事项。

（2）公司经营范围。公司的经营范围是指公司所从事的生产经营和服务项目，也是本法第 32 条所规定的公司登记事项之一。关于公司经营范围的法律意义，请参见本法第 9 条的释义。

（3）公司注册资本。有限责任公司注册资本为公司登记机关登记的全体股东认缴的出资额。关于公司注册资本的法律意义，请参阅本法第 47 条的释义。

（4）股东的姓名或者名称。公司章程中，自然人股东应载明姓名，法人股东应载明名称。有限公司的股东姓名或名称也是本法第 32 条所规定的登记事项。

（5）股东的出资额、出资方式和出资日期。出资额是指各类出资以货币估价的金额，应当以货币表示。出资方式是指出资的种类，包括货币、实物、知识产权、土地使用权、股权、债权等可以用货币估价并可以依法转让的非货币财产。关于股东出资形式的规定，请参见本法第 48 条的释义。出资日期是指股东应实际缴纳其所认缴出资的时间。该三项事项虽然不属于登记事项，但属于本法第 40 条规定的企业信息公示事项，应当依法予以公示，否则将导致本法第

251条规定的行政处罚责任。

（6）公司的机构及其产生办法、职权、议事规则。公司的组织机构一般包括股东会、董事会、经理、法定代表人。在双层制架构下，还包括监事会。在单层制架构下，则不包括监事会，由董事会的审计委员会取而代之。这些组织机构须依法设置，但其具体的产生办法、职权、议事规则属于公司自治事项，应当由公司章程规定。

（7）公司法定代表人的产生、变更办法。公司的法定代表人是实现公司行为能力的自然人，法定代表人代表公司从事的民事活动，其法律后果由公司承受。本项将2018年《公司法》第25条第1款第7项中的"公司法定代表人"修改为"公司法定代表人的产生、变更办法"，不再要求有限责任公司章程载明法定代表人的姓名，是本次《公司法》修订的重大调整。在2018年《公司法》中，变更法定代表人需要修改公司章程，而修改公司章程程序严格，不仅需要召开股东会，还需要特别决议通过，导致了实践中法定代表人的变更困难。通过要求章程记载"法定代表人的产生、变更办法"，可以有效克服前述问题。公司仅需要根据公司章程所记载的法定代表人的产生、变更办法，形成法定代表人变更的决议文件即可进行法定代表人变更，而不再需要召开股东会，极大简化了法定代表人的变更程序。本项修改是配合法定代表人制度优化的重要组成部分之一，其他相关修改可参见本法第10条、第11条的释义。

二、公司章程的任意记载事项

本条第1款第8项规定的"股东会认为需要规定的其他事项"即公司章程的任意记载事项，由公司自治确定。任意记载事项是否记载，不影响章程效力。但是，一经记载，任意记载事项即发生与必要记载事项相同的法律效力，可以约束公司、公司股东、董事、监事、高级管理人员。

三、公司章程的签署规则

公司的章程应当由全体股东签名或盖章,表明其接受公司章程的内容。股东签署的形式可以是签名,也可以是盖章,以证明其意思即可,并不需要二者皆具。本条对于股东在公司章程上签字或盖章的要求适用于公司设立制定的章程,也适用于公司设立后修改的章程。

◆ 关联规范

《市场主体登记管理条例实施细则》(2022年3月1日起施行)

第11条 【法定代表人等的登记】申请人申请登记市场主体法定代表人、执行事务合伙人(含委派代表),应当符合章程或者协议约定。

合伙协议未约定或者全体合伙人未决定委托执行事务合伙人的,除有限合伙人外,申请人应当将其他合伙人均登记为执行事务合伙人。

第四十七条 【注册资本】

有限责任公司的注册资本为在公司登记机关登记的全体股东认缴的出资额。全体股东认缴的出资额由股东按照公司章程的规定自公司成立之日起五年内缴足。

法律、行政法规以及国务院决定对有限责任公司注册资本实缴、注册资本最低限额、股东出资期限另有规定的,从其规定。

◆ 条文主旨

本条规定了有限责任公司的注册资本及认缴期限。

◆ **修改情况**

本条在 2018 年《公司法》第 26 条的基础上作出了重大修改，新增了本条第 1 款第 2 句的规定，规定了最长不超过 5 年的限期认缴制。

◆ **条文注释**

本条第 2 款新增了可以对"股东出资期限"另有规定，明确法律、行政法规以及国务院决定可以对有限责任公司股东出资期限作出特别规定，为重点行业领域设定短于 5 年的认缴期限留出制度空间。

本条是有限责任公司资本形成制度的核心条款。根据本条第 1 款第 1 句规定，有限责任公司的注册资本为在公司登记机关登记的全体股东认缴的出资额。注册资本是公司章程的必要记载事项，也是法定的公司登记事项。本条所引入的注册资本限期认缴制，是对我国 2013 年《公司法》所确立的完全认缴制进行的重大修改和完善。

一、修订背景

注册资本缴纳制度是我国历次公司法修改的重点。1993 年《公司法》采注册资本实缴制。2005 年《公司法》修订后，采有限制的注册资本认缴制，该法要求公司全体股东的首次出资额不得低于注册资本的 20%，也不得低于法定的注册资本最低限额，其余部分由股东自公司成立之日起两年内缴足；其中，投资公司可以在 5 年内缴足。有限责任公司注册资本的最低限额为人民币 3 万元。法律、行政法规对有限责任公司注册资本的最低限额有较高规定的，从其规定。2013 年《公司法》采完全认缴制，不再设定任何缴纳期限的限制，也取消了最低注册资本的一般规定。

自 2013 年注册资本制度改革以来，最低注册资本要求的取消和完全认缴制的引入，激发了大众创业、万众创新的活力，公司数量迅速增长，从 2012 年 12 月的 1300 多万家增长到了 2023 年 12 月的 4800 多万家。为解决完全认缴制所引发的问题，《公司法（修订草案三审稿）》的审议说明指出："有的地方、部门、专家学者和社会公众提出，自 2014 年修改《公司法》实施注册资本认缴登记制，取消出资期限、最低注册资本和首期出资比例以来，方便了公司设立，激发了创业活力，公司数量增加迅速。但实践中也出现股东认缴期限过长，影响交易安全、损害债权人利益的情形。建议在总结实践经验的基础上，进一步完善认缴登记制度，维护资本充实和交易安全。对此，修订草案三次审议稿增加有限责任公司股东认缴期限的规定，明确全体股东认缴的出资额应当按照公司章程的规定自公司成立之日起五年内缴足。"对于本法所规定的最长期限不超过 5 年的认缴制，本书称之为限期认缴制。限期认缴制并非实缴制，而是对认缴期在法律上设定合理限制。

之所以增加认缴制的期限限制，是因为完全认缴制在实践中出现了诸多问题。其一，认缴期限过长导致了大量股东出资纠纷和股权转让纠纷，两类纠纷合计占到全部公司纠纷的一半以上。特别是对于未届出资期限的股权转让，司法实践中对转让人和受让人的责任划分存在诸多分歧，出现了转让人责任说、受让人责任说、连带责任说、补充责任说等诸多裁判立场，缺乏平衡各方主体的利益的完美方案。通过限制出资期间，有助于减少因长期不出资导致的各类股权纠纷。其二，在公司注册的实践中，出现了滥用认缴制的现象，包括长达七千余年的出资期限，高达上万亿元的超高注册资本。这种滥用认缴制的行为，本身缺乏经营诚意，损害了公司资本制度的信用。通过限期认缴制，能够引导公司回归真实的经营意愿。其三，我国当前公司的发展与经济发展休戚相关，并非单纯增加公司数量就能解决问题，而是需要提升公司的质量，即实现从注重公司数量向注重公司质量的转变。通过限期认缴制，有助于充实公司资本，提升公司的资本质量，促进公司高质量发展。

有观点认为，这次限期认缴制的引入，使得有限责任公司注册资本制回到了 2005 年《公司法》。其实不然。需要注意的是，2023 年《公司法》和 2005 年《公司法》所规定的有限制的注册资本认缴制并不相同。其差异在于：其一，在 2005 年《公司法》中，有限责任公司仍然存在最低注册资本限制，最低限额为人民币 3 万元。法律、行政法规对有限责任公司注册资本的最低限额有较高规定的，从其规定。2023 年《公司法》中对一般公司没有设定最低注册资本限额，公司仍然可以根据其经营需求设定合理的资本数额。其二，在 2005 年《公司法》中，有限责任公司存在出资形式的比例限制，全体股东的货币出资金额不得低于有限责任公司注册资本的 30%。2023 年《公司法》中则不存在该限制。其三，在 2005 年《公司法》中，股东缴纳出资后，必须经依法设立的验资机构验资并出具证明。对此，2023 年《公司法》第 51 条仍然维持了由公司自行核查的规则，即由董事会进行核查。其四，在 2005 年《公司法》中，公司全体股东的首次出资额不得低于注册资本的 20%，也不得低于法定的注册资本最低限额，其余部分由股东自公司成立之日起两年内缴足；其中，投资公司可以在 5 年内缴足。对此，2023 年《公司法》未规定首期出资的最低限额，规定的最长期限为 5 年也更为自治。对于股份公司，本法虽然改采实缴制，但因为有授权资本制的配合，加之不存在最低注册资本制度、首期出资比例要求等限制，本法规定与 2005 年《公司法》的规定显然并不相同。

二、规范要旨

1. 注册资本的法律含义

根据本条第 1 款规定，有限责任公司注册资本为公司登记机关登记的全体股东认缴的出资额。认缴出资额指的是股东承诺缴纳而非实际缴纳的出资额,故根据本款规定可知,2023年《公司法》仍然采认缴制,而非实缴制。根据本法第32条规定,注册资本是公司的法定登记事项之一。公司登记机关所登记的同样是股东认缴所形成的注册资本,而非其实缴资本,故本条规定的内核仍然是认缴制而非实缴制。

另外,需要注意的是,其他与注册资本相关的事项,包括有限责任公司股东认缴和实缴的出资额、出资方式和出资日期等,根据本法第40条规定,均属于法定公示事项,公司未履行信息公示义务将导致本法第251条规定的法律责任。

2. 限期认缴制的制度内涵

限期认缴制的内涵包括以下方面:首先,2023年《公司法》实施后,公司的资本认缴期限仍然由公司章程规定,但最长不得超过5年。在法定的最长5年限期之内,公司可自主选择合适的出资期间。所以,限期认缴制的内核仍然是认缴制,仍然尊重自治选择。其次,有限责任公司成立后增加注册资本的,增资的最长缴纳期间也是5年。本法第228条第1款规定,有限责任公司增加注册资本时,股东认缴新增资本的出资,依照本法设立有限责任公司缴纳出资的有关规定执行。

对于存量的认缴期超过5年的有限责任公司,在2023年《公司法》实施后应该如何处理?对此,主要存在三种观点:一是新老划断,即限期认缴制不适用于现存公司,现存公司仍适用原《公司法》规定的完全认缴制。由于不溯及既往为法律的一般原则,除非法律另有规定之外,新法不应当溯及适用。二是溯及既往模式,即限期认缴制溯及适用于现存公司。如果新法实施后,有限责任公司的注册资本认缴期仍然超过5年的,则根据本条规定缩减至5年。三是过渡期模式,即有限责任公司的股东应当在新法施行后一定期限内过渡至最长不超过5年的限期认缴。根据本法第266条第2款规定,本法最终采取第三种模式,即要求存量公司逐步过渡。具体阐述请参见本法第266条释义。

3. 特殊公司的注册资本缴纳制度

本条第2款属于引致条款,对特殊公司的注册资本实缴、注册资本最低限额适用其他法律、行政法规以及国务院决定的规定作出了提示。根据该款规定,其他法律、行政法规以及国务院决定可以对注册资本实缴和最低限额两个事项作出特别规定。例如,《商业银行法》第13条第1款规定:"设立全国性商业银行的注册资本最低限额为十亿元人民币。设立城市商业银行的注册资本最低限额为一亿元人民币,设立农村商业银行的注册资本最低限额为五千万元人民币。注册资本应当是实缴资本。"《证券法》第121条规定:"证券公司经营本法第一百二十条第一款第(一)项至第(三)项业务的,注册资本最低限额为人民币五千万元;经营第(四)项至第(八)项业务之一的,注册资本最低限额为人民币一亿元;经营第(四)项至第(八)项业务中两项以上的,注册资本最低限额为人民币五亿元。证券公司的注册资本应当是实缴资本。国务院证券监督管理机构根据审慎监管原则和各项业务的风险程度,可以调整注册资本最低限额,但不得少于前款规定的限额。"

根据2014年国务院《注册资本登记制度改革方案》,暂不实行注册资本认缴登记制的行业包括银行业金融机构、证券公司、期货公司、基金管理公司、保险公司、保险专业代理机构和保险经纪人、直销企业、对外劳务合作企业、融资性担保公司、募集设立的股份有限公司,以及劳务派遣企业、典当行、保险资产管理公司、小额贷款公司等。这些行业多是金融行业,风险集中,需要大量资金,对金融安全和社会稳定有较大影响。有鉴于此,为了满足金融机构经营的需求并维护国家金融安全、社会稳定,国家对金融机构所采取的监管措施比一般企业更为严格、审慎,在公司设立阶段即体现为对金融机构注册资本实缴、注册资本最低限额的严格要求。

本款规定在有限责任公司股东出资认缴期限不得超过五年的基础上，进一步明确法律、行政法规以及国务院决定可以对有限责任公司股东出资期限作出特别规定，为重点行业领域设定短于五年的认缴期限留出制度空间。之所以作此规定，《公司法（修订草案四审稿）》的审议说明指出，是为了进一步完善公司出资制度，强化股东出资责任。

◆ 关联规范

1.《市场主体登记管理条例》（2022年3月1日起施行）

第13条 【认缴登记制和出资方式】除法律、行政法规或者国务院决定另有规定外，市场主体的注册资本或者出资额实行认缴登记制，以人民币表示。

出资方式应当符合法律、行政法规的规定。公司股东、非公司企业法人出资人、农民专业合作社（联合社）成员不得以劳务、信用、自然人姓名、商誉、特许经营权或者设定担保的财产等作价出资。

2.《市场主体登记管理条例实施细则》（2022年3月1日起施行）

第13条 【注册资本（出资额）的登记】申请人申请登记的市场主体注册资本（出资额）应当符合章程或者协议约定。

市场主体注册资本（出资额）以人民币表示。外商投资企业的注册资本（出资额）可以用可自由兑换的货币表示。

依法以境内公司股权或者债权出资的，应当权属清楚、权能完整，依法可以评估、转让，符合公司章程规定。

3.《国务院关于印发注册资本登记制度改革方案的通知》（2014年2月7日起施行）

二、放松市场主体准入管制，切实优化营商环境

（一）实行注册资本认缴登记制。公司股东认缴的出资总额或者

发起人认购的股本总额（即公司注册资本）应当在工商行政管理机关登记。公司股东（发起人）应当对其认缴出资额、出资方式、出资期限等自主约定，并记载于公司章程。有限责任公司的股东以其认缴的出资额为限对公司承担责任，股份有限公司的股东以其认购的股份为限对公司承担责任。公司应当将股东认缴出资额或者发起人认购股份、出资方式、出资期限、缴纳情况通过市场主体信用信息公示系统向社会公示。公司股东（发起人）对缴纳出资情况的真实性、合法性负责。

放宽注册资本登记条件。除法律、行政法规以及国务院决定对特定行业注册资本最低限额另有规定的外，取消有限责任公司最低注册资本3万元、一人有限责任公司最低注册资本10万元、股份有限公司最低注册资本500万元的限制。不再限制公司设立时全体股东（发起人）的首次出资比例，不再限制公司全体股东（发起人）的货币出资金额占注册资本的比例，不再规定公司股东（发起人）缴足出资的期限。

公司实收资本不再作为工商登记事项。公司登记时，无需提交验资报告。

现行法律、行政法规以及国务院决定明确规定实行注册资本实缴登记制的银行业金融机构、证券公司、期货公司、基金管理公司、保险公司、保险专业代理机构和保险经纪人、直销企业、对外劳务合作企业、融资性担保公司、募集设立的股份有限公司，以及劳务派遣企业、典当行、保险资产管理公司、小额贷款公司实行注册资本认缴登记制问题，另行研究决定。在法律、行政法规以及国务院决定未修改前，暂按现行规定执行。

已经实行申报（认缴）出资登记的个人独资企业、合伙企业、农民专业合作社仍按现行规定执行。

鼓励、引导、支持国有企业、集体企业等非公司制企业法人实施规范的公司制改革，实行注册资本认缴登记制。

> **第四十八条　【出资方式】**
> 股东可以用货币出资，也可以用实物、知识产权、土地使用权、股权、债权等可以用货币估价并可以依法转让的非货币财产作价出资；但是，法律、行政法规规定不得作为出资的财产除外。
> 对作为出资的非货币财产应当评估作价，核实财产，不得高估或者低估作价。法律、行政法规对评估作价有规定的，从其规定。

◆ **条文主旨**

本条规定了有限责任公司股东的出资方式。

◆ **修改情况**

在2018年《公司法》第27条的基础上，本条新增了股权、债权的具体列举。

◆ **条文注释**

一、修订背景

1993年《公司法》实行严格的出资形式管制，对出资形式设定了严苛的要求。根据该法第24条规定，法律允许的出资形式仅限于货币、实物、土地使用权、工业产权、非专利技术五种。2005年修改之后的《公司法》对股东出资形式有一定程度的放松，货币、实物、知识产权、土地使用权等可以用货币估价并可以依法转让的非货币财产均可作价出资，但法律和行政法规禁止的除外。经过2023年《公司法》修订，新增了对股权、债权作为出资形式的列举。

针对出资形式的法律禁止，商事实践中发展出了多种方式予以规避，使得《公司法》所施加的限制基本落空，徒具形式。比如，就特许经营权出资的禁止而言，通过设定特许经营权质押获得融资，进而以货币完成投资入股，是实践中常见的规避方式。对于商誉、信用、设定担保的财产等资产类型，出资人可以通过另外的合同安排，完成对价财产的支付并进而转换成股东出资。除了公司成立前的资产变换方式之外，通过先进行货币出资完成公司注册，再通过签订劳务合同支付劳动报酬、签订使用权合同支付使用费用等方式均可以实现对人力资源、信用、商誉等出资形式禁止的法律规避，手段并不复杂。与直接借由前述资产进行出资相比，现有的规避方式或不可避免地引入第三方，使得公司本应流入公司的资产在股东间转换腾挪，延长了交易链条，增加了交易风险，增加了交易成本。

此外，2023年《公司法》修订过程中，有意见建议将可以用货币估价并可以依法转让的二元标准重新修改为对公司有益的一元标准，还有意见建议允许以人力资源作为出资形式，但是均并未被本法所采纳。

二、修订逻辑

股东出资实则系股东与公司之间的股份（股权）发行合同：对股东而言，股东出资为获得股份的对价；对公司而言，发行给股东的股份为其获得股东出资的对价。因此，规则的关注重点在于公司发行股份所获得对价的质量，甚至是真实性。如果非货币出资价值不足，加之公司法实践中股票面额的存在，将导致"掺水股"问题。在股东出资不足导致股份掺水的情况下，传统理论上借助于信托基金原理予以解释，即将公司发行股份所形成的资产认定为信托基金，债权人和其他权利人为基金受益人，故而公司不能折价发行。由于发行掺水股时各主体的责任在制定法上得以明确，这一理论的重要性趋于减弱。在美国《示范公司法》中，其第6.22节（a）款规定，公司股票的购买人，就其所购股票，除支付该授权发行的股票的对价或者认购协议规定的对价外，不对公司或者公司债权人承担任何责任。根据该条规定，如果股东在购买股票时支付的对价低于股票发行价格，其应继续向公司或债权人承担责任。

从比较法上，各国立法例对股东出资形式的规制路径主要有三种：其一，以美国公司法为代表的交易规制路径；其二，以德国公司法为代表的出资形式规制路径；其三，以英国公司法为代表的混合规制路径。[1]

在出资形式上，美国公司法代表了最为宽松的立法立场，但其并非完全放弃了对资本质量的规范，而是将其转向了出资交易规制层面。美国《示范公司法》第6.21节（b）款规定，董事会可以授权批准发行股票，从而收取对价，包括有形或无形的财产或者对公司的任何利益，包括现金、本票、已履行的服务、服务合同或公司的其他证券。《特拉华州公司法》第152条规定，认购或者购买公司发行的资本股的，根据本编第153条第1款与第2款确定的对价，其支付形式和方式由董事会确定，董事会可以以现金、有形财产或者无形财产、带给公司的收益或者上述对价的任意组合为对价授权发行资本股。由此，从形式上来看，美国公司法对出资形式实际上未加任何限制。但是，美国公司法对出资形式的宽松立场实际上建立于其将规制措施转归于董事会以及董事会的信义义务之上。正如《示范公司法》第6.21节（c）款和《特拉华州公司法》第152条的规定，董事会对股东出资对价具有最终意义上的决定，由此董事会控制了非货币出资的估值决策。在出资过程中的欺诈交易或者价格不公允仰赖事后规则予以矫正，这一点与德国公司法的事前规制立场形成了对比。因此，美国公司法对出资形态的规范重点，已经

---

[1] 刘斌：《股东出资形式的规制逻辑与规范重构》，载《法学杂志》2020年第10期。

从出资形式转向了资本形成的交易过程规制。

与美国法不同,德国公司法奉行了大陆法系公司严格的资本形式规制。德国公司法下的实物出资是指所有不以金钱形式进行的出资,劳务被明确排除于出资范畴之外。实物出资必须在章程中确定,并且应当在申请登记之前全部履行,将物的所有权转移或将权利转让给设立中的公司。由于法律的此种限制,实务中出现了所谓的"隐形的实物出资"(Disguised in-kind contributions)。对于隐形的实物出资,解释上类推适用《股份法》第 27 条第 3 款,其后果即股东必须再次支付,但这种结论被德国公司法理论界抨击为灾难的、无情的、毁灭性的等。2008 年,修改之后的《有限责任公司法(GmbHG)》增加了隐形的实物出资的定义,承认其原则上是无害的,决定性的是股东给予公司的财产标的价值与认购的出资金额之间是否存在差额,对此,股东负有举证责任。2009 年,这一修改被扩展至股份公司(AG)。德国法的前述变革呈现出了明显的弱化管制趋向,对股东通过现金出资掩藏或者规避的其他实物出资行为的效力予以承认。尽管如此,由于股东负担着证明在出资时点上出资价值与认购金额相符的证明责任,股东仍然不确定地负担有填补现金出资的可能。

英国公司法可以视为对前两者的混合和折衷,这一方面是由于受欧盟公司法指令影响所造成的。英国公司法上的货币出资范畴远大于我国法上的概念,除了包括货币之外,还包括某些货币等价物,诸如支票、债务免除、支付承诺、信用缴付等。这种宽泛的货币概念实际上缩小了实物出资的范围,与其他国家的实物出资范畴存在差异,由于货币出资不受制于冗繁的评估程序,这种规定方式对公司类型转换和并购重组提供了便利。2006 年英国《公司法》第 582 条对出资缴付方式进行了一般规定,公司配售的股份以及股份上任何溢价,可以货币或货币等值物(包括商誉和专有技术)缴付。此外,英国公司法对封闭公司和公开公司予以了区分规制,针对公众公司，设有两项附加规则：其一，认购人根据其在备忘录（或章程大纲）中的承诺而获取的股份以及股份上任何溢价，必须以货币形式缴付；其二，公众公司在任何时候禁止接受任何人作出的或者其他人应当为公司或任何其他工作或服务的承诺。这种区分规制的价值基础在于公开公司涉及范围广泛，为了更有效率地保护债权人，强制性规则被予以引入；对于封闭公司，则奉行意思自治。除了事前的形式规制之外，英国公司法还延续了过往规定，要求公众公司对非货币出资进行强制性的评估，由与公司保持独立的公司审计师来负责完成。这种评估的要求系根据《欧盟公司法第二号指令》的要求设定，对于股份发行特别是小额发行，过于耗费时日且成本高昂。在事后责任方面，在非货币出资价值不足时，出资股东以及其后手持有人承担共同连带责任，但股份持有人为善意的除外。

由此可见，英国公司法的规制强度介于美国公司法和欧盟公司法指令之间。《欧盟公司法第二号指令》第7条明确将履行劳务或者提供服务的承诺排除于出资形式之外。对于其他形态的非货币出资，第7条要求实物出资可以评估，第9条第2款要求股东必须在5年内完成交付，第10条则要求非货币出资应当在公司成立或者开始营业前出具评估报告，报告出具人为由行政或司法当局任命或批准的一位或数位独立专家。这种典型的法定资本制立场对英国公司法的价值取向产生了重要影响。这种对劳务出资的禁止和非货币出资的评估要求，在大陆法系国家系典型存在，其他的立法例诸如2001年修改前的法国《商法典》第223-7条对劳动技艺出资予以禁止。在判例法上，英国法院对非现金出资的价格公允问题持保守立场，并不愿意过多干预，司法介入仅限于交易不诚实或虚假等情形。由此，英国公司法对出资形式的规制实则介于奉行法定资本制的德国模式和奉行清偿能力模式的美国模式之间。

值得注意的是，即便在法定资本制传统强大的欧洲国家，近年来也呈现出了对出资形式的放松规制趋势。以法国商法为例，2001年修改后的法国《商法典》第 223-7 条规定，公司章程得以确定以劳务技艺出资的公司的股份的认购方式。由此，在有限责任公司中出资人可以以劳务技艺方式参加公司。进一步而言，自 2003 年 8 月再次修改法律以后，理论上可以考虑用 1 欧元进行象征性出资，那么有限责任公司的全体股东都可以是劳务技艺出资人。在股份有限公司中，劳务技艺出资不构成公司的注册资本，但其可以分享利润、净资产份额和负担填补亏损的责任。这种注册资本与实际权利分别处理的方式，兼顾了投资需求和债权人保护，相当于在事实上承认了劳务出资的合法性。

三、规范要旨

根据本条规定，除了货币以外，作为股东出资的非货币财产必须同时具备以下两个特征：第一，可估价性。股东用于出资的财产不仅需要具有财产价值，而且这种财产价值必须能够以货币确定。只有以货币能够反映其价值的标的出资，才能保证由股东出资构成的公司资本额的真实、确定。第二，可转让性。公司资本除具有维持公司正常经营秩序的作用外，还应当对公司的债务起担保作用。因此，股东的出资应当交付给公司，为公司经营所用；在公司清偿债务时，该财产还应具备从公司转移给公司债权人的可能性，为债权人所利用。

2023 年《公司法》修订新增了股权、债权两种出资形式的具体列举。在之前的法律中虽然没有明确规定，但也是符合法定要求的出资形式。例如，《公司法司法解释（三）》第 11 条规定了股权出资的效力认定，以股权出资来履行出资义务应当同时满足以下四个条件：第一，出资的股权由出资人合法持有并依法可以转让；第二，出资的股权无权利瑕疵或者权利负担；第三，出资人已履行关于股权转让的法定手续；第四，出资的股权已依法进行了价值评估。

对于债权出资，《市场主体登记管理条例实施细则》第13条第3款已经肯定了股东以债权出资的合法性。尽管如此，在2023年《公司法》修订过程中，有观点认为不应允许股东以债权出资，故建议删除本条有关债权出资的规定。理论上，作为股东出资的债权包括两种，一种是股东对公司的债权，另一种是股东对他人的债权。在等待债权实现的过程中，公司承受着信用风险，面临着债权无法实现的问题。因此，债权出资的本身存在不确定性，在评估其价值时应当予以充分考量。但是，此种不确定性并不构成否定债权作为股东出资形式的充分理由。

依据本条第2款规定，资产评估机构对非货币财产评估必须遵循客观、真实、准确的原则，不得作出不符合实际的高估或低估，以免作为出资的非货币财产的实际价额低于或高于所认缴的出资额，给股东或公司造成损失。对于非货币资产评估作价的具体办法，《公司法》未予规范，应当适用《资产评估法》和财政部、原工商总局《关于加强以非货币财产出资的评估管理若干问题的通知》等法律法规的具体规定。需要注意的是，本条既不允许高估，此时损害公司利益，也不允许低估，此时虽然不损害股东利益，但有可能导致国有资产出资时国有资产流失等问题。

◆ 关联规范

1.《市场主体登记管理条例》(2022年3月1日起施行)

第13条 【认缴登记制和出资形式】除法律、行政法规或者国务院决定另有规定外，市场主体的注册资本或者出资额实行认缴登记制，以人民币表示。

出资方式应当符合法律、行政法规的规定。公司股东、非公司企业法人出资人、农民专业合作社（联合社）成员不得以劳务、信用、自然人姓名、商誉、特许经营权或者设定担保的财产等作价出资。

2. 《市场主体登记管理条例实施细则》(2022年3月1日起施行)

第13条 【注册资本（出资额）的登记】申请人申请登记的市场主体注册资本（出资额）应当符合章程或者协议约定。

市场主体注册资本（出资额）以人民币表示。外商投资企业的注册资本（出资额）可以用可自由兑换的货币表示。

依法以境内公司股权或者债权出资的，应当权属清楚、权能完整，依法可以评估、转让，符合公司章程规定。

3. 《最高人民法院关于审理与企业改制相关的民事纠纷案件若干问题的规定》(2020年修正)

第14条 债权人与债务人自愿达成债权转股权协议，且不违反法律和行政法规强制性规定的，人民法院在审理相关的民事纠纷案件中，应当确认债权转股权协议有效。

政策性债权转股权，按照国务院有关部门的规定处理。

第15条 债务人以隐瞒企业资产或者虚列企业资产为手段，骗取债权人与其签订债权转股权协议，债权人在法定期间内行使撤销权的，人民法院应当予以支持。

债权转股权协议被撤销后，债权人有权要求债务人清偿债务。

第16条 部分债权人进行债权转股权的行为，不影响其他债权人向债务人主张债权。

◆ 案例指引

【公报案例】深圳市启迪信息技术有限公司与郑州国华投资有限公司、开封市豫信企业管理咨询有限公司、珠海科美教育投资有限公司股权确认纠纷（最高人民法院（2011）民提字第6号，载《最高人民法院公报》2012年第1期）

裁判要旨

股东认缴的注册资本是构成公司资本的基础，但公司的有效经营有时还需要其他条件或资源,因此,在注册资本符合法定要求的情况下,我国法律并未禁止股东内部对各自的实际出资数额和占有股权比例做出约定,这样的约定并不影响公司资本对公司债权担保等对外基本功能实现,并非规避法律的行为,应属于公司股东意思自治的范畴。本案中,启迪公司、国华公司、豫信公司约定对科美投资公司的全部注册资本由国华公司投入,而各股东分别占有科美投资公司约定份额的股权,对公司盈利分配也做出特别约定,系各方对各自掌握的经营资源、投入成本及预期收入进行综合判断的结果,是各方当事人的真实意思表示,并未损害他人的利益,不违反法律和行政法规的规定,属有效约定,股东按照约定持有的股权应当受到法律的保护。

【典型案例】上海保发金属制品有限公司与苏州颐来达模具有限公司等买卖合同纠纷二审案(上海市第一中级人民法院(2020)沪01民终2064号,载《人民司法·案例》2021年第2期)

裁判要旨

本案的争点在于,陈某华、王某盼与苏州颐来达公司间的债转股行为能否认定为被告股东已履行出资义务?陈某华为证明其已履行出资义务,一审时提供了债转股协议书以及颐来达公司财务账册,用以证明陈某华、王某盼将出借于公司的款项转增公司股本,因此已完成了出资义务。尽管保发公司提供的企业年报显示颐来达公司增资的实缴金额为零,该证据有一定证明力,但并不能完全绝对证明是因为实际未出资而导致的实缴金额为零,可能因其他原因造成工商登记实缴金额为零。因此,仍需要就提供证据的证明力进行综合评判,颐来达公司就其股东向公司的借款以及债转股的情况提供了企业的财务账册原件予以证明,具有高度盖然性,故陈某华、王某盼已履行出资义务。

在公司股东与公司之间签订债转股协议,约定将股东对公司的真实、合法金钱债权转为股权后，有关债转股行为的认定应根据合同法与公司法的规定。首先，债转股作为债权出资方式，虽然公司法未明确规定其效力，但司法解释、部门规章、域外立法均赋予了其合法的效力。其次，债转股应重点审查债权的真实性，法定验资程序被取消后，应侧重于审查债权人与债务人之间的关系、债权标的、往来凭证以及公司账簿，综合认定债权出资的真实性。同时，增资型债转股由于涉及增加公司注册资本、修改公司章程，应召开股东会决议并经过代表 2/3 以上表决权的股东通过。最后，若债转股行为经认定为真实、合法、有效时，应认定股东履行了出资义务，债权人不得要求股东承担补充清偿责任。

第四十九条　【出资义务】

股东应当按期足额缴纳公司章程规定的各自所认缴的出资额。

股东以货币出资的，应当将货币出资足额存入有限责任公司在银行开设的账户；以非货币财产出资的，应当依法办理其财产权的转移手续。

股东未按期足额缴纳出资的，除应当向公司足额缴纳外，还应当对给公司造成的损失承担赔偿责任。

◆ **条文主旨**

本条规定了股东的出资义务，以及违反出资义务时的法律责任。

◆ **修改情况**

本条第 1 款和第 2 款延续了 2018 年《公司法》第 28 条第 1 款的规定，并在第 3 款中新增了股东违反出资义务时对公司的损害赔偿责任。

◆ **条文注释**

出资义务是股东的基本义务。本条规定了股东出资义务、履行方式、损害赔偿责任。股东违反出资义务，除了产生本条规定的损害赔偿责任之外，还将导致本法第50条规定的出资不足责任，还可能导致本法第52条规定的催缴失权后果。

一、股东出资义务的履行

根据本条第1款规定，股东负有按照公司章程规定的期限足额缴纳其所认缴的出资额的义务。该义务不仅是股东所负担的章程义务，也是其法定义务，股东需按期足额缴纳其所认缴的全部出资，否则将导致义务违反之法律责任。

本条第2款规定了股东出资的具体履行方式。由于出资形式不同，出资义务的履行方式也不相同。以货币出资时，股东应当将用于出资的货币足额存入有限责任公司在银行开设的账户。以非货币财产出资时，股东应当依法办理该非货币财产的财产权转移手续。完整的财产权移转包括权属变更和权能移转。权属变更是法律上的权利转让，各财产权利的转让方式有所区别。具体而言，动产物权一般通过交付转让，不动产物权一般通过登记转让，债权因股东达成债权让与合意而转让，股权以股东名册变更为变动方式，知识产权一般以登记为转让方式。权能移转则是事实上的权利转让，意指股东将具体非货币财产实际交由公司占有、使用、处分、收益。

根据《公司法司法解释（三）》第10条规定，出资人以房屋、土地使用权或者需要办理权属登记的知识产权等财产出资，已经交付公司使用但未办理权属变更手续，公司、其他股东或者公司债权人主张认定出资人未履行出资义务的，人民法院应当责令当事人在指定的合理期间内办理权属变更手续；在前述期间内办理了权属变更手续的，人民法院应当认定其已经履行了出资义务；出资人主张自其实际交付财产给公司使用时享有相应股东权利的，人民法院应予支持。出资人以前款规定的财产出资，已经办理权属变更手续但未交付给公司使用，公司或者其他股东主张其向公司交付、并在实际交付之前不享有相应股东权利的，人民法院应予支持。

需要注意的是，股权的取得并不以实际缴纳出资为其前提条件，相反，缴纳出资是取得股东身份后的法律后果。因此，股东存在明确的认缴意思即可，未缴纳出资并不能否定其股东身份。否则，违反出资义务的法律责任将失去存在的基础。

二、股东违反出资义务的法律责任

本条第3款规定了有限责任公司股东未按期足额缴纳出资的赔偿责任。如果股东未按期足额缴纳出资给公司造成损失的，应当承担赔偿责任。出资损害赔偿责任是基于公司法资本充实原则所产生的一种责任，属于无过错责任。但是，该责任的认定应当满足存在股东未按期足额缴纳出资的行为、该行为导致了公司损失、二者之间具有因果关系等要件。

2018年《公司法》第28条第2款规定，股东未按期或未按照法律规定的程序足额缴纳出资时应当承担两种责任：一是按照法律规定向公司足额缴纳；二是向已按期足额缴纳出资的股东承担违约责任。其中，第一项责任规定于本法第50条。第二项责任虽然被删除，但并非意味着无须承担该责任，而是因为出资违约责任系合同责任，而非组织法上的责任，适用民法典合同编的相关规则即可。

三、股东违反出资义务的其他后果

股东违反出资义务，除了产生本条规定的损害赔偿责任之外，还将导致本法第50条规定的出资补足责任，还可能导致本法第52条规定的催缴失权后果。根据本法第50条规定，有限责任公司设立时，股东未按照公司章程规定足额缴纳出资，或者作为出资的非货币财产的实际价额显著低于所认缴的出资额的，设立时的其他股东与该股东在出资不足的范围内承担连带责任。根据本法第52条规定，股东未按照公司章程规定的出资日期缴纳出资，公司依法进行催缴，满足该条规定条件的，公司经董事会决议可以向该股东发出失权通知，通知应当以书面形式发出。自通知发出之日起，该股东丧失其未缴纳出资的股权。

◆ **关联规范**

《公司法司法解释（三）》（2020年修正）

第7条 【无处分权和违法所得财产的出资效力】出资人以不享有处分权的财产出资，当事人之间对于出资行为效力产生争议的，人民法院可以参照民法典第三百一十一条的规定予以认定。

以贪污、受贿、侵占、挪用等违法犯罪所得的货币出资后取得股权的，对违法犯罪行为予以追究、处罚时，应当采取拍卖或者变卖的方式处置其股权。

第8条 【以划拨和设定权利负担的土地使用权出资效力】出资人以划拨土地使用权出资，或者以设定权利负担的土地使用权出资，公司、其他股东或者公司债权人主张认定出资人未履行出资义务的，人民法院应当责令当事人在指定的合理期间内办理土地变更手续或者解除权利负担；逾期未办理或者未解除的，人民法院应当认定出资人未依法全面履行出资义务。

第9条 【非货币财产的评估作价】出资人以非货币财产出资，未依法评估作价，公司、其他股东或者公司债权人请求认定出资人未履行出资义务的，人民法院应当委托具有合法资格的评估机构对该财产评估作价。评估确定的价额显著低于公司章程所定价额的，人民法院应当认定出资人未依法全面履行出资义务。

第10条 【未办理权属变更手续或未交付的法律后果】出资人

以房屋、土地使用权或者需要办理权属登记的知识产权等财产出资，已经交付公司使用但未办理权属变更手续，公司、其他股东或者公司债权人主张认定出资人未履行出资义务的，人民法院应当责令当事人在指定的合理期间内办理权属变更手续；在前述期间内办理了权属变更手续的，人民法院应当认定其已经履行了出资义务；出资人主张自其实际交付财产给公司使用时享有相应股东权利的，人民法院应予支持。

出资人以前款规定的财产出资，已经办理权属变更手续但未交付给公司使用，公司或者其他股东主张其向公司交付、并在实际交付之前不享有相应股东权利的，人民法院应予支持。

第 11 条　【股权出资的效力认定】出资人以其他公司股权出资，符合下列条件的，人民法院应当认定出资人已履行出资义务：

（一）出资的股权由出资人合法持有并依法可以转让；

（二）出资的股权无权利瑕疵或者权利负担；

（三）出资人已履行关于股权转让的法定手续；

（四）出资的股权已依法进行了价值评估。

股权出资不符合前款第（一）、（二）、（三）项的规定，公司、其他股东或者公司债权人请求认定出资人未履行出资义务的，人民法院应当责令该出资人在指定的合理期间内采取补正措施，以符合上述条件；逾期未补正的，人民法院应当认定其未依法全面履行出资义务。

股权出资不符合本条第一款第（四）项的规定，公司、其他股东或者公司债权人请求认定出资人未履行出资义务的，人民法院应当按照本规定第九条的规定处理。

◆ 案例指引

【公报案例】姚某城与鸿大（上海）投资管理有限公司公司决议纠纷案（上海市第二中级人民法院（2019）沪02民终8024号，《最高人民法院公报》2021年第3期）

裁判要旨

有限责任公司章程或股东出资协议确定的公司注册资本出资期限系股东之间达成的合意。除法律规定或存在其他合理性、紧迫性事由需要修改出资期限的情形外，股东会会议作出修改出资期限的决议应经全体股东一致通过。首先，我国实行公司资本认缴制，即法律赋予公司股东出资期限利益，允许公司各股东按照章程规定的出资期限缴纳出资。股东的出资期限利益，是公司资本认缴制的核心要义，系公司各股东的法定权利，如允许公司股东会以多数决的方式决议修改出资期限，则占资本多数的股东可随时随意修改出资期限，从而剥夺其他中小股东的合法权益。其次，修改股东出资期限直接影响各股东的根本权利，其性质不同于公司增资、减资、解散等事项，修改股东出资期限不与公司直接相关，而直接关系到公司各股东的切身利益，亦不能简单地适用资本多数决规则。最后，股东出资期限系公司设立或股东加入公司成为股东时，公司各股东之间形成的一致合意，股东按期出资虽系各股东对公司的义务，但本质上属于各股东之间的一致约定，而非公司经营管理事项。本案中决议要求股东提前出资不具有合理性且不符合常理，章某、何某松、蓝某球等股东形成的临时股东会决议，剥夺了被上诉人姚某城作为公司股东的出资期限利益，限制了姚某城的合法权益。公司股东滥用控股地位，以多数决方式通过修改出资期限决议，损害其他股东期限权益，其他股东请求确认该项决议无效的，人民法院应予支持。

【典型案例】海南三亚国家级珊瑚礁自然保护区管理处与周某梅等股东出资纠纷案（最高人民法院（2016）最高法民再87号）

裁判要旨

案涉出资土地系国有划拨用地，划拨土地使用权由土地行政部门通过行政划拨行为创设，一般均为无偿取得，依据《土地管理法》等相关法律法规，划拨土地使用权只能用于划拨用途，不能直接用于出资。出资人欲以划拨土地使用权作为出资，应由国家收回直接作价出资或者将划拨土地使用权变更为出让土地使用权。但在司法实践中，如出资人已将划拨土地使用权出资设立公司，工商行政管理部门已经办理了公司登记，公司和履约股东要求以划拨土地使用权出资人履行出资义务时，人民法院在诉讼过程中应根据2014年《公司法司法解释（三）》第8条的规定，责令当事人在指定的合理期间内办理土地变更手续。已经实际补正的，人民法院可以认定当事人以划拨土地使用权出资的效力；逾期未办理的，应当认定出资人未依法全面履行出资义务。

2014年《公司法司法解释（三）》第8条规定的本意是考虑到在司法实践中如果划拨土地使用权存在的权利瑕疵可以补正，且在法院指定的合理期限内实际补正的，可以认定当事人以划拨土地使用权出资的效力。但能否补正瑕疵的决定权在于土地所属地方政府及其土地管理部门，人民法院判断出资行为的效力应以瑕疵补正的结果作为前提。因而，2014年《公司法司法解释（三）》第8条规定，"人民法院应当责令当事人在指定的合理期间内办理土地变更手续"，即人民法院应当在诉讼过程中给当事人指定合理的期间，由其办理相关的土地变更手续，并视变更手续完成的结果再行作出判决。本案中，本院在再审审查期间已给予当事人相应的时间办理土地变更手续，再审审理过程中又为当事人指定了两个月的合理期限办理土地变更登记手续，但当事人未能在本院指定的期间内完成土地变更登记行为,即其无法自行补正划拨土地使用权出资的瑕疵。故珊瑚礁管理处虽将案涉土地交付给中海公司使用,但未将案涉土地过户登记至中海公司名下,因而其以案涉土地使用权出资的承诺并未履行到位。

> **第五十条 【出资补足责任】**
> 有限责任公司设立时,股东未按照公司章程规定实际缴纳出资,或者实际出资的非货币财产的实际价额显著低于所认缴的出资额的,设立时的其他股东与该股东在出资不足的范围内承担连带责任。

◆ 条文主旨

本条规定了股东的出资补足责任,以及设立时股东的连带责任。

◆ 修改情况

本条来自2018年《公司法》第30条,将责任时点从"成立后"限缩为"设立时",并增加了"股东未按照公司章程规定实际缴纳出资"的情形。

◆ 条文注释

股东的出资补足责任,也称资本充实责任,是指公司设立时的股东(或发起人)确保公司成立时的出资额与公司章程规定相一致的责任。有限责任公司成立时,如果股东未按照公司章程规定足额缴纳出资,或者作为设立公司出资的非货币财产的实际价额显著低于公司章程所定价额的,则意味着股东出资不实,没有达到公司章程规定的出资要求。对此,本条规定了有限责任公司发起人的资本充实责任,并且要求公司设立时的其他公司股东承担连带责任。

一、责任构成

1. 适用情形

在适用时点上,本条明确规定为"设立时",而非"成立后"。之所以作此规定,全国人民代表大会宪法和法律委员会在关于《中华人民共和国公司法(修订草案四次审议稿)》修改意见的报告(2023年12月29日)中指出,有的意见提出,上述要求应仅适用于设立时股东未实际缴纳出资或实际出资的非货币财产的实际价额显著低于所认缴的出资额的情形,建议进一步予以明确。因此,宪法和法律委员会经研究,建议采纳这一意见,对相关表述进行调整。

根据本条规定,需要承担责任的情形包括两种:一是股东未按照公司章程规定足额缴纳出资;二是作为出资的非货币财产的实际价额显著低于所认缴的出资额的。对于"显著低于"的判断应以股东出资时该非货币资产的评估额与认缴出资额的差值为标准,如果两者的差值比较大,就可以视为满足本条所规定的"显著低于"。根据《公司法司法解释(三)》第15条规定,如果股东以符合法定条件的非货币财产出资后,因市场变化或者其他客观因素导致出资财产贬值,即便非货币财产价值大幅低于该股东认缴资本额,也不构成本条规定的"显著低于"的要件,该股东无须承担补足出资责任。

2. 责任内容

在责任内容上,包括两个方面:一是未尽出资义务的股东应当承担补足责任;二是设立时的其他股东承担连带责任。对于股东而言,其未按照公司章程规定足额缴纳出资,或者作为出资的非货币财产的实际价额显著低于所认缴的出资额的行为本身,即构成了出资义务之违反,应予补足。对于设立时的其他股东,根据本条规定须承担缴纳担保责任和差额填补责任。所谓缴纳担保责任,是指公司设立时的股东对其他股东未按照公司章程规定足额缴纳出资行为承担的连带责任。所谓差额填补责任,是指公司设立时的股东对其他股东以实际价额显著低于其所认缴出资额的非货币财产出资行为承担的连带责任。设立时的股东承担了缴纳担保责任或差额填补责任后，有权向未履行出资补足责任的股东追偿，但不能取得代为履行部分的股权。

3. 构成要件

在该责任构成的主观要件上，仅需要存在未按照公司章程规定缴纳出资的行为即可，为无过错责任。从其他要件上而言，本条所规定的责任为行为责任，前述行为本身即意味着对公司利益的损害，因此本条责任的构成无须另行证明损害之发生。此外，股东还可能因其行为导致本法第49条第3款所规定的损害赔偿责任，即股东未按期足额缴纳出资给公司造成损失的，应当承担赔偿责任，此时应当举证证明损害之发生。

4. 适用范围

根据本法第228条规定，有限责任公司增加注册资本时，股东认缴新增资本的出资，依照本法设立有限责任公司缴纳出资的有关规定执行。

二、诉讼情形

在诉讼中，《公司法司法解释（三）》第13条规定了具体的原告、被告和诉讼请求，分述如下：

1. 公司、其他股东可以作为原告请求未履行或未全面履行出资义务的股东向公司依法全面履行出资义务。

2. 公司债权人可以请求未履行或者未全面履行出资义务的股东在未出资本息范围内对公司债务不能清偿的部分承担补充赔偿责任，但不能超过股东未出资本息范围。

3. 公司、其他股东、债权人均可请求发起人承担连带责任。

4. 违反勤勉义务而导致出资未缴足的董事、高级管理人员应当承担相应责任的，可以是适格的被告。董事、高级管理人员承担责任后，可以向被告股东追偿。

◆ 关联规范

《公司法司法解释（三）》（2020年修正）

第13条 【瑕疵出资的责任】股东未履行或者未全面履行出资义务，公司或者其他股东请求其向公司依法全面履行出资义务的，人民法院应予支持。

公司债权人请求未履行或者未全面履行出资义务的股东在未出资本息范围内对公司债务不能清偿的部分承担补充赔偿责任的，人民法院应予支持；未履行或者未全面履行出资义务的股东已经承担上述责任，其他债权人提出相同请求的，人民法院不予支持。

股东在公司设立时未履行或者未全面履行出资义务，依照本条第一款或者第二款提起诉讼的原告，请求公司的发起人与被告股东承担连带责任的，人民法院应予支持；公司的发起人承担责任后，可以向被告股东追偿。

股东在公司增资时未履行或者未全面履行出资义务，依照本条第一款或者第二款提起诉讼的原告，请求未尽公司法第一百四十七条第一款规定的义务而使出资未缴足的董事、高级管理人员承担相应责任的，人民法院应予支持；董事、高级管理人员承担责任后，可以向被告股东追偿。

第五十一条 【董事会的核查和催缴义务】

有限责任公司成立后，董事会应当对股东的出资情况进行核查，发现股东未按期足额缴纳公司章程规定的出资的，应当由公司向该股东发出书面催缴书，催缴出资。

> 未及时履行前款规定的义务，给公司造成损失的，负有责任的董事应当承担赔偿责任。

◆ **条文主旨**

本条规定了董事会的核查和催缴义务。

◆ **修改情况**

本条为 2023 年《公司法》修订的重要新增条款，是我国《公司法》首次对董事会核查、催缴股东实缴出资情况的义务作出规定。

◆ **条文注释**

本法第 49 条规定了股东的出资义务，第 50 条规定了股东的出资补足责任。对于前述义务和责任，除了依赖股东自行履行和诉讼方式之外，公司主张权利也是一种重要途径。对于股东不按期缴纳出资的行为，公司应当及时予以催缴。在催缴之前，需要对出资情况进行核查，二者均是公司管理者的重要义务。在斯曼特微显示科技（深圳）有限公司、胡某生损害公司利益责任纠纷案中，最高人民法院就已经明确了董事会催缴出资的义务以及未尽催缴出资义务时的连带赔偿责任。但是，司法实践中也存在不同立场。比如，北京市第一中级人民法院在（2022）京01民终583号判决书即认为，董事不当然负有督促股东缴纳出资的义务。本条规定解决了前述争议，明确了核查和催缴的职责由董事会承担，负有责任的董事承担赔偿责任，系统构建了董事催缴的义务和责任体系。

从功能上而言，催缴失权制度有助于更好地督促股东及时缴纳出资，保障公司资本充实，进而保护公司利益。同时，也有助于维护其他股东的合法权益，优化公司治理机构，提升公司运行的效率。

需要特别注意的是，本条所规定的催缴为常规催缴，本法第 52

条规定的为催缴失权制度,所进行的催缴为失权催缴,二者在程序和效力上存在较大差异。

一、董事会的核查和催缴义务

本条第 1 款明确了董事会的核查和催缴职责。有限责任公司成立后,董事会应当对股东的出资情况进行核查,如董事会发现股东未按期足额缴纳公司章程规定的出资,其应当向该股东发出书面催缴书,催缴出资。

1. 职责主体

在 2023 年《公司法》修订过程中,就核查和催缴职责的主体产生了诸多争议,不同观点主张该义务应该分配给法定代表人、董事会、监事会、审计委员会、董事长、经理、执行董事、财务总监、已履行出资义务的股东等多种主体。还有不少观点主张设定差异化、次序进行催缴的催缴主体序列,例如,先由董事会,后由监事会,再由守约股东催缴等。最终,审议通过的 2023 年《公司法》采取了董事会负担该项职责的方案。

之所以作此选择,原因有三:一是 2023 年《公司法》修订中,强化董事会的中心地位是非常重要的修改方向,催缴出资既是义务,也是权利,将该项职责配置给董事会契合这一修改方向。二是董事会作为公司的经营决策机关,对公司的财务状况和资金需求等公司信息的掌握更为全面,具有商事判断能力,适合作出合理的商业决策。三是董事有信义义务作为保障,未尽勤勉义务的董事将承担法律责任,可以确保董事勤勉尽责履职。

2. 义务内容

本条第 1 款规定的义务包括核查义务和催缴义务两项。在法律性质上,核查和催缴义务属于董事的勤勉义务范畴。但是,如果董事同时也是公司股东,基于其自身利益不向自己催缴,也可能构成忠实义务之违反。

其一，就核查义务而言，有限责任公司成立后，董事会即应当对股东的出资情况进行全面核查。核查的内容包括但不限于：股东以货币出资的，是否已经将货币出资足额存入有限责任公司在银行开设的账户；以非货币财产出资的，是否已经办理其财产权的转移手续，是否存在权利瑕疵等。如果股东未按照公司章程规定足额缴纳出资，或者作为出资的非货币财产的实际价额显著低于所认缴的出资额的，董事会应当采取催缴、诉讼等相应措施。

其二，如果董事会经核查发现股东未按期足额缴纳公司章程规定的出资的，应当向该股东发出书面催缴书，催缴出资。从本款规定的文义来看，董事会的催缴情形为"发现股东未按期足额缴纳公司章程规定的出资的"。对于该情形的理解，见解不一。有观点认为，本条的法定催缴情形仅限于未按期缴纳出资的情形，不包括出资价额显著不足的情形，因为后者显然不属于"未按期缴纳"。也有观点认为，此处的"未按期足额缴纳"既包括未按期缴纳，也包括未足额缴纳。后一种情形下，股东虽然按期出资了，但其出资价格显著不足，仍然不符合"按期足额缴纳"的法定要求。对此，本书认为，无论发现何种出资瑕疵情形，董事会均应予以催缴，以保障公司的资本充实，维护公司利益。

需要指出的是，如果公司章程规定的股东出资期限未届满，则董事会无权催促股东缴纳出资。但是，根据本法第54条规定，公司不能清偿到期债务，公司或者已到期债权的债权人有权请求已认缴出资但未届缴资期限的股东提前缴纳出资。此时，董事会亦可以要求股东提前缴纳出资。

3. 催缴方式

对于董事会催促股东缴纳出资的方式，本条第1款规定为"向该股东发出书面催缴书"。催缴出资系公司的重大事项，须采取要式方式。根据本款规定，董事会履行催缴出资职责必须以书面形式进行，书面形式包括纸质书面、电子书面等股东可以确认收悉的方式，以口头形式作出的催缴通知不发生催缴出资效力。董事会向违反出资义务行为的股东发出书面催缴书之时，董事会的催缴职责即履行完毕。至于书面催缴书中应当记载的具体内容，本条未作规定。如果董事会决定采取诉讼等其他方式维护公司利益，也应当认为尽到了董事义务。

二、未尽核查和催缴义务的责任

本条第 2 款规定了董事会怠于履行核查、催缴义务给公司造成损失时应当承担的民事责任，即赔偿公司的损失。需要注意的是，本条规定的是"赔偿责任"，而非"连带责任"。相较于斯曼特案中的连带责任，本条的规定无疑是一项重大进步，可以实现对董事的精准追责。

核查股东出资情况、催缴出资不仅是董事会的职权，也是董事勤勉义务之所在。如果董事会在公司成立后没有对股东的出资情况进行核查，或者核查发现股东存在违反出资义务的行为后未向该股东发出书面催缴书，则违反了勤勉义务，应当承担违反勤勉义务的法律责任。此时，实际承担赔偿责任的为怠于履行职责的全体董事。判断董事个人是否尽到催缴义务，应当以其是否履行了职责为标准，并不限于催缴决议之作出或者催缴书之发出。例如，若某董事提议召开董事会讨论催缴事宜，被其他董事所拒绝或忽视，则应当认为该董事已尽其义务。

在董事责任的分配上，应当区分董事的身份和职能，区分执行董事与非执行董事、独立董事与非独立董事、内部董事与外部董事、职工董事等。基于因果关系的判断，董事所承担的责任仅限于其未尽催缴义务所导致的损害后果，而未必是全部的损害后果。

◆ **案例指引**

【典型案例】斯曼特微显示科技（深圳）有限公司、胡某生损害公司利益责任纠纷案（最高人民法院（2018）最高法民再366号）

裁判要旨

根据2018年《公司法》第147条第1款的规定，董事、监事、高级管理人员应当遵守法律、行政法规和公司章程，对公司负有忠实义务和勤勉义务。上述规定并没有列举董事勤勉义务的具体情形，但是董事负有向未履行或未全面履行出资义务的股东催缴出资的义务，这是由董事的职能定位和公司资本的重要作用决定的。根据董事会的职能定位，董事会负责公司业务经营和事务管理，董事会由董事组成，董事是公司的业务执行者和事务管理者。股东全面履行出资是公司正常经营的基础，董事监督股东履行出资是保障公司正常经营的需要。《公司法司法解释（三）》第13条第4款规定："股东在公司增资时未履行或者未全面履行出资义务，依照本条第一款或者第二款提起诉讼的原告，请求未尽公司法第一百四十七条第一款规定的义务而使出资未缴足的董事、高级管理人员承担相应责任的，人民法院应予支持；董事、高级管理人员承担责任后，可以向被告股东追偿。"上述规定的目的是赋予董事、高级管理人员对股东增资的监管、督促义务，从而保证股东全面履行出资义务、保障公司资本充实。在公司注册资本认缴制下，公司设立时认缴出资的股东负有的出资义务与公司增资时是相同的，董事、高级管理人员负有的督促股东出资的义务也不应有所差别。本案深圳斯曼特公司是外商独资企业，实行注册资本认缴制。参照《公司法司法解释（三）》第13条第4款的规定，在公司注册资本认缴制下，股东未履行或未全面履行出资义务，董事、高级管理人员负有向股东催缴出资的义务。根据2018年《公司法》第149条的规定，董事、监事、高级管理人员执行公司职务时违反法律、行政法规或者公司章程的规定,给公司造成损失的,应当承担赔偿责任。

> **第五十二条 【催缴失权】**
> 股东未按照公司章程规定的出资日期缴纳出资,公司依照前条第一款规定发出书面催缴书催缴出资的,可以载明缴纳出资的宽限期;宽限期自公司发出催缴书之日起,不得少于六十日。宽限期届满,股东仍未履行出资义务的,公司经董事会决议可以向该股东发出失权通知,通知应当以书面形式发出。自通知发出之日起,该股东丧失其未缴纳出资的股权。
> 依照前款规定丧失的股权应当依法转让,或者相应减少注册资本并注销该股权;六个月内未转让或者注销的,由公司其他股东按照其出资比例足额缴纳相应出资。
> 股东对失权有异议的,应当自接到失权通知之日起三十日内,向人民法院提起诉讼。

◆ **条文主旨**

本条规定了催缴失权制度。

◆ **修改情况**

本条文为2023年《公司法》修订的重要新增条款。

◆ **条文注释**

与本法第51条规定的常规催缴不同,本条规定了催缴失权制度。之所以引入该制度,根据全国人大常委会《公司法(修订草案一审稿）》的审议说明，系为了加强对股东出资和股权交易行为的规范，维护交易安全。

一、修订背景

在我国司法实践中，因股东未履行其出资义务，导致的股东权利纠纷屡见不鲜。对此，《公司法司法解释（三）》第16条规定了对未履行或未全面履行出资义务股东的权利限制规则：股东未履行或者未全面履行出资义务或者抽逃出资，公司可以根据公司章程或者股东会决议对其利润分配请求权、新股优先认购权、剩余财产分配请求权等股东权利作出相应的合理限制。《公司法司法解释（三）》第17条规定了股东除名规则：有限责任公司的股东未履行出资义务或者抽逃全部出资，经公司催告缴纳或者返还，其在合理期间内仍未缴纳或者返还出资，公司可以通过股东会决议解除该股东的股东资格。该两条规定对于督促股东及时履行出资义务、保护公司利益、维护其他股东和债权人利益具有重要价值。

但是，前述股东除名规则也存在比较明显的问题，在司法实践中适用的案例并不多。究其原因，系因为该规则的适用范围有限，仅限于股东完全未缴纳出资或者抽逃全部出资。即使进行了象征性的出资，即可排除本条规定的适用。为了进一步解决股东不按期缴纳出资的问题，本条引入了催缴失权制度。在本条规定实施之后，《公司法司法解释（三）》第17条应当何去何从，是否应当予以废止？对此，本书认为，该两项制度在构成要件、决策程序、法律后果上均有实质差异，本条规定并不导致《公司法司法解释（三）》第17条的废止，二者可以同时存在于法律体系之中。

二、规范要旨

本条共三款，分别规定了催缴失权的程序和方式、库存股的处理、失权救济三个方面的内容。

1. 催缴失权的程序和后果

本条第 1 款规定了催缴失权的程序和后果,其规范要旨包括以下方面:

(1) 适用情形。本款规定所适用的情形为"股东未按照公司章程规定的出资日期缴纳出资"。从本条文义来看,仅适用于股东未按期出资的情况,并不包括出资显著不足、抽逃出资等情形。之所以作此规定,系因为股东未按照公司章程规定的出资日期缴纳出资的情形较为明确,进行催缴失权较为清晰,不易于产生纠纷。但是,前述各类违反出资义务的情形并无本质差异,缺乏区分对待的实质理由。故而,本书认为,虽然本款未列明其他情形,但也并未排除其他情形的适用可能,差异仅在于其他情形可能导致的争议更多。易言之,在出资显著不足、抽逃出资等情形下,董事会仍然可以根据本条规定进行出资核查、催缴和作出失权决议、失权通知。

(2) 催缴出资的宽限期。本款未对书面催缴书中应当记载的具体内容作统一的限制性规定。根据本款规定,董事会向违反出资义务的股东发出的书面催缴书中"可以载明缴纳出资的宽限期"。由于各公司的经营情况不同,对出资的需求急切程度不一,因此,股东出资的宽限期应属公司有权自行决定的事宜,董事会可以根据公司生产经营的实际需要确定催缴通知书中是否载明缴纳出资的宽限期,以及宽限期的具体期限。但是,根据本条第 1 款的规定,若催缴通知书中载明宽限期,该期限自公司发出催缴书之日起不得少于 60 日。如果不记载宽限期,则无法产生宽限期届满后的法律后果,此时的催缴仍然属于常规催缴,而非失权催缴。

(3) 宽限期届满的效力。宽限期是股东收到董事会发出的书面催缴书后应当足额缴纳出资的期限。宽限期内,股东仍然持有其未出资部分的股权。但是,公司可以根据公司章程或者股东会决议对此部分未出资股权的利润分配请求权、新股优先认购权、剩余财产分配请求权等股东权利作出相应的合理限制。

宽限期届满后,存在两种可能。第一种是股东按期足额缴纳出资。如果股东在宽限期届满前足额缴纳出资,则其出资义务履行完毕,公司对其利润分配请求权、新股优先认购权、剩余财产分配请求权等股东权利所作限制失效。第二种是股东未按期足额缴纳出资,包括完全未缴纳出资以及未完全缴纳出资两种情形。此时,如果股东在宽限期届满前未足额缴纳出资,则视为不履行出资义务,则可以进入股东失权程序。

(4) 董事会决议。在宽限期届满后,董事会应当及时核查被催缴股东在宽限期内履行出资义务的情况,确定该股东是否全面履行了其出资义务。对于未在宽限期内缴纳出资的股东,董事会决议认为应当剥夺其未缴纳出资的股权,应当作出失权决议。董事会在作出失权决议时,应当综合考虑公司的整体利益、失权是否会对公司造成损害等因素。如果认为剥夺股东的部分股权不利于公司利益,可以不作出失权决议,继续通过诉讼等方式要求股东履行出资义务。严格来说,董事会作出失权决议后,股东即不能在公司内部行使股东权利。如果股东此时转让其股权,公司可以拒绝变更股东名册。

(5) 失权通知。董事会的失权决议作出后,应当以公司的名义向该股东发出书面失权通知,通知发出之日即为股东丧失其未缴纳出资股权之日。失权通知的形式限于书面,包括纸质书面和股东可以确认收悉的其他书面形式。失权通知采发出主义而非到达主义,可以有效减少由于到达时间、到达与否所造成的次生争议。

(6) 失权后果。根据本款规定,失权通知生效后,作为通知对象的股东丧失其未缴纳出资的相应股权。如果系按比例失权,则股东按照其被失权的比例丧失其股权。丧失股权后,该股东不再享有该部分股权,也不承担该部分的出资义务。但对于因其未按期缴纳出资给公司所造成的损害,仍然应当承担赔偿责任。如果失权股东系公司设立时的其他股东,其仍然要对其他股东违反出资义务的行为承担连带责任。

需要特别注意的是，如果股东完全未履行出资义务，则公司既可以按照本条规定进行针对全部股权的催缴失权，也可以根据《公司法司法解释（三）》第 17 条的规定进行股东除名程序。

2. 库存股的处理方式

本条第 2 款规定了失权后库存股的处理方式，即丧失的股权应当依法转让，或者相应减少注册资本并注销该股权；6 个月内未转让或者注销的，由公司其他股东按照其出资比例足额缴纳相应出资。由于库存股不列入公司资产，而是以负数形式列为股东权益。公司长期持有库存股，将导致注册资本和资产状态的偏离。按照本条规定，公司回购的股权应当在 6 个月内进行处置，包括转让或注销两种方式。其一，向股东或股东之外的其他主体转让股权。其二，注销库存股。注销库存股将导致注册资本减少，应当履行本法第 224 条所规定的通知债权人、进行公告等债权人保护程序。

3. 失权后的救济机制

本条第 3 款规定了失权后的救济机制，即股东对失权有异议的，应当自收到失权通知之日起 30 日内，向人民法院提起诉讼。之所以作此规定，是因为在催缴过程中可能存在程序瑕疵，在董事会计算失权比例时也可能存在争议。在审议过程中，有的常委会组成人员和部门、专家学者、社会公众提出，草案规定的失权制度对股东权利影响较大，建议明确失权的决议程序和失权股东的异议程序。因此，为保护股东的合法权益，本条规定了失权后的救济措施。此时，公司向股东发出失权通知的行为，其效力将受到司法审查。特别是，我国有限责任公司多为股东人数较少的封闭性公司，董事会易受到控股股东、实际控制人的控制而丧失其独立性，可能会选择性地针对中小股东进行催缴失权，将导致股东压制的后果，导致董事会决议本身产生效力瑕疵。

需要注意的是，股东基于本条规定享有的异议之诉请求权的对象是公司的失权行为而非董事会作出的失权决议，二者系不同的诉讼事由。如果股东对董事会作出的失权决议效力存在异议，应当按照本法第25条至第27条以及《公司法司法解释（四）》，提起确认董事会决议效力的诉讼。

◆ **关联规范**

《公司法司法解释（三）》（2020年修正）

第16条 【未履行或未全面履行出资义务股东的权利限制】股东未履行或者未全面履行出资义务或者抽逃出资，公司根据公司章程或者股东会决议对其利润分配请求权、新股优先认购权、剩余财产分配请求权等股东权利作出相应的合理限制，该股东请求认定该限制无效的，人民法院不予支持。

第17条 【股东除名行为效力】有限责任公司的股东未履行出资义务或者抽逃全部出资，经公司催告缴纳或者返还，其在合理期间内仍未缴纳或者返还出资，公司以股东会决议解除该股东的股东资格，该股东请求确认该解除行为无效的，人民法院不予支持。

在前款规定的情形下，人民法院在判决时应当释明，公司应当及时办理法定减资程序或者由其他股东或者第三人缴纳相应的出资。在办理法定减资程序或者其他股东或者第三人缴纳相应的出资之前，公司债权人依照本规定第十三条或者第十四条请求相关当事人承担相应责任的，人民法院应予支持。

◆ **案例指引**

郑州投资控股有限公司、郑州日产汽车有限公司与袁某某、中鑫融资租赁有限公司、郑州比克电池有限公司、郑州新能源乘用车运营有限公司股东出资纠纷案（河南省高级人民法院（2021）豫民终370号）

裁判要旨

召开股东会或股东大会、董事会会议，就公司经营发展事项作出决议，是公司治理的重要方式，通常情况下，在不损害公司、债权人、股东利益的情况下，司法审判对公司自治范围内的决议应当予以尊重，不应过分介入。本案中，新能源公司的股东会已经对中鑫公司出资不足、比克公司未出资作出了相应的决议。该股东会决议系新能源公司股东会全体股东协商一致所作出，意思表示真实，内容亦不违反法律、行政法规的强制性规定，合法有效。同时，投资公司积极帮助中鑫公司寻求股权受让人，择机转让股权，新能源公司2017年股东会决议得到了履行，作为新能源公司发起人股东的各方都为股东会决议的履行作出了充分努力，履行了职责。在没有证据证明新能源公司股东会决议损害公司、债权人、股东利益的情况下，公司法应尊重新能源公司通过内部自解决问题所作的努力、形成的决议，不应过分介入本案新能源公司内部自治事宜。其次，执行法院在执行中已对案涉股权价值进行了评估，在该评估报告中已明确说明中鑫公司欠缴出资情况，故袁某某在已对新能源公司的资产、负债、经营情况、股东出资情况有着充分的了解，在其已经经过公司登记机关登记成为公司股东，提起本案诉讼，既违背了新能源公司2017年股东会决议，又违反了民事活动的公平原则及诚实信用原则，其诉讼请求不应当得到支持。最后，本案系公司内部之间的股东纠纷，不涉及公司外部债权人，不影响新能源公司债权人依照《公司法司法解释（三）》第 13 条的规定，向未履行或者未全面履行出资义务的股东主张权利。

> **第五十三条　【抽逃出资的法律责任】**
> 公司成立后，股东不得抽逃出资。
> 违反前款规定的，股东应当返还抽逃的出资；给公司造成损失的，负有责任的董事、监事、高级管理人员应当与该股东承担连带赔偿责任。

◆ **条文主旨**

本条规定了抽逃出资的法律责任。

◆ **修改情况**

本条在 2018 年《公司法》第 35 条的基础上增设了第 2 款，明确了股东抽逃出资的返还责任，及相关董事、监事、高级管理人员的连带赔偿责任。

◆ **条文注释**

资本维持，是指公司在其存续过程中应维持与其资本总额相当的财产，以防止资本的不当减少，保护债权人利益。该原则旨在确保公司资本不被非法地返还给股东，包括股东不得抽逃出资、非经正当程序不得减资、无利润不得进行分配、不得随意回购公司股份、不得接受以本公司股份设定的担保、禁止公司为他人购买本公司股份提供财务资助等。

一、修订背景

大陆法系国家公司法主要通过限制公司向股东返还资本的情形，设定严格的债权人保护程序，对董事课以资本维持的义务与责任等方式，落实资本维持原则。根据公司制度运行实践，大陆法系国家在减少注册资本、股份回购等方面有逐渐放宽的趋势。与大陆法系国家不同，美国公司法将返还出资、减少注册资本、股份回购、利润分配等所有公司资产向股东转移的行为，统一称为分配，将分配的条件设定为公司具有偿债能力，要求董事会对分配后是否仍具有偿债能力进行商业判断。

资本作为公司运营之基石，公司法对其提供的规制包括前端的资本形成（Contribution）规则和后端的分配（Distribution）规则。基于不同的规制模式，各国公司法上的分配范畴可分为广义分配和狭义分配。广义分配涵盖公司直接或间接地将货币或者其他财产无偿转让给股东或者为股东利益而承担债务的各类行为，该立法模式以美国《示范公司法》第6.40条为其著例，涵盖利润分配、股份回购、减资、清算分配等行为类型。欧洲学者起草的《欧洲示范公司法》第7.01条亦循此立场，对分配概念采广义界定：分配包括直接或间接地向股东或第三方转让金钱或金钱价值的无真实商业目的行为，包括但不限于利润分配、特别分配、捐赠、股份回购、减少资本、股份回赎、清算分配等。狭义的分配仅指利润分配或者盈余分配，如我国2018年《公司法》第166条规定的利润分配。除了前述分配形式之外，变相分配（Disguised Distribution）或掩饰分配则系指采取间接方式向股东进行利益输送的行为。

我国公司法上并无统一的分配概念，对域外公司法上的广义分配行为采类型规制路径，分属于利润分配、减少资本、股份回购、股份回赎、抽逃出资等规则。除前述分配类型外，变相分配在我国公司实践中同样存在，比如通过关联交易向股东转移资产的行为，其形式上受关联交易规则的规制，但同样可能产生分配的实质经济效果。但是，对于各类分配行为，我国2018年《公司法》及司法解释在类型间关系、决策程序、资产标尺、法律责任上均未予以协同。

对此，有不少学者建议，在本轮公司法修订中引入"广义分配"或"大分配"的概念。

经过2023年修订后的《公司法》，虽然没有直接引入广义分配的概念，但是却对各类分配行为的法律责任进行了协同。具体而言包括：本条新增了抽逃出资情形下股东的返还和赔偿责任，以及管理层的损害赔偿责任；本法第211条新增了违法分配情形下股东的损害赔偿责任，以及管理层的损害赔偿责任；第226条新增了违法减资情形下股东的返还和赔偿责任，以及管理层的损害赔偿责任；第163条规定了违法财务资助时管理层的损害赔偿责任，而未规定股东责任。经过体系调整后的各类分配行为，在法律责任一端基本实现了统一，对各类广义分配行为提供了同等强度的法律规制，是一种实质性的进步。

这种协调规定，对于司法实践而言是意义重大的。比如，在海南碧桂园房地产开发有限公司与三亚凯利投资有限公司、张某男等确认合同效力纠纷案[1]中，最高人民法院认为，公司股东仅存在单笔转移公司资金的行为，尚不足以否认公司独立人格的，不应依据2018年《公司法》第20条第3款判决公司股东对公司的债务承担连带责任。但该行为客观上转移并减少了公司资产，减弱了公司的偿债能力，根据"举重以明轻"的原则参照《公司法司法解释（三）》第14条关于股东抽逃出资情况下的责任形态之规定，可判决公司股东对公司债务不能清偿的部分在其转移资金的金额及相应利息范围内承担补充赔偿责任。该案件体现了基于广义分配的理念进行责任划定的司法理念。

---

[1] 最高人民法院（2019）最高法民终960号，载《最高人民法院公报》2021年第2期。

二、规范要旨

出资义务是股东的法定义务,既包括按照公司法及公司章程的规定按期足额缴纳出资的义务,也包括缴纳出资后不得随意将其抽回的义务。本法第47条至第53条规定了股东足额缴纳出资的义务及其相关责任,本条第1款则规定了股东不得抽逃出资的义务。

1. 抽逃出资的认定

抽逃出资是指在公司成立后,股东未经法定程序,从公司抽回相当于已缴纳出资数额的财产,同时继续持有公司股权或股份的行为,属于股东对公司财产的侵权行为。抽逃出资行为对应的是实缴资本。根据《公司法司法解释(三)》的规定,抽逃出资的表现形式主要有以下方式:第一,在公司不符合盈利分配条件的情况下,制作虚假财务报表虚增利润进行分配;第二,虚构债权债务关系将出资转出;第三,利用关联交易将出资转出;第四,其他未经法定程序将出资抽回的行为,例如,公司回购股东的股权但未办理减资手续。

我国学界对抽逃出资规则投入大量的研究,最高人民法院在《公司法司法解释(三)》中予以进一步完善,但迄今为止仍然难求共识。[1] 这固然与抽逃出资一词本身的模糊性、经验性无法摆脱干系,但也与公司分配制度的体系缺陷休戚相关。对于抽逃出资规则的存废或改造,不应当仅关注其规则本身,而应当在整个公司分配制度体系内寻求妥当性。除了私法上的评价之外还存在公法评价,2018年《公司法》第200条还规定了行政责任,《刑法》第159条还规定了抽逃出资的刑事责任。但是,无论行政处罚条款,抑或刑法上的空白罪状,都未厘清抽逃出资的范畴与内涵。这也不难理解,无论抽逃出资的行政处罚,抑或抽逃出资罪的构成,都是以公司法

---

[1] 刘斌:《公司分配的类型规制与体系调适》,载《政法论坛》2022年第4期。

上抽逃出资行为的构成为其适用前提的。在构成了公司法上抽逃出资行为的基础上，辅之以刑法上的"数额巨大、后果严重或者有其他严重情节"，方能充分满足抽逃出资罪的构成。

最高人民法院在《公司法司法解释（三）》中规定的抽逃出资认定要件需要满足"损害公司权益"标准，但未明确何谓损害公司权益。根据该司法解释的规定，判断抽逃出资的核心要素在于是否侵蚀资本。为进一步具体化前述规则，有学者提出了侵蚀股本的标准，即只有股东从公司无偿取得或以不合理对价取得利益并且导致公司资本减少的情况下才构成抽逃出资。依照侵蚀资本或股本的标准，需要计算股东抽逃出资之后公司剩余资产与公司资本之间的关系：如果剩余资产仍然不低于公司资本，则不构成抽逃出资，如果剩余资产低于公司资本，则构成抽逃出资。除了前述标尺之外，抽逃出资实际上还受到另一个标尺的约束，即抽逃出资股东向公司实缴资产的数额：如果超出了其实缴数额，此时的抽逃范围显然已经超出了其出资范围，而系对公司财产的侵害。

由于公司实践的发展，直接侵占公司财产的行为并不多见，更多的是通过变相交易的方式实现其公司资产向股东流动的目的。在域外法上亦然。比如，在德国法上，向股东发放津贴、红利或者依据无效年终决算、无效利润分配决议而分配利润的情形并不多见，常见的是给股东提供无息贷款或者特别有利的贷款、为股东清偿债务、为股东提供借贷担保、免除股东欠公司的债务、以特别有利的条款向股东提供许可证或者选择权、支付过高的报酬、红利或者咨询费。域外司法实践中的判断标准是：一个有良知的、根据商人原则经营业务的负责人在同等情况和条件下是否也会跟一个非股东的第三者进行此类交易。此类交易实际上属于变相分配，虽然其本意可能并非分配，但股东从公司获得的价值高于公司从股东获得的价值，包含着向股东的价值输送。

2. 抽逃出资的法律责任

本条第 2 款规定了股东违反禁止抽逃出资义务所产生的双层责任结构，一是返还出资责任，二是损失赔偿责任。前者是指实施了抽逃出资行为的股东承担的将其抽逃的出资返还给公司的责任；后者是指股东及"负有责任"的董事、监事、高级管理人员赔偿公司损失的连带赔偿责任。从赔偿责任的形式上，本条规定为连带责任。

从责任主体上来看，既包括抽逃出资的股东，也包括负有责任的董事、监事、高级管理人员。所谓"负有责任"，是指直接参与了抽逃出资过程，或者未尽勤勉义务导致了公司资产被股东侵害的法律后果。

◆ **关联规范**

1.《公司法司法解释（三）》(2020 年修正)

第 12 条 【抽逃出资的认定】公司成立后，公司、股东或者公司债权人以相关股东的行为符合下列情形之一且损害公司权益为由，请求认定该股东抽逃出资的，人民法院应予支持：

（一）制作虚假财务会计报表虚增利润进行分配；

（二）通过虚构债权债务关系将其出资转出；

（三）利用关联交易将出资转出；

（四）其他未经法定程序将出资抽回的行为。

第 14 条 【股东抽逃出资责任】股东抽逃出资，公司或者其他股东请求其向公司返还出资本息、协助抽逃出资的其他股东、董事、高级管理人员或者实际控制人对此承担连带责任的，人民法院应予支持。

公司债权人请求抽逃出资的股东在抽逃出资本息范围内对公司债务不能清偿的部分承担补充赔偿责任、协助抽逃出资的其他股东、董事、高级管理人员或者实际控制人对此承担连带责任的，人民法院应予支持；抽逃出资的股东已经承担上述责任，其他债权人提出相同请求的，人民法院不予支持。

第16条 【未尽出资义务股东的权利限制】股东未履行或者未全面履行出资义务或者抽逃出资，公司根据公司章程或者股东会决议对其利润分配请求权、新股优先认购权、剩余财产分配请求权等股东权利作出相应的合理限制，该股东请求认定该限制无效的，人民法院不予支持。

第17条 【股东除名】有限责任公司的股东未履行出资义务或者抽逃全部出资，经公司催告缴纳或者返还，其在合理期间内仍未缴纳或者返还出资，公司以股东会决议解除该股东的股东资格，该股东请求确认该解除行为无效的，人民法院不予支持。

在前款规定的情形下，人民法院在判决时应当释明，公司应当及时办理法定减资程序或者由其他股东或者第三人缴纳相应的出资。在办理法定减资程序或者其他股东或者第三人缴纳相应的出资之前，公司债权人依照本规定第十三条或者第十四条请求相关当事人承担相应责任的，人民法院应予支持。

第19条 【出资义务不适用诉讼时效】公司股东未履行或者未全面履行出资义务或者抽逃出资，公司或者其他股东请求其向公司全面履行出资义务或者返还出资，被告股东以诉讼时效为由进行抗辩的，人民法院不予支持。

公司债权人的债权未过诉讼时效期间，其依照本规定第十三条第二款、第十四条第二款的规定请求未履行或者未全面履行出资义务或者抽逃出资的股东承担赔偿责任，被告股东以出资义务或者返还出资义务超过诉讼时效期间为由进行抗辩的，人民法院不予支持。

2.《九民纪要》(2019年11月8日起施行)

5.【与目标公司"对赌"】投资方与目标公司订立的"对赌协

议"在不存在法定无效事由的情况下，目标公司仅以存在股权回购或者金钱补偿约定为由，主张"对赌协议"无效的，人民法院不予支持，但投资方主张实际履行的，人民法院应当审查是否符合公司法关于"股东不得抽逃出资"及股份回购的强制性规定，判决是否支持其诉讼请求。

投资方请求目标公司回购股权的，人民法院应当依据《公司法》第35条关于"股东不得抽逃出资"或者第142条关于股份回购的强制性规定进行审查。经审查，目标公司未完成减资程序的，人民法院应当驳回其诉讼请求。

投资方请求目标公司承担金钱补偿义务的，人民法院应当依据《公司法》第35条关于"股东不得抽逃出资"和第166条关于利润分配的强制性规定进行审查。经审查，目标公司没有利润或者虽有利润但不足以补偿投资方的，人民法院应当驳回或者部分支持其诉讼请求。今后目标公司有利润时，投资方还可以依据该事实另行提起诉讼。

◆ **案例指引**

【指导案例96号】宋某军诉西安市大华餐饮有限公司股东资格确认纠纷案（陕西省高级人民法院（2014）陕民二申字第00215号，载《最高人民法院公报》2018年第9期）

裁判要旨

依照2013年《公司法》第25条第2款"股东应当在公司章程上签名、盖章"的规定，有限公司章程系公司设立时全体股东一致同意并对公司及全体股东产生约束力的规则性文件，宋某军在公司章程上签名的行为，应视为其对前述规定的认可和同意，该章程对大华公司及宋某军均产生约束力。其次，基于有限责任公司封闭性和人合性的特点，由公司章程对公司股东转让股权作出某些限制性规定，系公司自治的体现。大华公司章程将是否与公司具有劳动合同关系作为取得股东身份的依据继而作出"人走股留"的规定，符合有限责任公司封闭性和人合性的特点，亦系公司自治原则的体现，不违反公司法的禁止性规定。最后，大华公司章程第14条关于股权转让的规定，属于对股东转让股权的限制性规定而非禁止性规定，宋某军依法转让股权的权利没有被公司章程所禁止，大华公司章程不存在侵害宋某军股权转让权利的情形。因此，华公司章程不违反2013年《公司法》的禁止性规定。

2013年《公司法》第74条所规定的异议股东回购请求权具有法定的行使条件，对应公司是否应当履行回购异议股东股权的法定义务。本案属于大华公司是否有权基于公司章程的约定及与宋某军的合意而回购宋某军股权，对应的是大华公司是否具有回购宋某军股权的权利，二者性质不同，不属于2013年《公司法》第74条的适用范围。宋某军提出的解除劳动合同申请与《退股申请》，系真实意思表示。大华公司已退还其全额股金款2万元，并召开股东大会审议通过了宋某军等三位股东的退股申请，大华公司基于宋某军的退股申请，依照公司章程的规定回购宋某军的股权，程序并无不当。另外，2013年《公司法》所规定的抽逃出资专指公司股东抽逃其对于公司出资的行为，公司不能构成抽逃出资的主体。因此，大华公司不构成抽逃出资。

【公报案例】刘某芳诉常州凯瑞化学科技有限公司等公司决议效力确认纠纷案（江苏省常州市中级人民法院（2018）苏04民终1874号，载《最高人民法院公报》2023年第2期）

裁判要旨

结合股东除名权的法理基础和功能分析，公司是股东之间、股东与公司以及公司与政府之间达成的契约结合体，因此股东之间的关系自当受该契约的约束。在公司的存续过程中，股东始终应恪守出资义务的全面实际履行，否则构成对其他守约股东合理期待的破坏，进而构成对公司契约的违反。一旦股东未履行出资义务或抽逃全部出资，基于该违约行为已严重危害公司的经营和其他股东的共同利益，背离了契约订立的目的和初衷，故公司法赋予守约股东解除彼此间的合同，让违约股东退出公司的权利。这既体现了法律对违约方的惩罚和制裁，又彰显了对守约方的救济和保护。由此可见，合同"解除权"仅在守约方手中，违约方并不享有解除（合同或股东资格）的权利。本案中，凯瑞公司的所有股东在公司成立时存在通谋的故意，全部虚假出资，恶意侵害公司与债权人之权益。但就股东内部而言，没有所谓的合法权益与利益受损之说，谈不上权利救济，否则有悖于权利与义务相一致、公平诚信等法律原则。洪某、洪某刚无权通过召开股东会的形式，决议解除刘某芳的股东资格，除名决议的启动主体明显不合法。另外，从虚假出资和抽逃出资的区别来看，前者是指股东未履行或者未全部履行出资义务，后者则是股东在履行出资义务之后，又将其出资取回。案涉股东除名决议认定刘某芳抽逃全部出资，事实上凯瑞公司包括刘某芳在内的所有股东在公司设立时均未履行出资义务，属于虚假出资，故该决议认定的内容亦有违客观事实。

【典型案例】刘某庆等与哈密春天房地产开发有限公司追收抽逃出资纠纷案（新疆维吾尔自治区高级人民法院生产建设兵团分院（2021）兵民终24号）

裁判要旨

春天公司时任股东在春天公司成立之时全额出资，经工商行政管理部门验资审批注册后，刘某庆作为春天公司股东、法定代表人，非经法定程序，将春天公司股东足额缴纳的注册资本金分六次从公司账上全部转入个人账户，致使春天公司在注册当日账户全部注册资金被转走，系实施从春天公司抽回股东已缴纳出资财产的行为，导致公司资本的不充分,对春天公司的财产完整性造成严重损害,对春天公司抵御风险的能力也造成巨大损害,严重损害春天公司、其他股东及债权人合法权益,应认定刘某庆实施了抽逃春天公司出资的行为,根据《公司法司法解释(三)》第13条第1款"股东未履行或者未全面履行出资义务,公司或者其他股东请求其向公司依法全面履行出资义务的,人民法院应予支持"之规定,刘某庆作为法定代表人将春天公司的注册资本金全部转至个人账户,所实施抽逃出资的行为人,应承担返还股本金及利息的主体责任。作为春天公司实际控制人的王某东以及知道刘某庆抽逃出资并受让股权的金辉应当承担连带清偿责任,鉴于金某受让刘某庆转让股权为2500万元,故其应在2500万元缴纳出资范围内承担本息的连带给付责任。

第五十四条　【股东出资义务加速到期】

公司不能清偿到期债务的,公司或者已到期债权的债权人有权要求已认缴出资但未届出资期限的股东提前缴纳出资。

◆ 条文主旨

本条规定了股东出资义务的加速到期规则。

◆ 修改情况

本条为2023年《公司法》修订的重要新增条款,解决了近年来出资义务加速到期制度的巨大争议。

◆ 条文注释

自2013年我国实施注册资本的完全认缴制以来,非破产情形下股东出资义务能否加速到期，所涉理论争议频仍，裁判实践分歧巨大，已然成为公司法上的重大悬疑问题之一。是否承认出资义务加速到期，如何设定加速到期的条件与后果，是本轮公司法修订中的重点事项。值得注意的是，《公司法（修订草案一审稿）》和《公司法（修订草案二审稿）》采取了截然不同的方案，代表了立法机关的价值判断立场发生了重大变化。最后审议通过的2023年《公司法》延续了《公司法（修订草案二审稿）》和《公司法（修订草案三审稿）》的规定。

一、立法背景

我国认缴资本制的引入始于2005年《公司法》，该法第26条规定除了首次出资额之外的其余部分自公司成立之日起两年内缴足，投资公司五年内缴足。2007年6月开始施行的《企业破产法》第35条规定了人民法院受理破产申请后出资义务加速到期的规则。2008年5月起施行的《公司法司法解释（二）》第22条规定了公司解散时出资义务加速到期的规则。此两种情形下，之所以可以加速到期，系因为破产和解散均需要进行债权债务的清理，甚至导致公司不复存在（重整与和解除外）。2013年《公司法》进行认缴制改革后，我国公司法上虽然扩充了认缴制的适用空间，但并未明确规定新的加速到期情形，导致认缴期限完全自治化但配套制度不济，进而产生了大量争议。在司法实践中，对于公司无法清偿到期债务的情形，最高人民法院倾向于由债权人通过申请债务人破产的方式，待进入破产程序后通过《企业破产法》第35条予以加速到期，以保护全体债权人利益。

最高人民法院于2019年印发的《九民纪要》第6条增加规定了两种加速到期的例外情形：（1）公司作为被执行人的案件，人民法院穷尽执行措施无财产可供执行，已具备破产原因，但不申请破产的；（2）在公司债务产生后，公司股东（大）会决议以其他方式延长股东出资期限的。根据全国人大常委会的报告，从破产案件数量看，2007年至2020年，全国法院共受理破产案件59604件，审结破产案件48045件，即每年的破产案件数量在3000件左右，党的十八大以后破产案件数量快速上升，2017年至2020年受理和审结的破产案件分别占到法律实施以来案件总量的54%和41%。[1] 前述数据与我国每年退出市场经营的"僵尸公司"数量相比，可谓冰山一角。大量公司虽然实质上触发了破产界限，即所谓"实质破产"情形，但并不通过破产程序清理债务，导致债权人无法及时实现债权。《九民纪要》第6条所规定的第一种情形即旨在克服前述程序阻碍，但仍然受制于执行程序限制。该条规定的第二种情形争议较小，以债权人撤销权为其规范基础，即公司股东会延长股东出资期限实际上系放弃到期债权的行为，对公司债权人利益造成损害，债权人可行使撤销权。[2] 从该规定来看，在公司章程规定分期缴纳出资时股东享有期限利益，如公司仍具有清偿能力，应当首先由公司承担债务，而不应把出资未届缴纳期限的股东拖入诉讼，加速到期仍然是例外情形。亦有不同观点认为，《九民纪要》在面对股东出资义务加速到期问题时，突破了解散与破产这两种法定情形，值得商榷。

二、立法历程

《公司法（修订草案一审稿）》第48条规定："公司不能清偿到期债务，且明显缺乏清偿能力的，公司或者债权人有权要求已认缴出资但未届缴资期限的股东提前缴纳出资。"该条规定了加速到期必须同时满足双重要件，即"公司不能清偿到期债务"和"明显缺乏清偿能力"。无论是"公司不能清偿到期债务"要件，抑或"明

---

[1] 王东明：《全国人大常委会执法检查组关于检查企业破产法实施情况的报告》，2021年8月18日在第十三届全国人民代表大会常务委员会第三十次会议上所作。

[2] 最高人民法院民事审判第二庭：《〈全国法院民商事审判工作会议纪要〉理解与适用》，人民法院出版社2019年版，第125页。

显缺乏清偿能力"要件,在《企业破产法》和《破产法司法解释(一)》中均有界定。事实上,"债务人不能清偿到期债务,并且明显缺乏清偿能力"是司法实践中真正适用的主要破产原因。[①] 从这个角度而言,《公司法(修订草案一审稿)》第 48 条规定的加速到期情形,其实和破产界限并无二致。考虑到债权人通常很难提供资产负债表、审计报告、资产评估报告等证据证明债务人资产不足清偿全部债务,而出资义务加速到期主要由债权人提出,故而《公司法(修订草案一审稿)》中未纳入资产负债标尺亦有合理之处。但是,对于公司提出的加速到期请求而言,狭窄的加速到期情形将影响公司权利的行使范围。

与《公司法(修订草案一审稿)》不同,《公司法(修订草案二审稿)》第 53 条规定:"公司不能清偿到期债务的,公司或者已到期债权的债权人有权要求已认缴出资但未届缴资期限的股东提前缴纳出资。"依照该条规定,出资义务加速到期制度的适用以公司不能清偿到期债务为前提,既无须对是否资不抵债或明显丧失清偿能力进行附加判断,也无须受制于破产程序或执行程序。《公司法(修订草案三审稿)》延续了前述规定,最终审议通过的 2023 年《公司法》予以维持。

三、"不能清偿到期债务"的界定

依照《公司法(修订草案二审稿)》的制度设计,"不能清偿到期债务"是出资义务加速到期的唯一条件,从表述上明显有别于《企业破产法》第 2 条所规定的破产界限。《企业破产法》上的破产原因,包括"不能清偿到期债务+资产不足以清偿全部债务"和"不能清偿到期债务+明显缺乏清偿能力"两种情形。文义上来看,

---

[①] 最高人民法院民事审判第二庭:《最高人民法院关于企业破产法司法解释理解与适用》,人民法院出版社 2013 年版,第 45 页。

构成出资义务加速到期的标准低于破产界限。破产界限的设定关涉事项众多，其尺度宽严反映出了立法者对债权人与债务人利益保护之利弊权衡的价值取向以及保护力度之大小，可能影响到企业破产率的高低，继而影响到失业人数的多少，还可能影响到社会经济秩序与社会稳定。① 因而，破产界限设定背后的制度价值与出资义务加速到期制度的价值基础并不一致。但是，从文字表述上，《公司法（修订草案二审稿）》毕竟采取了和《企业破产法》同样的术语表达，二者均属于同一商事法律体系，在解释上应当有其内在逻辑的一致性。

我国《企业破产法》第 2 条的规定文义本身就不够明确，与域外法上惯常的破产原因也不相同。这与《企业破产法》制定过程中对破产界限的争论有关。基于限制破产的立场，《企业破产法（草案）》中曾一度规定破产原因须同时具备"不能清偿到期债务"和"资产不足以清偿全部债务"两项要件。② 该限制明显过于严格，债权人也很难提出相关证据，人民法院往往难以查证债务人的资产负债情况，最终会导致破产程序启动极其困难。为了兼顾各方面意见，全国人大常委会法工委在《企业破产法（草案）》中又增加了"明显缺乏清偿能力"这一我国独特的要件。③ 在司法实践中，债权人只要证明债务人不能清偿到期债务，即可向人民法院提出破产申请；如果债务人不能及时举证证明其并未达到"资产不足以清偿全部债务"，也没有"明显缺乏清偿能力"，人民法院可以推定债务人出现

---

① 最高人民法院民事审判第二庭：《最高人民法院关于企业破产法司法解释理解与适用》，人民法院出版社 2013 年版，第 41 页。

② 贾志杰：《关于〈中华人民共和国企业破产法（草案）〉的说明》，2004 年 6 月 21 日在第十届全国人民代表大会常务委员会第十次会议上所作。

③ 蒋黔贵：《全国人大法律委员会关于〈中华人民共和国企业破产法（草案）〉修改情况的汇报》，2004 年 10 月 22 日在第十届全国人民代表大会常务委员会第十二次会议上所作。

了破产原因。①

通常认为,所谓"不能清偿到期债务",破产法理论上称为支付不能或无支付能力。比如,根据德国《破产法》第17条第2款的规定,当债务人不能履行到期债务时,即构成支付不能。从支付不能的构成来看,其取决于债务人的支付能力,而非支付意愿,需要比较可支配的资产和到期需支付的债务;从支付不能的程度上来看,也不必达到"很大程度",资金不足以偿付多个债权人之一即可构成支付不能,但很小的资金断裂不构成支付不能。② 不同于支付不能,停止支付是任何可归责于债务人的行为并且使合同相对方产生因无支付能力而不能支付的印象,停止支付推定为支付不能。③

在我国法上,《破产法司法解释(一)》第2条规定,同时具备债权债务关系依法成立、债务履行期限已经届满、债务人未完全清偿债务三个要件的,人民法院应当认定债权人不能清偿到期债务。由于该条件是启动破产程序的必要条件,同时还要附加资不抵债或者明显缺乏清偿能力的任一要件,二者叠加在解释上实际效果相当于德国法上的支付不能。④ 正如《破产法司法解释(一)》发布时最高人民法院民二庭负责人答记者问中所指出的,不能清偿到期债务是指债务人以明示或默示的形式表示其不能支付到期债务,其强调的是债务人不能清偿债务的外部客观行为,而不是债务人的财产

---

① 最高人民法院民事审判第二庭:《最高人民法院关于企业破产法司法解释理解与适用》,人民法院出版社2013年版,第48页。
② 乌尔里希·福尔特斯著:《德国破产法》,张宇晖译,中国法制出版社2020年版,第69页。
③ 乌尔里希·福尔特斯著:《德国破产法》,张宇晖译,中国法制出版社2020年版,第70页。
④ 宋晓明、张勇健、刘敏:《〈关于适用企业破产法若干问题的规定(一)的理解与适用〉》,载《人民司法》2011年第21期。

客观状况。[1] 循此，经由《破产法司法解释（一）》的规定，《企业破产法》上的"不能清偿到期债务"实则已经从"支付不能"被变通为"停止支付"概念。究其原因，这与我国破产法上缺乏对停止支付的规定有关，也与破产法上规定了"明显缺乏清偿能力"这一独有概念有关。

对于"明显缺乏清偿能力"的认定，《破产法司法解释（一）》第4条规定了明显缺乏清偿能力的具体类型和兜底条款："（一）因资金严重不足或者财产不能变现等原因，无法清偿债务；（二）法定代表人下落不明且无其他人员负责管理财产，无法清偿债务；（三）经人民法院强制执行，无法清偿债务；（四）长期亏损且经营扭亏困难，无法清偿债务；（五）导致债务人丧失清偿能力的其他情形。"该条建立在《破产法司法解释（一）》第3条的基础之上，如果公司资产不足以清偿全部债务，当然也属于丧失清偿能力的体现。《破产法司法解释（一）》第3条和第4条的区别在于，即使公司资产大于负债，但仍然可能构成"明显缺乏清偿能力"。从内容上来看，《破产法司法解释（一）》第4条规定的情形实际上推定了债务人发生破产原因的破产申请理由。而且，与停止支付的客观表现不同，明显缺乏清偿能力是通过各类证据对债务人清偿能力的推定。由此，"不能清偿到期债务"和"明显缺乏清偿能力"同时具备，与"支付不能"的实质作用相同。

追本溯源，《企业破产法》中"不能清偿到期债务"的概念实际上相当模糊，但由于在解释上具有竞争性的术语（明显缺乏清偿能力）被采用，导致了司法解释中概念内涵的被动变化。值得注意

---

[1] 《依法受理审理案件、充分发挥企业破产法应有作用——最高人民法院民二庭负责人就〈破产法司法解释（一）答记者问〉》，载《人民法院报》2011年9月26日第5版。

的是，《公司法（修订草案一审稿）》中规定的"明显缺乏清偿能力"要件在二审稿中被删除，由此导致了加速到期条件明确不同于破产界限。这明确体现了立法机关摒弃了破产法中对清偿能力判断的要求，在加速到期程序中也不需要再适用《破产法司法解释（一）》第 4 条的要求。毕竟，加速到期程序不是破产程序，其无须受制于破产程序背后的复杂社会价值考量。由此，《公司法（修订草案二审稿）》第 53 条中所规定的"不能清偿到期债务"，与《破产法司法解释（一）》第 2 条中的停止支付作同一解释较为妥当，也契合商事法律体系的一致性。由于停止支付并非支付不能，无论是主观意愿上的停止支付，抑或客观能力导致的停止支付，均在此列。

四、出资加速到期的二元请求权主体：债权人和公司

依照《公司法（修订草案二审稿）》第 53 条，在公司不能清偿到期债务的情况下，可要求股东提前缴纳出资的主体有二：公司或者已到期债权的债权人。相较于《公司法（修订草案一审稿）》，二审稿进一步明确了债权人须为"已到期债权的债权人"，此为立法语言上之完善。公司要求股东提前缴纳出资的规则虽然规定于加速到期规则之中，但与公司催缴出资制度存在密切关联，其适用情形亦有待审视。

在实行资本认缴制的立法例上，基于公司的资金需求而由董事会进行催缴系常例。比如，《特拉华州公司法》第 163 条规定："公司股份的股款应当按照董事会要求的数额和期数支付。对于股款没有付清的每一股份，董事会可以随时要求支付董事会认为业务所必须的数额，但总数不超过该股份尚未付清的余额；对于被要求支付的款项，应当按照董事会指定的时间和数目向公司支付。"对于期限届满后仍未支付的股东，董事会可以通过诉讼从股东手中取得未交付股款、催缴款项或其他任何未付金额，否则可以公开拍卖欠缴股东的适当数量股份。① 在英国，通过《公司标准章程》的指引，在出资期限届至或者董事会认为必要时做出董事会决议，可以向股东发出催缴通知。

五、保障公平清偿的入库规则

在本轮公司法修订中，争议主要集中在债权人直接受偿规则和入库规则之间。前者存在效率优势但在公平性上有缺失，后者则相反。《公司法（修订草案一审稿）》和《公司法（修订草案二审稿）》所采取的"股东提前缴纳出资"方案，即要求股东先向公司履行出资义务，继而由公司向其债权人清偿债务。对此，支持者认为该种处理方案既符合法律逻辑，也兼顾了其他债权人的利益。反对的观点认为，这将极大削弱债权人主张加速到期的主观能动性，影响加速到期规则的效率。在民法典编纂过程中，《民法典》第537条代位权行使的规则也伴随着类似争议，实质效果上肯定了直接清偿规则和限定性入库规则。基于该条规定，行使代位权的债权人可得直接受偿，但如果债务人对相对人的债权被采取保全、执行措施，或者债务人破产的，依照相关法律的规定处理。② 由于代位权中债务人的利益处于次顺位，劣后于债权人利益，而加速到期中公司作为债务人其尚有独立的公司利益，利益衡量结构和衡量结论并不相同，《民法典》第537条的处理方案也不能简单照搬。

在加速到期制度中，适用入库规则更具妥当性。

首先，从法理逻辑上而言，债权人与公司之间、公司与未出资股东之间的关系存在明显的相对性，股东承担的出资义务对象系公司而非债权人。未届期股东的出资义务一旦触发加速到期条件，可因债权人或公司的要求而即时到期，成为一项履行期届满的义务。

---

① 《特拉华州公司法》第164条。
② 黄薇主编：《中华人民共和国民法典合同编释义》，法律出版社2020年版，第174页。

如果股东未履行其义务，将进一步导致《公司法司法解释（三）》第 13 条所规定的未出资股东补充责任。而补充责任具有顺位补充性，并非连带责任。

其次，需要考量公司作为独立法人主体的利益，这一点不同于民法上的代位权行使。股东对公司的出资形态是多元的，对于公司而言，股东出资的价值并不局限于债权担保，同时，对公司有意义的出资形态未必能够满足债权人之需要。[①] 加速到期后的股东出资完全有可能成为盘活公司资产、恢复公司清偿能力的救命稻草。此时，若径行要求股东向债权人直接清偿，无异于杀鸡取卵，浪费资产的经营价值。

最后，入库规则可在最大范围内实现全体债权人公平清偿的目的，如果多个债权人提起加速到期，入库规则还可以避免诉讼竞争和讼累。反对的观点认为，此时公司并未陷入破产，完全无须遵循公平清偿的规则。如前所述，虽然停止支付仅为破产的推定事由，并不等同于破产，不需要遵循公平清偿规则。但是，加速到期情形毕竟属于清偿异常形态，已经触发了破产界限的要素之一，实际上"半条腿已经迈进了破产的门槛"。即使在《民法典》第 537 条中，债务人虽未破产但其债权被采取保全、执行措施的，亦需要适用限定入库规则以保障清偿公平。入库规则的确会导致债权人缺乏激励，并产生债权人搭便车的理性选择，从而影响制度效率，但这是在公司停止支付情形下较为理想的选择方案。

◆ **关联规范**

1.《企业破产法》（2007 年 6 月 1 日起施行）

第 2 条 【破产原因】企业法人不能清偿到期债务，并且资产

[①] 刘斌：《股东出资形式的规制逻辑与规范重构》，载《法学杂志》2020 年第 10 期。

不足以清偿全部债务或者明显缺乏清偿能力的,依照本法规定清理债务。

企业法人有前款规定情形,或者有明显丧失清偿能力可能的,可以依照本法规定进行重整。

第35条 【出资义务加速到期】 人民法院受理破产申请后,债务人的出资人尚未完全履行出资义务的,管理人应当要求该出资人缴纳所认缴的出资,而不受出资期限的限制。

2.《公司法司法解释(二)》(2020年修正)

第22条 【未缴出资下的清算及民事责任】 公司解散时,股东尚未缴纳的出资均应作为清算财产。股东尚未缴纳的出资,包括到期应缴未缴的出资,以及依照公司法第二十六条和第八十条的规定分期缴纳尚未届满缴纳期限的出资。

公司财产不足以清偿债务时,债权人主张未缴出资股东,以及公司设立时的其他股东或者发起人在未缴出资范围内对公司债务承担连带清偿责任的,人民法院应依法予以支持。

3.《破产法司法解释(一)》(2011年9月26日起施行)

第1条 【破产原因】 债务人不能清偿到期债务并且具有下列情形之一的,人民法院应当认定其具备破产原因:

(一)资产不足以清偿全部债务;

(二)明显缺乏清偿能力。

相关当事人以对债务人的债务负有连带责任的人未丧失清偿能力为由,主张债务人不具备破产原因的,人民法院应不予支持。

第2条 【不能清偿到期债务的认定】 下列情形同时存在的,人民法院应当认定债务人不能清偿到期债务:

(一)债权债务关系依法成立;

(二)债务履行期限已经届满;

(三)债务人未完全清偿债务。

第3条　【资产不足以清偿全部债务的认定】 债务人的资产负债表，或者审计报告、资产评估报告等显示其全部资产不足以偿付全部负债的，人民法院应当认定债务人资产不足以清偿全部债务，但有相反证据足以证明债务人资产能够偿付全部负债的除外。

第4条　【明显缺乏清偿能力的认定】 债务人账面资产虽大于负债，但存在下列情形之一的，人民法院应当认定其明显缺乏清偿能力：

（一）因资金严重不足或者财产不能变现等原因，无法清偿债务；

（二）法定代表人下落不明且无其他人员负责管理财产，无法清偿债务；

（三）经人民法院强制执行，无法清偿债务；

（四）长期亏损且经营扭亏困难，无法清偿债务；

（五）导致债务人丧失清偿能力的其他情形。

4.《最高人民法院关于民事执行中变更、追加当事人若干问题的规定》（2020年修正）

第17条　作为被执行人的营利法人，财产不足以清偿生效法律文书确定的债务，申请执行人申请变更、追加未缴纳或未足额缴纳出资的股东、出资人或依公司法规定对该出资承担连带责任的发起人为被执行人，在尚未缴纳出资的范围内依法承担责任的，人民法院应予支持。

5.《九民纪要》（2019年11月8日起施行）

6.**【股东出资应否加速到期】** 在注册资本认缴制下，股东依法享有期限利益。债权人以公司不能清偿到期债务为由，请求未届出资期限的股东在未出资范围内对公司不能清偿的债务承担补充赔偿责任的，人民法院不予支持。但是，下列情形除外：

（1）公司作为被执行人的案件，人民法院穷尽执行措施无财产可供执行，已具备破产原因，但不申请破产的；

(2) 在公司债务产生后，公司股东（大）会决议或以其他方式延长股东出资期限的。

◆ 案例指引

【典型案例】**上海香通国际贸易有限公司诉上海昊跃投资管理有限公司等股权转让纠纷案**（上海市普陀区人民法院（2014）普民二（商）初字第 5182 号）

裁判要旨

一方面，我们要尊重公司股东在《公司法》修订后采取的认缴出资方式，另一方面，对于资本认缴制下股东的出资义务，也必须结合案件的具体情况考量，以维护债权人的合法利益。首先，认缴制下公司股东的出资义务只是暂缓缴纳，而不是永久免除，在公司经营发生了重大变化时，公司包括债权人可以要求公司股东缴纳出资，以用于清偿公司债务。其次，让昊跃公司的股东缴纳出资以承担本案中的责任，符合平衡保护债权人和公司股东利益这样的立法目的。《公司法》中的有限责任制度，原则上要求公司股东只以出资额为限，对公司债务承担有限责任，是为了更好地保护公司股东的利益，让股东能安全地投入生产经营中去，但有限责任制度，不应该成为股东逃避责任的保护伞。最后，责任财产制度也要求资本认缴制的公司股东在公司出现重大债务时缴纳出资，以用于对外承担责任。债权人不仅仅可以要求公司以现在实际拥有的全部财产承担责任，而且在公司现有财产不足以清偿债务而公司股东承诺在将来认缴出资的情况下，还可以要求公司股东提前出资，以清偿公司债务。对"公司财产"的理解，也不能仅仅限于公司现有的财产。一般情况下，公司对外享有的债权也是公司的财产或者财产利益。本案中，在昊跃公司负有到期债务、公司财产不能清偿债务的情况下，昊跃公司的股东徐某松和林某雪应该承担昊跃公司尚欠的债务即如果昊跃公司完全不能清偿债务，则徐某松和林某雪应该缴纳与昊跃公司债务相当的注册资本，以清偿原告债务。

> **第五十五条　【出资证明书】**
> 有限责任公司成立后，应当向股东签发出资证明书，记载下列事项：
> （一）公司名称；
> （二）公司成立日期；
> （三）公司注册资本；
> （四）股东的姓名或者名称、认缴和实缴的出资额、出资方式和出资日期；
> （五）出资证明书的编号和核发日期。
> 出资证明书由法定代表人签名，并由公司盖章。

◆ 条文主旨

本条规定了出资证明书的记载事项和签名盖章要求。

◆ 修改情况

本条延续了2018年《公司法》第31条的规定，在其基础上进一步明确和增加规定了出资证明书应记载股东认缴和实缴的出资额、出资方式，由法定代表人签名后并由公司盖章。

◆ 条文注释

出资证明书，是证明股东向公司出资的法律文件。本条规定了出资证明书的必要记载事项及其生效要件。但是，股东资格和股权变动须以股东名册记载为准，并不以出资证明书为准，具体参见本法第56条、第86条、第87条的解释。

一、出资证明书的必要记载事项

根据本条第 1 款规定，出资证明书的法定记载事项有五项：一是公司名称。二是公司成立日期。三是公司注册资本。四是股东的姓名或者名称、认缴和实缴的出资额、出资方式和出资日期。2018 年《公司法》规定的记载事项为"缴纳的出资额"，2023 年《公司法》将其修改为"认缴和实缴的出资额"。五是出资证明书的编号和核发日期，各出资证明书应有其单独的编号，彼此区分。前述五项为法定记载事项，必须予以记载。此外，公司还可依其实际需要在出资证明书中记载其他内容。

二、出资证明书的生效要件

本条第 2 款规定了股东出资证明书的两个生效要件，即"由法定代表人签名"并"由公司盖章"。其中，"由法定代表人签名"为2023 年《公司法》新增的股东出资证明书的生效要件，与股份有限公司的股票签署相一致，以确保出资证明书的要式性。

◆ **关联规范**

1. 《公司法司法解释（三）》（2020 年修正）

第 23 条　【公司违反股权登记义务时的救济】 当事人依法履行出资义务或者依法继受取得股权后，公司未根据公司法第三十一条、第三十二条的规定签发出资证明书、记载于股东名册并办理公司登记机关登记，当事人请求公司履行上述义务的，人民法院应予支持。

第 24 条　【股权代持与实际出资人显名】 有限责任公司的实际出资人与名义出资人订立合同，约定由实际出资人出资并享有投资权益，以名义出资人为名义股东，实际出资人与名义股东对该合同效力发生争议的，如无法律规定的无效情形，人民法院应当认定该合同有效。

前款规定的实际出资人与名义股东因投资权益的归属发生争议，

实际出资人以其实际履行了出资义务为由向名义股东主张权利的，人民法院应予支持。名义股东以公司股东名册记载、公司登记机关登记为由否认实际出资人权利的，人民法院不予支持。

实际出资人未经公司其他股东半数以上同意，请求公司变更股东、签发出资证明书、记载于股东名册、记载于公司章程并办理公司登记机关登记的，人民法院不予支持。

2.《最高人民法院关于人民法院强制执行股权若干问题的规定》(2022年1月1日起施行)

第17条 在审理股东资格确认纠纷案件中，当事人提出要求公司签发出资证明书、记载于股东名册并办理公司登记机关登记的诉讼请求且其主张成立的，人民法院应当予以支持；当事人未提出前述诉讼请求的，可以根据案件具体情况向其释明。

生效法律文书仅确认股权属于当事人所有，当事人可以持该生效法律文书自行向股权所在公司、公司登记机关申请办理股权变更手续；向人民法院申请强制执行的，不予受理。

第五十六条 【股东名册】

有限责任公司应当置备股东名册，记载下列事项：

(一) 股东的姓名或者名称及住所；

(二) 股东认缴和实缴的出资额、出资方式和出资日期；

(三) 出资证明书编号；

(四) 取得和丧失股东资格的日期。

记载于股东名册的股东，可以依股东名册主张行使股东权利。

◆ **条文主旨**

本条规定了股东名册的置备记载事项和效力。

◆ **修改情况**

本条在 2018 年《公司法》第 32 条第 1 款的基础上明确规定了有限责任公司的股东名册应载明"股东认缴和实缴的出资额、出资方式和出资日期",并增加要求记载"取得和丧失股东资格的日期"。

◆ **条文注释**

股东名册是重要的公司文件,是股东向公司行使权利的凭据,还是股权变动的重要标志。为此,本条规定了股东名册的置备、记载事项与效力。

一、股东名册置备与记载事项

本条第 1 款规定了有限责任公司应当置备股东名册。由此,置备股东名册是有限责任公司股东的法定义务。但是,究竟应当由何机构负责置备股东名册,本条未作进一步的详细规定。在 2023 年《公司法》修订的过程中,主要有股东会、董事会、董事长、公司秘书等不同主张。本书认为,董事会作为公司的权力核心,由其承担股东名册置备义务更为妥当。特别是在股权转让、股权代持等情形下,股权的变动和股东显名等需要公司意思的参与,而董事会为作出公司意思的应然主体,由此承担该项职责更符合股权转让的逻辑。

本款还规定了股东名册的记载下列事项:(1)股东的姓名或者名称及住所;(2)股东认缴和实缴的出资额、出资方式和出资日期;(3)出资证明书编号;(4)取得和丧失股东资格的日期。该四类事项为股东名册的法定记载事项,必须予以记载。

二、股东名册效力

本条第 2 款规定,记载于股东名册的股东,可以依股东名册主张行使股东权利。记载于股东名册,系公司对股东身份的确认,也是股东向公司行使权利的依据。当股东转让股权时，股东名册变更是股权变动的生效要件，详见本法第 86 条、第 87 条的释义。

◆ 关联规范

1. 《公司法司法解释（三）》（2020 年修正）

第 23 条　【公司违反股权登记义务时的救济】当事人依法履行出资义务或者依法继受取得股权后，公司未根据公司法第三十一条、第三十二条的规定签发出资证明书、记载于股东名册并办理公司登记机关登记，当事人请求公司履行上述义务的，人民法院应予支持。

第 24 条　【股权代持与实际出资人显名】有限责任公司的实际出资人与名义出资人订立合同，约定由实际出资人出资并享有投资权益，以名义出资人为名义股东，实际出资人与名义股东对该合同效力发生争议的，如无法律规定的无效情形，人民法院应当认定该合同有效。

前款规定的实际出资人与名义股东因投资权益的归属发生争议，实际出资人以其实际履行了出资义务为由向名义股东主张权利的，人民法院应予支持。名义股东以公司股东名册记载、公司登记机关登记为由否认实际出资人权利的，人民法院不予支持。

实际出资人未经公司其他股东半数以上同意，请求公司变更股东、签发出资证明书、记载于股东名册、记载于公司章程并办理公司登记机关登记的，人民法院不予支持。

2. 《最高人民法院关于人民法院强制执行股权若干问题的规定》（2022 年 1 月 1 日起施行）

第 17 条　在审理股东资格确认纠纷案件中，当事人提出要求公司签发出资证明书、记载于股东名册并办理公司登记机关登记的诉讼请求且其主张成立的，人民法院应当予以支持；当事人未提出前述诉讼请求的，可以根据案件具体情况向其释明。

生效法律文书仅确认股权属于当事人所有，当事人可以持该生效法律文书自行向股权所在公司、公司登记机关申请办理股权变更手续；向人民法院申请强制执行的，不予受理。

◆ 案例指引

【典型案例】某县资产管理委员会等诉中国某银行股份有限公司上海市分行等金融借款合同纠纷案（上海市高级人民法院（2012）沪高民五（商）终字第13号）

裁判要旨

本院认为，认定公司的股东名册应根据2005年《公司法》相关规定认定，东至华源作为有限责任公司置备的股东名册应符合持续记载历年公司股东变化这一基本要求，且作为东至华源的股东名册理应存档于东至华源以备及时记载公司股东变化，从股东名册的法律功能来看不可能留置在公司以外的其他机构。某行上海分行作为证据的股东名册虽有上海某投资发展（集团）有限公司、东至华源的公章及东至华源法定代表人的签名确认，但从形式及记载内容上并不符合法律所确立的股东名册的特质。该股东名册只有案涉当时股东的情况，并没有东至华源成立之后股东变化及股权转让情况的完整记载，且某行上海分行实际持有该股东名册，其显然并不能充当该股东名册的记载人，故某行上海分行所持有的股东名册并非东至华源合法有效的股东名册。而某国资委于二审提交的东至华源股东登记册置备于东至华源，并连续记载了东至华源从成立之日起公司股东变化及出资状况，与东至县工商行政管理局备案的《公司设立登记审核表》记载事项完全一致，符合公司法关于股东名册的相关法律规定。在某行上海分行没有证据证明某国资委出具的东至华源股东登记册系事后伪造的情况下，本院对该股东登记册的真实性、合法性予以认可。综上所述，某行上海分行持有的东至华源股东名册不符合公司法的有关规定，故该股东名册并不具有证明力，因系争股权质押未记载于东至华源股东名册，故涉讼权利质押不发生法律效力。至于上海某投资发展（集团）有限公司向某行上海分行出具了与事实相背离的证明，某行上海分行基于信赖产生的利益损失，可另案追究上海某投资发展（集团）有限公司的侵权责任。

> **第五十七条　【股东知情权】**
> 　　股东有权查阅、复制公司章程、股东名册、股东会会议记录、董事会会议决议、监事会会议决议和财务会计报告。
> 　　股东可以要求查阅公司会计账簿、会计凭证。股东要求查阅公司会计账簿、会计凭证的，应当向公司提出书面请求，说明目的。公司有合理根据认为股东查阅会计账簿、会计凭证有不正当目的，可能损害公司合法利益的，可以拒绝提供查阅，并应当自股东提出书面请求之日起十五日内书面答复股东并说明理由。公司拒绝提供查阅的，股东可以向人民法院提起诉讼。
> 　　股东查阅前款规定的材料，可以委托会计师事务所、律师事务所等中介机构进行。
> 　　股东及其委托的会计师事务所、律师事务所等中介机构查阅、复制有关材料，应当遵守有关保护国家秘密、商业秘密、个人隐私、个人信息等法律、行政法规的规定。
> 　　股东要求查阅、复制公司全资子公司相关材料的，适用前四款的规定。

◆ **条文主旨**

本条规定了股东的知情权,包括查阅权、复制权。

◆ **修改情况**

本条在2018年《公司法》第33条的基础上,进一步完善了股东知情权,作了如下重大修改:

其一,本条第2款明确将公司会计凭证纳入股东可查阅材料范围;

其二,新增了本条第3款,增加规定股东可以委托会计师事务所、律师事务所等中介机构查阅本条规定的材料;

其三,新增了本条第4款,完善了中介机构查阅、复制材料的保密义务;

其四,新增了本条第5款,允许股东穿越行使查阅权,查阅全资子公司的相关材料。

◆ **条文注释**

股东知情权是行使股东权利的前提和基础。如果股东无法获知公司的信息,将无法行使获得利润分配、参与公司决策、进行股东代表诉讼等权利。我国司法实践中,股东代表诉讼不够积极,很大程度上是因为股东知情权保障不力,查阅渠道不通畅,可查阅信息范围狭窄,信息质量不高。在2023年《公司法》修订中,本条所遇到的主要争议是股东能否查阅会计凭证,对此,本条予以了直接回应。

本条的规范要旨包括以下方面:

一、股东的一般知情权

1. 查阅主体。根据本条规定,知情权的主体为股东。如果发生了股东知情权诉讼,那么起诉时原告应具有股东身份。根据《公司法司法解释(四)》第7条的规定,在股东知情权诉讼中,公司有证据证明股东在起诉时不具有公司股东资格的,人民法院应当驳回起诉，但原告有初步证据证明在持股期间其合法权益受到损害，请求依法查阅或者复制其持股期间的公司特定文件材料的除外。换言之，股东知情权诉讼的适格原告原则上起诉时应具有股东资格；若原告在起诉时已经丧失公司股东资格，但其有初步证据证明在持股期间其合法权益受到损害，为维护其合法权益有必要查阅或者复制其持股期间的公司特定文件材料，该公司原股东也是股东知情权诉讼的适格原告。

2. 查阅内容。本条第 1 款规定，有限责任公司股东有权查阅、复制以下六类文件：(1) 公司章程；(2) 股东名册；(3) 股东会会议记录；(4) 董事会会议决议；(5) 监事会会议决议；(6) 财务会计报告。根据本款规定，董事会会议记录、监事会会议记录不属于可以查阅、复制的文件范围。

二、股东对会计账簿、会计凭证的知情权

本条第 2 款规定了有限责任公司股东对会计账簿、会计凭证的知情权。会计账簿是指以会计凭证为根据，由一系列格式化且相互联系的账页所组成的簿册。会计凭证则是记录各项经济业务发生或完成情况的书面证明，包括原始凭证和记账凭证。会计凭证中包括公司所进行各类交易和业务信息，存在大量的商业秘密。为平衡股东知情权与公司商业秘密保护的利益，本条第 2 款对股东查阅会计账簿、会计凭证的权利作出特别规定。

1. 知情权的范围

本条第 2 款规定，有限责任公司的股东可以要求查阅公司会计账簿、会计凭证，包括原始凭证和记账凭证。本条并未对股东可查阅凭证的时间范围和内容范围作出限制。但是，由于会计凭证所载信息敏感，与公司商业秘密紧密相关，应当限于与股东查阅目的直接相关的内容，不能过分扩大。《公司法司法解释（四）》第 10 条第 1 款规定，人民法院审理股东请求查阅或者复制公司特定文件材料的案件，对原告诉讼请求予以支持的，应当在判决中明确查阅或者复制公司特定文件材料的时间、地点和特定文件材料的名录。

2. 知情权的行使程序

本条第 2 款规定，股东要求查阅公司会计账簿、会计凭证的，应当向公司提出书面请求，说明目的。之所以要求股东提出书面请求，说明目的，是为了便于公司判断查阅事项是否会损害公司利益，查阅目的是否正当。

3. "不正当目的"的认定

根据本条第 2 款规定，公司有合理根据认为股东查阅会计账簿、会计凭证有不正当目的，可能损害公司合法利益的，可以拒绝提供查阅，并应当自股东提出书面请求之日起 15 日内书面答复股东并说明理由。《公司法司法解释（四）》第 8 条规定，有限责任公司有证据证明股东存在下列情形之一的，人民法院应当认定股东存在"不正当目的"：（1）股东自营或者为他人经营与公司主营业务有实质性竞争关系业务的，但公司章程另有规定或者全体股东另有约定的除外；（2）股东为了向他人通报有关信息查阅公司会计账簿，可能损害公司合法利益的；（3）股东在向公司提出查阅请求之日前的 3 年内，曾通过查阅公司会计账簿，向他人通报有关信息损害公司合法利益的；（4）股东有不正当目的的其他情形。

4. 知情权的权能

根据本条第 2 款规定，股东可以请求"查阅"公司会计账簿、会计凭证，与本条第 1 款的规定相比，少了"复制"二字。此时股东享有何种权能，产生了不同理解。有观点认为此处仅限于查阅，不得进行摘抄、誊写；有观点认为此处限于查阅，但可以进行摘抄、誊写等信息记录方式；还有观点认为，既可以进行查阅，也可以进行复制。基于法条文义和立法本旨，此处应当不包括复制，但股东应当可以进行摘抄、誊写。所谓复制，包括复印、扫描、拍照等图文信息获得方式。

在委托中介机构查阅的情况下，相应地，根据委托代理理论，股东委托中介机构行使会计凭证查阅权的情况下，受托机构也有权在合理范围内摘抄会计凭证记载的相关内容。

5. 知情权的诉讼救济

本条第2款规定，公司拒绝提供查阅的，股东可以向人民法院提起诉讼。根据《公司法司法解释（四）》第7条第1款的规定，股东起诉请求查阅或者复制公司特定文件材料的，人民法院应当依法予以受理。

此外，对于公司文件材料缺失导致的知情权侵害，《公司法司法解释（四）》第12条规定，公司董事、高级管理人员等未依法履行职责，导致公司未依法制作或者保存《公司法》规定的公司文件材料，给股东造成损失，股东依法请求负有相应责任的公司董事、高级管理人员承担民事赔偿责任的，人民法院应当予以支持。

三、知情权的辅助行使

本条第3款规定了知情权的辅助行使，即股东查阅前款规定的材料，可以自行查阅，可以委托会计师事务所、律师事务所等中介机构进行。《公司法司法解释（四）》第10条第2款规定，股东依据人民法院生效判决查阅公司文件材料的，在该股东在场的情况下，可以由会计师、律师等依法或者依据执业行为规范负有保密义务的中介机构执业人员辅助进行。比较而言，本条第3款并未规定股东在场的要求，从而改变了司法解释的该项规定。

四、知情权行使的信息保护

本条第4款规定，股东及其委托的会计师事务所、律师事务所等中介机构查阅、复制有关材料，应当遵守有关保护国家秘密、商业秘密、个人隐私、个人信息等法律、行政法规的规定。

如果股东行使知情权造成了公司商业秘密泄露的后果，《公司法司法解释（四）》第11条规定，股东行使知情权后泄露公司商业秘密导致公司合法利益受到损害，公司请求该股东赔偿相关损失的，人民法院应当予以支持。根据该司法解释第11条规定，辅助股东查阅公司文件材料的会计师、律师等泄露公司商业秘密导致公司合法利益受到损害，公司请求其赔偿相关损失的，人民法院应当予以支持。

五、股东知情权的穿越行使

本条第5款规定了股东知情权穿越行使制度，即有限责任公司股东有权查阅、复制公司全资子公司相关材料。为了避免母公司通过设立子公司的方式，间接损害母公司股东的利益，2023年《公司法》修订新增了股东双重代表诉讼制度，规定于本法第189条。股东知情权是一种工具性的权利，对其他股东权利的实现具有重要的辅助作用，是进行股东双重代表诉讼的基础。由此，作为配合本法第189条中股东双重代表诉讼的制度，本条允许股东知情权可以穿越行使至全资子公司。

根据本条第5款的规定，有限责任公司股东要求查阅、复制公司全资子公司相关材料，适用本条前4款的规定。可见，股东知情权穿越行使的对象包括本条第1款所规定的全资子公司的公司章程、股东名册、股东会会议记录、董事会会议决议、监事会会议决议和财务会计报告，也包括本条第2款所规定的全资子公司的会计账簿和会计凭证。对于前者，股东可以以任何形式向全资子公司提出查阅、复制其公司章程、股东名册、股东会会议记录、董事会会议决议、监事会会议决议和财务会计报告的请求，全资子公司应当满足股东的请求。对于后者，当查阅材料为全资子公司的会计账簿、会计凭证时，应当履行本条第2款所规定的程序。

◆ **关联规范**

《公司法司法解释（四）》（2020年修正）

第7条 【知情权的主体】股东依据公司法第三十三条、第九十七条或者公司章程的规定,起诉请求查阅或者复制公司特定文件材料的,人民法院应当依法予以受理。

公司有证据证明前款规定的原告在起诉时不具有公司股东资格的,人民法院应当驳回起诉,但原告有初步证据证明在持股期间其合法权益受到损害,请求依法查阅或者复制其持股期间的公司特定文件材料的除外。

第8条 【不正当目的】有限责任公司有证据证明股东存在下列情形之一的,人民法院应当认定股东有公司法第三十三条第二款规定的"不正当目的":

(一)股东自营或者为他人经营与公司主营业务有实质性竞争关系业务的,但公司章程另有规定或者全体股东另有约定的除外;

(二)股东为了向他人通报有关信息查阅公司会计账簿,可能损害公司合法利益的;

(三)股东在向公司提出查阅请求之日前的三年内,曾通过查阅公司会计账簿,向他人通报有关信息损害公司合法利益的;

(四)股东有不正当目的的其他情形。

第9条 【不得实质性剥夺知情权】公司章程、股东之间的协议等实质性剥夺股东依据公司法第三十三条、第九十七条规定查阅或者复制公司文件材料的权利,公司以此为由拒绝股东查阅或者复制的,人民法院不予支持。

第10条 【原告胜诉判决及执行】人民法院审理股东请求查阅或者复制公司特定文件材料的案件,对原告诉讼请求予以支持的,应当在判决中明确查阅或者复制公司特定文件材料的时间、地点和特定文件材料的名录。

股东依据人民法院生效判决查阅公司文件材料的,在该股东在场的情况下,可以由会计师、律师等依法或者依据执业行为规范负有保密义务的中介机构执业人员辅助进行。

第11条 【不当行使知情权的损害赔偿责任】股东行使知情权后泄露公司商业秘密导致公司合法利益受到损害，公司请求该股东赔偿相关损失的，人民法院应当予以支持。

根据本规定第十条辅助股东查阅公司文件材料的会计师、律师等泄露公司商业秘密导致公司合法利益受到损害，公司请求其赔偿相关损失的，人民法院应当予以支持。

第12条 【董事高管的民事责任】公司董事、高级管理人员等未依法履行职责，导致公司未依法制作或者保存公司法第三十三条、第九十七条规定的公司文件材料，给股东造成损失，股东依法请求负有相应责任的公司董事、高级管理人员承担民事赔偿责任的，人民法院应当予以支持。

◆ 案例指引

【典型案例】黄某诉上海弘光储运有限公司股东知情权纠纷案（上海市第一中级人民法院（2018）沪01民终8044号，载《人民司法·案例》2019年第5期）

裁判要旨

黄某虽为弘光公司股东，但其股东身份来源特殊，且存在经营同业公司的情形，对其行使股东知情权应当加以限制。首先，黄某股东身份来源于司法拍卖程序，案涉股权经司法评估价值162502.82元，但黄某却以980万元高价竞得，对价悬殊。其次，黄某与原持股人案外人俞某某关系特殊，俞某某曾与黄某共同出资于2009年成立一家与弘光公司同为从事物流运输行业的公司。这一特殊身份关系容易产生同业竞争。最后，经审理查明，黄某自营或参股多家物流运输公司，与弘光公司属从事相同行业，存在潜在的竞业风险。黄某股东身份存在特殊性，出于对公司权益的保护，黄某行使股东知情权应当受到范围和内容两方面的限制。首先，关于范围限制：作为具有特殊身份的黄某，在请求查阅或者复制公司特定文件材料时，就应当有所限制，酌定范围限定为允许查阅弘光公司所有公示存档于工商行政主管机关的特定文件（包括但不限于股东会会议记录、董事会会议决议、监事会会议决议）。其次，关于内容限制：由于会计账簿（总账、明细账、日记账、其他辅助性账簿）及会计凭证（记账凭证和原始凭证）包含了大量可能产生实质性竞争关系的信息，不便于公开，在黄某未脱离相应的利害关系影响之前提下，不宜准许查阅。

【典型案例】杨某与福建省厦门市烽胜餐饮管理有限公司股东知情权纠纷案（福建省厦门市中级人民法院（2020）闽02民终5584号，载《人民司法·案例》2022年第2期）

裁判要旨

关于股东主张查阅公司财务资料范围的问题，《会计法》第9条第1款规定："各单位必须根据实际发生的经济业务事项进行会计核算，填制会计凭证，登记会计帐簿，编制财务会计报告。"该法第14条第1款规定："会计凭证包括原始凭证和记帐凭证。"该法第15条第1款规定："会计帐簿登记，必须以经过审核的会计凭证为依据，并符合有关法律、行政法规和国家统一的会计制度的规定。会计帐簿包括总帐、明细帐、日记帐和其他辅助性帐簿。"根据上述法律规定，会计帐簿的登记是以会计凭证为基础，会计凭证的填制，需要以公司实际发生经济业务事项为基础，因此，2018年《公司法》第33条第2款规定的会计账簿，其外延应当包括会计凭证和与会计凭证形成有关的基础性材料。杨某请求查阅烽胜公司自2016年11月7日以来所有的会计账簿（含总账、明细账、日记账、其他辅助性账簿）和会计凭证（含记账凭证、相关原始凭证及作为原始凭证附件入账备查的有关资料），于法有据，应予支持。

第二节 组织机构

> **第五十八条 【股东会的组成及地位】**
> 有限责任公司股东会由全体股东组成。股东会是公司的权力机构,依照本法行使职权。

◆ **条文主旨**

本条规定了有限责任公司股东会的组成及法律地位。

◆ **修改情况**

本条对2018年《公司法》第36条未作修改。

◆ **条文注释**

作为法人,公司的运行以组织机构为基础。为了保障公司的正常运行和内部的分权制衡,本法规定了股东会、董事会、监事会或审计委员会、经理等组织机构。本条要旨如下:

1. 股东会是有限责任公司的必设机构。除本法另有规定外,公司必须设置股东会。例如,本法第60条规定:"只有一个股东的有限责任公司不设股东会。"本法第172条规定:"国有独资公司不设股东会,由履行出资人职责的机构行使股东会职权。"

2. 股东会由全体股东组成。根据本法第4条规定,公司股东对公司依法享有资产收益、参与重大决策和选择管理者等权利。参与股东会是保障股东行使权利的基础,为保障股东权益,股东会由全体股东组成,即使持股很少的中小股东也是股东会的成员。需要注意的是,股东会和股东会会议不同,前者是公司的权力机构,是公司的组织机构之一;后者是股东会所召开的会议,分为定期会议和临时会议。

3. 股东会是公司的权力机构，依照本法规定行使职权。股东会采会议和决议的方式行使权力。根据本法第 59 条规定，股东会享有选举和更换董事、监事，决定有关董事、监事的报酬事项，审议批准董事会的报告，审议批准监事会的报告，审议批准公司的利润分配方案和弥补亏损方案，对公司增加或者减少注册资本作出决议，对发行公司债券作出决议，对公司合并、分立、解散、清算或者变更公司形式作出决议，修改公司章程，以及公司章程规定的其他职权。

◆ **关联规范**

《民法典》（2021 年 1 月 1 日起施行）

第 80 条　【营利法人的权力机构】营利法人应当设权力机构。

权力机构行使修改法人章程，选举或者更换执行机构、监督机构成员，以及法人章程规定的其他职权。

第五十九条　【股东会职权】

股东会行使下列职权：

（一）选举和更换董事、监事，决定有关董事、监事的报酬事项；

（二）审议批准董事会的报告；

（三）审议批准监事会的报告；

（四）审议批准公司的利润分配方案和弥补亏损方案；

（五）对公司增加或者减少注册资本作出决议；

（六）对发行公司债券作出决议；

(七)对公司合并、分立、解散、清算或者变更公司形式作出决议；

　　(八)修改公司章程；

　　(九)公司章程规定的其他职权。

　　股东会可以授权董事会对发行公司债券作出决议。

　　对本条第一款所列事项股东以书面形式一致表示同意的，可以不召开股东会会议，直接作出决定，并由全体股东在决定文件上签名或者盖章。

◆ 条文主旨

本条规定了有限责任公司股东会的职权。

◆ 修改情况

在2018年《公司法》第37条的基础上，本条作出如下修改：

其一，删除了"决定公司的经营方针和投资计划""审议批准公司的年度财务预算方案、决算方案"两项职权。

其二，增加了本条第2款，允许股东会授权董事会对发行公司债券作出决议。

其三，本条第3款将全体股东一致同意的书面决定形式的签署方式由"签名、盖章"修改为"签名或者盖章"。

◆ 条文注释

在公司治理实践中，股东会、董事会与经理的分权关系历来为关注重点，也存在较多的解释争议。在2023年《公司法》修订中，伴随着强化董事会在公司治理中地位的改革思路，股东会的职权配置也存在联动关系。故而，对本条理解不应当局限于本条规定，还应当关注本法第67条所规定的董事会职权。本条主要规定了股东会的具体职权、授权事项以及特殊情形下股东会的书面决定方式。

一、股东会的职权列举

股东会作为公司的权力机构,其决定的事项一般是公司的重大事项,对公司利益和股东利益具有重要的影响。根据本条第1款规定,股东会的职权包括法定职权和章定职权两部分。其中,法定职权包括以下内容:

1. 选举和更换董事、监事,决定有关董事、监事的报酬事项。现代公司以委托管理为基本特征,所有权与管理权的分离是公司治理的基本逻辑。股东会通过选举产生董事会、监事会进行公司管理,选举和更换董事、监事是股东的固有权利,公司章程不得限制或者剥夺。需要注意的是,董事会和监事会中的职工代表,由公司职工通过职工代表大会、职工大会或者其他形式民主选举产生,不由股东会选举产生,也不由股东会更换。

2. 审议批准董事会、监事会的报告。董事会、监事会由股东会选任产生,需要向股东会报告工作。由股东会审议批准董事会、监事会的报告,不仅有助于股东了解公司的经营情况,也是对董事会、监事会工作的监督,确保公司经营符合股东的投资预期。

3. 审议批准公司的利润分配方案和弥补亏损方案。本法第67条规定,董事会负责制订公司的利润分配方案和弥补亏损方案,股东会负责审议批准。股东收益权是股权的核心内容,也是股东投资于公司的重要目的。利润分配方案和弥补亏损方案与股东收益权密切相关,故本条规定二者须由股东会作出决议。从权力配置模式来看,利润分配和弥补亏损的决策权实际上由股东会和董事会共同行使。在本轮公司法修订过程中,有意见建议将公司的利润分配和弥补亏损的决策权配置给董事会行使,更契合董事会的商业判断职能,但2023年《公司法》最终未予以采纳。

4. 对公司增加或者减少注册资本作出决议。增加和减少注册资本将导致公司资本和资产的变化，对公司利益有重大影响。在增资和减资过程中，还通常涉及股权增减、股权比例变化甚至股东的变化，是公司的重大事项。

5. 对发行公司债券作出决议。发行债券将影响公司的资产负债结构，严重的清偿不能将导致公司破产。在公开发行公司债券的过程中，还可能涉及公众投资者的利益。不同于股东会的其他法定职权，本条第2款特别规定，本项职权允许股东会授权董事会行使。

6. 对公司合并、分立、解散、清算或者变更公司形式作出决议。公司合并是指两个或两个以上的公司不经清算程序直接合并为一个公司，包括吸收合并和新设合并。公司分立是指一个公司不经清算程序，分为两个或两个以上的公司，包括新设分立和派生分立。变更公司形式在我国包括两种情况：一是有限责任公司变更为股份有限责任公司，二是股份有限公司变更为有限责任公司。公司解散导致公司进入清算程序，进而消灭公司人格。清算是指公司解散或宣告破产后，清理公司所有事务及财产，最终使公司终止。前述变化均属公司的重大变化，本法规定由股东会予以决议。

7. 修改公司章程。公司章程是由公司依法制定的，旨在规范公司组织与行为的自治性规范文件，对公司、股东、董事、监事和高级管理人员具有约束力。有限责任公司设立时，公司章程由股东共同制定，由股东会决议修改。

虽然前述事项均为股东会的职权，但各事项的决议通过比例并不相同。对于修改公司章程、增加或者减少注册资本的决议，以及公司合并、分立、解散或者变更公司形式等事项，股东会会议作出决议应当经代表2/3以上表决权的股东通过。除这些特别事项之外，其他事项经过半数的表决权通过即可。

除了前述法定职权之外，股东会还可以行使公司章程规定的其他职权，即章定职权。对于此类事项，公司章程可以自行安排调整。

比如，重大资产处置、借贷、关联交易等事项，公司可以在章程中分配给股东会或董事会。

二、股东会可授权董事会的事项

在公司治理实践中，经常出现公司通过章程或者股东会决议将本条所规定的职权授权给董事会行使的现象。该种授权方式是否有效？是司法实践中的一大争议点。从本条和本法第 67 条的立法本旨来看，该两条规定的股东会职权和董事会职权均采法定模式，不允许通过公司章程进行调整。究其原因，本条所规定的股东会权力本质上系属于所有者权力，这些事项是股东作为公司所有者对关涉公司最根本的事项而保留的权力。本法第 67 条规定的事项系属于公司经营者权力，是公司管理者对公司经营管理事项所享有的权力。因此，二者具有本质不同，既不能穿越行使，也不能随意授权调整。

在 2023 年《公司法》修订过程中，有意见认为，从 2018 年《公司法》的权力配置来看，董事会和经理的法定职权固然都是经营者权力，但股东会的权力却不止于所有者权力，还包括部分经营者权力，如经营方针和投资计划的决定权，有待通过法律修改进行调整。进一步而言，在很多情形下所有者权力和经营者权力同时有所体现，如修订公司章程、利润分配、公司的重大事项变更等往往同时涉及公司经营者和所有者利益，这些事项究竟归属于所有者权力抑或经营者权力，其决策权如何分配，主要取决于立法者的价值判断视角。例如，利润分配通常被认为是所有者权力事项，但如果从公司利益的视角观察，利润分配事项与公司经营更为攸关。[1]

2021 年 12 月公布的《公司法（修订草案一审稿）》，曾删除了董事会职权的具体列举，改采董事会职权的概括授予条款。这种规定方式虽然明确了公司剩余权力的归属，但并未解决前述授权机制

---

[1] 刘斌：《董事会权力的失焦与矫正》，载《法律科学》2023 年第 1 期。

的合法性问题。对此,2023年9月公布的《公司法(修订草案三审稿)》引入了授权模式,即明确允许股东会可以将某些事项授权给董事会。在此背景下,本条第2款新增规定,股东会可以授权董事会对发行公司债券作出决议。虽然在本条修改过程有意见建议增加股东会的可授权事项范围,但是,最终通过的本条仅允许就发行公司债券事项进行授权,并未允许股东会就其他法定职权进行授权。

三、股东会的书面决定

本条第3款规定了有限责任公司股东会的书面决定制度,即对本条第一款所列事项股东以书面形式一致表示同意的,可以不召开股东会会议,直接作出决定,并由全体股东在决定文件上签名或者盖章。在我国实践中,绝大多数有限责任公司股东人数较少,封闭性强。如果全体股东一致同意,即使不召开会议,也并不影响全体股东意思的形成。有基于此,本条第3款规定了股东会通过书面决议进行决定、行使职权的方式。此时,不仅需要全体股东一致同意,全体股东还必须在决定文件上签名或者盖章。

需要注意的是,本法仅设定了有限责任公司股东会书面决定时的会议豁免,董事会、监事会、审计委员会等组织机构,仍然应当按照法律和章程规定召开会议并作出决议。

◆ **关联规范**

《**民法典**》(2021年1月1日起施行)

第80条 营利法人应当设权力机构。

权力机构行使修改法人章程,选举或者更换执行机构、监督机构成员,以及法人章程规定的其他职权。

> **第六十条　【一人公司的股东决定】**
> 只有一个股东的有限责任公司不设股东会。股东作出前条第一款所列事项的决定时,应当采用书面形式,并由股东签名或者盖章后置备于公司。

◆ **条文主旨**

本条规定了一人有限公司的股东决定。

◆ **修改情况**

在股东签署决定的形式上,本条在 2018 年《公司法》第 61 条所规定的"签名"之外,增加了"盖章"形式,从而涵盖了股东为自然人之外其他主体的情形。

◆ **条文注释**

一人有限责任公司只有一个股东,没有设立股东会的必要。公司法上赋予股东会的职权,由一人股东独自行使。由于一人公司的股东只此一人,也无须召开会议,只需要采取书面形式作出决定,由股东签名或者盖章后置备于公司即可。

> **第六十一条　【首次股东会会议】**
> 首次股东会会议由出资最多的股东召集和主持,依照本法规定行使职权。

◆ **条文主旨**

本条规定了首次股东会会议的召集和主持。

◆ **修改情况**

本条对 2018 年《公司法》第 38 条未作修改。

◆ **条文注释**

在召开首次股东会时，尚未选举董事、监事，也未成立董事会、监事会等组织机构。在股东会决议中，资本多数决是其一般规则。出资最多的股东通常表决权比例最大，对公司事务有更大的影响力和决策权，在公司中所涉利益最多，公司的运营情况对其影响最大。因此，本条规定，首次股东会会议由出资最多的股东召集和主持。

第六十二条　【股东会定期会议和临时会议】
股东会会议分为定期会议和临时会议。
定期会议应当按照公司章程的规定按时召开。代表十分之一以上表决权的股东、三分之一以上的董事或者监事会提议召开临时会议的，应当召开临时会议。

◆ **条文主旨**

本条规定了股东会会议的类型和召开规则。

◆ **修改情况**

本条删除了 2018 年《公司法》第 39 条中"不设监事会的公司的监事"作为提议召开临时会议主体的列举，将其统筹至本法第 83 条，从而统一规定为不设监事会的公司的监事行使监事会的职权。

◆ **条文注释**

本条规定了股东会会议的两种形式：定期会议和临时会议。
定期会议，也称普通会议、股东常会、股东年会，是指根据公司章程的规定定期召开的股东会议,通常为一年一次。

临时会议,也称特别会议,是指定期会议之外,由特定的主体提议召开的股东会会议。本条规定了可以提议召开临时股东会会议的三类主体:代表 1/10 以上表决权的股东、1/3 以上的董事或者监事会。当前述 3 类主体提议召开临时会议时,公司应当根据本法第 63 条规定召开临时股东会会议。

> **第六十三条 【股东会会议的召集与主持】**
>
> 股东会会议由董事会召集,董事长主持;董事长不能履行职务或者不履行职务的,由副董事长主持;副董事长不能履行职务或者不履行职务的,由过半数的董事共同推举一名董事主持。
>
> 董事会不能履行或者不履行召集股东会会议职责的,由监事会召集和主持;监事会不召集和主持的,代表十分之一以上表决权的股东可以自行召集和主持。

◆ **条文主旨**

本条规定了有限责任公司股东会会议的召集和主持规则。

◆ **修改情况**

因 2023 年《公司法》修订中执行董事概念的含义变化,本条删除了 2018 年《公司法》第 40 条第 2 款所规定的"有限责任公司不设董事会的,股东会会议由执行董事召集和主持"及有关"执行董事"的表述。同时删除了"不设监事会的公司的监事"作为股东会会议召集权主体的列举,将其统筹至本法第 83 条,统一规定为不设监事会的公司的监事行使监事会的职权。

此外，将"由半数以上董事共同推举"修改为"由过半数的董事共同推举"。

◆ **条文注释**

有限责任公司的股东会召开会议和进行表决，必须遵守法定的会议程序，否则将导致决议效力瑕疵。会议的程序规则包括召集与主持规则、通知与记录规则、议事方式、表决规则等内容。其中，本条规定了有限责任公司股东会会议的召集与主持规则。

根据本条规定，股东会会议的召集主体包括董事会、监事会、代表 1/10 以上表决权的股东。前述三类主体存在召集权的行使顺位。

首先，在一般情况下，股东会会议由董事会召集，董事长主持。董事长不能履行职务或者不履行职务的，由副董事长主持；副董事长不能履行职务或者不履行职务的，由过半数的董事共同推举一名董事主持。所谓"不能履行"，即客观不能，是指客观原因导致的不能履行；所谓"不履行"，即主观不能，是指虽然客观上能够履行却拒绝履行。

其次，董事会不能履行或者不履行召集股东会会议职责的，由监事会召集和主持。此时，既包括客观不能，也包括主观不能。监事会是公司的监督机构，在董事会不履行其法定职责时，由监事会负责召集和主持。

最后，监事会不召集和主持的，代表 1/10 以上表决权的股东可以自行召集和主持股东会会议。为了避免公司陷入无法召集会议的困境，保障中小股东权益，本条允许代表 1/10 以上表决权的股东自行召集和主持股东会会议。该比例与本法第 62 条规定的提议召开临时股东会的表决权比例一致。之所以将表决权比例限制为 1/10，是为了防止少数股东滥用权利，通过反复召集股东会会议损害公司和其他股东利益。

召集和主持股东会会议，既是董事会、监事会的权利，也是其义务。如果其违反法律或章程的规定而怠于召集、主持股东会会议，将构成勤勉义务之违反，导致法律责任。

◆ 案例指引

【典型案例】兰某河与北京中鑫伟业公路工程监理有限公司等公司决议撤销纠纷案（北京市高级人民法院（2021）京民申 5520 号）

裁判要旨

第一，关于案涉股东会召开程序问题。公司法规定，召开股东会会议，应当于会议召开 15 日前通知全体股东；但是，公司章程另有规定或者全体股东另有约定的除外。中鑫公司章程第 20 条规定，应当于会议召开 15 日前通知全体股东。案涉股东会决议的会议虽仅提前 8 天通知召开，但兰某河对此并未明确提出异议，且最终参加了股东会会议并充分表达了意见、行使了表决权，属于《公司法司法解释（四）》第 4 条规定中"会议召集程序或者表决方式仅有轻微瑕疵，且对决议未产生实质影响的"的情形，因此会议召集程序不违反规定。

第二，关于案涉股东会决议表决事项是否存在超出召集通知载明的会议议题决议事项情形。兰某河主张案涉股东会召集通知载明的会议议题决议事项不包括选举法定代表人事项，且议题内容具有不确定性。本院认为，2018 年《公司法》第 102 条对于股份有限公司召开股东大会仅规定应当将审议事项通知各股东，而对有限责任公司召开股东会的通知并未强调要列明审议事项。据此列明审议事项并非有限责任公司召开股东会通知的法定要求。同时，中鑫公司章程亦未规定此项要求。故从通知的适当性考虑，鉴于中北交通公司向兰某河发出的《关于提议召开北京中鑫伟业公路工程监理有限公司股东会临时会议的函》已载明审议修改《章程》，重新选举公司总经理、监事、财务人员，调整部分人员岗位工作，协商重新开设中鑫伟业银行基本账户等事宜，总结经验、完善公司总体布局四项股东会待审议议题，且事后案涉股东会会议作出的决议也未超出该通知所载明的议题范围，应当认为中北交通公司尽到了必要的通知义务。故兰某河以此主张股东会决议内容违反公司章程，缺乏事实和法律依据。

> **第六十四条　【股东会会议的通知与记录】**
> 召开股东会会议，应当于会议召开十五日前通知全体股东；但是，公司章程另有规定或者全体股东另有约定的除外。
> 股东会应当对所议事项的决定作成会议记录，出席会议的股东应当在会议记录上签名或者盖章。

◆ **条文主旨**

本条规定了有限责任公司股东会会议的通知与会议记录规则。

◆ **修改情况**

本条在2018年《公司法》第41条的基础之上，在第2款对股东会会议的会议记录上，新增了出席股东可以盖章，完善了股东会会议的记录规则。

◆ **条文注释**

一、股东会会议的通知规则

本条第1款规定了股东会会议的通知规则。

参加股东会会议，是每一位股东的固有权利，无论其持股多少。

股东参加股东会会议的前提是收到股东会会议的通知。本条第1款规定，召开股东会会议，应当于会议召开15日前通知全体股东。根据该规定，提前通知的时间应该至少为会议召开前的15日，通知对象为全体股东。在通知内容上，本条未作特别规定，解释上应包括会议时间、会议地点、审议事项等内容。在通知主体上，本条亦未作规定，根据本法第63条规定，股东会会议的召集主体，应当也是负责通知的主体。至于通知方式，本条未作强制性的要求，解释上认为不限于书面方式，通过电话、即时通讯工具等股东可以确认收悉的方式进行亦可。对于前述事项，公司章程可以另有规定，全体股东也可以另有约定。

二、股东会会议的记录规则

本条第2款规定了股东会会议的记录规则，即股东会应当对所议事项的决定作成会议记录，出席会议的股东应当在会议记录上签名或者盖章。会议记录是对会议内容的记载，也是证明会议召开和决议内容的证据。股东会会议记录是公司的重要文件，应当妥善保存。根据本法第57条规定，股东会会议记录是股东可以行使知情权的对象，股东可以查阅、复制之。

◆ 案例指引

【典型案例】 陈某新与上海国电实业有限公司与公司有关的纠纷案（上海市第二中级人民法院（2007）沪二中民三（商）终字第443号判决书）

裁判要旨

陈某新之妻叶某瑛于12月4日签收通知，从签收次日至股东会召开日仅14日，通知时限确与《公司法》的规定有所不符。但从《公司法》关于通知时限的本义分析，其目的是保障股东有足够的时间对股东会需要审议事项进行相应准备，确保股东有效行使权利。

本案中，对系争股东会审议的相关事项，公司其他股东于 2005 年 12 月开始即不断提出，在陈某新拒绝召集股东会的情况下，通过监事召集临时股东会议的方式进行审议。因此，陈某新对审议的事项应属明知，通知时限短少 1 日并不影响其对审议事项进行准备，也不影响其股东权利的实际行使。从公司治理的效率原则以及股东行使权利应遵循诚信原则出发，《公司法》规定的通知时限，不能成为股东拒绝参加股东会议的当然理由。如陈某新认为该通知时限过短，影响到其对审议事项的准备，应当向公司明示异议，并提出合理的理由。陈某新以收到通知距股东会召开之日不满 15 日为由，要求撤销股东会决议，不符合诚信原则。系争股东会的召集程序、表决方式及决议内容等并不违反公司章程及公司法的实质规定，原告主张撤销股东会决议的诉求缺乏依据。

> **第六十五条　【股东表决权行使】**
> 　　股东会会议由股东按照出资比例行使表决权；但是，公司章程另有规定的除外。

◆ 条文主旨

本条规定了股东的表决权行使规则。

◆ 修改情况

本条对 2018 年《公司法》第 42 条未作修改。

◆ 条文注释

股东会会议实行资本多数决原则，由股东按照其表决权比例行使权利。通常而言，股东表决权乃是基于其出资比例，与其出资比例一致。但是，本法也允许公司章程另作规定，从而按照其他标准配置股东表决权。比如，在章程中赋予有限责任公司的创始股东以较多的表决权。

在实践中，就本条所规定的"出资比例"究竟是指认缴比例抑或实缴比例产生了诸多争议。对此，在章程没有特别安排的情况下，应当以认缴比例行使表决权。表决权作为一项共益权，其并不像利润分配请求权、新股优先认购权等权利与实际出资的关系密切。股东一旦认缴出资，即负担足额缴纳出资的义务，享有股东权利。

对于表决权能否受限的问题，《九民纪要》第7条规定，股东认缴的出资未届履行期限，对未缴纳部分的出资是否享有以及如何行使表决权等问题，应当根据公司章程来确定。公司章程没有规定的，应当按照认缴出资的比例确定。如果股东会作出不按认缴出资比例而按实际出资比例或者其他标准确定表决权的决议，人民法院应当审查该决议是否符合修改公司章程所要求的表决程序，即必须经代表2/3以上表决权的股东通过。对于合法的章程修改所规定的前述限制，属合法限制。

◆ **关联规范**

《九民纪要》（2019年11月8日起施行）

7.【**表决权能否受限**】股东认缴的出资未届履行期限，对未缴纳部分的出资是否享有以及如何行使表决权等问题，应当根据公司章程来确定。公司章程没有规定的，应当按照认缴出资的比例确定。如果股东（大）会作出不按认缴出资比例而按实际出资比例或者其他标准确定表决权的决议，股东请求确认决议无效的，人民法院应当审查该决议是否符合修改公司章程所要求的表决程序，即必须经代表三分之二以上表决权的股东通过。符合的，人民法院不予支持；反之，则依法予以支持。

◆ **案例指引**

【典型案例】俞某根与梁某力股东会决议效力纠纷案（江苏省南京市（2012）宁商终字第991号，载《人民司法·案例》2013年第10期）

裁判要旨

关于表决权数的问题，根据公司法规定，出资与表决权可以适度分离，是依据出资比例还是依据股权比例来确定股东表决权，可归于公司自治权。本案中，工商备案的公司章程载明梁某力的出资比例为73.53%，而股东会会议却载明梁某力占公司股权51%，两者不相一致，但结合股东签名确认的股东会协议书可以确认，梁某力出资300万元、占公司股权51%应是云帆公司各股东的真实意思表示，符合公司法规定，故梁某力在云帆公司享有的表决权数应为51%。

关于未足额出资股东表决权应否受到限制的问题。表决权是股东的一项法定权利，是否因股东未履行或未全面履行出资义务而受到限制，公司法对此并未作出明确规定。2011年《公司法司法解释（三）》第17条虽然明确规定公司可对瑕疵出资股东的利润分配请求权、新股优先认购权、剩余财产分配请求权等股东权利进行限制，但限制的权利范围只明确为股东自益权，并未指向股东共益权。表决权作为股东参与公司管理的经济民主权利，原则上属于共益权，但又具有一定的特殊性，股东通过资本多数决的表决权机制选择或罢免董事、确立公司的运营方式、决策重大事项等，借以实现对公司的有效管理和控制，其中也包括控制公司财产权，故表决权实质上是一种控制权，同时亦兼有保障自益权行使和实现之功能，具有工具性质。如果让未尽出资义务的股东通过行使表决权控制公司，不仅不符合权利与义务对等、利益与风险一致的原则，也不利于公司的长远发展。因此，公司通过公司章程或股东会决议对瑕疵出资股东的表决权进行合理限制，更能体现法律的公平公正，亦符合公司法和司法解释有关规定之立法精神，可以得到支持。就本案而言，首先，梁某力在行使表决权时第二期出资期限尚未届满，其分期出资的行为具有合法性。其次，云帆公司章程、股东会决议或者协议书均未作出有关梁某力在第二期出资期限届满前应按其实际出资比例折算股权比例来行使表决权等类似规定。故俞某根主张梁某力51%股权只能行使22.1%表决权，缺乏依据，因此，云帆公司2011年1月26日的股东会决议有效。

【典型案例】 重庆鑫荣建筑工程有限公司等与重庆中川建设有限公司股东表决权纠纷案（重庆市第五中级人民法院（2011）渝五中法民终字第1989号，载《人民司法·案例》2012年第10期）

裁判要旨

重庆中川建设有限公司系依法成立的有限责任公司。鑫荣建筑工程有限公司、荣昌建筑安装工程二公司和旭立建筑工程有限责任公司在增资入股时，其实物出资虽经验资和工商登记，但一直由该三公司占有使用至今，且该三公司并未提供证据已将出资的实物转移登记至中川建设有限公司，并办理相应的所有权变更手续，故其实物出资不能认定为实缴出资。2006年7月20日，中川建设有限公司和鑫荣建筑工程有限公司、荣昌建筑安装工程二公司、旭立建筑工程有限责任公司签订会议纪要后，中川建设有限公司已将货币出资退还给鑫荣建筑工程有限公司、荣昌建筑安装工程二公司、旭立建筑工程有限责任公司。股东违反出资义务，公司可依据股东实缴的出资比例，对其表决权作出相应限制，故中川建设有限公司有权对该三公司的表决权予以限制。因此，2009年12月31日的股东会，经到会全体股东口头同意按一人一票进行表决，是有表决权的股东一致意思表示，应予认可。

第六十六条　【股东会会议的议事方式和表决程序】

股东会的议事方式和表决程序,除本法有规定的外,由公司章程规定。

股东会作出决议,应当经代表过半数表决权的股东通过。

股东会作出修改公司章程、增加或者减少注册资本的决议,以及公司合并、分立、解散或者变更公司形式的决议,应当经代表三分之二以上表决权的股东通过。

◆ 条文主旨

本条规定了有限责任公司股东会的议事方式、表决程序和表决比例。

◆ 修改情况

本条在 2018 年《公司法》第 43 条的基础上,增加了本条第 2 款规定,明确了股东会普通决议的表决程序,即须经代表过半数表决权的股东通过。第 3 款在文字变动上,删除"股东会会议"中"会议"二字,将"必须"改为"应当"经代表 2/3 以上表决权的股东通过。

◆ 条文注释

相较于股份有限公司,有限责任公司有较强的封闭性,其公司治理规则也呈现出了较多的自治性。本条第 1 款规定,股东会的议事方式和表决程序,除本法有规定的外,由公司章程规定。所谓"本法有规定"的,如本条第 2 款和第 3 款规定的表决比例。除了表决比例之外的其他表决程序事项,章程可以另作规定。

本条第 2 款为新增条款,填补了之前的法律漏洞。2018 年《公司法》第 43 条并未规定普通决议的通过比例，需要予以解释。根据本款规定，股东会作出决议应当经代表过半数表决权的股东通过。如果赞成票仅为半数本数，则决议未通过。

本条第 3 款规定了重大事项的特别决议规则。修改公司章程、增加或者减少注册资本的决议，以及公司合并、分立、解散或者变更公司形式等事项，属于公司的重大事项，应当经代表 2/3 以上表决权的股东通过。需注意，此处通过比例的计算分母为公司全体股东所持表决权，而非出席会议的股东所持表决权。

第六十七条　【董事会职权】

有限责任公司设董事会，本法第七十五条另有规定的除外。董事会行使下列职权：

（一）召集股东会会议，并向股东会报告工作；

（二）执行股东会的决议；

（三）决定公司的经营计划和投资方案；

（四）制订公司的利润分配方案和弥补亏损方案；

（五）制订公司增加或者减少注册资本以及发行公司债券的方案；

（六）制订公司合并、分立、解散或者变更公司形式的方案；

（七）决定公司内部管理机构的设置；

（八）决定聘任或者解聘公司经理及其报酬事项，并根据经理的提名决定聘任或者解聘公司副经理、财务负责人及其报酬事项；

> （九）制定公司的基本管理制度；
> （十）公司章程规定或者股东会授予的其他职权。
> 公司章程对董事会职权的限制不得对抗善意相对人。

◆ **条文主旨**

本条规定了有限责任公司董事会的职权。

◆ **修改情况**

本条在2018年《公司法》第46条的基础上，作出如下修改：

其一，本条第1款删除了董事会对股东会负责的表述，增加了有限责任公司设董事会的规定，但本法第75条另有规定的除外。

其二，本条第2款删除了2018年《公司法》第46条中董事会具有"制订公司的年度财务预算方案、决算方案"的职权，与本法第59条对2018年《公司法》第37条中股东会"审议批准公司的年度财务预算方案、决算方案"两项职权删除相衔接；本条第2款第10项在既有的"公司章程规定的其他职权"基础上，增加规定董事会行使"股东会授予的其他职权"。

其三，本条第3款增加规定了公司章程对董事会职权的限制不得对抗善意相对人的规定。

◆ **条文注释**

董事会是公司治理的核心，其权力配置不仅对公司治理制度具有系统性影响，同时也关涉公司资本制度的设置与变革。自1993年以来，我国公司法对董事会职权一直采封闭性的具体列举方式。为了放松管制，2005年修订后的《公司法》在董事会职权列举中增加了"公司章程规定的其他职权"的兜底条款，以通过章程自治的方式进一步厘定董事会与股东会的权力划分问题。从权力属性来看，董事会的职权属于法定职权，不能通过章程的方式分配给其他机构，也不能随意剥夺。除了十项法定权力之外，尚有兜底条款允许公司章程赋予董事会其他权力。2023年《公司法》修订，以突出董事会在公司治理中的地位为一大修法主线，该主线不但贯穿了公司治理制度，也与公司资本制度中的相关规则关系密切，比如董事催缴义务与责任。

一、条文形成过程

强化董事会在公司治理中的地位是本轮公司法修订的重要目标。2021年12月《公司法（修订草案一审稿）》审议说明指出，突出董事会在公司治理中的地位，并根据《民法典》的有关规定，明确董事会是公司的执行机构。该草案删除了2018年《公司法》对董事会的职权列举，改采概括式立法模式。在董事会权力范围上，该草案第62条规定，董事会行使"本法和公司章程规定属于股东会职权之外的职权"。与之相匹配，该草案第69条对经理的职权列举也作了删除处理，概括规定为根据公司章程的规定或者董事会的授权行使职权。从形式上来看，《公司法（修订草案一审稿）》对董事会职权的规定与美国《示范公司法》第8.01条相类似。后者规定，公司所有权力应由董事会或者在董事会授权下行使，公司的经营或事务应由董事会管理或者在其指导下管理，除非公司章程或者经第7.32条的股东协议另有安排。类似的立法例还有美国《特拉华州公司法》第141条（a）款："依（本法）本章组建的公司，其业务或事务应由董事会管理或在董事会指令之下管理，除非（本法）本章或公司章程另有规定。"从条文文义来看，《公司法（修订草案一审稿）》所明确的"剩余权力"不仅涵盖了董事会的既有权力事项，也进一步扩大至公司法和公司章程未明确划分的事项，从逻辑上来看董事会的权力范围将进一步扩张，反映了"突出董事会在公司治理中的地位"的修法思路，具有重要价值。

2022年12月，《公司法（修订草案二审稿）》又恢复了董事会的职权列举。该草案的审议说明指出，有的常委委员、地方、部门和专家学者、社会公众建议进一步完善公司组织机构设置及其职权相关规定，提升公司治理效果。宪法和法律委员会经研究，建议进一步厘清股东会和董事会的职权划分，恢复现行公司法关于董事会职权的列举规定。但是，《公司法（修订草案二审稿）》并未完全恢复 2018 年《公司法》中全部的董事会职权，而是删除了"（三）决定公司的经营计划和投资方案；（四）制订公司的年度财务预算方案、决算方案"两项职权。相应地，也删除了股东会"决定公司的经营方针和投资计划""审议批准公司的年度财务预算方案、决算方案"两项职权。《公司法（修订草案三审稿）》予以延续。

《公司法（修订草案三审稿）》公开征求意见后，有意见认为，公司的经营计划和投资方案是公司的重大事项，应当由董事会决议。因此，在《公司法（修订草案四审稿）》中，又恢复了"决定公司的经营计划和投资方案"的规定。最终通过的 2023 年《公司法》中，该项修改被保留。

二、条文主旨

1. 董事会为公司必设机构

根据本条规定，董事会是有限责任公司的必设机构，本法第 75 条规定的除外。本法第 75 条规定，规模较小或者股东人数较少的有限责任公司，可以不设董事会，设一名董事，行使本法规定的董事会的职权。现代公司以委托管理为其基本特征，董事会在公司治理中处于核心地位，负担经营决策或监督管理的核心职能。

2017 年通过的《民法总则》（已失效）第 80 条和第 81 条分别规定，营利法人应当设权力机构和执行机构，董事会或执行董事或章程规定的主要负责人为执行机构，该规定为《民法典》所保留。在《民法典》的基础上，2021 年 12 月《公司法（修订草案一审稿)》第 62 条和第 124 条进一步规定了董事会是公司的执行机构。但是，董事会的功能较为复杂，可能肩负执行、经营决策、监督等多重功能。比如，在外部董事占多数的国家出资公司中，董事会更多发挥的是监督功能。因此，在后续的《公司法（修订草案）》审议稿中，该定位被删除，表明了董事会不能简单被定性为执行机构的立场。易言之，公司由董事会负责经营管理或者在董事会监督之下进行经营管理，这是公司董事会的基本职能定位。

2. 董事会的权力事项

本条第 2 款规定了董事会的下列职权：

(1) 召集股东会会议，并向股东会报告工作。本法第 63 条规定，股东会会议由董事会召集，董事长主持。董事会不能履行或者不履行召集股东会会议职责的，由监事会召集和主持；监事会不召集和主持的，代表 1/10 以上表决权的股东可以自行召集和主持。对于董事会的工作报告，本法第 59 条规定由股东会审议批准。

(2) 执行股东会的决议。从积极的角度而言，对于股东会所作出的利润分配、弥补亏损、增资减资、发行公司债券、合并分立、解散清算、变更公司形式等事项决议，董事会负责执行。从消极的角度而言，本法第 125 条规定，董事会的决议违反法律、行政法规或者公司章程、股东会决议，给公司造成严重损失的，参与决议的董事对公司负赔偿责任。因此，董事会决议不得违反股东会决议。

(3) 决定公司的经营计划和投资方案。虽然本项与 2018 年《公司法》的规定相同，但是，需要注意的是，本法删除了第 59 条中股东会与董事会具有竞争性的相应权力，即股东会"决定公司的经营方针和投资计划"的权力。由此解决了长期以来经营方针与经营计划、投资计划与投资方案的区分困难和实践争议。究其实质，无论是经营事项，抑或是投资事项，除非其触及结构性变更，否则均属于商事裁量事项，应调整至董事会行使。

（4）制订公司的利润分配方案和弥补亏损方案。公司利润分配和亏损弥补，不仅与股东利益密切相关，更直接影响公司利益。如果过度分配公司利润，将导致公司资金的流动性下降。因此，本法将利润分配的决策权配置给董事会和股东会共同行使，以避免对公司利益和股东利益造成损害。亏损弥补方案同样如此，既关涉公司利益，也涉及股东利益。因此，本法也将制订方案的权利配置给董事会，将批准的权利配置给股东会。

（5）制订公司增加或者减少注册资本以及发行公司债券的方案。公司之所以要进行增资、减资、发行债券，应当首先考量公司利益，由董事会制订方案，然后提交股东会批准。

（6）制订公司合并、分立、解散或者变更公司形式的方案。公司合并、分立、解散、变更公司形式，均系对公司利益有重大影响的事项。本法规定，首先由董事会制订方案，然后提交股东会批准。

（7）决定公司内部管理机构的设置。该权利为董事会的法定职权，比如公司的机构设置、部门设置、合规组织安排等，均由董事会自行决定。

（8）决定聘任或者解聘公司经理及其报酬事项，并根据经理的提名决定聘任或者解聘公司副经理、财务负责人及其报酬事项。根据本法第74条规定，有限责任公司可以设经理，由董事会决定聘任或者解聘。经理对董事会负责，根据公司章程的规定或者董事会的授权行使职权。经理可以提名副经理、财务负责人，由董事会决定。

（9）制定公司的基本管理制度。公司经营管理涉及人事、财务、业务、法务、合规等多个方面，需要制定相应的内部管理制度。根据本项规定，董事会负责制定公司的基本管理制度。对于较为具体的管理制度，可由各职能部门或业务部门制定。

除了前述法定职权之外，董事会的职权还包括公司章程规定或者股东会授予的其他职权。2023年《公司法》在既有的"公司章程规定的其他职权"基础上,增加规定董事会行使"股东会授予的其他职权"。之所以增加该规定,是为了对应本法第59条第2款规定的"股东会可以授权董事会对发行公司债券作出决议"。除了发行债券之外,股东会的其他法定职权不允许通过授权的方式交由董事会行使。

3. 公司章程限制董事会权力的效力

本条第3款规定,公司章程对董事会权力的限制不得对抗善意相对人。在公司治理实践中,不乏公司通过章程对董事会权力作出限制。由于我国公司法上公司章程不属于公示事项,相对人也难以通过国家企业信用信息公示系统获得相关信息,不产生公示效力。对此,相对人不负审查义务,公司章程所作限制不得对抗善意相对人。如果相对人非为善意的,不受本条所限。

◆ 关联规范

《民法典》(2021年1月1日起施行)

第81条 【营利法人的执行机构】营利法人应当设执行机构。

执行机构行使召集权力机构会议,决定法人的经营计划和投资方案,决定法人内部管理机构的设置,以及法人章程规定的其他职权。

执行机构为董事会或者执行董事的,董事长、执行董事或者经理按照法人章程的规定担任法定代表人;未设董事会或者执行董事的,法人章程规定的主要负责人为其执行机构和法定代表人。

◆ 案例指引

【指导案例10号】李某军诉上海佳动力环保科技有限公司公司决议撤销纠纷案(上海市第二中级人民法院(2010)沪二中民四(商)终字第436号,载《最高人民法院公报》2013年第2期)

裁判要旨

从表决方式看,根据佳动力公司章程规定,对所议事项作出的决定应由占全体股东2/3以上的董事表决通过方才有效，上述董事会决议由三位股东（兼董事）中的两名表决通过，故在表决方式上未违反法律、行政法规或公司章程的规定。从决议内容看，佳动力公司章程规定董事会有权解聘公司经理，董事会决议内容中"总经理李某军不经董事会同意私自动用公司资金在二级市场炒股，造成巨大损失"的陈述，仅是董事会解聘李某军总经理职务的原因，而解聘李某军总经理职务的决议内容本身并不违反公司章程。

董事会决议解聘李某军总经理职务的原因如果不存在，并不导致董事会决议撤销。首先，公司法尊重公司自治，公司内部法律关系原则上由公司自治机制调整，司法机关原则上不介入公司内部事务；其次，佳动力公司的章程中未对董事会解聘公司经理的职权作出限制，并未规定董事会解聘公司经理必须有一定原因，该章程内容未违反公司法的强制性规定，应认定有效，因此佳动力公司董事会可以行使公司章程赋予的权力作出解聘公司经理的决定。故法院应当尊重公司自治，无须审查佳动力公司董事会解聘公司经理的原因是否存在，即无须审查决议所依据的事实是否属实，理由是否成立。

【典型案例】徐某霞等诉安顺绿洲报业宾馆有限公司公司决议效力确认纠纷案（贵州省高级人民法院（2015）黔高民商终字第61号）

裁判要旨

公司章程是由公司发起人或全体股东共同制定的公司基本文件，也是公司成立的必备性法律文件，主要体现股东意志。2013年《公司法》规定"公司必须依法制定公司章程"，表明公司章程具有法定性，即它不仅体现股东的自由意志，也必须遵守国家的法律规定。只要公司章程不违反国家强制性的、禁止性的法律规定，司法一般不应介入公司章程这种公司内部事务，即使司法要介入，也应保持适当的限度，即适度干预。

2013年《公司法》第37条、第46条分别以列举的形式规定了股东会和董事会的职权，从两条法律规定来看，董事会、股东会均有法定职权和章程规定职权两类。无论是法定职权还是章程规定职权，强调的都是权利，在没有法律明确禁止的情况下，权利可以行使，可以放弃，也可以委托他人行使。但2013年《公司法》第43条第2款规定："股东会会议作出修改公司章程、增加或者减少注册资本的决议，以及公司合并、分立、解散或者变更公司形式的决议，必须经代表三分之二以上表决权的股东通过。"从此条规定中的法律表述用语"必须"可以看出，修改公司章程、增加或者减少注册资本的决议，以及公司合并、分立、解散的决议有且只有公司股东会才有决定权，这是股东会的法定权利。报业宾馆章程第7条第8、10、11项，第32条第2项将股东会的法定权利规定由董事会行使，违反了上述强制性法律规定，应属无效。

第六十八条　【董事会的组成】

有限责任公司董事会成员为三人以上，其成员中可以有公司职工代表。职工人数三百人以上的有限责任公司，除依法设监事会并有公司职工代表的外，其董事会成员中应当有公司职工代表。董事会中的职工代表由公司职工通过职工代表大会、职工大会或者其他形式民主选举产生。

董事会设董事长一人，可以设副董事长。董事长、副董事长的产生办法由公司章程规定。

◆ **条文主旨**

本条规定了董事会的组成规则。

◆ **修改情况**

相较于2018年《公司法》第44条的规定，本条作出如下修改：

其一，删除了董事会成员上限为13人的规定，不再为董事会人数上限设定限制；

其二，增加规定了职工人数300人以上的有限责任公司，如果选择单层制架构而不设监事会，其董事会成员中应当有公司职工代表。

◆ **条文注释**

一、董事会人数

董事会由董事组成，董事会秘书等人员不是董事会的组成人员。自1993年以来，我国历次《公司法》均规定有限责任公司的董事会规模上限为13人，2023年《公司法》修订后予以删除。之所以予以删除，是因为1993年《公司法》系为了适应国企改革需求，避免公司设置过大规模的董事会，造成公司管理人员臃肿。截至目前，这一使命已经完成，本次修法遂将董事会规模交由公司自主决定。

二、董事会结构

在各国公司实践中，根据董事外部性、独立性的程度，可将董事分为执行董事与非执行董事、内部董事与外部董事、独立董事与非独立董事。经过2023年《公司法》修订，本法上的董事类型也开始多元化。从董事类型来看，本法涉及七类董事，包括：（1）执行董事和非执行董事。执行董事，是指除了在公司中担任董事职务之外，还兼任公司高级管理人员并代表公司执行业务的董事。非执行董事，是指除了在公司中担任董事外不担任其他任何职务，不负责公司业务执行的董事。（2）内部董事和外部董事。内部董事，是指由公司经营管理人员或者其他员工等内部人员担任的董事。外部董事与非执行董事一样，在公司中除了担任董事职务，不担任其他任何职务，不负责执行公司业务。与非执行董事的区别是，外部董事不在公司中领取除津贴之外的报酬。（3）独立董事和非独立董事。独立董事除应当符合外部董事的条件外，还应当与公司的股东、实际控制人以及其他董事、监事、高级管理人员等不存在可能影响其独立客观判断和独立履行职务的关系。非独立董事是指不满足前述独立性要求的董事。目前，我国公司法要求上市公司设独立董事。（4）职工董事，即董事会中的职工代表。

三、职工董事

本条规定职工人数 300 人以上的有限责任公司，除依法设监事会并有公司职工代表的外，其董事会成员中应当有公司职工代表。之所以作此规定，立法机关公布的《公司法（修订草案一审稿）》的说明指出："现行公司法在职工董事的设置方面，只对国有独资和国有全资的有限责任公司提出了要求。为更好保障职工参与公司民主管理、民主监督，修订草案扩大设置职工董事的公司范围，并不再按公司所有制类型对职工董事的设置提出要求。考虑到修订草案已规定规模较小的公司不设董事会，并综合考虑中型企业划分标准等因素，规定：职工人数 300 人以上的公司，董事会成员中应当有职工代表；其他公司董事会成员中可以有职工代表。"由此可见，该规定的直接原因系单层制改革后承接职工监事的对应安排问题。

易言之，如果公司选择设置监事会，因监事会中有职工代表的要求，董事会中即不再作设职工董事的强制性要求。如果公司选择不设监事会，但职工人数不满 300 人，也不强制要求设职工董事。只有公司选择不设监事会，且职工人数 300 人以上，须根据本条规定设职工董事。与其他董事不同，董事会中的职工代表由公司职工通过职工代表大会、职工大会或者其他形式民主选举产生。

四、董事长、副董事长的设置与产生

根据本条第 2 款规定,董事会设董事长一人,可以设副董事长。由此可见,董事长的法定人数为一人,副董事长可设可不设,也不存在人数限制。董事长、副董事长的产生办法由公司章程规定,公司可自主确定董事长、副董事长的产生方法。

> **第六十九条 【审计委员会】**
> 有限责任公司可以按照公司章程的规定在董事会中设置由董事组成的审计委员会,行使本法规定的监事会的职权,不设监事会或者监事。公司董事会成员中的职工代表可以成为审计委员会成员。

◆ 条文主旨

本条规定了审计委员会的设置与职权。

◆ 修改情况

本条为 2023 年《公司法》修订的重要新增条款,提供了公司治理的单层制选项。

◆ 条文注释

一、修订背景

我国 2018 年《公司法》监督制度的运行效果不理想,作为专门监督机构的监事会和肩负监督使命的上市公司独立董事均难谓实现立法目的。如何再造和重构公司监督制度广为公司法学界所关注,也被视为 2023 年《公司法》修改的重要使命。然则,脱离了经营管理的监督权难免被边缘化,公司内部监督力量面临着固有的弱势地位制约,殊难以与决策者权力相抗衡,在我国公司控制股东主导的

公司治理语境下更加明显。面对股东会、董事会、监事会近乎"三位一体"的存在,法律上预设的分权制衡模式难免流于纸面。对此,学界和实务界提出了多种改革主张:有意见主张强化监事会职权,有意见主张取消监事会并将董事会改造成公司唯一监督机关,有意见主张同时强化监事会和独立董事为核心的两种监督模式并赋予上市公司选择权,有意见主张发展多元化的监督体系,虽观点各异,但均对现行公司法上监督机制的实际效用持消极评价。近年来,国有企业改革转而寻求外部监督力量,在国家出资公司中实行外部董事制度,取消监事会设置,并通过审计署的审计监督力量增强监督效能,提供了公司监督制度改革的新路径。①

面对公司监督制度的系统性困境,2023年《公司法》对公司监督机制进行了重大改革,重新配置了公司内部的监督力量。制度创新主要体现在两大方面:其一,基于单层制改革引入了董事会审计委员会,并区分有限责任公司和股份有限公司分别设定了监事会的选择性设置要求;其二,对可能继续存在的监事会,进一步强化其法律地位与职权。无论作何选择,均提供了优化公司监督的制度方案。

之所以进行公司治理的单层制改革,立法机关在2021年12月《公司法(修订草案一审稿)》审议说明指出,一是,贯彻落实党中央关于完善中国特色现代企业制度的要求,深入总结我国公司制度创新实践经验,在组织机构设置方面赋予公司更大自主权。二是,根据国有独资公司、国有资本投资运营公司董事会建设实践,并为我国企业走出去及外商到我国投资提供便利,允许公司选择单层制治理模式(即只设董事会、不设监事会)。公司选择只设董事会的,

---

① 刘斌:《公司治理中监督力量的再造与展开》,载《国家检察官学院学报》2022年第2期。

应当在董事会中设置由董事组成的审计委员会负责监督；其中，股份有限公司审计委员会的成员应过半数为非执行董事。在该方案的基础上，后续的修订草案审议稿和2023年《公司法》进行了进一步的完善。

二、规范要旨

本条的要义在于公司治理架构的选择制，突破了强制性的双层制架构，允许公司有条件选择单层制模式。

1. 审计委员会的设置与构成

有限责任公司选择不设置监事会的条件是，董事会须设立负担监督职能的专门内设机构审计委员会，并由审计委员会行使监事会职权。在股份有限公司中，除了设置董事会审计委员会并由审计委员会行使监事会职权之外，还需要满足审计委员会的成员应当过半数为独立董事的要求（本法第121条）。由此可见，在选出监事会设置的条件上，《公司法》对有限责任公司和股份有限公司作出了区别对待：有限责任公司的董事会审计委员会未对非执行董事的构成比例作出限制，股份有限公司的董事会审计委员会则必须满足独立董事过半数的要求，构成了两类公司的治理制度差异之一。因此，有限责任公司审计委员会的成员，并无独立性的严格要求。但是，由于审计委员会以监督为其职责，原则上应由非执行董事组成，否则将难以实现其设置目的。

此外，在审计委员会的组成上，《公司法（修订草案四审稿）》审议说明指出，为了进一步强化职工民主管理、保护职工合法权益，公司董事会成员中的职工代表可以成为审计委员会成员。该规则同时适用于有限责任公司和股份有限公司。

2. 审计委员会的职权配置

在审计委员会的职权配置上，本条规定审计委员会行使本法规定的监事会职权。正是基于该原因，在本轮公司法修订中，有意见建议将审计委员会称为监督委员会或监察委员会。虽然，最终公司法并未采纳，但在其权力配置上，审计委员会却并不限于财务会计监督，而是具有更广泛的监督权。在具体职权行使上，以可承接的监事会职权为限。本法第78条规定的七项监事会职权，审计委员会均可承接，包括：（1）检查公司财务；（2）对董事、高级管理人员执行职务的行为进行监督，对违反法律、行政法规、公司章程或者股东会决议的董事、高级管理人员提出解任的建议；（3）当董事、高级管理人员的行为损害公司的利益时，要求董事、高级管理人员予以纠正；（4）提议召开临时股东会会议，在董事会不履行本法规定的召集和主持股东会会议职责时召集和主持股东会会议；（5）向股东会会议提出提案，议案应当为审计委员会的职权范围内事项；（6）依照本法第189条的规定，对董事、高级管理人员提起诉讼；（7）公司章程规定的其他职权。

本法第79条规定，监事可以列席董事会会议，并对董事会决议事项提出质询或者建议。监事会发现公司经营情况异常，可以进行调查；必要时，可以聘请会计师事务所等协助其工作，费用由公司承担。审计委员会成员为董事，其本身即出席会议，对董事会决议事项提出质询、建议甚至否决，无须通过本条行使权利。审计委员会发现公司经营情况异常，可以进行调查；必要时，可以聘请会计师事务所等协助其工作，费用由公司承担。

本法第80条规定，监事会可以要求董事、高级管理人员提交执行职务的报告。董事、高级管理人员应当如实向监事会提供有关情况和资料，不得妨碍监事会或者监事行使职权。对于该职权，审计委员会可以准用之。

3. 审计委员会的法定性与独立性

审计委员会是董事会的专门机构，审计委员会成员同时也是董事会成员。对于审计委员会与董事会之间的关系，公司法未予以明确规定。在境外立法例上，任意性的专门委员会作为董事会内设机构，系为了提高董事会运行效率，其设定与否及职权分配系公司自治行为。由此，对于接受董事会委任的范围内，委员会决议与董事会决议具有同等效力。但是，在专门委员会通知各董事后，董事会可以对委员会决议事项重新决议。对于履行法定监督职责的审计委员会，其决议应当具有终局效力，尽管其作为董事会内设机构应当向董事会进行情况报告，但董事会不应推翻其事权范围内的决议，否则将导致其法定职权无法履行。比如，韩国《公司法》第415条即规定，监察委员会作出决议后通知董事会的事项，董事会不得重新作出决议。这种内部监督的机制，旨在确保监督力量的独立性和监督效率。对此，我国公司法虽然未作明确规定，但审计委员会在其职权范围内的决议，董事会自不得推翻。

◆ 关联规范

《民法典》（2021年1月1日起施行）

第82条 【营利法人的监督机构】营利法人设监事会或者监事等监督机构的，监督机构依法行使检查法人财务，监督执行机构成员、高级管理人员执行法人职务的行为，以及法人章程规定的其他职权。

第七十条 【董事的任期、选任与辞任】

董事任期由公司章程规定，但每届任期不得超过三年。董事任期届满，连选可以连任。

董事任期届满未及时改选，或者董事在任期内辞任导致董事会成员低于法定人数的，在改选出的董事就任前，原董事仍应当依照法律、行政法规和公司章程的规定，履行董事职务。

> 董事辞任的，应当以书面形式通知公司，公司收到通知之日辞任生效，但存在前款规定情形的，董事应当继续履行职务。

◆ **条文主旨**

本条规定了董事的任期、选任与辞任规则。

◆ **修改情况**

本条在2018年《公司法》第45条的基础上，新增了本条第3款，明确了董事辞任规则。

◆ **条文注释**

通说认为，公司与董事之间的关系是委任关系，以委托关系为基础。最高人民法院《民二庭第八次法官会议纪要》认为："非由职工代表担任的董事，且没有任何法律规定公司可以强迫任何人担任董事，故公司与董事之间实为委托关系，依股东会的选任决议和董事答应任职而成立合同法上的委托合同。根据《合同法》第410条关于委托人或者受托人可以随时解除委托合同的规定，董事辞职是单方民事法律行为，依据董事对公司的单方意思表示而发生效力，无须公司批准，但法律、行政法规或者公司章程另有规定，或者经公司与辞任董事一致同意由董事撤回辞职书的除外。董事辞职导致董事会成员低于法定人数的，该董事仍须依法履行董事职责至股东会选举补充新的董事之日；须依据法律、行政法规和公司章程的规定，以及董事与公司订立的劳动合同，依法履行其在公司兼任的其他职责。"因此，除了本法有特别规定之外，可以适用《民法典》中委托合同的相关规定。

本条的规范要旨如下：

1. 董事任期

根据本条第 1 款规定，董事的任期由公司章程自行规定，但每届任期不得超过 3 年。由此，公司章程可以自行规定不超过 3 年的董事任期。任期届满后，公司需要重新选举董事，包括通过股东会选举产生的董事和通过职工代表大会、职工大会或者其他形式民主选举产生的职工董事。董事没有任期限制，可以连选连任。

在实践中，公司章程还可以规定董事的类型、任期的起始时间与终结时间，比如在章程中设定分期分级的董事会（Staggered Board），即董事会分成若干组，规定每一组有不同的任期，这样每次仅改选董事会的一定比例董事，或者仅改选一定类型的董事，以保持董事会的稳定性。章程中的分期分级董事会条款（Staggered Board Provision），是维持公司控制权和防止敌意收购的常见形式。

2. 董事的强制留任

董事任期届满后没有及时改选出新的董事，或者董事在任期内辞职，均有可能会因董事离任而导致董事会成员低于法定人数，进而影响董事会的正常运行和经营决策，甚至有可能使公司陷入经营困难。为了维护公司利益，确保公司的正常经营决策，本条第 2 款规定，在改选出的董事就任前，原董事仍应当强制留任，依照法律、行政法规和公司章程的规定，履行董事的职务。

3. 董事的辞任效力

本条第 3 款规定了董事的辞任规则。基于前述公司与董事之间的委任关系，根据《民法典》第 933 条有关委托合同解除规则的规定，作为委托人的公司和作为受托人的董事都享有法定任意解除权，可以随时解除委托合同。在辞任的形式上，本法要求董事以书面方式通知公司。本条第 3 款还明确了董事辞任的生效时间，即公司收到通知之日辞任生效。但是，如果存在本条第 2 款规定情形的，董事应继续履行职务。

根据本法第120条的规定，本条规定也适用于股份有限公司。

◆ 关联规范

1.《民法典》(2021年1月1日起施行)

第919条 【委托合同的定义】委托合同是委托人和受托人约定，由受托人处理委托人事务的合同。

2.《上市公司章程指引》(2023年修正)

第100条 董事可以在任期届满以前提出辞职。董事辞职应向董事会提交书面辞职报告。董事会将在两日内披露有关情况。

如因董事的辞职导致公司董事会低于法定最低人数时，在改选出的董事就任前，原董事仍应当依照法律、行政法规、部门规章和本章程规定，履行董事职务。

除前款所列情形外，董事辞职自辞职报告送达董事会时生效。

第101条 董事辞职生效或者任期届满，应向董事会办妥所有移交手续，其对公司和股东承担的忠实义务，在任期结束后并不当然解除，在本章程规定的合理期限内仍然有效。

◆ 案例指引

【典型案例】北京中证万融医药投资集团有限公司、曹某君等公司决议纠纷案（最高人民法院（2017）最高法民再172号）

裁判要旨

最高人民法院认为：本案争议焦点为金某淑、蔡某杰在2014年3月20日会议时是否具备世纪盛康公司董事资格的问题。公司和董事之间属于委任关系，在法律和公司章程没有相反规定的情况下，公司董事辞职一般应于董事辞职书送达公司董事会时发生法律效力。金某淑、蔡某杰分别于2011年10月31日和11月11日向世纪盛康公司提交了关于辞去世纪盛康公司董事职务的辞职书。其时，赵某贤系世纪盛康公司法定代表人，可以依法代表世纪盛康公司，因其认可已经收到该两份辞职书,故金某淑、蔡某杰的辞职已经生效。金某淑、蔡某杰在辞职时虽表示"望公司批准",属相关主体对公司与董事法律关系性质,以及董事辞职何时生效的法律认识偏差,不影响金某淑、蔡某杰辞职生效。综上,案涉会议召集于2014年,而金某淑、蔡某杰在2011年底即已经不具备世纪盛康公司董事资格,依法不应享有会议的召集提议权和表决权。

第七十一条　【董事解任】

股东会可以决议解任董事,决议作出之日解任生效。

无正当理由,在任期届满前解任董事的,该董事可以要求公司予以赔偿。

◆ **条文主旨**

本条规定了股东会决议解任董事的规则。

◆ **修改情况**

本条为2023年《公司法》修订的新增条款。

◆ **条文注释**

基于前条释义,公司与董事之间为委任关系,公司与董事均有单方面的解除权。本条明确了股东会有权决议解任董事,衔接了股东会"选举和更换董事、监事"的职权,并规定了任期内无正当理由被解任的董事可以主张公司赔偿。

本条第1款规定了股东会无因解任董事的规则。根据本款规定,在董事任期届满之前,股东会可以随时解任董事,不需要任何理由。自股东会作出解任决议时起即生效,董事即被解除任职关系,无须待送达董事之时。在2023年《公司法》修订中,有意见建议基于我国公司治理实践,无因解除方式不利于确保董事会的独立性,建议改采有因模式。对此,《公司法》未予以采纳。

本条第 2 款规定了无正当理由解任董事的赔偿责任。《公司法司法解释(五)》第 3 条曾规定了董事解任后的补偿请求权,本条进一步将其规定为赔偿请求权,强化了对董事的保护和救济。基于《民法典》第 933 条的规定,委托人和受托人都享有法定任意解除权,可以随时解除委托合同;如果一方任意解除合同造成对方损失,除不可归责于该当事人的事由外,无偿委托合同的解除方应当赔偿因解除时间不当造成的直接损失,有偿委托合同的解除方应当赔偿对方的直接损失和合同履行后可以获得的利益。在股东会没有正当理由的情况下,允许其随意解任董事将对董事的权益造成损害。为了减少股东会无因解除董事职务对董事造成的损害,本条规定了董事享有要求公司赔偿其损失的权利。对于损害赔偿的数额,人民法院需要依据法律、行政法规、公司章程规定或者委任合同的约定,综合考虑解除的原因、剩余任期、董事薪酬等因素进行判断。对此,在实践中,公司与董事经常通过委任合同补偿条款予以明确赔偿方式或赔偿数额。为了防止敌意收购,有公司章程规定较高的解任补偿金额,以此来提高收购后解任董事的成本,防范控制权变动,此类条款也被称为"金色降落伞"条款。

根据本法第 120 条的规定,本条规定也适用于股份有限公司。

◆ 关联规范

1.《民法典》(2021 年 1 月 1 日起施行)

第 933 条 【委托合同的解除】委托人或者受托人可以随时解除委托合同。因解除合同造成对方损失的,除不可归责于该当事人的事由外,无偿委托合同的解除方应当赔偿因解除时间不当造成的直接损失,有偿委托合同的解除方应当赔偿对方的直接损失和合同履行后可以获得的利益。

2.《公司法司法解释（五）》（2020年修正）

第3条 【董事职务的无因解除与补偿】董事任期届满前被股东会或者股东大会有效决议解除职务，其主张解除不发生法律效力的，人民法院不予支持。

董事职务被解除后，因补偿与公司发生纠纷提起诉讼的，人民法院应当依据法律、行政法规、公司章程的规定或者合同的约定，综合考虑解除的原因、剩余任期、董事薪酬等因素，确定是否补偿以及补偿的合理数额。

3.《上市公司治理准则》（2018年修订）

第20条 上市公司应当和董事签订合同，明确公司和董事之间的权利义务、董事的任期、董事违反法律法规和公司章程的责任以及公司因故提前解除合同的补偿等内容。

◆ 案例指引

【典型案例】欧阳某与深圳市金之彩文化创意有限公司美盈森集团股份有限公司公司决议纠纷案（广东省深圳市中级人民法院（2019）粤03民终29605号）

裁判要旨

在我国《公司法》2005年的修订中，关于"董事在任期届满前，股东会不得无故解除其职务"的规定已被删除。同时，《公司法司法解释（五）》第3条的规定，廓清了公司与董事的关系，明确了公司可以随时解除董事职务，即公司董事和董事长职务可以无因解除。董事长的职务，实际上因公司与董事之间的合同关系而产生，依股东会的选任决议和董事同意任职而成立合同法上的委托合同，合同双方均有任意解除权，即公司可以随时解除董事长的职务，董事长也可以随时辞职。故欧阳某关于对方滥用"资本多数决"侵害欧阳某权益的公司决议不能成立的主张，法院不予支持，金之彩公司董事会、临时股东会有权随时解除欧阳某董事及董事长职务。至于欧阳某主张金之彩公司解除董事长职务侵害了欧阳某权益，欧阳某可以按照上述规定，另循法律途径向金之彩公司主张赔偿。

【典型案例】辽宁曙光汽车集团股份有限公司与梁某利劳动争议案（辽宁省丹东市中级人民法院（2022）辽06民终1729号）

裁判要旨

本案双方当事人争议的焦点问题就在于《协议书》是否合法有效，是否对曙光公司发生法律效力。曙光公司主张案涉700万元中"奖励金"的部分属于董事的报酬，未经曙光公司股东大会、董事会批准，违反2018年《公司法》及公司章程的规定，胡某文作为时任曙光公司法定代表人与梁某利签订该《协议书》系越权代表公司签订合同，合同部分无效。因此，在案涉《协议书》符合合同生效的形式要件的情况下，案涉700万元是否属于2018年《公司法》规定的董事报酬是认定《协议书》效力的前提。

董事的报酬通常是指董事、监事受公司股东会委托或委任，为公司服务，参与公司日常经营管理活动，由公司支付的相应报酬。而从本案已经查明的事实来看，在梁某利辞职后，双方又签订案涉《协议书》，对原《备忘录》中涉及的700万元重新进行了约定，故《协议书》是对梁某利主动离职的补偿的相关陈述具有高度可能性。综合考虑本案证据情况，应当认定案涉《协议书》既有董事离职补偿协议的性质又涵盖竞业禁止协议的内容。由此可见，双方约定的700万元并非因梁某利日常提供经营管理服务、履行董事职责而由曙光公司支付的对价即董事报酬，而是曙光公司对梁某利任期未满而离职及离职后继续履行竞业禁止义务支付的补偿和对价。因此，曙光公司关于案涉700万元部分属于董事报酬的主张不能成立，由于我国法律并未明确规定董事离职补偿及董事竞业限制补偿金的确定需经公司董事会或股东大会批准生效,案涉《协议书》不违反法律法规禁止性规定,应为有效。曙光公司没有证据证明梁某利违反了双方《协议书》中所约定的义务,应及时向其支付第一笔50万元补偿金。

> **第七十二条　【董事会会议的召集和主持】**
> 董事会会议由董事长召集和主持;董事长不能履行职务或者不履行职务的,由副董事长召集和主持;副董事长不能履行职务或者不履行职务的,由过半数的董事共同推举一名董事召集和主持。

◆ **条文主旨**

本条规定了董事会会议的召集和主持规则。

◆ **修改情况**

本条将2018年《公司法》第47条中"半数以上"董事的表述调整为"过半数的"董事。

◆ **条文注释**

本条规定了董事会会议的召集和主持规则,旨在确保董事会会议的顺利召开。根据本条规定,董事会会议一般由董事长召集和主持。如果董事长不能履行职务或者不履行职务的,由副董事长召集和主持。此处的"不能履行职务",是指客观原因造成的不履行。"不履行职务",是指主观原因造成的不履行。如果董事长能够履行职务,副董事长不能直接召集和主持会议。如果副董事长不能履行职务或者不履行职务的,由过半数的董事共同推举一名董事召集和主持。此处的过半数,是指全体董事的过半数。如果无法由过半数董事推举出一名董事，此时应该如何处理，本法未作规定，域外法上通常规定，此时任一名董事均有权召集和主持董事会。

召集和主持董事会会议，不仅是前述主体的法定职权，也是其法定义务。违反法律和章程规定怠于履行前述义务，将导致违反勤勉义务的法律责任。

◆ 案例指引

【典型案例】吕某宇、无锡云焱实业投资有限公司等公司决议纠纷案（江苏省无锡市中级人民法院（2022）苏02民终7446号）

裁判要旨

关于董事会会议召集程序。云焱公司章程明确经1/3以上董事提议，可以由董事长召开董事会临时会议。《公司法》第47条规定：董事会会议由董事长召集和主持；董事长不能履行职务或者不履行职务的，由副董事长召集和主持；副董事长不能履行职务或者不履行职务的，由半数以上董事共同推举一名董事召集和主持。陶某、胡某石提议由吕某宇召开董事会临时会议，在吕某宇不召开的情况下，陶某、胡某石共同推举陶某召集董事会临时会议，符合云焱公司章程及公司法的规定。对于陶某、胡某石提议的决议内容，吕某宇不享有一票否决权，也无须吕某宇先行审查。

关于董事会决议表决方式。潘某已按照章程规定出具了授权委托书，委托陶某进行投票，并通过电讯方式参加了董事会，符合云焱公司章程的规定。在庭审中，潘某也对于委托事实及投票结果进行了确认。该表决方式符合云焱公司章程的规定，选举董事长和决定总经理人选，非章程及法律规定需一致同意的事项，陶某、胡某石、潘某同意决议事项，同意人数达董事会3/4，为有效决议。

【典型案例】怡丰自动化科技有限公司与怡锋工业设备（深圳）有限公司等公司决议撤销纠纷案（广东省深圳市中级人民法院（2017）粤03民终10039号，全国法院系统2020年度优秀案例）

裁判要旨

关于董事会会议的召集程序是否违反法律、行政法规和公司章程。2015年10月15日董事会决议作出之前的公司董事为吴某基、吴某岱、吴某鹏、吴某洁和吴某华。吴某洁、吴某基主张其二人与吴某鹏共同推举吴某洁为临时董事会的召集人，而怡锋深圳公司否认吴某鹏参加了召集程序。根据吴某鹏的授权委托书，"吴某鹏委托吴某洁代其提请吴某岱召开临时董事会，就上述议题进行讨论并表决，如吴某岱拒绝或未能召开董事会，吴某鹏授权吴某洁召集临时董事会，由吴某洁代其出席董事会和表决，并代其签署董事会决议等相关文件"，这表明吴某洁提请吴某岱召开董事会并在吴某岱不履行职务时召集董事会的行为已经过吴某鹏的授权。2015年9月吴某基、吴某鹏和吴某洁共同推举吴某洁为临时董事会的召集人，2015年9月29日吴某洁指派怡锋深圳公司员工向吴某岱邮寄了《怡锋工业设备（深圳）有限公司关于召开临时董事会的通知》并向吴某岱之子吴某骏的邮箱发送了该通知的电子文档。吴某岱收到吴某洁、吴某基和吴某鹏召集临时董事会的提议后，未在规定时间内召开临时董事会，怡锋深圳公司未设立副董事长，故吴某洁、吴某基和吴某鹏在吴某岱不履行职务时共同推举吴某洁召集和主持临时董事会，符合2018年《公司法》第47条规定的在董事长不履行职务时"由半数以上董事共同推举一名董事召集和主持"董事会会议，案涉董事会会议的召集程序不违反我国公司法和章程的规定。

> **第七十三条　【董事会的议事方式和表决程序】**
>
> 董事会的议事方式和表决程序,除本法有规定的外,由公司章程规定。
>
> 董事会会议应当有过半数的董事出席方可举行。董事会作出决议,应当经全体董事的过半数通过。
>
> 董事会决议的表决,应当一人一票。
>
> 董事会应当对所议事项的决定作成会议记录,出席会议的董事应当在会议记录上签名。

◆ **条文主旨**

本条规定了董事会的议事方式和表决程序。

◆ **修改情况**

本条在 2018 年《公司法》第 48 条的基础上,增加了本条第 2 款规定,明确了有限责任公司董事会的出席比例和表决比例规则。

◆ **条文注释**

本条第 1 款规定,董事会的议事方式和表决程序,除本法有规定的外,由公司章程规定。所谓本法有规定的,如本条第 2 款和第 3 款规定的表决比例。除了出席比例、一人一票、表决比例之外的其他表决程序事项,章程可以另作规定。

本条第 2 款为新增条款,填补了之前的法律漏洞。2018 年《公司法》第 48 条并未规定董事会会议的出席比例和普通决议的通过比例,需要予以解释。根据本款规定,董事会会议应当有过半数的董事出席方可举行。董事会作出决议,应当经全体董事的过半数通过。需要注意的是,无论出席比例多少,董事会决议通过的比例以全体董事为基数。但是,如果存在关联董事回避或排除表决权的情况,以排除表决权后的非关联董事人数为基数。

本条第3款规定，董事会的表决实行一人一票。在董事会中，各董事地位平等，并无高下之分，平等享有表决权。在2023年《公司法》修订中，有意见建议赋予董事长在表决平局的情况下再投一票的权利，这与董事会内部的民主平等原则相冲突，未被采纳。本款规定系强制性规定，章程不得排除，也不得作出其他规定。

本条第4款规定，董事会应当对所议事项的决定作成会议记录，出席会议的董事应当在会议记录上签名。董事会会议记录是重要的公司文件，反映了董事会议事和决策的过程，是判断董事是否勤勉履职的重要证据。根据本法第125条规定，董事会的决议违反法律、行政法规或者公司章程、股东会决议，给公司造成严重损失的，参与决议的董事对公司负赔偿责任；经证明在表决时曾表明异议并记载于会议记录的，该董事可以免除责任。根据该条规定，董事会会议记录也是董事免责的重要证据，未根据法律规定记载于会议记录的，异议董事无法免责。

◆ 案例指引

【典型案例】北京金冠汽车服务有限公司与东联科技有限公司董事会决议撤销纠纷案（北京市高级人民法院（2009）高民终字第1147号）

裁判要旨

关于召集程序问题，因金冠公司章程第20条规定1/3以上的董事可以提议召开董事会临时会议，故金冠公司董事罗某新、王某拴、鞠某昌提议于2008年6月12日召开临时董事会已达到金冠公司章程规定的提议召开临时董事会的约定比例，该临时董事会的召开符合金冠公司章程规定的提议程序。东联公司虽称该董事会的召开不符合金冠公司章程关于董事会应提前30天通知董事的规定，但规定临时董事会的目的是解决和应对临时性、突发性的事项,故金冠公司章程规定的提前30天通知董事召开董事会会议的规定应指董事会定期会议,而不适用临时董事会,金冠公司章程及相关法律并未对召开临时董事会的通知时限作出规定,故金冠公司于2008年6月12日召开临时董事会未违反公司章程及相关法律关于召开临时董事会通知时限的规定。综上,本案所涉临时董事会的召开并未违反金冠公司关于临时董事会召集程序的规定。

关于董事会的表决方式,东联公司的派驻董事对于董事会决议事项明确表明了其意见,并表示绝不放弃表决权,金冠公司关于东联公司弃权的理由亦不能成立。根据金冠公司章程第28条规定,"购买总价值在人民币5万元以上的任何资产"应采用该条规定的表决方式通过,而本案争议的董事会决议事项是每年提高相对方的租金100万元,其应当属于公司的重大事项,适用该条规定。结合公司章程第15条、第17条、第25条之规定,金冠公司董事会决议的表决通过方式采用的并非通常意义上的资本多数决方式,而是董事人数的2/3多数且应包含各方至少一名董事。此举意味着对于金冠公司重大事项的表决方式,金冠公司的三方股东派驻的董事必须做到每方股东派驻的董事至少有一名董事参加并同意才具备通过的可能。因此,此为衡量本案争议的董事会决议通过方式是否合法的唯一依据,金冠公司关于决议事项的紧急性或决议结果合理性的上诉理由,均不能作为衡量董事会决议通过方式合法性的依据。由于本案争议的董事会决议缺乏股东一方东联公司董事的参与及事后同意,根据公司章程第25条的规定,该董事会决议在法律上属于可撤销的范畴。毋庸置疑,金冠公司章程的此种规定,导致只要有一方股东不同意公司的经营决策时,公司的决议决策机制易陷于僵局,但是此为金冠公司各方股东的自愿约定,本院无权干预。

【典型案例】南安市电力工程有限责任公司、南安市成功水利电力工程勘察设计有限公司诉永泰大樟溪界竹口水电有限公司公司决议效力确认纠纷案（福建省福州市中级人民法院（2018）闽01民终5284号）

裁判要旨

本案应按界竹口公司章程关于董事会议事方式和表决程序的具体规定为判断决议成立与否之依据，各方对董事会决议的表决通过比例存在争议，亦即对公司章程第29条关于"公司董事会实行集体决策，表决实行一人一票和多数通过的原则。董事会决议须经全体董事通过，并应形成会议记录，出席会议的董事应当在会议记录上签名"的规定理解问题。该条款前句系约定董事会采用集体决策原则及一人一票的表决方式，后句则为具体的决议表决通过比例规定，即前者为原则性规定，后者为表决具体化，且决议由董事会全体董事通过，并不存在违反法律规定之情形，其相较多数通过只是在具体通过比例上要求更加严苛，亦符合董事会集体决策和多数通过之原则规定。由于公司章程是公司股东共同合意制定，上述条款亦不能得出界竹口公司主张的"全体董事通过"实为"董事会决议应通知全体董事参加"的笔误之结论。诚然，界竹口公司章程的此种规定，可能导致只要有董事不同意公司的经营决策时，公司的决议决策机制即陷于僵局，但是此为界竹口公司各方股东的自愿约定，基于尊重公司内部治理意思自治原则，法院无权干预。一审法院以商事活动应注重效率为由否定该章程规定，于法无据，应予纠正。

综上，本案争议的董事会决议未经南安电力公司、南安勘察设计公司指派的董事同意通过，未达到公司章程第29条规定的决议由全体董事通过之表决比例，符合《公司法司法解释（四）》第5条规定的董事会决议不能成立的情形，故二上诉人主张案涉董事会决议不能成立的诉讼请求，应予支持。

> **第七十四条 【经理的设置与职权】**
>
> 有限责任公司可以设经理,由董事会决定聘任或者解聘。
>
> 经理对董事会负责,根据公司章程的规定或者董事会的授权行使职权。经理列席董事会会议。

◆ 条文主旨

本条规定了有限责任公司中经理的设置与职权。

◆ 修改情况

在 2018 年《公司法》第 49 条的基础上,本条删除了对经理职权的具体列举,改为一般条款。

◆ 条文注释

经理,在实践中多称总经理、总裁、CEO(Chief Executive Officer)等,是公司的日常经营业务执行机关。本条规定了经理的设置、聘任与解聘以及职权。

一、经理的设置、聘任与解聘

根据本条第 1 款规定,经理为有限责任公司的选设机构。对于经理是否应当为有限责任公司所必设,理论和实务上存在较大争议。认为经理是公司必设机构的观点认为,经理负责公司的日常经营管理,将其作为选设机构不符合公司治理实践。反对的观点认为,经理作为公司的代理人,是否设立以及其权限配置,均属公司的意思自治范围。在 2023 年《公司法》修订中,曾将从"有限责任公司可以设经理"修改为"有限责任公司设经理",将经理作为有限公司的必设机构。但是,最终通过的《公司法》仍然维持了 2018 年《公司法》中可以选设经理的规定。

在经理的选任上，根据本法第 67 条规定，董事会决定聘任或者解聘公司经理及其报酬事项。与该条规定相一致，本条第 1 款规定，经理由董事会聘任或者解聘。相应地，经理向董事会负责。

二、经理的职权

本条的重大变化在于删除了对经理职权的具体列举，改为概括规定的一般条款。

2018 年《公司法》第 49 条规定了经理的职权，包括：（1）主持公司的生产经营管理工作，组织实施董事会决议；（2）组织实施公司年度经营计划和投资方案；（3）拟订公司内部管理机构设置方案；（4）拟订公司的基本管理制度；（5）制定公司的具体规章；（6）提请聘任或者解聘公司副经理、财务负责人；（7）决定聘任或者解聘除应由董事会决定聘任或者解聘以外的负责管理人员；（8）董事会授予的其他职权。该条还规定，公司章程对经理职权另有规定的，从其规定。

删除前述列举后，根据本条规定，经理根据公司章程的规定或者董事会的授权行使职权。根据该规定，经理的职权来源有二：一是公司章程规定，二是董事会授权。因此，经理在履行职责时，无论是内部管理，抑或是对外活动，均需要遵守公司章程或董事会的授权。

值得注意的是，无论公司章程规定抑或董事会授权，均属于公司的内部规定，那么，其能否对抗善意相对人呢？《民法典》第 170 条规定，执行法人或者非法人组织工作任务的人员，就其职权范围内的事项，以法人或者非法人组织的名义实施的民事法律行为，对法人或者非法人组织发生效力。法人或者非法人组织对执行其工作任务的人员职权范围的限制，不得对抗善意相对人。根据该规定，如果相对人系善意，法人对其工作人员的职权限制，则不能对抗。如果相对人系恶意，即明知法人工作人员存在越权行为，则可以对抗。但是，由于本条规定经理的职权来自公司章程或董事会决议，而法律规定推定为全民皆知，那么，相对人是否负有审查经理职权范围的义务？

对此，有两种观点：一种观点认为，由于《公司法》明确规定了经理的职权来自公司章程或者董事会决议，并不享有法定职权，交易相对人应当审查经理的职权来源和内容。另一种观点认为，交易相对人并不当然负有对经理职权的审查义务，原因有三：其一，公司章程和董事会决议均非法定公示事项，相对人无从得知二者的内容。其二，虽然本条未规定经理的法定职权，但其仍然可以执行公司事务。本法第 10 条第 1 款规定，公司的法定代表人按照公司章程的规定，由代表公司执行公司事务的董事或者经理担任。经理之所以为法定代表人的适格选任对象，是因为其本身负担着全面执行公司事务的职能。其三，从公司经营管理和商事交易实践来看，经理具有日常经营管理权系属商业惯例，应当尊重由此形成的经理权外观。本书认为，第二种观点更有合理性，后续的司法解释等文件应当予以明确。

◆ 案例指引

【典型案例】马某等与北京怡合春天科技有限公司等公司决议效力确认纠纷上诉案（北京市第三中级人民法院（2020）京 03 民终 644 号）

裁判要旨

本案的争议焦点为：在《增资扩股合作协议》中对于公司总经理人选有明确约定的情况下，执行董事是否能够依据章程中关于执行董事职权的规定罢免上述约定的总经理。

首先，章程中关于执行董事有权任免总经理、财务负责人等的职权规定属于并非全体股东一致协商确定的格式条款。其次，《增资扩股合作协议》中关于马某担任总经理、原运营团队负责公司经营管理是对股东合意的体现。最后，公司章程的变更在《增资扩股合作协议》约定之后，若全体股东意欲通过公司章程的规定来变更此前对于各股东之间合作模式、公司运营管理方式的基础性规定，应当有明确的意思表示，但是根据现有证据，无法证明公司章程中对执行董事职权的规定是对马某担任总经理等合作模式的变更。

综上所述，2019年1月29日的案涉《关于免除马某公司CEO职务暨聘任公司新的CEO等人事任免事项的通知》违背了全体股东之间关于总经理人选、经营管理权的约定，应属无效。

第七十五条　【不设董事会的有限公司】

规模较小或者股东人数较少的有限责任公司，可以不设董事会，设一名董事，行使本法规定的董事会的职权。该董事可以兼任公司经理。

◆ **条文主旨**

本条规定了规模较小或者股东人数较少的有限责任公司，可以简化其董事会的设置。

◆ **修改情况**

在2018年《公司法》第50条的基础上，本条作出如下修改：

其一，删去了2018年《公司法》中"执行董事"的概念，将其统称为"董事"；

其二，将2018年《公司法》中"执行董事的职权由公司章程规定"修改为"行使本法规定的董事会的职权"，明确了不设董事会的有限公司的董事职权。

◆ 条文注释

一、修订背景

根据公司规模繁简组织机构设置的规范始于我国《公司法》诞生之时。1993年《公司法》第51条规定："有限责任公司，股东人数较少和规模较小的，可以设一名执行董事，不设立董事会……"第52条规定："有限责任公司，经营规模较大的，设立监事会，其成员不得少于三人……有限责任公司，股东人数较少和规模较小的，可以设一至二名监事……"之所以作此规定，是因为公司设立监事会或者监事，主要应当根据股东的人数和公司的生产经营规模决定。

2005年《公司法》修订过程中，曾采纳国务院的建议，于2005年8月的修订稿中对公司规模的具体含义作出界定："有限责任公司，注册资本在人民币五百万元以上或者职工人数在二百人以上的，应当设立监事会，其成员不得少于三人。"但是，这一界定标准最终未得保留，2005年《公司法》的文本中不仅不再存有关于公司规模含义之界定的内容，更是直接取消了"经营规模较大"的公司须设置监事会的要求。换言之，如无特别情况，有限责任公司均须设置监事会。除此之外，其还将"股东人数较少"与"规模较小"两大条件之间的连接词由"和"修改为"或者"，从而将董事会、监事会的简化条件统一界定为"股东人数较小或者规模较小"，这一规定也为2018年《公司法》所维持。

2023年《公司法》修订过程中，《公司法（修订草案一审稿）》曾对此条款继续作出修改，删去了"股东人数较少"，仅保留了"规模较小"的要求。但是，在《公司法（修订草案三审稿）》中，又恢复了"股东人数较少"的规定。

二、规范要旨

1. 基于公司规模的组织机构简化。基于公司规模设定组织机构，是域外立法例上的常见做法。比如，日本公司法根据"公司负债总额"和"注册资本额"之规模指标，将公司分为大公司与非大公司并强制要求前者设置会计监察人以及构筑内部统制系统。法国公司法采纳的标准是"公司负债总额""总营业额""员工人数"。德国公司法则以"员工人数"的数量，作为公司设置不同类型的监事会的门槛；根据公司"注册资本额"，对一般的股份公司董事会及监事会人数做出差异化的要求。韩国公司法与之类似，将资本金为10亿韩元以下的股份公司界定为小规模公司，从而免除其选任监事的义务并允许简化董事会。相较于域外立法，我国公司法并未设定明确的公司规模大小标准，其实质效果是交由公司自行判断。以注册资本为例，根据国家市场监督管理总局的统计数据，截至2020年12月，全国有限责任公司中，注册资本在100万以下的约1977万家，注册资本在100万至1000万的约1443万家，注册资本在1个亿以上的约287万家。由此可见，如果以注册资本为标准，即使在完全认缴制的背景下，绝大多数有限责任公司也属于小规模的有限责任公司。

2. 基于股东人数的组织机构简化。股东人数的立法定位蕴含着公司的规模属性，股东人数之多寡直接影响所有者与经营者的分离程度和股东之间的互动关系。一方面，股东人数较少时，股东通常身兼经营之职，公司呈现所有权与经营权相结合之表象，此时若将针对大规模公司所有权与经营权分离的特征而设计的法律制度套用于小型公司，将形成"小孩穿大衣"的窘境。投资者为优化资源配置，必然偏好于最低运营成本及风险但利益最大化的选择。因此，从投资者理性选择视角观之，当股东人数较少时，既然执行和监督机关职务为股东兼任，基于降低成本、提高效率的考虑，应当允许公司简化组织机构的设置。另一方面，股东数量还直接影响股东间的互动关系。股东人数较少时，公司治理体现"契约性"的色彩，股东间信赖程度高,公司的设立、运作可以经过股东的充分协商。我国公司法同样未设定明确的股东人数多少标准,其实质效果也是交由公司自行判断。但是,正如本法第42条条文注释所援引的统计数据,我国有限责任公司中,股东人数为5人以上的仅为33.4万家(占比0.87%)。易言之,超过99%的有限责任公司的股东人数不超过5人,为股东人数较少的公司。

无论公司规模较小,抑或股东人数较少,均存在降低管理成本的需求。此时,根据本条规定,由一名董事即可行使本法规定的董事会职权。同时,该董事还可以兼任公司经理,执行经理的职权。

第七十六条 【监事会的设置与组成】

有限责任公司设监事会,本法第六十九条、第八十三条另有规定的除外。

监事会成员为三人以上。监事会成员应当包括股东代表和适当比例的公司职工代表,其中职工代表的比例不得低于三分之一,具体比例由公司章程规定。监事会中的职工代表由公司职工通过职工代表大会、职工大会或者其他形式民主选举产生。

监事会设主席一人,由全体监事过半数选举产生。监事会主席召集和主持监事会会议;监事会主席不能履行职务或者不履行职务的,由过半数的监事共同推举一名监事召集和主持监事会会议。

董事、高级管理人员不得兼任监事。

◆ 条文主旨

本条规定了监事会的设置与组成。

◆ 修改情况

在 2018 年《公司法》第 51 条的基础上，本条作出如下修改：

其一，将规模较小或者股东人数较少的有限责任公司可以不设监事会的规定独立成条，列为本法第 83 条；

其二，衔接了本法第 69 条关于有限责任公司单层制下可以不设监事会的规定。

◆ 条文注释

监事会是传统双层制下的必设机构，经过 2023 年《公司法》修订，监事会成为我国公司法上的选设机构。在监督机构的设置上，本轮公司法修订坚持双足并行：一方面，基于单层制改革引入了董事会审计委员会；另一方面，对可能继续存在的监事会，进一步强化其法律地位与职权。本条规定了监事会的设置条件、监事会的组成、监事会主席的产生、监事会会议的召集和主持、监事兼任的禁止等规则。

本条第 1 款规定了监事会的设置要求，除本法另有规定的两种情形之外，公司仍然应设置监事会。这两种例外分别是：其一，根据本法第 69 条设置审计委员会，行使监事会职权的；其二，根据本法第 83 条，规模较小或者股东人数较少的有限责任公司，可以不设监事会，设一名监事，行使本法规定的监事会的职权；经全体股东一致同意，也可以不设监事。

本条第 2 款规定了监事会的组成成员。监事会成员应该为 3 人以上，其中，职工代表的不得低于 1/3，但可以由章程规定更高比例。监事会中的职工代表由公司职工通过职工代表大会、职工大会或者其他形式民主选举产生。

根据本条第 3 款规定，监事会设主席一人，由全体监事过半数选举产生。监事会主席的职权包括召集和主持监事会会议。如果监事会主席因客观原因不能履行职务或者因主观原因拒绝履行职务，由过半数的监事共同推举一名监事召集和主持监事会会议，以确保监事会会议正常召开。

本条第 4 款规定，董事、高级管理人员不得兼任监事。之所以作此规定，系董事、高级管理人员是监事会的监督对象，如果允许兼任，将造成执行权与监督权的冲突，导致监督机制的瘫痪。

◆ 关联规范

《民法典》（2021 年 1 月 1 日起施行）

第 82 条　【营利法人的监督机构】 营利法人设监事会或者监事等监督机构的，监督机构依法行使检查法人财务，监督执行机构成员、高级管理人员执行法人职务的行为，以及法人章程规定的其他职权。

◆ 案例指引

【典型案例】 上海川流机电专用设备有限公司与李某华与公司有关的纠纷案（上海市第一中级人民法院（2009）沪一中民三（商）终字第 969 号，载《人民司法·案例》2011 年第 2 期）

裁判要旨

在公司原法定代表人罗某患病期间，李某华依据公司的决定全面负责原告公司的工作，虽然案涉任命书中没有"担任总经理"等字样，且该公司章程和工商登记对此未作相应变更，也没有临时推选另一名监事，但因该被告代行总经理职责的行为具有临时性，一旦公司原法定代表人病愈，李某华即不必再履其责，故可以认定被告在原告法定代表人生病期间应当履行该公司总经理的职责，全面负责公司的各项工作，其实质履行了总经理的职责，符合 2005 年

《公司法》规定的公司高级管理人员身份。关于李某华又以其身为原告公司的监事，根据公司章程的约定不得担任高级管理人员，故其不是公司高级管理人员的抗辩理由，法院认为，我国法律对公司董事、高级管理人员不得兼任监事也有相同的规定，主要原因为：有限责任公司的监事会成员或者监事，其主要职责是监督公司董事、经理等经营决策机构和业务执行机构的人员的活动，纠正他们的违法行为和损害公司利益的行为。因此，这两类职责不得交叉，担任这两类职责的人员不得兼职，否则无法形成监督制约的机制。如果出现相互兼职的情况，其后果仅为：该高级管理人员作为监事的任职应当无效，所作出的监督结果的报告也为无效。因此，被告在本案中担任原告公司高级管理人员的情况只是影响其监事职权的效力。若此期间两职务冲突，可以不追究其作为监事的责任。因此，被告在临时担当总经理之责期间，应当按照公司章程和法律规定切实履行职责，如因其行为不当而给公司造成损害的，应当依法承担相应的赔偿责任。

第七十七条 【监事的任期、选任与辞任】
监事的任期每届为三年。监事任期届满，连选可以连任。
监事任期届满未及时改选，或者监事在任期内辞任导致监事会成员低于法定人数的，在改选出的监事就任前，原监事仍应当依照法律、行政法规和公司章程的规定，履行监事职务。

◆ 条文主旨

本条规定了监事的任期、选任与辞任规则。

◆ **修改情况**

本条未作实质修改,仅将 2018 年《公司法》第 52 条中的"辞职"修改为"辞任",与董事辞任的措辞保持了一致。

◆ **条文注释**

根据本条规定,监事会任期不同于董事会任期,其由本法直接规定为 3 年。对此,章程不能另作规定。监事任期届满,连选可以连任,法律不限制监事的连任任期。

本条第 2 款规定了监事的强制留任制度,即监事任期届满未及时改选,或者监事在任期内辞任导致监事会成员低于法定人数的,在改选出的监事就任前,原监事仍应当依照法律、行政法规和公司章程的规定,履行监事职务。

◆ **案例指引**

【典型案例】金某福与扬州同创塑胶制品有限公司监事检查权纠纷案(江苏省扬州市中级人民法院(2013)扬商终字第 0009 号)

裁判要旨

监事是公司中常设的监察机关的成员,负责监察公司的财务情况,公司高级管理人员的职务执行情况,以及其他由公司章程规定的监察职责。2005 年《公司法》规定:"监事会、不设监事会的公司的监事发现公司经营情况异常,可以进行调查;必要时,可以聘请会计师事务所等协助其工作,费用由公司承担。"因此,公司监事在发现公司经营异常时,有权进行调查。本案中,金某福作为同创公司监事根据被告提供给工商部门的经营情况,发现公司在销售收入增长的情况下,利润却出现亏损,有理由认为公司出现经营情况异常,要求进行调查,符合法律规定;尽管依据公司章程,金某福的监事任务于 2008 年 2 月 25 日已经届满,但在公司股东大会选举出新的监事之前,如发现公司经营异常,为保护公司正常运转和股东合法权益，其仍然有权行使对公司的监事检查权。

【典型案例】廖某明与上海旻富商贸有限公司姓名权纠纷案（上海市第一中级人民法院（2020）沪01民终6345号，载《人民司法·案例》2022年第20期）

裁判要旨

本案的争议焦点为旻富公司将廖某明登记为监事，是否侵犯了廖某明的姓名使用权。本案中，廖某明与袁某共同成立上海旻富商务服务有限公司时，由廖某明担任上海旻富商务服务有限公司监事。后廖某明、袁某将上海旻富商务服务有限公司股权转让给郭某坡时，廖某明的监事任期尚未届满。现廖某明未能举证证明其曾向郭某坡提出过辞去监事职务，《股权转让协议书》亦未对廖某明卸任监事职务作出约定。2018年《公司法》规定："监事任期届满未及时改选，或者监事在任期内辞职导致监事会成员低于法定人数的，在改选出的监事就任前，原监事仍应当依照法律、行政法规和公司章程的规定，履行监事职务。"因此，廖某明仍系旻富公司的监事，旻富公司将廖某明登记为监事，具有相应依据。因廖某明系自愿成为上海旻富商务服务有限公司的监事，旻富公司的行为不属于干涉、盗用、冒用廖某明姓名权的情形。

第七十八条　【监事会职权】

监事会行使下列职权：

（一）检查公司财务；

（二）对董事、高级管理人员执行职务的行为进行监督，对违反法律、行政法规、公司章程或者股东会决议的董事、高级管理人员提出解任的建议；

（三）当董事、高级管理人员的行为损害公司的利益时，要求董事、高级管理人员予以纠正；

（四）提议召开临时股东会会议，在董事会不履行本法规定的召集和主持股东会会议职责时召集和主持股东会会议；

（五）向股东会会议提出提案；

（六）依照本法第一百八十九条的规定，对董事、高级管理人员提起诉讼；

（七）公司章程规定的其他职权。

◆ **条文主旨**

本条规定了监事会的一般职权。

◆ **修改情况**

本条未对2018年《公司法》第53条作实质修改，仅作了文字调整，比如将第2项中"执行公司职务"删减为"执行职务"，将"提出罢免"修改为"提出解任"。

◆ **条文注释**

监事会作为公司的监督机构，对公司的人事、财务、业务等具有全面的监督权。根据本条规定，监事会的职权包括法定职权和公司章程规定的职权两类。

根据本条规定，监事会的法定职权包括以下六项：

（1）检查公司财务。财务会计是监督事项中的核心内容。此处的公司财务，是指公司的整个财务和会计活动，包括记账、算账、报账、财务报表等内容。监事会可以对公司的全部财务状况进行检查，如查阅公司账簿、会计凭证等会计资料，核对公司董事会提交股东会的会计报告、营业报告和利润分配方案等会计资料，发现疑问可以进行复核。监事会发现公司财务异常时，可以进行调查；必要时，可以聘请会计师事务所等协助其工作，费用由公司承担。

（2）对董事、高级管理人员执行职务的行为进行监督，对违反法律、行政法规、公司章程或者股东会决议的董事、高级管理人员提出解任的建议。此时董事、高级管理人员执行职务行为的不适当性体现在违反法律法规、公司章程等组织规则，监事会的监督为对其行为的合法性监督。

（3）当董事、高级管理人员的行为损害公司的利益时，要求董事、高级管理人员予以纠正。如果董事、高级管理人员的行为正在损害公司利益时，监事会可以要求其停止不当行为并予以纠正。如果行为已经结束，监事会可以要求其采取补救措施，并予以改正。

（4）提议召开临时股东会会议，在董事会不履行本法规定的召集和主持股东会会议职责时召集和主持股东会会议。根据本法第63条第2款规定，董事会不能履行或者不履行召集股东会会议职责的，由监事会召集和主持；监事会不召集和主持的，代表1/10以上表决权的股东可以自行召集和主持。

（5）向股东会会议提出提案。根据本条规定，监事会有权提出解任董事、高级管理人员的建议，可以以议案方式向股东会提出。如果涉及其他监督事项，监事会也可以向股东会提出提案。

（6）依照本法第188条、第189条的规定，对董事、高级管理人员提起诉讼。本法第188条规定，董事、监事、高级管理人员执行职务违反法律、行政法规或者公司章程的规定，给公司造成损失的，应当承担赔偿责任。本法第189条规定，董事、高级管理人员执行职务违反法律、行政法规或者公司章程的规定，给公司造成损失的，有限责任公司的股东、股份有限公司连续180日以上单独或者合计持有公司1%以上股份的股东，可以书面请求监事会向人民法院提起诉讼，要求董事、高级管理人员承担赔偿责任。

除了前述法定职权之外，公司章程还可以赋予监事会以其他监督职权。比如，根据本法第215条第1款规定，公司聘用、解聘承办公司审计业务的会计师事务所，按照公司章程的规定，由股东会、董事会或者监事会决定。对于聘任会计师事务所的权利，公司章程即可以将其分配给监事会。

◆ **关联规范**

《民法典》（2021年1月1日起施行）

第82条 【营利法人的监督机构】营利法人设监事会或者监事等监督机构的，监督机构依法行使检查法人财务，监督执行机构成员、高级管理人员执行法人职务的行为，以及法人章程规定的其他职权。

◆ **案例指引**

【典型案例】北京翔云智慧教育科技有限公司与李某红等公司决议纠纷案（北京市第三中级人民法院（2022）京03民终17496号）

裁判要旨

2021年10月31日，翔云公司召开临时股东会，翔云公司临时股东会会议决议载明：会议决定对公司章程的部分内容作出修改，具体条款如下："……3.第五章第十八条第一项原为：（一）监事检查公司财务；现改为：（一）监事本人检查公司财务，如需第三方介入，需要代表三分之二以上表决权的股东通过决议。"关于第3项决议，2018年《公司法》第53条规定："监事会、不设监事会的公司的监事行使下列职权：（一）检查公司财务"，第54条第2款规定："监事会、不设监事会的公司的监事发现公司经营情况异常，可以进行调查；必要时，可以聘请会计师事务所等协助其工作，费用由公司承担。"公司法为监事赋予检查公司财务的权利，目的是防止董事、高级管理人员滥用职权，损害公司及股东利益，对公司的经营发展具有重要的监督意义。若监事发现公司经营情况异常，聘请第三方会计师事务所协助，属于正常行使监事权利的行为。本案中，翔云公司该项决议属于对监事的财务监督权进行了限制，应属无效。

【典型案例】北京艺进娱辉科技投资股份有限公司监事会与王某等损害公司权益纠纷案（北京市第一中级人民法院（2009）一中民终字第14727号）

裁判要旨

公司董事和高级管理人员在执行职务时，可能会给公司造成损失，进而侵犯公司的权益。此时，公司有权追究其董事和高级管理人员的责任，但因公司董事和高级管理人员在公司中的特殊地位（他们本身可能恰好就是公司的代表机关），就会形成"自己诉自己"的情形。为了防止公司董事和高级管理人员怠于代表公司行使诉权，2005年《公司法》第54条第6项明确规定监事会有权"依照本法第一百五十二条的规定，对董事、高级管理人员提起诉讼"。该规定表明，依法对公司董事和高级管理人员提起诉讼是公司监事会的一项法定职权，即作为公司监督机关的监事会，可以根据股东的请求而代表公司提起诉讼。这里的"代表公司"并非专指"以公司名义"。换言之，公司监事会可以以自己的名义提起诉讼，这样既可以保护公司的利益，也可以保护股东自身的利益。需要明确的是，既然公司监事会代表公司提起诉讼，那么因诉讼而产生的后果或利益应由公司承受。

第七十九条　【列席权、质询建议权和调查权】

监事可以列席董事会会议，并对董事会决议事项提出质询或者建议。

监事会发现公司经营情况异常，可以进行调查；必要时，可以聘请会计师事务所等协助其工作，费用由公司承担。

◆ **条文主旨**

本条规定了监事可以列席董事会议、监事的质询建议权，以及监事会的调查权。

◆ **修改情况**

本条对 2018 年《公司法》第 54 条未作实质修改。

◆ **条文注释**

本条第 1 款规定了监事的列席权、质询权、建议权。根据本款规定，监事可以列席董事会会议，从而了解董事会决策过程，监督董事履职的全过程，对于董事的不当行为提出质询或建议。从监督时点来看，这属于事前或事中监督，能够防患于未然。

本条第 2 款规定了监事会的调查权。如果监事会发现公司经营情况异常，其可以进行调查。这里的经营异常，既包括组织机构的运行异常，也包括财务异常、业务异常、人事异常等。对于异常情形，监事会可以自行调查，也可以聘请会计师事务所、律师事务所等专业机构协助其进行调查。由于调查行为系监事会履行职务的行为，为公司利益而为之，其费用由公司承担。

◆ 案例指引

【典型案例】殷某婷、玉门市润泽环保再生能源新技术有限公司追偿权纠纷案（甘肃省酒泉市中级人民法院（2022）甘09民终958号）

裁判要旨

本案争议焦点为殷某婷要求润泽公司支付垫付的律师费用的主张能否成立。2018年《公司法》第54条第2款规定："监事会、不设监事会的公司的监事发现公司经营情况异常，可以进行调查；必要时，可以聘请会计师事务所等协助其工作，费用由公司承担。"第56条规定："监事会、不设监事会的公司的监事行使职权所必需的费用，由公司承担。"本案中，殷某婷主张润泽公司支付其为履行监事职责聘请律师的相关费用，润泽公司辩称殷某婷系该公司担任副总经理的高级管理人员，不应兼任监事，也无权行使监事权利。本院认为，殷某婷虽然在签署的劳动合同书中担任公司副总经理一职，但其在公司章程上登记为该公司监事，且公司章程中并未将殷某婷列为高级管理人员，故对殷某婷在非经法定程序免除监事职务前为润泽公司监事的事实应予确认。殷某婷作为被上诉人公司的监事，在公司两股东发生纠纷，公司可能出现运转机制失灵的情况下，委托律师代理其列席股东会议和公司会议、接受殷某婷的日常咨询、配合调查公司经营状况、代理起诉公司股东会决议不成立的诉讼案件，其委托行为符合法律规定与公司章程规定的监事权利，故润泽公司应向殷某婷上诉人支付其因行使监事职责所垫付的律师代理费6万元。润泽公司辩称上诉人委托律师咨询的非诉法律服务内容，是其作为监事应当具备的知识，其为满足自身需要而委托律师支付律师费的财产处置行为、委托律师为其近亲属庄雪龙提供法律服务的行为应由其自行承担费用，该理由无事实与法律依据，不予采纳。

【典型案例】张某军、江西爱侬投资有限公司股东知情权纠纷案（江西省九江市中级人民法院（2020）赣04民终696号）

裁判要旨

关于张某军能否以监事身份起诉行使公司财务检查权的问题。根据2018年《公司法》第53条的相关规定，监事会或者不设监事会的公司的监事有检查公司财务的职权；同时，2018年《公司法》第54条又规定："监事可以列席董事会会议，并对董事会决议事项提出质询或者建议。监事会、不设监事会的公司的监事发现公司经营情况异常，可以进行调查；必要时，可以聘请会计师事务所等协助其工作，费用由公司承担。"依据上述规定，公司监事或者监事会行使检查公司财务的职权，属于公司内部的经营管理范畴，当公司不配合监事或者监事会行使职权时，监事或者监事会应当通过提议召开股东会等方式进行解决，公司法并未赋予公司监事通过司法途径获取知情权的权利。

第八十条　【要求提交执行职务报告的权力】

监事会可以要求董事、高级管理人员提交执行职务的报告。

董事、高级管理人员应当如实向监事会提供有关情况和资料，不得妨碍监事会或者监事行使职权。

◆ 条文主旨

本条规定了监事会要求董事、高级管理人员提交执行职务报告的权力。

◆ 修改情况

本条第 1 款为 2023 年《公司法》修订的新增条款，为监事会增加了一项新的权力，可以要求董事、高级管理人员提交执行职务的报告。

本条第 2 款来自 2018 年《公司法》第 150 条第 2 款的规定。

◆ 条文注释

本条第 1 款为监事会新设了要求董事、高级管理人员提交执行职务报告的权力，以保障监事会的信息获得权。

本条第 2 款在 2018 年《公司法》中即存在，规定了董事、高级管理人员的信息提供义务。两相比较，在本条第 2 款项下，监事会只能消极接受董事、高级管理人员提供的信息，而本条第 1 款则赋予了监事会主动获得信息的权力。之所以作此规定，是因为在实践中，监事会无法有效履职的一大原因就是存在信息屏障。公司的经营管理信息掌握在董事和经理管理人员手中，监事会往往只能获得筛选后的信息，难以实施有效监督。通过强化监事会的信息获得权，能够在一定程度上优化监事会的履职效能。

◆ 案例指引

【典型案例】北京煜森股权投资有限公司与刘某梅等损害公司利益责任纠纷案（北京市高级人民法院（2020）京民终 696 号）

裁判要旨

煜森公司系有限责任公司，公司不设董事会，设执行董事一人，执行董事为公司的法定代表人；公司不设监事会，设监事一人。李某纯为煜森公司法定代表人、执行董事，王某生为煜森公司监事。2019 年 8 月 5 日，王某生向煜森公司及李某纯、刘某梅发送《关于监事开展监督检查的通知》，通知其行使监事职权，对公司及被投资公司开展财务专项及相关检查。煜森公司人员向王某生发送"关于监事检查事项的确认"文件,并表示监督检查费用过高,需与具体审计人员核实。

煜森公司在王某生发出通知要求对公司开展财务专项及相关检查时,于2019年8月6日向王某生发出《关于监事检查事项的确认》文件,并告知需要审计协议各方讨论审计费用事宜。而王某生在对公司确认事项的回复中就公司提出的审计费用过高,与审计公司人员进行讨论等事宜未作回应。王某生以煜森公司名义主张的15万元,仅3万元提供了律师事务所的咨询服务费发票,其余费用尚未实际发生;王某生已付的3万元费用如确系履行监事职责所产生,应由公司承担,这属于公司治理的必要成本支出,而不能认定为公司所遭受的损失。本案中也未能证明李某纯、刘某梅有妨碍监事行使职权的行为,抑或违反了忠实、勤勉义务。

> **第八十一条 【监事会会议】**
> 监事会每年度至少召开一次会议,监事可以提议召开临时监事会会议。
> 监事会的议事方式和表决程序,除本法有规定的外,由公司章程规定。
> 监事会决议应当经全体监事的过半数通过。
> 监事会决议的表决,应当一人一票。
> 监事会应当对所议事项的决定作成会议记录,出席会议的监事应当在会议记录上签名。

◆ 条文主旨

本条规定了监事会的召开频次、提议主体、议事方式、表决程序，以及会议记录等事项。

◆ **修改情况**

在 2018 年《公司法》第 55 条的基础上，本条进一步明确了监事会决议的决议通过基数为全体监事，将"半数以上"修改为更为准确的"过半数"，并且明确了监事的表决权为一人一票。

◆ **条文注释**

根据本条第 1 款规定，监事会会议包括常规会议和临时会议。常规会议至少每年度召开一次。临时会议可以基于监事的提议随时召开，比如发生了本法第 78 条、第 79 条、第 80 条等所规定的需要行使监督权的情形。

根据本条第 2 款规定，监事会会议的议事方式和表决方式，除本法有规定的外，由公司章程规定。"本法有规定的"，包括本条第 3 款、第 4 款和第 5 款的规定。

本条第 3 款规定了监事会决议的通过比例，即经全体监事的过半数。此处比例计算的分母为公司的全体监事，而非限于参加会议的监事。

本条第 4 款规定了监事会采一人一票的民主表决方式，所有监事的地位平等，表决权权重相同。

本条第 5 款规定了监事会会议记录的法定要求，即必须作成会议记录，并由出席会议的监事在会议记录上签名。监事会会议记录是公司的重要文件，是监事会决议形成过程的记录，也是确定监事是否勤勉履职的证据。

> **第八十二条　【监事会履职费用的承担】**
> 监事会行使职权所必需的费用，由公司承担。

◆ **条文主旨**

本条规定了监事会履职费用由公司负担。

◆ **修改情况**

本条延续了 2018 年《公司法》第 56 条的规定，未作实质修改。

◆ **条文注释**

在监事会行使职权的过程中，必要时需要进行调查工作、代表公司进行诉讼、召集会议等。前述活动系监事会履行职责的行为，是为了保护公司利益，其费用应当由公司承担。这是确保监事会积极履职的财务保障。当然，此处的费用限于合理费用，与监事会履职无关或不合理的费用不应当由公司承担。

本条规定同样适用于公司不设监事会的监事。

◆ **案例指引**

【典型案例】江苏苏尊容大律师事务所、南京兆润投资发展有限公司与乔某委托代理合同纠纷案（江苏省南京市中级人民法院（2020）苏 01 民终 7400 号）

裁判要旨

7525 号案件系乔某作为兆润公司的监事代表兆润公司起诉王某斌、王某林损害万杰公司利益，该行为已得到生效裁判文书的确认。根据 2018 年《公司法》第 56 条的规定，乔某行使监事职权所必需的费用，应由兆润公司承担。乔某为提起 7525 号案件及争取该案胜诉所支出的必需费用，应由兆润公司承担。监事履职所支出的费用应为必需的费用，结合依照《公司法司法解释（四）》第 26 条的规定，可以认定该支出的费用亦应为合理的费用。综合考虑 7525 号案件的审理情况、苏尊容大律所参与诉讼的时间及所作工作量等因素，酌定兆润公司应支付苏尊容大公司律师代理费的金额为 80 万元，符合《关于明确我省律师服务收费试行标准的通知》。

第八十三条 【不设监事会的有限责任公司】

规模较小或者股东人数较少的有限责任公司，可以不设监事会，设一名监事，行使本法规定的监事会的职权；经全体股东一致同意，也可以不设监事。

◆ 条文主旨

本条规定了规模较小或者股东人数较少的有限责任公司，可以简化其监督机构的设置。

◆ 修改情况

本条在2018年《公司法》第51条第1款的基础上，进一步允许规模较小或者股东人数较少的有限责任公司简化其监督机构，即经全体股东一致同意，可以既不设监事会，也不设监事。

◆ 条文注释

2023年《公司法》修订，虽然引入了公司治理的单层制架构，但是，对于通常的公司而言，单层制的选择是有法定条件的，即须设置审计委员会，并由审计委员会行使监事会职权。但是，正如本法第42条条文注释所援引的统计数据，我国有限责任公司中，股东人数为5人以上的仅为33.4万家（占比0.87%）。易言之，超过99%的有限责任公司的股东人数不超过5人，为股东人数较少的公司。对于此类公司，虽有简化公司治理机构、进行单层制改革的强烈需求，但也的确没有设立审计委员会的需求和必要性。对此，本条大刀阔斧，允许规模较小或者股东人数较少的有限责任公司，可以不设监事会，设一名监事，行使本法规定的监事会的职权；经全体股东一致同意，也可以不设监事。因此，本条可以适用于我国绝大多数的有限责任公司，是本法中有限责任公司单层制改革所适用的绝对主流条款。

不设监事会或监事之后，公司监督权将转向股东一端的监督，包括股东会监督和股东单独监督。此时，监督作用的发挥实质上从典型监督机制移转至非典型监督机制。事实上，在公司出现早期，公司管理的监督是通过年度股东会实现的。由于股东会的时段性和会议体形式，其无法实现持续性的日常监督，由此产生了设置专门机构负责日常监督的需求。尽管股东会的监督存在前述局限性，但选任董事或其他经营者的权力（任免权）是控制公司的关键策略，也是解决小股东和控股股东之间以及雇员与股东整体之间代理问题的核心策略。就股东单独监督而言，股东代表诉讼、股东压制救济、公司决议瑕疵诉讼等或将成为进一步仰赖的公司治理制衡制度，由此产生了进一步完善这些制度的需求。

第四章 有限责任公司的股权转让

第八十四条 【股权转让】

有限责任公司的股东之间可以相互转让其全部或者部分股权。

股东向股东以外的人转让股权的,应当将股权转让的数量、价格、支付方式和期限等事项书面通知其他股东,其他股东在同等条件下有优先购买权。股东自接到书面通知之日起三十日内未答复的,视为放弃优先购买权。两个以上股东行使优先购买权的,协商确定各自的购买比例;协商不成的,按照转让时各自的出资比例行使优先购买权。

公司章程对股权转让另有规定的,从其规定。

◆ 条文主旨

本条规定了有限责任公司的股权内部转让和股权对外转让规则。

◆ 修改情况

本条在2018年《公司法》第71条的基础上作出了重大修改,删除了原《公司法》中"股东向股东以外的人转让股权,应当经其他股东过半数同意"的要求,由"其他股东同意权+优先购买权"的双层模式转向"其他股东优先购买权"的单层模式。

◆ 条文注释

有限责任公司股东转让股权的,既可以向公司其他股东转让,也可以向公司股东以外的人转让。前者也称股权对内转让，后者也称股权对外转让。本条区分了股权对内转让与股权对外转让，分别作出了不同规定，并在股权对外转让时赋予了其他股东优先购买权。当然，如果公司章程对股权转让另有规定的，从其规定。

股权转让，是指有限责任公司的股东依照法律或公司章程的规定将股权转让给他人的行为。"转让"包括各种可引起权利转移的法律行为，可分为有偿行为和无偿行为。实践中，常见的股权转让包括股权买卖、股权互易、股权出资、股权赠与等类型。易言之，只要是引起股权的权利主体变化的行为，都可以纳入广义的股权转让范畴。结合本条第2款要求转让股东向其他股东通知"数量、价格、支付方式和期限"等内容来看，本条所规范的"转让股权"系以"股权买卖"为基准模型。

一、股权内部转让

根据本条第1款规定，有限责任公司的股东之间可以相互转让其全部或部分股权。股东在公司内部向其他股东转让股权的，无论是转让全部股权，还是转让部分股权，只会引起股东出资比例的变化，不会有新股东的加入，并不影响股东之间的信任关系。因此，转让股东可以在公司内部自由转让其股权。当然，如果公司认为有必要对股东间转让股权进行限制的，可以在章程中设置具体的限制条件。

二、股权对外转让

有限责任公司具有封闭性的特征。在股权对外转让的背景下，可能因新股东的加入而动摇公司的内部信任基础，需要受到一定的限制。但是，股权转让毕竟是股东处分其财产的自主行为，法律或章程虽然可以施加一定限制，但也不能剥夺股东转让股权的权利。因此，股权对外转让的规则需要兼顾公司的封闭性和股东的财产权，而不能偏废其一。

本条第2款规定了股权对外转让规则，其规则要点包括以下五个方面：

1. 从双层模式简化为单层模式

在股权对外转让的限制规则上，本条将2018年《公司法》中的"其他股东同意权+优先购买权"的双层模式修改为"其他股东优先购买权"的单层模式，系2023年《公司法》修订的重点内容。

针对股权对外转让，2018年《公司法》设置了其他股东的同意权和优先购买权的双重保障机制，皆旨在维系有限责任公司的封闭性。2023年《公司法》之所以作此简化，是因为在实践中，有限责任公司封闭性强，股权转让的市场本就十分有限，加之复杂的对外股权转让规则，更加不利于股权对外转让的顺利进行。之所以选择保留优先购买权而非同意权规则，系因为同意权规则很大程度上已经被虚化。2018年《公司法》规定，其他股东不同意股权对外转让时必须购买该股权，否则视为同意，实际上导致同意权规则的价值较为有限。因此，2023年《公司法》删除了同意权规则，减少了股权对外转让的限制。

值得注意的是，取消"其他股东过半数同意"要求后，将对股权代持中的实际出资人显名的条件产生实质影响。《公司法司法解释（三）》第24条第3款规定，实际出资人经公司其他股东半数以上同意才可以显名成为真正的股东。司法解释之所以作此规定，是因为此时发生了"类似于股权的对外转让"效果，故需要经由公司其他股东过半数同意，按照解释起草者的理解，此时的同意包括同意转让与放弃优先购买权的双重意思。① 在2023年《公司法》取消同意权规则之后，维护有限责任公司封闭性只能依靠优先购买权规则

---

① 杜万华主编、最高人民法院民二庭编著：《最高人民法院公司法解释（四）理解与适用》，人民法院出版社2017年版，第380页。

实现，这一逻辑在实际出资人显名情形下同样适用。结合《九民纪要》第 28 条所规定的默示同意规则，其他股东在此情形下是否享有优先购买权的问题，应根据其是否知道实际出资人存在的情形予以区分。具体而言：其他股东知道实际出资人实际出资事实，且对实际出资人实际行使股东权利未曾提出异议的，在实际出资人显名时不享有优先购买权；其他股东不知道实际出资人实际出资且行使股东权利的，在实际出资人显名时享有优先购买权。

2. 转让股东负有通知义务

转让股东对外转让股权，应当将股权转让的数量、价格、支付方式和期限等事项书面通知其他股东。在 2018 年《公司法》框架内，由于股权交易的达成需要一定的过程，转让股东通常要进行两次通知：一次为征得其他股东同意的通知，一次为保障其他股东优先购买权的通知，十分烦琐。基于"其他股东同意权+优先购买权"的双层模式向"优先购买权"的单层模式的转变，实践中股东进行两次通知的程序也得以简化为一次。

在通知内容上，转让股东应当告知其他股东股权转让相关事项，载明的事项包括但不限于：股权转让的数量、价格、支付方式和期限等对股权转让具有重要影响的内容。如果转让股东通知的前述事项不真实，或者隐瞒重要信息，导致其他股东放弃优先购买权的，系侵害其他股东优先购买权的行为。

在通知方式上，本条规定股东通知的形式要件为书面通知。根据《公司法司法解释（四）》第 17 条规定，通知方式还包括其他能够确认收悉的合理方式。在司法实践中，法院认可的其他合理方式包括：（1）公告通知；（2）通过仲裁或判决程序通知；（3）电话、短信通知；（4）未书面通知但能够证明其他股东对股权转让事项知情的其他情形。需要注意的是，转让股东必须证明其他股东可以合理收悉，而不能滥用非书面形式的通知方式规避通知义务。转让股东履行通知义务是其他股东行使优先购买权的前提，未履行或未妥善履行的，构成对其他股东优先购买权的侵害。

3. 同等条件的认定

"同等条件"是股东行使优先购买权的前提条件。本条所规定的考量因素包括股权转让的数量、价格、支付方式和期限等。最高人民法院在《公司法司法解释（四）》第18条规定，人民法院在判断是否符合《公司法》规定的"同等条件"时，应当考虑转让股权的数量、价格、支付方式及期限等因素。比如，有股东主张就转让的部分股权行使优先购买权，此时即不符合转让股权数量上的同等条件。除了前述列举的因素之外，还预留了其他因素的裁量空间，但不应包括其他股东无论如何也不可能具备的条件，比如血缘、亲情、友情等关系。

4. 优先购买权的行使方式与损害救济

根据本条规定，其他股东主张优先购买权的，应当在收到通知之日起30日内予以答复，未答复的，视为主动放弃优先购买权，不得再次向股权交易双方主张行使优先购买权。有两个以上股东同时行使优先购买权的，应先协商确定各自的购买比例，协商不成的，应按照其各自所认缴的出资额的比例购买该转让股权。

对于侵害优先购买权的行为，《公司法司法解释（四）》第21条规定，有限责任公司的股东向股东以外的人转让股权，未就其股权转让事项征求其他股东意见，或者以欺诈、恶意串通等手段，损害其他股东优先购买权，其他股东主张按照同等条件购买该转让股权的，人民法院应当予以支持，但其他股东自知道或者应当知道行使优先购买权的同等条件之日起30日内没有主张，或者自股权变更登记之日起超过1年的除外。前款规定的其他股东仅提出确认股权转让合同及股权变动效力等请求，未同时主张按照同等条件购买转让股权的，人民法院不予支持，但其他股东非因自身原因导致无法行使优先购买权,请求损害赔偿的除外。股东以外的股权受让人,因股东行使优先购买权而不能实现合同目的,可以依法请求转让股东承担相应民事责任。

对于侵害其他股东优先购买权的股权转让合同效力,司法实践中存在争议。对此,《九民纪要》第9条规定,审判实践中,部分人民法院对《公司法司法解释(四)》第21条规定的理解存在偏差,往往以保护其他股东的优先购买权为由认定股权转让合同无效。准确理解该条规定,既要注意保护其他股东的优先购买权,也要注意保护股东以外的股权受让人的合法权益,正确认定有限责任公司的股东与股东以外的股权受让人订立的股权转让合同的效力。一方面,其他股东依法享有优先购买权,在其主张按照股权转让合同约定的同等条件购买股权的情况下,应当支持其诉讼请求,除非出现该条第1款规定的情形。另一方面,为保护股东以外的股权受让人的合法权益,股权转让合同如无其他影响合同效力的事由,应当认定有效。其他股东行使优先购买权的,虽然股东以外的股权受让人关于继续履行股权转让合同的请求不能得到支持,但不影响其依约请求转让股东承担相应的违约责任。

以上两个条文行文烦琐,总结起来,其要点如下:(1)侵害优先购买权的股权转让合同有效,但因其他股东主张优先购买权而无法履行的,第三人不能取得股权;(2)第三人可以追究有效的股权转让合同下的违约责任;(3)其他股东未主张同等条件购买的,第三人可以取得股权;(4)其他股东主张同等条件购买但不在法定期间内的,第三人可以取得股权;(5)其他股东非因自身原因无法基于优先购买权取得股权的,可向转让股东主张损害赔偿责任。

5. 转让股东享有反悔权

《公司法司法解释(四)》第20条规定:"有限责任公司的转让股东,在其他股东主张优先购买后又不同意转让股权的,对其他股东优先购买的主张，人民法院不予支持……"该规定实质上赋予了股东优先购买权中的转让股东反悔权。所谓"反悔权"，是指法律赋予转让股权股东对已经发出的转让股权的意思表示反悔的权利。具体表现为，有限责任公司中依法享有优先购买权的股东在主张行使优先购买权后，转让股权的股东拒绝转让的权利。对此，法院不能强制股东转让其享有的股权。

长期以来，理论和实务界对优先购买权的权利性质存在争议，主要有请求权说、形成权说、特殊权利说等。请求权说认为，优先权是受让股东请求出让股东与自己订立转让合同的权利；故一旦优先权人依同等条件声明购买的，出让股东有承诺出卖之义务。形成权说认为，出让股东与第三人成立股权转让合同关系时，一旦优先权人主张或者行使优先权，就直接在优先权人与出让股东之间成立同等条件的转让合同关系，此时无须转让股东的承诺。《公司法司法解释（四）》第20条引入转让股东反悔权后，请求权说和形成权说均被击穿，可维持其作为一种特殊权利的界定。

三、公司章程可以对股东转让股权另行规定

本条第3款规定：公司章程对股权转让另有规定的，从其规定。具体而言：

其一，公司章程可以对股东之间的股权转让加以限制，包括转让股份数量、持股比例限制等内容。对于章程对股权转让限制条款的边界，有观点认为，股权的自由转让原则是强行性法律规范中的效力规定，自由转让股权是股东的固有权，凡违反该原则、限制股权自由转让的章程条款应归于无效。但是，多数见解认为，凡不违反强行法规、公序良俗或有限责任公司之本质，章程所设定的股权转让限制措施均无不可，但不能实质性导致禁止股权转让的后果。比如，本书下文所引最高人民法院指导案例96号中，"人走股留，所持股份由企业收购"的章程条款即被认定为合法条款。

其二，公司章程也可以对股权对外转让作出不同于本条第2款的规定，如排除其他股东优先购买权行使。对于股东优先购买权，公司可以通过章程作出其他特别安排。如果公司章程对股权转让作出了不同于《公司法》的规定，应遵照公司章程执行。

◆ 关联规范

1. 《公司法司法解释（四）》（2020年修正）

第17条　【优先购买权的通知与行使】有限责任公司的股东向股东以外的人转让股权，应就其股权转让事项以书面或者其他能够确认收悉的合理方式通知其他股东征求同意。其他股东半数以上不同意转让，不同意的股东不购买的，人民法院应当认定视为同意转让。

经股东同意转让的股权，其他股东主张转让股东应当向其以书面或者其他能够确认收悉的合理方式通知转让股权的同等条件的，人民法院应当予以支持。

经股东同意转让的股权，在同等条件下，转让股东以外的其他股东主张优先购买的，人民法院应当予以支持，但转让股东依据本规定第二十条放弃转让的除外。

第18条　【同等条件】人民法院在判断是否符合公司法第七十一条第三款及本规定所称的"同等条件"时，应当考虑转让股权的数量、价格、支付方式及期限等因素。

第19条　【优先购买权行使期间】有限责任公司的股东主张优先购买转让股权的，应当在收到通知后，在公司章程规定的行使期间内提出购买请求。公司章程没有规定行使期间或者规定不明确的，以通知确定的期间为准，通知确定的期间短于三十日或者未明确行使期间的，行使期间为三十日。

第20条　【转让股东放弃转让】有限责任公司的转让股东，在其他股东主张优先购买后又不同意转让股权的，对其他股东优先购买的主张，人民法院不予支持，但公司章程另有规定或者全体股东另有约定的除外。其他股东主张转让股东赔偿其损失合理的，人民法院应当予以支持。

第21条 【损害优先购买权的救济】 有限责任公司的股东向股东以外的人转让股权，未就其股权转让事项征求其他股东意见，或者以欺诈、恶意串通等手段，损害其他股东优先购买权，其他股东主张按照同等条件购买该转让股权的，人民法院应当予以支持，但其他股东自知道或者应当知道行使优先购买权的同等条件之日起三十日内没有主张，或者自股权变更登记之日起超过一年的除外。

前款规定的其他股东仅提出确认股权转让合同及股权变动效力等请求，未同时主张按照同等条件购买转让股权的，人民法院不予支持，但其他股东非因自身原因导致无法行使优先购买权，请求损害赔偿的除外。

股东以外的股权受让人，因股东行使优先购买权而不能实现合同目的的，可以依法请求转让股东承担相应民事责任。

2.《民法典婚姻家庭编司法解释（一）》（2021年1月1日起施行）

第73条 【有限公司出资额的离婚分割】 人民法院审理离婚案件，涉及分割夫妻共同财产中以一方名义在有限责任公司的出资额，另一方不是该公司股东的，按以下情形分别处理：

（一）夫妻双方协商一致将出资额部分或者全部转让给该股东的配偶，其他股东过半数同意，并且其他股东均明确表示放弃优先购买权的，该股东的配偶可以成为该公司股东；

（二）夫妻双方就出资额转让份额和转让价格等事项协商一致后，其他股东半数以上不同意转让，但愿意以同等条件购买该出资额的，人民法院可以对转让出资所得财产进行分割。其他股东半数以上不同意转让,也不愿意以同等条件购买该出资额的,视为其同意转让,该股东的配偶可以成为该公司股东。

用于证明前款规定的股东同意的证据,可以是股东会议材料,也可以是当事人通过其他合法途径取得的股东的书面声明材料。

3.《九民纪要》(2019年11月8日起施行)

8.【有限责任公司的股权变动】当事人之间转让有限责任公司股权,受让人以其姓名或者名称已记载于股东名册为由主张其已经取得股权的,人民法院依法予以支持,但法律、行政法规规定应当办理批准手续生效的股权转让除外。未向公司登记机关办理股权变更登记的,不得对抗善意相对人。

9.【侵犯优先购买权的股权转让合同的效力】审判实践中,部分人民法院对公司法司法解释(四)第21条规定的理解存在偏差,往往以保护其他股东的优先购买权为由认定股权转让合同无效。准确理解该条规定,既要注意保护其他股东的优先购买权,也要注意保护股东以外的股权受让人的合法权益,正确认定有限责任公司的股东与股东以外的股权受让人订立的股权转让合同的效力。一方面,其他股东依法享有优先购买权,在其主张按照股权转让合同约定的同等条件购买股权的情况下,应当支持其诉讼请求,除非出现该条第1款规定的情形。另一方面,为保护股东以外的股权受让人的合法权益,股权转让合同如无其他影响合同效力的事由,应当认定有效。其他股东行使优先购买权的,虽然股东以外的股权受让人关于继续履行股权转让合同的请求不能得到支持,但不影响其依约请求转让股东承担相应的违约责任。

4.《企业国有资产法》(2009年5月1日起施行)

第30条 【国家出资企业重大事项决策的概括性规定】国家出资企业合并、分立、改制、上市,增加或者减少注册资本,发行债券,进行重大投资,为他人提供大额担保,转让重大财产,进行大额捐赠，分配利润，以及解散、申请破产等重大事项，应当遵守法律、行政法规以及企业章程的规定，不得损害出资人和债权人的权益。

第53条 【决定或者批准国有资产转让的权限】国有资产转让由履行出资人职责的机构决定。履行出资人职责的机构决定转让全部国有资产的，或者转让部分国有资产致使国家对该企业不再具有控股地位的，应当报请本级人民政府批准。

第54条 【国有资产转让的原则和方式】国有资产转让应当遵循等价有偿和公开、公平、公正的原则。

除按照国家规定可以直接协议转让的以外，国有资产转让应当在依法设立的产权交易场所公开进行。转让方应当如实披露有关信息，征集受让方；征集产生的受让方为两个以上的，转让应当采用公开竞价的交易方式。

转让上市交易的股份依照《中华人民共和国证券法》的规定进行。

5.《企业国有资产监督管理暂行条例》(2019年修订)

第23条 【决定或者批准国有资产转让的权限】国有资产监督管理机构决定其所出资企业的国有股权转让。其中，转让全部国有股权或者转让部分国有股权致使国家不再拥有控股地位的，报本级人民政府批准。

◆ 案例指引

【指导案例96号】宋某军诉西安市大华餐饮有限公司股东资格确认纠纷案（陕西省高级人民法院（2014）陕民二申字第00215号，载《最高人民法院公报》2018年第9期）

裁判要旨

本案的争议焦点为：1. 大华公司的公司章程中关于"人走股

留"的规定,是否违反了《公司法》的禁止性规定,该章程是否有效;2.大华公司回购宋某军股权是否违反《公司法》的相关规定,大华公司是否构成抽逃出资。

针对第一个焦点问题,首先,依照《公司法》"股东应当在公司章程上签名、盖章"的规定,有限公司章程系公司设立时全体股东一致同意并对公司及全体股东产生约束力的规则性文件,宋某军在公司章程上签名的行为,应视为其对前述规定的认可和同意,该章程对大华公司及宋某军均产生约束力。其次,基于有限责任公司封闭性和人合性的特点,由公司章程对公司股东转让股权作出某些限制性规定,系公司自治的体现。大华公司章程将是否与公司具有劳动合同关系作为取得股东身份的依据继而作出"人走股留"的规定,符合有限责任公司封闭性和人合性的特点,亦系公司自治原则的体现,不违反《公司法》的禁止性规定。最后,大华公司章程第14条关于股权转让的规定,属于对股东转让股权的限制性规定而非禁止性规定,宋某军依法转让股权的权利没有被公司章程所禁止,大华公司章程不存在侵害宋某军股权转让权利的情形。因此,大华公司章程不违反《公司法》的禁止性规定。

针对第二个焦点问题,《公司法》所规定的异议股东回购请求权具有法定的行使条件,对应的是公司是否应当履行回购异议股东股权的法定义务。本案属于大华公司是否有权基于公司章程的约定及与宋某军的合意而回购宋某军股权,对应的是大华公司是否具有回购宋某军股权的权利,二者性质不同,不属于2013年《公司法》第74条的适用范围。宋某军提出的解除劳动合同申请与《退股申请》,系真实意思表示。大华公司已退还其全额股金款2万元,并召开股东大会审议通过了宋某军等三位股东的退股申请,大华公司基于宋某军的退股申请,依照公司章程的规定回购宋某军的股权,程序并无不当。另外,《公司法》所规定的抽逃出资专指公司股东抽逃其对于公司出资的行为，公司不能构成抽逃出资的主体。因此，大华公司不构成抽逃出资。

【典型案例】艾某等与刘某股权转让纠纷上诉案（最高人民法院（2014）民二终字第48号，载《人民司法·案例》2017年第35期）

裁判要旨

根据2005年《公司法》与《婚姻法》的相关规定，股东转让股权必须征得过半数股东的同意，并非必须征得其配偶的同意。即使在有限责任公司的出资系夫妻共同财产，但非公司股东的配偶要成为公司的股东，还须征得其他股东的同意，只有在其他股东明确表示放弃优先购买权的情况下，股东的配偶才可以成为该公司的股东。在过半数股东不同意转让，但愿意以同等价格购买该出资额的情况下，只能对转让出资所得财产进行分割。综上，股东转让股权必须征得过半数股东的同意，并非必须征得其配偶的同意。上述法律规定，体现了有限责任公司人合性的法律特征。虽然股权的本质为财产权，但我国公司法股权既包括资产收益权，也包括参与重大决策和选择管理者的权利。所以，股权并非单纯的财产权，应为综合性的民事权利。故我国《公司法》规定了股东转让股权必须征得过半数股东的同意，并非必须征得其配偶的同意。股权作为一项特殊的财产权，除其具有的财产权益内容外，还具有与股东个人的社会属性及其特质、品格密不可分的人格权、身份权等内容。如无特别约定，对于自然人股东而言，股权仍属于商法规范内的私权范畴，其各项具体权能应由股东本人独立行使，不受他人干涉。在股权流转方面，我国《公司法》确认的合法转让主体也是股东本人，而不是其所在的家庭。本案中，张某田因转让其持有的工贸公司的股权事宜，与刘某签订了股权转让协议，双方从事该项民事交易活动，其民事主体适格，意思表示真实、明确，协议内容不违反我国《合同法》《公司法》的强制性规定,该股权转让协议应认定有效。

【典型案例】唐某祥、林某丰股权转让纠纷案(福建省漳州市中级人民法院(2019)闽06民终1800号)

裁判要旨

本案的争议焦点为:一是本案的股权转让协议是否有效;二是林某丰诉求解除股权转让协议及返还转让金、借款能否成立。

关于股权转让协议是否有效的问题。法院认为,唐某祥将其在祥宏公司的部分股权转让给股东以外的林某丰,该转让协议系双方当事人的真实意思表示,未违反法律、行政法规的强制性规定,系有效合同。对股东优先权的保护,并不需要否定股权转让合同的效力,而只要股权权利不予变动,阻止股东以外的股权受让人成为新股东即可。如果因为违反2018年《公司法》第71条的规定而据此认定股权转让合同无效,那么在其他股东放弃优先购买权时,转让股东还需与受让人重新订立股权转让合同,否则任何一方均可不受已订立的股权转让协议的约定的限制,显然不合理。而且,根据本案的事实,其他股东亦知悉该股权转让行为,讼争的股权转让协议并未侵犯公司其他股东的优先购买权。

第八十五条 【强制执行程序中的优先购买权】

人民法院依照法律规定的强制执行程序转让股东的股权时,应当通知公司及全体股东,其他股东在同等条件下有优先购买权。其他股东自人民法院通知之日起满二十日不行使优先购买权的,视为放弃优先购买权。

◆ **条文主旨**

本条规定了强制执行程序中的优先购买权。

◆ **修改情况**

本条未作修改。

◆ **条文注释**

股权具有财产属性和经济价值,可以成为法院强制执行标的。在强制执行程序中,其他股东是否享有优先购买权、如何行使优先购买权即成为一个特殊问题。有观点认为,强制执行程序不是普通的交易行为,无须考虑优先购买权人的利益。然而,优先购买权系为保护公司及其他股东利益,也是有限责任公司的重要法律特征,即使在强制执行程序中也应当得到保护。有基于此,本条规定了强制执行程序中的优先购买权,并规定了具体程序。

本条的适用要点包括以下方面:

其一,人民法院应当通知公司及全体股东。根据本条规定,通知主体是人民法院,通知对象是公司及其他股东,通知内容是有关股权被依法强制执行的事项,包括案涉股权何时、何地以及以什么方式被转让等情况。其中,通知公司的目的是便于公司协助股权执行,通知其他股东是为保障其优先购买权。

其二,其他股东在同等条件下享有优先购买权。人民法院将有关股权强制执行事项通知公司及全体股东后,股东可以凭同等条件行使优先购买权。优先购买权的权利行使期间为自人民法院通知之日起20日内,超过20日未行使的,视为其他股东放弃优先购买权。此时,股权可以经强制执行程序转让给公司以外的人,公司其他股东不得再主张优先购买权。本文中的"同等条件",与本法第84条中的"同等条件"作同一解释。此外,依据《公司法司法解释(四)》第22条第2款规定,在依法设立的产权交易场所转让有限责任公司国有股权的,适用"同等条件"时,可以参照产权交易场所的交易规则。

◆ **关联规范**

1. 《公司法司法解释（四）》（2020年修正）

第22条 【优先购买权的特别规定】通过拍卖向股东以外的人转让有限责任公司股权的，适用公司法第七十一条第二款、第三款或者第七十二条规定的"书面通知""通知""同等条件"时，根据相关法律、司法解释确定。

在依法设立的产权交易场所转让有限责任公司国有股权的，适用公司法第七十一条第二款、第三款或者第七十二条规定的"书面通知""通知""同等条件"时，可以参照产权交易场所的交易规则。

2. 《最高人民法院关于人民法院执行工作若干问题的规定（试行）》（2020年修正）

39. 被执行人在其独资开办的法人企业中拥有的投资权益被冻结后，人民法院可以直接裁定予以转让，以转让所得清偿其对申请执行人的债务。

对被执行人在有限责任公司中被冻结的投资权益或股权，人民法院可以依据《中华人民共和国公司法》第七十一条、第七十二条、第七十三条的规定，征得全体股东过半数同意后，予以拍卖、变卖或以其他方式转让。不同意转让的股东，应当购买该转让的投资权益或股权，不购买的，视为同意转让，不影响执行。

人民法院也可允许并监督被执行人自行转让其投资权益或股权，将转让所得收益用于清偿对申请执行人的债务。

40. 有关企业收到人民法院发出的协助冻结通知后，擅自向被执行人支付股息或红利，或擅自为被执行人办理已冻结股权的转移手续，造成已转移的财产无法追回的，应当在所支付的股息或红利或转移的股权价值范围内向申请执行人承担责任。

3.《最高人民法院关于人民法院民事执行中拍卖、变卖财产的规定》(2020年修正)

第2条 人民法院对查封、扣押、冻结的财产进行变价处理时,应当首先采取拍卖的方式,但法律、司法解释另有规定的除外。

◆ 案例指引

【典型案例】中森华投资集团有限公司、湖北徐东(集团)股份有限公司合资、合作开发房地产合同纠纷案(最高人民法院(2020)最高法执监103号)

裁判要旨

本案的焦点问题是:本案是否存在侵害案涉股权优先购买权人合法权益的情形?武汉中院先后通过直接告知及发布公告的方式,将拟拍卖案涉股权及其他股东享有优先购买权的情况告知长航公司及其全体股东,履行了2018年《公司法》第72条规定的拍卖前告知义务。根据武汉中院查明的事实,2019年1月11日,长航公司的股东港城公司向武汉中院来函,确认该公司愿意作为优先购买权人参加对案涉股权的竞买。至于长航公司的其他股东在同等条件下是否行使优先购买权,由该其他股东自行决定主张。中森华公司作为案件被执行人,以长航公司其他股东不能行使优先购买权为由要求中止拍卖的理由不能成立,驳回申诉人中森华投资集团有限公司的申诉请求。

第八十六条 【股东名册变更】

股东转让股权的,应当书面通知公司,请求变更股东名册;需要办理变更登记的,并请求公司向公司登记机关办理变更登记。公司拒绝或者在合理期限内不予答复的,转让人、受让人可以依法向人民法院提起诉讼。

> 股权转让的，受让人自记载于股东名册时起可以向公司主张行使股东权利。

◆ **条文主旨**

本条规定了股权转让时的股东名册变更。

◆ **修改情况**

本条为 2023 年《公司法》修订的新增条款，首次明确规定了股权转让后书面通知公司、股东名册变更等事宜，在公司拒绝或者在合理期限内不予答复时为转让人和受让人提供了诉权保障。

◆ **条文注释**

在司法实践中，公司股权变动模式是公司法上的重大疑难争议问题，股权转让纠纷是所有公司纠纷中数量最多的纠纷类型。为明确股权变动模式，减少股权变动争议，2023 年《公司法》修订新增了本条规定。

本条的适用要点如下：

一、转让人负有通知公司和请求公司变更股东名册、公司登记的义务

股权转让与公司利益关联密切，股东名册变更需公司为之，股东行使权利通常亦须向公司主张。因此，本条第 1 款规定，股东转让股权的，应当书面通知公司，请求变更股东名册；需要办理变更登记的，并请求公司向公司登记机关办理变更登记。需要注意的是，根据本条规定，通知公司的义务主体是转让人而非受让人，更非转让方和受让方一起通知。若转让人未履行通知义务，导致股东名册或公司登记未变更，受让人未能如期获得股权的，转让人应依据股权转让合同向受让人承担违约责任。

二、公司负有变更股东名册和登记的义务

股东名册是股权变动的基本凭据。根据本法第56条规定，有限责任公司应当置备股东名册，即股东名册置备主体为公司。故而，变更股东名册的义务同样应由公司承担。

依据本法第32条规定，有限责任公司登记事项中包括公司股东的姓名或者名称，因股权转让引起公司股东姓名或名称变化的，亦应请求公司向公司登记机关办理变更登记，此即本条所称"需要办理变更登记"的情形。

三、转让人和受让人的诉权保障

根据本条第1款规定，公司拒绝或者在合理期限内不予答复的，转让人和受让人皆有权提起诉讼，诉请公司履行该项义务。这是2023年《公司法》修订中增强可诉性的举措之一。

在《公司法（修订草案一审稿）》和《公司法（修订草案二审稿）》中，两次审议稿曾规定"公司无正当理由不得拒绝"，但"正当理由"语义模糊，涵盖情形复杂。《公司法（修订草案三审稿）》和最终通过的本条文则予以删除。据此，公司拒绝履行该义务的正当性由法院予以裁量。一般而言，如果股权转让不符合公司法或公司章程的规定，公司享有拒绝的权利。公司因此拒绝变更股东名册的，股权不发生转移。受让人不能如约获得股权，公司不承担任何法律责任，但股权转让合同仍然有效，转让人与受让人之间的纠纷依据股权转让合同处理。如果股权转让符合《公司法》及公司章程的规定，公司仍拒绝变更股东名册或公司登记，属于公司无正当理由拒不履行其应为义务，该行为显然既侵犯了原股东对股权的自由处分权，也侵犯了受让人获得股权的权利，因此二者皆有权提起诉讼，诉请法院判决公司履行变更股东名册或公司登记的义务。

四、受让人凭股东名册向公司主张股东权利

股权变动模式问题是困扰我国公司法理论界和实务界多年的重

大争议问题，形成了包括纯粹意思主义说、修正的意思主义说、凭股东名册记载的形式主义说、凭登记变动的形式主义说等多种认识。

1. 纯粹意思主义说认为，股权转让双方关于股权转让的合意一经生效，即发生股权变动，受让人取得所受让的股权。

2. 修正的意思主义说认为，股权转让合同生效加上通知公司的事实要件，即发生股权变动的效力，受让人即对公司主张股权，完成商事登记变更后可对抗第三人。

3. 凭股东名册记载的形式主义说认为，除股权转让合意外，还需公司将受让人记载于股东名册，股权方发生变动。

4. 凭登记变动的形式主义说认为，仅有股权双方的转让合意并不能直接使股权发生变动，还需待到公司完成变更登记，股权方发生变动。

在2023年《公司法》修订过程中，以上学说各有主张者，产生了激烈争论。凭股东名册发生股权变动的观点不仅是2018年《公司法》所持的立场，也是最高人民法院在《九民纪要》等文件以及司法裁判中的态度。《九民纪要》第8条规定，当事人之间转让有限责任公司股权，受让人以其姓名或者名称已记载于股东名册为由主张其已经取得股权的，人民法院依法予以支持，但法律、行政法规规定应当办理批准手续生效的股权转让除外。未向公司登记机关办理股权变更登记的，不得对抗善意相对人。在我国公司治理实践中，大量公司管理不规范，不设置股东名册或者股东名册形同虚设的情况十分普遍。对此，如果公司没有置备规范的股东名册的，诸如公司章程、会议纪要等文件只要能证明公司认可受让人为新股东的，均可产生相应效力。

有基于此，本条第2款进一步明确了以股东名册变更为股权移转的标志。股东名册具有确定股东身份的效力，记载于股东名册的股东可依股东名册向公司主张行使股东权利。可见，我国公司法系以股东名册作为股权变动的生效要件，公司变更股东名册后，受让人才真正取得股权。自记载于股东名册开始，股权才在真正意义上发生变动。

◆ **关联规范**

1. 《公司法司法解释（三）》(2020年修正)

第23条 **【公司违反股权登记义务时对股东的救济】** 当事人依法履行出资义务或者依法继受取得股权后，公司未根据公司法第三十一条、第三十二条的规定签发出资证明书、记载于股东名册并办理公司登记机关登记，当事人请求公司履行上述义务的，人民法院应予支持。

第27条 **【股权转让后原股东再次处分股权】** 股权转让后尚未向公司登记机关办理变更登记，原股东将仍登记于其名下的股权转让、质押或者以其他方式处分，受让股东以其对于股权享有实际权利为由，请求认定处分股权行为无效的，人民法院可以参照民法典第三百一十一条的规定处理。

原股东处分股权造成受让股东损失，受让股东请求原股东承担赔偿责任、对于未及时办理变更登记有过错的董事、高级管理人员或者实际控制人承担相应责任的，人民法院应予支持；受让股东对于未及时办理变更登记也有过错的，可以适当减轻上述董事、高级管理人员或者实际控制人的责任。

2. 《九民纪要》(2019年11月8日起施行)

8. **【有限责任公司的股权变动】** 当事人之间转让有限责任公司股权，受让人以其姓名或者名称已记载于股东名册为由主张其已经取得股权的，人民法院依法予以支持，但法律、行政法规规定应当办理批准手续生效的股权转让除外。未向公司登记机关办理股权变更登记的，不得对抗善意相对人。

◆ 案例指引

【典型案例】三亚三兴实业公司、北京金源新盛置业有限公司股权转让纠纷案（最高人民法院（2017）最高法民终 870 号）

裁判要旨

关于三兴公司股权过户的诉讼请求能否得到支持的问题。《补充协议》约定的股权返还条件成就，鉴于金源新盛公司返还三兴公司股权还涉及杰宝公司其他股东的优先购买权问题，根据 2013 年《公司法》的规定，需要取得其他股东过半数的同意。杰宝公司的股东，除金源新盛公司外还包括盛华乐天公司与王某东。其中，金源新盛公司、盛华乐天公司均为盛德世纪置业股份有限公司的全资子公司，而盛德世纪置业股份有限公司的实际控制人也是王某东。金源新盛公司与盛华乐天公司、王某东之间的密切关系决定了在其与三兴公司签订《补充协议》时，盛华乐天公司、王某东不可能不知情。在二者明知存在股权返还约定，但又未在合理期限内提出反对或表示购买的情况下，根据 2013 年《公司法》有关"其他股东半数以上不同意转让的，不同意转让的股东应当购买该转让的股权；不购买的，视为同意转让"的规定，应当视为同意。在 2013 年 7 月 30 日杰宝公司召开的股东会上，盛华乐天公司和王某东对于三兴公司作为杰宝公司的股东不仅没有异议，而且还认可其以股东身份行使权利，进一步证明其同意至少不反对三兴公司成为股东。诚然，《补充协议》的当事人是三兴公司与金源新盛公司，负有股权返还义务的也是金源新盛公司。但有限责任公司的人合性决定了，股东向股东以外的人转让股权还涉及其他股东的优先购买权、股东会组成等一系列问题，不仅仅是转让双方的事。正因如此，我国现行的公司登记制度规定，即便在股权转让场合，能够申请办理股权过户手续的也只能是公司，而不是转让股权的股东。就受让人来说，其既可以通过请求转让股东督促公司办理股权过户手续的方式实现自身的利益，也可以直接请求公司办理股权过户手续。因此，三兴公司请求杰宝公司履行股权过户手续应予支持。

【典型案例】辽宁万聚隆房地产有限责任公司、李某等请求变更公司登记纠纷案（辽宁省沈阳市中级人民法院（2023）辽01民终3093号）

裁判要旨

本院认为，本案系变更公司登记纠纷。周某死亡后，李某已继受案涉股权。关于公司已经被吊销营业执照，不具备办理股权登记变更条件的理由的主张，本院认为，公司具有协助、配合义务，与其是否吊销营业执照无关。关于李某已经超出诉讼时效的主张，本院认为，股权系人身权利及财产性权利的复合权利，股权变更登记的请求权与适用诉讼时效制度的债权请求权并非同一类型，且考虑到本案案涉公司登记股东仅为杨某、周某，杨某系公司的法定代表人，其因刑事犯罪被判决有期徒刑，一定程度上亦影响了李某行使权利。关于李某未实际出资、股东会决议已经对周某除名的理由，因公司的登记股东仅为杨某、周某。周某死亡后，杨某实际控制公司，杨某亦未能提供证据证明其已经实际出资；且案涉股东会议决定解除周某资格，周某在该股东会召开时已经死亡，且即使上诉人意欲依照公司法及相关司法解释的规定，解除未实际出资的股东的资格，亦可在本案协助变更登记后，依公司法程序或公司章程进行。因此，辽宁万聚隆房地产有限责任公司于应于判决发生法律效力之日起十日内协助李某将周某名下持有的辽宁万聚隆房地产有限责任公司49.5%的股份变更至李某名下。

第八十七条 【股权转让后的变更记载】

依照本法转让股权后,公司应当及时注销原股东的出资证明书,向新股东签发出资证明书,并相应修改公司章程和股东名册中有关股东及其出资额的记载。对公司章程的该项修改不需再由股东会表决。

◆ **条文主旨**

本条规定了有限责任公司股权转让后的出资证明书签发、章程和股东名册修改。

◆ **修改情况**

本条删除了2018年《公司法》第73条中"依照本法第七十一条、第七十二条转让股权"的具体情形列举。

◆ **条文注释**

根据本条规定,在有限责任公司股权转让后,公司应当履行两项义务:

其一,注销原股东的出资证明书并向新股东签发出资证明书。出资证明书是股东行使权利、履行义务和承担责任的重要依据,股权转让后,公司应当及时注销原股东的出资证明书,向新股东签发出资证明书。

其二,根据股权转让后的股东及所持股权情况,相应修改公司章程和股东名册中有关股东及其出资额的记载。根据本法第86条第2款规定,受让人自记载于股东名册时向公司主张行使股东权利。股东名册作为股权变动的生效要件,只有其记载的股东发生变更后,才意味着受让人真正取得股权。考虑到股权转让情况复杂,所需时间并不相同,故本条并未规定法定的完成期间,但是,公司应在合理期间内完成。

依据本法第59条规定，公司章程修改应经过股东会表决通过。但是，股权转让导致的公司章程修改，不涉及本法规定的股东会决议事项，也不属于章程实质性修改。因而，本条规定公司章程因股权转让而需修改的，无须再经股东会决议。

◆ 关联规范

1.《市场主体登记管理条例》(2022年3月1日起施行)

第24条 【变更登记】市场主体变更登记事项，应当自作出变更决议、决定或者法定变更事项发生之日起30日内向登记机关申请变更登记。

市场主体变更登记事项属于依法须经批准的，申请人应当在批准文件有效期内向登记机关申请变更登记。

2.《市场主体登记管理条例实施细则》(2022年3月1日起施行)

第31条 【变更登记】市场主体变更登记事项，应当自作出变更决议、决定或者法定变更事项发生之日起30日内申请办理变更登记。

市场主体登记事项变更涉及分支机构登记事项变更的，应当自市场主体登记事项变更登记之日起30日内申请办理分支机构变更登记。

3.《公司法司法解释（三）》(2020年修正)

第23条 【公司违反股权登记义务时对股东的救济】当事人依法履行出资义务或者依法继受取得股权后，公司未根据公司法第三十一条、第三十二条的规定签发出资证明书、记载于股东名册并办理公司登记机关登记，当事人请求公司履行上述义务的，人民法院应予支持。

4.《最高人民法院关于人民法院强制执行股权若干问题的规定》(2022年1月1日起施行)

第17条 在审理股东资格确认纠纷案件中，当事人提出要求公司签发出资证明书、记载于股东名册并办理公司登记机关登记的诉讼请求且其主张成立的，人民法院应当予以支持；当事人未提出前述诉讼请求的，可以根据案件具体情况向其释明。

生效法律文书仅确认股权属于当事人所有，当事人可以持该生效法律文书自行向股权所在公司、公司登记机关申请办理股权变更手续；向人民法院申请强制执行的，不予受理。

> **第八十八条　【出资义务与责任承担】**
> 股东转让已认缴出资但未届出资期限的股权的，由受让人承担缴纳该出资的义务；受让人未按期足额缴纳出资的，转让人对受让人未按期缴纳的出资承担补充责任。
> 未按照公司章程规定的出资日期缴纳出资或者作为出资的非货币财产的实际价额显著低于所认缴的出资额的股东转让股权的，转让人与受让人在出资不足的范围内承担连带责任；受让人不知道且不应当知道存在上述情形的，由转让人承担责任。

◆ **条文主旨**

本条规定股权转让后的出资义务与责任承担。

◆ **修改情况**

本条为 2023 年《公司法》修订的新增条款。

2018 年《公司法》并未规定未出资股权转让后的出资义务与责任承担问题。本条吸收了《公司法司法解释（三）》第 18 条关于瑕疵股权转让出资责任承担的部分规定，系统规定了未届期股权转让与瑕疵股权转让的情形下，出让人与受让人的出资义务与责任承担的问题。

◆ **条文注释**

出资义务是股东的法定义务。自 2013 年我国实行完全认缴制以来，依照股权转让时股东的出资状态，可以将未出资的股权转让交易分为：未届缴资期限的股权转让（未届期股权转让）与已届缴资期限的股权转让。我国 2018 年《公司法》没有规定未出资股权转让后应由谁承担出资义务的问题。实践中，该类纠纷较多，但因缺乏明确规则指引，形成了多种裁判思路，同案不同判的问题十分突出。本条规定填补了前述法律漏洞，提供了统一的裁判规则。

本条针对两类股权转让交易后的出资义务与责任分别作出了规定。

一、未届期股权转让后的出资责任

1. 适用情形

本条第 1 款适用于出资义务未届期的股权转让，即股权转让时出资期限尚未届满，股东未实际履行出资义务时转让股权。本条中的出资期限，是指公司章程中载明的出资期限。根据本法第 47 条规定，该期限最长为公司成立之日起 5 年。认缴制产生的重要制度利益之一即赋予股东期限利益，在出资期限届满前股东可以仅认缴出资，而不实际出资。由于出资期限尚未届至，未届期股权实质上并不存在权利瑕疵。

2. 责任配置

未届期股权转让的出资责任承担问题，在 2023 年《公司法》修订过程中产生了激烈争议。《公司法（修订草案一审稿）》规定："股东转让已认缴出资但未届缴资期限的股权的，由受让人承担缴纳该出资的义务。"根据该方案，出资义务全部由受让人承担，并彻底免除转让人的出资义务。然而，彻底免除转让人出资义务的做法，可能导致股东在出资期限届满前通过股权转让逃避出资义务，尤其是实践中已出现转让人将未届期股权转让给不具有出资能力的受让人的情况。因此，为防止转让人利用股权转让逃避出资义务，进而威胁公司资本充实，《公司法（修订草案二审稿）》新增规定，转让人对受让人未按期缴纳的出资承担补充责任。《公司法（修订草案三审稿）》和最终通过的 2023 年《公司法》最终维持了该规定。

在 2023 年《公司法》的修订过程中，有一种意见认为，应当综合考虑债务形成时间和股权转让时间予以判断。在司法裁判中，也有判决将债务形成时间作为判决出资责任的一项因素。但是，本条并未区分债务形成时间，应采不予区分的解释立场。

根据本条规定，股东转让已认缴出资但未届出资期限的股权的，首先由受让人承担缴纳该出资的义务；受让人未按期足额缴纳出资的，转让人对受让人未按期缴纳的出资承担补充责任。在责任顺位上，受让人是第一顺位的出资责任人，转让人承担补充责任。如果存在多次转让，应当依照顺序由前手转让人承担出资责任。需要注意的是，为确保公司资本充实，本条对转让人的补充责任未设置任何期限限制。

二、瑕疵出资股权转让后的出资责任

1. 适用情形

本条第 2 款适用于瑕疵出资股权的转让。根据本款规定，瑕疵出资股权包括两种：一种是股东未按期足额缴纳出资，包括完全未履行和未完全履行两种形式。另一种是非货币财产出资的实际价额显著低于所认缴的出资额。

2. 责任承担

《公司法司法解释（三）》第 18 条规定，受让人受让瑕疵出资股权，且对该股东瑕疵出资事实知道或应当知道的，应在出资不足的范围内承担连带责任。由此，受让人在受让股权时负有审查义务，应当通过查阅公司章程、公司登记或企业信用信息公示系统等方式核实转让人的实际出资情况。受让人可以举证证明其已履行了前述审查义务，不符合"知道或应当知道"要件，以排除其连带责任。根据本法第 40 条规定，有限责任公司股东认缴和实缴的出资额、出资方式和出资日期均为公司法法定公示事项。基于此，股权转让的交易相对人应当查阅相关公示信息。

在司法实践中，随着公司信息公示制度的完善，认定受让人"知道或应当知道"的情形明显扩张，譬如企业信用信息公示系统显示转让人尚未实际出资时，可以认定受让人符合"知道或应当知道"要件。此时，受让人应当在转让股东出资不足的范围内与其承担连带责任。公司可以向转让股东或受让人择一追缴出资，也可以要求二者共同承担出资责任。

在司法解释的基础上，本条第 2 款延续了前述责任分配方案，但表述更为简练："未按照公司章程规定的出资日期缴纳出资或者作为出资的非货币财产的实际价额显著低于所认缴的出资额的股东转让股权的，转让人与受让人在出资不足的范围内承担连带责任；受让人不知道且不应当知道存在上述情形的，由转让人承担责任。"比较而言，该表述方式更符合诉讼实践。在公司或债权人提出诉讼时，其往往仅掌握公司的现有股东信息，进而向现有股东提出诉讼。如果直接规定由作为前股东的转让人承担责任，由于公司或债权人未必掌握转让人的信息，将会造成诉讼上的技术障碍。当然，如果受让人能够举证证明其不知道也不应当知道瑕疵出资的事实，其无须承担责任。

基于本条规定，转让人和受让人可以在股权转让合同中作出相应约定，但其约定仅具有约束转让人和受让人的合同内部效力。比如，为避免承担本条第 1 款中的出资义务风险，转让方可以要求受让方提供担保或者其他保障措施。

◆ **关联规范**

1.《公司法司法解释（三）》(2020 年修正)

第 18 条 【瑕疵股权转让后的出资义务承担】有限责任公司的股东未履行或者未全面履行出资义务即转让股权，受让人对此知道或者应当知道，公司请求该股东履行出资义务、受让人对此承担连带责任的，人民法院应予支持；公司债权人依照本规定第十三条第二款向该股东提起诉讼，同时请求前述受让人对此承担连带责任的，人民法院应予支持。

受让人根据前款规定承担责任后，向该未履行或者未全面履行出资义务的股东追偿的，人民法院应予支持。但是，当事人另有约定的除外。

2.《最高人民法院关于民事执行中变更、追加当事人若干问题的规定》(2021 年 1 月 1 日起施行)

第 19 条 作为被执行人的公司，财产不足以清偿生效法律文书确定的债务，其股东未依法履行出资义务即转让股权，申请执行人申请变更、追加该原股东或依公司法规定对该出资承担连带责任的发起人为被执行人，在未依法出资的范围内承担责任的，人民法院应予支持。

◆ **案例指引**

【典型案例】刘某等与华润天能徐州煤电有限公司等案外人执行异议之诉再审案（最高人民法院（2021）最高法民再218号）

裁判要旨

出资是股东最基本、最重要的法定义务，股东未全面履行出资义务侵害了公司的财产权和其他股东合法权益，也损害了公司债权人利益。不论是从华润天能公司持有《股权转让协议书》还是从工商档案所存《股权转让协议书》的内容看，华润天能公司知道或者应当知道香港康宏国际投资集团有限公司未足额缴纳出资,但其仍自愿受让案涉股权,成为被执行人禄恒能源公司的股东,根据《公司法司法解释(三)》第18条规定,应对原股东未全面履行出资义务承担相应的责任。华润天能公司在受让股权后,未在分期缴付期限内缴足应缴付的出资额,负有补足出资的义务,应在未出资本息范围内对公司债务不能清偿部分承担相应补充赔偿责任。

第八十九条 【异议股东股权回购请求权】

有下列情形之一的,对股东会该项决议投反对票的股东可以请求公司按照合理的价格收购其股权:

(一)公司连续五年不向股东分配利润,而公司该五年连续盈利,并且符合本法规定的分配利润条件;

(二)公司合并、分立、转让主要财产;

(三)公司章程规定的营业期限届满或者章程规定的其他解散事由出现,股东会通过决议修改章程使公司存续。

自股东会决议作出之日起六十日内,股东与公司不能达成股权收购协议的,股东可以自股东会决议作出之日起九十日内向人民法院提起诉讼。

公司的控股股东滥用股东权利,严重损害公司或者其他股东利益的,其他股东有权请求公司按照合理的价格收购其股权。

公司因本条第一款、第三款规定的情形收购的本公司股权,应当在六个月内依法转让或者注销。

◆ 条文主旨

本条规定了异议股东股权回购请求权,以及控股股东滥用股东权利时其他股东的回购请求权。

◆ 修改情况

在 2018 年《公司法》第 74 条的基础上,作了两项修改:

一是新增了本条第 3 款,加强了中小股东保护:"公司的控股股东滥用股东权利,严重损害公司或者其他股东利益的,其他股东有权请求公司按照合理的价格收购其股权。"

二是新增了本条第 4 款,对公司回购股权后的处理进行了规定:"公司因本条第一款、第三款规定的情形收购的本公司股权,应当在六个月内依法转让或者注销。"

◆ 条文注释

股东权益特别是中小股东权益的保护,事关投资者权利,与营商环境休戚相关,也是公司法修改的重要目标。本轮公司法修改的四大任务之一即"完善产权保护制度、依法加强产权保护","切实维护公司、股东、债权人的合法权益"。[①] 根据国家市场监督管理总局的统计,在我国近四千万家有限公司中,99% 以上的公司为股权分布集中、股东与管理者身份重合的封闭性公司,这也决定了我国公司治理中的主要冲突类型是大股东与中小股东之间的利益冲突。为了保护中小股东利益,我国公司法上规定了包括知情权、抽象的利润分配请求权、催缴失权、异议股东股权回购请求权、解散公司请求权等。

公司回购股权的行为,形式上属于股权转让的一种,但由于转

[①] 王瑞贺:《关于〈中华人民共和国公司法(修订草案)〉的说明》(2021 年 12 月 20 日)。

让主体和受让主体的特殊性，其会产生股东退出公司、撤回投资的法律后果，进而影响公司利益和债权人利益。在公司法上，一旦公司成立，股东即不得随意退出公司。但是，当公司的大股东利用资本多数决进行决策，导致中小股东的合理期待落空、投资目的无法得到实现时，中小股东有权利获得救济。本条赋予了中小股东在特定情形下通过请求公司以合理价格回购股权，进而退出公司的权利。

一、异议股东回购请求权的适用情形

本条第1款设定了严格的异议股东回购请求条件，既需要满足异议的要件，也需要满足本款规定的三种情形之一。从异议的构成来看，异议股东在股东会会议上投反对票，但并未阻止股东会决议的作出。如果公司并未形成有效的股东会决议，则不存在异议股东回购请求权的适用需要；如果该股东未通过投反对票的方式表示异议，也不符合本款的适用条件。本款所规定的三种情形是封闭性列举，仅限于以下特定情形：

（1）公司连续5年不向股东分配利润，而公司该5年连续盈利，并且符合本法规定的分配利润条件。公司股东投资于公司后，有权利通过公司盈余分配获取红利，这是股东实现资产收益的法定途径。根据本法第67条的规定，由董事会负责制订公司的利润分配方案；根据本法第59条的规定，由股东会负责审议批准公司的利润分配方案。除法定情形之外，公司股东会决议系进行利润分配的依据和基础。如果公司长期盈利但不分配利润，将导致股东的投资目的无法实现。本项规定的情形需要同时满足连续5年盈利且符合公司法规定的分配利润条件、连续5年不向股东分配利润两个要件，5年中盈利不连续、不符合分配利润条件等均将导致本项规定不能适用。

（2）公司合并、分立、转让主要财产。公司合并、分立、转让主要财产系公司的结构性变更事项，对公司的经营风险将产生重大影响。根据本法第67条的规定，由董事会负责制订公司合并、分立方案；根据本法第 59 条的规定，由股东会负责对公司合并、分立作出决议。《公司法》未对转让主要财产的决策权进行法定配置，公司可以通过章程的规定予以规定。此三类结构性变更事项，将导致股东投资于公司的初始目的和合理期待落空，应当允许异议股东退出公司。

（3）公司章程规定的营业期限届满或者章程规定的其他解散事由出现，股东会通过决议修改章程使公司存续。根据本法第 229 条规定，当公司章程规定的营业期限届满或其他解散事由出现时，公司应当解散。但如果公司尚未向股东分配财产的，可以通过修改公司章程或经股东会决议而存续。此时，如果公司股东会决议使公司继续存续，将导致反对股东被迫参与公司的继续经营，与修改前的公司章程和股东的合理期待相悖。此时，不能强迫少数股东留在公司面对公司继续经营的风险，应当允许异议股东退出公司。

二、异议股东回购请求权的行使方式

本条第 2 款规定了异议股东股权回购请求权的行使方式。自股东会决议通过之后，如果异议股东与公司能够在 60 日内达成股权收购协议，则双方可以通过履行合同的方式实现股东退出。但是，如果股东与公司之间无法在 60 日内达成协议，本条赋予了异议股东以诉权保障，可以寻求司法救济。该权利的行使期间为自股东会决议作出之日起 90 日内，否则将罹于期间经过。

三、控股股东滥用股权时的回购救济

2023 年《公司法》修订新增了本条第 3 款，作为控股股东滥用股东权利时少数股东的救济措施，实质扩大了本条第 1 款所规定的异议股东股份回购情形。公司实践中控股股东滥用权利的行为纷繁复杂，但本条第 1 款规定的情形较为狭窄，对实践中控股股东通过"象征性分红"等方式规避适用的行为难以实现有效规制。前述修改有助于克服本条第 1 款适用的有限性，进一步为少数股东提供更充分的救济。

在构成要件上，本条第3款规定应当同时满足"控股股东滥用股东权利"和"严重损害公司或者其他股东利益"两项要件。就前者而言，本法第21条规定了禁止股东滥用权利及其损害后果，即如果公司股东滥用股东权利给公司或者其他股东造成损失的，应当承担赔偿责任。对控股股东滥用权利的认定可详见本法第21条的条文释义。相较于第21条的规定，本款的意义在于新增了股权回购作为少数股东权利受损的救济途径，有助于补充损害赔偿救济的局限性。就后者而言，此处的损害包括对公司利益的损害，也包括对其他股东利益的损害。此处所保护的股东利益，不仅包括法律上已经规定的权利，也包括股东的合法利益，诸如股东对公司的合理期待。这种合理期待可能来自公司章程、股东协议等正式或非正式的安排，也可能来自其他正当性来源。

四、库存股的处理方式

本条第4款也是2023年《公司法》修订的新增条款，规定了股权回购后的处理方式。经回购形成的股权由公司持有，将造成公司持有自己股权成为库存股。库存股本身既有积极作用，也有消极作用。库存股不列入公司资产，而是以负数形式列为股东权益。公司长期持有库存股，将导致注册资本和资产状态的偏离。按照本条规定，公司回购的股权应当在6个月内进行处置，包括转让或注销两种方式。其一，向股东或股东之外的其他主体转让股权。其二，注销库存股。注销库存股将导致注册资本减少，应当履行本法第224条所规定的通知债权人、进行公告等债权人保护程序。

◆ **关联规范**

《公司法司法解释（二）》（2020年修正）

第5条 【解散公司诉讼中的调解】 人民法院审理解散公司诉

讼案件,应当注重调解。当事人协商同意由公司或者股东收购股份,或者以减资等方式使公司存续,且不违反法律、行政法规强制性规定的,人民法院应予支持。当事人不能协商一致使公司存续的,人民法院应当及时判决。

经人民法院调解公司收购原告股份的,公司应当自调解书生效之日起六个月内将股份转让或者注销。股份转让或者注销之前,原告不得以公司收购其股份为由对抗公司债权人。

◆ 案例指引

【典型案例】上海兴盛实业发展(集团)有限公司诉上海新梅房地产开发有限公司等请求公司收购股份纠纷案(上海市第二中级人民法院(2020)沪02民终2746号)

裁判要旨

对于出售房产是否属于转让2018年《公司法》所规定的主要财产。判断是否属于公司法意义上的公司主要财产,应当以转让财产是否导致公司发生根本性变化,即对公司的设立目的、存续等产生实质性影响,作为判断的主要标准,以转让财产价值占公司资产的比重、转让的财产对公司正常经营和盈利的影响作为辅助性判断依据。从本案来看,被转让房产尚未达到造成公司发生根本性变化的程度:首先,从转让房产价值占比角度来看,上海新梅房地产开发有限公司转让的房产价值占被告公司实有资产价值的比重尚未达到50%,故认定其为公司法意义上的公司主要财产,依据尚不够充分。其次,从公司是否正常经营角度来看,上海新梅房地产开发有限公司转让房产实际上是一次性兑现收益还是分期实现收益的商业判断问题,公司仍可将转让房产所得收益用于投资经营。上海兴盛实业发展(集团)有限公司对房产转让价格也未提出异议,因此不能就此认为公司利益受损、经营不可持续。最后,从上海新梅房地产开发有限公司的设立目的来看，被告公司章程从未将公司经营业务范围限定为从事自有房产的出租业务这一项，且上海兴盛实业发展（集团）有限公司在作为被告公司实际控制人期间也曾出售房产获取大量资金，因此被告公司此次转让房产的行为不能被认定为违背公司设立的目的。综上，法院认为，上海新梅房地产开发有限公司转让房产的行为并不足以被认定为公司法意义上的转让公司主要财产，上海兴盛实业发展（集团）有限公司不能据此获得要求公司收购股权的权利。

> **第九十条　【股东资格的继承】**
> 自然人股东死亡后，其合法继承人可以继承股东资格；但是，公司章程另有规定的除外。

◆ **条文主旨**

本条规定了股东资格的继承。

◆ **修改情况**

本条未作修改。

◆ **条文注释**

合法的股权是继承权的标的，可以为继承人所继承。但是，股权继承本身可能导致公司内部信任关系的变化，法律规定需要兼顾继承人的权利和公司利益。对此，本条规定：

其一，原则上，自然人股东的合法继承人可以继承其股东资格。合法继承人既包括遗嘱继承人，也包括法定继承人，还包括受遗赠的继承人。

其二，公司章程可以作出特别规定。自然人股东死亡后的合法继承人并非原股东本人，此时，实质上相当于发生了股权转让，可能影响公司内部的封闭性基础。对此，本条允许公司章程作出特别规定。值得注意的是，公司章程自治亦有其限制，即公司章程只能限制继承人继承股东资格，但是不得剥夺继承人获得与股权价值相当的财产利益。

◆ 关联规范

1.《民法典》（2021年1月1日起施行）

第1122条　【遗产的范围】遗产是自然人死亡时遗留的个人合法财产。

依照法律规定或者根据其性质不得继承的遗产，不得继承。

2.《公司法司法解释（四）》（2020年修正）

第16条　【股权继承时排除优先购买权】有限责任公司的自然人股东因继承发生变化时，其他股东主张依据公司法第七十一条第三款规定行使优先购买权的，人民法院不予支持，但公司章程另有规定或者全体股东另有约定的除外。

◆ 案例指引

【典型案例】启东市建都房地产开发有限公司与周某股东资格确认纠纷上诉案（最高人民法院（2018）最高法民终88号）

裁判要旨

本院认为，2018年《公司法》规定："自然人股东死亡后，其合法继承人可以继承股东资格；但是，公司章程另有规定的除外。"根据该条规定，2018年《公司法》赋予了自然人股东的继承人继承股东资格的权利，但是同时亦允许公司章程对死亡股东的股权处理方式另行作出安排。因此，判断本案中周某是否有权继承其父周某新的股东资格，关键在于解读建都公司章程有无对股东资格继承问题作出例外规定。

公司章程作为公司的自治规则，是公司组织与活动最基本与最重要的准则，对全体股东均具有约束力。正确理解章程条款，应在文义解释的基础上，综合考虑章程体系、制定背景以及实施情况等因素加以分析。首先，如前所述，建都公司自2007年以来先后经历五次章程修订。自2009年起章程中删除了继承人可以继承股东资格的条款，且明确规定股东不得向股东以外的人转让股权，可以反映出建都公司具有高度的人合性和封闭性特征。其次，周某新去世前，2015年1月10日的公司章程第7条第3款对死亡股东股权的处理已经作出了规定，虽然未明确死亡股东的股东资格不能继承，但结合该条所反映的建都公司高度人合性和封闭性的特征，以及死亡股东应及时办理股权转让手续的表述，可以认定排除股东资格继承是章程的真实意思表示。最后，周某新去世之前，股东郁某新、曹某华在离职时均将股权进行了转让，不再是建都公司的在册股东，建都公司亦根据章程规定支付了持股期间的股权回报款，亦进一步印证了股东离开公司后按照章程规定不再享有股东资格的实践情况。因此，纵观建都公司章程的演变，并结合建都公司对离职退股的实践处理方式，本案应当认定公司章程已经排除了股东资格的继承。

排除股东资格继承后，标的股权如何处理属于公司治理事项，不影响本案股东资格的判断。建都公司作为有限责任公司，具有独立的法人人格和治理结构，案涉股权排除继承后，究竟是由公司回购还是由其他股东受让，均可通过公司自治实现。这两种方式均有利于打破公司僵局，维持公司的人合性和封闭性，体现公司意志，保护股东权益。此外，周某虽无权继承股东资格，但其财产权利可以得到保障。同时，建都公司目前离职的股东均采取这种收回股本金和领取一定比例回报款的方式获得补偿，遵照公司章程对股东权益平等予以保护，符合本案实际情况。

第五章　股份有限公司的设立和组织机构

第一节　设　　立

> **第九十一条　【设立方式】**
>
> 设立股份有限公司，可以采取发起设立或者募集设立的方式。
>
> 发起设立，是指由发起人认购设立公司时应发行的全部股份而设立公司。
>
> 募集设立，是指由发起人认购设立公司时应发行股份的一部分，其余股份向特定对象募集或者向社会公开募集而设立公司。

◆ **条文主旨**

本条规定了股份有限公司的设立方式。

◆ **修改情况**

本条对2018年《公司法》第77条未作实质修改，仅将发行时点的表述完善为"设立公司时"，措辞更为准确。

◆ **条文注释**

股份有限公司的设立方式分为发起设立和募集设立。公司发起人可以根据融资需求选择发起设立或者募集设立。

发起设立，是指由发起人认购公司章程记载的设立时应发行的全部股份而设立公司。公司成立时的股东不得为发起人之外的人。发起设立的流程较为简单，设立费用较低，设立周期较短，适合发起人资金充足的情形。

募集设立，是指发起人认购公司章程记载的设立时应发行股份的一部分，其余部分向特定对象募集或者向社会公开募集而设立公司。如果发起人资金不足，此时可通过向特定对象募集或者向社会公开募集设立公司。如果设立公司要进行公开募集，还需要符合公开发行股份的要求。虽然在公司法层面仍然保留着公开募集设立公司的制度空间，但是自2005年证监会停止了对募集设立公司的募股申请的受理后，在实践中已经难觅其踪。历史上存在少数公开募集方式设立股份有限公司的先例，比如中兴通讯、邯郸钢铁、东风汽车等公司。在本轮公司法修订中，有意见建议删除公开募集设立公司的方式，但公司法仍然予以保留，预留了公开募集设立公司的制度空间。

◆ **关联规范**

《证券法》(2019年修订)

第11条 【公司设立发行】 设立股份有限公司公开发行股票，应当符合《中华人民共和国公司法》规定的条件和经国务院批准的国务院证券监督管理机构规定的其他条件，向国务院证券监督管理机构报送募股申请和下列文件：

（一）公司章程；

（二）发起人协议；

（三）发起人姓名或者名称，发起人认购的股份数、出资种类及验资证明；

（四）招股说明书；

（五）代收股款银行的名称及地址；

（六）承销机构名称及有关的协议。

依照本法规定聘请保荐人的，还应当报送保荐人出具的发行保荐书。

法律、行政法规规定设立公司必须报经批准的，还应当提交相应的批准文件。

> **第九十二条　【发起人的限制】**
>
> 设立股份有限公司，应当有一人以上二百人以下为发起人，其中应当有半数以上的发起人在中华人民共和国境内有住所。

◆ **条文主旨**

本条规定了对股份有限公司发起人的限制。

◆ **修改情况**

在 2018 年《公司法》第 78 条的基础上，本条将设立股份有限公司的发起人人数下限修改为 1 人，允许设立一人股份有限公司。

◆ **条文注释**

本条最早来源于 1993 年《公司法》，1993 年《公司法》第 75 条规定："设立股份有限公司，应当有五人以上为发起人，其中须有过半数的发起人在中国境内有住所。国有企业改建为股份有限公司的，发起人可以少于五人，但应当采取募集设立方式。" 2005 年《公司法》第 79 条修改了股份有限公司发起人的人数要求，将其人数下限设定为 2 人，人数上限修改为 200 人，并将其一体适用于发起设立和募集设立的公司。这一修改一直延续至 2018 年《公司法》。

经过 2023 年《公司法》修订，发起人人数限制被设定在 1 人以上 200 人以下，以适应一人股份有限公司的引入。

除了人数限制，本条对设立股份有限公司的发起人还设定了住所限制，即要求其中应当有半数以上的发起人在中华人民共和国境内有住所。发起人在中国境内有住所，就中国公民而言，是指该公民户籍所在地的居住地或者经常居住地在中国境内；就外国公民而言，是指其经常居住地在中国境内；就法人或其他组织而言，是指其主要办事机构所在地在中国境内。之所以设定住所限制，是因为股份有限公司设立过程较长，程序复杂，半数以上的发起人在我国境内的要求，可以便于公司设立的各项活动。同时，也可以避免境外发起人利用公司设立非法募集资金，从而损害社会公众利益。

> 第九十三条 【发起人的义务】
> 股份有限公司发起人承担公司筹办事务。
> 发起人应当签订发起人协议，明确各自在公司设立过程中的权利和义务。

◆ 条文主旨

本条规定了股份有限公司发起人的义务。

◆ 修改情况

本条对 2018 年《公司法》第 79 条未作修改。

◆ 条文注释

股份有限公司的设立是一个复杂的过程，涉及各种材料准备、提交申请、开立账户、公司名称申报、购买或租赁经营场所、聘请律师等事项。本条第 1 款规定了发起人承担公司筹办事务的义务，以确保公司设立过程的顺利进行。发起人在履行设立职责的过程中，应当为设立中公司的利益而勤勉尽责。

本条第 2 款规定了发起人应当签订发起人协议。与本法第 43 条的规定不同，有限责任公司设立时的股东可以签订设立协议，也可以不签订设立协议。根据本条规定，股份有限公司发起人设立公司时"应当"签订公司设立协议，其系应当履行的强制性义务。关于发起人协议中的内容，可参照本法第 43 条的解释。

第九十四条　【章程制定】
设立股份有限公司，应当由发起人共同制订公司章程。

◆ **条文主旨**

本条规定了股份有限公司的章程制定。

◆ **修改情况**

本条源于 2018 年《公司法》第 76 条，未作实质修改。

◆ **条文注释**

章程是设立公司的必备文件，其法律意义可参照本法第 5 条的解释。需要注意的是，本条所用词语为"制订"而非"制定"。对于发起设立的股份有限公司，发起人共同制订公司章程即可。对于募集设立的股份有限公司，发起人共同制定公司章程后，还需要经过成立大会表决通过。

◆ **关联规范**

1.《民法典》（2021 年 1 月 1 日起施行）

第 79 条　【营利法人的章程】设立营利法人应当依法制定法人

章程。

2.《非上市公众公司监督管理办法》(2023年修订)

第 7 条 公众公司应当依法制定公司章程。

公司章程的制定和修改应当符合《公司法》和中国证监会的相关规定。

第九十五条 【公司章程内容】

股份有限公司章程应当载明下列事项：

（一）公司名称和住所；

（二）公司经营范围；

（三）公司设立方式；

（四）公司注册资本、已发行的股份数和设立时发行的股份数，面额股的每股金额；

（五）发行类别股的，每一类别股的股份数及其权利和义务；

（六）发起人的姓名或者名称、认购的股份数、出资方式；

（七）董事会的组成、职权和议事规则；

（八）公司法定代表人的产生、变更办法；

（九）监事会的组成、职权和议事规则；

（十）公司利润分配办法；

（十一）公司的解散事由与清算办法；

（十二）公司的通知和公告办法；

（十三）股东会认为需要规定的其他事项。

◆ **条文主旨**

本条规定了股份有限公司章程的记载事项。

◆ **修改情况**

在2018年《公司法》第81条的基础上，本条作出如下修改：

其一，将2018年《公司法》第81条第4项"公司股份总数、每股金额和注册资本"修改为本条第4项"公司注册资本、已发行的股份数和设立时发行的股份数，面额股的每股金额"。

其二，新增了本条第5项类别股的记载事项，每一类别股的股份数及其权利和义务。

其三，本条第6项删除了2018年《公司法》第81条第5项中的"出资时间"，以适应股份有限公司的资本缴纳改采实缴制的变化。

其四，将2018年《公司法》第81条第7项的"法定代表人"修改为本条第8项的"法定代表人的产生、变更办法"。

其五，将2018年《公司法》第81条第12项中的"股东大会会议认为需要规定的其他事项"修改为本条第13项的"股东会认为需要规定的其他事项"。

◆ **条文注释**

本条规定了股份有限公司章程的必要记载事项和任意记载事项，其中，本条前12项为必要记载事项，第13项为任意记载事项。与本法第46条规定的有限责任公司章程相比，本条规定的主要差异在于第3、4、5、6、10、11、12项，其他相同部分请参见本法第46条释义，本处不赘。

根据本条规定，股份有限公司的章程应当载明以下事项：

1. 公司名称和住所。
2. 公司经营范围。

3. 公司设立方式，即发起设立或募集设立。

4. 公司注册资本、已发行的股份数和设立时发行的股份数，面额股的每股金额。本项规定适应了 2023 年《公司法》修订引入的授权资本制和无面额股制度。其中，公司章程可以规定公司可发行的股份总数，包括授权董事会发行的股份数，需要指出的是，该事项不是公司章程的必要记载事项。已发行的股份数是公司已经发行的全部股份数。设立时发行的股份数是公司设立阶段发行的股份数。股份有限公司的注册资本为在公司登记机关登记的已发行股份的股本总额。股份发行所得根据法律规定计入注册资本。如果发行面额股，则面额所得计入注册资本，溢价发行部分计入资本公积金。如果发行无面额股的，采用无面额股的，应当将发行股份所得股款的 1/2 以上计入注册资本。

5. 发行类别股的，每一类别股的股份数及其权利和义务。根据本法第 145 条规定，发行类别股的公司，应当在公司章程中载明以下事项：（1）类别股分配利润或者剩余财产的顺序；（2）类别股的表决权数；（3）类别股的转让限制；（4）保护中小股东权益的措施；（5）股东会认为需要规定的其他事项。

6. 发起人的姓名或者名称、认购的股份数、出资方式。其中，发起人的姓名或名称属于本法第 32 条规定的公司登记事项，股份发起人认购的股份数属于本法第 40 条规定的法定公示事项。2023 年《公司法》修订后，删除了 2018 年《公司法》第 81 条第 5 项中的"出资时间"，以适应股份有限公司的资本缴纳改采实缴制。根据本法第 98 条规定，发起人应当在公司成立前按照其认购的股份全额缴纳股款，即需要实缴，出资时间为公司成立前，章程中不再需要再另行记载出资时间。

7. 董事会的组成、职权和议事规则。

8. 公司法定代表人的产生、变更办法。

9. 监事会的组成、职权和议事规则。

10. 公司利润分配办法。本法第 210 条规定，公司弥补亏损和提取公积金后所余税后利润，股份有限公司按照股东所持有的股份比例分配利润，公司章程另有规定的除外。对于公司利润分配的办法，股份有限公司的章程可以另作规定。

11. 公司的解散事由与清算办法。

12. 公司的通知和公告办法。由于股份有限公司公开性较强，公司章程应当规定股东会会议、董事会会议、监事会会议等各类会议的通知方式。公司的通知方式可以包括专人送出、邮件、公告或其他方式。对于公告事项，可以明确相应的报纸、国家企业信用信息公示系统等方式予以公告。

13. 股东会认为需要规定的其他事项。在不违反法律法规的情况下，股东会可以决议记载其他事项于章程之中。

◆ 关联规范

《上市公司章程指引》（2023 年修正）

第一章　总　　则

第 1 条　为维护公司、股东和债权人的合法权益，规范公司的组织和行为，根据《中华人民共和国公司法》（以下简称《公司法》）、《中华人民共和国证券法》（以下简称《证券法》）和其他有关规定，制订本章程。

第 2 条　公司系依照【法规名称】和其他有关规定成立的股份有限公司（以下简称公司）。

公司【设立方式】设立；在【公司登记机关所在地名】市场监督管理局注册登记，取得营业执照，营业执照号【营业执照号码】。

第 3 条　公司于【批/核准/注册日期】经【批/核准/注册机关全称】批/核准，首次向社会公众发行人民币普通股【股份数额股，于【上市日期】在【证券交易所全称】上市。公司于【批/核准/注册日期】经【批/核准/注册机关全称】批/核准，发行优先股【股份数额】股，于【上市日期】在【证券交易所全称】上市。公司向境外投资人发行的以外币认购并且在境内上市的境内上市外资股为【股份数额】，于【上市日期】在【证券交易所全称】上市。

第4条 公司注册名称：【中文全称】【英文全称】。

第5条 公司住所：【公司住所地址全称，邮政编码】。

第6条 公司注册资本为人民币【注册资本数额】元。

第7条 公司营业期限为【年数】或者【公司为永久存续的股份有限公司】。

第8条 【董事长或经理】为公司的法定代表人。

第9条 公司全部资产分为等额股份，股东以其认购的股份为限对公司承担责任，公司以其全部资产对公司的债务承担责任。

第10条 本公司章程自生效之日起，即成为规范公司的组织与行为、公司与股东、股东与股东之间权利义务关系的具有法律约束力的文件，对公司、股东、董事、监事、高级管理人员具有法律约束力的文件。依据本章程，股东可以起诉股东，股东可以起诉公司董事、监事、经理和其他高级管理人员，股东可以起诉公司，公司可以起诉股东、董事、监事、经理和其他高级管理人员。

第11条 本章程所称其他高级管理人员是指公司的副经理、董事会秘书、财务负责人。

> **第九十六条　【注册资本】**
> 股份有限公司的注册资本为在公司登记机关登记的已发行股份的股本总额。在发起人认购的股份缴足前，不得向他人募集股份。
> 法律、行政法规以及国务院决定对股份有限公司注册资本最低限额另有规定的，从其规定。

◆ **条文主旨**

本条规定了股份有限公司的注册资本。

◆ **修改情况**

本条对2018年《公司法》第80条作出以下重大修改：

其一，本条第1款将注册资本规定为在公司登记机关登记的已发行股份的股本总额，以适应授权资本制的引入；

其二，本条第2款删除了募集设立的股份有限公司"资本实缴"，以适应所有股份有限公司改采实缴制的改革。

◆ **条文注释**

2018年《公司法》第80条第1款第1句规定："股份有限公司采取发起设立方式设立的，注册资本为在公司登记机关登记的全体发起人认购的股本总额。"经过2023年《公司法》修订，股份有限公司的资本制度修改为授权资本制加实缴制，注册资本的构成也需要相应调整。注册资本为登记事项，仅记载公司已经发行股份的股份总额，而不包括章程授权但未发行的股本部分。如果公司不采授权资本制，注册资本则为公司向发起人或认股人发行的股本总额。

本法中，股份有限公司采实缴制的规定体现在以下条款：(1) 本法第95条第6项删除了2018年《公司法》第81条第5项中的"出资时间",以适应股份有限公司的资本缴纳改采实缴制的变化。(2)本法第96条第2款删除了法律、行政法规以及国务院决定对股份有限公司注册资本"实缴"另有规定的情形,全面采实缴制。(3)本法第98条规定,发起人应当在公司成立前按照其认购的股份全额缴纳股款,即发起人须在公司成立前实际缴纳股款。(4)在募集设立中,本法第100条第3句规定,认股人应当按照所认购股份足额缴纳股款。本法第101条规定须实际缴纳并验资,即向社会公开募集股份的股款缴足后,应当经依法设立的验资机构验资并出具证明。(5)本法第228条规定,股份有限公司为增加注册资本发行新股时,股东认购新股,依照本法设立股份有限公司缴纳股款的有关规定执行。由此,在增资过程中,也适用本法所规定的实缴制。通过前述条款,构成了股份有限公司从设立到增资的全阶段实缴制度。

之所以在股份有限公司中改采实缴制,是因为完全认缴制在实施过程中出现了滥用的问题,详见本法第47条的解释。与有限责任公司的限期认缴制不同,股份有限公司之所以采取全面实缴制,是因为2023年《公司法》修订引入了授权资本制。通过授权资本制的配合,既可以便利公司融资,提升公司融资效率,也避免了完全认缴制之下的资本虚化问题。

本条第1款第2句规定,在发起人认购的股份缴足前,不得向他人募集股份。在股份有限公司的设立过程中,发起人应当承担相应的风险和责任,而不能完全将创业风险转移给外部投资者。该规定有助于降低公司的设立风险,保护认股人的权益,确保公司设立过程的顺利进行。

本条第2款规定,法律、行政法规以及国务院决定对股份有限公司注册资本最低限额另有规定的,从其规定。相较于2018年《公司法》第80条第2款,本款删除了"资本实缴",以适应股份有限公司全面采取实缴制的改革，无须对此另作规定。法律、行政法规以及国务院决定对股份有限公司注册资本最低限额另有规定的，是指对于某些特殊行业所设定的最低注册资本门槛。例如，《商业银行法》第 13 条第 1 款规定："设立全国性商业银行的注册资本最低限额为十亿元人民币。设立城市商业银行的注册资本最低限额为一亿元人民币，设立农村商业银行的注册资本最低限额为五千万元人民币。注册资本应当是实缴资本。"其他内容，可详见本法第 47 条的解释。

◆ 案例指引

【典型案例】唐某伟、李某某合同纠纷案（四川省成都市中级人民法院（2018）川 01 民终 13992 号）

裁判要旨

大溪地公司是采取发起设立方式设立的股份有限公司。根据公司章程等记载，发起人为唐某伟、王某、李某成、李某灿、李某等五人，认缴股份额总数 6000 万元。唐志伟关于李某某是大溪地公司发起人的主张，与查明的事实不符，不能成立。依照 2018 年《公司法》第 77 条、第 80 条规定，采取发起设立方式设立的股份有限公司，由发起人认购公司应发行的全部股份；在发起人认购的股份缴足前，不得向他人募集股份。现有证据反映唐某伟等五名发起人远未缴足认购股份，在此情况下大溪地公司不得向李某某募集股份。也就是说，即使唐某伟按照其与李某某的约定，将李某某的 30 万元作为股本金交纳给了大溪地公司，李某某也不能据此取得大溪地公司股东资格。

> **第九十七条 【发起人认购股份】**
>
> 以发起设立方式设立股份有限公司的,发起人应当认足公司章程规定的公司设立时应发行的股份。
>
> 以募集设立方式设立股份有限公司的,发起人认购的股份不得少于公司章程规定的公司设立时应发行股份总数的百分之三十五;但是,法律、行政法规另有规定的,从其规定。

◆ 条文主旨

本条规定了股份有限公司发起人认购股份的规则。

◆ 修改情况

与授权资本制的引入相适应,本条将2018年《公司法》第83条中发起人认购的基数从"公司章程规定其认购的股份"修改为"公司章程规定的公司设立时应发行的股份"。

本条第2款来自2018年《公司法》第84条,条文未作修改。

◆ 条文注释

本条第1款规定发起设立公司时发起人全额认购股份的义务。2018年《公司法》第83条规定:"以发起设立方式设立股份有限公司的,发起人应当书面认足公司章程规定其认购的股份,并按照公司章程规定缴纳出资……"之所以将"公司章程规定其认购的股份"修改为"公司章程规定的公司设立时应发行的股份",是因为在引入授权资本制之后,公司章程所记载的可发行股份未必要在公司设立时一次发行完成,可以根据授权由董事会决定分期发行。此时,发起人只需要认足公司章程规定的公司设立时应发行的股份即可,而无须认足章程所记载的全部股份。对于发起人认购的部分,根据本法第 98 条的规定，在发起设立中，发起人应当在公司成立前按照其认购的股份全额缴纳股款。

根据本条第 2 款的规定，在募集设立中，发起人认购的股份不得少于公司章程规定的公司设立时应发行股份总数的 35%。根据本法第 96 条的规定，在发起人认购的股份缴足前，不得向他人募集股份。因此，发起人认购的股份，不仅存在比例限制，还存在缴纳时间的限制，即必须在向他人募集股份之前缴足。该条款同样兼容授权资本制的情形，计算的基数为"公司章程规定的公司设立时应发行股份总数"，而非公司章程记载的股份总数。之所以规定发起人的认购和缴纳比例，加重发起人的责任，是为了避免通过设立公司进行欺诈活动，损害投资者利益。如果发起人认购和缴纳的出资很少，将导致巨大的代理成本，不利于发起人勤勉履职。对于该比例，法律、行政法规可以作出特别规定。

> **第九十八条　【缴纳股款】**
> 发起人应当在公司成立前按照其认购的股份全额缴纳股款。
> 发起人的出资，适用本法第四十八条、第四十九条第二款关于有限责任公司股东出资的规定。

◆ 条文主旨

本条规定了发起人的股款缴纳，引致了有限责任公司股东出资的规定。

◆ 修改情况

本条第 1 款为 2023 年《公司法》修订的新增条款，规定了发起人在公司成立前实际缴纳股款的义务,是股份有限公司实施注册资本实缴制的条文之一。

本条第2款将2018年《公司法》第83条第2款、第3款删除,同时规定股份有限公司"发起人的出资,适用本法第四十八条、第四十九条第二款关于有限责任公司股东出资的规定"的引致规范。

◆ 条文注释

股份有限公司改采实缴制,是2023年《公司法》修订的重要内容。作为股份有限公司注册资本实缴制的条款之一,本条规定了发起人应当在公司成立前按照其认购的股份全额缴纳股款。之所以新增该规定,《公司法(修订草案四审稿)》的审议说明指出,是为了进一步完善公司出资制度,强化股东出资责任。根据本条规定,发起人的缴纳时点是公司成立前,这是在发起设立的情形下。如果在募集设立中,根据本法第96条的规定,在发起人认购的股份缴足前,不得向他人募集股份。

根据本条第2款的规定,本法第48条、第49条第2款关于有限责任公司股东出资的规定,适用于发起人。具体而言,第48条规定,股东可以用货币出资,也可以用实物、知识产权、土地使用权、股权、债权等可以用货币估价并可以依法转让的非货币财产作价出资;但是,法律、行政法规规定不得作为出资的财产除外。对作为出资的非货币财产应当评估作价,核实财产,不得高估或者低估作价。法律、行政法规对评估作价有规定的,从其规定。第49条第2款规定,股东以货币出资的,应当将货币出资足额存入有限责任公司在银行开设的账户;以非货币财产出资的,应当依法办理其财产权的转移手续。

◆ **关联规范**

《公司法司法解释（三）》（2020 年修正）

第 6 条 **【股份的另行募集】** 股份有限公司的认股人未按期缴纳所认股份的股款，经公司发起人催缴后在合理期间内仍未缴纳，公司发起人对该股份另行募集的，人民法院应当认定该募集行为有效。认股人延期缴纳股款给公司造成损失，公司请求该认股人承担赔偿责任的，人民法院应予支持。

> **第九十九条 【发起人的连带责任】**
> 发起人不按照其认购的股份缴纳股款，或者作为出资的非货币财产的实际价额显著低于所认购的股份的，其他发起人与该发起人在出资不足的范围内承担连带责任。

◆ **条文主旨**

本条规定了发起人的连带责任。

◆ **修改情况**

本条将 2018 年《公司法》第 93 条的两款规定进行了合并规定。

◆ **条文注释**

本条规定了股份有限公司发起人的资本充实责任，并且要求公司设立时的其他公司发起人对此承担连带责任。本条的规范要旨如下：

一、适用情形

根据本条规定，发起人需要承担责任的情形包括两种：一是发起人不按照其认购的股份缴纳股款的；二是作为出资的非货币财产的实际价额显著低于所认购的股份的。对于"显著低于"的判断，应以股东出资时该非货币财产的评估额与认缴出资额的差值为标准，如果两者的差值比较大，就可以视为满足本条所规定的"显著低于"。根据《公司法司法解释（三）》第15条的规定，如果股东以符合法定条件的非货币财产出资后，因市场变化或者其他客观因素导致出资财产贬值，即便非货币财产价值大幅低于该股东认缴资本额，也不构成本条规定的"显著低于"的要件，该发起人无须承担补足出资责任。

二、责任内容

在责任内容上，包括两个方面：一是未尽出资义务的发起人应当承担补足责任；二是其他发起人承担连带责任。对于未尽出资义务的发起人而言，其未按照公司章程规定足额缴纳出资，或者作为出资的非货币财产的实际价额显著低于所认缴的出资额的行为本身，即构成了出资义务之违反，应予改正。对于其他发起人，根据本条规定需要承担缴纳担保责任和差额填补责任。所谓缴纳担保责任，是指发起人对其他发起人未按照法律和公司章程规定足额缴纳出资行为承担的连带责任。所谓差额填补责任，是指发起人对其他股东以实际价额显著低于其所认缴出资额的非货币财产出资行为承担的连带责任。根据连带责任的一般原理，其他发起人承担了缴纳担保责任或差额填补责任后，有权向未能完全承担出资补足责任的股东追偿。

三、构成要件

在该责任构成的主观要件上，仅需要存在发起人不按照其认购的股份缴纳股款或者作为出资的非货币财产的实际价额显著低于所认购的股份的行为即可，为无过错责任。就其他要件而言，本条所规定的责任为行为责任，前述行为本身即意味着对公司利益的损害，因此本条责任的构成无须另行证明损害之发生。此外根据本法第107

条的引致规定，股东还可能因其行为导致本法第 49 条第 3 款所规定的损害赔偿责任，即发起人未按期足额缴纳出资给公司造成损失的，应当承担赔偿责任，此时应当举证证明损害之发生。

> **第一百条　【公开募集股份】**
> 　　发起人向社会公开募集股份，应当公告招股说明书，并制作认股书。认股书应当载明本法第一百五十四条第二款、第三款所列事项，由认股人填写认购的股份数、金额、住所，并签名或者盖章。认股人应当按照所认购股份足额缴纳股款。

◆ **条文主旨**

本条规定了公开募集股份的招股说明书。

◆ **修改情况**

本条将 2018 年《公司法》第 85 条认股书由认股人"签名、盖章"修改为"签名或者盖章"。其余仅作了文字调整，将"必须"修改为"应当"，将"认购股数"修改为"认购的股份数"，将"认股人按照所认购股数缴纳股款"调整为"认股人应当按照所认购股份足额缴纳股款"。

◆ **条文注释**

本条第 1 句规定，发起人向社会公开募集股份，应当公告招股说明书，并制作认股书。关于招股说明书的规定，请参见本法第 154 条。

本条第 2 句规定，认股书应当载明本法第 154 条第 2 款、第 3 款所列事项：（1）发行的股份总数；（2）面额股的票面金额和发行价格或者无面额股的发行价格;(3)募集资金的用途;(4)认股人的权利和义务;(5)股份种类及其权利和义务;(6)本次募股的起止日期及逾期未募足时认股人可以撤回所认股份的说明。公司设立时发行股份的,还应当载明发起人认购的股份数。在认股书上,由认股人填写认购的股份数、金额、住所,并签名或者盖章。

认购之后,认股人应当按照所认购股数足额缴纳股款。如果违反其缴纳义务,根据本法第107条的规定,本法第49条第3款(未按期出资的损害赔偿责任)、第51条(董事催缴义务和责任)、第52条(催缴失权)等规定将适用之。

◆ 关联规范

1.《证券法》(2019年修订)

第11条 【公司设立发行】 设立股份有限公司公开发行股票,应当符合《中华人民共和国公司法》规定的条件和经国务院批准的国务院证券监督管理机构规定的其他条件,向国务院证券监督管理机构报送募股申请和下列文件:

(一)公司章程;

(二)发起人协议;

(三)发起人姓名或者名称,发起人认购的股份数、出资种类及验资证明;

(四)招股说明书;

(五)代收股款银行的名称及地址;

(六)承销机构名称及有关的协议。

依照本法规定聘请保荐人的,还应当报送保荐人出具的发行保荐书。

法律、行政法规规定设立公司必须报经批准的,还应当提交相应的批准文件。

2.《公开发行证券的公司信息披露内容与格式准则第 57 号——招股说明书》(2023 年 2 月 17 日起施行)

第一章　总　　则

第 1 条　为规范首次公开发行股票的信息披露行为，保护投资者合法权益，根据《中华人民共和国公司法》（以下简称《公司法》）、《中华人民共和国证券法》（以下简称《证券法》）、《国务院办公厅关于贯彻实施修订后的证券法有关工作的通知》《首次公开发行股票注册管理办法》（证监会令第 205 号）的规定，制定本准则。

第 2 条　申请在中华人民共和国境内首次公开发行股票并在上海证券交易所、深圳证券交易所（以下统称交易所）上市的公司（以下简称发行人或公司）应按本准则编制招股说明书，作为申请首次公开发行股票并上市的必备法律文件，并按本准则的规定进行披露。

第 3 条　本准则的规定是对招股说明书信息披露的最低要求。不论本准则是否有明确规定，凡对投资者作出价值判断和投资决策所必需的信息，均应披露。

本准则某些具体要求对发行人确实不适用的，发行人可根据实际情况，在不影响披露内容完整性前提下作适当调整，并在提交申请时作出说明。

第 4 条　发行人应以投资者投资需求为导向编制招股说明书，为投资者作出价值判断和投资决策提供充分且必要的信息，保证相关信息真实、准确、完整。

第 5 条　发行人在招股说明书中披露的财务会计信息应有充分依据，引用的财务报表、盈利预测报告（如有）应由符合《证券法》规定的会计师事务所审计、审阅或审核。

第 6 条　发行人在招股说明书中应谨慎、合理地披露盈利预测及其他涉及发行人未来经营和财务状况信息。

第7条 发行人有充分依据证明本准则要求披露的某些信息涉及国家秘密、商业秘密及其他因披露可能导致违反国家有关保密法律法规规定或严重损害公司利益的，可按程序申请豁免披露。

第8条 招股说明书应便于投资者阅读，简明清晰，通俗易懂，尽量使用图表、图片或其他较为直观的披露方式，具有可读性和可理解性：

（一）应客观、全面，使用事实描述性语言，突出事件实质，不得选择性披露，不得使用市场推广和宣传用语；

（二）应使用直接、简洁、确定的语句，尽可能使用日常用语、短句和图表，避免使用艰深晦涩、生僻难懂的专业术语或公文用语，避免直接从法律文件中摘抄复杂信息而不对相关内容作出清晰正确解释；

（三）披露内容应具有相关性，围绕发行人实际情况作出充分、准确、具体的分析描述；

（四）应充分利用索引和附件等方式，不同章节或段落披露同一语词、表述、事项应具有一致性，在不影响信息披露完整性和不致引起阅读不便前提下，可以相互引征；

（五）披露内容不得简单罗列、堆砌，避免冗余、格式化、模板化。

第9条 招股说明书引用相关意见、数据或有外文译本的，应符合下列要求：

（一）应准确引用与本次发行有关的中介机构专业意见或报告；

（二）引用第三方数据或结论，应注明资料来源，确保权威、客观、独立并符合时效性要求，应披露第三方数据是否专门为本次发行准备以及发行人是否为此支付费用或提供帮助；

（三）引用数字应采用阿拉伯数字，货币金额除特别说明外应指人民币金额，并以元、千元、万元或百万元为单位；

（四）应保证中、外文文本一致，并在外文文本上注明："本招股说明书分别以中、英（或日、法等）文编制，对中外文本理解发生歧义时，以中文文本为准。"

第 10 条 信息披露事项涉及重要性水平判断的，发行人应结合自身业务特点，区分合同、子公司及参股公司、关联交易、诉讼或仲裁、资源要素等不同事项，披露重要性水平确定标准和选择依据。

第 11 条 特定行业发行人，除执行本准则外，还应执行中国证券监督管理委员会（以下简称中国证监会）制定的该行业信息披露特别规定。

第 12 条 发行人在境内外同时发行股票的，应遵循"就高不就低"原则编制招股说明书，并保证同一事项披露内容一致。

第 13 条 发行人报送申请文件后发生应披露事项的，应按规定及时履行信息披露义务。

第 14 条 发行人发行股票前应在交易所网站和符合中国证监会规定条件的报刊依法开办的网站全文刊登招股说明书，同时在符合中国证监会规定条件的报刊刊登提示性公告，告知投资者网上刊登地址及获取文件途径。

发行人可以将招股说明书以及有关附件刊登于其他网站，但披露内容应完全一致，且不得早于在交易所网站、符合中国证监会规定条件的网站的披露时间。

保荐人出具的发行保荐书、证券服务机构出具的文件以及其他与发行有关的重要文件应作为招股说明书的附件。

第一百零一条 【验资】

向社会公开募集股份的股款缴足后，应当经依法设立的验资机构验资并出具证明。

◆ 条文主旨

本条规定了向社会公开募集股份的股款缴足后的验资。

◆ 修改情况

本条在2018年《公司法》第89条第1款的基础上,将需要验资的情形明确规定为向社会公开募集股份情形,并将"必须"修改为"应当"。

◆ 条文注释

根据本条规定,向社会公开募集股份的股款缴足后,应当经依法设立的验资机构验资,并出具证明。验资是指对公司发起人、股东的出资情况进行核验,并出具验资证明的行为。根据《注册会计师法》的规定,注册会计师承办验证企业资本,出具验资报告的审计业务。注册会计师依法执行审计业务出具的报告,具有证明效力。自2013年《公司法》修改以来,对一般公司已经全面取消了验资要求,但对向社会公开募集股份的股份有限公司仍然保留了验资的程序要求。

验资的内容主要包括股东出资是否符合法律、行政法规和公司章程的规定,评估作价是否公允,货币出资是否已经足额存入公司临时账户,非货币出资是否已经办理权利移转手续等。通过验资,旨在确保公司的发起人、认股人已经完全履行其出资义务,公司资本和资产真实合法。通过验资程序,使得中介机构发挥了市场"看门人"的作用。

验资结束后,验资机构应出具验资证明,验资证明是申请公司设立登记的必备文件。验资证明必须真实、合法,不得弄虚作假。根据本法第257条规定,承担资产评估、验资或者验证的机构提供虚假材料或者提供有重大遗漏的报告的,由有关部门依照《资产评估法》《注册会计师法》等法律、行政法规的规定处罚。承担资产评估、验资或者验证的机构因其出具的评估结果、验资或者验证证明不实，给公司债权人造成损失的，除能够证明自己没有过错的外，在其评估或者证明不实的金额范围内承担赔偿责任。

> **第一百零二条　【股东名册】**
> 股份有限公司应当制作股东名册并置备于公司。股东名册应当记载下列事项：
> （一）股东的姓名或者名称及住所；
> （二）各股东所认购的股份种类及股份数；
> （三）发行纸面形式的股票的，股票的编号；
> （四）各股东取得股份的日期。

◆ **条文主旨**

本条规定了股份有限公司的股份名册制作、置备、记载事项。

◆ **修改情况**

在 2018 年《公司法》第 130 条的基础上，本条作出如下修改：

其一，将第 2 项"各股东所持股份数"修改为"各股东所认购的股份种类及股份数"；

其二，将第 3 项"各股东所持股票的编号"修改为"发行纸面形式的股票的，股票的编号"；

其三，与废除无记名股票相适应，删除了 2018 年《公司法》第 130 条第 2 款所规定的无记名股票记载事项。

◆ **条文注释**

股东名册是重要的公司文件，记录了公司股东的信息，是股东向公司行使权利的凭据，还是股权变动的重要标志。为此，本条规定，股东名册是股份有限公司的法定置备文件，必须制作并置备于公司。根据本法第110条的规定，查阅、复制股东名册是股东知情权的重要行使方式。

在内容上，股东名册应当包括：

（1）股东的姓名或者名称及住所。股东名册应记载自然人股东的姓名、法人和其他组织形式股东的名称、住所，以便于需要时进行通知。

（2）各股东所认购的股份种类及股份数。本法第144条规定，公司可以按照公司章程的规定发行下列与普通股权利不同的类别股：优先或者劣后分配利润或者剩余财产的股份；每一股的表决权数多于或者少于普通股的股份；转让须经公司同意等转让受限的股份；国务院规定的其他类别股。对于各股东所认购的股份种类及股份数，股东名册上应当予以记载。

（3）发行纸面形式的股票的，股票的编号。如果公司采用纸面形式的股票，股东名册应记载股票编号。股票编号具有唯一性，有助于区分不同股东，便于公司的股权管理。

（4）各股东取得股份的日期。股东取得股份的时间是股东行使各类权利的时点，记载各股东取得股份的日期，便于确定股东的相应权利和义务。

对于上市公司而言，公司应当与证券登记机构签订股份保管协议，定期查询主要股东资料以及主要股东的持股变更（包括股权的出质）情况，及时掌握公司的股权结构。由于股份变动频繁，公司依据证券登记机构提供的凭证建立股东名册。

◆ 关联规范

《上市公司章程指引》（2023年修正）

第31条 公司依据证券登记机构提供的凭证建立股东名册，股东名册是证明股东持有公司股份的充分证据。股东按其所持有股份的种类享有权利，承担义务；持有同一种类股份的股东，享有同等权利，承担同种义务。

> **第一百零三条 【成立大会】**
> 募集设立股份有限公司的发起人应当自公司设立时应发行股份的股款缴足之日起三十日内召开公司成立大会。发起人应当在成立大会召开十五日前将会议日期通知各认股人或者予以公告。成立大会应当有持有表决权过半数的认股人出席，方可举行。
> 以发起设立方式设立股份有限公司成立大会的召开和表决程序由公司章程或者发起人协议规定。

◆ **条文主旨**

本条规定了募集设立股份有限公司成立大会的召开和表决程序。

◆ **修改情况**

本条对2018年《公司法》第89条第1款、第90条第1款进行了统合和修改，区分了募集设立和发起设立两种情形，并将"创立大会"修改为"成立大会"。

◆ **条文注释**

成立大会，是指在股份有限公司成立前，由发起人召开、认股人参加的设立中公司会议，该会议决定是否设立公司、表决公司章程、选举董事、监事等事项。

本条第1款规定了募集设立股份有限公司成立大会召开的要求。一旦股款缴足，公司即应该高效成立，以避免产生更多的资金占用成本。为了确保成立大会及时召开，本款规定，募集设立股份有限公司的发起人应当自公司设立时应发行股份的股款缴足之日起 30 日内召开公司成立大会。为了确保认股人有足够的时间来准备和参与成立大会，本条规定，发起人应当在成立大会召开 15 日前将会议日期通知各认股人或者予以公告。在成立大会的出席比例要求上，应当有持有表决权过半数的认股人出席，方可举行。如果发行特殊表决权股的，应计算类别股股东的特殊表决权。

本条第 2 款规定了以发起设立方式设立股份有限公司成立大会的要求。由于发起设立不涉及认股人参会的问题，其召开和表决程序可以相对自治，由公司章程或者发起人协议规定。

第一百零四条　【成立大会职权】

公司成立大会行使下列职权：

（一）审议发起人关于公司筹办情况的报告；

（二）通过公司章程；

（三）选举董事、监事；

（四）对公司的设立费用进行审核；

（五）对发起人非货币财产出资的作价进行审核；

（六）发生不可抗力或者经营条件发生重大变化直接影响公司设立的，可以作出不设立公司的决议。

成立大会对前款所列事项作出决议，应当经出席会议的认股人所持表决权过半数通过。

◆ **条文主旨**

本条规定了股份有限公司成立大会的职权。

◆ **修改情况**

本条将 2018 年《公司法》第 92 条中的"创立大会"修改为"成立大会",并将第 2 款中的"必须"修改为"应当";将第 3 项、第 4 项"选举董事会成员""选举监事会成员"统合规定为"选举董事、监事";将第 6 项"对发起人用于抵作股款的财产"的表述修改为"对发起人非货币财产出资"。

◆ **条文注释**

成立大会是公司设立过程中的重要会议,行使公司成立前的多项关键权利,决定公司的成立与否。

根据本条第 1 款的规定,公司成立大会的职权包括:

1. 审议发起人关于公司筹办情况的报告。本法第 93 条规定,股份有限公司发起人承担公司筹办事务。对于筹办公司事务的情况,发起人应当向成立大会进行汇报,并由成立大会予以审议。

2. 通过公司章程。本法第 94 条规定,设立股份有限公司,应当由发起人共同制订公司章程。对于发起人共同制订的章程,由成立大会予以表决,以确立公司治理的基本框架。按照本法第 121 条第 1 款的规定,股份有限公司可以按照公司章程的规定在董事会中设置由董事组成的审计委员会,行使本法规定的监事会的职权,不设监事会或者监事。在公司章程中,可以选择设立双层制的治理结构或者单层制的治理结构。

3. 选举董事、监事。如果公司章程规定设立双层制的治理结构,成立大会应选任符合本法规定条件的董事、监事。如果选择单层制结构,则只需选任董事即可,当然也包括在审计委员会中任职的董事。

4. 对公司的设立费用进行审核。对于设立公司中的各项费用,如租赁费、交通费、律师费、会议费等,由成立大会进行审核。

5. 对发起人非货币财产出资的作价进行审核。对于发起人出资的非货币财产，由成立大会对其作价进行审核。成立大会可以对相关的作价评估报告进行审查核实。

6. 发生不可抗力或者经营条件发生重大变化直接影响公司设立的，可以作出不设立公司的决议。在发生不可抗力、经营条件发生重大变化时，设立公司可能不是合理的商业决策。对此，成立大会可以决议不设立公司。

本条第2款规定，在通过比例上，成立大会对前款所列事项作出决议，应当经出席会议的认股人所持表决权过半数通过。需要注意的是，因发起人负责公司的筹办事务，其不参与前述事项的表决，此处的表决权基数为"出席会议的认股人所持表决权"，在决议比例上体现为普通决议即可。

第一百零五条　【不得抽回股本】

公司设立时应发行的股份未募足，或者发行股份的股款缴足后，发起人在三十日内未召开成立大会的，认股人可以按照所缴股款并加算银行同期存款利息，要求发起人返还。

发起人、认股人缴纳股款或者交付非货币财产出资后，除未按期募足股份、发起人未按期召开成立大会或者成立大会决议不设立公司的情形外，不得抽回其股本。

◆ 条文主旨

本条规定除例外情形外，发起人、认股人不得抽回其股本。

◆ **修改情况**

本条承继了 2018 年《公司法》第 89 条第 2 款、第 91 条，明确股份未募足的具体情形是指"公司设立时应发行的股份"部分，将"创立大会"修改为"成立大会"，将"抵作股款的出资"修改为"非货币财产"。

◆ **条文注释**

本条第 1 款规定，公司设立时应发行的股份未募足，或者发行股份的股款缴足后，发起人在 30 日内未召开成立大会的，认股人可以按照所缴股款并加算银行同期存款利息，要求发起人返还。该规定旨在保护认股人的利益。本条规定的可以要求发起人返还的情形有二：一是，如果公司设立时应发行的股份未募足，此时未达到预定的股份募集目标，无法完成注册资本的认购和缴纳，无法成立公司。二是，如果发行股份的股款缴足后，发起人未按法定要求召开成立大会的，此时，公司设立已经进入异常状态。为保护认股人的利益，本条规定前述两种情形下，认股人可以要求发起人返还。

本条第 2 款规定，发起人、认股人缴纳股款或者交付非货币财产出资后，除未按期募足股份、发起人未按期召开成立大会或者成立大会决议不设立公司的情形外，不得抽回其股本。一旦公司设立，发起人、认股人缴纳的股款或非货币财产即属于公司所有，不得随意抽回。本条的规范逻辑和本法第 57 条禁止抽逃出资的规定一致。当然，如果公司无法成立，比如未按期募足股份、发起人未按期召开成立大会或者成立大会决议不设立公司的，发起人应当向认股人返还出资。

> **第一百零六条　【申请设立登记】**
> 董事会应当授权代表，于公司成立大会结束后三十日内向公司登记机关申请设立登记。

◆ 条文主旨

本条规定了成立大会结束后的申请设立登记。

◆ 修改情况

由于2023年修订后的《公司法》将公司登记部分独立成章，本条相应对2018年《公司法》第92条的规定进行了简化。

◆ 条文注释

成立大会召开后，候任的董事会、监事会等组织机构已经产生。此时，董事会负责后续的公司设立登记等事宜。根据本条规定，董事会应当授权代表，于公司成立大会结束后30日内向公司登记机关申请设立登记。对于该项授权，应当通过董事会决议，提供授权文件，明确被授权代表的授权事项、时间等内容。在申请设立登记的时限上，本条规定应于公司成立大会结束后30日内向公司登记机关提出申请，以保障公司能够及时设立。

◆ 关联规范

1.《市场主体登记管理条例》(2022年3月1日起施行)

第18条　【办理方式】申请人可以委托其他自然人或者中介机构代其办理市场主体登记。受委托的自然人或者中介机构代为办理登记事宜应当遵守有关规定，不得提供虚假信息和材料。

2.《**市场主体登记管理条例实施细则**》（2022 年 3 月 1 日起施行）

第 26 条 【**公司设立登记的特别材料**】申请办理公司设立登记，还应当提交法定代表人、董事、监事和高级管理人员的任职文件和自然人身份证明。

除前款规定的材料外，募集设立股份有限公司还应当提交依法设立的验资机构出具的验资证明；公开发行股票的，还应当提交国务院证券监督管理机构的核准或者注册文件。涉及发起人首次出资属于非货币财产的，还应当提交已办理财产权转移手续的证明文件。

第一百零七条 【出资责任和抽逃出资等规则的引致】
本法第四十四条、第四十九条第三款、第五十一条、第五十二条、第五十三条的规定，适用于股份有限公司。

◆ **条文主旨**

本条规定了股份有限公司对有限责任公司的出资责任和抽逃出资责任的引致。

◆ **修改情况**

因引致条款变化，本条也作了相应调整。

◆ **条文注释**

请参见本法第 44 条（设立责任）、第 49 条第 3 款（未按期出资的损害赔偿责任）、第 51 条（董事催缴义务和责任）、第 52 条（催缴失权）、第 53 条（抽逃出资）的解释。

> **第一百零八条** 【公司形式的变更】
> 有限责任公司变更为股份有限公司时,折合的实收股本总额不得高于公司净资产额。有限责任公司变更为股份有限公司,为增加注册资本公开发行股份时,应当依法办理。

◆ 条文主旨

本条规定了有限责任公司变更为股份有限公司的股本要求。

◆ 修改情况

本条在2018年《公司法》第95条的基础上,将"增加资本"修改为"增加注册资本"。

◆ 条文注释

由于有限责任公司和股份有限公司各有优势和特点,在实践中存在进行两类公司形式转换的需求。比如,有限责任公司无法直接上市,因此需要先改制为股份有限公司才能公开发行股份和上市。股份有限公司也可能因其规模缩减,选择更为简便的有限责任公司方式。两种情形均为法律所允许,本条规定了有限责任公司转换为股份有限公司的规则。

本条第1句规定,有限责任公司变更为股份有限公司时,折合的实收股本总额不得高于公司净资产额。有限责任公司经过一段时间的运营,其资产和负债会发生变化。其资产减去负债后的净资产,有可能少于其注册资本。在转换成股份有限公司时,计入实收股本总额的应当是其净资产额,而非其对有限责任公司注册资本的简单延续和承继。否则,转换后的股份有限公司的注册资本无法反映其资产的真实状况。

本条第 2 句规定,有限责任公司变更为股份有限公司,为增加资本公开发行股份时,应当依法办理。有限责任公司变更为股份有限公司后,如果为了增加资本公开发行股份,应当遵守《证券法》规定的股份发行条件和发行程序。

◆ **关联规范**

《证券法》(2019 年修订)

第 11 条 【公司设立发行】设立股份有限公司公开发行股票,应当符合《中华人民共和国公司法》规定的条件和经国务院批准的国务院证券监督管理机构规定的其他条件,向国务院证券监督管理机构报送募股申请和下列文件:

(一)公司章程;

(二)发起人协议;

(三)发起人姓名或者名称,发起人认购的股份数、出资种类及验资证明;

(四)招股说明书;

(五)代收股款银行的名称及地址;

(六)承销机构名称及有关的协议。

依照本法规定聘请保荐人的,还应当报送保荐人出具的发行保荐书。

法律、行政法规规定设立公司必须报经批准的,还应当提交相应的批准文件。

第 12 条 【首次公开发行新股的条件】公司首次公开发行新股,应当符合下列条件:

(一)具备健全且运行良好的组织机构;

(二)具有持续经营能力;

(三)最近三年财务会计报告被出具无保留意见审计报告;

（四）发行人及其控股股东、实际控制人最近三年不存在贪污、贿赂、侵占财产、挪用财产或者破坏社会主义市场经济秩序的刑事犯罪；

（五）经国务院批准的国务院证券监督管理机构规定的其他条件。

上市公司发行新股，应当符合经国务院批准的国务院证券监督管理机构规定的条件，具体管理办法由国务院证券监督管理机构规定。

公开发行存托凭证的，应当符合首次公开发行新股的条件以及国务院证券监督管理机构规定的其他条件。

第13条 【公开发行新股的报送文件】 公司公开发行新股，应当报送募股申请和下列文件：

（一）公司营业执照；

（二）公司章程；

（三）股东大会决议；

（四）招股说明书或者其他公开发行募集文件；

（五）财务会计报告；

（六）代收股款银行的名称及地址。

依照本法规定聘请保荐人的，还应当报送保荐人出具的发行保荐书。依照本法规定实行承销的，还应当报送承销机构名称及有关的协议。

第一百零九条 【重要资料的置备】

股份有限公司应当将公司章程、股东名册、股东会会议记录、董事会会议记录、监事会会议记录、财务会计报告、债券持有人名册置备于本公司。

◆ 条文主旨

本条规定了股份有限公司应当置备公司章程等重要资料。

◆ 修改情况

本条将 2018 年《公司法》第 96 条的"股东大会"修改为"股东会",将"公司债券存根"修改为"债券持有人名册"。

◆ 条文注释

本条规定了股份有限公司重要文件的置备要求。之所以要求置备这些文件,一方面是为了规范公司治理,保护公司利益。规范化的公司治理应当妥当置备各类会议文件,比如股东会会议记录、董事会会议记录、监事会会议记录。另一方面是为了保护股东利益。股份有限公司为公开型公司,股份可以自由转让,股东相对分散。公司的股东对公司的各类重要信息享有知情权。根据本法第 110 条的规定,股东有权查阅、复制公司章程、股东名册、股东会会议记录、董事会会议决议、监事会会议决议、财务会计报告,对公司的经营提出建议或者质询。股东能够行使知情权的前提是公司须依法置备前述文件。因此,本条规定,股份有限公司应当将公司章程、股东名册、股东会会议记录、董事会会议记录、监事会会议记录、财务会计报告、债券持有人名册置备于本公司。

2023 年《公司法》修订后,本法将公司债券凭证由债券存根簿调整为债券持有人名册,适应了债券市场中使用债券持有人名册的实践变化。同时,基于电子化和数字化的发展趋势,债券持有人名册通常为电子名册,实物的债券存根簿同样已经不符合公司债券的实践需求。

◆ **案例指引**

【典型案例】陈某成、深圳市电达实业股份有限公司股东知情权纠纷案（广东省深圳市中级人民法院（2018）粤03民终22875号）

裁判要旨

股东知情权是指股东享有了解和掌握公司经营管理等重要信息的权利，该权利为股东的固有权利，当股东在行使股东知情权受阻时，有权获得司法救济。上诉人陈某成主张电达公司依法将公司章程、股东名册、公司债券存根、股东大会会议记录、董事会会议记录、监事会会议记录、财务会计报告置备于电达公司。本院认为，2018年《公司法》第96条规定："股份有限公司应当将公司章程、股东名册、公司债券存根、股东大会会议记录、董事会会议记录、监事会会议记录、财务会计报告置备于本公司。"该条规定上述资料置备于公司，是方便股东查阅，不属于一项股东可以向电达公司主张的独立的股东权利，故陈某成的该项诉讼请求不能成立，本院不予支持。

第一百一十条 【股东知情权】

股东有权查阅、复制公司章程、股东名册、股东会会议记录、董事会会议决议、监事会会议决议、财务会计报告，对公司的经营提出建议或者质询。

连续一百八十日以上单独或者合计持有公司百分之三以上股份的股东要求查阅公司的会计账簿、会计凭证的，适用本法第五十七条第二款、第三款、第四款的规定。公司章程对持股比例有较低规定的，从其规定。

> 股东要求查阅、复制公司全资子公司相关材料的，适用前两款的规定。
>
> 上市公司股东查阅、复制相关材料的，应当遵守《中华人民共和国证券法》等法律、行政法规的规定。

◆ **条文主旨**

本条规定股份有限公司的股东查阅、复制权。

◆ **修改情况**

本条在 2018 年《公司法》第 97 条的基础上，作出了重要修改：

其一，本条第 1 款新增了"复制"的权利，删除了"公司债券存根"的查阅对象。

其二，新增本条第 2 款引致了本法第 57 条第 2 款、第 3 款、第 4 款的规定；新增允许公司章程降低查阅会计账簿、会计凭证的持股比例的规定。

其三，新增本条第 3 款允许股东穿越行使查阅权，查阅全资子公司的相关材料。

其四，新增本条第 4 款明确上市公司股东行使查阅、复制权应遵守《证券法》等法律、行政法规的引致规定。

◆ **条文注释**

关于股东知情权的含义和价值，请参见本法第 57 条的规定。

一、股份有限公司股东的一般知情权

本条第 1 款规定了股份有限公司股东的一般知情权，权利主体为股东。如果发生了股东知情权诉讼，那么起诉时原告应具有股东身份。《公司法司法解释（四）》第 7 条规定，在股东知情权诉讼中，公司有证据证明股东在起诉时不具有公司股东资格的，人民法院应当驳回起诉,但股东有初步证据证明在持股期间其合法权益受到损害,请求依法查阅或者复制其持股期间的公司特定文件材料的除外。

从知情权的对象来看,股东有权查阅、复制公司章程、股东名册、股东会会议记录、董事会会议决议、监事会会议决议、财务会计报告。对于前述文件,股东既可以查阅,也可以复制。

此外,本款还规定,股东可以对公司的经营提出建议或者质询。

二、股东对会计账簿、会计凭证的知情权

本条第2款规定,连续180日以上单独或者合计持有公司3%以上股份的股东查阅公司的会计账簿、会计凭证的,适用本法第57条第2款、第3款、第4款的规定。相较于有限责任公司任一股东均可查阅,股份有限公司股东对会计账簿、会计凭证的查阅存在持股期间和持股数量的限制。在持股期间上,要求达到连续180日以上;在持股数量上,要求单独或者合计持有公司3%以上股份。如果股东持股未满足前述条件的,不能行使对会计账簿、会计凭证的查阅权。

第2款第2句规定,公司章程对前款规定的持股比例有较低规定的,从其规定。为更好地保护中小股东的利益,本条规定章程可以对前述持股比例作出较低规定,但不能作出高于本法规定的条件。对于章程是否能够规定更短的持股期间,本条没有明确规定。对此,本书认为,无论降低持股比例,抑或缩短持股期间,均以保护中小股东的知情权为其本旨,具有功能目的上的一致性,应予允许。

关于知情权的范围、行使程序、不正当目的的认定、知情权的权能、诉讼救济,请参见本法第57条的解释。

三、股东查阅权的穿越行使

本条第3款规定,股东要求查阅、复制公司全资子公司相关材料的,适用前两款的规定。为了避免母公司通过设立子公司的方式,间接损害母公司股东的利益,2023年《公司法》修订新增了股东双

重代表诉讼制度，规定于本法第 189 条。股东知情权是一种工具性权利，对其他股东权利的实现具有重要的辅助作用，是进行股东双重代表诉讼的基础。由此，作为配合第 189 条中股东双重代表诉讼的制度，本条允许股东知情权可以穿越行使至全资子公司。

四、上市公司股东的知情权

本条第 4 款规定，上市公司股东查阅、复制相关材料的，应当遵守《证券法》等法律、行政法规的规定。例如，《证券法》第 83 条规定，信息披露义务人披露的信息应当同时向所有投资者披露，不得提前向任何单位和个人泄露。但是，法律、行政法规另有规定的除外。任何单位和个人不得非法要求信息披露义务人提供依法需要披露但尚未披露的信息。任何单位和个人提前获知的前述信息，在依法披露前应当保密。对于此类信息，上市公司可以拒绝查阅。

◆ **关联规范**

1.《证券法》(2019 年修订)

第 83 条　【禁止不公平披露信息】 信息披露义务人披露的信息应当同时向所有投资者披露，不得提前向任何单位和个人泄露。但是，法律、行政法规另有规定的除外。

任何单位和个人不得非法要求信息披露义务人提供依法需要披露但尚未披露的信息。任何单位和个人提前获知的前述信息，在依法披露前应当保密。

2.《上市公司章程指引》(2023 年修正)

第 33 条　公司股东享有下列权利：

(一) 依照其所持有的股份份额获得股利和其他形式的利益分配；

(二) 依法请求、召集、主持、参加或者委派股东代理人参加股东大会，并行使相应的表决权；

（三）对公司的经营进行监督，提出建议或者质询；

（四）依照法律、行政法规及本章程的规定转让、赠与或质押其所持有的股份；

（五）查阅本章程、股东名册、公司债券存根、股东大会会议记录、董事会会议决议、监事会会议决议、财务会计报告；

（六）公司终止或者清算时，按其所持有的股份份额参加公司剩余财产的分配；

（七）对股东大会作出的公司合并、分立决议持异议的股东，要求公司收购其股份；

（八）法律、行政法规、部门规章或本章程规定的其他权利。

第二节　股东会

第一百一十一条　【股东会的组成与地位】
股份有限公司股东会由全体股东组成。股东会是公司的权力机构，依照本法行使职权。

◆ 条文主旨

本条规定了股份有限公司股东会的组成和地位。

◆ 修改情况

除将"股东大会"修改为"股东会"之外，本条对2018年《公司法》第98条未作修改。

◆ 条文注释

本条内容与本法第58条相同，请参见该条的解释。

◆ **关联规范**

　　1.《上市公司治理准则》(2018 年修订)

　　第 12 条　上市公司应当在公司章程中规定股东大会的召集、召开和表决等程序。

　　上市公司应当制定股东大会议事规则,并列入公司章程或者作为章程附件。

　　第 13 条　股东大会提案的内容应当符合法律法规和公司章程的有关规定,属于股东大会职权范围,有明确议题和具体决议事项。

　　第 14 条　上市公司应当在公司章程中规定股东大会对董事会的授权原则,授权内容应当明确具体。股东大会不得将法定由股东大会行使的职权授予董事会行使。

　　第 15 条　股东大会会议应当设置会场,以现场会议与网络投票相结合的方式召开。现场会议时间、地点的选择应当便于股东参加。上市公司应当保证股东大会会议合法、有效,为股东参加会议提供便利。股东大会应当给予每个提案合理的讨论时间。

　　股东可以本人投票或者依法委托他人投票,两者具有同等法律效力。

　　第 16 条　上市公司董事会、独立董事和符合有关条件的股东可以向公司股东征集其在股东大会上的投票权。上市公司及股东大会召集人不得对股东征集投票权设定最低持股比例限制。

　　投票权征集应当采取无偿的方式进行,并向被征集人充分披露具体投票意向等信息。不得以有偿或者变相有偿的方式征集股东投票权。

　　第 17 条　董事、监事的选举,应当充分反映中小股东意见。股东大会在董事、监事选举中应当积极推行累积投票制。单一股东及其一致行动人拥有权益的股份比例在 30% 及以上的上市公司,应当采用累积投票制。采用累积投票制的上市公司应当在公司章程中规定实施细则。

2.《非上市公众公司监督管理办法》(2023年修订)

第8条 公众公司应当建立兼顾公司特点和公司治理机制基本要求的股东大会、董事会、监事会制度，明晰职责和议事规则。

第9条 公众公司的治理结构应当确保所有股东，特别是中小股东充分行使法律、行政法规和公司章程规定的合法权利。

股东对法律、行政法规和公司章程规定的公司重大事项，享有知情权和参与权。

公众公司应当建立健全投资者关系管理，保护投资者的合法权益。

第10条 公众公司股东大会、董事会、监事会的召集、提案审议、通知时间、召开程序、授权委托、表决和决议等应当符合法律、行政法规和公司章程的规定；会议记录应当完整并安全保存。

股东大会的提案审议应当符合规定程序，保障股东的知情权、参与权、质询权和表决权；董事会应当在职权范围和股东大会授权范围内对审议事项作出决议，不得代替股东大会对超出董事会职权范围和授权范围的事项进行决议。

第一百一十二条 【股东会职权】

本法第五十九条第一款、第二款关于有限责任公司股东会职权的规定，适用于股份有限公司股东会。

本法第六十条关于只有一个股东的有限责任公司不设股东会的规定，适用于只有一个股东的股份有限公司。

◆ **条文主旨**

本条规定了股份有限公司股东会的职权。

◆ **修改情况**

本条新增了一人股份有限公司股东会的职权规定。

◆ **条文注释**

本条第 1 款引致了本法第 59 条第 1 款、第 2 款的规定，请参见本法第 59 条的解释。本法第 59 条第 3 款规定了有限责任公司股东会的书面决定方式，该制度不适用于股份有限公司。其原因在于，股份有限公司以公开性公司为预设对象，股东人数较多，因而公司法对其公司治理的规范性要求更强。

本条第 2 款引致了本法第 60 条关于一人有限责任公司的股东职权，一人股份有限公司的股东同为一人，在权利行使上具有同质性，请参见本法第 60 条的解释。

第一百一十三条　【股东会年度会议和临时会议】

股东会应当每年召开一次年会。有下列情形之一的，应当在两个月内召开临时股东会会议：

（一）董事人数不足本法规定人数或者公司章程所定人数的三分之二时；

（二）公司未弥补的亏损达股本总额三分之一时；

（三）单独或者合计持有公司百分之十以上股份的股东请求时；

（四）董事会认为必要时；

> （五）监事会提议召开时；
> （六）公司章程规定的其他情形。

◆ 条文主旨

本条规定了股份有限公司股东会的年度会议和临时会议。

◆ 修改情况

本条将2018年《公司法》第100条第2项所规定的"公司未弥补的亏损达实收股本总额三分之一时"情形，修改为"公司未弥补的亏损达股本总额三分之一时"。

◆ 条文注释

本条规定了股东会会议的两种形式：定期会议和临时会议。

定期会议，也称普通会议、股东常会、股东年会，是指根据公司章程的规定定期召开的股东会议。根据本条规定，股份有限公司的股东常会为一年一次。

临时会议，也称特别会议，是指定期会议之外，由特定的主体提议或发生特定条件时召开的股东会会议。本条规定了应当在两个月内召开临时股东会会议的六种情形：

1. 董事人数不足本法规定人数或者公司章程所定人数的2/3时。本项规定的情形有二：一是董事人数不足本法规定的最低人数，即3人的；二是董事人数不足公司章程规定人数2/3的，此时董事人数不足，将影响到董事会的重大决议表决。在前述两种情形下，应当召开股东会会议予以增补。

2. 公司未弥补的亏损达股本总额1/3时。原《公司法》规定，公司未弥补亏损达实收股本总额1/3时，应当召开临时股东会会议。2023年修订后，该情形被修改为公司未弥补的亏损达股本总额1/3

时。由于本法对股份有限公司的注册资本采实缴制，此处的股本总额理应为实收股本总额，因此并无实质变化。

3. 单独或者合计持有公司 10% 以上股份的股东请求时。股东作为公司的出资者和剩余财产的所有者，在持股达到一定比例时，应当按照其请求召开临时股东会会议，以维护股东权益。本条规定的比例为股东单独或者合计持有公司 10% 以上股份，已经在公司中占有相当大的股权比例。

4. 董事会认为必要时。董事会是公司的经营决策机构，最为了解公司的情况，其认为必要时，公司应当召集临时股东会会议。

5. 监事会提议召开时。监事会作为公司监督机构，负有监督职责。当其发现董事出现了违背信义义务的行为，或者董事会作出了违法的经营决策，应当予以监督。股东会拥有选任和更换董事的重要权力，是监事会行使监督权力的有力保障。当监事会提议召开时，公司应当召集临时股东会会议。

6. 公司章程规定的其他情形。除了前述情形外，本条允许公司章程予以自治安排，规定其他召开临时股东会会议的事由。

总之，当发生前述情形时，公司应当根据本法第 113 条的规定召开临时股东会会议。

◆ **关联规范**
《上市公司章程指引》（2023 年修正）
第 44 条 有下列情形之一的，公司在事实发生之日起两个月以内召开临时股东大会：

（一）董事人数不足《公司法》规定人数或者本章程所定人数的三分之二时；

（二）公司未弥补的亏损达实收股本总额三分之一时；

（三）单独或者合计持有公司百分之十以上股份的股东请求时；

（四）董事会认为必要时；

（五）监事会提议召开时；

（六）法律、行政法规、部门规章或本章程规定的其他情形。

> **第一百一十四条　【股东会会议的召集与主持】**
>
> 　　股东会会议由董事会召集，董事长主持；董事长不能履行职务或者不履行职务的，由副董事长主持；副董事长不能履行职务或者不履行职务的，由过半数的董事共同推举一名董事主持。
>
> 　　董事会不能履行或者不履行召集股东会会议职责的，监事会应当及时召集和主持；监事会不召集和主持的，连续九十日以上单独或者合计持有公司百分之十以上股份的股东可以自行召集和主持。
>
> 　　单独或者合计持有公司百分之十以上股份的股东请求召开临时股东会会议的，董事会、监事会应当在收到请求之日起十日内作出是否召开临时股东会会议的决定，并书面答复股东。

◆ **条文主旨**

本条规定了股份有限公司股东会会议的召集与主持规则。

◆ **修改情况**

本条新增了第 3 款的规定，明确了董事会、监事会对股东请求召开临时股东会会议的答复规则。

此外，本条还对 2018 年《公司法》第 101 条作了两处文字调整：将"股东大会"修改为"股东会"，并将"由半数以上董事共同推举"修改为"由过半数的董事共同推举"。

◆ 条文注释

股份有限公司股东会会议的召集和举行，必须遵守法定的会议程序，否则将导致决议效力瑕疵。会议的程序规则包括召集与主持规则、通知与记录规则、议事方式、表决规则等内容。其中，本条规定了股份有限公司股东会会议的召集与主持规则。

根据本条规定，股东会会议的召集主体包括董事会、监事会、连续90日以上单独或者合计持有公司10%以上股份的股东。前述三类主体存在召集权的行使顺位。

首先，在一般情况下，股东会会议由董事会召集，董事长主持。董事长不能履行职务或者不履行职务的，由副董事长主持；副董事长不能履行职务或者不履行职务的，由过半数的董事共同推举一名董事主持。所谓"不能履行"，即客观不能，是指客观原因导致的不能履行；所谓"不履行"，即主观不能，是指虽然客观上能够履行却拒绝履行。

其次，董事会不能履行或者不履行召集股东会会议职责的，由监事会召集和主持。此时，既包括客观不能，也包括主观不能。监事会是公司的监督机构，在董事会不履行其法定职责时，由监事会负责召集和主持。

最后，监事会不召集和主持的，连续90日以上单独或者合计持有公司10%以上股份的股东可以自行召集和主持股东会会议。为了避免公司陷入无法召集会议的困境，保障中小股东权益，本条允许连续90日以上单独或者合计持有公司10%以上股份的股东自行召集和主持股东会会议。该比例与本法第113条规定的提议召开临时股东会的表决权比例一致，但增加了连续90日以上的持股要求。

本条第3款规定了董事会、监事会对股东请求召开临时股东会会议的答复规则,即在收到请求之日起10日内作出是否召开临时股东会会议的决定并书面答复股东。之所以新增本条第3款规定,2023年12月的《公司法(修订草案四审稿)》审议说明指出,是为了确保股东能够及时自行召集。该规定有助于避免临时股东会会议的召集权纠纷,减少因召集临时股东会会议所产生的争议。

◆ 案例指引

【典型案例】 涂某凤、王某等与成都鹏格文化发展股份有限公司公司决议撤销纠纷案(四川省成都市中级人民法院(2022)川01民终23315号)

裁判要旨

关于案涉临时股东大会的召集及董事、监事候选人名单问题。2018年《公司法》第101条第2款规定:"董事会不能履行或者不履行召集股东大会会议职责的,监事会应当及时召集和主持;监事会不召集和主持的,连续九十日以上单独或者合计持有公司百分之十以上股份的股东可以自行召集和主持。"根据查明的事实,鹏格公司在召开此次临时股东大会前,董事会未能成功召开,监事均未到场。在此情况下,连仕成作为连续持股90日、持股10%以上的股东,可以自行召集和主持股东大会。同时,因未能成功召开董事会,亦无法通过董事会确认董事、监事候选人名单。鹏格公司将股东提名的董事、监事人员均作为候选人列入投票名单,并未损害各股东的权益。故涂某凤等人认为案涉临时股东大会董事、监事候选人名单的确认违反公司章程的规定,应当撤销的主张,本院不予支持。

【典型案例】马某、青岛捷能汽轮机集团股份有限公司请求变更公司登记纠纷案（山东省青岛市中级人民法院（2022）鲁02民终10014号）

裁判要旨

2018年12月3日上诉人方股东向公司董事会提议召集临时股东会，上诉人方股东2019年1月2日向公司董事会秘书及公司监事长提议召集临时股东会，2019年1月7日被上诉人通知经公司研究决定暂不召开股东会，上诉人无证据证明其提议监事会召集临时股东会的合理期限，法律法规亦未明确在董事会不召集临时股东会的情况下，监事会召集临时股东会的合理期限。因此，上诉人方股东于2019年1月16日发出通知定于2019年2月17日自行召集并主持临时股东大会，2019年1月30日公司监事会通知于2019年2月17日召集召开临时股东会，上诉人方股东仍自行召集临时股东会未参加监事会召集的股东会，与法律规定的股东会的召集顺位不符。公司监事会于2019年1月30日出具定于2019年2月17日上午召开临时股东会的通知，2019年1月31日在媒体进行公告并通知了上诉人等股东，被上诉人监事会上述召集临时股东会的程序符合法律规定。

【典型案例】辽宁曙光汽车集团股份有限公司与梁某湛、深圳市中能绿色启航壹号投资企业等与公司有关的纠纷案（辽宁省丹东市中级人民法院（2023）辽06民终176号）

裁判要旨

关于案涉临时股东大会召集人是否具备召集资格的问题。2018年《公司法》规定，连续90日以上单独或者合计持有公司10%以上股份的股东可以自行召集和主持股东大会。曙光汽车集团公司章程对股东召集和主持股东大会的资格亦无其他特殊限制。因此，股东行使召集权不受持股方式的影响。本案中，贾某云、刘某芳、姜某飞虽然通过融资融券信用账户持有部分股份，但三人作为被告公司股东，与其他召集人连续90日以上合计持有被告公司10%以上股份，符合股东大会召集人的法定条件，故七名召集人具备召集股东大会资格。

关于召集人是否完成自行召集股东大会的前置程序问题。《上市公司股东大会规则》第9条和公司章程第49条均规定，董事会不同意召开临时股东大会，或者在收到请求后10日内未作出反馈的，单独或者合计持有公司10%以上股份的股东有权向监事会提议召开临时股东大会，并应当以书面形式向监事会提出请求。监事会同意召开临时股东大会的，应在收到请求5日内发出召开股东大会的通知，通知中对原提案的变更，应当征得相关股东的同意。监事会未在规定期限内发出股东大会通知的，视为监事会不召集和主持股东大会，连续90日以上单独或者合计持有公司10%以上股份的股东可以自行召集和主持。本案中，召集人于2022年1月27日向公司董事会提请召集临时股东大会后，董事会以召集人提交的材料存在缺少授权委托及原件等问题，公司无法判断上述资料的提交是否为本人签字，是否代表股东本人的意愿为由要求召集人补正材料，召集人对此表示董事会可以以视频通话方式核实股东身份及其真实意愿。在此情况下，董事会即使不进行核实，也应在《上市公司股东大会规则》和公司章程规定的期限内就召集人不按照其要求补正材料作出不同意召开临时股东大会的书面反馈。现董事会未在规定期限内就召集人的提请作出任何反馈，召集人于2022年2月9日向监事会提请召开临时股东大会后，监事会以召集人未完成董事会前置程序为由，亦未在规定期限内发出召开股东大会的通知，应视为董事会、监事会均不召集和主持股东大会。召集人已完成董事会、监事会的前置程序，其有权自行召集和主持股东大会。

> **第一百一十五条　【股东会的通知与提案】**
> 召开股东会会议,应当将会议召开的时间、地点和审议的事项于会议召开二十日前通知各股东;临时股东会会议应当于会议召开十五日前通知各股东。
> 单独或者合计持有公司百分之一以上股份的股东,可以在股东会会议召开十日前提出临时提案并书面提交董事会。临时提案应当有明确议题和具体决议事项。董事会应当在收到提案后二日内通知其他股东,并将该临时提案提交股东会审议;但临时提案违反法律、行政法规或者公司章程的规定,或者不属于股东会职权范围的除外。公司不得提高提出临时提案股东的持股比例。
> 公开发行股份的公司,应当以公告方式作出前两款规定的通知。
> 股东会不得对通知中未列明的事项作出决议。

◆ **条文主旨**

本条规定了股份有限公司股东会的通知与提案规则。

◆ **修改情况**

本条对 2018 年《公司法》第 102 条作出以下实质修改:

其一,与 2023 年《公司法》修订删除无记名股票相一致,本条删去了发行无记名股票情形下的通知规则。

其二,将股东提案的股权比例从单独或合计持有公司 3% 以上股份降低为 1% 以上,并且规定公司不得提高持股比例要求。

其三,新增临时提案符合法律、行政法规和公司章程的要求。

其四,作了其他文字修改,如将"股东大会"修改为"股东会"，"必须"修改为"应当"。

◆ 条文注释

一、股东会的通知规则

本条第 1 款规定了股份有限公司股东会会议的通知规则。参加股东会会议，是每一位股东的固有权利，无论其持股多少。股东参加股东会会议的前提是收到股东会会议的通知。本条第 1 款规定，召开股东会会议，应当将会议召开的时间、地点和审议的事项于会议召开 20 日前通知各股东；临时股东会会议应当于会议召开 15 日前通知各股东。

根据该规定，提前通知的时间应该至少为会议召开前的 20 天，通知对象为全体股东。在通知内容上，本条明确规定，应当包括会议召开的时间、地点和审议的事项等内容。在通知主体上，本条未作规定，根据本法第 114 条规定，股东会会议的召集主体，应当也是负责通知的主体。至于通知方式，本条未作强制性的要求，解释上认为不限于书面方式，通过电话、即时通讯工具等股东可以确认收悉的方式进行即可。对于前述事项，公司章程可以另有规定。

二、提案权规则优化

提案权旨在加强对股东权益的保护。2023 年《公司法》修订，进一步优化了公司法上的提案权规则，将股东提案的股权比例从单独或合计持有公司 3% 以上股份降低为 1% 以上，并且规定公司不得提高持股比例要求。如果公司章程选择进一步降低该持股比例，则并不违反本条规定。该项修改进一步强化了股东权益保护，有助于中小股东通过提案的方式维护其权益。

在程序上，本条第 2 款规定，单独或者合计持有公司 1% 以上股份的股东，可以在股东会会议召开 10 日前提出临时提案并书面提交董事会。临时提案应当有明确议题和具体决议事项。董事会应当在收到提案后 2 日内通知其他股东，并将该临时提案提交股东会审议。

根据本条规定，不符合条件和程序的临时提案，董事会有权不提交给股东会审议。具体的审查理由包括：临时提案违反法律、行政法规或者公司章程的规定，或者不属于股东会职权范围。对于非属于前述事由的临时提案，董事会不得拒绝提交股东会审议。在 2023 年《公司法》修订中，有意见建议赋予董事会以全面审查临时提案合理性的权力，但本法并未予以采纳。

三、公告方式通知

公开发行股份的公司，应当以公告方式作出前两款规定的通知。由于公开发行股份的公司股东众多，流动性强，难以一一通知。公司应当在符合证监会规定条件的媒体范围内确定公司披露信息的媒体，并将指定媒体作为刊登公司公告和其他需要披露信息的渠道。公司发出的通知，以公告方式进行的，一经公告，视为所有相关人员收到通知。

四、不得对通知中未列明的事项作出决议

股东会审议的事项，必须是股东会会议召集在通知中列明的事项，包括召集人通知的事项，也包括提案权人的临时提案。通过提前通知，股东可以提前了解审议事项，并根据审议事项的复杂程度开展必要的调查、咨询、研究等工作，方便作出合法合理的判断。对于通知中未列明的事项，股东会不得作出决议，否则会使得参会股东措手不及，难以有效行使股东权利。

◆ **关联规范**

《上市公司章程指引》（2023 年修正）

第 55 条　召集人将在年度股东大会召开二十日前以公告方式通知各股东，临时股东大会将于会议召开十五日前以公告方式通知各股东。

第 56 条 股东大会的通知包括以下内容：

（一）会议的时间、地点和会议期限；

（二）提交会议审议的事项和提案；

（三）以明显的文字说明：全体普通股股东（含表决权恢复的优先股股东）均有权出席股东大会，并可以书面委托代理人出席会议和参加表决，该股东代理人不必是公司的股东；

（四）有权出席股东大会股东的股权登记日；

（五）会务常设联系人姓名，电话号码；

（六）网络或其他方式的表决时间及表决程序。

第 57 条 股东大会拟讨论董事、监事选举事项的，股东大会通知中将充分披露董事、监事候选人的详细资料，至少包括以下内容：

（一）教育背景、工作经历、兼职等个人情况；

（二）与本公司或本公司的控股股东及实际控制人是否存在关联关系；

（三）披露持有本公司股份数量；

（四）是否受过中国证监会及其他有关部门的处罚和证券交易所惩戒。

除采取累积投票制选举董事、监事外，每位董事、监事候选人应当以单项提案提出。

第 58 条 发出股东大会通知后，无正当理由，股东大会不应延期或取消，股东大会通知中列明的提案不应取消。一旦出现延期或取消的情形，召集人应当在原定召开日前至少两个工作日公告并说明原因。

第 165 条 公司发出的通知，以公告方式进行的，一经公告，视为所有相关人员收到通知。

第 171 条 公司指定【媒体名称】为刊登公司公告和其他需要披露信息的媒体。

> **第一百一十六条　【股东表决权和决议比例】**
>
> 股东出席股东会会议，所持每一股份有一表决权，类别股股东除外。公司持有的本公司股份没有表决权。
>
> 股东会作出决议，应当经出席会议的股东所持表决权过半数通过。
>
> 股东会作出修改公司章程、增加或者减少注册资本的决议，以及公司合并、分立、解散或者变更公司形式的决议，应当经出席会议的股东所持表决权的三分之二以上通过。

◆ 条文主旨

本条规定了股东表决权和决议比例。

◆ 修改情况

本条对 2018 年《公司法》第 103 条作出如下修改：

其一，与 2023 年《公司法》修订引入类别股相协调，本条新增了每一股份有一表决权的例外规定；

其二，将"必须经出席会议的股东所持表决权的……以上通过"修改为"应当经出席会议的股东所持表决权的……以上通过"；将"股东大会"修改为"股东会"。

◆ 条文注释

本条第 1 款规定，股东出席股东会会议，所持每一股份有一表决权，类别股股东除外。与有限责任公司的表决权以比例计算相比，股份有限公司的资本划分为等额股份，其表决权以股份为基础。由于本法第 144 条允许公司发行每一股的表决权数多于或者少于普通股的股份，此时突破了一股一权的规则，可能为一股多个表决权或者没有表决权。公司持有的本公司股份为库存股,与公司未发行的股份在性质上无异,没有表决权。

本条第 2 款和第 3 款与本法第 66 条规定相同,请参见该条文的解释,此处不赘。

◆ 关联规范

1. 《上市公司治理准则》(2018 年修订)

第 16 条 上市公司董事会、独立董事和符合有关条件的股东可以向公司股东征集其在股东大会上的投票权。上市公司及股东大会召集人不得对股东征集投票权设定最低持股比例限制.

投票权征集应当采取无偿的方式进行,并向被征集人充分披露具体投票意向等信息。不得以有偿或者变相有偿的方式征集股东投票权。

2. 《非上市公众公司监督管理办法》(2023 年修订)

第 18 条 公众公司应当按照法律的规定,同时结合公司的实际情况在公司章程中约定建立表决权回避制度。

第 20 条 股票公开转让的科技创新公司存在特别表决权股份的,应当在公司章程中规定以下事项:

(一)特别表决权股份的持有人资格;

(二)特别表决权股份拥有的表决权数量与普通股份拥有的表决权数量的比例安排;

(三)持有人所持特别表决权股份能够参与表决的股东大会事项范围;

(四)特别表决权股份锁定安排及转让限制;

(五)特别表决权股份与普通股份的转换情形;

(六)其他事项。

全国股转系统应对存在特别表决权股份的公司表决权差异的设置、存续、调整、信息披露和投资者保护等事项制定具体规定。

第一百一十七条　【董事、监事选举的累积投票制】

股东会选举董事、监事，可以按照公司章程的规定或者股东会的决议，实行累积投票制。

本法所称累积投票制，是指股东会选举董事或者监事时，每一股份拥有与应选董事或者监事人数相同的表决权，股东拥有的表决权可以集中使用。

◆ 条文主旨

本条规定了股份有限公司的董事、监事选举的累积投票制。

◆ 修改情况

本条在2018年《公司法》第105条的基础上，进行了文字修改，将"股东大会"修改为"股东会"，"依照"修改为"按照"，未作其他修改。

◆ 条文注释

通常而言，股东会表决奉行一股一权原则，特殊表决权股除外。为了防止大股东利用资本多数决的优势把控董事会和监事会的选举，导致中小股东无法参与到公司治理之中，一些国家和地区借鉴了议会选举中的比例代表制，在公司法中引入了累积投票制。

所谓累积投票制，根据本条第2款规定，是指股东会选举董事或者监事时，每一股份拥有与应选董事或者监事人数相同的表决权，股东拥有的表决权可以集中使用。在适用范围上，累积投票制仅适用于股份有限公司的董事、监事选举。对于其他事项，不适用累积投票制。通过累积投票制，可以扩张中小股东的表决权，在中小股东的表决权足够的情况下，能够在董事会或监事会获得一席之地。但是，如果中小股东的表决权与大股东过于悬殊，即使采用累积投票制，也难以与大股东抗衡。

本条规定的累积投票制仅适用于股份有限公司，而且属于明示选入模式，需要章程或股东会决议的明确规定。从域外立法例上来看，主要有强制主义和任意主义两种立场，在任意主义之下又分为默示选入模式和默示选出模式。在2023年《公司法》修订中，主要的修订意见集中在是否将明示选入的模式，修改为默示选入，即股份有限公司默认采用累积投票制，公司章程或股东会决议另作安排的除外。明示选入的模式，例如，《纽约州公司法》第618条规定，任何公司的章程可以规定在所有的董事选举中适用累积投票。默示选入的模式，例如，我国台湾地区"公司法"第198条第1项规定，股东会选任董事时，除公司章程另有规定外，每一股份有与应选出董事人数相同之选举权，得集中选举1人，或分配选举数人，由所得选票代表选举权较多者，当选为董事。韩国《商法典》第382条之二第1款规定，在召集以选任2人以上董事为目的的股东大会时，持有不包括无表决权股份的发行股份总数的3%以上股份的股东，除了章程中另有规定，可以请求公司以累积投票的方法选任董事。此外，本轮修法中，还有意见建议将累积投票制设定为强制性规则，即股份有限公司必须适用，不得通过章程或股东会决议予以排除。从域外法律发展的进程来看，多数国家将累积投票制作为任意性制度。2023年修订后，本法仍然维持了原《公司法》中的明示选入模式。

在上市公司中，证监会在符合特定条件的公司中推行累积投票制。2018年修订的《上市公司治理准则》第17条规定，单一股东及其一致行动人拥有权益的股份比例在30%及以上的上市公司，应当采用累积投票制。采用累积投票制的上市公司应当在公司章程中规定实施细则。

在实践中，累积投票制也不乏消极因素。例如，如果公司对董事、监事进行分散选举，设立分级分期董事会或监事会，每次只选任个别或少部分的董事、监事，累积投票制也完全可能被架空。在个别情况下，中小股东也可能会滥用累积投票制，干扰公司的正常经营管理。

◆ **关联规范**

《上市公司治理准则》（2018 年修订）

第 17 条　董事、监事的选举，应当充分反映中小股东意见。股东大会在董事、监事选举中应当积极推行累积投票制。单一股东及其一致行动人拥有权益的股份比例在 30% 及以上的上市公司，应当采用累积投票制。采用累积投票制的上市公司应当在公司章程中规定实施细则。

◆ **案例指引**

【典型案例】永安智胜投资股份有限公司、智胜化工股份有限公司等公司决议撤销纠纷案（福建省三明市中级人民法院（2021）闽 04 民终 882 号）

裁判要旨

在公司章程没有规定或者没有股东大会决议的情况下，股东大会会议的表决方式以直接投票制为原则；只有在公司章程有明确规定或者股东大会有决议的情况下，公司选举董事、监事方可适用累积投票制。在本案中，智胜化工公司章程中并未规定选举董事、监事应当采取累积投票制以及股东大会亦未对本次选举董事、监事采用累积投票制形成决议，在此情形下，智胜化工公司采用直接投票制的方式对 2020 年第一次临时股东大会所有议案逐项进行表决，并未违反法律法规及公司章程规定。此外，在 2020 年 5 月 7 日智胜化工公司 2020 年第一次临时股东大会上，形成了《2020 年第一次临时股东大会会议决议》，该会议的召开方式采取现场记名投票的表决方式行使表决权,上海弘钛企业提议的上述十项议案经出席会议的有表决权的股东百分之百通过。基于十项议案经出席会议的有表决权的股东百分之百通过之事实,无论是采用实行累积投票制还是直接投票制,均不影响十项议案的依法通过。

> **第一百一十八条　【出席股东会的代理】**
> 股东委托代理人出席股东会会议的,应当明确代理人代理的事项、权限和期限;代理人应当向公司提交股东授权委托书,并在授权范围内行使表决权。

◆ **条文主旨**

本条规定了股东委托代理人出席股东会的规则。

◆ **修改情况**

在2018年《公司法》第106条的基础上,本条新增了委托书"应当明确代理人代理的事项、权限和期限"的规定。

◆ **条文注释**

出席股东会是股东的重要权利。如果股东由于交通、时间、健康等原因无法亲自出席股东会,可以委托代理人出席会议,代为行使表决权。

股东委托代理人出席股东会会议的,应当向代理人出具授权委托书。2023年《公司法》修订新增了委托书所应当载明的事项,包括代理人代理的事项、权限和期限。当然,委托书中还应当载明委托人和代理人的姓名,所参加的股东会,并由委托人在委托书上签名或者盖章。根据本条规定,授权委托书限于书面,口头、电话等委托方式均为无效委托。

股东的委托代理人出席股东会，应当在其授权范围内行使表决权，进行投票。如果代理人超出授权范围行使表决权的，该行为无效，公司应拒绝其投票或将其投票计为废票。对委托人造成损失的，代理人向委托人承担违约责任。

◆ **关联规范**

《上市公司章程指引》（2023年修正）

第60条 股权登记日登记在册的所有普通股股东（含表决权恢复的优先股股东）或其代理人，均有权出席股东大会。并依照有关法律、法规及本章程行使表决权。

股东可以亲自出席股东大会，也可以委托代理人代为出席和表决。

第61条 个人股东亲自出席会议的，应出示本人身份证或其他能够表明其身份的有效证件或证明、股票账户卡；委托代理他人出席会议的，应出示本人有效身份证件、股东授权委托书。

法人股东应由法定代表人或者法定代表人委托的代理人出席会议。法定代表人出席会议的，应出示本人身份证、能证明其具有法定代表人资格的有效证明；委托代理人出席会议的，代理人应出示本人身份证、法人股东单位的法定代表人依法出具的书面授权委托书。

第62条 股东出具的委托他人出席股东大会的授权委托书应当载明下列内容：

（一）代理人的姓名；

（二）是否具有表决权；

（三）分别对列入股东大会议程的每一审议事项投赞成、反对或弃权票的指示；

（四）委托书签发日期和有效期限；

（五）委托人签名（或盖章）。委托人为法人股东的，应加盖法人单位印章。

第63条 委托书应当注明如果股东不作具体指示，股东代理人是否可以按自己的意思表决。

第64条 代理投票授权委托书由委托人授权他人签署的，授权签署的授权书或者其他授权文件应当经过公证。经公证的授权书或者其他授权文件，和投票代理委托书均需备置于公司住所或者召集会议的通知中指定的其他地方。

委托人为法人的，由其法定代表人或者董事会、其他决策机构决议授权的人作为代表出席公司的股东大会。

◆ **案例指引**

【典型案例】陕西万方机电工程有限责任公司、于某光等与公司有关的纠纷案（陕西省西安市中级人民法院（2022）陕01民终1511号）

裁判要旨

本案二审争议的焦点为：2021年2月3日召开股东会会议时赵某理能否代理赵某某行使股东表决权。公司股东可以委托他人参加股东会会议并行使表决权。本案中，赵某某向赵某理出具的授权委托书载明，关于万方公司内部事务纠纷中，委托赵某理作为赵某某参加该公司一切事务的委托代理人，代理权限为：代为参与处理公司一切内部事务，包括但不限于参与谈判、进行和解，代为调解，召开股东会议，清算公司资产等。从上述内容来看，赵某理的代理权限为"代为参与处理一切公司内部事务"，该一切内部事务理应包括参加股东会会议以及行使表决权。二审中，赵某某出庭作证，亦明确表示其授权范围包括代为行使表决权，认可赵某理代理其行使表决权的效力，故万方公司于2021年2月3日召开的股东会会议所作出的决议，经2/3以上的表决权通过，在该决议未被撤销或者确认无效的情况下，万方公司及各股东均应遵照执行。

> **第一百一十九条　【股东会会议记录】**
> 股东会应当对所议事项的决定作成会议记录，主持人、出席会议的董事应当在会议记录上签名。会议记录应当与出席股东的签名册及代理出席的委托书一并保存。

◆ 条文主旨

本条规定了股份有限公司股东会的会议记录规则。

◆ 修改情况

本条将"股东大会"修改为"股东会"，其他未作修改。

◆ 条文注释

本条规定了股份有限公司股东会会议的记录规则，即股东会应当对所议事项的决定做成会议记录，主持人、出席会议的董事应当在会议记录上签名。会议记录是对会议内容的记载，也是证明会议召开和决议内容的证据。股东会会议记录是公司的重要文件，应当妥善保存。根据本法第110条的规定，股东会会议记录是股东知情权的承载客体，股东可以查阅。

◆ 关联规范

《上市公司章程指引》（2023年修正）

第73条　股东大会应有会议记录，由董事会秘书负责。
会议记录记载以下内容：
（一）会议时间、地点、议程和召集人姓名或名称；
（二）会议主持人以及出席或列席会议的董事、监事、经理和其

他高级管理人员姓名;

(三) 出席会议的股东和代理人人数、所持有表决权的股份总数及占公司股份总数的比例;

(四) 对每一提案的审议经过、发言要点和表决结果;

(五) 股东的质询意见或建议以及相应的答复或说明;

(六) 律师及计票人、监票人姓名;

(七) 本章程规定应当载入会议记录的其他内容。

第三节 董事会、经理

第一百二十条 【董事会的组成、任期及职权】

股份有限公司设董事会,本法第一百二十八条另有规定的除外。

本法第六十七条、第六十八条第一款、第七十条、第七十一条的规定,适用于股份有限公司。

◆ **条文主旨**

本条规定了股份有限公司董事会的组成,并引致了有限责任公司董事会的职权、组成、任期、选任、解任、辞任等规则。

◆ **修改情况**

本条对2018年《公司法》第108条的规定作出修改。删除了股份有限公司董事会成员人数为5至19人的规定,通过引致条款,删除了董事会人数上限的要求,将董事会人数的下限确立为原则性的3人。同时,允许规模较小或股东人数较少的股份有限公司不设董事会而仅设一名董事。

◆ 条文注释
一、董事会人数

董事会由董事组成，董事会秘书等人员不是董事会的组成人员。本条第 1 款规定，董事会是股份有限公司的必设机构。例外的是本法第 128 条规定的情形，即规模较小或者股东人数较少的股份有限公司，可以不设董事会，设一名董事，行使本法规定的董事会的职权。

另一方面，自 1993 年以来，我国原《公司法》规定了股份有限公司的董事会规模上限为 19 人，2023 年《公司法》修订后予以删除。之所以予以删除，是因为 1993 年《公司法》系为了适应国企改革需求，避免公司设置过大规模的董事会，造成人员冗余。目前，这一使命已经完成，本次修法遂将董事会规模交由公司自主决定。

二、董事会的职权、组成、任期、任免等规则的引致

根据本条第 2 款的规定，本法第 67 条关于董事会职权的规定、第 68 条第 1 款关于董事会的组成，第 70 条关于董事的任期、选任与辞任的规定，第 71 条关于董事解任的规定，适用于股份有限公司。请参见前述条文的解释。

第一百二十一条　【审计委员会】

股份有限公司可以按照公司章程的规定在董事会中设置由董事组成的审计委员会，行使本法规定的监事会的职权，不设监事会或者监事。

> 审计委员会成员为三名以上，过半数成员不得在公司担任除董事以外的其他职务，且不得与公司存在任何可能影响其独立客观判断的关系。公司董事会成员中的职工代表可以成为审计委员会成员。
>
> 审计委员会作出决议，应当经审计委员会成员的过半数通过。
>
> 审计委员会决议的表决，应当一人一票。
>
> 审计委员会的议事方式和表决程序，除本法有规定的外，由公司章程规定。
>
> 公司可以按照公司章程的规定在董事会中设置其他委员会。

◆ **条文主旨**

本条规定了审计委员会的设置与职权。

◆ **修改情况**

本条为2023年《公司法》修订的重要新增条款。

◆ **条文注释**

本条是股份有限公司单层制改革的基础性条款。关于我国公司治理架构单层制改革的背景和意义，请参见本法第69条的规定。

本条的规范要旨如下：

一、审计委员会与监事会的选择设置

根据本条第1款规定，股份有限公司在组织架构的选择上，可以选择设置监事会，也可以选择设置审计委员会，并由审计委员会行使本法规定的监事会职权。在选择模式上只能为二选一，不能同时设置行使监事会职权的审计委员会和监事会。但是，需要注意的是，本条所规定的审计委员会，实际上是全面行使监督权的监督委员会或者监察委员会，不同于我国当前上市公司中设置的审计委员会。上市公司的审计委员会主要负责财务会计、内部控制的监督，并不全面行使监督职权。因此，在该问题上，要避免望文生义，误将狭义的审计委员会与本条全面行使监督职权的审计委员会同等视之。因此，如果公司设置的审计委员会，并不行使本法规定的监事会职权，则其仍然可以与监事会同时设置。

二、审计委员会的职权

股份有限公司董事会审计委员会的职权与有限责任公司董事会审计委员会的职权相同，请参见本法第 69 条的解释。

三、审计委员会的组成

对于审计委员会的会议规则，全国人民代表大会宪法和法律委员会关于《中华人民共和国公司法（修订草案）》审议结果的报告（2023 年 12 月 25 日）指出，一些常委会组成人员和部门、专家学者、社会公众建议完善审计委员会的议事方式和表决程序，保障其有效发挥监督作用。宪法和法律委员会经研究，建议增加以下规定：审计委员会作出决议，应当经审计委员会成员的过半数通过；审计委员会决议的表决，应当一人一票；审计委员会的议事方式和表决程序，除本法有规定的外，由公司章程规定。

在审计委员会的组成上，本条第 2 款规定，审计委员会成员为 3 名以上，过半数成员不得在公司担任除董事以外的其他职务，且不得与公司存在任何可能影响其独立客观判断的关系。相较于有限责任公司，股份有限公司的审计委员会成员有更严格的独立性要求，要求过半数成员具有独立性。具体而言，本条规定了两项消极要件：一是不得在公司担任除董事以外的其他职务，即要求审计委员会成员具有外部性；二是不得与公司存在任何可能影响其独立客观判断的关系，即要求审计委员会成员具有独立性。

此外，在审计委员会的组成上，《公司法（修订草案四审稿）》审议说明指出，为了进一步强化职工民主管理、保护职工合法权益，公司董事会成员中的职工代表可以成为审计委员会成员。该规则同时适用于有限责任公司和股份有限公司。

四、审计委员会的会议规则

根据本条第 3 款规定，审计委员会作出决议，应当经审计委员会成员的过半数通过。审计委员会成员为 3 人以上，作出决议需要经过过半数成员同意。

根据本条第 4 款规定，审计委员会决议的表决，应当一人一票。审计委员会的董事平等行使权利，实行民主表决方式。

根据本条第 5 款规定，审计委员会的议事方式和表决程序，除本法有规定的外，由公司章程规定。本条虽然规定了审计委员会的部分规则，但是并不全面。比如，审计委员会如何召集？召集人由何人担任？召集人不能履行职责如何处理？审计委员会的会议时间和频次？前述问题均需制定专门的审计委员会工作规范，规范审计委员会的运作。

根据本条第 6 款规定，公司可以按照公司章程的规定在董事会中设置其他委员会。除了审计委员会之外，公司还可以根据章程的规定设战略委员会、提名委员会、薪酬考核委员会等。但是，需要注意的是，其他委员会系依照章程设立的专门委员会，依照公司章程和董事会授权履行职责。与之不同，本条所规定的审计委员会系根据公司法设立的，其行使的系法定职权，在与董事会关系上存在本质区别。全面行使监督权的审计委员会，具有更强的独立性，其可以独立行使监督权，不受董事会的指示和干扰。

第一百二十二条 【董事长的产生及职权】

董事会设董事长一人,可以设副董事长。董事长和副董事长由董事会以全体董事的过半数选举产生。

董事长召集和主持董事会会议,检查董事会决议的实施情况。副董事长协助董事长工作,董事长不能履行职务或者不履行职务的,由副董事长履行职务;副董事长不能履行职务或者不履行职务的,由过半数的董事共同推举一名董事履行职务。

◆ **条文主旨**

本条规定了董事长的产生及职权。

◆ **修改情况**

本条对 2018 年《公司法》第 109 条未作实质修改,仅将"由半数以上董事共同推举一名董事"修改为"由过半数的董事共同推举一名董事"。

◆ **条文注释**

本条第 1 款规定了董事长的设置与产生。根据该条规定,董事长为必设职位,副董事长是选设职位,可设可不设。在产生方式上,董事长和副董事长由董事会以全体董事的过半数选举产生。这一点与有限责任公司不同,有限责任公司的董事长、副董事长的产生办法由公司章程规定,公司可自主确定董事长、副董事长的产生方法。

本条第 2 款规定了董事长的职权。董事长的职权包括召集和主持董事会会议,检查董事会决议的实施情况。根据本法第 123 条规定,董事会每年度至少召开两次会议,每次会议应当于会议召开 10

日前通知全体董事和监事。代表 1/10 以上表决权的股东、1/3 以上董事或者监事会，可以提议召开临时董事会会议。董事长应当自接到提议后 10 日内，召集和主持董事会会议。

副董事长负责协助董事长工作。如果董事长不能履行职务或者不履行职务的，由副董事长履行职务；副董事长不能履行职务或者不履行职务的，由过半数的董事共同推举一名董事履行职务。此处的不能履行职务，是指客观原因造成的不履行。不履行职务，是指主观原因造成的不履行。如果无法由过半数董事推举出一名董事，此时应该如何处理，本法未作规定，域外法上通常规定，此时任一一名董事均有权召集和主持董事会。

第一百二十三条　【董事会会议的召开】

董事会每年度至少召开两次会议，每次会议应当于会议召开十日前通知全体董事和监事。

代表十分之一以上表决权的股东、三分之一以上董事或者监事会，可以提议召开临时董事会会议。董事长应当自接到提议后十日内，召集和主持董事会会议。

董事会召开临时会议，可以另定召集董事会的通知方式和通知时限。

◆ **条文主旨**

本条规定了股份有限公司董事会的召集和主持。

◆ **修改情况**

本条未作实质修改，仅将 2018 年《公司法》第 110 条中"董事会临时会议"调整表述为"临时董事会会议"。

◆ **条文注释**

董事会会议分为定期会议和临时会议。根据本条第 1 款规定，股份有限公司的董事会每年度至少召开两次会议。通常为上下两个半年度各召开一次定期会议。每次会议应当于会议召开 10 日前通知全体董事和监事，以保障董事参加会议和监事列席会议的权利。

本条第 2 款规定了召开临时股东会会议的情形，包括代表 1/10 以上表决权的股东、1/3 以上董事或者监事会可以提议召开。以上主体提议时，董事长应当自接到提议后 10 日内，召集和主持董事会会议。

本条第 3 款规定，董事会召开临时会议，可以另定召集董事会的通知方式和通知时限。危机治理是现代公司治理的一大组成部分，也是公司董事会应有的能力。由于临时董事会会议可能面临突发事件，很难满足定期会议的通知方式和通知时限。为此，本条允许公司采取更为灵活的通知方式和更为快速的通知时限。在实践中，对于无法满足既定程序的董事会会议，通常会通过豁免程序瑕疵的董事会决议来治愈。

◆ **关联规范**

《上市公司治理准则》（2018 年修订）

第 29 条 上市公司应当制定董事会议事规则，报股东大会批准，并列入公司章程或者作为章程附件。

第 30 条 董事会应当定期召开会议，并根据需要及时召开临时会议。董事会会议议题应当事先拟定。

第 31 条 董事会会议应当严格依照规定的程序进行。董事会应当按规定的时间事先通知所有董事，并提供足够的资料。两名及以上独立董事认为资料不完整或者论证不充分的，可以联名书面向董事会提出延期召开会议或者延期审议该事项，董事会应当予以采纳，上市公司应当及时披露相关情况。

第 32 条 董事会会议记录应当真实、准确、完整。出席会议的董事、董事会秘书和记录人应当在会议记录上签名。董事会会议记录应当妥善保存。

第 33 条 董事会授权董事长在董事会闭会期间行使董事会部分职权的，上市公司应当在公司章程中明确规定授权的原则和具体内容。上市公司重大事项应当由董事会集体决策，不得将法定由董事会行使的职权授予董事长、总经理等行使。

第一百二十四条 【董事会会议的议事规则】

董事会会议应当有过半数的董事出席方可举行。董事会作出决议，应当经全体董事的过半数通过。

董事会决议的表决，应当一人一票。

董事会应当对所议事项的决定作成会议记录，出席会议的董事应当在会议记录上签名。

◆ **条文主旨**

本条规定了董事会会议的议事规则。

◆ **修改情况**

本条对 2018 年《公司法》第 111 条作出两处文字调整：

一是将第 1 款中"必须经全体董事的过半数通过"，修改为"应当经全体董事的过半数通过"。

二是将第 2 款中"实行一人一票"修改为"应当一人一票"。

同时，将 2018 年《公司法》第 112 条第 2 款移至本条第 3 款。

◆ **条文注释**

与本法第 73 条规定的有限责任公司董事会的议事规则相比，本条省略了第 73 条第 1 款的规定："董事会的议事方式和表决程序，除本法有规定的外，由公司章程规定。"之所以作此安排，是因为股份有限公司董事会会议的议事方式和表决程序应当更为规范，本法对其规定也更为细致。因此，本条未规定股份有限公司章程对此另作规定。

本条规定内容与本法第 73 条第 2 款、第 3 款、第 4 款规定相同，请参见本法第 73 条的解释。

◆ **关联规范**

《上市公司章程指引》(2023 年修正)

第 122 条 董事会应当对会议所议事项的决定做成会议记录，出席会议的董事应当在会议记录上签名。

董事会会议记录作为公司档案保存，保存期限不少于十年。

第 123 条 董事会会议记录包括以下内容：

（一）会议召开的日期、地点和召集人姓名；

（二）出席董事的姓名以及受他人委托出席董事会的董事（代理人）姓名；

（三）会议议程；

（四）董事发言要点；

（五）每一决议事项的表决方式和结果（表决结果应载明赞成、反对或弃权的票数）。

> **第一百二十五条　【董事会会议的出席及异议免责】**
> 董事会会议,应当由董事本人出席;董事因故不能出席,可以书面委托其他董事代为出席,委托书应当载明授权范围。
> 董事应当对董事会的决议承担责任。董事会的决议违反法律、行政法规或者公司章程、股东会决议,给公司造成严重损失的,参与决议的董事对公司负赔偿责任;经证明在表决时曾表明异议并记载于会议记录的,该董事可以免除责任。

◆ 条文主旨

本条规定了董事会会议的出席规则、参与决议的责任与免责。

◆ 修改情况

本条对2018年《公司法》第112条仅作了文字表述调整,将"应"修改为"应当"。

◆ 条文注释

董事作为公司的受托管理者,其作用之发挥攸关公司治理质量。近年来,我国公司治理中董事的角色地位愈加趋于复杂。一方面,存在大量的董事懈于履行信义义务甚至肆意违法等情形,对公司利益、股东利益、债权人利益造成极大损害。比如,长春长生生物科技有限责任公司违法违规生产疫苗,在信息披露中严重违法,公司的合规治理系统性失效。为克服董事的违信现象,自2005年《公司法》修改至本轮公司法修改,董事义务和责任的强化始终是一以贯之的修法主线。另一方面,严格的私法责任导致部分审慎行事的董事心生忌惮,进而以各种形式规避法律责任甚至辞职。康美药业案之后，虽然从统计数据来看独立董事辞职率没有明显变化，并未出现所谓的"离职潮"，但确实引发了董事责任保险的火爆状态。

本条第1款规定了董事出席董事会会议的义务，这是董事勤勉履职的基本要求。如果董事无故不出席董事会会议，其将无法参与董事会的会议讨论与决议形成，无法尽到其董事义务。如果董事因健康、家庭等原因不能亲自出席的，为保证其权力的行使，本法规定可以委托代理人出席董事会会议。但是，由于董事会会议审计决定公司的重大事项，可能涉及公司的商业秘密，因此，本法规定代理人限于其他董事，而不能委托董事之外的其他人员。在委托形式上，应当采取书面委托，在委托书上载明委托董事、受托董事的姓名、授权范围等，并由委托人在委托书上签名。除书面委托外，口头委托、电话委托等均为无效形式。受托董事应当在授权范围内行使表决权，超出授权范围行使表决权的，其行为无效，董事会应当拒绝其行使表决权或者不予计入。

董事会以董事集体履职为其工作方式，其决议形成由董事参与表决，董事会的商事判断实际上建立在多数董事的商事判断基础之上。因此，如果董事会决议给公司造成了损失，董事应当对董事会的决议承担责任。如果董事会的决议违反法律、行政法规或者公司章程、股东会决议，给公司造成严重损失的，参与决议的董事对公司负赔偿责任。除了给公司造成严重损失的后果之外，此时需要判断参与决议的董事是否存在故意或重大过失。本法第180条规定，董事、监事、高级管理人员对公司负有勤勉义务，执行职务应当为公司的最大利益尽到管理者通常应有的合理注意。如果参与决议的董事已经尽到勤勉忠实义务，则无须承担赔偿责任。

除了前述勤勉免责事由之外，本条特别规定了异议免责的情形，即经证明在表决时曾表明异议并记载于会议记录的，该董事可以免除责任。根据该规定，董事异议免责的条件包括两项，一是在表决时表明异议；二是记载于会议记录。二者缺一不可。

◆ **关联规范**

1.《虚假陈述司法解释》(2022年1月22日起施行)

第16条 独立董事能够证明下列情形之一的，人民法院应当认定其没有过错：

（一）在签署相关信息披露文件之前，对不属于自身专业领域的相关具体问题，借助会计、法律等专门职业的帮助仍然未能发现问题的；

（二）在揭露日或更正日之前，发现虚假陈述后及时向发行人提出异议并监督整改或者向证券交易场所、监管部门书面报告的；

（三）在独立意见中对虚假陈述事项发表保留意见、反对意见或者无法表示意见并说明具体理由的，但在审议、审核相关文件时投赞成票的除外；

（四）因发行人拒绝、阻碍其履行职责，导致无法对相关信息披露文件是否存在虚假陈述作出判断，并及时向证券交易场所、监管部门书面报告的；

（五）能够证明勤勉尽责的其他情形。

独立董事提交证据证明其在履职期间能够按照法律、监管部门制定的规章和规范性文件以及公司章程的要求履行职责的，或者在虚假陈述被揭露后及时督促发行人整改且效果较为明显的，人民法院可以结合案件事实综合判断其过错情况。

外部监事和职工监事，参照适用前两款规定。

2.《上市公司信息披露管理办法》(2021年修订)

第16条 定期报告内容应当经上市公司董事会审议通过。未经董事会审议通过的定期报告不得披露。

公司董事、高级管理人员应当对定期报告签署书面确认意见，说明董事会的编制和审议程序是否符合法律、行政法规和中国证监会的规定,报告的内容是否能够真实、准确、完整地反映上市公司的实际情况。

监事会应当对董事会编制的定期报告进行审核并提出书面审核意见。监事应当签署书面确认意见。监事会对定期报告出具的书面审核意见,应当说明董事会的编制和审议程序是否符合法律、行政法规和中国证监会的规定,报告的内容是否能够真实、准确、完整地反映上市公司的实际情况。

董事、监事无法保证定期报告内容的真实性、准确性、完整性或者有异议的,应当在董事会或者监事会审议、审核定期报告时投反对票或者弃权票。

董事、监事和高级管理人员无法保证定期报告内容的真实性、准确性、完整性或者有异议的,应当在书面确认意见中发表意见并陈述理由,上市公司应当披露。上市公司不予披露的,董事、监事和高级管理人员可以直接申请披露。

董事、监事和高级管理人员按照前款规定发表意见,应当遵循审慎原则,其保证定期报告内容的真实性、准确性、完整性的责任不仅因发表意见而当然免除。

> **第一百二十六条 【经理的设置与职权】**
> 股份有限公司设经理,由董事会决定聘任或者解聘。
> 经理对董事会负责,根据公司章程的规定或者董事会的授权行使职权。经理列席董事会会议。

◆ 条文主旨

本条规定了股份有限公司经理的设置与职权。

◆ **修改情况**

在2018年《公司法》第113条的基础上,本条删除了对有限责任公司经理职权的引致,改为通过一般条款对经理职权予以规定。

◆ **条文注释**

与本法第74条规定有限责任公司的经理为选设机构不同,本条规定股份有限责任公司的经理为必设机构。之所以作出不同规定,是因为在实践中,股份有限公司通常经营规模较大,需要经理作为董事会的执行辅助机关而存在,负责公司的日常运营和管理。

本条其他内容与本法第74条规定相同,请参见该条的解释。

◆ **关联规范**

《上市公司治理准则》(2018年修订)

第51条 高级管理人员的聘任,应当严格依照有关法律法规和公司章程的规定进行。上市公司控股股东、实际控制人及其关联方不得干预高级管理人员的正常选聘程序,不得越过股东大会、董事会直接任免高级管理人员。

鼓励上市公司采取公开、透明的方式,选聘高级管理人员。

第52条 上市公司应当和高级管理人员签订聘任合同,明确双方的权利义务关系。

高级管理人员的聘任和解聘应当履行法定程序,并及时披露。

第53条 上市公司应当在公司章程或者公司其他制度中明确高级管理人员的职责。高级管理人员应当遵守法律法规和公司章程,忠实、勤勉、谨慎地履行职责。

第54条 高级管理人员违反法律法规和公司章程规定,致使上市公司遭受损失的,公司董事会应当采取措施追究其法律责任。

◆ **案例指引**

【典型案例】章某伟、新昌县日升昌小额贷款股份有限公司决议纠纷案（浙江省绍兴市中级人民法院（2021）浙06民终4556号）

裁判要旨

因日升昌公司存在管理混乱造成损失等情况，故董事会决定派董事、股东及监事等共同成立日常管理小组，监督经理日常管理工作，因此日升昌公司设立的上述小组只是起监督作用，董事会并未将董事会权力授予他人行使，不违反法律、行政法规的禁止性规定。

> **第一百二十七条　【董事兼任经理】**
> 公司董事会可以决定由董事会成员兼任经理。

◆ **条文主旨**

本条规定了董事可以兼任经理。

◆ **修改情况**

本条未作修改。

◆ **条文注释**

根据本法规定，我国董事会系集体决策机构，董事个人并不享有代表公司执行公司事务的权利，这一点与实行董事代表制的国家不同。为了确保董事会能够获得公司经营的全面信息，充分发挥董事参与经营管理的作用，本条允许公司董事会决定由董事会成员兼任经理。但是，董事兼任经理也可能会导致其掌握公司内部的巨大权力，进而产生内部人控制的问题。因此，在决定是否由董事兼任经理时，应综合考虑给公司经营带来的利弊风险。如果董事会决定由董事会成员兼任经理的,应该召开董事会会议,并作出决议。

> **第一百二十八条 【不设董事会的股份有限公司】**
> 规模较小或者股东人数较少的股份有限公司,可以不设董事会,设一名董事,行使本法规定的董事会的职权。该董事可以兼任公司经理。

◆ 条文主旨

本条规定了股份有限公司不设董事会的情形。

◆ 修改情况

本条为2023年《公司法》修订的新增条款。

◆ 条文注释

在2023年《公司法》修改之前,股份有限公司在公司法上被预设为大型、公开型的公司,特别是早期立法在资本限额、机构设置等层面设置了区别于有限责任公司的规则,故立法未涉及股份转让限制的条款。但是,随着公司法历次修改后,股份有限公司的设立门槛不断降低,最低注册资本在2013年《公司法》修订后也被取消,股份有限公司也开始呈现出小型化、封闭化的发展趋势。

在全国50多万家股份有限公司中,上市公司和非上市公众公司仅为冰山一角,绝大多数股份有限公司是小型化、封闭性强的公司。根据国家市场监督管理总局2020年12月的结构化数据,全国股份有限公司51.9万家。其中,股东人数在3人以下(包含3人)的股份有限公司为47.2万家(占比91.01%),股东人数为3人至5人(包含5人)的股份有限公司为1.8万家(占比3.46%),股东人数为5人以上的股份有限公司为2.87万家(占比5.53%);董事人数在3人以下（包含3人）的股份有限公司为43.3万家（占比83.55%），董事人数为3人至5人（包含5人）的股份有限公司为7.2万家（占比13.93%），董事人数为5人以上的股份有限公司为1.3万家（占比2.52%）；监事人数在3人以下（包含3人）的股份有限公司为50.9万家（占比98.31%），监事人数为3人至5人（包含5人）的股份有限公司为0.7万家（占比1.35%），监事人数为5人以上的股份有限公司为0.2万家（占比0.34%）。

如果以注册资本计算，截至2020年12月，注册资本在100万元以下的股份有限公司为27.7万家，100万元至1000万元的股份有限公司约4万家，1000万元至1亿元的股份有限公司约为5.5万家。从该数据可见，小型化的股份有限公司已经占到股份有限公司中相当大的比例。

基于股份有限公司小型化、封闭化的发展趋势，本条允许规模较小或者股东人数较少的股份有限公司简化其治理结构，可以不设董事会，设一名董事，行使本法规定的董事会的职权。

第一百二十九条　【董事、监事、高级管理人员的报酬披露】

公司应当定期向股东披露董事、监事、高级管理人员从公司获得报酬的情况。

◆ **条文主旨**

本条规定了董事、监事、高级管理人员的报酬披露。

◆ **修改情况**

本条对2018年《公司法》第116条未作修改。

◆ **条文注释**

董事、监事、高级管理人员的报酬，包括其从公司获得的薪金、奖金、红利、保险补偿金和股票优先认购权等。根据本法第112条的规定，股东会决定有关董事、监事的报酬事项。为了便于公司股东了解董事、监事、高级管理人员从公司获得报酬的情况，实施必要的监督，本条要求公司应当定期向股东披露董事、监事、高级管理人员从公司获得报酬的情况。至于披露的时间和方式，本条未作详细规定，可以由公司章程规定，或由股东会决议确定。

对于公开发行证券的公司，证监会在《公开发行证券的公司信息披露内容与格式准则第2号——年度报告的内容与格式》中规定，公司应当披露报告期内董事、监事和高级管理人员的报酬情况，包括董事、监事和高级管理人员报酬的决策程序、报酬确定依据以及实际支付情况。披露每一位现任及报告期内离任董事、监事和高级管理人员在报告期内从公司获得的税前报酬总额（包括基本工资、奖金、津贴、补贴、职工福利费和各项保险费、公积金、年金以及以其他形式从公司获得的报酬）及其全体合计金额，并说明是否在公司关联方获取报酬。

◆ **关联规范**

1. 《上市公司治理准则》（2018年修订）

第55条　上市公司应当建立公正透明的董事、监事和高级管理人员绩效与履职评价标准和程序。

第56条　董事和高级管理人员的绩效评价由董事会或者其下设的薪酬与考核委员会负责组织，上市公司可以委托第三方开展绩效评价。

独立董事、监事的履职评价采取自我评价、相互评价等方式进行。

第57条　董事会、监事会应当向股东大会报告董事、监事履行职责的情况、绩效评价结果及其薪酬情况，并由上市公司予以披露。

第58条 上市公司应当建立薪酬与公司绩效、个人业绩相联系的机制,以吸引人才,保持高级管理人员和核心员工的稳定。

第59条 上市公司对高级管理人员的绩效评价应当作为确定高级管理人员薪酬以及其他激励的重要依据。

第60条 董事、监事报酬事项由股东大会决定。在董事会或者薪酬与考核委员会对董事个人进行评价或者讨论其报酬时,该董事应当回避。

高级管理人员的薪酬分配方案应当经董事会批准,向股东大会说明,并予以充分披露。

第61条 上市公司章程或者相关合同中涉及提前解除董事、监事和高级管理人员任职的补偿内容应当符合公平原则,不得损害上市公司合法权益,不得进行利益输送。

第62条 上市公司可以依照相关法律法规和公司章程,实施股权激励和员工持股等激励机制。

上市公司的激励机制,应当有利于增强公司创新发展能力,促进上市公司可持续发展,不得损害上市公司及股东的合法权益。

2.《国务院国有资产监督管理委员会关于整体上市中央企业董事及高管人员薪酬管理的意见》(2008年9月16日起施行)

为规范整体上市中央企业董事及高级管理人员(以下简称高管人员)薪酬管理工作,切实履行出资人职责,现就有关问题提出如下意见。

一、董事及高管人员薪酬管理的原则

(一)依法管理的原则。根据《中华人民共和国公司法》,中央企业整体上市后股份公司(以下简称上市公司)董事报酬由股东大会审议决定,高管人员薪酬由董事会审议决定。国有控股股东根据本意见依法行使股东权利。

(二)管资产与管人、管事相结合的原则。由中央和国资委提名

的上市公司董事及高管人员，其薪酬管理应与国资委对中央企业负责人薪酬管理的政策保持一致。由上市公司董事会自主选择聘任的高管人员，未纳入中央企业负责人管理范围的，其薪酬管理由董事会参照国资委薪酬管理办法自主确定。

二、董事报酬管理

上市公司国有控股股东按以下原则，分类提出董事报酬方案，在股东大会召开前，以书面形式与国资委沟通一致后，提交股东大会审议决定。

（一）由上市公司及其国有控股股东以外人员担任的董事，其报酬参照国资委关于董事会试点企业外部董事报酬确定的原则及标准，按法定程序决定。

（二）由上市公司高管人员兼任的董事，不以董事职务取得报酬，按其在管理层的任职取得薪酬。

（三）由上市公司控股股东负责人兼任的董事，不以董事职务取得报酬，由国资委根据《中央企业负责人薪酬管理暂行办法》等有关规定确定其担任控股股东负责人的薪酬事项。

三、高管人员薪酬管理

（一）纳入国资委董事会试点的整体改制上市公司，外部董事超过董事会全体成员半数的，由董事会参照国资委关于董事会试点企业高级管理人员薪酬管理的相关指导意见，对上市公司高管人员薪酬进行管理。

（二）未纳入国资委董事会试点或外部董事未超过董事会全体成员半数的整体改制上市公司，其高管人员薪酬事项由国有控股股东根据《中央企业负责人薪酬管理暂行办法》等有关规定提出方案，报国资委审核批准后，提交董事会审议决定，国有控股股东提名的董事应根据国资委批复意见履行职责。

第四节 监事会

第一百三十条 【监事会的组成及任期】

股份有限公司设监事会,本法第一百二十一条第一款、第一百三十三条另有规定的除外。

监事会成员为三人以上。监事会成员应当包括股东代表和适当比例的公司职工代表,其中职工代表的比例不得低于三分之一,具体比例由公司章程规定。监事会中的职工代表由公司职工通过职工代表大会、职工大会或者其他形式民主选举产生。

监事会设主席一人,可以设副主席。监事会主席和副主席由全体监事过半数选举产生。监事会主席召集和主持监事会会议;监事会主席不能履行职务或者不履行职务的,由监事会副主席召集和主持监事会会议;监事会副主席不能履行职务或者不履行职务的,由过半数的监事共同推举一名监事召集和主持监事会会议。

董事、高级管理人员不得兼任监事。

本法第七十七条关于有限责任公司监事任期的规定,适用于股份有限公司监事。

◆ **条文主旨**

本条规定了股份有限公司监事会的组成及任期。

◆ **修改情况**

本条对 2018 年《公司法》第 117 条作出重大修改,允许选择性设置监事会，即在符合法定条件时，可以不设监事会。

◆ 条文注释

监事会是传统双层制下的必设机构，经过2023年《公司法》修订，监事会成为我国公司法上的选设机构。本条规定了股份有限公司监事会的设置和选出条件、监事会的组成、监事会主席的产生、监事会会议的召集和主持、监事兼任的禁止、监事任期等规则。

本条第1款规定了监事会的设置要求，除本法另有规定的两种情形之外，公司仍然应设置监事会。这两种例外分别是：其一，根据本法第121条第1款设置审计委员会，行使监事会职权；其二，根据本法第133条，规模较小或者股东人数较少的股份有限公司，可以不设监事会，设一名监事，行使本法规定的监事会的职权。

本条其他款项与本法第76条、第77条的规定相同，请参见前述条文的解释。

第一百三十一条 【监事会的职权及费用】

本法第七十八条至第八十条的规定，适用于股份有限公司监事会。

监事会行使职权所必需的费用，由公司承担。

◆ 条文主旨

本条规定了监事会的职权及行使职权的费用负担。

◆ 修改情况

因有限责任公司监事会职权的变化，本条的引致条款也相应发生了变化。

◆ 条文注释

请参见本法第 78 条（监事会职权）、第 79 条（列席权、质询建议权和调查权）、第 80 条（要求提交执行职务报告的权力）、第 82 条（监事会履职费用的承担）的解释。

第一百三十二条　【监事会会议】

监事会每六个月至少召开一次会议。监事可以提议召开临时监事会会议。

监事会的议事方式和表决程序，除本法有规定的外，由公司章程规定。

监事会决议应当经全体监事的过半数通过。

监事会决议的表决，应当一人一票。

监事会应当对所议事项的决定作成会议记录，出席会议的监事应当在会议记录上签名。

◆ 条文主旨

本条规定了监事会的会议制度。

◆ 修改情况

本条对 2018 年《公司法》第 119 条作了两处修改：

一是将"经半数以上监事通过"修改为"经全体监事的过半数通过"；

二是新增了本条第 4 款："监事会决议的表决，应当一人一票。"

◆ 条文注释

相较于本法第 81 条所规定的有限责任公司监事会会议，本条第

1 款将股份有限公司监事会的常规会议缩短至每 6 个月至少召开一次会议,以提升股份有限公司监事会的监督效能。

本条的其他规定与本法第 81 条相同,请参见该条的解释。

> **第一百三十三条 【不设监事会的股份有限公司】**
> 规模较小或者股东人数较少的股份有限公司,可以不设监事会,设一名监事,行使本法规定的监事会的职权。

◆ 条文主旨

本条规定了不设监事会的股份有限公司。

◆ 修改情况

本条为 2023 年《公司法》修订的新增条款。

◆ 条文注释

基于我国股份有限公司的小型化、封闭化的发展趋势,本条允许规模较小或者股东人数较少的股份有限公司简化其监督机构,可以不设监事会,设一名监事,行使本法规定的监事会的职权。

具体可参见本法第 128 条的解释。

第五节 上市公司组织机构的特别规定

> **第一百三十四条 【上市公司的定义】**
> 本法所称上市公司,是指其股票在证券交易所上市交易的股份有限公司。

◆ 条文主旨

本条规定了上市公司的定义。

◆ 修改情况

本条未作修改。

◆ 条文注释

根据股票是否上市交易，股份有限公司可分为上市公司和非上市公司。上市公司是指在获得证券交易所审查批准后，所发行的股票在证券交易所上市交易的股份有限公司。上市公司通常多是某一行业领域内的头部公司，有着举足轻重的市场地位。

在我国，目前有上海证券交易所、深圳证券交易所、北京证券交易所三家证券交易所。根据证监会的数据统计，截至2023年12月，上海证券交易所共有上市公司2260家，深圳证券交易所共有上市公司2840家，北京证券交易所共有上市公司近240家。上市公司因面向社会公开发行股票并进行公开交易，具有充分的公开性，是所有股份有限公司中公开性最强的公司。上市公司的投资者由成千上万的社会公众所构成，因此，上市公司同广大公众投资者的利益和社会稳定紧密相连，受到严格的监管。本节规定了上市公司组织机构的特别规定，包括特别事项的决议、独立董事、审计委员会、董事会秘书、关联交易的表决、禁止违法代持、禁止交叉持股等。相较于非上市的股份有限公司，上市公司的组织机构更为全面，治理规则更为严格。

在2023年《公司法》修订中，就是否在上市公司的基础上引入公众公司概念产生了较大争议。不少学者建议引入公众公司概念，并规定公众的基本规范。其理由包括丰富公司类型或组织形态、适应我国非上市公众公司的发展实践、公众公司和非公众公司的公司类型划分更为合理等等。对于公众公司与非公众公司的划分标准，也存在较大争议。有观点认为，公众公司包括上市公司和挂牌公司；有观点认为，公众公司除了包括上市公司和挂牌公司之外，还包括股东人数超过 200 人的公司。对此，反对的观点认为，公众公司是具有证券法意义的公司类型，不具有组织法上的特殊性，其特殊规则体现在信息披露等证券监管规则层面。最终审议通过的《公司法》未予以引入。

◆ 关联规范

《证券法》(2019 年修订)

第 46 条 【证券上市交易程序】申请证券上市交易，应当向证券交易所提出申请，由证券交易所依法审核同意，并由双方签订上市协议。

证券交易所根据国务院授权的部门的决定安排政府债券上市交易。

第 47 条 【证券上市条件】申请证券上市交易，应当符合证券交易所上市规则规定的上市条件。

证券交易所上市规则规定的上市条件，应当对发行人的经营年限、财务状况、最低公开发行比例和公司治理、诚信记录等提出要求。

第 48 条 【证券终止上市交易】上市交易的证券，有证券交易所规定的终止上市情形的，由证券交易所按照业务规则终止其上市交易。

证券交易所决定终止证券上市交易的，应当及时公告，并报国务院证券监督管理机构备案。

第 49 条 【终止上市的复核申请】对证券交易所作出的不予上市交易、终止上市交易决定不服的，可以向证券交易所设立的复核机构申请复核。

第一百三十五条 【特别事项的决议】

上市公司在一年内购买、出售重大资产或者向他人提供担保的金额超过公司资产总额百分之三十的，应当由股东会作出决议，并经出席会议的股东所持表决权的三分之二以上通过。

◆ **条文主旨**

本条规定了上市公司的特别事项。

◆ **修改情况**

除相应将"股东大会"修改为"股东会"之外，本条未作其他修改。

◆ **条文注释**

本条规定了上市公司需要股东会作出特别决议的事项和程序。

1. 需要特别决议的事项。本条规定需要特别决议的事项有二：一是购买、出售重大资产超过公司资产总额30%的；二是向他人提供担保的金额超过公司资产总额30%的。这是本法规定股东会、董事会职权之外的特别事项。对于通常的担保事项，本法第15条规定，按照公司章程的规定，由董事会或者股东会决议。但是，如果对外担保数额达到公司资产总额30%的，属于公司的重大事项，对公司利益、股东利益将造成重大影响。对此，本条规定了其只能由股东会决议。本条所规定的担保，包括发挥担保功能的各类典型担保与非典型担保措施，也包括比担保责任更为严格的债务加入。

2. 特别决议的程序。本条还规定了前述事项需要经过出席会议的股东所持表决权的2/3以上通过。公司法上的特别决议适用于公司分立合并、增资减资、修改章程、公司解散等重大事项。本条将购买、出售重大资产和向他人提供担保的金额超过公司资产总额30%的情形纳入股东会的特别决议事项之中。特别决议的要求有助于保护中小股东的利益，抑制大股东滥用权利损害公司和其他股东利益。

◆ **关联规范**
  1.《上市公司重大资产重组管理办法》（2023年修订）
  第21条 上市公司进行重大资产重组，应当由董事会依法作出决议，并提交股东大会批准。
  上市公司董事会应当就重大资产重组是否构成关联交易作出明确判断，并作为董事会决议事项予以披露。
  上市公司独立董事应当在充分了解相关信息的基础上，就重大资产重组发表独立意见。重大资产重组构成关联交易的，独立董事可以另行聘请独立财务顾问就本次交易对上市公司非关联股东的影响发表意见。上市公司应当积极配合独立董事调阅相关材料，并通过安排实地调查、组织证券服务机构汇报等方式，为独立董事履行职责提供必要的支持和便利。
  第23条 上市公司股东大会就重大资产重组作出的决议，至少应当包括下列事项：
  （一）本次重大资产重组的方式、交易标的和交易对方；
  （二）交易价格或者价格区间；
  （三）定价方式或者定价依据；
  （四）相关资产自定价基准日至交割日期间损益的归属；
  （五）相关资产办理权属转移的合同义务和违约责任；
  （六）决议的有效期；
  （七）对董事会办理本次重大资产重组事宜的具体授权；
  （八）其他需要明确的事项。
  第24条 上市公司股东大会就重大资产重组事项作出决议，必须经出席会议的股东所持表决权的三分之二以上通过。

上市公司重大资产重组事宜与本公司股东或者其关联人存在关联关系的,股东大会就重大资产重组事项进行表决时,关联股东应当回避表决。

交易对方已经与上市公司控股股东就受让上市公司股权或者向上市公司推荐董事达成协议或者合意,可能导致上市公司的实际控制权发生变化的,上市公司控股股东及其关联人应当回避表决。

上市公司就重大资产重组事宜召开股东大会,应当以现场会议形式召开,并应当提供网络投票和其他合法方式为股东参加股东大会提供便利。除上市公司的董事、监事、高级管理人员、单独或者合计持有上市公司百分之五以上股份的股东以外,其他股东的投票情况应当单独统计并予以披露。

第29条 股东大会作出重大资产重组的决议后,上市公司拟对交易对象、交易标的、交易价格等作出变更,构成对原交易方案重大调整的,应当在董事会表决通过后重新提交股东大会审议,并及时公告相关文件。

证券交易所审核或者中国证监会注册期间,上市公司按照前款规定对原交易方案作出重大调整的,应当按照本办法的规定向证券交易所重新提出申请,同时公告相关文件。

证券交易所审核或者中国证监会注册期间,上市公司董事会决议撤回申请的,应当说明原因,向证券交易所提出申请,予以公告;上市公司董事会决议终止本次交易的,应当按照公司章程的规定提交股东大会审议,股东大会就重大资产重组事项作出决议时已具体授权董事会可以决议终止本次交易的除外。

2.《上市公司章程指引》(2023年修正)

第41条 【股东会职权】股东大会是公司的权力机构,依法行使下列职权:

（一）决定公司的经营方针和投资计划；

（二）选举和更换非由职工代表担任的董事、监事，决定有关董事、监事的报酬事项；

（三）审议批准董事会的报告；

（四）审议批准监事会报告；

（五）审议批准公司的年度财务预算方案、决算方案；

（六）审议批准公司的利润分配方案和弥补亏损方案；

（七）对公司增加或者减少注册资本作出决议；

（八）对发行公司债券作出决议；

（九）对公司合并、分立、解散、清算或者变更公司形式作出决议；

（十）修改本章程；

（十一）对公司聘用、解聘会计师事务所作出决议；

（十二）审议批准第四十二条规定的担保事项；

（十三）审议公司在一年内购买、出售重大资产超过公司最近一期经审计总资产百分之三十的事项；

（十四）审议批准变更募集资金用途事项；

（十五）审议股权激励计划和员工持股计划；

（十六）审议法律、行政法规、部门规章或本章程规定应当由股东大会决定的其他事项。

第42条 【需经股东会审议的对外担保】 公司下列对外担保行为，须经股东大会审议通过。

（一）本公司及本公司控股子公司的对外担保总额，超过最近一期经审计净资产的百分之五十以后提供的任何担保；

（二）公司的对外担保总额，超过最近一期经审计总资产的百分之三十以后提供的任何担保；

（三）公司在一年内担保金额超过公司最近一期经审计总资产百分之三十的担保；

（四）为资产负债率超过百分之七十的担保对象提供的担保；

（五）单笔担保额超过最近一期经审计净资产百分之十的担保；

（六）对股东、实际控制人及其关联方提供的担保。

公司应当在章程中规定股东大会、董事会审批对外担保的权限和违反审批权限、审议程序的责任追究制度。

> **第一百三十六条　【独立董事】**
>
> 上市公司设独立董事，具体管理办法由国务院证券监督管理机构规定。
>
> 上市公司的公司章程除载明本法第九十五条规定的事项外，还应当依照法律、行政法规的规定载明董事会专门委员会的组成、职权以及董事、监事、高级管理人员薪酬考核机制等事项。

◆ **条文主旨**

本条规定了上市公司设置独立董事的法定要求，以及授权国务院证券监督管理机构制定具体管理办法。

◆ **修改情况**

本条对 2018 年《公司法》第 122 条作出如下修改：

一是本条第 1 款将制定独立董事管理办法的被授权机构从国务院修改为国务院证券监督管理机构；

二是本条第 2 款新增了上市公司章程的必要记载事项。

◆ **条文注释**

独立董事制度是我国上市公司制度中的重要组成部分。1997 年，证监会发布《上市公司章程指引》，规定"公司根据需要，可以设独立董事"，首次引入独立董事概念。2001年，证监会正式颁布《关于在上市公司建立独立董事制度的指导意见》，并要求上市公司的董事会在2002年6月30日前至少设立2名独立董事；在2003年6月30日前，董事会成员中的独立董事占比不少于1/3，标志着我国上市公司中强制性引入独立董事制度的开始。2005年修订后的《公司法》第123条规定："上市公司设立独立董事，具体办法由国务院规定。"这是我国第一次从法律层面明确了独立董事的法律地位。

截至目前，我国关于上市公司独立董事制度的规定，主要体现为国务院证券监督管理机构对上市公司董事会、监事会的特别规定，包括《上市公司独立董事管理办法》《上市公司章程指引》《上市公司治理准则》等部门规章中关于董事会和独立董事的特别规定。上市公司在遵守《公司法》规定的同时，还应当符合国务院证券监督管理机构在部门规章中所作的特别规定。独立董事制度的具体规则详见下文"关联规范"部分。

本条第2款为2023年《公司法》修订的新增规定，即对于上市公司章程的特殊记载事项进行了明确，要求公司在章程中载明董事会专门委员会的组成、职权和议事规则以及董事、监事和高级管理人员薪酬与考核机制等事项。上述事项虽然属于公司内部治理的基础性事项，但对于公司经营发展具有重要的影响，对于上市公司而言系规范化治理的重要制度基础。尤其2023年《公司法》确定了可选择性的单层制监督模式，上市公司究竟是否设立审计委员会或者监事会，以及相应的职权如何配置，属于特别重要的公司治理基础性事项，有必要在章程中加以明确并向社会公示，以避免和克服公司治理中的争议和症结，促进上市公司治理的规范化运作。

◆ 关联规范

《上市公司独立董事管理办法》（2023年9月4日起施行）

第一章　总　　则

第1条　为规范独立董事行为，充分发挥独立董事在上市公司治理中的作用，促进提高上市公司质量，依据《中华人民共和国公司法》、《中华人民共和国证券法》、《国务院办公厅关于上市公司独立董事制度改革的意见》等规定，制定本办法。

第2条　独立董事是指不在上市公司担任除董事外的其他职务，并与其所受聘的上市公司及其主要股东、实际控制人不存在直接或者间接利害关系，或者其他可能影响其进行独立客观判断关系的董事。

独立董事应当独立履行职责，不受上市公司及其主要股东、实际控制人等单位或者个人的影响。

第3条　独立董事对上市公司及全体股东负有忠实与勤勉义务，应当按照法律、行政法规、中国证券监督管理委员会（以下简称中国证监会）规定、证券交易所业务规则和公司章程的规定，认真履行职责，在董事会中发挥参与决策、监督制衡、专业咨询作用，维护上市公司整体利益，保护中小股东合法权益。

第4条　上市公司应当建立独立董事制度。独立董事制度应当符合法律、行政法规、中国证监会规定和证券交易所业务规则的规定，有利于上市公司的持续规范发展，不得损害上市公司利益。上市公司应当为独立董事依法履职提供必要保障。

第5条　上市公司独立董事占董事会成员的比例不得低于三分之一，且至少包括一名会计专业人士。

上市公司应当在董事会中设置审计委员会。审计委员会成员应当为不在上市公司担任高级管理人员的董事，其中独立董事应当过半数,并由独立董事中会计专业人士担任召集人。

上市公司可以根据需要在董事会中设置提名、薪酬与考核、战略等专门委员会。提名委员会、薪酬与考核委员会中独立董事应当过半数并担任召集人。

第二章 任职资格与任免

第6条 独立董事必须保持独立性。下列人员不得担任独立董事:

(一)在上市公司或者其附属企业任职的人员及其配偶、父母、子女、主要社会关系;

(二)直接或者间接持有上市公司已发行股份百分之一以上或者是上市公司前十名股东中的自然人股东及其配偶、父母、子女;

(三)在直接或者间接持有上市公司已发行股份百分之五以上的股东或者在上市公司前五名股东任职的人员及其配偶、父母、子女;

(四)在上市公司控股股东、实际控制人的附属企业任职的人员及其配偶、父母、子女;

(五)与上市公司及其控股股东、实际控制人或者其各自的附属企业有重大业务往来的人员,或者在有重大业务往来的单位及其控股股东、实际控制人任职的人员;

(六)为上市公司及其控股股东、实际控制人或者其各自附属企业提供财务、法律、咨询、保荐等服务的人员,包括但不限于提供服务的中介机构的项目组全体人员、各级复核人员、在报告上签字的人员、合伙人、董事、高级管理人员及主要负责人;

(七)最近十二个月内曾经具有第一项至第六项所列举情形的人员;

(八)法律、行政法规、中国证监会规定、证券交易所业务规则和公司章程规定的不具备独立性的其他人员。

前款第四项至第六项中的上市公司控股股东、实际控制人的附属企业，不包括与上市公司受同一国有资产管理机构控制且按照相关规定未与上市公司构成关联关系的企业。

独立董事应当每年对独立性情况进行自查，并将自查情况提交董事会。董事会应当每年对在任独立董事独立性情况进行评估并出具专项意见，与年度报告同时披露。

第7条 担任独立董事应当符合下列条件：

（一）根据法律、行政法规和其他有关规定，具备担任上市公司董事的资格；

（二）符合本办法第六条规定的独立性要求；

（三）具备上市公司运作的基本知识，熟悉相关法律法规和规则；

（四）具有五年以上履行独立董事职责所必需的法律、会计或者经济等工作经验；

（五）具有良好的个人品德，不存在重大失信等不良记录；

（六）法律、行政法规、中国证监会规定、证券交易所业务规则和公司章程规定的其他条件。

第8条 独立董事原则上最多在三家境内上市公司担任独立董事，并应当确保有足够的时间和精力有效地履行独立董事的职责。

第9条 上市公司董事会、监事会、单独或者合计持有上市公司已发行股份百分之一以上的股东可以提出独立董事候选人，并经股东大会选举决定。

依法设立的投资者保护机构可以公开请求股东委托其代为行使提名独立董事的权利。

第一款规定的提名人不得提名与其存在利害关系的人员或者有其他可能影响独立履职情形的关系密切人员作为独立董事候选人。

第10条 独立董事的提名人在提名前应当征得被提名人的同意。提名人应当充分了解被提名人职业、学历、职称、详细的工作经历、全部兼职、有无重大失信等不良记录等情况，并对其符合独立性和担任独立董事的其他条件发表意见。被提名人应当就其符合独立性和担任独立董事的其他条件作出公开声明。

第 11 条 上市公司在董事会中设置提名委员会的，提名委员会应当对被提名人任职资格进行审查，并形成明确的审查意见。

上市公司应当在选举独立董事的股东大会召开前，按照本办法第十条以及前款的规定披露相关内容，并将所有独立董事候选人的有关材料报送证券交易所，相关报送材料应当真实、准确、完整。

证券交易所依照规定对独立董事候选人的有关材料进行审查，审慎判断独立董事候选人是否符合任职资格并有权提出异议。证券交易所提出异议的，上市公司不得提交股东大会选举。

第 12 条 上市公司股东大会选举两名以上独立董事的，应当实行累积投票制。鼓励上市公司实行差额选举，具体实施细则由公司章程规定。

中小股东表决情况应当单独计票并披露。

第 13 条 独立董事每届任期与上市公司其他董事任期相同，任期届满，可以连选连任，但是连续任职不得超过六年。

第 14 条 独立董事任期届满前，上市公司可以依照法定程序解除其职务。提前解除独立董事职务的，上市公司应当及时披露具体理由和依据。独立董事有异议的，上市公司应当及时予以披露。

独立董事不符合本办法第七条第一项或者第二项规定的，应当立即停止履职并辞去职务。未提出辞职的，董事会知悉或者应当知悉该事实发生后应当立即按规定解除其职务。

独立董事因触及前款规定情形提出辞职或者被解除职务导致董事会或者其专门委员会中独立董事所占的比例不符合本办法或者公司章程的规定，或者独立董事中欠缺会计专业人士的，上市公司应当自前述事实发生之日起六十日内完成补选。

第 15 条　独立董事在任期届满前可以提出辞职。独立董事辞职应当向董事会提交书面辞职报告，对任何与其辞职有关或者其认为有必要引起上市公司股东和债权人注意的情况进行说明。上市公司应当对独立董事辞职的原因及关注事项予以披露。

独立董事辞职将导致董事会或者其专门委员会中独立董事所占的比例不符合本办法或者公司章程的规定，或者独立董事中欠缺会计专业人士的，拟辞职的独立董事应当继续履行职责至新任独立董事产生之日。上市公司应当自独立董事提出辞职之日起六十日内完成补选。

第 16 条　中国上市公司协会负责上市公司独立董事信息库建设和管理工作。上市公司可以从独立董事信息库选聘独立董事。

第三章　职责与履职方式

第 17 条　独立董事履行下列职责：

（一）参与董事会决策并对所议事项发表明确意见；

（二）对本办法第二十三条、第二十六条、第二十七条和第二十八条所列上市公司与其控股股东、实际控制人、董事、高级管理人员之间的潜在重大利益冲突事项进行监督，促使董事会决策符合上市公司整体利益，保护中小股东合法权益；

（三）对上市公司经营发展提供专业、客观的建议，促进提升董事会决策水平；

（四）法律、行政法规、中国证监会规定和公司章程规定的其他职责。

第 18 条　独立董事行使下列特别职权：

（一）独立聘请中介机构，对上市公司具体事项进行审计、咨询或者核查；

（二）向董事会提议召开临时股东大会；

（三）提议召开董事会会议；

（四）依法公开向股东征集股东权利；

（五）对可能损害上市公司或者中小股东权益的事项发表独立意见；

（六）法律、行政法规、中国证监会规定和公司章程规定的其他职权。

独立董事行使前款第一项至第三项所列职权的，应当经全体独立董事过半数同意。

独立董事行使第一款所列职权的，上市公司应当及时披露。上述职权不能正常行使的，上市公司应当披露具体情况和理由。

第19条 董事会会议召开前，独立董事可以与董事会秘书进行沟通，就拟审议事项进行询问、要求补充材料、提出意见建议等。董事会及相关人员应当对独立董事提出的问题、要求和意见认真研究，及时向独立董事反馈议案修改等落实情况。

第20条 独立董事应当亲自出席董事会会议。因故不能亲自出席会议的，独立董事应当事先审阅会议材料，形成明确的意见，并书面委托其他独立董事代为出席。

独立董事连续两次未能亲自出席董事会会议，也不委托其他独立董事代为出席的，董事会应当在该事实发生之日起三十日内提议召开股东大会解除该独立董事职务。

第21条 独立董事对董事会议案投反对票或者弃权票的，应当说明具体理由及依据、议案所涉事项的合法合规性、可能存在的风险以及对上市公司和中小股东权益的影响等。上市公司在披露董事会决议时，应当同时披露独立董事的异议意见，并在董事会决议和会议记录中载明。

第22条 独立董事应当持续关注本办法第二十三条、第二十六条、第二十七条和第二十八条所列事项相关的董事会决议执行情况，发现存在违反法律、行政法规、中国证监会规定、证券交易所业务规则和公司章程规定，或者违反股东大会和董事会决议等情形的，应当及时向董事会报告，并可以要求上市公司作出书面说明。涉及披露事项的，上市公司应当及时披露。

上市公司未按前款规定作出说明或者及时披露的，独立董事可以向中国证监会和证券交易所报告。

第23条 下列事项应当经上市公司全体独立董事过半数同意后，提交董事会审议：

（一）应当披露的关联交易；

（二）上市公司及相关方变更或者豁免承诺的方案；

（三）被收购上市公司董事会针对收购所作出的决策及采取的措施；

（四）法律、行政法规、中国证监会规定和公司章程规定的其他事项。

第24条 上市公司应当定期或者不定期召开全部由独立董事参加的会议（以下简称独立董事专门会议）。本办法第十八条第一款第一项至第三项、第二十三条所列事项，应当经独立董事专门会议审议。

独立董事专门会议可以根据需要研究讨论上市公司其他事项。

独立董事专门会议应当由过半数独立董事共同推举一名独立董事召集和主持；召集人不履职或者不能履职时，两名及以上独立董事可以自行召集并推举一名代表主持。

上市公司应当为独立董事专门会议的召开提供便利和支持。

第25条 独立董事在上市公司董事会专门委员会中应当依照法律、行政法规、中国证监会规定、证券交易所业务规则和公司章程履行职责。独立董事应当亲自出席专门委员会会议，因故不能亲自出席会议的，应当事先审阅会议材料，形成明确的意见，并书面委托其他独立董事代为出席。独立董事履职中关注到专门委员会职责范围内的上市公司重大事项，可以依照程序及时提请专门委员会进行讨论和审议。

上市公司应当按照本办法规定在公司章程中对专门委员会的组成、职责等作出规定，并制定专门委员会工作规程，明确专门委员会的人员构成、任期、职责范围、议事规则、档案保存等相关事项。国务院有关主管部门对专门委员会的召集人另有规定的，从其规定。

第 26 条 上市公司董事会审计委员会负责审核公司财务信息及其披露、监督及评估内外部审计工作和内部控制，下列事项应当经审计委员会全体成员过半数同意后，提交董事会审议：

（一）披露财务会计报告及定期报告中的财务信息、内部控制评价报告；

（二）聘用或者解聘承办上市公司审计业务的会计师事务所；

（三）聘任或者解聘上市公司财务负责人；

（四）因会计准则变更以外的原因作出会计政策、会计估计变更或者重大会计差错更正；

（五）法律、行政法规、中国证监会规定和公司章程规定的其他事项。

审计委员会每季度至少召开一次会议，两名及以上成员提议，或者召集人认为有必要时，可以召开临时会议。审计委员会会议须有三分之二以上成员出席方可举行。

第 27 条 上市公司董事会提名委员会负责拟定董事、高级管理人员的选择标准和程序，对董事、高级管理人员人选及其任职资格进行遴选、审核，并就下列事项向董事会提出建议：

（一）提名或者任免董事；

（二）聘任或者解聘高级管理人员；

（三）法律、行政法规、中国证监会规定和公司章程规定的其他事项。

董事会对提名委员会的建议未采纳或者未完全采纳的,应当在董事会决议中记载提名委员会的意见及未采纳的具体理由,并进行披露。

第 28 条 上市公司董事会薪酬与考核委员会负责制定董事、高级管理人员的考核标准并进行考核,制定、审查董事、高级管理人员的薪酬政策与方案,并就下列事项向董事会提出建议:

(一)董事、高级管理人员的薪酬;

(二)制定或者变更股权激励计划、员工持股计划,激励对象获授权益、行使权益条件成就;

(三)董事、高级管理人员在拟分拆所属子公司安排持股计划;

(四)法律、行政法规、中国证监会规定和公司章程规定的其他事项。

董事会对薪酬与考核委员会的建议未采纳或者未完全采纳的,应当在董事会决议中记载薪酬与考核委员会的意见及未采纳的具体理由,并进行披露。

第 29 条 上市公司未在董事会中设置提名委员会、薪酬与考核委员会的,由独立董事专门会议按照本办法第十一条对被提名人任职资格进行审查,就本办法第二十七条第一款、第二十八条第一款所列事项向董事会提出建议。

第 30 条 独立董事每年在上市公司的现场工作时间应当不少于十五日。

除按规定出席股东大会、董事会及其专门委员会、独立董事专门会议外,独立董事可以通过定期获取上市公司运营情况等资料、听取管理层汇报、与内部审计机构负责人和承办上市公司审计业务的会计师事务所等中介机构沟通、实地考察、与中小股东沟通等多种方式履行职责。

第 31 条 上市公司董事会及其专门委员会、独立董事专门会议应当按规定制作会议记录,独立董事的意见应当在会议记录中载明。独立董事应当对会议记录签字确认。

独立董事应当制作工作记录,详细记录履行职责的情况。独立董事履行职责过程中获取的资料、相关会议记录、与上市公司及中介机构工作人员的通讯记录等,构成工作记录的组成部分。对于工作记录中的重要内容,独立董事可以要求董事会秘书等相关人员签字确认,上市公司及相关人员应当予以配合。

独立董事工作记录及上市公司向独立董事提供的资料,应当至少保存十年。

第32条 上市公司应当健全独立董事与中小股东的沟通机制,独立董事可以就投资者提出的问题及时向上市公司核实。

第33条 独立董事应当向上市公司年度股东大会提交年度述职报告,对其履行职责的情况进行说明。年度述职报告应当包括下列内容:

(一)出席董事会次数、方式及投票情况,出席股东大会次数;

(二)参与董事会专门委员会、独立董事专门会议工作情况;

(三)对本办法第二十三条、第二十六条、第二十七条、第二十八条所列事项进行审议和行使本办法第十八条第一款所列独立董事特别职权的情况;

(四)与内部审计机构及承办上市公司审计业务的会计师事务所就公司财务、业务状况进行沟通的重大事项、方式及结果等情况;

(五)与中小股东的沟通交流情况;

(六)在上市公司现场工作的时间、内容等情况;

(七)履行职责的其他情况。

独立董事年度述职报告最迟应当在上市公司发出年度股东大会通知时披露。

第34条 独立董事应当持续加强证券法律法规及规则的学习,

不断提高履职能力。中国证监会、证券交易所、中国上市公司协会可以提供相关培训服务。

第四章　履职保障

第 35 条　上市公司应当为独立董事履行职责提供必要的工作条件和人员支持，指定董事会办公室、董事会秘书等专门部门和专门人员协助独立董事履行职责。

董事会秘书应当确保独立董事与其他董事、高级管理人员及其他相关人员之间的信息畅通，确保独立董事履行职责时能够获得足够的资源和必要的专业意见。

第 36 条　上市公司应当保障独立董事享有与其他董事同等的知情权。为保证独立董事有效行使职权，上市公司应当向独立董事定期通报公司运营情况，提供资料，组织或者配合独立董事开展实地考察等工作。

上市公司可以在董事会审议重大复杂事项前，组织独立董事参与研究论证等环节，充分听取独立董事意见，并及时向独立董事反馈意见采纳情况。

第 37 条　上市公司应当及时向独立董事发出董事会会议通知，不迟于法律、行政法规、中国证监会规定或者公司章程规定的董事会会议通知期限提供相关会议资料，并为独立董事提供有效沟通渠道；董事会专门委员会召开会议的，上市公司原则上应当不迟于专门委员会会议召开前三日提供相关资料和信息。上市公司应当保存上述会议资料至少十年。

两名及以上独立董事认为会议材料不完整、论证不充分或者提供不及时的，可以书面向董事会提出延期召开会议或者延期审议该事项，董事会应当予以采纳。

董事会及专门委员会会议以现场召开为原则。在保证全体参会董事能够充分沟通并表达意见的前提下，必要时可以依照程序采用视频、电话或者其他方式召开。

第38条 独立董事行使职权的，上市公司董事、高级管理人员等相关人员应当予以配合，不得拒绝、阻碍或者隐瞒相关信息，不得干预其独立行使职权。

独立董事依法行使职权遭遇阻碍的，可以向董事会说明情况，要求董事、高级管理人员等相关人员予以配合，并将受到阻碍的具体情形和解决状况记入工作记录；仍不能消除阻碍的，可以向中国证监会和证券交易所报告。

独立董事履职事项涉及应披露信息的，上市公司应当及时办理披露事宜；上市公司不予披露的，独立董事可以直接申请披露，或者向中国证监会和证券交易所报告。

中国证监会和证券交易所应当畅通独立董事沟通渠道。

第39条 上市公司应当承担独立董事聘请专业机构及行使其他职权时所需的费用。

第40条 上市公司可以建立独立董事责任保险制度，降低独立董事正常履行职责可能引致的风险。

第41条 上市公司应当给予独立董事与其承担的职责相适应的津贴。津贴的标准应当由董事会制订方案，股东大会审议通过，并在上市公司年度报告中进行披露。

除上述津贴外，独立董事不得从上市公司及其主要股东、实际控制人或者有利害关系的单位和人员取得其他利益。

第五章 监督管理与法律责任

第42条 中国证监会依法对上市公司独立董事及相关主体在证券市场的活动进行监督管理。

证券交易所、中国上市公司协会依照法律、行政法规和本办法制定相关自律规则，对上市公司独立董事进行自律管理。

有关自律组织可以对上市公司独立董事履职情况进行评估，促进其不断提高履职效果。

第 43 条 中国证监会、证券交易所可以要求上市公司、独立董事及其他相关主体对独立董事有关事项作出解释、说明或者提供相关资料。上市公司、独立董事及相关主体应当及时回复，并配合中国证监会的检查、调查。

第 44 条 上市公司、独立董事及相关主体违反本办法规定的，中国证监会可以采取责令改正、监管谈话、出具警示函、责令公开说明、责令定期报告等监管措施。依法应当给予行政处罚的，中国证监会依照有关规定进行处罚。

第 45 条 对独立董事在上市公司中的履职尽责情况及其行政责任，可以结合独立董事履行职责与相关违法违规行为之间的关联程度，兼顾其董事地位和外部身份特点，综合下列方面进行认定：

（一）在信息形成和相关决策过程中所起的作用；

（二）相关事项信息来源和内容、了解信息的途径；

（三）知情程度及知情后的态度；

（四）对相关异常情况的注意程度，为核验信息采取的措施；

（五）参加相关董事会及其专门委员会、独立董事专门会议的情况；

（六）专业背景或者行业背景；

（七）其他与相关违法违规行为关联的方面。

第 46 条 独立董事能够证明其已履行基本职责，且存在下列情形之一的，可以认定其没有主观过错，依照《中华人民共和国行政处罚法》不予行政处罚：

（一）在审议或者签署信息披露文件前，对不属于自身专业领域的相关具体问题，借助会计、法律等专门职业的帮助仍然未能发现问题的；

（二）对违法违规事项提出具体异议，明确记载于董事会、董事

会专门委员会或者独立董事专门会议的会议记录中,并在董事会会议中投反对票或者弃权票的;

(三) 上市公司或者相关方有意隐瞒,且没有迹象表明独立董事知悉或者能够发现违法违规线索的;

(四) 因上市公司拒绝、阻碍独立董事履行职责,导致其无法对相关信息披露文件是否真实、准确、完整作出判断,并及时向中国证监会和证券交易所书面报告的;

(五) 能够证明勤勉尽责的其他情形。

在违法违规行为揭露日或者更正日之前,独立董事发现违法违规行为后及时向上市公司提出异议并监督整改,且向中国证监会和证券交易所书面报告的,可以不予行政处罚。

独立董事提供证据证明其在履职期间能够按照法律、行政法规、部门规章、规范性文件以及公司章程的规定履行职责的,或者在违法违规行为被揭露后及时督促上市公司整改且效果较为明显的,中国证监会可以结合违法违规行为事实和性质、独立董事日常履职情况等综合判断其行政责任。

第六章 附 则

第 47 条 本办法下列用语的含义:

(一) 主要股东,是指持有上市公司百分之五以上股份,或者持有股份不足百分之五但对上市公司有重大影响的股东;

(二) 中小股东,是指单独或者合计持有上市公司股份未达到百分之五,且不担任上市公司董事、监事和高级管理人员的股东;

(三) 附属企业,是指受相关主体直接或者间接控制的企业;

(四) 主要社会关系,是指兄弟姐妹、兄弟姐妹的配偶、配偶的父母、配偶的兄弟姐妹、子女的配偶、子女配偶的父母等;

(五) 违法违规行为揭露日,是指违法违规行为在具有全国性影响的报刊、电台、电视台或者监管部门网站、交易场所网站、主要

门户网站、行业知名的自媒体等媒体上,首次被公开揭露并为证券市场知悉之日;

(六)违法违规行为更正日,是指信息披露义务人在证券交易场所网站或者符合中国证监会规定条件的媒体上自行更正之日。

第48条 本办法自2023年9月4日起施行。2022年1月5日发布的《上市公司独立董事规则》(证监会公告〔2022〕14号)同时废止。

自本办法施行之日起的一年为过渡期。过渡期内,上市公司董事会及专门委员会的设置、独立董事专门会议机制、独立董事的独立性、任职条件、任职期限及兼职家数等事项与本办法不一致的,应当逐步调整至符合本办法规定。

《上市公司股权激励管理办法》、《上市公司收购管理办法》、《上市公司重大资产重组管理办法》等本办法施行前中国证监会发布的规章与本办法的规定不一致的,适用本办法。

第一百三十七条 【上市公司的审计委员会】

上市公司在董事会中设置审计委员会的,董事会对下列事项作出决议前应当经审计委员会全体成员过半数通过:

(一)聘用、解聘承办公司审计业务的会计师事务所;

(二)聘任、解聘财务负责人;

(三)披露财务会计报告;

(四)国务院证券监督管理机构规定的其他事项。

◆ **条文主旨**

本条规定了上市公司审计委员会的设置及决议事项。

◆ 修改情况

本条为 2023 年《公司法》修订的新增条款。

◆ 条文注释

本条规定了上市公司审计委员会的设置和决议事项。在 2023 年《公司法》修订之前，审计委员会即为我国上市公司董事会的必设机构。《上市公司治理准则》第 38 条规定，上市公司董事会应当设立审计委员会，并可以根据需要设立战略、提名、薪酬与考核等相关专门委员会。该准则第 39 条规定，审计委员会的主要职责包括：（1）监督及评估外部审计工作，提议聘请或者更换外部审计机构；（2）监督及评估内部审计工作，负责内部审计与外部审计的协调；（3）审核公司的财务信息及其披露；（4）监督及评估公司的内部控制；（5）负责法律法规、公司章程和董事会授权的其他事项。

特别需要注意的是，本条所规定的审计委员会，既包括单层制上市公司的审计委员会，也包括传统双层制上市公司的审计委员会。相应地，本条所规定的审计委员会职权，同时适用于单层制和双层制治理架构下的审计委员会。本法第 121 条规定，股份有限公司可以按照公司章程的规定在董事会中设置由董事组成的审计委员会，行使本法规定的监事会的职权，不设监事会或者监事。由此可见，不设监事会或监事的条件（选出条件）不仅包括设置审计委员会，还包括审计委员会行使监事会职权。总之，单层制架构下的上市公司审计委员会，除了行使本条所规定的审计委员会职权，还行使本法规定的监事会职权。与之相比，双层制架构下的上市公司审计委员会，并不全面行使监事会的监督职权。

根据本条规定，审计委员会在以下四个方面对董事会决议有前置性批准的权力：（1）聘用、解聘承办公司审计业务的会计师事务所。（2）聘任、解聘财务负责人。（3）披露财务会计报告。（4）国务院证券监督管理机构规定的其他事项。例如，《上市公司治理准则》第 39 条所规定的"监督及评估公司的内部控制""负责法律法规、公司章程和董事会授权的其他事项"等职权。

对于前述事项，董事会作出决议前应当经审计委员会全体成员过半数通过。如果未经审计委员会表决通过，该事项不得提交董事会审议。易言之，前述法定事项的决议，既需要审计委员会审议通过，也需要董事会审议通过，二者缺一不可。否则，该决议因缺乏前置决议而不产生相应的法律效力。

◆ **关联规范**

1. 《上市公司独立董事管理办法》(2023 年 9 月 4 日起施行)

第 5 条　上市公司独立董事占董事会成员的比例不得低于三分之一，且至少包括一名会计专业人士。

上市公司应当在董事会中设置审计委员会。审计委员会成员应当为不在上市公司担任高级管理人员的董事，其中独立董事应当过半数，并由独立董事中会计专业人士担任召集人。

上市公司可以根据需要在董事会中设置提名、薪酬与考核、战略等专门委员会。提名委员会、薪酬与考核委员会中独立董事应当过半数并担任召集人。

2. 《上市公司治理准则》(2018 年修订)

第 38 条　上市公司董事会应当设立审计委员会，并可以根据需要设立战略、提名、薪酬与考核等相关专门委员会。专门委员会对董事会负责，依照公司章程和董事会授权履行职责，专门委员会的提案应当提交董事会审议决定。

专门委员会成员全部由董事组成，其中审计委员会、提名委员会、薪酬与考核委员会中独立董事应当占多数并担任召集人，审计委员会的召集人应当为会计专业人士。

第39条 审计委员会的主要职责包括：

（一）监督及评估外部审计工作，提议聘请或者更换外部审计机构；

（二）监督及评估内部审计工作，负责内部审计与外部审计的协调；

（三）审核公司的财务信息及其披露；

（四）监督及评估公司的内部控制；

（五）负责法律法规、公司章程和董事会授权的其他事项。

第43条 专门委员会可以聘请中介机构提供专业意见。专门委员会履行职责的有关费用由上市公司承担。

第一百三十八条 【董事会秘书】

上市公司设董事会秘书，负责公司股东会和董事会会议的筹备、文件保管以及公司股东资料的管理，办理信息披露事务等事宜。

◆ 条文主旨

本条规定了上市公司董事会秘书的设置与职权。

◆ 修改情况

除了相应将"股东大会"修改为"股东会"之外，本条未作其他修改。

◆ 条文注释

根据本条规定，董事会秘书是上市公司的必设机构。根据本法第265条规定，上市公司董事会秘书属于公司高级管理人员范畴。本条概括规定了上市公司董事会秘书的职权，即负责公司股东会和董事会会议的筹备、文件保管以及公司股东资料的管理，办理信息披露事务等事宜。

《上市公司治理准则》和《上市公司章程指引》等规范性文件对董事会秘书职责作出了细化规定。具体而言，董事会秘书的主要职责有：

（1）负责公司股东会的会议筹备、记录、相关文件保管事宜。股东会召开时，董事会秘书应当出席会议，股东会的会议记录由董事会秘书负责。对于监事会或股东自行召集的股东会，董事会和董事会秘书应当予以配合。

（2）协助董事处理董事会的日常工作，负责董事会会议的会议筹备、记录、相关文件保管事宜。董事会会议记录应当真实、准确、完整，出席会议的董事、董事会秘书和记录人应当在会议记录上签名。

（3）负责公司投资者关系的管理工作。董事会秘书负责保管股东名册和股东资料管理工作，接受股东咨询，听取股东建议等。

（4）负责办理信息披露事务。董事会秘书负责办理公司与证券监督管理部门、证券交易所、中介机构、媒体等之间的沟通事宜，特别是负责组织和协调公司信息披露事务，办理上市公司信息对外公布等相关事宜。

◆ **关联规范**

1.《上市公司治理准则》（2018 年修订）

第 28 条 上市公司设董事会秘书，负责公司股东大会和董事会会议的筹备及文件保管、公司股东资料的管理、办理信息披露事务、投资者关系工作等事宜。

董事会秘书作为上市公司高级管理人员，为履行职责有权参加相关会议，查阅有关文件，了解公司的财务和经营等情况。董事会及其他高级管理人员应当支持董事会秘书的工作。任何机构及个人不得干预董事会秘书的正常履职行为。

第 32 条 董事会会议记录应当真实、准确、完整。出席会议的董事、董事会秘书和记录人应当在会议记录上签名。董事会会议记录应当妥善保存。

第 93 条 董事长对上市公司信息披露事务管理承担首要责任。

董事会秘书负责组织和协调公司信息披露事务，办理上市公司信息对外公布等相关事宜。

2.《上市公司章程指引》(2023 年修正)

第 51 条 对于监事会或股东自行召集的股东大会，董事会和董事会秘书将予配合。董事会将提供股权登记日的股东名册。

第 67 条 股东大会召开时，本公司全体董事、监事和董事会秘书应当出席会议，经理和其他高级管理人员应当列席会议。

第 73 条 股东大会应有会议记录，由董事会秘书负责。

会议记录记载以下内容：

（一）会议时间、地点、议程和召集人姓名或名称；

（二）会议主持人以及出席或列席会议的董事、监事、经理和其他高级管理人员姓名；

（三）出席会议的股东和代理人人数、所持有表决权的股份总数及占公司股份总数的比例；

（四）对每一提案的审议经过、发言要点和表决结果；

（五）股东的质询意见或建议以及相应的答复或说明；

（六）律师及计票人、监票人姓名；

（七）本章程规定应当载入会议记录的其他内容。

第 74 条 召集人应当保证会议记录内容真实、准确和完整。出席会议的董事、监事、董事会秘书、召集人或其代表、会议主持人应当在会议记录上签名。会议记录应当与现场出席股东的签名册及代理出席的委托书、网络及其他方式表决情况的有效资料一并保存，保存期限不少于十年。

第 133 条 公司设董事会秘书，负责公司股东大会和董事会会议的筹备、文件保管以及公司股东资料管理，办理信息披露事务等事宜。

董事会秘书应遵守法律、行政法规、部门规章及本章程的有关规定。

第一百三十九条 【关联事项的决议】

上市公司董事与董事会会议决议事项所涉及的企业或者个人有关联关系的，该董事应当及时向董事会书面报告。有关联关系的董事不得对该项决议行使表决权，也不得代理其他董事行使表决权。该董事会会议由过半数的无关联关系董事出席即可举行，董事会会议所作决议须经无关联关系董事过半数通过。出席董事会会议的无关联关系董事人数不足三人的，应当将该事项提交上市公司股东会审议。

◆ **条文主旨**

本条规定了上市公司关联事项的决议规则。

◆ **修改情况**

除了相应将"股东大会"修改为"股东会"之外，本条未作其他修改。

◆ **条文注释**

本条规定了上市公司董事与董事会会议决议事项所涉及的企业或者个人存在关联关系时的决议规则。

首先，本条的适用情形是上市公司董事与董事会会议决议事项所涉及的企业或者个人有关联关系。根据本法第 265 条规定，关联关系，是指公司控股股东、实际控制人、董事、监事、高级管理人员与其直接或者间接控制的企业之间的关系,以及可能导致公司利益转移的其他关系。由于关联事项中利益冲突的存在,具有关联关系的董事可能对公司决策的公允性造成影响。因此,本条规定了董事的书面报告义务和回避表决规则。

其次,在关联交易的规制程序上,包括董事的书面报告义务和回避表决规则。其中,董事的书面报告义务旨在确保董事会获得充分的信息,以评估关联关系本身及其所可能产生的影响。关联事项表决中的核心判断在于是否会损害公司利益。本条规定将是否"损害公司利益"的判断权交给了无关联关系的董事。由于无关联关系董事不存在利益冲突关系,关联交易的公允性由其负责判断具有合理性。

在会议程序上,董事会会议必须有过半数的无关联关系董事出席方可举行,以便有足够的独立意见参与决策讨论。同时,决议通过需要过半数的无关联关系董事投票赞成。此时,表决比例的计算,以投赞成票的无关联关系董事为分子,以全体无关联关系董事为分母。即使没有参加会议的无关联关系董事,仍然计入表决权基数。

如果董事会会议上无关联关系董事人数不足3人,则关联事项必须提交给上市公司股东会审议。此时,由于董事会缺乏足够的无关联董事参与决策,无法形成有效决议,需要将关联事项交由股东会进行审议。

第一百四十条 【禁止违法代持】

上市公司应当依法披露股东、实际控制人的信息,相关信息应当真实、准确、完整。

禁止违反法律、行政法规的规定代持上市公司股票。

◆ 条文主旨

本条规定了上市公司应当披露股东、实际控制人的信息，并且禁止违法代持上市公司股份。

◆ 修改情况

本条为 2023 年《公司法》修订的新增条款。

◆ 条文注释

股权代持，也称作隐名投资，主要指股权的名义持有者与实际利益的享有者相分离的现象。股权代持是一种十分常见的商业现象，代持的股权包括有限责任公司的股权和股份有限公司的股份。股权代持作为一种合同安排，其本身并不违法。但是，如果股权的代持违反法律、行政法规中的强制性规定，损害了国家利益、社会公共利益等法益，将导致其效力瑕疵。

本条第 1 款规定了股东、实际控制人的信息披露。信息披露是证券法的核心制度，2019 年修订后的《证券法》设信息披露专章，规定了信息披露的原则、定期报告、临时报告、自愿披露、信息披露方式等内容。2023 年修订的《首次公开发行股票注册管理办法》规定了首次公开发行股票注册时的信息披露内容。2021 年修订的《上市公司信息披露管理办法》规定了上市公司及其他信息披露义务人的披露规则。上市公司作为公众公司，其所有权结构和实际控制情况应当公开透明，以确保投资者能够了解公司的经营状况和风险。这种透明度有助于促进良性的公司治理结构，建立市场信任，提升投资者的信心，促进资本市场的健康发展。

需要注意的是，本条规定，上市公司应当依法披露股东、实际控制人的信息，并非需要披露所有股东的信息，而是需要根据法律、行政法规、部门规章等规范性文件的具体规定进行披露。根据《上市公司信息披露管理办法》第 14 条的规定，上市公司的年度报告应当记载持股5%以上股东、控股股东及实际控制人情况。如果法院裁决禁止控股股东转让其所持股份；任一股东所持公司5%以上股份被质押、冻结、司法拍卖、托管、设定信托或者被依法限制表决权等，或者出现被强制过户风险，属于应当进行临时报告的重大事件。如果持有公司5%以上股份的股东或者实际控制人持有股份或者控制公司的情况发生较大变化，公司的实际控制人及其控制的其他企业从事与公司相同或者相似业务的情况发生较大变化，上市公司的股东、实际控制人应当主动告知上市公司董事会，并配合上市公司履行信息披露义务。

本条第2款规定了禁止违反法律、行政法规的规定代持上市公司股票。需要特别注意的是，本条虽然规定禁止违反法律、行政法规的规定代持上市公司股票，但并非对上市公司股票代持行为一概地予以禁止，而只是对违法违规的代持行为加以禁止。因此，本条所规定的上市公司股份代持规范的核心意涵是"原则允许、例外禁止"。易言之，在一般情况下，个人或机构代持上市公司股票的行为并非必然无效，只有在所违反的法律、行政法规导致其无效的情形下方才归于无效。

首先，本条明确规定违反的规范层级为法律和行政法规，而不包括其他层级的规范性文件。部门规章在效力级别上低于法律、法规，那么违反了此种规章性文件而实施代持行为是否同样可纳入本条规定的范畴？最高人民法院在《民法典合同编通则司法解释》第17条第1款中规定，"合同虽然不违反法律、行政法规的强制性规定，但是有下列情形之一，人民法院应当依据民法典第一百五十三条第二款的规定认定合同无效：（一）合同影响政治安全、经济安全、军事安全等国家安全的；（二）合同影响社会稳定、公平竞争秩序或者损害社会公共利益等违背社会公共秩序的；（三）合同背离社会公德、家庭伦理或者有损人格尊严等违背善良风俗的"。

从规范位阶来看，违反部门规章并不直接导致法律行为无效。但是，如果某个部门规章背后所体现的是金融秩序和金融安全等价值，那么违反相关规定可能会导致该行为因违反公序良俗原则而无效。因此，核心的判断标准就是代持行为是否会严重损害国家的金融安全或特定领域的社会公共秩序。基于此，如果是一般的代持行为，并不违反法律法规的具体规定或原则性规定，其效力不受影响。如果损害国家安全、社会公共秩序、善良风俗的，代持行为因违反公序良俗而无效。

其次，只有违反法律、行政法规的强制性规定，才有可能导致代持行为无效，违反法律、行政法规的任意性规定并不导致无效。进一步而言，也并非一旦违反法律、行政法规的强制性规定，就必然导致代持行为无效，还需要进一步进行判断。《民法典合同编通则司法解释》第 16 条规定，合同违反法律、行政法规的强制性规定，如果由行为人承担行政责任或者刑事责任能够实现强制性规定的立法目的的，人民法院可以依据《民法典》第 153 条第 1 款关于"该强制性规定不导致该民事法律行为无效的除外"的规定认定该合同不因违反强制性规定无效。具体的情形包括：合同的实际履行对社会公共秩序造成的影响显著轻微，认定合同无效将导致案件处理结果有失公平公正；强制性规定旨在维护政府的税收、土地出让金等国家利益或者其他民事主体的合法利益而非合同当事人的民事权益；强制性规定旨在要求当事人一方加强风险控制、内部管理等，对方无能力或者无义务审查合同是否违反强制性规定，认定合同无效将使其承担不利后果；当事人一方虽然在订立合同时违反强制性规定，但是在合同订立后其已经具备补正违反强制性规定的条件却违背诚信原则不予补正；法律、司法解释规定的其他情形。因此，代持行为的有效与否，还需要进行更进一步的利益衡量和价值判断，并不能仅因违反法律、行政法规的强制性规定就认定为无效。

◆ **关联规范**

1. 《证券法》（2019 年修订）

第 78 条 【信息披露原则】发行人及法律、行政法规和国务院证券监督管理机构规定的其他信息披露义务人，应当及时依法履行信息披露义务。

信息披露义务人披露的信息，应当真实、准确、完整，简明清晰，通俗易懂，不得有虚假记载、误导性陈述或者重大遗漏。

证券同时在境内境外公开发行、交易的，其信息披露义务人在境外披露的信息，应当在境内同时披露。

2. 《首次公开发行股票注册管理办法》（2023 年 2 月 17 日起施行）

第 45 条 发行人应当在招股说明书中披露公开发行股份前已发行股份的锁定期安排，特别是尚未盈利情况下发行人控股股东、实际控制人、董事、监事、高级管理人员股份的锁定期安排。

发行人控股股东和实际控制人及其亲属应当披露所持股份自发行人股票上市之日起三十六个月不得转让的锁定安排。

首次公开发行股票并在科创板上市的，还应当披露核心技术人员股份的锁定期安排。

保荐人和发行人律师应当就本条事项是否符合有关规定发表专业意见。

3. 《上市公司信息披露管理办法》（2021 年修订）

第 14 条 年度报告应当记载以下内容：

（一）公司基本情况；

（二）主要会计数据和财务指标；

（三）公司股票、债券发行及变动情况，报告期末股票、债券总额、股东总数，公司前十大股东持股情况；

（四）持股百分之五以上股东、控股股东及实际控制人情况；

（五）董事、监事、高级管理人员的任职情况、持股变动情况、年度报酬情况；

（六）董事会报告；

（七）管理层讨论与分析；

（八）报告期内重大事件及对公司的影响；

（九）财务会计报告和审计报告全文；

（十）中国证监会规定的其他事项。

> **第一百四十一条　【禁止交叉持股】**
> 上市公司控股子公司不得取得该上市公司的股份。
> 上市公司控股子公司因公司合并、质权行使等原因持有上市公司股份的，不得行使所持股份对应的表决权，并应当及时处分相关上市公司股份。

◆ 条文主旨

本条规定了上市公司禁止交叉持股。

◆ 修改情况

本条为2023年《公司法》修订的新增条款。

◆ 条文注释

交叉持股，是指两个或两个以上的公司之间相互持有对方公司的股份。按照交叉持股的公司之间是否存在控制关系，可以分为纵向交叉持股和横向交叉持股。如果交叉持股的公司之间存在控制关系，则属于纵向交叉持股，如本条规定的上市公司与其控股子公司之间的交叉持股。按照公司之间交叉持股的方式，可分为直接交叉持股和间接交叉持股。直接交叉持股是指相互持股的公司之间不存在第三方公司，互相之间是其他公司的股东。间接交叉持股是指通过第三方公司进行的交叉持股。如甲公司持有乙公司 80% 的股份，乙公司持有丙公司 70% 的股份，丙公司又持有甲公司 20% 的股份。相较于直接交叉持股，间接交叉持股更为隐蔽，治理难度更大。

交叉持股之所以会出现，是因为有其商业合理性。交叉持股可以降低相互持股公司之间的交易成本，实现互惠互利和风险共担。在公司治理上，交叉持股可以稳定公司的控制权，由于被控股的子公司不得行使表决权，相当于降低了其他股东控制公司所需要的股权比例。在资本市场上，交叉持股可以促进公司的长期投资，抵御外来投资者的恶意收购。但是，交叉持股也存在消极价值，比如危害公司的资本维持原则，损害债权人的利益。在资本市场上，也可能因交叉持股导致利益输送，进而损害中小投资者的合法权益。对此，我国各证券交易所在其制定的股票上市交易规则中均明确规定，上市公司控股子公司不得取得该上市公司发行的股份。确因特殊原因持有股份的，应当在 1 年内消除该情形。前述情形消除前，相关子公司不得行使所持股份对应的表决权。2023 年《公司法》修订，一改原《公司法》对上市公司交叉持股的暧昧态度，予以了直接回应。

本条第 1 款规定了上市公司控股子公司不得取得该上市公司的股份。根据本款规定，上市公司的控股子公司不得直接或间接地购买或持有上市公司的股份。由此可见，本款规定仅适用于纵向型交叉持股的情形。如果各公司之间不存在控股或控制关系，则不受本条规制。该制度的规范目的在于维持公司资本充实，避免因交叉持股关系而导致的利益输送，以保护公司利益及中小股东利益。

本条第 2 款规定了在特殊情形下，即上市公司控股子公司因公司合并、质权行使等原因持有上市公司股份时，应遵守本条规定的特别限制，包括两项限制：一是控股子公司不得行使所持股份对应的表决权；二是控股子公司应当及时处分相关上市公司股份。该规定旨在防止长期交叉持股，维护上市公司的独立性。

◈ **关联规范**

1. 《上海证券交易所股票上市规则》(2023年修订)

3.4.15 上市公司控股子公司不得取得该上市公司发行的股份。确因特殊原因持有股份的，应当在1年内消除该情形。前述情形消除前，相关子公司不得行使所持股份对应的表决权。

2. 《深圳证券交易所股票上市规则》(2023年修订)

3.4.15 上市公司控股子公司不得取得该上市公司发行的股份。确因特殊原因持有股份的，应当在一年内消除该情形，在消除前，上市公司控股子公司不得对其持有的股份行使表决权。

3. 《北京证券交易所股票上市规则（试行）》(2023年修订)

4.1.12 股东以其有表决权的股份数额行使表决权，所持每一股份享有一表决权，法律法规另有规定的除外。

上市公司持有的本公司股份没有表决权，且该部分股份不计入出席股东大会有表决权的股份总数。

上市公司控股子公司不得取得该上市公司的股份。确因特殊原因持有股份的，应当在1年内依法消除该情形。前述情形消除前，相关子公司不得行使所持股份对应的表决权，且该部分股份不计入出席股东大会有表决权的股份总数。

第六章　股份有限公司的股份发行和转让

第一节　股份发行

> **第一百四十二条　【面额股和无面额股】**
>
> 公司的资本划分为股份。公司的全部股份，根据公司章程的规定择一采用面额股或者无面额股。采用面额股的，每一股的金额相等。
>
> 公司可以根据公司章程的规定将已发行的面额股全部转换为无面额股或者将无面额股全部转换为面额股。
>
> 采用无面额股的，应当将发行股份所得股款的二分之一以上计入注册资本。

◆ **条文主旨**

本条规定了股份有限公司的股份、面额股和无面额股。

◆ **修改情况**

本条为 2023 年《公司法》修订新增条款。

本条改变了 2018 年《公司法》第 125 条仅允许股份有限公司发行面额股的规定，首次明确股份有限公司可以通过章程方式择一采用面额股和无面额股，并且明确规定二者之间可以互相转换。

◆ 条文注释

股份有限公司的资本划分为等额股份，根据股份是否记载面额，可分为面额股（Par Value Stocks）和无面额股（Non-par Value Stocks）。我国自 1993 年《公司法》制定以来，一直采取强制性的面额股制度，不允许公司发行无面额股。股票面额并不代表股份的发行价格，也不代表股份的市场价格，更无法反映公司的价值，仅是禁止折价发行规则下的股份发行底价。

传统意义上，股票面额的意义有三：一是债权人保护，通过禁止折价发行规则，确保公司资本充实，防止发行掺水股。随着资本信用向资产信用的进化，股票面额的该层意义日趋式微。二是维护股东平等，股票面额作为判断股东之间出资价值是否公允的衡量标尺。但是，该功能随着类别股等制度的引入也宣告落空。三是股票面额形成公司注册资本，系阻却不正当分配的底线标尺。该功能仍然具有一定的形式意义，但其功能附着于注册资本概念之上，在无面额股中同样可以设定注册资本，完全可以被替代。面额股制度的弊端也十分明显，在面额股制度之下禁止折价发行的规则将导致困境企业难以获得融资。

在域外法上，无面额股制度并非新鲜事物。1912 年，纽约州公司法允许发行无面额股。1998 年，德国股份法修改，允许股份公司发行无面额股。2001 年，日本修改商法彻底废除了面额股制度。2006 年，新加坡公司法彻底废除了面额股制度。2012 年，韩国公司法引入了无面额股制度。2014 年，我国香港地区废除了面额股制度，改采无面额股制度。2015 年，我国台湾地区"公司法"修改后允许择一采用面额股或无面额股。为了便利公司融资，扩展公司资本制度中的自治空间，我国 2023 年《公司法》引入无面额股制度。

本条的规范要旨如下：

1. 本条第 1 款采赋权模式，允许公司择一采用面额股或无面额股。该模式与域外立法例上的强制性无面额股制度不同，给公司预留了自主选择的空间。根据本款规定，公司只能选择二者之一，不能同时发行面额股和无面额股。相应地，本法第 95 条删除了章程中每股金额的绝对必要记载要求。

2. 对于面额股和无面额股之间的转换，本条采任意转换模式，允许面额股与无面额股之间相互转换。因此，从转换路径来看，包括从面额股转换为无面额股，和从无面额股转换为面额股。无论如何转换，二者均应当遵守本法规定的资本变动程序。

3. 注册资本计入规则。本条第 3 款规定，采用无面额股的，应当将发行股份所得股款的 1/2 以上计入注册资本。本法第 95 条第 4 项规定，股份有限公司章程应当载明公司注册资本、已发行的股份数和设立时发行的股份数，面额股的每股金额。本法第 151 条第 1 款规定："公司发行新股，股东会应当对下列事项作出决议：……（五）发行无面额股的，新股发行所得股款计入注册资本的金额。"根据前述条文规定，发行无面额股的，发行所得以何比例计入注册资本由股东会决议，但不得低于 1/2。对于剩余部分，本法第 213 条规定，发行无面额股所得股款，未计入注册资本的金额应列为公司资本公积金。对于存在最低注册资本限制的行业，注册资本的确定还应当考虑最低注册资本的要求。

在引入无面额股制度之后，由于缺乏面额作为发行价格的底线限制，确保发行价格公允的义务由公司决议机关承担。董事会在制订发行方案时，应当确定股份的公允价格，不得损害公司、其他股东和债权人利益，否则将导致损害公司利益的赔偿责任，或者因损害股东利益招致股东直接诉讼。总体而言，相较于面额股制度，无面额股制度对董事的信义义务提出了更高的要求，董事更应当勤勉尽责。

第一百四十三条 【股份发行的原则】

股份的发行，实行公平、公正的原则，同类别的每一股份应当具有同等权利。

同次发行的同类别股份，每股的发行条件和价格应当相同；认购人所认购的股份，每股应当支付相同价额。

◆ **条文主旨**

本条规定了股份发行的原则。

◆ **修改情况**

本条将 2018 年《公司法》第 126 条第 2 款"同种类股票"的表述更改为"同类别股份"，将"任何单位或者个人"的表述更改为"认购人"。

◆ **条文注释**

股东平等原则是公司法的基本原则之一，股份发行的过程中亦应当遵循。无论设立发行抑或增资发行，无论公开发行抑或非公开发行，发行公司均应当遵守本条规定。

一、公平原则

公平原则是指股份发行时所有投资者和股东应当平等地受到对待和享有机会，合理地享有权利和义务。根据本款规定，同类别的每一股份应当具有同等权利，发行的条件和价格应当相同。本法第 144 条引入了类别股制度，相应地，本法将同股同权的原则相应调整为"同类别股份同权"。在类别股之下，股东可以在利润分配、剩余财产分配、表决权、股份转让等方面作出差异化安排，但在同批发行的单一类别股范围内，股权权利和义务应当相同。

二、公正原则

公正原则是指在股份发行过程中，不得进行虚假陈述、欺诈客户、内幕交易、操纵市场等损害投资者利益的不当行为。在发行过程中，发行人必须依照法定要求将与其发行股份相关的重要信息向其募集对象披露，内容必须真实、全面、准确，不得进行虚假或误导性陈述，不得有重大遗漏，以便于投资者能够获取充分信息进行投资决策，实现保护投资者利益的目的。

◆ **关联规范**

《证券法》（2019年修订）

第3条 【证券发行交易的原则】证券的发行、交易活动，必须遵循公开、公平、公正的原则。

第一百四十四条 【类别股】

公司可以按照公司章程的规定发行下列与普通股权利不同的类别股：

（一）优先或者劣后分配利润或者剩余财产的股份；

（二）每一股的表决权数多于或者少于普通股的股份；

（三）转让须经公司同意等转让受限的股份；

（四）国务院规定的其他类别股。

公开发行股份的公司不得发行前款第二项、第三项规定的类别股；公开发行前已发行的除外。

公司发行本条第一款第二项规定的类别股的，对于监事或者审计委员会成员的选举和更换，类别股与普通股每一股的表决权数相同。

◆ 条文主旨

本条规定了类别股的类型、发行与表决权恢复。

◆ 修改情况

本条为2023年《公司法》修订的新增条款，系我国公司法首次规定类别股，与本法第145条、第146条共同构成了我国的类别股制度。

◆ 条文注释

公司的股份通常每一股享有一个表决权，且每一股享有同等的利润分配权，这类股份被称为普通股。随着公司制度的发展，为满足不同投资者的需求，各国公司法开始允许公司发行不同普通股的股份，称为类别股。基于一股一权、同股同权的原则，我国2018年《公司法》仅规定了普通股，并未规定类别股。但是，这种同质化的股份设定难以满足差异化的股东需求。不同的股东在获得利润分配、参与公司事项表决、股份转让等问题上往往存在差异化的需求。2021年12月《公司法（修订草案）》审议说明指出，为适应不同投资者的投资需求，对已有较多实践的类别股作出规定，包括优先股和劣后股、特殊表决权股、转让受限股等。基于多元投资需求，2023年《公司法》引入了类别股制度，形成了包括类别股的类型、章程记载、权利行使等在内的规则体系。

在类别股的立法例上，主要有法定模式与章程规定模式，本条系采法定模式。法定模式为大陆法系国家所采，如日本《公司法》第108条规定，股份公司发行类别股的，可从下列九项中选择组合发行：（1）盈余金分配；（2）剩余财产分配；（3）在股东大会上可行使表决权的事项；（4）就通过转让取得相关种类股份须取得该股份公司同意的；（5）股东向公司请求回购股份；（6）以一定事由发生为条件，公司向股东请求赎回股份；（7）通过股东大会决议赎回全部股份；（8）股东会、董事会的决议事项，还须经类别股股东会决议通过；（9）类别股股东可选任董事、监事，不过委员会设置公司或公开公司不能发行此类别股。章程规定模式则为英美法系所采。

从域外立法例来看，常见的类别股有优先股、劣后股、复数表决权股、转让受限股。优先股，是指股份持有人优先于普通股股东分配公司利润和剩余财产，但参与公司决策管理等权利受到限制的股份。劣后股，是指股份持有人劣后于普通股股东分配公司利润和剩余财产的股份。复数表决权股，是指与普通股一股一票相比，每一股有多个表决权的股份。转让受限股，是指转让需经公司或者其他股东同意等转让受到限制的股份等。

一、类别股的类型

根据本条第1款规定，我国公司法上的类别股分为以下类型：

（1）优先或劣后分配利润或剩余财产的股份。根据本项规定，股份有限公司可以发行优先分配利润的股份、劣后分配利润的股份和优先分配剩余财产的股份、劣后分配剩余财产的股份等四类股份。在此基础上，还可以将前述股份内容进行组合，可以发行优先分配利润且优先分配剩余财产的股份、优先分配利润且劣后分配剩余财产的股份、劣后分配利润且优先分配剩余财产的股份、劣后分配利润且劣后分配剩余财产的股份等四类组合型股份。总之，公司可根据其融资需求，自由组合其权利内容。优先或劣后分配利润或剩余财产的股份是典型的资产收益型类别股，具有融资功能。优先股股东享有优先权的代价通常是让渡一定的股权权能，比如表决权。

在前述类别股基础上，还可以进行进一步的区分，比如优先股可分为可回赎优先股和不可回赎优先股。可回赎优先股还可以进一步区分为强制回赎优先股和任意回赎优先股。

（2）每一股的表决权多于或少于普通股的股份。在证监会《关于在上海市证券交易所设立科创板并试点注册制的实施意见》相关规定中，已经开始允许科技创新企业发行具有特别表决权的类别股份，本条将其适用范围扩张至所有股份有限公司。每一表决权股份拥有的表决权数量大于或小于每一普通股份拥有的表决权数量，形成了差异化表决权，其他股东权利则与普通股份相同。差异化表决权结构系一种强化公司控制权的安排，通过赋予特别表决权股份每股多数表决权的方式实现公司控制权的集中，打破了一股一票表决结构下所有权与控制权之间的均衡状态。值得注意的是，本条并未设定差异化表决权的最高或最低倍数限制，完全交由公司自治。

（3）转让须经公司同意等转让受限的股份。一般而言，股份有限公司股东转让其持有股份的，不受任何限制，但公司法允许公司章程对其作出例外规定。其实现渠道有二：一是发行不同于普通股的转让受限股份；二是通过章程规定限制股份转让的规则。本法第157条规定："……公司章程对股份转让有限制的，其转让按照公司章程的规定。"需要强调的是，本条规定的转让受限股不同于本法第157条规定的章程限制转让股份，本条规定的系类别股之一，后者则不限于类别股，可以对普通股在内的股份设置转让限制。

（4）国务院规定的其他类别股。譬如2015年国务院发布的《关于国有企业发展混合所有制经济的意见》中，允许国有股东在特定事项上行使否决权。证监会于2023年2月17日公布的《优先股试点管理办法》第2条指出："本办法所称优先股是指依照《公司法》，在一般规定的普通种类股份之外，另行规定的其他种类股份，其股份持有人优先于普通股股东分配公司利润和剩余财产，但参与公司决策管理等权利受到限制。"可见，该兜底性规定为日后法律扩展类别股的权利义务内容预留了空间。

需要特别指出，前述类别股之间还可以进行排列组合，以形成新的类别股类型。

还需要特别指出的是，本条规定仅适用于股份有限公司，不适用于有限责任公司。有限责任公司可以在章程中或通过全体股东约定对股权的内容作出特别安排，但不得发行本条所规定的类别股。比如，有限责任公司可以根据本法第65条规定，在章程中对表决权的行使比例作出特别规定；可以根据本法第210条规定，由全体股东作出不按照出资比例分配利润的约定。

二、类别股的发行限制

本条第2款规定了类别股的发行限制。对于公开发行股份的公司而言，本法禁止其发行表决权类别股、转让受限股。但是，允许其在非公开发行阶段发行这两种类别股。之所以禁止公开发行股份的公司发行表决权类别股，是为了避免改变公开发行前股东的表决权结构，损害其他股东利益。之所以禁止发行转让受限股，是因为公开发行股份的公司的股份应当具有流通性。如果允许公开发行股份的公司发行转让受限股，将降低股份的自由流转空间，增加股份交易的成本。

三、类别股的表决权恢复机制

本条第3款规定了类别股的表决权恢复机制。根据该款规定，股份有限公司发行"优先或者劣后分配利润或者剩余财产的股份"和"每一股的表决权数多于或者少于普通股的股份"后，持前述两种类别股的股东在选举公司监督机构成员时，即对公司监事或审计委员会成员的选举和更换投票时，类别股表决权恢复至普通股的表决权状态。监事和审计委员会成员负担公司监督职能，行使监督权。通过表决权恢复机制，可防止不当干涉公司监督权行使，损害类别股股东的合法权利。

◆ **关联规范**

1.《**国务院关于开展优先股试点的指导意见**》(2013 年 11 月 30 日起施行)

一、优先股股东的权利与义务

（一）优先股的含义。优先股是指依照公司法，在一般规定的普通种类股份之外，另行规定的其他种类股份，其股份持有人优先于普通股股东分配公司利润和剩余财产，但参与公司决策管理等权利受到限制。

除本指导意见另有规定以外，优先股股东的权利、义务以及优先股股份的管理应当符合公司法的规定。试点期间不允许发行在股息分配和剩余财产分配上具有不同优先顺序的优先股，但允许发行在其他条款上具有不同设置的优先股。

2.《**优先股试点管理办法**》(2023 年修订)

第 2 条　本办法所称优先股是指依照《公司法》，在一般规定的普通种类股份之外，另行规定的其他种类股份，其股份持有人优先于普通股股东分配公司利润和剩余财产，但参与公司决策管理等权利受到限制。

第 3 条　上市公司可以发行优先股，非上市公众公司可以向特定对象发行优先股。

第 4 条　优先股试点应当符合《公司法》、《证券法》、《国务院关于开展优先股试点的指导意见》和本办法的相关规定，并遵循公开、公平、公正的原则，禁止欺诈、内幕交易和操纵市场的行为。

第一百四十五条　【类别股的章程记载】
发行类别股的公司，应当在公司章程中载明以下事项：
（一）类别股分配利润或者剩余财产的顺序；
（二）类别股的表决权数；
（三）类别股的转让限制；
（四）保护中小股东权益的措施；
（五）股东会认为需要规定的其他事项。

◆ 条文主旨

本条规定了发行类别股的公司的章程记载事项。

◆ 修改情况

本条为2023年《公司法》修订的新增条款。

◆ 条文注释

本法对股份有限公司发行类别股采用了法定主义模式，即公司只能发行本法第144条所规定的类别股种类，不能创设法定类别股之外的其他股份类型。至于类别股的具体内容，比如利润分配的具体顺序、表决权数等具体事项，本条规定由章程予以规定，且属于章程的法定必要记载事项。

1. 类别股分配利润或者剩余财产的顺序。对于优先股或者劣后股，公司章程应当明确其权利和义务，包括分配利润或者剩余财产的具体标准、计算方式和顺位。公司章程中规定优先股采用固定股息率的，可以在优先股存续期内采取相同的固定股息率，或明确每年的固定股息率，各年度的股息率可以不同；公司章程中规定优先股采用浮动股息率的，应当明确优先股存续期内票面股息率的计算方法。优先股股东按照约定的股息率分配股息后，有权同普通股股东一起参加剩余利润分配的，公司章程应明确优先股股东参与剩余利润分配的比例、条件等事项。

2. 类别股的表决权数。对于表决权多于或者少于普通股的具体数量或比例，章程中应当予以明确。本法第 144 条未规定特殊表决权股的法定限制，也未规定特殊表决权股退出的"落日条款"，均交由公司自治，由章程予以规定。

3. 类别股的转让限制。股份有限公司发行转让须经公司同意等转让受限的股份的，应当在章程中载明限制的具体内容、取得公司同意的程序、公司决议的程序等事项。

4. 保护中小股东权益的措施。类别股制度的引入，将进一步加剧公司股东的内部分化，加剧控制股东和中小股东之间的利益冲突，增加公司治理中的代理成本。对此，本款规定，章程中应当规定中小股东权益保护的措施，包括但不限于表决权恢复机制、异议股东的回购请求权、董事的具体信义义务、控股股东或实际控制人的注意义务、中小股东在公司中的合理期待等内容。

5. 股东会会议认为需要规定的其他事项。

第一百四十六条　【类别股股东会】

发行类别股的公司，有本法第一百一十六条第三款规定的事项等可能影响类别股股东权利的，除应当依照第一百一十六条第三款的规定经股东会决议外，还应当经出席类别股股东会议的股东所持表决权的三分之二以上通过。

公司章程可以对需经类别股股东会议决议的其他事项作出规定。

◆ 条文主旨

本条规定了类别股股东会和分类表决制度。

◆ 修改情况

本条为2023年《公司法》修订的新增条款，为类别股制度的重要组成部分。

◆ 条文注释

本条明确了发行类别股的股份有限公司应当实行分类表决制度，系类别股制度的重要组成部分。分类表决事项包括本条第1款法定事由，也包括第2款中由公司章程规定的"需经类别股股东会决议"事项。分类表决是指在普通股股东会之外，以另行召集类别股股东会，或与普通股股东共同开会但进行单独表决、计票的形式，由类别股股东对议案进行的单独表决。

本条第1款明确规定了须经分类表决的法定事由，即本法第116条第3款规定的事项，"股东会作出修改公司章程、增加或者减少注册资本的决议，以及公司合并、分立、解散或者变更公司形式的决议"，还包括其他可能影响类别股股东权利事项。前述事项均与类别股股东权益具有直接利害关系，法律应注重保障类别股股东参与该类事项的决策权利。对于前述事项，本款规定，在股东会对本法第116条第3款规定的可能影响类别股股东权利事项表决时，应当经出席会议的股东所持表决权的2/3以上通过，同时还需经出席类别股股东会的股东所持表决权的2/3以上通过，满足前述两个要件时才能形成有效决议，缺一不可。

本条第2款还赋予了公司章程对需经类别股股东会决议的其他事项作出规定的权利。但是，公司章程应该规定哪些特别事项，实际上是把双刃剑。股东会和类别股股东会形成的双重表决机制，无疑会延长决策时间，降低决策效率，且议案是否通过将主要取决于类别股股东的表决结果，易诱发类别股股东的机会主义行为。例如，依据《优先股试点管理办法》第 10 条规定，须经优先股股东单独表决的事项包括：修改公司章程中与优先股相关的内容，一次或累计减少公司注册资本超过 10%，公司合并、分立、解散或变更公司形式，发行优先股等。此皆为与类别股股东权益直接相关事项。因此，公司章程作为扩张分类表决适用范围的通道，仍应坚持该事项"与类别股股东权益具有直接利害关系"。对于公司章程中载明的需分类表决的事项，亦应由公司章程明确规定普通股股东会决议和类别股股东会决议通过的比例。

> **第一百四十七条　【记名股票】**
> 公司的股份采取股票的形式。股票是公司签发的证明股东所持股份的凭证。
> 公司发行的股票，应当为记名股票。

◆ **条文主旨**

本条规定了公司股份的形式以及记名股票。

◆ **修改情况**

本条整合了 2018 年《公司法》第 125 条和第 129 条第 1 款的规定，并删除了无记名股票的规定。之所以要求所有股票记名，《公司法（修订草案）》审议说明指出，是按照反洗钱有关要求，并根据我国股票发行的实际情况作出的。

◆ **条文注释**

股票与股份互为表里，股票是股份的表现形式，股份是股票的价值内容。

根据本条第1款规定，股票是公司签发的证明股东所持股份的凭证。股票具有如下法律特征：（1）股票是一种证权证券，证明股东因出资取得的股份。（2）股票是一种有价证券。股票的价值在于股份的价值，权利随证券转移而转移，股票持有人有权取得该股票所标示的权利。（3）股票是一种要式证券。股票必须记载一定事项，由公司法定代表人签名、公司盖章才能发行，否则不发生法律效力。（4）股票是一种流通证券。股票可以公开发行并自由转让，可在不同投资者之间进行交易，也可以质押。

根据本条第2款规定，股份有限公司发行的股票应当是记名股票。记名股票是指股票上记载有股东姓名或者名称，由股票上记载的股东行使股东权利，其他人即使合法持有该股票，也不具有股东资格，无法行使股东权利。依据本法第159条规定，记名股票由股东以背书方式或者法律、行政法规规定的其他方式转让；转让后由公司将受让人的姓名或者名称及住所记载于股东名册。且记名股票被盗、遗失或者灭失，股东可以依据《民事诉讼法》规定的公示催告程序，请求人民法院宣告该股票失效，人民法院宣告该股票失效后，股东可以向公司申请补发股票。公司召开股东会进行分红等事项，需要直接通知记名股票上的股东。

◆ 案例指引

【典型案例】河南一恒贞珠宝股份有限公司与北京金一文化发展股份有限公司股东资格确认纠纷上诉案（最高人民法院（2020）最高法民终1178号，全国法院系统2021年度优秀案例）

裁判要旨

从2018年《公司法》的规定层面分析。根据2018年《公司法》第125条规定，股份有限公司的资本划分为股份，每一股的金额相等。公司的股份采取股票的形式。股票是公司签发的证明股东所持有股份的凭证。第 128 条规定："股票采用纸面形式或者国务院证券监督管理机构规定的其他形式。股票应当载明下列主要事项：（一）公司名称；（二）公司成立日期；（三）股票种类、票面金额及代表的股份数；（四）股票的编号。"第 129 条规定，公司发行的股票，可以为记名股票，也可以为无记名股票。公司向发起人、法人发行的股票，应当为记名股票，并应当记载该发起人、法人的名称或者姓名，不得另立户名或者以代表人姓名记名。第 130 条第 1 款规定："公司发行记名股票的，应当置备股东名册，记载下列事项：（一）股东的姓名或者名称及住所；（二）各股东所持股份数；（三）各股东所持股票的编号；（四）各股东取得股份的日期。"第 136 条规定，公司发行新股募足股款后，必须向公司登记机关办理变更登记，并公告。根据上述规定，股份有限公司有为股东签发股票、置备股东名册的义务，股票是股东持有公司股份的凭证。股东取得完整无瑕疵的股东资格和股东权利，需要符合出资等实质要件和对股东出资的登记、证明等形式要件。投资人向公司认购股份后，具备了成为公司股东的实质要件，但股东权利和股东资格的取得还要经过一定外在形式予以公示，公示以后才能确保权利的顺利行使。金一公司虽然支付了股份认购款，但是认购股份未进行登记公示，不能享有完整的股东权利。

第一百四十八条 【面额股股票的发行价格】

面额股股票的发行价格可以按票面金额，也可以超过票面金额，但不得低于票面金额。

◆ 条文主旨

本条规定了面额股股票的发行价格。

◆ **修改情况**

本条对 2018 年《公司法》第 127 条未作修改。

◆ **条文注释**

股份有限公司发行面额股和无面额股时，均须确定股票的发行价格。不同的是，面额股存在股份发行价格的面额限制。根据股票发行价格和股票面额的关系，可以分为以下三种：（1）平价发行，即股票的发行价格与股票的票面价格相同。（2）溢价发行，即股票的发行价格高于股票的票面价格。（3）折价发行，即股票的发行价格低于股票的票面价格。

根据本条规定，本法只允许平价发行和溢价发行，不允许折价发行。之所以禁止折价发行，是因为折价发行将导致筹集到的资金低于其发行的资本数额，导致发行完成时公司资产即低于注册资本，损害公司及股东的利益，也不利于公司债权人的保护。如果公司选择发行无面额股，因为不存在股票面额，则不存在折价发行问题。

在实践中，面额股发行通常采取溢价发行方式，其发行价格可以通过询价的方式确定，也可以由发行人与承销的证券公司协商确定。依据《证券发行与承销管理办法》第 5 条规定，"首次公开发行证券，可以通过询价的方式确定证券发行价格，也可以通过发行人与主承销商自主协商直接定价等其他合法可行的方式确定发行价格。首次公开发行证券通过询价方式确定发行价格的，可以初步询价后确定发行价格，也可以在初步询价确定发行价格区间后，通过累计投标询价确定发行价格"。注册资本为股票面额与发行股份数之乘积。溢价发行所得，通常用来支付发行费用，剩余部分列为公司资本公积金。

◆ **关联规范**

《优先股试点管理办法》（2023 年修订）

第 32 条　优先股每股票面金额为一百元。

优先股发行价格和票面股息率应当公允、合理，不得损害股东或其他利益相关方的合法利益，发行价格不得低于优先股票面金额。

向不特定对象发行优先股的价格或票面股息率以市场询价或中国证监会认可的其他公开方式确定。向特定对象发行优先股的票面股息率不得高于最近两个会计年度的年均加权平均净资产收益率。

第一百四十九条　【股票载明的事项】

股票采用纸面形式或者国务院证券监督管理机构规定的其他形式。

股票采用纸面形式的，应当载明下列主要事项：

（一）公司名称；

（二）公司成立日期或者股票发行的时间；

（三）股票种类、票面金额及代表的股份数，发行无面额股的，股票代表的股份数。

股票采用纸面形式的，还应当载明股票的编号，由法定代表人签名，公司盖章。

发起人股票采用纸面形式的，应当标明发起人股票字样。

◆ **条文主旨**

本条规定了股票的形式及其记载事项。

◆ **修改情况**

本条在 2018 年《公司法》第 128 条的基础上，增加规定了发行无面额股份时股票的记载事项。

◆ **条文注释**

根据本条第 1 款规定，股份有限公司发行的股票应当采取纸面形式或者国务院证券监督管理机构规定的其他形式。传统的股票采取纸面形式，即实物券式的股票。随着电子技术的运用，股票开始无纸化，以登记结算机构所记载的电子信息作为股权凭证。我国《证券法》第 150 条第 1 款规定："在证券交易所或者国务院批准的其他全国性证券交易场所交易的证券，应当全部存管在证券登记结算机构。"前述证券以簿记形式在中国证券登记结算有限责任公司集中存管。此外，根据本款规定，股票采取纸面形式以外的其他形式的，应当符合国务院证券监督管理机构的规定。

股票是一种要式有价证券，其形式和记载内容必须符合法律规定，才具有法律效力。根据本条第 2 款规定，纸质股票的记载事项包括以下几种：（1）公司名称；（2）公司成立日期或者股票发行的时间；（3）股票种类、票面金额及代表的股份数，发行无面额股的，股票代表的股份数。

本条第 3 款要求采用纸面形式的股票必须载明股票的编号，并由公司的法定代表人签名，公司盖章。

本条第 4 款规定，公司发起人股票采用纸面形式的，应当标明发起人股票的字样。之所以作此规定，是因为发起人身份特别，需要承担本法所规定的发起人责任。予以标明，以示区分。

◆ **关联规范**

1.《证券法》（2019 年修订）

第 39 条　【证券形式】证券交易当事人买卖的证券可以采用纸

面形式或者国务院证券监督管理机构规定的其他形式。

2.《证券登记结算管理办法》(2022年修订)

第2条 在证券交易所和国务院批准的其他全国性证券交易场所（以下统称证券交易场所）交易的股票、债券、存托凭证、证券投资基金份额、资产支持证券等证券及证券衍生品种（以下统称证券）的登记结算，适用本办法。证券可以采用纸面形式、电子簿记形式或者中国证券监督管理委员会（以下简称中国证监会）规定的其他形式。

未在证券交易场所交易的证券，委托证券登记结算机构办理证券登记结算业务的，证券登记结算机构参照本办法执行。

境内上市外资股、存托凭证、内地与香港股票市场交易互联互通等的登记结算业务，法律、行政法规、中国证监会另有规定的，从其规定。

> **第一百五十条　【股票交付】**
> 股份有限公司成立后，即向股东正式交付股票。公司成立前不得向股东交付股票。

◆ **条文主旨**

本条规定了股票交付的规则。

◆ **修改情况**

本条对2018年《公司法》第132条未作修改。

◆ **条文注释**

股票是股份有限公司成立后以公司名义发行的，公司未正式登记成立前，尚无法人资格，无权发行股票，故需等待公司成立后交付股票。由于股票具有流通性，如果公司在成立前交付股票，一旦股票进入市场而公司又因种种原因无法成立，将导致权利纠纷，严重扰乱市场秩序。公司成立后，股份有限公司应立即向股东交付股票，迟延交付将影响股东权利之行使，损害股东权益。

第一百五十一条　【发行新股的决议】

公司发行新股，股东会应当对下列事项作出决议：

（一）新股种类及数额；

（二）新股发行价格；

（三）新股发行的起止日期；

（四）向原有股东发行新股的种类及数额；

（五）发行无面额股的，新股发行所得股款计入注册资本的金额。

公司发行新股，可以根据公司经营情况和财务状况，确定其作价方案。

◆ **条文主旨**

本条规定了公司发行新股的股东会决议。

◆ **修改情况**

在 2018 年《公司法》第 133 条的基础上，为了配合无面额股制度的引入，本条新增了"发行无面额股的，新股发行所得股款计入注册资本的金额"。同时，本条还合并了 2018 年《公司法》第 135 条的规定。

◆ **条文注释**

公司发行新股是指公司在成立之后发行股份的行为，其发行主体为已经设立的公司。公司发行新股系属于增加注册资本事项，依据本法规定，公司注册资本变动应当经股东会决议。通过发行新股，公司可以实现增加注册资本、调整股权结构等目的。公司新股发行包括公开发行和非公开发行两种方式，其中对于向特定对象的非公开发行，应遵循本条规定由股东会决议相关事项；向社会公开募集的公开发行，还应当符合证券法的相关规定。

根据本条第 1 款规定，公司发行新股，应经股东会决议的事项有：

（1）新股的种类及数额。本法第 144 条引入了类别股制度。在股东会决议发行股份时，应当确定本次发行的股份类型，究竟是普通股还是类别股。如果决定发行类别股，需确定类别股的内容，比如复数表决权股的表决权倍数。

（2）新股发行价格。在发行面额股时，股东会须对此次新股发行是平价发行还是溢价发行，具体的发行价格作出决议。在发行无面额股时，虽然不涉及平价发行或溢价发行的问题，但仍需要确定新股发行价格。

（3）新股发行的起止日期。股东会须对此次新股发行的发行期限作出决议。依照《证券法》第 33 条规定，股票发行采用代销方式，代销期限届满，向投资者出售的股票数量未达到拟公开发行股票数量 70% 的，为发行失败。

（4）向原有股东发行新股的种类及数额。根据本法第 227 条规定，与有限公司不同，股份有限公司为增加资本发行新股时，股东不享有优先认购权，公司章程另有规定或者股东会决议赋予股东优先认购权的除外。据此，股东会可以根据章程规定或者通过股东会决议确定向原有股东发行新股的种类及数额。在公司章程或股东会决议没有赋予股东优先认购权的情况下，也可以决议不向原有股东发行新股。

(5) 发行无面额股的,新股发行所得股款计入注册资本的金额。依据本法第142条第3款规定,采用无面额股的,应当将发行股份所得股款的1/2以上计入注册资本。但发行无面额股后计入注册资本的具体数额应当由股东会决议,但不得低于所得股款的1/2。

本条第2款规定,股份有限公司发行新股时,可以根据公司的经营情况和财务状况确定作价方案。在实践中,公司需要考虑的因素包括但不限于公司的经营情况、财务状况、发展前景等。通过公开发行的方式发行新股的,还需考虑股票市场的行情、走势、市盈率等情况。股份有限公司发行新股所确定的作价方案,需要确保新股的发行价格能够为投资者接受,吸引到足够的投资者以募集到公司需要的资金。

◆ 关联规范

《证券法》(2019年修订)

第13条 【新股发行文件】公司公开发行新股,应当报送募股申请和下列文件:

(一) 公司营业执照;

(二) 公司章程;

(三) 股东大会决议;

(四) 招股说明书或者其他公开发行募集文件;

(五) 财务会计报告;

(六) 代收股款银行的名称及地址。

依照本法规定聘请保荐人的,还应当报送保荐人出具的发行保荐书。依照本法规定实行承销的,还应当报送承销机构名称及有关的协议。

第14条 【募股资金用途】公司对公开发行股票所募集资金,必须按照招股说明书或者其他公开发行募集文件所列资金用途使用;

改变资金用途，必须经股东大会作出决议。擅自改变用途，未作纠正的，或者未经股东大会认可的，不得公开发行新股。

> **第一百五十二条　【授权发行股份】**
> 　　公司章程或者股东会可以授权董事会在三年内决定发行不超过已发行股份百分之五十的股份。但以非货币财产作价出资的应当经股东会决议。
> 　　董事会依照前款规定决定发行股份导致公司注册资本、已发行股份数发生变化的，对公司章程该项记载事项的修改不需再由股东会表决。

◆ **条文主旨**

本条规定了授权发行股份的方式和限制。

◆ **修改情况**

本条为2023年《公司法》修订的重要新增条款，是授权资本制最为核心的条款。

◆ **条文注释**

一、条文背景

公司资本制度通常被归纳为法定资本制和授权资本制两种基本类型。法定资本制是指公司设立时，必须在章程中对公司的资本总额作出规定，并由股东全部认足，否则公司不能成立的公司资本制度。授权资本制是指公司设立时，在公司章程中确定股份总数，不必全部发行，发起人只要认购部分股份，公司即可成立；未发行部分，授权董事会根据需要，在公司成立后随时募集的公司资本制度。

我国1993年《公司法》实行严格的法定资本制，要求公司资本在公司设立时必须全部缴足，并设定了最低注册资本限额。2005年《公司法》修订，要求公司资本在公司设立时必须全部认足，但可以在3年或5年内分次缴付，2013年《公司法》修订，取消了缴付年限等限制，这一制度被称为"认缴资本制"，即公司设立时，公司章程记载公司资本总额，并由股东全额认购，按照约定的期限分期缴纳股款的制度。

认缴资本制与授权资本制都允许公司资本在设立时不必全部缴足，便于公司设立。与认缴资本制相比，在授权资本制下，公司在登记机关登记实收资本总额，更能反映公司资本情况；公司成立后可以由董事会根据需要随时增加资本，不必修改公司章程，也不必受认缴资本制下股东约定缴资时间的限制，股份的发行对象也不限于现有股东，节约公司运营成本；公司每次发行的股份均应缴足，可以避免或减少在认缴资本制下，股东因各种事由不履行出资义务引发的纠纷和诉讼。

2021年12月的《公司法（修订草案）》审议说明指出，为提高投融资效率并维护交易安全，深入总结企业注册资本制度改革成果，吸收借鉴国外公司法律制度经验，丰富完善公司资本制度。因此，在股份有限公司中引入授权资本制，即股份有限公司设立时只需发行部分股份，公司章程或者股东会可以作出授权，由董事会根据公司运营的实际需要决定发行剩余股份。这样既方便股份有限公司设立，又给予了公司发行新股筹集资本的灵活性，并且能够减少公司注册资本虚化等问题的发生。

新股发行事项纳入董事会商业决策范畴，董事会可充分发挥其高效决策的优势，满足公司融资灵活性的需求。同时，授权资本制的引入为反收购措施的运用提供了规范基础。在敌意收购中，部分收购方通过证券交易市场已买入一定比例的股票，能够影响甚至决定股东会的表决结果，收购方可利用股东表决权否决新股发行议案。

在授权资本制之下，董事会依据授权可自主决定新股发行，无须提交股东会审议，可以通过发行新股的方式稀释收购方股份比例或者引入其他投资者。

二、规范要旨

1. 授权资本制的规范性质与授权方式

本条规定以任意性规范模式引入了授权资本制，赋予公司在法定资本制和授权资本制两种发行模式间自主选择的权利。因此，对于股份有限公司而言，是否选择授权资本制模式完全由公司自主选择。如果公司章程未置入授权发行条款，则仍然采取法定资本制模式。

在授权方式上，股份有限公司实行授权资本制须经公司章程或股东会授权。依据本法第 67 条规定，公司法赋予董事会的法定职权中并不包含发行公司股份的权利，因此，董事会决定发行一定数量股份的权利源自公司章程或股东会授权。从授权来源来看，公司章程或股东会决议任一形式均可予以授权。

2. 授权资本制的授权限制

本条对授权发行设定了两个方面的限制：

（1）期限限制。公司章程或者股东会可以授权董事会的最长期限为 3 年，具体期限由公司章程或股东会授权的具体内容决定，但 3 年为法定限制，不得突破，否则不产生相应的法律效力。

（2）比例限制。授权董事会决定发行股份的最高比例为不得超过已发行股份 50%。授权董事会可以发行的具体股份比例应由章程规定或由股东会决议，股东应当既考虑公司未来股权融资的可能规模，也须考虑自己股权可能被稀释的限度，因此本法仅采用比例限制而非具体数额限制。对授权董事会发行股份进行比例限制，既是为了防止董事滥用新股发行权，也是为既有股东持股比例的降低设定底线，避免既有股东的股权被过度稀释。

比较而言，域外法上对决策权回归股东会的规定各异。如美国

《示范公司法》第6.21条（f）款规定，在以下情形之一发生时，董事会发行新股应当经股东会的同意：支付股份的对价是现金以外的其他形式；新发行的股份所代表表决权超过当前流通股份代表表决权的20%。《特拉华州公司法》第251（f）条规定，发行新股超过20%要经股东会同意。日本《公司法》第206条规定，当新股发行导致公司控制权发生变化时，新股发行须经股东会表决。

（3）股份发行的出资形式限制。本条第1款第2句规定，以非货币财产作价出资的应当经股东会决议。本法规定的股东出资形式包括货币财产出资和非货币财产出资，其中货币财产出资价值明确，非货币财产出资需要评估作价，甚至会影响公司的发展规划。因此，本款对非货币财产出资的股份发行设定了董事会和股东会的双层决策限制，以保护公司利益。

鉴于本条所设定的前述限制，本法所确立的授权资本制实际上属于法定资本制基础上的许可资本制。但是，如果采法定资本制与授权资本制的二分法，本条因存在授权发行机制，也可归入授权资本之下。如前所述，立法机关在草案说明中，亦径行使用了授权资本制的概念，本书从之。

3. 授权发行后注册资本变化和章程修改

本条第2款规定，董事会依照前款规定决定发行股份导致公司注册资本、已发行股份数发生变化的，对公司章程该项记载事项的修改不需再由股东会表决。之所以作此规定，全国人民代表大会宪法和法律委员会在关于《中华人民共和国公司法（修订草案四次审议稿）》修改意见的报告（2023年12月29日）中指出，有的常委委员提出，董事会根据公司章程或者股东会授权决定发行股份，会导致公司注册资本、已发行股份数发生变化，仅因此项记载事项发生变化需要修改公司章程的，不需再由股东会表决，建议予以明确。因此，宪法和法律委员会经研究，建议采纳这一意见。

4. 授权资本制适用的公司类型

本条授权资本制条款规定于股份有限公司章节之中，仅适用于股份有限公司，不适用于有限责任公司。这是因为授权资本制下资本的发行权被授予董事会，由董事会根据公司实际经营需要发行股份，便于提高融资效率。实践中，我国绝大多数有限责任公司股东人数较少，且股东多直接参与公司经营管理，所有权与管理权不分离或者分离不明显，因此，将发行权转移给董事会并无必要，还将徒增代理成本。相较而言，股份有限公司中的上市公司、非上市公众公司等公众公司，所有权与经营权分离，更适合授权资本制发挥其制度价值。

第一百五十三条 【授权发行新股的董事会决议】

公司章程或者股东会授权董事会决定发行新股的，董事会决议应当经全体董事三分之二以上通过。

◆ **条文主旨**

本条规定了授权发行新股时的董事会决议。

◆ **修改情况**

本条为 2023 年《公司法》修订的新增条款，是授权资本制的核心条款之一。

◆ **条文注释**

在法定资本制之下，公司发行新股必须经过股东会决议、变更公司章程等程序。如果公开发行股份，还涉及注册程序，融资效率较低，甚至可能影响公司发行股份的目的实现，比如在通过发行股份阻却敌意收购时可能因效率不足而宣告失败。比较而言，授权资本制简化了新股发行的决策程序，便利公司快速发行新股，提升了融资效率，适应了市场需求。但是，赋权董事会决议也有可能引发董事的机会主义行为。因此，董事需要遵守本法第180条所规定的忠实义务和勤勉义务，否则将导致违反信义义务的法律责任。

在决策程序上，本条明确规定，只有经全体董事2/3以上通过的，董事会发行新股的决议方能通过。董事会决议采用一人一票表决规则，此处设置了绝对多数的决议通过比例，以防止董事滥用新股发行权，对股东或公司的合法权益造成损害。如果系定向发行股份，关联董事需要遵循回避表决程序。董事在决策时，应当基于充分的商业信息进行审慎决策。违反信义义务的行为将导致本法规定的董事责任。

对于董事会所作出的股份发行决议，如果存在本法规定的瑕疵，将导致其无效、可撤销或者不成立。例如，如果存在董事会的股份发行决议违反法律、行政法规的强制性规定，或者违反章程、股东会的授权范围，股份发行价格不公允，损害股东的优先认购权等情形，将导致股份发行决议无效。如果决议违反本法或章程所规定的程序，决议可撤销。因此，授权资本制引入之后，董事会发行股份的决议之诉将成为重要的诉讼情形。

第一百五十四条　【招股说明书】

公司向社会公开募集股份，应当经国务院证券监督管理机构注册，公告招股说明书。

招股说明书应当附有公司章程，并载明下列事项：

（一）发行的股份总数；

（二）面额股的票面金额和发行价格或者无面额股的发行价格；

（三）募集资金的用途；

（四）认股人的权利和义务；

（五）股份种类及其权利和义务；

（六）本次募股的起止日期及逾期未募足时认股人可以撤回所认股份的说明。

公司设立时发行股份的，还应当载明发起人认购的股份数。

◆ 条文主旨

本条规定了公司公开募集股份时的招股说明书。

◆ 修改情况

本条在2018年《公司法》第134条和第85条的基础上作出如下修改：

一是根据2019年《证券法》修订引入注册制，将本条第1款规定相应修改为"经国务院证券监督管理机构注册"。

二是根据无面额股制度的引入，要求载明无面额股的发行价格；根据类别股的引入，要求载明股份种类及其权利和义务。

三是删除了2018年《公司法》第85条规定的向社会公开募集股份的公司必须制作认股书的要求。

四是删除了2018年《公司法》第134条要求的公告财务会计报告。

◆ 条文注释

根据本条第1款规定，股份有限公司向社会公开募集股份，必须经国务院证券监督管理机构注册，同时制作招股说明书并公告，以便公众投资者全面了解相关信息。我国《证券法》第86条规定，依法披露的信息，应当在证券交易场所的网站和符合国务院证券监督管理机构规定条件的媒体发布，同时将其置备于公司住所、证券交易场所，供社会公众查阅。因此，公司公告招股说明书应遵守前述规定。

本条第2款规定了招股说明书应当附有公司章程，以及所应当载明的事项：

（1）发行的股份总数，即本次发行中募集的股份总数，代表了发行规模。

（2）面额股的票面金额和发行价格或者无面额股的发行价格。公司发行面额股的，应当载明股票面额和发行价格；发行无面额股的，无须载明股票面额，但应当载明发行价格。

（3）募集资金的用途。招股说明书中应当载明所募资金的用途，其直接与投资风险相关。招股说明书所载明的募集资金用途，具有法律约束力，公司不得擅自改变资金用途。我国《证券法》第14条规定："公司对公开发行股票所募集资金，必须按照招股说明书或者其他公开发行募集文件所列资金用途使用；改变资金用途，必须经股东大会作出决议。擅自改变用途，未作纠正的，或者未经股东大会认可的，不得公开发行新股。"

（4）认股人的权利和义务。认股人的权利包括要求代收股款的银行出具收款单据的权利、参加成立大会并依法行使表决权的权利、要求未按期募足股份或者未按期召开成立大会的发起人依法返还其股款及同期银行存款利息的权利等。认股人的义务包括按照所认股数缴纳股款的义务、不得擅自抽回其股本的义务等。

（5）股份种类及其权利和义务。发行类别股的，应当在招股说明书中明确类别股的权利和义务内容，以便投资者作出合理判断。

（6）本次募股的起止日期及逾期未募足时认股人可以撤回所认购股份的说明。本次募股的起止日期，是指本次募股的开始时间及结束时间，股份募集应在指定时间内实施。逾期未募足时认股人可以撤回所认购股份的说明，是指在公司逾期未募足的特殊情形下认股人有权撤回其认购，请求返还所缴纳股款等事项。

前述信息不得有所遗漏，以保障社会公众在对公司的情况有全面了解的基础上，作出是否认购股份的决定。

本条第 3 款规定，公司在设立时发行股份的，还应当载明发起人认购的股份数。具体包括发起人所认购股份的总额，以及每个发起人所认购的股份数额，以便社会公众投资者了解发起人的出资情况。

◆ 关联规范

1.《民法典》(2021 年 1 月 1 日起施行)

第 473 条　【要约邀请】要约邀请是希望他人向自己发出要约的表示。拍卖公告、招标公告、招股说明书、债券募集办法、基金招募说明书、商业广告和宣传、寄送的价目表等为要约邀请。

商业广告和宣传的内容符合要约条件的，构成要约。

2.《证券法》(2019 年修订)

第 24 条　【欺诈发行】国务院证券监督管理机构或者国务院授权的部门对已作出的证券发行注册的决定，发现不符合法定条件或者法定程序，尚未发行证券的，应当予以撤销，停止发行。已经发行尚未上市的，撤销发行注册决定，发行人应当按照发行价并加算银行同期存款利息返还证券持有人；发行人的控股股东、实际控制人以及保荐人，应当与发行人承担连带责任，但是能够证明自己没有过错的除外。

股票的发行人在招股说明书等证券发行文件中隐瞒重要事实或者编造重大虚假内容，已经发行并上市的，国务院证券监督管理机构可以责令发行人回购证券，或者责令负有责任的控股股东、实际控制人买回证券。

3.《刑法》(2023年修正)

第 160 条 【欺诈发行证券罪】在招股说明书、认股书、公司、企业债券募集办法等发行文件中隐瞒重要事实或者编造重大虚假内容,发行股票或者公司、企业债券、存托凭证或者国务院依法认定的其他证券,数额巨大、后果严重或者有其他严重情节的,处五年以下有期徒刑或者拘役,并处或者单处罚金;数额特别巨大、后果特别严重或者有其他特别严重情节的,处五年以上有期徒刑,并处罚金。

控股股东、实际控制人组织、指使实施前款行为的,处五年以下有期徒刑或者拘役,并处或者单处非法募集资金金额百分之二十以上一倍以下罚金;数额特别巨大、后果特别严重或者有其他特别严重情节的,处五年以上有期徒刑,并处非法募集资金金额百分之二十以上一倍以下罚金。

单位犯前两款罪的,对单位判处非法募集资金金额百分之二十以上一倍以下罚金,并对其直接负责的主管人员和其他直接责任人员,依照第一款的规定处罚。

第一百五十五条 【证券承销】

公司向社会公开募集股份,应当由依法设立的证券公司承销,签订承销协议。

◆ 条文主旨

本条规定了公开募集股份时的证券承销。

◆ **修改情况**

本条将 2018 年《公司法》第 87 条中的"发起人"修改为"公司"。

◆ **条文注释**

根据本条规定，股份有限公司向社会公开募集股份，只能采取由证券公司承销的方式，不能自行发售股份。承销包括代销和包销两种方式。代销是指证券公司代理发行人发售股票，在承销期结束时，将未售出的股票全部退还给股份有限公司的承销方式。包销是指证券公司按照承销协议将股份有限公司的股票全部购入或者在承销期结束时将售后剩余股票全部自行购入的承销方式，包括全额包销和余额包销。之所以规定公开募集股份时证券承销的要求，是因为向社会公开募集股份，涉及投资者人数众多，经由证券公司承销证券，可以通过证券公司对发行文件的真实性、准确性、完整性进行核查，有利于保护公众投资者。

根据《证券法》第 27 条的规定，公开发行证券的发行人有权依法自主选择承销的证券公司。根据《证券法》第 28 条的规定，证券公司承销证券，应当同发行人签订代销或者包销协议，载明下列事项：(1) 当事人的名称、住所及法定代表人姓名；(2) 代销、包销证券的种类、数量、金额及发行价格；(3) 代销、包销的期限及起止日期；(4) 代销、包销的付款方式及日期；(5) 代销、包销的费用和结算办法；(6) 违约责任；(7) 国务院证券监督管理机构规定的其他事项。同时，《证券法》第 31 条第 1 款规定，证券的代销、包销最长不得超过 90 日。对于这些法定应当载明的事项，股份有限公司在与证券公司签订承销协议时，应当在承销协议中予以载明。

◆ **关联规范**

《证券法》(2019 年修订)

第 26 条 【证券承销】发行人向不特定对象发行的证券,法律、行政法规规定应当由证券公司承销的,发行人应当同证券公司签订承销协议。证券承销业务采取代销或者包销方式。

证券代销是指证券公司代发行人发售证券,在承销期结束时,将未售出的证券全部退还给发行人的承销方式。

证券包销是指证券公司将发行人的证券按照协议全部购入或者在承销期结束时将售后剩余证券全部自行购入的承销方式。

第 27 条 【承销公司选择】公开发行证券的发行人有权依法自主选择承销的证券公司。

第 28 条 【承销协议】证券公司承销证券,应当同发行人签订代销或者包销协议,载明下列事项:

(一) 当事人的名称、住所及法定代表人姓名;

(二) 代销、包销证券的种类、数量、金额及发行价格;

(三) 代销、包销的期限及起止日期;

(四) 代销、包销的付款方式及日期;

(五) 代销、包销的费用和结算办法;

(六) 违约责任;

(七) 国务院证券监督管理机构规定的其他事项。

第 29 条 【承销活动准则】证券公司承销证券,应当对公开发行募集文件的真实性、准确性、完整性进行核查。发现有虚假记载、误导性陈述或者重大遗漏的,不得进行销售活动;已经销售的,必须立即停止销售活动,并采取纠正措施。

证券公司承销证券,不得有下列行为:

(一) 进行虚假的或者误导投资者的广告宣传或者其他宣传推介

活动；

（二）以不正当竞争手段招揽承销业务；

（三）其他违反证券承销业务规定的行为。

证券公司有前款所列行为，给其他证券承销机构或者投资者造成损失的，应当依法承担赔偿责任。

第 30 条　【承销团】向不特定对象发行证券聘请承销团承销的，承销团应当由主承销和参与承销的证券公司组成。

第 31 条　【承销期限】证券的代销、包销期限最长不得超过九十日。

证券公司在代销、包销期内，对所代销、包销的证券应当保证先行出售给认购人，证券公司不得为本公司预留所代销的证券和预先购入并留存所包销的证券。

第 32 条　【发行价格】股票发行采取溢价发行的，其发行价格由发行人与承销的证券公司协商确定。

第 33 条　【发行失败】股票发行采用代销方式，代销期限届满，向投资者出售的股票数量未达到拟公开发行股票数量百分之七十的，为发行失败。发行人应当按照发行价并加算银行同期存款利息返还股票认购人。

第 34 条　【发行备案】公开发行股票，代销、包销期限届满，发行人应当在规定的期限内将股票发行情况报国务院证券监督管理机构备案。

第一百五十六条　【代收股款】

公司向社会公开募集股份，应当同银行签订代收股款协议。

> 代收股款的银行应当按照协议代收和保存股款，向缴纳股款的认股人出具收款单据，并负有向有关部门出具收款证明的义务。
>
> 公司发行股份募足股款后，应予公告。

◆ **条文主旨**

本条规定了公开募集股份的代收股款规则。

◆ **修改情况**

本条将2018年《公司法》第88条中的"发起人"修改为"公司"。

◆ **条文注释**

根据本条第1款的规定，证券公司承销股票所得的股款，应当通过银行代收。之所以作此规定，是为了便于隔离风险，以及及时核查股款缴纳情况。

代收股款的行为是一项合同行为，由股份有限公司与银行签订代收股款协议，明确权利义务。根据本条第2款规定，银行应承担的义务有三项：（1）按照协议代收和保存股款。（2）向缴纳股款的认股人出具收款单据。（3）向有关部门出具收款证明。

为方便公众投资者、公司债权人等了解公司股份发行情况，本条第3款规定了公司在发行股份募足股款后，还应承担公告义务。

第二节　股份转让

第一百五十七条　【股份转让的一般规定】
股份有限公司的股东持有的股份可以向其他股东转让，也可以向股东以外的人转让；公司章程对股份转让有限制的，其转让按照公司章程的规定进行。

◆ 条文主旨

本条规定了股份有限公司股份转让的一般规定。

◆ 修改情况

本条在 2018 年《公司法》第 137 条的基础上，新增了股份有限公司的公司章程可以设定股份转让限制。

◆ 条文注释

我国原《公司法》未规定股份有限公司章程是否可以限制股份转让，实践中产生了诸多争议。对于股份有限公司章程中的限制股份转让条款是否有效，司法实践中的认识不一。原《公司法》之所以未作规定，是因为股份有限公司被预设为大型、公开型的公司，特别是早期立法在资本限额、机构设置等层面设置了区别于有限责任公司的规则，故立法未涉及股份转让限制的条款。但是，随着《公司法》历次修改后，股份有限公司的设立门槛不断降低，最低注册资本在 2013 年《公司法》修订后也被取消，股份有限公司也开始呈现出分化发展的趋势。

根据国家市场监督管理总局的统计，截至 2023 年底，沪深京三市上市公司共计 5300 余家，包括主板、中小企业板、创业板和科创板块,总市值77万亿元,居全球第二位;全国中小企业股份转让系统挂牌公司合计6200多家;34家区域性股权市场挂牌企业合计1.11万家股份有限公司。对于股东累计超过200人、股票公开转让但未在证券交易所公开上市的股份有限公司,证监会制定了包括《非上市公众公司监督管理办法》《非上市公众公司信息披露管理办法》等一系列监管规则,从而创设了介于上市公司与封闭性股份有限公司之间的非上市公众公司规则。从监管制度层面,我国股份有限公司已经分化为上市公司、非上市公众公司、非公众股份有限公司三种类型,并受到监管规则的差序规制。但是,上市公司和非上市公众公司在股份有限公司数量中仅为冰山一角。全国50多万家股份有限公司中,除了前述公开型公司之外,绝大多数股份有限公司是小型化、封闭性强的公司。

基于前述数据,我国股份有限公司中的绝对多数也呈现出所有权与管理权高度重合的现象,在股东构成上也呈现出相当的封闭性,故而,允许其章程设定股份转让限制有其合理性。因此,本条新增了股份有限公司的公司章程可以规定股份转让的限制性规则。

需要注意的是,本条规定不同于本法第144条所规定的类别股中的转让受限股。股份有限公司限制股权转让的渠道有二:一是发行不同于普通股的转让受限股份;二是通过章程规定限制股份转让的规则。本法第144条规定的章程限制转让股份系类别股之一,本条则不限于类别股,可以对包括普通股在内的股份设置转让限制。

第一百五十八条 【股份转让的场所和方式】

股东转让其股份,应当在依法设立的证券交易场所进行或者按照国务院规定的其他方式进行。

◆ **条文主旨**

本条规定了股份转让的场所和方式。

◆ **修改情况**

本条未作修改。

◆ **条文注释**

股份有限公司有多种类型，包括上市公司、非上市公众公司、非公众股份有限公司，各类公司股份转让的交易场所不一，适用的规则也不相同。目前，我国主要的证券交易场所包括：

1. 证券交易所。根据《证券法》第 96 条的规定，证券交易所是为证券集中交易提供场所和设施，组织和监督证券交易，实行自律管理的法人。证券交易所的设立和解散，由国务院决定。目前，我国已设立上海证券交易所、深圳证券交易所、北京证券交易所。三个证券交易所的定位各有侧重，位于我国多层次资本市场中的金字塔尖。上海证券交易所于 1990 年 11 月 26 日成立，同年 12 月 18 日开业；深圳证券交易所于 1990 年 12 月 1 日成立并试营业；北京证券交易所于 2021 年 9 月 3 日注册成立，同年 11 月 15 日正式开市。北京证券交易所是经国务院批准设立的中国第一家公司制证券交易所，主要聚焦创新型中小企业，在全国股转系统连续挂牌满 12 个月即可申请，新三板精选层整体平移至北京证券交易所。

2. 全国中小企业股份转让系统。按照 2013 年 12 月国务院发布的《关于全国中小企业股份转让系统有关问题的决定》，全国中小企业股份转让系统"是经国务院批准，依据证券法设立的全国性证券交易场所，主要为创新型、创业型、成长型中小微企业发展服务"。全国股份转让系统的前身是中国证券业协会于 2001 年设立的证券公司代办股份转让系统。2013 年 1 月，全国股份转让系统在北京揭牌，由全国中小企业股份转让系统有限责任公司负责运营管理。全国股份转让系统仍沿袭称为"新三板"市场，境内符合条件的股份有限公司均可申请挂牌，在该市场交易的公司被称为"挂牌公司"。

3. 区域性股权市场。区域性股权市场是经省级人民政府批准的、为省级行政区划内中小微企业私募证券的发行转让等提供设施与服务的场所。2008年以来，为破解中小微企业融资难题，各地陆续设立了一批区域性股权市场，如北京股权交易中心、天津股权交易所等。截至目前，全国共有约40家区域性股权市场。2017年1月，国务院办公厅发布了《关于规范发展区域性股权市场的通知》（国办发〔2017〕11号）。2017年，证监会发布并实施了《区域性股权交易市场监督管理试行办法》。

4. 证券公司柜台市场。2012年12月，证监会同意中国证券业协会启动证券公司柜台市场试点工作。2014年8月，中国证券业协会发布了《证券公司柜台市场管理办法（试行）》，对证券公司柜台市场进行了规范。按照该管理办法的规定，证券公司柜台市场，是指证券公司在集中交易场所之外，为与特定交易对手方进行交易或为投资者进行交易提供服务的场所或平台。证券公司柜台市场由机构间私募产品报价与服务系统提供互联互通服务。

除在前述交易场所转让股份之外，本条还授权国务院可规定其他的股份转让方式。

◆ **关联规范**

《证券法》（2019年修订）

第37条 【交易场所】公开发行的证券，应当在依法设立的证券交易所上市交易或者在国务院批准的其他全国性证券交易场所交易。

非公开发行的证券，可以在证券交易所、国务院批准的其他全国性证券交易场所、按照国务院规定设立的区域性股权市场转让。

第 96 条 【证券交易场所的法律地位和适用规则】证券交易所、国务院批准的其他全国性证券交易场所为证券集中交易提供场所和设施,组织和监督证券交易,实行自律管理,依法登记,取得法人资格。

证券交易所、国务院批准的其他全国性证券交易场所的设立、变更和解散由国务院决定。

国务院批准的其他全国性证券交易场所的组织机构、管理办法等,由国务院规定。

第 98 条 【区域性股权市场】按照国务院规定设立的区域性股权市场为非公开发行证券的发行、转让提供场所和设施,具体管理办法由国务院规定。

第一百五十九条 【股票的转让】

股票的转让,由股东以背书方式或者法律、行政法规规定的其他方式进行;转让后由公司将受让人的姓名或者名称及住所记载于股东名册。

股东会会议召开前二十日内或者公司决定分配股利的基准日前五日内,不得变更股东名册。法律、行政法规或者国务院证券监督管理机构对上市公司股东名册变更另有规定的,从其规定。

◆ **条文主旨**

本条规定了股票的转让规则。

◆ **修改情况**

本条对 2018 年《公司法》第 139 条进行了调整,配合无记名股票的取消,将本条的规范对象由记名股票调整为股票。同时,本条相应将"股东大会"修改为"股东会"。

◆ **条文注释**

根据本法第 147 条规定,股份有限公司只能发行记名股票。记名股票转让的方式包括背书或法律、行政法规规定的其他方式转让。据此规定,背书是记名股票转让的法定形式之一。所谓背书,是指通过在股票背面或者粘单上记载转让人和受让人的名称或者姓名,以实现股票转让的行为。当前,我国上市公司交易的股票采取无纸化的簿记券式,即以在证券登记结算机构记载股票账户的方式进行存管和交割,不印制纸质股票。

本条第 2 款第 1 句规定,股东会召开前 20 日内或者公司决定分配股利的基准日前 5 日内,不得进行前款规定的股东名册的变更登记。股东会召开或公司决定分配股利之前,需要确定公司的股东范围,否则难以进行会议通知等程序事项,也无法制订具体的股利分配方案。因此,本款规定,股份有限公司在股东会召开前 20 日内或公司决定分配股利的基准日前 5 日内,不得变更股东名册。在此期间,即使发生了股份转让,股东名册也不得变更,仍由原股东参加股东会,或者接受股利分配。涉及股东名册锁定期间股利分配的归属问题时,股份受让人可以向原股东请求返还部分股利。

本条第 2 款第 2 句规定,法律、行政法规或者国务院证券监督管理机构对上市公司股东名册变更另有规定的,从其规定。根据《证券法》第 147 条规定,证券登记结算机构负责证券持有人名册登记。同时,该法第 151 条第 1 款规定,证券登记结算机构应当向证券发行人提供证券持有人名册及有关资料。

◆ 案例指引

【典型案例】展星国际融资租赁有限公司诉农银国际企业管理有限公司案外人执行异议之诉纠纷案（北京市第四中级人民法院（2021）京04民初190号，北京法院2022年优秀裁判文书）

裁判要旨

从法律、部门规章等规定出发，未见相关主体就案涉股权办理了转让手续，亦未见有向金融管理部门申请办理股权变更的审批事宜，案涉股权的权属并未发生转移。2018年《公司法》第125条规定，股份有限公司的资本划分为股份，每一股的金额相等。公司的股份采取股票的形式。股票是公司签发的证明股东所持股份的凭证。该法第129条规定，公司发行的股票，可以为记名股票，也可以为无记名股票。公司向发起人、法人发行的股票，应当为记名股票，并应当记载该发起人、法人的名称或者姓名，不得另立户名或者以代表人姓名记名。该法第139条第1款规定，记名股票，由股东以背书方式或者法律、行政法规规定的其他方式转让；转让后由公司将受让人的姓名或者名称及住所记载于股东名册。由此可见，非上市股份有限公司采取记名股票形式的股份，其权属的转移应当自受让人情况记载于股东名册时发生效力。展星公司认可其未被记入华运金融公司的股东名册。除上述法律规定外，《金融租赁公司管理办法》第19条规定："金融租赁公司有下列变更事项之一的，须报经银监会或其派出机构批准：……（五）变更股权或调整股权结构……"展星公司认可所谓案涉股权的转让并未经相关金融管理部门的批准。展星公司称案涉股权为其所有，缺乏事实和法律依据，本院不予支持。

> **第一百六十条　【股份转让限制】**
> 公司公开发行股份前已发行的股份,自公司股票在证券交易所上市交易之日起一年内不得转让。法律、行政法规或者国务院证券监督管理机构对上市公司的股东、实际控制人转让其所持有的本公司股份另有规定的,从其规定。
> 公司董事、监事、高级管理人员应当向公司申报所持有的本公司的股份及其变动情况,在就任时确定的任职期间每年转让的股份不得超过其所持有本公司股份总数的百分之二十五;所持本公司股份自公司股票上市交易之日起一年内不得转让。上述人员离职后半年内,不得转让其所持有的本公司股份。公司章程可以对公司董事、监事、高级管理人员转让其所持有的本公司股份作出其他限制性规定。
> 股份在法律、行政法规规定的限制转让期限内出质的,质权人不得在限制转让期限内行使质权。

◆ 条文主旨

本条规定股份转让的限制规则。

◆ 修改情况

本条对 2018 年《公司法》第 141 条规定进行了如下修改:

一、本条第 1 款第 1 句删除关于"发起人持有的本公司股份,自公司成立之日起一年内不得转让"的要求;

二、本条第 1 款第 2 句新增"法律、行政法规或者国务院证券监督管理机构对上市公司的股东、实际控制人转让其所持有的本公司股份另有规定的,从其规定";

三、本条第 2 款明确了任职期间的确定方式，即"就任时确定的任职期间"；

四、本条第 3 款新增要求"股份在法律、行政法规规定的限制转让期限内出质的，质权人不得在限制转让期限内行使质权"。

◆ **条文注释**

股份有限公司的股份以自由转让为原则，但基于特定事由，法律或章程可以另设限制。本条规定了以下股份转让限制规则：

1. 对公开发行股份前公司发行股份的转让限制。公司公开发行股份前已发行的股份，也称原始股，自公司股票在证券交易所上市交易之日起 1 年内不得转让。之所以作此规定，一方面是为了避免原始股股东大量抛售股份，扰乱证券市场秩序，影响公司正常经营。另一方面，也是为了维持公司上市后的股权结构稳定，避免对公司治理的稳定性造成冲击。

2. 对控股股东、实际控制人的股份转让限制。譬如，上海证券交易所、深圳证券交易所股票上市规则中还规定了承诺锁定期制度，即发行人提出首次公开发行股票上市申请时，控股股东和实际控制人应当承诺，自发行人股票上市之日起 36 个月内，不转让其直接或者间接持有的发行人公开发行股票前已发行的股份。

3. 对董事、监事、高级管理人员所持股份的转让限制。之所以作此限制，一是为了维持董事、监事、高级管理人员与公司利益的一致性，降低代理成本；二是为了防止董事、监事、高级管理人员利用其掌握公司内部信息的优势，获得不正当利益。

根据本条第 2 款的规定，对董事、监事、高级管理人员的股份转让限制包括：（1）董事、监事、高级管理人员应当向公司申报其所持有的本公司股份及变动情况，不得隐瞒。（2）董事、监事、高级管理人员在就任时确定的任职期间每年转让的股份不得超过其所持有的本公司股份总数的25%。(3) 董事、监事、高级管理人员持有的本公司股份,自公司股票在证券交易所上市交易之日起1年内不得转让。(4) 董事、监事、高级管理人员所持有的本公司股份,在上述人员从公司离职之日起半年内不得转让。(5) 除上述限制以外,本条还授权公司章程可以对董事监事、高级管理人员转让其所持有的本公司股份作出其他限制性规定。

4. 股票在限制转让期限内出质的,对质权行使的限制。通过将股份出质并叠加表决权委托机制,可以实质实现股份转让的效果。对此,在2023年《公司法》修订中,一种意见认为此时股份出质行为因违反股份限制转让规则而无效,另一种意见认为出质行为有效,但质权人不能行使质权。本条采用了后一种方案。

◆ **关联规范**

1. 《证券法》(2019年修订)

第36条 【证券限售】 依法发行的证券,《中华人民共和国公司法》和其他法律对其转让期限有限制性规定的,在限定的期限内不得转让。

上市公司持有百分之五以上股份的股东、实际控制人、董事、监事、高级管理人员,以及其他持有发行人首次公开发行前发行的股份或者上市公司向特定对象发行的股份的股东,转让其持有的本公司股份的,不得违反法律、行政法规和国务院证券监督管理机构关于持有期限、卖出时间、卖出数量、卖出方式、信息披露等规定,并应当遵守证券交易所的业务规则。

2. 《上海证券交易所股票上市规则》(2023年修订)

3.1.10 发行人向本所申请其首次公开发行股票上市时,其控股股东和实际控制人应当承诺:自发行人股票上市之日起36个月内,不转让或者委托他人管理其直接和间接持有的发行人首次公开发行股票前已发行的股份，也不由发行人回购该部分股份。发行人应当在上市公告书中披露上述承诺。

自发行人股票上市之日起1年后，出现下列情形之一的，经上述承诺主体申请并经本所同意，可以豁免遵守上述承诺：

（一）转让双方存在实际控制关系，或者均受同一实际控制人所控制，且受让方承诺继续遵守上述承诺；

（二）因上市公司陷入危机或者面临严重财务困难，受让人提出挽救公司的方案获得该公司股东大会审议通过和有关部门批准，且受让人承诺继续遵守上述承诺；

（三）本所认定的其他情形。

发行人没有或者难以认定控股股东、实际控制人的，按照相关规定承诺所持首次公开发行前股份自发行人股票上市之日起36个月内不得转让的股东，适用前款第（一）项规定。

3.《深圳证券交易所股票上市规则》(2023年修订)

3.1.10 发行人向本所申请其首次公开发行的股票上市时，其控股股东和实际控制人应当承诺：自发行人股票上市之日起三十六个月内，不转让或者委托他人管理其直接或者间接持有的发行人首发前股份，也不由发行人回购其直接或者间接持有的发行人首发前股份。发行人应当在上市公告书中公告上述承诺。

自发行人股票上市之日起一年后，出现下列情形之一的，经上述承诺主体申请并经本所同意，可以豁免遵守上述承诺：

（一）转让双方存在实际控制关系，或者均受同一控制人所控制，且受让人承诺继续遵守上述承诺；

（二）因上市公司陷入危机或者面临严重财务困难，受让人提出的挽救公司的方案获得该公司股东大会审议通过和有关部门批准，且受让人承诺继续遵守上述承诺；

（三）本所认定的其他情形。

发行人没有或者难以认定控股股东、实际控制人的,按照有关规定承诺所持首发前股份自发行人股票上市之日起三十六个月内不得转让的股东,适用前款第(一)项规定。

> **第一百六十一条 【异议股东股份回购请求权】**
> 有下列情形之一的,对股东会该项决议投反对票的股东可以请求公司按照合理的价格收购其股份,公开发行股份的公司除外:
> (一)公司连续五年不向股东分配利润,而公司该五年连续盈利,并且符合本法规定的分配利润条件;
> (二)公司转让主要财产;
> (三)公司章程规定的营业期限届满或者章程规定的其他解散事由出现,股东会通过决议修改章程使公司存续。
> 自股东会决议作出之日起六十日内,股东与公司不能达成股份收购协议的,股东可以自股东会决议作出之日起九十日内向人民法院提起诉讼。
> 公司因本条第一款规定的情形收购的本公司股份,应当在六个月内依法转让或者注销。

◆ **条文主旨**

本条规定了异议股东股份回购请求权。

◆ **修改情况**

本条为2023年《公司法》修订的新增条款。

本条以本法第89条为基础,增加了股份有限公司股东的异议回购请求权,但公开发行股份的公司除外。同时,本条增加了第3款规定，明确了库存股的处理方式。

◆ **条文注释**

之所以在本条中新增了非公开发行股份有限公司的异议股东回购请求权，是基于我国股份有限公司的类型分化实践。根据国家市场监督管理总局的统计，截至 2023 年底，全国股份有限公司超过 52 万家，沪深京三市上市公司共计 5300 余家。由此来看，股份有限公司中绝大多数股份有限公司是小型化、封闭性强的公司，与有限责任公司并无二致，有必要对其股东提供更加充分的救济。

根据本条第 1 款规定，异议股东股份回购请求权不适用于公开发行股份的公司。按股份发行是否面向社会、投资者是否特定进行区分，股份有限公司可分为公开发行股份的公司和不公开发行股份的公司。其中，公开发行股份的公司会面向社会、向不特定的任何人发行股份，股份具有较高的流通性。该类公司的股东如果对公司现状不满，可以通过股份交易市场自由转出股份后退出公司，无须公司法给予特别保护。

在适用情形和法律后果上，本条规定与本法第 89 条有两项区别。其一，在适用情形上，本条未规定"公司合并、分立"情形。之所以未加规定，是因为本法第 162 条所规定的回购情形中包括股东因对股东会作出的公司合并、分立决议持异议而要求公司收购其股份的情形。此时，异议股东同样享有回购请求权。其二，本条未规定本法第 89 条第 3 款所规定的股东压制情形下回购救济机制。虽然本条未作规定，但基于本条旨在保护非公开发行的股份有限公司中的股东权益，其立法本旨并无二致，本法第 89 条第 3 款所规定的股东压制情形下回购救济措施应同样适用于非公开发行的股份有限公司。

本条其他内容与本法第 89 条基本一致，此处不再赘述。

第一百六十二条　【股份回购】

公司不得收购本公司股份。但是，有下列情形之一的除外：

（一）减少公司注册资本；

（二）与持有本公司股份的其他公司合并；

（三）将股份用于员工持股计划或者股权激励；

（四）股东因对股东会作出的公司合并、分立决议持异议，要求公司收购其股份；

（五）将股份用于转换公司发行的可转换为股票的公司债券；

（六）上市公司为维护公司价值及股东权益所必需。

公司因前款第一项、第二项规定的情形收购本公司股份的，应当经股东会决议；公司因前款第三项、第五项、第六项规定的情形收购本公司股份的，可以按照公司章程或者股东会的授权，经三分之二以上董事出席的董事会会议决议。

公司依照本条第一款规定收购本公司股份后，属于第一项情形的，应当自收购之日起十日内注销；属于第二项、第四项情形的，应当在六个月内转让或者注销；属于第三项、第五项、第六项情形的，公司合计持有的本公司股份数不得超过本公司已发行股份总数的百分之十，并应当在三年内转让或者注销。

上市公司收购本公司股份的，应当依照《中华人民共和国证券法》的规定履行信息披露义务。上市公司因本条第一款第三项、第五项、第六项规定的情形收购本公司股份的，应当通过公开的集中交易方式进行。

公司不得接受本公司的股份作为质权的标的。

◆ **条文主旨**

本条规定了股份回购规则。

◆ **修改情况**

本条主要对 2018 年《公司法》第 142 条作出了文字表述上的修正。

其一，将"股东大会"统一为"股东会"；

其二，根据《立法技术规范（试行）（一）》（法工委发〔2009〕62 号）第 18 条的规定，以法律法规为依据的，一般用"依照"，以约定、章程为依据的，一般用"按照"，相应地将"依照公司章程的规定"改为"按照公司章程的规定"；

其三，将"质押权"调整为"质权"。

◆ **条文注释**

股份回购，是指公司收购本公司已发行股份的行为。回购行为是常见的资本操作，有减少资本冗余、优化股本结构、稳定公司股价、强化公司控制权等正面效果。但是，股份回购也具有损害资本维持，损害股东平等，易导致内幕交易、操纵市场等不公平交易行为等弊端。因此，本法专设一条对公司股份回购行为进行规制，采"原则禁止，例外允许"模式。需要注意的是，与本法第 161 条所规定的被动回购不同，本条规范对象为公司的主动回购行为。

本条是《公司法》的重要条款，2018 年《公司法》修改曾对本条进行专项修改。通过 2018 年《公司法》修改，主要对本条作出以下三个方面的完善：一是修正增加允许股份回购的情形；二是适当简化股份回购的决策程序，提高公司持有本公司股份的数额上限，延长公司持有所回购股份的期限；三是补充上市公司股份回购的规范要求。

本条的规范要旨如下：

一、回购情形及回购程序

根据本条第1款规定，公司不得收购本公司股份，但同时允许公司在以下例外情形下回购股份：

（一）减少公司注册资本。公司减少注册资本的，需要回购股东的股份，此时应当经股东会决议。基于本法第224条规定，除法律另有规定或者股份有限公司章程另有规定之外，应当按照股东持有股份的比例相应减少股份，体现了股东平等原则。在公司完成收购后，应当自收购之日起10日内注销所回购股份，完成减资程序。

（二）与持有本公司股份的其他公司合并。公司与拥有本公司股份的其他公司合并时，被合并的其他公司的资产均归属同一公司，包括其他公司所持有的本公司的股份，此时将导致股份回购。此时应经股东会决议，公司回购股份后，应当在回购之日起6个月内转让或者注销股份。

（三）将股份用于员工持股计划或者股权激励。根据证监会和各交易所的界定，员工持股计划是指公司根据员工意愿，通过合法方式使员工获得本公司股票并长期持有，股份权益按约定分配给员工的制度安排。员工持股计划的参加对象为公司员工，包括管理层人员。股权激励是指上市公司以本公司股票或者衍生权益为标的，对其董事、高级管理人员及其他员工进行的长期性激励，激励对象可以包括上市公司的董事、高级管理人员、核心技术人员或者核心业务人员等。通过员工持股计划或者股权激励，有助于提升高管和员工的积极性，提升公司经营效率。

为提高回购效率，利于公司及时把握市场机会，2018年《公司法》修改对该情形下股份回购决策程序进行了简化，即可以依照公司章程的规定或者股东会的授权，经2/3以上董事出席的董事会会议决议。回购股份后，可根据公司的具体实际情况适时推行员工持股计划或者股权激励计划，但最长持股期限不得超过3年。

（四）股东因对股东会作出的公司合并、分立决议持异议，要求公司收购其股份。为维护中小股东权利，当股东对股东会作出的合并、分立决议持异议时，可以要求公司回购其股份。对此，公司负有回购义务，无须经股东会或者董事会决议。公司回购股份后，应当在回购之日起6个月内转让或者注销股份。

（五）将股份用于转换公司发行的可转换为股票的公司债券。可转换为股票的公司债券是一种特殊的公司债券，在约定的期间内和条件下可以转换为股票。依据本法第202条规定，股份有限公司经股东会决议可以发行可转换为股票的公司债券，并在公司债券募集办法中规定具体的转换办法；上市公司发行可转换为股票的公司债券，应当报国务院证券监督管理机构注册。上市公司为转换可转债而回购股份，可以避免发行新股而导致的股份结构变化、提高转换效率。为简化决策程序，本条规定，该种回购可以依照公司章程的规定或者股东会的授权，经2/3以上董事出席的董事会会议决议。基于该情形所回购的股份，公司最长持股期限不得超过3年。

（六）上市公司为维护公司价值及股东权益所必需。在股市大幅下挫过程中，可能导致大量上市公司股价低于每股净资产，此时，公司可以适时采取回购措施，稳定股价和市场预期，提振市场信心。为简化决策程序，此类回购可以依照公司章程的规定或者股东会的授权，经2/3以上董事出席的董事会会议决议。基于该情形所回购的股份，公司最长持股期限不得超过3年。

此外，在回购比例上，属于前述第3项、第5项、第6项情形的，公司合计持有的本公司股份数不得超过本公司已发行股份总数的10%。

除遵守公司法上的股份回购规则之外，在具体程序上，上市公司进行股份回购还需要遵守证监会制定的《上市公司股份回购规则》。

二、上市公司回购股份的信息披露和回购方式

本条第 4 款规定，上市公司收购本公司股份的，应当依照《证券法》的规定履行信息披露义务。上市公司因本条第 1 款第 3 项、第 5 项、第 6 项规定的情形收购本公司股份的，应当通过公开的集中交易方式进行。本款系 2018 年《公司法》修改所增加内容，以避免操纵市场、内幕交易等不正当交易行为。

三、禁止公司接受本公司股票质押

本条第 5 款规定，公司不得接受本公司的股票作为质权标的。质押是担保形式之一，即债务人或者第三人在不转移所有权的前提下，将某一动产或者权利转由债权人占有和控制，以保证债权人的权利实现；在债务人不履行债务时，债权人有权以该动产或者权利拍卖变卖、折价优先受偿。在折价受偿情形下，将导致公司获得本公司股票的实质后果，故而本条禁止公司接受本公司股票作为质权标的。在允许公司回购形成库存股的背景下，该禁令有进一步松动的发展趋势。

◆ **关联规范**

《九民纪要》（2019 年 11 月 18 日起施行）

（一）关于"对赌协议"的效力及履行

实践中俗称的"对赌协议"，又称估值调整协议，是指投资方与融资方在达成股权性融资协议时，为解决交易双方对目标公司未来发展的不确定性、信息不对称以及代理成本而设计的包含了股权回购、金钱补偿等对未来目标公司的估值进行调整的协议。从订立"对赌协议"的主体来看，有投资方与目标公司的股东或者实际控制人"对赌"、投资方与目标公司"对赌"、投资方与目标公司的股东、目标公司"对赌"等形式。人民法院在审理"对赌协议"纠纷案件时，不仅应当适用合同法的相关规定，还应当适用公司法的相

关规定；既要坚持鼓励投资方对实体企业特别是科技创新企业投资原则，从而在一定程度上缓解企业融资难问题，又要贯彻资本维持原则和保护债权人合法权益原则，依法平衡投资方、公司债权人、公司之间的利益。对于投资方与目标公司的股东或者实际控制人订立的"对赌协议"，如无其他无效事由，认定有效并支持实际履行，实践中并无争议。但投资方与目标公司订立的"对赌协议"是否有效以及能否实际履行，存在争议。对此，应当把握如下处理规则：

5. **【与目标公司"对赌"】** 投资方与目标公司订立的"对赌协议"在不存在法定无效事由的情况下，目标公司仅以存在股权回购或者金钱补偿约定为由，主张"对赌协议"无效的，人民法院不予支持，但投资方主张实际履行的，人民法院应当审查是否符合公司法关于"股东不得抽逃出资"及股份回购的强制性规定，判决是否支持其诉讼请求。

投资方请求目标公司回购股权的，人民法院应当依据《公司法》第35条关于"股东不得抽逃出资"或者第142条关于股份回购的强制性规定进行审查。经审查，目标公司未完成减资程序的，人民法院应当驳回其诉讼请求。

投资方请求目标公司承担金钱补偿义务的，人民法院应当依据《公司法》第35条关于"股东不得抽逃出资"和第166条关于利润分配的强制性规定进行审查。经审查，目标公司没有利润或者虽有利润但不足以补偿投资方的，人民法院应当驳回或者部分支持其诉讼请求。今后目标公司有利润时，投资方还可以依据该事实另行提起诉讼。

> **第一百六十三条 【禁止财务资助】**
> 公司不得为他人取得本公司或者其母公司的股份提供赠与、借款、担保以及其他财务资助，公司实施员工持股计划的除外。
> 为公司利益，经股东会决议，或者董事会按照公司章程或者股东会的授权作出决议，公司可以为他人取得本公司或者其母公司的股份提供财务资助，但财务资助的累计总额不得超过已发行股本总额的百分之十。董事会作出决议应当经全体董事的三分之二以上通过。
> 违反前两款规定，给公司造成损失的，负有责任的董事、监事、高级管理人员应当承担赔偿责任。

◆ 条文主旨

本条规定了禁止财务资助、例外规则以及法律责任。

◆ 修改情况

本条为2023年《公司法》修订的重要新增条款，是我国首次在公司法层面对股份有限公司提供财务资助行为予以规制，并按照"原则禁止，具体例外，一般例外，法律责任"体系构建我国的禁止财务资助制度。

◆ 条文注释

一、条文背景

公司提供财务资助是指公司为他人取得本公司股份或控股公司股份而提供财务资助的行为，包括贷款、担保、债务减免等使公司资产向公司股东或未来股东流出的行为。公司为他人取得本公司股份提供财务资助，既可能使未来股东（股份的买方）借助公司资产取得公司股份,又可能使原股东(股份的卖方)获得公司资产后退出公司。此时,公司与原股东或未来股东间存在利益转移,可能构成变相分配,造成公司资产向未来股东或原股东不当外溢,进而损害了公司、其他股东以及公司债权人的合法权益,显然违背了资产维持之需要。历史上,禁止公司提供财务资助规则也是为了满足公司资产维持的需要。另外,禁止公司提供财务资助有助于防范公司的市场操纵行为。如果允许公司为未来股东提供财务资助,则为公司利用自有资产控制股价预留了操作空间。

禁止财务资助的规则散见于证监会的部门规章和交易所规则之中,缺乏体系性。比如,《上市公司收购管理办法》第8条第2款规定,被收购公司董事会针对收购所做出的决策及采取的措施,应当有利于维护公司及其股东的利益,不得滥用职权对收购设置不适当的障碍,不得利用公司资源向收购人提供任何形式的财务资助,不得损害公司及其股东的合法权益。《证券发行与承销管理办法》第38条规定,上市公司向特定对象发行证券的,上市公司及其控股股东、实际控制人、主要股东不得向发行对象做出保底保收益或者变相保底保收益承诺,也不得直接或者通过利益相关方向发行对象提供财务资助或者其他补偿。但是,对于财务资助行为的概念、范畴、效力、责任等问题,有待于法律层面予以明确。基于强化公司董事、监事、高级管理人员等公司管理者的义务和责任,2023年《公司法》引入了本条对财务资助的规定。

二、财务资助的原则禁止

本条第1款原则上禁止公司为他人取得本公司及其母公司的股份提供财务资助的行为。值得注意的是,该禁止规范仅适用于股份有限公司,有限责任公司可以为他人取得本公司及其母公司股权的行为提供财务资助,具体交由公司自治。

在财务资助的认定上,应当注意以下两点:

其一，财务资助仅指公司向他人提供的财务方面的帮助行为。既包括公司向股份购买方的直接资助，也包括公司通过向第三方提供资金，再由第三方将该资金提供给股份购买方的间接资助。"他人"既包括未来可能成为公司新股东的购买方，也包括增持公司股份的原股东。

其二，资助目的是为他人取得本公司或其母公司的股份提供帮助。只有公司为购买本公司或其母公司股份的人提供财务资助，才可能存在不正当利益输送，有必要禁止。如果公司为他人购买其他公司（包括其子公司）股份提供财务资助的，不构成本条所规定的财务资助。他人取得的股份既包括股份自身，也包括可转换债券等具有股权性质的权益凭证，但不包括债券类的非股权性质的权益凭证。

针对公司提供财务资助的具体方式，本条第1款进行了不完全列举：

1. 赠与。为他人购买本公司或者母公司股份提供无偿资助，将直接导致公司资产减少并不当流出，损害资本充实和公司利益，应予禁止。

2. 借款。他人购买本公司或者母公司股份，公司以自有资金向其提供借款的，该部分资产将转换为债权，公司或将面临新的债务偿付风险。但是，此时公司仍然可能通过有偿借贷行为获得收益，未必绝对损害公司利益。

3. 担保。公司以担保形式为他人取得本公司或者其母公司股份提供财务资助的，当被资助人无力清偿债务时，公司资产会因公司承担担保责任而减少。当公司无法获得追偿时，公司替被资助人清偿债务的行为实质上亦构成公司向未来股东变相分配财产利益，损害了公司、其他股东和公司债权人的合法权益。

4. 其他财务资助形式。此为兜底性规定。实践中，财务资助还可能包括免除他人债务、支付收购费用等方式。在认定某一行为是否属于本条第1款所禁止的财务资助形式时，应秉持实质重于形式的判断标准，主要审查该财务资助行为是否会导致公司资产不当减少，是否构成公司资产向未来股东或原股东的变相分配。

三、禁止财务资助的例外规定

公司提供财务资助的行为并非绝对造成不公平的利益转移。譬如财务资助中的贷款利率可能是正常甚至高于市场利率的，公司在提供贷款的同时也获得了债权，仅产生了资产形态的变化，未必构成不公平的利益转移，甚至可能使公司从财务资助行为中获益。对此，各国公司法也从"全面禁止"逐渐走向更具灵活性的规制模式，允许公司在例外情形下提供财务资助。本条借鉴域外的立法例，设置了禁止财务资助制度中的例外情形。

1. 具体例外情形

本条第1款规定了一种具体例外情形，即允许公司为实施员工持股计划而向员工提供财务资助。员工持股计划是指公司根据员工意愿，通过合法方式使员工获得本公司股票并长期持有，股份权益按约定分配给员工的制度安排。参与持股计划的员工可能薪酬有限，不足以购买公司股份，故本款允许公司对员工持股提供财务资助。此前，《公司法（修订草案一审稿）》还规定了"金融机构开展正常经营业务"的具体例外情形，但《公司法（修订草案二审稿）》予以删除，仅保留了"公司实施员工持股计划"情形。

2. 一般例外情形

本条第2款规定了一般例外情形，即允许公司为其自身利益，为他人取得本公司或其母公司的股份提供财务资助。"为公司利益"实质上要求公司提供财务资助行为应具有正当性。对于一般例外情形，本条还采取了"事前程序控制"和"资本比例控制"相结合的立法模式。其中，事前程序控制体现为由股东会决议，或者股东会授权董事会决议。资本比例控制是指公司用于提供财务资助的总额总计不得超过已发行股本总额的10%，该限制显然系基于资本维持原则的资本标尺。

四、董事、监事、高级管理人员的法律责任

实践中，违法财务资助行为往往表现为控股股东、实际控制人等滥用权利，利用财务资助进行不正当的利益输送，其中亦可能存在公司经营管理人员违反信义义务的行为。对此，本条第3款规定了公司违法提供财务资助，给公司造成损失的，负有责任的董事、监事、高级管理人员应当承担赔偿责任。

从构成要件来看，本责任的构成需要满足存在违法资助行为，导致了公司损失，二者之间具有因果关系，以及董事、监事、高级管理人员存在过错等要件。其中，董事和高级管理人员具体负责公司经营管理，应充分评估和了解财务资助行为对公司经营和清偿能力的影响，监事则负有对公司提供财务资助行为的监督职能。前述三类人员皆对公司负有信义义务，当其违反信义义务，给公司造成损失时，应当承担赔偿责任。根据本条第2款规定，财务资助行为需要经股东会决议，或者董事会按照公司章程或者股东会的授权作出决议。据此，如果财务资助系由董事会决议，则由董事对违法财务资助行为所造成的损失承担责任。如果系由董事会制订方案、由股东会决议，则由董事对该违法财务资助的方案承担责任。

五、违法财务资助的法律效力

对于违反本条规定进行财务资助的行为，其效力如何？本条未作规定，司法实践中裁判也不尽一致。在2023年《公司法》修订过程中，对违法财务资助行为的效力也存在多种观点。有观点认为，本条为禁止性规定，违反本条规定进行财务资助的行为系为无效。有观点持相反见解，认为违反本条规定将导致赔偿责任，但并不一定导致财务资助行为无效。对此，本书认为应当区分不同的类型予以分别判断。如果财务资助行为违反了本条规定的一般例外情形，相对人未审查相关决议，可参照相对人的审查义务，根据相对人的善意与否判断其效力。如果财务资助行为违反了法律、行政法规的强制性规定，将导致行为无效，但不导致无效的除外。具体可参照本书关于决议无效部分的阐释。

◆ **关联规范**

1. 《上市公司收购管理办法》(2020年修正)

第8条 被收购公司的董事、监事、高级管理人员对公司负有忠实义务和勤勉义务，应当公平对待收购本公司的所有收购人。

被收购公司董事会针对收购所做出的决策及采取的措施，应当有利于维护公司及其股东的利益，不得滥用职权对收购设置不适当的障碍，不得利用公司资源向收购人提供任何形式的财务资助，不得损害公司及其股东的合法权益。

2. 《证券发行与承销管理办法》(2023年修订)

第38条 上市公司向特定对象发行证券的，上市公司及其控股股东、实际控制人、主要股东不得向发行对象做出保底保收益或者变相保底保收益承诺，也不得直接或者通过利益相关方向发行对象提供财务资助或者其他补偿。

3. 《公司债券发行与交易管理办法》(2023年修订)

第45条 发行人及其控股股东、实际控制人、董事、监事、高级管理人员和承销机构不得操纵发行定价、暗箱操作；不得以代持、信托等方式谋取不正当利益或向其他相关利益主体输送利益；不得直接或通过其利益相关方向参与认购的投资者提供财务资助；不得有其他违反公平竞争、破坏市场秩序等行为。

发行人不得在发行环节直接或间接认购其发行的公司债券。发行人的董事、监事、高级管理人员、持股比例超过百分之五的股东及其他关联方认购或交易、转让其发行的公司债券的,应当披露相关情况。

4.《上市公司股权激励管理办法》(2018年修正)

第21条 激励对象参与股权激励计划的资金来源应当合法合规,不得违反法律、行政法规及中国证监会的相关规定。

上市公司不得为激励对象依股权激励计划获取有关权益提供贷款以及其他任何形式的财务资助,包括为其贷款提供担保。

5.《上市公司证券发行注册管理办法》(2023年2月17日起施行)

第66条 向特定对象发行证券,上市公司及其控股股东、实际控制人、主要股东不得向发行对象做出保底保收益或者变相保底保收益承诺,也不得直接或者通过利益相关方向发行对象提供财务资助或者其他补偿。

6.《非上市公众公司收购管理办法》(2020年修正)

第8条 被收购公司的董事、监事、高级管理人员对公司负有忠实义务和勤勉义务,应当公平对待收购本公司的所有收购人。

被收购公司董事会针对收购所做出的决策及采取的措施,应当有利于维护公司及其股东的利益,不得滥用职权对收购设置不适当的障碍,不得利用公司资源向收购人提供任何形式的财务资助。

7.《非上市公众公司监督管理办法》(2023年修订)

第16条 进行公众公司收购,收购人或者其实际控制人应当具有健全的公司治理机制和良好的诚信记录。收购人不得以任何形式从被收购公司获得财务资助,不得利用收购活动损害被收购公司及其股东的合法权益。

在公众公司收购中,收购人应该承诺所持有的被收购公司的股份,在收购完成后十二个月内不得转让。

8. 《北京证券交易所向不特定合格投资者公开发行股票注册管理办法》(2023年修订)

第42条 发行人、承销商及相关人员不得存在以下行为：

（一）泄露询价或定价信息；

（二）以任何方式操纵发行定价；

（三）夸大宣传，或以虚假广告等不正当手段诱导、误导投资者；

（四）向投资者提供除招股意向书等公开信息以外的公司信息；

（五）以提供透支、回扣或者中国证监会认定的其他不正当手段诱使他人申购股票；

（六）以代持、信托持股等方式谋取不正当利益或向其他相关利益主体输送利益；

（七）直接或通过其利益相关方向参与申购的投资者提供财务资助或者补偿；

（八）以自有资金或者变相通过自有资金参与网下配售；

（九）与投资者互相串通，协商报价和配售；

（十）收取投资者回扣或其他相关利益；

（十一）中国证监会规定的其他情形。

9. 《北京证券交易所上市公司证券发行注册管理办法》(2023年修订)

第14条 上市公司及其控股股东、实际控制人、主要股东不得向发行对象作出保底保收益或者变相保底保收益承诺，也不得直接或者通过利益相关方向发行对象提供财务资助或者其他补偿。

> **第一百六十四条　【股票丢失的救济】**
> 股票被盗、遗失或者灭失，股东可以依照《中华人民共和国民事诉讼法》规定的公示催告程序，请求人民法院宣告该股票失效。人民法院宣告该股票失效后，股东可以向公司申请补发股票。

◆ **条文主旨**

本条规定了股票丢失后的救济程序。

◆ **修改情况**

为配合无记名股票的取消，本条将2018年《公司法》第143条中的"记名股票"修改为"股票"。

◆ **条文注释**

根据本法规定，公司股票只能采取记名股票形式。记名股票被盗、遗失或灭失的，可根据《民事诉讼法》第229条至第234条所规定的公示催告程序获得救济。

◆ **关联规范**

《民事诉讼法》（2023年修正）

第229条　【公示催告程序的适用范围】按照规定可以背书转让的票据持有人，因票据被盗、遗失或者灭失，可以向票据支付地的基层人民法院申请公示催告。依照法律规定可以申请公示催告的其他事项，适用本章规定。

申请人应当向人民法院递交申请书，写明票面金额、发票人、持票人、背书人等票据主要内容和申请的理由、事实。

第230条　【公司催告的受理】人民法院决定受理申请，应当同时通知支付人停止支付,并在三日内发出公告,催促利害关系人申报权利。公示催告的期间,由人民法院根据情况决定,但不得少于六十日。

第 231 条　【止付通知的效力】支付人收到人民法院停止支付的通知,应当停止支付,至公示催告程序终结。

公示催告期间,转让票据权利的行为无效。

第 232 条　【权利申报】利害关系人应当在公示催告期间向人民法院申报。

人民法院收到利害关系人的申报后,应当裁定终结公示催告程序,并通知申请人和支付人。

申请人或者申报人可以向人民法院起诉。

第 233 条　【除权判决】没有人申报的,人民法院应当根据申请人的申请,作出判决,宣告票据无效。判决应当公告,并通知支付人。自判决公告之日起,申请人有权向支付人请求支付。

第 234 条　【权利救济】利害关系人因正当理由不能在判决前向人民法院申报的,自知道或者应当知道判决公告之日起一年内,可以向作出判决的人民法院起诉。

第一百六十五条　【上市公司的股票交易】

上市公司的股票,依照有关法律、行政法规及证券交易所交易规则上市交易。

◆ **条文主旨**

本条规定了上市公司股票交易所依照的规则。

◆ **修改情况**

本条未作修改。

◆ **条文注释**

根据本法第134条规定,本法所称上市公司,是指其股票在证券交易所上市交易的股份有限公司。《证券法》第38条规定,证券在证券交易所上市交易,应当采用公开的集中交易方式或者国务院证券监督管理机构批准的其他方式。根据该条规定,上市公司股票的交易方式主要包括公开的集中交易方式和非集中交易方式。

集中交易,是指在证券交易所场内,所有参与证券买卖的各方当事人公开报价,通过集中竞价方式来实现成交,遵循时间优先和价格优先的原则。

非集中交易的方式主要包括大宗交易、协议转让等方式。大宗交易系指单笔交易规模远远大于市场平均水平单笔交易规模的交易。比如,《上海证券交易所交易规则》第3.6.1条规定,在本所进行的证券买卖符合以下条件的,可以采用大宗交易方式:(1)A股单笔买卖申报数量应当不低于30万股,或者交易金额不低于200万元人民币;(2)B股单笔买卖申报数量应当不低于30万股,或者交易金额不低于20万元美元;(3)基金单笔买卖申报数量应当不低于200万份,或者交易金额不低于200万元。在符合协议转让条件时,根据上海证券交易所《上市公司非流通股股份转让业务办理规则》等规定,转让方和受让方可以经交易所审核后,向中国证券登记结算有限责任公司申请办理股份过户手续,此即协议转让方式。

◆ **关联规范**

《证券法》(2019年修订)

第38条 【上市交易方式】证券在证券交易所上市交易,应当采用公开的集中交易方式或者国务院证券监督管理机构批准的其他方式。

第一百六十六条　【上市公司的信息披露】

上市公司应当依照法律、行政法规的规定披露相关信息。

◆ **条文主旨**

本条规定了上市公司的信息披露义务。

◆ **修改情况**

本条删除了2018年《公司法》第145条"公开其财务状况、经营情况及重大诉讼,在每会计年度内半年公布一次财务会计报告"的具体规定,修改为"披露相关信息"的概括表述。

◆ **条文注释**

本条概括规定上市公司必须依照法律、行政法规的规定披露相关信息。相关的法律法规主要有:

(1)《证券法》。2019年修订后的《证券法》设"信息披露"专章,分别规定了信息披露原则、定期报告、临时报告义务、董监高对信息披露所负义务、公平披露原则、自愿披露和公开承诺、违反信息披露义务的民事赔偿责任、信息披露方式、信息披露监督等。

(2)《上市公司信息披露管理办法》。该办法规定了信息披露的具体规则,包括定期报告、临时报告、信息披露事务管理、监督管理与法律责任、附则等部分。

此外,上海证券交易所、深圳证券交易所、北京证券交易所等交易所还制定有上市公司自律监管指引等规则。

◆ 关联规范

1.《证券法》(2019年修订)

第78条 【信息披露原则】 发行人及法律、行政法规和国务院证券监督管理机构规定的其他信息披露义务人,应当及时依法履行信息披露义务。

信息披露义务人披露的信息,应当真实、准确、完整,简明清晰,通俗易懂,不得有虚假记载、误导性陈述或者重大遗漏。

证券同时在境内境外公开发行、交易的,其信息披露义务人在境外披露的信息,应当在境内同时披露。

第79条 【定期报告】 上市公司、公司债券上市交易的公司、股票在国务院批准的其他全国性证券交易场所交易的公司,应当按照国务院证券监督管理机构和证券交易场所规定的内容和格式编制定期报告,并按照以下规定报送和公告:

(一)在每一会计年度结束之日起四个月内,报送并公告年度报告,其中的年度财务会计报告应当经符合本法规定的会计师事务所审计;

(二)在每一会计年度的上半年结束之日起二个月内,报送并公告中期报告。

第80条 【上市公司、挂牌公司的临时报告义务】 发生可能对上市公司、股票在国务院批准的其他全国性证券交易场所交易的公司的股票交易价格产生较大影响的重大事件,投资者尚未得知时,公司应当立即将有关该重大事件的情况向国务院证券监督管理机构和证券交易场所报送临时报告,并予公告,说明事件的起因、目前的状态和可能产生的法律后果。

前款所称重大事件包括:

(一)公司的经营方针和经营范围的重大变化;

（二）公司的重大投资行为，公司在一年内购买、出售重大资产超过公司资产总额百分之三十，或者公司营业用主要资产的抵押、质押、出售或者报废一次超过该资产的百分之三十；

（三）公司订立重要合同、提供重大担保或者从事关联交易，可能对公司的资产、负债、权益和经营成果产生重要影响；

（四）公司发生重大债务和未能清偿到期重大债务的违约情况；

（五）公司发生重大亏损或者重大损失；

（六）公司生产经营的外部条件发生的重大变化；

（七）公司的董事、三分之一以上监事或者经理发生变动，董事长或者经理无法履行职责；

（八）持有公司百分之五以上股份的股东或者实际控制人持有股份或者控制公司的情况发生较大变化，公司的实际控制人及其控制的其他企业从事与公司相同或者相似业务的情况发生较大变化；

（九）公司分配股利、增资的计划，公司股权结构的重要变化，公司减资、合并、分立、解散及申请破产的决定，或者依法进入破产程序、被责令关闭；

（十）涉及公司的重大诉讼、仲裁，股东大会、董事会决议被依法撤销或者宣告无效；

（十一）公司涉嫌犯罪被依法立案调查，公司的控股股东、实际控制人、董事、监事、高级管理人员涉嫌犯罪被依法采取强制措施；

（十二）国务院证券监督管理机构规定的其他事项。

公司的控股股东或者实际控制人对重大事件的发生、进展产生较大影响的，应当及时将其知悉的有关情况书面告知公司，并配合公司履行信息披露义务。

第81条　【公司债券上市交易的公司的临时报告义务】发生可能对上市交易公司债券的交易价格产生较大影响的重大事件，投资者尚未得知时，公司应当立即将有关该重大事件的情况向国务院证券监督管理机构和证券交易场所报送临时报告,并予公告,说明事件的起因、目前的状态和可能产生的法律后果。

前款所称重大事件包括:

(一) 公司股权结构或者生产经营状况发生重大变化;

(二) 公司债券信用评级发生变化;

(三) 公司重大资产抵押、质押、出售、转让、报废;

(四) 公司发生未能清偿到期债务的情况;

(五) 公司新增借款或者对外提供担保超过上年末净资产的百分之二十;

(六) 公司放弃债权或者财产超过上年末净资产的百分之十;

(七) 公司发生超过上年末净资产百分之十的重大损失;

(八) 公司分配股利,作出减资、合并、分立、解散及申请破产的决定,或者依法进入破产程序、被责令关闭;

(九) 涉及公司的重大诉讼、仲裁;

(十) 公司涉嫌犯罪被依法立案调查,公司的控股股东、实际控制人、董事、监事、高级管理人员涉嫌犯罪被依法采取强制措施;

(十一) 国务院证券监督管理机构规定的其他事项。

第82条 【董监高对信息披露所负义务】 发行人的董事、高级管理人员应当对证券发行文件和定期报告签署书面确认意见。

发行人的监事会应当对董事会编制的证券发行文件和定期报告进行审核并提出书面审核意见。监事应当签署书面确认意见。

发行人的董事、监事和高级管理人员应当保证发行人及时、公平地披露信息,所披露的信息真实、准确、完整。

董事、监事和高级管理人员无法保证证券发行文件和定期报告内容的真实性、准确性、完整性或者有异议的,应当在书面确认意见中发表意见并陈述理由,发行人应当披露。发行人不予披露的,董事、监事和高级管理人员可以直接申请披露。

第 83 条 【公平披露原则】信息披露义务人披露的信息应当同时向所有投资者披露，不得提前向任何单位和个人泄露。但是，法律、行政法规另有规定的除外。

任何单位和个人不得非法要求信息披露义务人提供依法需要披露但尚未披露的信息。任何单位和个人提前获知的前述信息，在依法披露前应当保密。

第 84 条 【自愿披露和公开承诺】除依法需要披露的信息之外，信息披露义务人可以自愿披露与投资者作出价值判断和投资决策有关的信息，但不得与依法披露的信息相冲突，不得误导投资者。

发行人及其控股股东、实际控制人、董事、监事、高级管理人员等作出公开承诺的，应当披露。不履行承诺给投资者造成损失的，应当依法承担赔偿责任。

第 85 条 【违反信息披露义务的民事赔偿责任】信息披露义务人未按照规定披露信息，或者公告的证券发行文件、定期报告、临时报告及其他信息披露资料存在虚假记载、误导性陈述或者重大遗漏，致使投资者在证券交易中遭受损失的，信息披露义务人应当承担赔偿责任；发行人的控股股东、实际控制人、董事、监事、高级管理人员和其他直接责任人员以及保荐人、承销的证券公司及其直接责任人员，应当与发行人承担连带赔偿责任，但是能够证明自己没有过错的除外。

第 86 条 【信息披露方式】依法披露的信息，应当在证券交易场所的网站和符合国务院证券监督管理机构规定条件的媒体发布，同时将其置备于公司住所、证券交易场所，供社会公众查阅。

第 87 条 【信息披露的监督】国务院证券监督管理机构对信息披露义务人的信息披露行为进行监督管理。

证券交易场所应当对其组织交易的证券的信息披露义务人的信息披露行为进行监督，督促其依法及时、准确地披露信息。

2.《上市公司信息披露管理办法》(2021年修订)

第一章 总　则

第1条　为了规范上市公司及其他信息披露义务人的信息披露行为,加强信息披露事务管理,保护投资者合法权益,根据《中华人民共和国公司法》(以下简称《公司法》)、《中华人民共和国证券法》(以下简称《证券法》)等法律、行政法规,制定本办法。

第2条　信息披露义务人履行信息披露义务应当遵守本办法的规定,中国证券监督管理委员会(以下简称中国证监会)对首次公开发行股票并上市、上市公司发行证券信息披露另有规定的,从其规定。

第3条　信息披露义务人应当及时依法履行信息披露义务,披露的信息应当真实、准确、完整,简明清晰、通俗易懂,不得有虚假记载、误导性陈述或者重大遗漏。

信息披露义务人披露的信息应当同时向所有投资者披露,不得提前向任何单位和个人泄露。但是,法律、行政法规另有规定的除外。

在内幕信息依法披露前,内幕信息的知情人和非法获取内幕信息的人不得公开或者泄露该信息,不得利用该信息进行内幕交易。任何单位和个人不得非法要求信息披露义务人提供依法需要披露但尚未披露的信息。

证券及其衍生品种同时在境内境外公开发行、交易的,其信息披露义务人在境外市场披露的信息,应当同时在境内市场披露。

第4条　上市公司的董事、监事、高级管理人员应当忠实、勤勉地履行职责,保证披露信息的真实、准确、完整,信息披露及时、公平。

第5条　除依法需要披露的信息之外,信息披露义务人可以自愿披露与投资者作出价值判断和投资决策有关的信息,但不得与依法披露的信息相冲突,不得误导投资者。

信息披露义务人自愿披露的信息应当真实、准确、完整。自愿性信息披露应当遵守公平原则，保持信息披露的持续性和一致性，不得进行选择性披露。

信息披露义务人不得利用自愿披露的信息不当影响公司证券及其衍生品种交易价格，不得利用自愿性信息披露从事市场操纵等违法违规行为。

第 6 条 上市公司及其控股股东、实际控制人、董事、监事、高级管理人员等作出公开承诺的，应当披露。

第 7 条 信息披露文件包括定期报告、临时报告、招股说明书、募集说明书、上市公告书、收购报告书等。

第 8 条 依法披露的信息，应当在证券交易所的网站和符合中国证监会规定条件的媒体发布，同时将其置备于上市公司住所、证券交易所，供社会公众查阅。

信息披露文件的全文应当在证券交易所的网站和符合中国证监会规定条件的报刊依法开办的网站披露，定期报告、收购报告书等信息披露文件的摘要应当在证券交易所的网站和符合中国证监会规定条件的报刊披露。

信息披露义务人不得以新闻发布或者答记者问等任何形式代替应当履行的报告、公告义务，不得以定期报告形式代替应当履行的临时报告义务。

第 9 条 信息披露义务人应当将信息披露公告文稿和相关备查文件报送上市公司注册地证监局。

第 10 条 信息披露文件应当采用中文文本。同时采用外文文本的，信息披露义务人应当保证两种文本的内容一致。两种文本发生歧义时，以中文文本为准。

第 11 条 中国证监会依法对信息披露文件及公告的情况、信息披露事务管理活动进行监督检查，对信息披露义务人的信息披露行为进行监督管理。

证券交易所应当对上市公司及其他信息披露义务人的信息披露行为进行监督，督促其依法及时、准确地披露信息，对证券及其衍生品种交易实行实时监控。证券交易所制定的上市规则和其他信息披露规则应当报中国证监会批准。

> **第一百六十七条　【股东资格的继承】**
> 自然人股东死亡后，其合法继承人可以继承股东资格；但是，股份转让受限的股份有限公司的章程另有规定的除外。

◆ 条文主旨

本条规定了股份有限公司的股东资格继承。

◆ 修改情况

本条在2018年《公司法》第75条的基础上，将"公司章程另有规定的除外"修改为"股份转让受限的股份有限公司的章程另有规定的除外"。

◆ 条文注释

股份继承是一种特殊的股份转让，将实际产生股份变动的效果，须同时受到公司法或公司章程对股份转让的规范调整，这与本法第157条中"公司章程对股份转让有限制的，其转让按照公司章程的规定进行"要求相一致。虽然本条允许公司对股份转让设定限制，但是，公司章程自治亦有其限制。公司章程只能限制继承人继承股东资格，但是不得违反继承法的基本原则，剥夺继承人获得与股权价值相当的财产对价的权利。

第七章 国家出资公司组织机构的特别规定

> **第一百六十八条 【国家出资公司的概念】**
> 国家出资公司的组织机构，适用本章规定；本章没有规定的，适用本法其他规定。
> 本法所称国家出资公司，是指国家出资的国有独资公司、国有资本控股公司，包括国家出资的有限责任公司、股份有限公司。

◆ **条文主旨**

本条规定了国家出资公司的概念。

◆ **修改情况**

本条为新增条款，2023年《公司法》修订引入了全新的国家出资公司概念。

◆ **条文注释**

一、修订背景

国家出资公司是第六轮公司法修订引入的新概念。经过本轮修改，在原"国有独资公司的特别规定"专节的基础上，升格为"国家出资公司组织机构的特别规定"专章规定，共10条。该章内容涵盖了国家出资公司的概念、出资人、党组织、合规治理等规则，以及国有独资公司的章程制定、股东会职权、董事会、经理、高管兼职限制、审计委员会职权等事项。

特别需要注意的是本法第 7 章的章节标题变化，从原"国有独资公司的特别规定"一节，到"国家出资公司组织机构的特别规定"单独成章，特别增加了"组织机构"一词，强调国家出资公司在公司法上的特殊性之处仅在于其组织机构层面，而非其在公司法上的地位差异。这种特殊性植根于其出资人主体的特殊性，而非其法律地位的特殊性。对国有企业和民营企业提供公平、平等的产权保护，是本轮公司法修改中一大主线，该项标题修改也呼应了这一主线。①

二、条文主旨

在 2023 年《公司法》修改之前，国家出资公司仅系理论概念。在本法中，国家出资公司正式成为法律规定的规范概念。国家出资公司的概念源于《企业国有资产法》。依照《企业国有资产法》第 5 条的规定，国家出资企业，是指国家出资的国有独资企业、国有独资公司，以及国有资本控股公司、国有资本参股公司。在《企业国有资产法》上，权利主体有四级逻辑：一是企业国有资产归属于国家所有，国家为所有权主体；二是国务院代表国家行使国有资产所有权，是所有权代表主体；三是国务院和地方人民政府代表国家对国家出资企业履行出资人职责，享有出资人权益，为出资人主体；四是国务院国有资产监督管理机构和地方人民政府按照国务院的规定设立的国有资产监督管理机构（统称履行出资人职责的机构），根据本级人民政府的授权，代表本级人民政府对国家出资企业履行出资人职责，为出资人代表。

在公司层级上，国家出资公司包括国务院、地方人民政府和其他履行出资人职责的机构出资设立的一级公司，不包括一级公司再

---

① 王瑞贺：《关于〈中华人民共和国公司法（修订草案）〉的说明》，2021 年 12 月 20 日在第十三届全国人民代表大会常务委员会第三十二次会议上所作。

投资设立的其他层级公司。如果系由两个以上的不同层级、不同区域、不同部门的履行出资人职责的机构共同出资设立的一级公司，仍然属于公司法上的国家出资公司。如果是二级公司、三级公司等下属企业，即便在资本构成上属于国有全资，也不属于公司法上的国家出资公司范畴。

我国公司法对国有独资公司的规定，历来仅限于一级公司。一级公司之外的其他公司，即便是100%国有资本背景，也不适用国有独资公司的特别规定，仅属于公司法上的普通一人公司。公司法对国家出资公司的特别规定仅限于其组织机构层面，主要解决国有一级公司及其出资关系的特殊问题，而不聚焦于国有资产转让、国有资本经营预算、国有资产监督等企业国有资产保护事项。从组织层面而言，一级公司之外的其他国有公司有着明确的股东主体，权属主体清晰，组织机构上不存在予以特别规定的价值。

需要强调的是，在公司类型上，国家出资公司既包括国家出资的有限责任公司，也包括国家出资的股份有限公司。由于2023年《公司法》修订引入了一人股份有限公司，国有独资公司不再拘泥于一人有限责任公司的形式，也可以采取一人股份有限公司的形式。

按照本条和本法第265条规定，此处的国有资本控股公司包括两种情形：（1）国家出资的出资额或持有股份占比50%以上。由于本轮公司法修订引入了类别股制度，如果存在类别股安排的话，国有资本控股公司中的控股界定基础应系表决权比例，而非出资额比例。（2）虽然不足50%但依其出资额或持有股份所享有的表决权已足以对股东会的决议产生重大影响。对于股权分散的公司，国有资本持有的表决权即使未达到50%也可能产生重大影响，此时也属于国有资本控股公司。

◆ **关联规范**

1.《企业国有资产法》(2009年5月1日起施行)

第5条 【国家出资企业的范围】本法所称国家出资企业,是指国家出资的国有独资企业、国有独资公司,以及国有资本控股公司、国有资本参股公司。

2.《企业国有资产交易监督管理办法》(2016年6月24日起施行)

第4条 本办法所称国有及国有控股企业、国有实际控制企业包括:

(一)政府部门、机构、事业单位出资设立的国有独资企业(公司),以及上述单位、企业直接或间接合计持股为100%的国有全资企业;

(二)本条第(一)款所列单位、企业单独或共同出资,合计拥有产(股)权比例超过50%,且其中之一为最大股东的企业;

(三)本条第(一)、(二)款所列企业对外出资,拥有股权比例超过50%的各级子企业;

(四)政府部门、机构、事业单位、单一国有及国有控股企业直接或间接持股比例未超过50%,但为第一大股东,并且通过股东协议、公司章程、董事会决议或者其他协议安排能够对其实际支配的企业。

3.《企业国有资产监督管理暂行条例》(2019年修订)

第5条 国务院代表国家对关系国民经济命脉和国家安全的大型国有及国有控股、国有参股企业,重要基础设施和重要自然资源等领域的国有及国有控股、国有参股企业,履行出资人职责。国务院履行出资人职责的企业,由国务院确定、公布。

省、自治区、直辖市人民政府和设区的市、自治州级人民政府分别代表国家对由国务院履行出资人职责以外的国有及国有控股、国有参股企业，履行出资人职责。其中，省、自治区、直辖市人民政府履行出资人职责的国有及国有控股、国有参股企业，由省、自治区、直辖市人民政府确定、公布，并报国务院国有资产监督管理机构备案；其他由设区的市、自治州级人民政府履行出资人职责的国有及国有控股、国有参股企业，由设区的市、自治州级人民政府确定、公布，并报省、自治区、直辖市人民政府国有资产监督管理机构备案。

国务院，省、自治区、直辖市人民政府，设区的市、自治州级人民政府履行出资人职责的企业，以下统称所出资企业。

> **第一百六十九条　【国家出资公司的出资人】**
>
> 国家出资公司，由国务院或者地方人民政府分别代表国家依法履行出资人职责，享有出资人权益。国务院或者地方人民政府可以授权国有资产监督管理机构或者其他部门、机构代表本级人民政府对国家出资公司履行出资人职责。
>
> 代表本级人民政府履行出资人职责的机构、部门，以下统称为履行出资人职责的机构。

◆ **条文主旨**

本条规定了国家出资公司的出资人及其职责。

◆ **修改情况**

本条为2023年《公司法》修订的新增条款。

◆ **条文注释**

2018年《公司法》规定"国务院或者地方人民政府授权本级人民政府国有资产监督管理机构履行出资人职责",与之不同,本条规定,"国务院或者地方人民政府可以授权国有资产监督管理机构或者其他部门、机构代表本级人民政府对国家出资公司履行出资人职责"。由此,除了国有资产监督管理机构之外,本级政府的其他部门、机构也是履行出资人职责的适格主体。

国家出资公司普遍面临国家所有权虚位问题。国家作为全民所有权代表,只是一个抽象的非人格化的组织体,国家所有权的实现需要依赖政府这一行使者。对此,党的十六大报告明确指出:"国家要制定法律法规,建立中央政府和地方政府分别代表国家履行出资人职责,享有所有者权益,权利、义务和责任相统一,管资产和管人、管事相结合的国有资产管理体制。"2003年,我国成立了国有资产监督管理委员会(以下简称国资委),即国务院特设直属机构,代表政府专门履行企业国有资本出资人职能。2005年《公司法》亦将国资委作为行使股东会权力的唯一主体,实现了由责任不明的多头管理转向统一管理,具有对国有资产存量资源进行整合的意义。

2013年以来,国有资产管理体制发生根本性变化。国企改革开始从"国资委+国有企业"的双层运营模式转向"国资委+国有资本投资公司+国有企业"的三层运营模式,将监管职能、股东职能、决策和经营管理职能分离,由国资委作为行政性出资人履行监管职能。国务院在2015年发布的《关于改革和完善国有资产管理体制的若干意见》中进一步指出:"国有资产监管机构作为政府直属特设机构,根据授权代表本级人民政府对监管企业依法履行出资人职责……专司国有资产监管,不行使政府公共管理职能,不干预企业自主经营权。"国务院办公厅2017年发布的《关于进一步完善国有企业法人治理结构的指导意见》中明确指出,"理顺出资人职责,转变监管方式","以管资本为主改革国有资本授权经营体制,对直接出资的国有独资公司,出资人机构重点管好国有资本布局、规范资本运作、强化资本约束、提高资本回报、维护资本安全。对国有全资公司、国有控股企业,出资人机构主要依据股权份额通过参加股东会议、审核需由股东决定的事项、与其他股东协商作出决议等方式履行职责,除法律法规或公司章程另有规定外,不得干预企业自主经营活动"。

本次公司法修订与前述国有资产管理体制改革路径相适应。本条第 1 款明确提出,应当由国务院在中央国家出资公司、由地方人民政府在地方国家出资公司中,分别作为出资人主体,代表国家履行出资人职责,享有出资人权益。即本法所规定的,需要国务院或地方人民政府以授权形式,将出资人职责交由国有资产监督管理机构或者其他部门。代表本级人民政府履行出资人职责的机构、部门,则在本法中统称为履行出资人职责的机构。所谓出资人职责,本法第 172 条明确了国有独资公司中履行出资人职责机构应行使股东会职权,其中,对公司章程的制定和修改,公司的合并、分立、解散、申请破产,增加或者减少注册资本,分配利润事项享有法定的决定权,不得授权给公司董事会行使。

◆ 关联规范

《企业国有资产法》(2009 年 5 月 1 日起施行)
第二章 履行出资人职责的机构

第 11 条 【履行出资人职责的机构】国务院国有资产监督管理机构和地方人民政府按照国务院的规定设立的国有资产监督管理机构,根据本级人民政府的授权,代表本级人民政府对国家出资企业履行出资人职责。

国务院和地方人民政府根据需要,可以授权其他部门、机构代表本级人民政府对国家出资企业履行出资人职责。

代表本级人民政府履行出资人职责的机构、部门，以下统称履行出资人职责的机构。

第 12 条　【履行出资人职责的机构的基本职责】履行出资人职责的机构代表本级人民政府对国家出资企业依法享有资产收益、参与重大决策和选择管理者等出资人权利。

履行出资人职责的机构依照法律、行政法规的规定，制定或者参与制定国家出资企业的章程。

履行出资人职责的机构对法律、行政法规和本级人民政府规定须经本级人民政府批准的履行出资人职责的重大事项，应当报请本级人民政府批准。

第 13 条　【履行出资人职责的机构委派的股东代表的基本职责】履行出资人职责的机构委派的股东代表参加国有资本控股公司、国有资本参股公司召开的股东会会议、股东大会会议，应当按照委派机构的指示提出提案、发表意见、行使表决权，并将其履行职责的情况和结果及时报告委派机构。

第 14 条　【履行出资人职责的机构的履职要求】履行出资人职责的机构应当依照法律、行政法规以及企业章程履行出资人职责，保障出资人权益，防止国有资产损失。

履行出资人职责的机构应当维护企业作为市场主体依法享有的权利，除依法履行出资人职责外，不得干预企业经营活动。

第 15 条　【履行出资人职责的机构对本级人民政府负责】履行出资人职责的机构对本级人民政府负责，向本级人民政府报告履行出资人职责的情况，接受本级人民政府的监督和考核，对国有资产的保值增值负责。

履行出资人职责的机构应当按照国家有关规定，定期向本级人民政府报告有关国有资产总量、结构、变动、收益等汇总分析的情况。

第四章　国家出资企业管理者的选择与考核

第22条　【国家出资企业管理者的任免】履行出资人职责的机构依照法律、行政法规以及企业章程的规定，任免或者建议任免国家出资企业的下列人员：

（一）任免国有独资企业的经理、副经理、财务负责人和其他高级管理人员；

（二）任免国有独资公司的董事长、副董事长、董事、监事会主席和监事；

（三）向国有资本控股公司、国有资本参股公司的股东会、股东大会提出董事、监事人选。

国家出资企业中应当由职工代表出任的董事、监事，依照有关法律、行政法规的规定由职工民主选举产生。

第23条　【国家出资企业董监高的资格条件】履行出资人职责的机构任命或者建议任命的董事、监事、高级管理人员，应当具备下列条件：

（一）有良好的品行；

（二）有符合职位要求的专业知识和工作能力；

（三）有能够正常履行职责的身体条件；

（四）法律、行政法规规定的其他条件。

董事、监事、高级管理人员在任职期间出现不符合前款规定情形或者出现《中华人民共和国公司法》规定的不得担任公司董事、监事、高级管理人员情形的，履行出资人职责的机构应当依法予以免职或者提出免职建议。

第24条　【对拟任命或建议任命的管理者的考察】履行出资人职责的机构对拟任命或者建议任命的董事、监事、高级管理人员的人选，应当按照规定的条件和程序进行考察。考察合格的，按照规定的权限和程序任命或者建议任命。

> **第一百七十条　【国家出资公司中的党组织】**
> 国家出资公司中中国共产党的组织，按照中国共产党章程的规定发挥领导作用，研究讨论公司重大经营管理事项，支持公司的组织机构依法行使职权。

◆ 条文主旨

本条规定了国家出资公司中的党组织及其作用。

◆ 修改情况

本条为 2023 年《公司法》修订的新增条款。

◆ 条文注释

党组织参与公司治理，是我国国家出资公司治理中的一大特色。1993 年《公司法》第 17 条规定："公司中中国共产党基层组织的活动，依照中国共产党章程办理。" 2005 年《公司法》第 19 条规定："在公司中，根据中国共产党章程的规定，设立中国共产党的组织，开展党的活动。公司应当为党组织的活动提供必要条件。"经过 2023 年《公司法》修订，除了前述条文在公司法总则中维持之外，本条新增了国家出资公司中党组织的规定："国家出资公司中中国共产党的组织，按照中国共产党章程的规定发挥领导作用，研究讨论公司重大经营管理事项，支持公司的组织机构依法行使职权。"由此形成了国家出资公司和普通公司的差异化规则。可见，在党组织参与公司治理中，国有公司与非国有公司存在明显区别。

本条规定与《中国共产党章程》第 33 条第 2 款规定相一致。该款规定，国有企业党委（党组）发挥领导作用，把方向、管大局、保落实，依照规定讨论和决定企业重大事项。国有企业和集体企业中党的基层组织，围绕企业生产经营开展工作。保证监督党和国家的方针、政策在本企业的贯彻执行；支持股东会、董事会、监事会和经理（厂长）依法行使职权；全心全意依靠职工群众，支持职工代表大会开展工作；参与企业重大问题的决策；加强党组织的自身建设，领导思想政治工作、精神文明建设、统一战线工作和工会、共青团、妇女组织等群团组织。

> **第一百七十一条　【国有独资公司章程的制定】**
> 国有独资公司章程由履行出资人职责的机构制定。

◆ **条文主旨**

本条规定了国有独资公司章程的制定。

◆ **修改情况**

本条在2018年《公司法》第65条的基础上，明确由履行出资人职责的机构制定，删去了"或者由董事会制订报国有资产监督管理机构批准"。

◆ **条文注释**

根据本法第45条规定，设立有限责任公司，应当由股东共同制定公司章程。根据本法第94条和第103条规定，设立股份有限公司，应当由发起人共同制订公司章程，并经成立大会通过。与前述规定相一致，本条规定，国有独资公司系一人公司，其章程应由履行出资人职责的机构制定。国有独资公司章程的记载事项，适用本法对有限责任公司、股份有限公司的规定。

◆ 关联规范

《国有企业公司章程制定管理办法》（2020年12月31日起施行）

第三章 国有独资公司章程的制定程序

第16条 国有独资公司章程由出资人机构负责制定，或者由董事会制订报出资人机构批准。出资人机构可以授权新设、重组、改制企业的筹备机构等其他决策机构制订公司章程草案，报出资人机构批准。

第17条 发生下列情形之一时，应当依法制定国有独资公司章程：

（一）新设国有独资公司的；

（二）通过合并、分立等重组方式新产生国有独资公司的；

（三）国有独资企业改制为国有独资公司的；

（四）发生应当制定公司章程的其他情形。

第18条 出资人机构负责修改国有独资公司章程。国有独资公司董事会可以根据企业实际情况，按照法律、行政法规制订公司章程修正案，报出资人机构批准。

第19条 发生下列情形之一时，应当及时修改国有独资公司章程：

（一）公司章程规定的事项与现行的法律、行政法规、规章及规范性文件相抵触的；

（二）企业的实际情况发生变化，与公司章程记载不一致的；

（三）出资人机构决定修改公司章程的；

（四）发生应当修改公司章程的其他情形。

第20条 国有独资公司章程草案或修正案由公司筹备机构或董事会制订的，应当在审议通过后的5个工作日内报出资人机构批准，并提交下列书面文件：

（一）国有独资公司关于制订或修改公司章程的请示；

（二）国有独资公司筹备机构关于章程草案的决议，或董事会关于章程修正案的决议；

（三）章程草案，或章程修正案、修改对照说明；

（四）产权登记证（表）复印件、营业执照副本复印件（新设公司除外）；

（五）公司总法律顾问签署的对章程草案或修正案出具的法律意见书，未设立总法律顾问的，由律师事务所出具法律意见书或公司法务部门出具审查意见书；

（六）出资人机构要求的其他有关材料。

第21条 出资人机构收到请示材料后，需对材料进行形式审查。提交材料不齐全的，应当在5个工作日内一次性告知补正。

第22条 出资人机构对公司章程草案或修正案进行审核，并于15个工作日内将审核意见告知报送单位，经沟通确认达成一致后，出资人机构应当于15个工作日内完成审批程序。

第23条 出资人机构需要征求其他业务相关单位意见、或需报请本级人民政府批准的，应当根据实际工作情况调整相应期限，并将有关情况提前告知报送单位。

第24条 国有独资公司章程经批准，由出资人机构按规定程序负责审签。

第25条 国有独资公司在收到公司章程批准文件后，应当在法律、行政法规规定的时间内办理工商登记手续。

> **第一百七十二条　【国有独资公司股东会职权的行使】**
> 　　国有独资公司不设股东会，由履行出资人职责的机构行使股东会职权。履行出资人职责的机构可以授权公司董事会行使股东会的部分职权，但公司章程的制定和修改，公司的合并、分立、解散、申请破产，增加或者减少注册资本，分配利润，应当由履行出资人职责的机构决定。

◆ **条文主旨**

本条规定了国有独资公司股东会职权的行使。

◆ **修改情况**

本条在2018年《公司法》第66条的基础上，作出如下修改：

其一，将2018年《公司法》第66条中的"国有资产监督管理机构"修改为"履行出资人职责的机构"，将"必须由……决定"修改为"应当由……决定"。

其二，增加规定了申请破产、分配利润由履行出资人职责的机构决定，同时删除了对公司董事会"决定公司的重大事项"的可授权事项。

其三，删除了发行债券应当由履行出资人职责的机构决定的规定，从而适用本法的一般规定，即允许授权董事会予以决定。

其四，删除了"重要的国有独资公司合并、分立、解散、申请破产的，应当由国有资产监督管理机构审核后，报本级人民政府批准"的规定。

◆ **条文注释**

依据本法第169条规定，国有独资公司的决策职能由代表本级人民政府的履行出资人职责的机构行使。换言之，由履行出资人职责的机构代表国家行使股东会职权。然而，履行出资人职责的机构的主要职责是监督管理国有资产的保值增值，难以全面细致地管理公司的经营。为促进经营效率，本条规定，履行出资人职责的机构可以授权公司董事会行使股东会的部分职权，决定公司的重大事项。但是，公司章程的制定和修改，公司的合并、分立、解散、申请破产，增加或者减少注册资本，分配利润等重大事项，应当由履行出资人职责的机构决定。易言之，除了前述所列事项之外，其他事项均可由履行出资人职责的机构授权公司董事会行使，比如发行公司债券。

2018年《公司法》规定："重要的国有独资公司合并、分立、解散、申请破产的，应当由国有资产监督管理机构审核后，报本级人民政府批准。"其中，重要的国有独资公司主要指关系国家安全和国民经济命脉的重要行业和关键领域中的国有独资公司。经由2023年《公司法》修订，该规定被删除。合并、分立、解散、申请破产的，系属于股东会职权，在国有独资公司中应当由履行出资人职责的机构决定。至于是否需要经本级人民政府批准，并非国有独资公司的组织机构问题，不再在公司法中进行规定。对此，《企业国有资产法》第34条第1款规定，重要的国有独资企业、国有独资公司、国有资本控股公司的合并、分立、解散、申请破产以及法律、行政法规和本级人民政府规定应当由履行出资人职责的机构报经本级人民政府批准的重大事项，履行出资人职责的机构在作出决定或者向其委派参加国有资本控股公司股东会会议、股东大会会议的股东代表作出指示前，应当报请本级人民政府批准。

◆ **关联规范**

《企业国有资产法》(2009年5月1日起施行)

第30条 **【国家出资企业重大事项决策的概括性规定】** 国家出

资企业合并、分立、改制、上市,增加或者减少注册资本,发行债券,进行重大投资,为他人提供大额担保,转让重大财产,进行大额捐赠,分配利润,以及解散、申请破产等重大事项,应当遵守法律、行政法规以及企业章程的规定,不得损害出资人和债权人的权益。

第31条 【国有独资企业、国有独资公司重大事项的决定】国有独资企业、国有独资公司合并、分立,增加或者减少注册资本,发行债券,分配利润,以及解散、申请破产,由履行出资人职责的机构决定。

第32条 【国有独资企业、国有独资公司重大事项的内部决策】国有独资企业、国有独资公司有本法第三十条所列事项的,除依照本法第三十一条和有关法律、行政法规以及企业章程的规定,由履行出资人职责的机构决定的以外,国有独资企业由企业负责人集体讨论决定,国有独资公司由董事会决定。

第33条 【国有资本控股公司、国有资本参股公司重大事项的决定】国有资本控股公司、国有资本参股公司有本法第三十条所列事项的,依照法律、行政法规以及公司章程的规定,由公司股东会、股东大会或者董事会决定。由股东会、股东大会决定的,履行出资人职责的机构委派的股东代表应当依照本法第十三条的规定行使权利。

第34条 【本级人民政府批准的重大事项】重要的国有独资企业、国有独资公司、国有资本控股公司的合并、分立、解散、申请破产以及法律、行政法规和本级人民政府规定应当由履行出资人职责的机构报经本级人民政府批准的重大事项,履行出资人职责的机构在作出决定或者向其委派参加国有资本控股公司股东会会议、股东大会会议的股东代表作出指示前,应当报请本级人民政府批准。

本法所称的重要的国有独资企业、国有独资公司和国有资本控股公司,按照国务院的规定确定。

第 35 条 【国家出资企业发行债券、投资等的行政程序】国家出资企业发行债券、投资等事项，有关法律、行政法规规定应当报经人民政府或者人民政府有关部门、机构批准、核准或者备案的，依照其规定。

第 38 条 【国有独资企业、国有独资公司、国有资本控股公司作为出资人的职责】国有独资企业、国有独资公司、国有资本控股公司对其所出资企业的重大事项参照本章规定履行出资人职责。具体办法由国务院规定。

> 第一百七十三条 【国有独资公司的董事会】
> 国有独资公司的董事会依照本法规定行使职权。
> 国有独资公司的董事会成员中，应当过半数为外部董事，并应当有公司职工代表。
> 董事会成员由履行出资人职责的机构委派；但是，董事会成员中的职工代表由公司职工代表大会选举产生。
> 董事会设董事长一人，可以设副董事长。董事长、副董事长由履行出资人职责的机构从董事会成员中指定。

◆ **条文主旨**

本条规定了国有独资公司的董事会职权、组成等。

◆ **修改情况**

本条在 2018 年《公司法》第 67 条的基础上，作出如下修改：

其一，将国有独资公司的董事每届任期不得超过 3 年的规定统合至本法关于董事会的规定部分；

其二，新增规定国有独资公司的董事会成员中应当过半数为外部董事；

其三，相应将"国有资产监督管理机构"修改为"履行出资人职责的机构"。

◆ **条文注释**

本条第1款规定了国有独资公司董事会的职权。国有独资公司董事会作为公司经营决策机构，行使本法规定的董事会职权。此外，根据本法第172条规定，国有独资公司董事会还可以行使履行出资人职责的机构授权的职权。国务院国资委于2021年9月印发的《中央企业董事会工作规则（试行）》亦强调了董事会的地位："董事会是企业经营决策的主体，定战略、作决策、防风险，依照法定程序和公司章程就企业重大经营管理事项进行决策。"

本条第2款规定，国有独资公司的董事会成员中，应当过半数为外部董事，并应当有公司职工代表。2009年国资委发布的《董事会试点中央企业董事会规范运作暂行办法》中，要求公司外部董事人数原则上应当超过董事会全体成员的半数。各董事应当具有不同业务专长和经验。公司大部分外部董事应当具有大企业经营管理决策的经历和经验；至少一名外部董事具有企业财务负责人的工作经历或者是企业财务会计方面的专家；至少一名外部董事具有企业高级管理人员的选聘、业绩考核和薪酬管理经验。2017年，国务院办公厅在《关于进一步完善国有企业法人治理结构的指导意见》中提出，国有独资、全资公司全面建立外部董事占多数的董事会，国有控股企业实行外部董事派出制度，完成外派监事会改革。本款修订系统反映和吸收了近年来的国企改革成果。

本条第3款规定了董事会成员的产生规则。根据本法规定，选任和继任董事是股东会的职权，相应地，在国有独资公司中应由履行出资人职责的机构委派。董事会成员中的职工代表应当经公司职工代表大会选举产生,而非由履行出资人职责的机构委派。根据《国有独资公司董事会试点企业职工董事管理办法(试行)》的规定,职工董事候选人由公司工会提名和职工自荐方式产生。候选人确定后由公司职工代表大会、职工大会或其他形式以无记名投票的方式差额选举产生职工董事。

本条第 4 款规定了国有独资公司董事会的成员结构,即董事会设董事长一人,可以设副董事长。其中,副董事长并非必设职位。在董事长、副董事长的选任方式上,在普通公司中,董事长和副董事长由董事会以全体董事的过半数选举产生。与之不同,国有独资公司董事会的董事长、副董事长由履行出资人职责的机构从董事会成员中指定。

第一百七十四条 【国有独资公司的经理】

国有独资公司的经理由董事会聘任或者解聘。

经履行出资人职责的机构同意,董事会成员可以兼任经理。

◆ 条文主旨

本条规定了国有独资公司的经理。

◆ 修改情况

本条对 2018 年《公司法》第 68 条作出以下修改:

其一,删除了原条文中"经理依照本法第四十九条规定行使职权"的规定。

其二,将"国有资产监督管理机构"修改为"履行出资人职责的机构"。

◆ **条文注释**

经理是公司的日常业务执行机关,由董事会聘任或解聘。这与本法第74条的规定相一致。

在经理职权上,根据本法第74条规定,经理根据公司章程的规定或者董事会的授权行使职权。2023年《公司法》修订,一改原《公司法》对经理职权的具体列举,改采概括条款模式。参照2018年《公司法》的规定,经理职权通常包括:(1)主持公司的生产经营管理工作,组织实施董事会决议;(2)组织实施公司年度经营计划和投资方案;(3)拟订公司内部管理机构设置方案;(4)拟订公司的基本管理制度;(5)制定公司的具体规章;(6)提请聘任或者解聘公司副经理财务负责人;(7)决定聘任或者解聘除应由董事会决定聘任或者解聘以外的负责管理人员;(8)董事会授予的其他职权。

本条第2款规定,董事会成员经履行出资人职责的机构同意,可以兼任经理。《企业国有资产法》第25条规定,未经履行出资人职责的机构同意,国有独资公司的董事长不得兼任经理。之所以作此限制,是为确保公司董事会和经理层各司其职,避免因兼任职务而导致董事会监督效能降低。以外部董事为主体的国有独资公司董事会,系典型的监督型董事会。经理作为负责日常业务执行的主体,系主要的监督对象。二者之间存在监督与被监督的关系,因此本款规定了通常情形的兼任禁止。但是,经履行出资人职责的机构同意,董事会成员可以兼任经理。

◆ **关联规范**

《企业国有资产法》(2009年5月1日起施行)

第25条 【国家出资企业董高兼职、兼任的限制】未经履行出资人职责的机构同意,国有独资企业、国有独资公司的董事、高级管理人员不得在其他企业兼职。未经股东会、股东大会同意,国有资本控股公司、国有资本参股公司的董事、高级管理人员不得在经营同类业务的其他企业兼职。

未经履行出资人职责的机构同意，国有独资公司的董事长不得兼任经理。未经股东会、股东大会同意，国有资本控股公司的董事长不得兼任经理。

董事、高级管理人员不得兼任监事。

> **第一百七十五条　【国有独资公司董事、高级管理人员的兼职限制】**
>
> 国有独资公司的董事、高级管理人员，未经履行出资人职责的机构同意，不得在其他有限责任公司、股份有限公司或者其他经济组织兼职。

◆ **条文主旨**

本条规定了国有独资公司董事、高级管理人员的兼职限制。

◆ **修改情况**

本条删除了2018年《公司法》第69条对"董事长、副董事长"的具体列举，并相应将"国有资产监督管理机构"修改为"履行出资人职责的机构"。

◆ **条文注释**

本条规定了国有独资公司的董事、高级管理人员的兼职限制，即未经履行出资人职责的机构同意，不得在其他有限责任公司、股份有限公司或者其他经济组织兼职。

从兼职限制的人员范围来看，限于国有独资公司的董事和高级管理人员。其中，高级管理人员是指公司的经理、副经理、财务负责人和公司章程规定的其他人员。前述人员对国有独资公司负有忠实义务和勤勉义务，为防止董事、高级管理人员因兼职而疏于公司管理，故作此规定。但是，经履行出资人职责的机构同意，则可以解除前述限制。比如，国有独资公司投资设立的子公司，或者与其他企业共同投资设立的其他公司或经济组织，此时为公司利益，有兼职之必要和可能，应允许经履行出资人职责的机构同意后兼职。

本条对国有独资公司董事、高级管理人员实行的兼职禁止的专任制度，与一般公司的规定不同。依据本法第184条规定："董事、监事、高级管理人员未向董事会或者股东会报告，并按照公司章程的规定经董事会或者股东会决议通过，不得自营或者为他人经营与其任职公司同类的业务。"可见，竞业禁止义务主要是要求董事、经理不得自营或者为他人经营与其所任职的公司同类的营业活动，并不限制一般公司的董事、经理在非同业的其他公司兼任职务。

◆ 关联规范

《企业国有资产法》（2009年5月1日起施行）

第26条 【国家出资企业董事、监事、高级管理人员的义务】国家出资企业的董事、监事、高级管理人员，应当遵守法律、行政法规以及企业章程，对企业负有忠实义务和勤勉义务，不得利用职权收受贿赂或者取得其他非法收入和不当利益，不得侵占、挪用企业资产，不得超越职权或者违反程序决定企业重大事项，不得有其他侵害国有资产出资人权益的行为。

第一百七十六条 【国有独资公司的审计委员会】

国有独资公司在董事会中设置由董事组成的审计委员会行使本法规定的监事会职权的，不设监事会或者监事。

◆ **条文主旨**

本条规定了国有独资公司的审计委员会。

◆ **修改情况**

本条为 2023 年《公司法》修订的新增条款，允许国有独资公司引入以审计委员会为核心的单层制治理架构，不再设立监事会或监事。

◆ **条文注释**

2023 年《公司法》修订的重要举措之一即引入单层制，允许公司取消监事会，仅在董事会中设置审计委员会行使监事会职权。对国有独资公司而言，在中国共产党第十九届三中全会通过的《党和国家机构改革方案》中已明确指出，不再设立国有重点大型企业监事会。国务院办公厅 2017 年公布的《关于进一步完善国有企业法人治理结构的指导意见》中提出，国有独资、全资公司全面建立外部董事占多数的董事会，国有控股企业实行外部董事派出制度，完成外派监事会改革。国务院 2018 年公布的《关于推进国有资本投资、运营公司改革试点的实施意见》提出，国有资本投资、运营公司设立董事会，不设监事会，其成员原则上不少于 9 人，由执行董事、外部董事、职工董事组成。董事会下设战略与投资委员会、提名委员会、薪酬与考核委员会、审计委员会、风险控制委员会等专门委员会。

目前，国务院国资委履行出资人职责的中央企业取消外派监事会后，也不再内设监事会，通过引入外部董事并成立董事会审计委员会等专门委员会发挥监督作用。可见，本条系对国有企业改革实践的肯认，并在法律层面予以规范。审计委员会作为董事会内部组织机构，将代替监事会成为公司新的监督机构，行使监督职权。根据本法第 69 条规定，审计委员会行使本法规定的监事会职权，以解决监督权的承接问题。

在该条文的理解上，有观点认为，本条规定系对国有独资公司单层制的强制性规定。这观点与本条文义不符，可能系受到2021年《公司法（修订草案）》规定的影响使然。最终通过的2023年《公司法》对草案的规定作出了改变。究言之，本条规定的仍然是选择式单层制，并未作一刀切的规定。之所以作此规定，是因为：一方面，采取单层制与否，系由国企改革过程中的其他规范性文件决定，公司法层面无须作出特别规定；另一方面，国家出资公司适用与普通公司同样的选择式单层制，体现了同等对待国有公司和非国有公司的平等保护原则。

第一百七十七条　【国家出资公司的合规治理】
国家出资公司应当依法建立健全内部监督管理和风险控制制度，加强内部合规管理。

◆ **条文主旨**

本条规定了国家出资公司的合规治理。

◆ **修改情况**

本条为2023年《公司法》修订的新增条款。

◆ **条文注释**

与本法第19条规定的公司从事经营活动的合法合规义务不同，本条确立国家出资公司的合规治理义务，包括建立健全内部监督管理、风险控制制度、加强内部合规管理等三个方面。易言之，本法第19条所规范的是公司行为的合法合规问题，而本条规范的则是国家出资公司的组织合规治理问题。

合规义务乃是公司法上的合法性义务向公司治理结构的传递产物，是外源性的产物，需要从传统的董事义务中予以阐释和析出。在美国公司法上，合规义务来自董事会的监督义务，而监督义务和商事决策共同构成了注意义务的内容。美国《示范公司法》第8.30条规定亦明确规定了董事会或委员会成员的决策和监督职能。在2006年的In Re Caremark International Inc. 案中，特拉华州法院认为，董事会必须建立一套汇报或信息系统来监控公司运营，董事会在建立该系统时有很大的商事裁量权，但必须有这样一个系统，而且董事会必须使用它。[①] 该案之后，美国几乎所有大型公司的合规规模、范围都在增长。

在单层制架构之下，公司的合规治理义务和法律责任，由董事会负担。比如，根据美国司法部的公司合规指南，公司的内部监督和合规控制责任归属于董事会，而董事会的上述职责通常通过以独立董事为主体的审计委员会或合规委员会予以实现。在德国法上，虽然《股份公司法》和《有限公司法》都没有明文规定公司机关的合规职责，但基于董事义务之规定，合规职责是董事会的核心要务之一，在理论与实践中并无争议。董事会可以自行行使职权，也可以设立专门的合规委员会，或者委托给审计委员会等监督机构，但最终的合规责任仍然归于董事会。在双层制架构下，由董事会履行合规义务，监事会在其职权范围内进行监督。

除了董事会与监事会的合规义务之外，公司经理、高级管理人员、业务部门、员工等亦负担相应的合规义务，落实公司合规治理的制度要求。对于公司经理层而言，由于其作为公司业务的具体执行机构，享有公司经营管理的重大权力，其在合规问题上也应承担

---

① Sean Griffith, Corporate Governance in an age of Compliance, 57 Wm. & Mary L. Rev. 2075, 2077（2016）.

较多的义务。对于董事会所确立的合规管理机构、合规管理计划等，公司经理负责予以建立和运行。对于经理领导下的相关部门，经理负担相应的合规监管义务。

公司合规治理的具体内容，包括建立合规制度、完善运行机制、强化监督问责等有组织、有计划的一系列管理活动，以通过组织化的方式实现合规治理目标。以2022年《中央企业合规管理办法》为例，该办法规定了既有的公司组织机构如董事会、经理层、业务和职能部门、主要负责人的合规职责，还规定了首席合规官、合规管理部门的具体职责。

在公司合规如此泛化的今天，董事在合规义务上的标准应当限于合理的限度。从合规义务的内容来看，由于合规制度的层级差异，对其之违反并不必然导致法律责任。比如，对《公司治理准则》《合规指引》等软法的违反即属此类。考虑到2023年《公司法》第19条系原则性条款，违反该条规定未必直接导致法律责任。在私法责任上，董事、监事、高级管理人员违反合规义务的责任归结路径是明确的，即违反注意义务之责任，应当符合或达到违反注意义务的法定标准。

◆ **关联规范**

《中央企业合规管理办法》（2022年10月1日起施行）

第7条 中央企业党委（党组）发挥把方向、管大局、促落实的领导作用，推动合规要求在本企业得到严格遵循和落实，不断提升依法合规经营管理水平。

中央企业应当严格遵守党内法规制度，企业党建工作机构在党委（党组）领导下，按照有关规定履行相应职责，推动相关党内法规制度有效贯彻落实。

第8条 中央企业董事会发挥定战略、作决策、防风险作用，主要履行以下职责：

（一）审议批准合规管理基本制度、体系建设方案和年度报告等。

（二）研究决定合规管理重大事项。

（三）推动完善合规管理体系并对其有效性进行评价。

（四）决定合规管理部门设置及职责。

第9条 中央企业经理层发挥谋经营、抓落实、强管理作用，主要履行以下职责：

（一）拟订合规管理体系建设方案，经董事会批准后组织实施。

（二）拟订合规管理基本制度，批准年度计划等，组织制定合规管理具体制度。

（三）组织应对重大合规风险事件。

（四）指导监督各部门和所属单位合规管理工作。

第10条 中央企业主要负责人作为推进法治建设第一责任人，应当切实履行依法合规经营管理重要组织者、推动者和实践者的职责，积极推进合规管理各项工作。

第11条 中央企业设立合规委员会，可以与法治建设领导机构等合署办公，统筹协调合规管理工作，定期召开会议，研究解决重点难点问题。

第12条 中央企业应当结合实际设立首席合规官，不新增领导岗位和职数，由总法律顾问兼任，对企业主要负责人负责，领导合规管理部门组织开展相关工作，指导所属单位加强合规管理。

第13条 中央企业业务及职能部门承担合规管理主体责任，主要履行以下职责：

（一）建立健全本部门业务合规管理制度和流程，开展合规风险识别评估，编制风险清单和应对预案。

（二）定期梳理重点岗位合规风险，将合规要求纳入岗位职责。

（三）负责本部门经营管理行为的合规审查。

（四）及时报告合规风险，组织或者配合开展应对处置。

（五）组织或者配合开展违规问题调查和整改。

中央企业应当在业务及职能部门设置合规管理员，由业务骨干担任，接受合规管理部门业务指导和培训。

第14条 中央企业合规管理部门牵头负责本企业合规管理工作，主要履行以下职责：

（一）组织起草合规管理基本制度、具体制度、年度计划和工作报告等。

（二）负责规章制度、经济合同、重大决策合规审查。

（三）组织开展合规风险识别、预警和应对处置，根据董事会授权开展合规管理体系有效性评价。

（四）受理职责范围内的违规举报，提出分类处置意见，组织或者参与对违规行为的调查。

（五）组织或者协助业务及职能部门开展合规培训，受理合规咨询，推进合规管理信息化建设。

中央企业应当配备与经营规模、业务范围、风险水平相适应的专职合规管理人员，加强业务培训，提升专业化水平。

第15条 中央企业纪检监察机构和审计、巡视巡察、监督追责等部门依据有关规定，在职权范围内对合规要求落实情况进行监督，对违规行为进行调查，按照规定开展责任追究。

第八章　公司董事、监事、高级管理人员的资格和义务

第一百七十八条　【董事、监事、高级管理人员的消极资格】

有下列情形之一的，不得担任公司的董事、监事、高级管理人员：

（一）无民事行为能力或者限制民事行为能力；

（二）因贪污、贿赂、侵占财产、挪用财产或者破坏社会主义市场经济秩序，被判处刑罚，或者因犯罪被剥夺政治权利，执行期满未逾五年，被宣告缓刑的，自缓刑考验期满之日起未逾二年；

（三）担任破产清算的公司、企业的董事或者厂长、经理，对该公司、企业的破产负有个人责任的，自该公司、企业破产清算完结之日起未逾三年；

（四）担任因违法被吊销营业执照、责令关闭的公司、企业的法定代表人，并负有个人责任的，自该公司、企业被吊销营业执照、责令关闭之日起未逾三年；

（五）个人因所负数额较大债务到期未清偿被人民法院列为失信被执行人。

违反前款规定选举、委派董事、监事或者聘任高级管理人员的，该选举、委派或者聘任无效。

> 董事、监事、高级管理人员在任职期间出现本条第一款所列情形的,公司应当解除其职务。

◆ **条文主旨**

本条规定了董事、监事、高级管理人员任职的消极资格及法律后果。

◆ **修改情况**

本条在2018年《公司法》第146条的基础上作了以下修改:

其一,本条第1款第2项新增规定了被宣告缓刑的情形,规定"被宣告缓刑的,自缓刑考验期满之日起未逾二年"。

其二,本条第1款第4项新增规定了公司被责令关闭情形下的起算时间为"责令关闭之日"。

其三,本条第1款第5项新增规定了"被人民法院列为失信被执行人"的要求。

其四,删除了本条第2款的"公司违反前款规定……"中的"公司"二字。选举、委派系股东会、董事会的职权,需要形成相关决议,删去之后文义更加清晰。

◆ **条文注释**

董事、监事、高级管理人员的任职资格,包括积极条件和消极条件。本条第1款规定了消极条件,即不得担任上述职务的条件。公司章程可以进一步规定董事、监事、高级管理人员任职的积极条件。本条分别规定了消极条件、具备消极条件时的任职效力以及公司的解任义务。

一、董事、监事、高级管理人员的消极条件

根据本条第1款的规定,有以下五种情形之一的人,不得担任公司董事、监事、高级管理人员：

1. 无民事行为能力或者限制民事行为能力。董事、监事、高级管理人员应当具备完全民事行为能力，如果连基本的民事行为能力都不具备，更勿论执行公司事务、参与公司经营的能力。

2. 因贪污、贿赂、侵占财产、挪用财产或者破坏社会主义市场经济秩序，被判处刑罚，执行期满未逾 5 年，或者因犯罪被剥夺政治权利，执行期满未逾 5 年，被宣告缓刑的，自缓刑考验期届满之日起未逾 2 年。本项所涉为经济犯罪或被剥夺政治权利，该类人员在一定期间内不宜担任公司董事、监事、高级管理人员。为避免宣告缓刑的禁止期超过实刑，2023 年《公司法》修订专门增加了宣告缓刑情形下的特别规定，即自缓刑考验期届满之日起未逾 2 年。

3. 担任破产清算的公司、企业的董事或者厂长、经理，对该公司、企业的破产负有个人责任的，自该公司、企业破产清算完结之日起未逾 3 年。需要注意的是，本项规定中的人员需要负有个人责任，否则不受本项限制。

4. 担任因违法被吊销营业执照，责令关闭的公司、企业的法定代表人，并负有个人责任的，自该公司、企业被吊销营业执照、责令关闭之日起未逾 3 年。同前项规定，本项规定人员须对公司的重大违法行为负有个人责任。此类人员往往缺乏合法经营意识，需要予以限制。

5. 个人因所负数额较大的债务到期未清偿被人民法院列为失信被执行人。由于 2018 年《公司法》规定的情形过于泛化，2023 年《公司法》新增"被人民法院列为失信被执行人"的要求。

除本法之外，其他法律、法规对特定行业董事、监事、高级管理人员的消极任职资格作出了特别规定，如《证券法》《商业银行法》《保险法》《证券投资基金法》《企业国有资产法》等法律法规。详见本条"关联规范"部分的列举。

二、具备消极资格时的选任效力

根据第 2 款的规定,违反前述第 1 款消极任职资格规定选举、委派董事、监事或者聘任高级管理人员的,该选举、委派或者聘任无效。因本条第 1 款属于强制性规范,违反该规定的选任行为无效。此时,董事、监事、高级管理人员如果执行公司事务,仍然对公司负有信义义务。其虽然并非法律意义上的合法董事,但可能构成本法第 180 条第 3 款所规定的事实董事。

三、公司的解任义务

本条第 3 款规定,董事、监事、高级管理人员在任职期间出现本条第 1 款所列情形的,公司应当解除其职务。由于本条第 2 款规定,违反前述第 1 款消极任职资格规定选举、委派董事、监事或者聘任高级管理人员的,该选举、委派或者聘任无效,本款规定仅具有形式意义。实际上,在解除其职务之前,相关董事、监事、高级管理人员即为无效任职,但在解任前,仍然应当履行相应的信义义务。

◆ **关联规范**

1.《证券法》(2019 年修订)

第 124 条 【证券公司董事、监事、高级管理人员的资格】 证券公司的董事、监事、高级管理人员,应当正直诚实、品行良好,熟悉证券法律、行政法规,具有履行职责所需的经营管理能力。证券公司任免董事、监事、高级管理人员,应当报国务院证券监督管理机构备案。

有《中华人民共和国公司法》第一百四十六条规定的情形或者下列情形之一的,不得担任证券公司的董事、监事、高级管理人员:

(一)因违法行为或者违纪行为被解除职务的证券交易场所、证券登记结算机构的负责人或者证券公司的董事、监事、高级管理人员，自被解除职务之日起未逾五年；

（二）因违法行为或者违纪行为被吊销执业证书或者被取消资格的律师、注册会计师或者其他证券服务机构的专业人员，自被吊销执业证书或者被取消资格之日起未逾五年。

2.《商业银行法》(2015年修正)

第27条　【商业银行的董事、高级管理人员资格】有下列情形之一的，不得担任商业银行的董事、高级管理人员：

（一）因犯有贪污、贿赂、侵占财产、挪用财产罪或者破坏社会经济秩序罪，被判处刑罚，或者因犯罪被剥夺政治权利的；

（二）担任因经营不善破产清算的公司、企业的董事或者厂长、经理，并对该公司、企业的破产负有个人责任的；

（三）担任因违法被吊销营业执照的公司、企业的法定代表人，并负有个人责任的；

（四）个人所负数额较大的债务到期未清偿的。

3.《保险法》(2015年修正)

第82条　【保险公司董事、监事、高级管理人员的消极资格】有《中华人民共和国公司法》第一百四十六条规定的情形或者下列情形之一的，不得担任保险公司的董事、监事、高级管理人员：

（一）因违法行为或者违纪行为被金融监督管理机构取消任职资格的金融机构的董事、监事、高级管理人员，自被取消任职资格之日起未逾五年的；

（二）因违法行为或者违纪行为被吊销执业资格的律师、注册会计师或者资产评估机构、验证机构等机构的专业人员，自被吊销执业资格之日起未逾五年的。

4.《证券投资基金法》(2015年修正)

第15条　【基金管理人董事、监事、高级管理人员的消极资格】有下列情形之一的，不得担任公开募集基金的基金管理人的董事、监事、高级管理人员和其他从业人员：

（一）因犯有贪污贿赂、渎职、侵犯财产罪或者破坏社会主义市场经济秩序罪，被判处刑罚的；

（二）对所任职的公司、企业因经营不善破产清算或者因违法被吊销营业执照负有个人责任的董事、监事、厂长、高级管理人员，自该公司、企业破产清算终结或者被吊销营业执照之日起未逾五年的；

（三）个人所负债务数额较大，到期未清偿的；

（四）因违法行为被开除的基金管理人、基金托管人、证券交易所、证券公司、证券登记结算机构、期货交易所、期货公司及其他机构的从业人员和国家机关工作人员；

（五）因违法行为被吊销执业证书或者被取消资格的律师、注册会计师和资产评估机构、验证机构的从业人员、投资咨询从业人员；

（六）法律、行政法规规定不得从事基金业务的其他人员。

第16条 【基金管理人董事、监事、高级管理人员的积极资格】公开募集基金的基金管理人的董事、监事和高级管理人员，应当熟悉证券投资方面的法律、行政法规，具有三年以上与其所任职务相关的工作经历；高级管理人员还应当具备基金从业资格。

◆ **案例指引**

【典型案例】 盛某某诉上海市金山区市场监督管理局工商登记案（上海市高级人民法院发布11起2022年行政审判典型案例之三）

裁判要旨

本案涉及公司注销后市场监管机关将曾被列入法定代表人任职限制黑名单系统中的自然人移除，解除其任职限制，并将未满任职限制期限的自然人登记为法定代表人是否合法的问题。法院经审查认为，公司注销后法定代表人的任职限制并非当然解除，登记机关作出登记行为时应对此尽到审慎审查义务。本案二审判决所树立的裁判标准对于推动市场监管机关相关规范性文件的修订完善具有积极促进作用,为此类诉讼中同类情形的审查判断提供了合理的办案思路,也有利于预防和减少此类登记行政纠纷,推动营商环境的持续优化。

【典型案例】上海红富士家纺有限公司与熊洁公司决议效力确认纠纷案(上海市高级人民法院(2020)沪民申296号)

裁判要旨

根据2018年《公司法》第146条规定,个人所负数额较大的债务到期未清偿的,不得担任公司董事、监事、高级管理人员,公司选举、委派或者聘任前述人员担任董事、监事或者高级管理人员的,该选举、委派或者聘任无效。从本案已查明的事实看,董某龙负有较大数额的债务,且因到期未清偿而被人民法院列为失信被执行人,即使该些债务系为承担对红富士公司及其关联公司的担保责任所产生,该债务类型并未被排除出2018年《公司法》第146条第1款第5项规定的情形之外。故二审法院认定董某龙依法不能担任红富士公司的高级管理人员,并支持熊某关于确认系争股东会决议无效的诉讼请求,并无不当。

> 第一百七十九条 【董事、监事、高级管理人员的合法性义务】
>
> 董事、监事、高级管理人员应当遵守法律、行政法规和公司章程。

◆ 条文主旨

本条规定了董事、监事、高级管理人员的合法性义务。

◆ 修改情况

本条脱胎于 2018 年《公司法》第 147 条，经过 2023 年《公司法》修订，合法性义务与忠实义务、勤勉义务分列为两个条文。

◆ 条文注释

公司董事、监事和高级管理人员在执行公司事务时，应当遵守法律、行政法规和公司章程，这是董事、监事和高级管理人员的基本义务。董事、监事在执行公司职务的过程中，无论是集体行使职权，抑或是独立行使职权，均应遵守本条规定。如果董事会决议、监事会决议违反本条规定，将导致决议瑕疵。根据本法第 188 条规定，董事、监事、高级管理人员执行职务违反法律、行政法规或者公司章程的规定，给公司造成损失的，应当承担赔偿责任。

此外，在违反催缴义务、抽逃出资、违法减资、违法利润分配、违法财务资助等条款中，本法规定了前述主体的特别责任。

第一百八十条　【信义义务与事实董事】

董事、监事、高级管理人员对公司负有忠实义务，应当采取措施避免自身利益与公司利益冲突，不得利用职权牟取不正当利益。

董事、监事、高级管理人员对公司负有勤勉义务，执行职务应当为公司的最大利益尽到管理者通常应有的合理注意。

公司的控股股东、实际控制人不担任公司董事但实际执行公司事务的，适用前两款规定。

◆ 条文主旨

本条规定了董事、监事、高级管理人员的信义义务，以及事实董事制度。

◆ 修改情况

在 2018 年《公司法》第 147 条第 1 款的基础上，本条作了以下修改：

其一，本条第 1 款对忠实义务的内涵作了具体规定："应当采取措施避免自身利益与公司利益冲突，不得利用职权牟取不正当利益。"

其二，本条第 2 款对勤勉义务的内涵作了具体规定："执行职务应当为公司的最大利益尽到管理者通常应有的合理注意。"

其三，本条第 3 款新增了事实董事制度，即"公司的控股股东、实际控制人不担任公司董事但实际执行公司事务的"，适用前两款规定的忠实义务和勤勉义务。该制度的引入，回应了强化公司控股股东、实际控制人义务的实践需求。本款所规定的事实董事与本法第 192 条所规定的影子董事制度，共同构成了实质董事制度。

◆ 条文注释

我国 2018 年《公司法》虽然规定了董事、监事、高级管理人员的忠实义务和勤勉义务，但对义务内容未作明确规定。经过 2023 年《公司法》修改，忠实义务和勤勉义务的内容被予以明确化。

一、董事、监事、高级管理人员的忠实义务

根据本条第 1 款规定，忠实义务以防范利益冲突为核心，即"应当采取措施避免自身利益与公司利益冲突，不得利用职权牟取不正当利益"。因此，在利益冲突事项中，董事、监事、高级管理人员应当洁身自好，避免进行与公司利益冲突的各类行为。

除本款规定外，本法第 181 条至第 184 条进一步对忠实义务进

行了具体规定。其中，本法第181条规定了董事、监事、高级管理人员不得有下列行为：（1）侵占公司财产、挪用公司资金；（2）将公司资金以其个人名义或者以其他个人名义开立账户存储；（3）利用职权贿赂或者收受其他非法收入；（4）接受他人与公司交易的佣金归为己有；（5）擅自披露公司秘密；（6）违反对公司忠实义务的其他行为。本法第182条规定了自我交易与关联交易的决议程序、第183条规定的不得谋取公司商业机会、第184条规定的竞业禁止，均为忠实义务的具体化规则。

对于违反忠实义务的行为，本法第186条规定公司的归入权，即董事、监事、高管违反忠实义务所得的收入应归公司所有。

二、董事、监事、高级管理人员的勤勉义务

勤勉义务，也称注意义务（Duty of Care），即董事、监事、高级管理人员执行公司事务应当勤勉尽责，为实现公司最大利益而努力。我国2018年《公司法》仅规定了勤勉义务，但未界定其内涵，存在司法适用困难。2023年《公司法》首次明确了勤勉义务的内涵，将其界定为"应当为公司的最大利益尽到管理者通常应有的合理注意"。根据本条第2款规定，勤勉义务的具体内涵可分为两个层面：一是为公司的最大利益；二是尽到管理者通常应有的合理注意。

1. 为公司的最大利益。公司是独立的法律主体，有其自身的利益目标。董事、监事、高级管理人员执行职务的过程中，应当致力于公司利益的最大化。为公司利益最大化，要求董事、监事、高级管理人员应当将其他主体的利益置于公司之后，比如股东、债权人等利益均劣后于公司利益。在执行职务中，如果存在若干种方案或选项，应当选择最有利于公司的一种。公司利益的判断本身是一项商事判断，应当尊重董事、监事、高级管理人员的商事裁量权。

2. 尽到管理者通常应有的合理注意。"管理者通常应有的合理义务"的概念较为抽象且主观性较强，"合理义务"的程度为何，又如何判断,是勤勉义务司法适用最为关键的问题。关于勤勉义务的判断标准,存在客观标准与主观标准的争议。客观标准以"标准人"或"一般理性人"为尺度,对所有的董事、监事和高级管理人员统一适用,美国《示范公司法》第 8.30 节即采纳了"一般理性人标准",即管理层在处理公司事务时负有在类似的情形、处于类似地位的具有一般性谨慎的人在处理自己事务时的注意;而主观标准是指勤勉义务应因人而异,拥有不同经验或能力的董事、监事和高级管理人员应适用不同的标准。本条规定采取的系"理性管理者"标准,该标准以通常的理性管理者为基础。

我国目前在《上市公司治理准则》第 21 条和第 22 条、《上市公司章程指引》第 98 条中对勤勉义务的具体内容作出了规定,同时参考美国《示范公司法》第 8.30 节的董事行为准则,董事、监事、高级管理人员的勤勉义务应包含以下方面:(1)应谨慎、认真、勤勉地行使公司赋予的权利,保证公司经营符合国家法律、法规的有关规定;(2)公平对待所有股东;(3)及时了解公司业务经营管理状况;(4)对决议事项应进行合理的和必要的调查;(5)在公司章程与股东会授予的权限范围内履行职权,不超越权限;(6)法律、行政法规、公司章程规定的其他应尽的注意义务。其他公司董事、监事、高级管理人员履职时可参考之。

有观点认为,本条系我国公司法上的商业判断规则(Business Judgment Rule,BJR),其实不然。本条规定并未明确引入商业判断规则,而仅对勤勉义务进行了具体化。在董事、监事、高级管理人员未违反其勤勉义务的情况下,自然不承担法律责任。在司法实践中,法院通常倾向于对介入公司商业决策保持谦抑,可参照商业判断规则来对勤勉义务的违反与否进行认定。

三、事实董事制度

在 2023 年《公司法》修订中,有的常委委员、地方、部门、专家学者和社会公众提出，实践中有的控股股东、实际控制人虽不在公司任职但实际控制公司事务，通过关联交易等方式，侵害公司利益，建议进一步强化对控股股东和实际控制人的规范。宪法和法律委员会经研究，建议增加规定，控股股东、实际控制人不担任公司董事但实际执行公司事务的，适用董事对公司负有忠实义务和勤勉义务的规定。因此，为了解决这种权责不符的问题，本条第3款规定："公司的控股股东、实际控制人不担任公司董事但实际执行公司事务的，适用前两款规定。"

在对控股股东和实际控制人的规制路径上，2023年《公司法》修订存在争议，产生了实质董事制度与赋予控股股东、实际控制人信义义务两种路径争议。从本条的规范结构和条文表述上看，第3款的规制对象是"不担任公司董事但实际执行公司事务"的控股股东与实际控制人，强调对不具有形式董事身份者事实上实施董事行为的规制，其规制基点在于董事行为的实施；并且，控股股东或实际控制人的信义义务理论本身也远没有形成共识。因此，本条第3款规定的实际上是事实董事规则。

对于控股股东和实际控制人，2023年《公司法》采取了实质董事的规制路径：本条第3款关于事实董事的规则与第192条关于影子董事与影子高管的规则组成了我国公司法实质董事与实质高管的规范体系，事实董事规制的是不担任形式董事的控股股东、实际控制人实际执行董事事务的行为，影子董事的规制核心则在于控股股东、实际控制人通过在公司中的影响力，在幕后对董事与高管的指示行为，二者共同构建起控制股东与实际控制人完整的义务与责任规范。[1]

---

[1] 刘斌：《重塑董事范畴：从形式主义迈向实质主义》，载《比较法研究》2021年第5期。

事实董事的构成需要满足以下两点：其一，不具有形式董事身份；其二，事实上进行了董事行为。

其一，本款的适用对象系不担任董事的控股股东和实际控制人，旨在解决二者对公司的操纵控制问题。2023年《公司法》修订后，删除了实际控制人"不是公司股东"的规定。根据本法第265条的定义，控股股东，系其出资额占有限责任公司资本总额超过50%或者其持有的股份占股份有限公司股本总额超过50%的股东；出资额或者持有股份的比例虽然低于50%，但依其出资额或者持有的股份所享有的表决权已足以对股东会的决议产生重大影响的股东。实际控制人系通过投资关系、协议或者其他安排，能够实际支配公司行为的人。若控股股东或实际控制人担任公司董事，则其自然受到前两款义务的限制；对于不担任公司董事的控股股东或实际控制人，若其实际执行公司事务，则按照本款的规定适用董事对公司负有忠实义务和勤勉义务的规定。

其二，本条司法适用的关键在于"实际执行公司事务"的认定。控股股东、实际控制人应达到事实上成为公司董事的程度，即履行或实施了只有公司董事才能进行的职责或者行为。我国公司法上，董事会是董事行使职权的法定方式，董事并无法定的公司代表权，本法第67条第2款规定董事会行使下列职权："（一）召集股东会会议，并向股东会报告工作；（二）执行股东会的决议；（三）决定公司的经营计划和投资方案；（四）制订公司的利润分配方案和弥补亏损方案；（五）制订公司增加或者减少注册资本以及发行公司债券的方案；（六）制订公司合并、分立、解散或者变更公司形式的方案；（七）决定公司内部管理机构的设置；（八）决定聘任或者解聘公司经理及其报酬事项，并根据经理的提名决定聘任或者解聘公司副经理、财务负责人及其报酬事项；（九）制定公司的基本管理制度；（十）公司章程规定或者股东会授予的其他职权。"因此，实际参与或行使了上述董事会法定职权的控股股东与实际控制人,即应作为事实董事一并纳入忠实义务与勤勉义务适用的主体范畴。控股股东或实际控制人构成事实董事的情形通常包括存在董事选任瑕疵、以董事身份参与董事会会议与决议、以董事身份签字、作为执行董事行使董事会职权等。

相较于本法第192条涵盖了影子董事、影子高管两种情形,本条第3款仅规定了事实董事。对此,参照司法实践,本书认为,如果控股股东、实际控制人不担任公司高级管理人员但实际执行公司事务的,同样适用前两款规定。

◆ 案例指引

【典型案例】李某与滕州市绿原机械制造有限责任公司专利权权属纠纷上诉案(最高人民法院(2021)最高法知民终194号)

裁判要旨

公司董事、高级管理人员将公司专利权无偿转让至其个人名下,且未能提交充分证据证明该转让行为符合公司章程的规定或者经股东会、股东大会同意的,构成对公司忠实义务的违反,有关专利权转让行为无效,专利权仍然应归公司所有。

【典型案例】陈某雄、胜利油田胜利泵业有限责任公司损害公司利益责任纠纷再审审查与审判监督案(最高人民法院(2020)最高法民申4682号)

裁判要旨

2018年《公司法》第147条第1款规定,董事、监事、高级管理人员应当遵守法律、行政法规和公司章程,对公司负有忠实义务和勤勉义务。第149条规定,董事、监事、高级管理人员执行公司职务时违反法律、行政法规或者公司章程的规定,给公司造成损失的,应当承担赔偿责任。根据以上规定,董事、监事、高管人员的忠实义务的核心在于董事不得利用其董事身份获得个人利益，其应当在法律法规与公序良俗的范围内，忠诚于公司利益，以最大的限度实现和保护公司利益作为衡量自己执行职务的标准，否则即应承担赔偿责任。由于陈某雄违反了以上相关规定，未尽到对公司的忠实、勤勉义务，给泵业公司造成了损失，故原审法院判决其承担赔偿责任，符合法律规定。

【典型案例】杨某胜与中国证券监督管理委员会金融行政复议纠纷案（最高人民法院（2019）最高法行申 12736 号）

裁判要旨

勤勉尽责是董事免责的一个抗辩理由。当上市公司发生违法行为时，作为公司的决策层成员，董事即应当为自己签字的公司行为承担法律责任，除非董事能够提出自己已经勤勉尽责的抗辩事由。董事勤勉尽责不能停留于履行一般职责，而是要在审慎、全面调查的基础上，对公司的重要事项进行确认。董事的勤勉义务是一种过程性义务和积极的注意义务，不以其履责行为必然防范违法行为的发生为要件，也不以其明知违法行为为要件。

【典型案例】某人力资源公司与吴某损害公司利益责任纠纷案（北京市第三中级人民法院发布二十个公司类纠纷典型案例之十七）

裁判要旨

高级管理人员损害公司利益，既有可能是违约责任，又有可能是侵权责任。在无明确约定的情形下，高管违反忠实、勤勉义务损害公司利益的，公司可提起侵权责任之诉。本案明确了该类侵权行为的构成要件，特别是对高管侵权行为的主观要件予以明确，具有典型性。

违反忠实、勤勉义务损害公司利益的认定，要求高管主观上存在故意或重大过失。只要高管在其内心对其行为尽到了适当、合理的注意义务，按照公司的日常运作模式发挥了管理作用，根据公司决策认真执行，并善意地相信公司其他人员的行为、意见以及提供的信息是真实可信的，其据此作出的行为符合公司利益的，即使存在一定过失，法院亦不宜对公司的内部行为过多干涉，只有结合案件的具体情况，根据主客观相结合的标准进行衡量，在显然属于重大过失、故意的情形下，才能直接认定高管行为构成违反忠实、勤勉义务。

第一百八十一条　【违反对公司忠实义务的行为】

董事、监事、高级管理人员不得有下列行为：

（一）侵占公司财产、挪用公司资金；

（二）将公司资金以其个人名义或者以其他个人名义开立账户存储；

（三）利用职权贿赂或者收受其他非法收入；

（四）接受他人与公司交易的佣金归为己有；

（五）擅自披露公司秘密；

（六）违反对公司忠实义务的其他行为。

◆ **条文主旨**

本条规定了董事、监事、高级管理人员不得有违反忠实义务的行为类型。

◆ **修改情况**

本条整合了2018年《公司法》第147条第2款与第148条第1、2、3、6、7、8项，作了如下修改：

其一，删去了2018年《公司法》第148条第1款第3项"违反公司章程的规定，未经股东会、股东大会或者董事会同意，将公司资金借贷给他人或者以公司财产为他人提供担保"的规定,将其转交给公司担保和关联交易规则予以规制。

其二,在本条第 3 项中新增不得"贿赂"的规定,包括行贿和受贿。

其三,将 2018 年《公司法》第 148 条第 1 款第 4 项、第 5 项予以单列,调整为本法第 183 条、第 184 条和第 185 条。

◆ **条文注释**

本条规定了董事、监事、高级管理人员违反忠实义务的具体行为:

1. 侵占公司财产、挪用公司资金。董事、监事、高管利用自己的职权,侵占公司财产、挪用公司资金,不仅是违反忠实义务的行为,也侵害了公司的财产权。情节严重的,还可能构成挪用资金罪、职务侵占罪等罪名。

2. 将公司资金以其个人名义或者以其他个人名义开立账户存储。在实践中,经常存在将公司资金存储在公司财务人员、股东等账户之中,进行资金的体外循环。这种行为损害了公司的财产权,增加了公司的资产风险,为本法所禁止。

3. 利用职权贿赂或者收受其他非法收入。本条规定的违法行为有二,贿赂和接受其他非法收入。其中,贿赂包括行贿和受贿。

4. 接受他人与公司交易的佣金归为己有。佣金是为商业交易的中间人提供的劳务报酬。董事、监事、高级管理人员执行公司事务,并非合格的中间人,应当代理或代表公司行事,不得接受佣金。

5. 擅自披露公司秘密。商业秘密是具有价值的公司信息,不当披露将损害公司利益,董事、监事、高级管理人员应当保守公司秘密,维护公司利益。

6. 违反对公司忠实义务的其他行为。本项作为兜底条款,应以该行为是否产生了董事、监事、高级管理人员与公司的利益冲突为核心进行判断。

◆ **案例指引**

【典型案例】李某与麦克菲公司损害公司利益责任纠纷案（吉林省高级人民法院发布 10 起民商事典型案例之四）

裁判要旨

股东出资创设公司是商事行为，在这一过程中，股东的财产和权利自投入公司时起，即属于公司资产而不再与股东具有权属关系，股东仅通过取得对应的公司股权而继续享有由该财产所产生的经济利益。而处分公司重大资产及公司与股东之间进行交易行为均应经股东会同意，这是公司治理的必然要求，即便公司的高级管理人员同时也具有公司股东身份，其亦不得在未经股东会同意的情况下处分公司资产，损害公司利益。本案所体现的问题是很多出资人存在的认识误区，明确这一问题，对于引导建立现代化企业制度具有典型意义。

【典型案例】郑州晖达实业集团有限公司与河南新城置业有限公司、朱某晖损害公司利益责任纠纷案（河南省高级人民法院（2018）豫民初 27 号）

裁判要旨

本案中，王某辉持有晖达公司 30% 的股份，和朱某晖系夫妻关系，朱某晖在晖达公司系自然人股东王某辉的代表并担任晖达公司董事，同时朱某晖系新城公司的实际控制人，于 2013 年 4 月 3 日前持有新城公司 92.5% 的股份，庭审中三被告认可其诉讼利益完全一致；朱某晖和王某辉在控制经营晖达公司期间，未经公司股东会或董事会同意，擅自将公司 29528.55 万元款项转入其实际控制的新城公司进行房地产开发，并一直向公司大股东华丰公司隐瞒真实情况，被发现后经晖达公司多次催要，拒不返还，直至酿成本案诉讼仍未返还，被告的侵权故意明显，违反上述法律规定，依法应当承担返还资金并赔偿损失的责任。

> **第一百八十二条　【关联交易的决议程序】**
>
> 董事、监事、高级管理人员，直接或者间接与本公司订立合同或者进行交易，应当就与订立合同或者进行交易有关的事项向董事会或者股东会报告，并按照公司章程的规定经董事会或者股东会决议通过。
>
> 董事、监事、高级管理人员的近亲属，董事、监事、高级管理人员或者其近亲属直接或者间接控制的企业，以及与董事、监事、高级管理人员有其他关联关系的关联人，与公司订立合同或者进行交易，适用前款规定。

◆ **条文主旨**

本条规定了董事、监事、高级管理人员自我交易与关联交易的规则。

◆ **修改情况**

本条为2023年《公司法》修订的新增条款。

在规制主体上，本条整合了2018年《公司法》中的自我交易规则，将监事纳入自我交易与关联交易的规制范围，同时扩大了关联人的范围。

在规制程序上，本条增加了董事、监事、高级管理人员的自我交易与关联交易报告义务，将决策机关交由公司章程自行决定，增加董事会作为公司可选择的同意权主体。

◆ 条文注释

一、规范对象

本条的规范对象包括董事、监事、高级管理人员的自我交易与关联交易。所谓自我交易，是指董事、监事、高级管理人员直接或间接与公司进行的交易。所谓关联交易，是指公司与具有关联关系的主体之间所进行的交易。2023年《公司法》扩大了自我交易与关联交易的规制范围，此次修订之前，我国自我交易的规制对象仅限于董事、监事、高级管理人员的直接自我交易，遗漏了对间接自我交易及其他关联交易的规制。

具体而言，本条规制的交易包括三种具体类型：

1. 董事、监事、高级管理人员直接或间接与公司订立合同或进行交易，包括直接或间接的方式，即狭义的自我交易。

2. 董事、监事、高级管理人员的近亲属，董事、监事、高级管理人员或者其近亲属直接或者间接控制的企业与公司订立合同或者进行交易，即广义的自我交易。

3. 与董事、监事、高级管理人员有其他关联关系的关联人与公司订立合同或进行交易。本法第265条第4项规定，关联关系，是指公司控股股东、实际控制人、董事、监事、高级管理人员与其直接或者间接控制的企业之间的关系，以及可能导致公司利益转移的其他关系。但是，国家控股的企业之间不仅因为同受国家控股而具有关联关系。

需要特别注意的是，本次公司法修订引入了事实董事和影子董事制度，二者亦负有信义义务，也应负有本条所规定的报告义务。

二、程序规制

本条第1款规定了自我交易与关联交易的信息报告、决议程序两项程序性规则。

1. 信息报告。本条第 1 款增加董事、监事、高级管理人员负有就相关交易向董事会或股东会的报告义务，该义务系法定义务，是董事忠实义务的体现。之所以规定报告义务，是为了确保董事会或股东会充分了解决策事项所涉的利益冲突信息。

2. 决议程序。之所以交由董事会或股东会决议，系为了通过决议程序保护公司利益。在决议主体上，本条第 1 款规定，按照公司章程的规定经董事会或者股东会决议通过。至于应当经由董事会还是股东会决议，本法交由公司章程自主规定。对于中小型公司而言，由股东会决策有合理性。对于大型公司或者上市公司而言，交由董事会决策更具有效率。

就表决规则而言，根据《公司法》第 116 条、第 124 条关于股东会会议、董事会会议的规定，经普通决议即可。在表决中，关联董事应就该决议回避表决，无关联关系董事人数少于 3 人无法形成决议时，该交易事项应提交股东会审议。

三、法律后果

虽然本条并未规定所涉交易的公平性问题，但是，在司法实践中仍可对董事、监事、高级管理人员的自我交易与关联交易进行实质公平判断。《公司法司法解释（五）》第 1 条第 1 款明确了关联交易存在司法实质性公平判断的空间，"关联交易损害公司利益，原告公司依据民法典第八十四条、公司法第二十一条规定请求控股股东、实际控制人、董事、监事、高级管理人员赔偿所造成的损失，被告仅以该交易已经履行了信息披露、经股东会同意等法律、行政法规或者公司章程规定的程序为由抗辩的，人民法院不予支持。"同时，该司法解释第 1 条第 2 款还规定了异议股东有权为了公司利益提起股东代表诉讼。

根据本法第 186 条的规定，公司对董事、监事、高级管理人员进行自我交易与关联交易的所得享有归入权。

未经正当程序的自我交易与关联交易合同的效力,是司法适用的难题,可参见本法第22条的释义。

◆ **关联规范**

1. 《公司法司法解释(五)》(2020年修正)

第1条 【关联交易损害公司利益的认定与救济】关联交易损害公司利益,原告公司依据民法典第八十四条、公司法第二十一条规定请求控股股东、实际控制人、董事、监事、高级管理人员赔偿所造成的损失,被告仅以该交易已经履行了信息披露、经股东会或者股东大会同意等法律、行政法规或者公司章程规定的程序为由抗辩的,人民法院不予支持。

公司没有提起诉讼的,符合公司法第一百五十一条第一款规定条件的股东,可以依据公司法第一百五十一条第二款、第三款规定向人民法院提起诉讼。

2. 《上海证券交易所上市公司自律监管指引第5号——交易与关联交易》(2023年修订)

第3条 上市公司应当建立健全交易与关联交易的内部控制制度,明确交易与关联交易的决策权限和审议程序,并在关联交易审议过程中严格实施关联董事和关联股东回避表决制度。

公司交易与关联交易行为应当定价公允、审议程序合规、信息披露规范。

第4条 上市公司交易与关联交易行为应当合法合规,不得隐瞒关联关系,不得通过将关联交易非关联化规避相关审议程序和信息披露义务。相关交易不得存在导致或者可能导致上市公司出现被控股股东、实际控制人及其他关联人非经营性资金占用、为关联人违规提供担保或者其他被关联人侵占利益的情形。

3. 《深圳证券交易所上市公司自律监管指引第 7 号——交易与关联交易》(2023 年修订)

第 3 条　上市公司应当建立健全交易与关联交易的内部控制制度，明确交易与关联交易的决策权限和审议程序，并在关联交易审议过程中严格实施关联董事和关联股东回避表决制度。

上市公司交易与关联交易行为应当定价公允、审议程序合规、信息披露规范。

第 4 条　上市公司交易与关联交易行为应当合法合规，不得隐瞒关联关系，不得通过将关联交易非关联化规避相关审议程序和信息披露义务。相关交易不得存在导致或者可能导致上市公司出现被控股股东、实际控制人及其他关联人非经营性资金占用、为关联人违规提供担保或者其他被关联人侵占利益的情形。

◆ 案例指引

【典型案例】周某与甘肃中集华骏车辆有限公司关联交易损害责任纠纷再审案（最高人民法院（2019）最高法民申 2728 号）

裁判要旨

关于周某在甘肃中集华骏公司任职期间，甘肃中集华骏公司与青海同海达公司 2008 年 2 月 29 日至 2009 年 7 月 31 日之间签订的加工承揽合同是否属于关联交易，周某是否应当承担赔偿责任的问题。根据 2018 年《公司法》第 216 条第 1 项和第 4 项的规定，高级管理人员，是指公司的经理、副经理、财务负责人，上市公司董事会秘书和公司章程规定的其他人员。关联关系，是指公司控股股东、实际控制人、董事、监事、高级管理人员与其直接或者间接控制的企业之间的关系，以及可能导致公司利益转移的其他关系。2007 年 7 月 30 日，甘肃中集华骏公司聘任周某担任该公司营销部经理，全面主持公司销售和采购供应工作。在此期间，甘肃中集华骏公司并没有设立副总经理,周某实际上行使的是公司高级管理人员的职权。其妻高某某和亲戚成立青海同海达公司及转让公司股权的行为,与周某任营销部经理及离任具有同步性,周某未如实向公司报告该事项,在和青海同海达公司交易之后,周某利用其职权,不及时回收资金,与青海同海达公司的交易给甘肃中集华骏造成损失,构成关联交易,最高人民法院裁定驳回再审请求。

> **第一百八十三条** 【董事、监事、高级管理人员不得谋取公司商业机会】
>
> 董事、监事、高级管理人员,不得利用职务便利为自己或者他人谋取属于公司的商业机会。但是,有下列情形之一的除外:
>
> (一)向董事会或者股东会报告,并按照公司章程的规定经董事会或者股东会决议通过;
>
> (二)根据法律、行政法规或者公司章程的规定,公司不能利用该商业机会。

◆ 条文主旨

本条规定了董事、监事、高级管理人员不得谋取公司商业机会。

◆ 修改情况

本条来自2018年《公司法》第148条第1款第5项前段,将监事纳入禁止篡夺公司商业机会的义务主体范围,并新增了两种例外情形:(1)向董事会或者股东会报告,并按照公司章程的规定经董事会或者股东会决议通过;(2)根据法律、行政法规或者公司章程的规定,公司不能利用该商业机会。

◆ 条文注释

董事、监事、高级管理人员不得谋取公司商业机会，也称禁止篡夺公司商业机会规则。如果某一商业机会属于公司所有，该公司商业机会即构成一项公司利益。对于该机会，董事、监事、高级管理人员不得篡夺，否则将损害公司利益，构成忠实义务之违反。

一、公司商业机会的界定标准

不得谋取公司商业机会规则的关键在于如何认定公司商业机会。我国公司法未规定公司商业机会的界定，司法实践中也存在裁判分歧。在美国的公司法实践中，曾出现过"利益或期待标准""经营范围标准""公平性标准""权利滥用标准""复合型标准"等不同标准，认定标准也存在差异。

结合我国公司法理论与司法实践，本书认为，公司商业机会的界定应当符合以下条件：

1. 该商业机会属于公司经营范围之内。如果某一商业机会超出了公司经营范围，公司并不能加以利用。在我国法上，凡是未列入许可经营项目的事项，"法无禁止皆可为"。因此，对于一般经营项目，应均认为属于公司商业机会的潜在范围。

2. 该商业机会具有成熟性。如果某一商业机会仅仅是一种商业上的可能性，距离达成交易尚且有实质性差距，则不应认定为公司商业机会。如何认定商业机会的成熟性，需要根据商业机会所具备的条件与达成交易所需条件进行比对，并在此基础上进行实质判断。

3. 公司具有利用该商业机会的现实可能性。由于本法第2项将法律上的不能单独列举，此处的现实可能性应该限于商业的可能性。比如，公司缺乏利用该商业机会的资金、技术等客观条件。如果公司虽然不能自己利用，但具有将该商业机会予以有偿转让的可能性，仍然应当认为公司具有利用该机会的现实可能性。

4. 该商业机会未被公司拒绝。《公司法（修订草案一审稿）》曾将"已经向董事会或者股东会报告，但董事会或者股东会明确拒绝该商业机会"作为例外情形，但最终通过的《公司法》删除了该项规定。对此，如果经正当表决程序，公司已经明确拒绝该商业机会，应当认定不再构成公司商业机会。如果该表决程序为董事所滥用，即使形成了决议，也不能认定为该机会被公司所拒绝。

二、不得谋取公司商业机会的相对禁止

对于不得谋取公司商业机会，我国2018年《公司法》仅规定了经公司同意的情形这一例外，且将公司的同意主体限于股东会。2023年《公司法》修订后，本条规定了不得谋取公司商业机会的例外情形：

1. 向董事会或者股东会报告，并经董事会或者股东会决议通过。该项规定的要点为：其一，利用该机会的董事、监事、高级管理人员负有向公司报告的义务；其二，本项增加董事会作为同意权主体，根据章程规定由董事会或股东会决议。在通过比例上，经普通决议通过即可。在董事会表决中，关联董事应就该决议回避表决，在无关联关系董事人数少于3人时，应将该事项提交股东会审议。

2. 根据法律、行政法规或者公司章程的规定，公司不能利用该商业机会。本条规定了"法定或章定不能"的例外情形，即根据法律、行政法规或公司章程的规定，公司不能利用该商业机会的情形。对于许可经营项目或者章程明确禁止或者限制进入的项目，公司无法利用该领域的商业机会，否则将违反法律或章程。

◆ **案例指引**

【典型案例】路某熙、山东路氏和顺房地产开发有限公司损害公司利益责任纠纷案（山东省高级人民法院（2019）鲁民终2060号）

裁判要旨

本案中，路某熙作为圣马公司的执行董事和法定代表人及圣马乳山分公司的负责人，应诚信地履行对公司的职责，不得侵占公司的财产。即使圣马公司章程规定，股东会会议由股东路某熙行使表决权，也不影响路某熙对圣马公司及圣马乳山分公司负有忠实和勤勉义务。然而，路某熙与其妻马某民成立了经营范围与圣马公司同类的路氏公司，路某熙利用职务便利将圣马公司的房租利益和圣马乳山分公司的土地转让至路氏公司名下，谋取了属于圣马公司的商业机会，违反了公司法的规定，给圣马公司造成了损失，一审法院判令路某熙和路氏公司对圣马公司丧失的房屋租金和大乳山土地承担赔偿责任，是正确的。

> **第一百八十四条** 【董事、监事、高级管理人员的竞业禁止】
>
> 董事、监事、高级管理人员未向董事会或者股东会报告，并按照公司章程的规定经董事会或者股东会决议通过，不得自营或者为他人经营与其任职公司同类的业务。

◆ 条文主旨

本条规定了董事、监事、高级管理人员竞业禁止的规定。

◆ 修改情况

本条为2023年《公司法》修订的新增条文，在2018年《公司法》第148条第1款的基础上，将竞业限制的规则独立成单独条文，并将监事纳入竞业禁止的义务主体范围。

同时，本条增加了同业竞争时董事、监事、高级管理人员的报告义务，将董事会新增为有同意权的可选决策机构。

◆ **条文注释**

竞业禁止义务是指董事、监事、高级管理人员不得经营与其所任职公司同类的业务，为忠实义务的一种具体类型。董事、监事、高级管理人员掌握公司经营中的大量信息，若其从事与任职公司同类的业务，将导致同业竞争和利益冲突，损害公司利益。

一、规制模式

从立法例上而言，对于公司、监事、高级管理人员从事同类业务的规制模式主要包括三种：完全禁止模式、相对禁止模式、竞业自由模式。本法采相对禁止模式，要求公司董事、监事、高级管理人员在进行同业经营前向董事会或股东会报告，根据公司章程规定经董事会或股东会决议。

二、行为类型

本条规制的行为包括自营或者为他人经营。其中，自营是指董事、监事、高级管理人员自己经营，比如采取个人独资企业、个体工商户等形式经营。"为他人经营"是指在与所任职公司具有同类业务的公司或企业中担任执行事务合伙人、董事、监事、高级管理人员等职务。

本条规定的核心在于如何判断"同类业务"。对此，《公司法》未作明确规定。在司法实践中，法院通常借助"存在竞争关系"作为实质判断标准，即董事、监事、高级管理人员自营或为他人经营的业务与其任职的公司之间是否构成直接或者间接的竞争关系。

具体而言，对于同类业务的认定，应综合考虑以下因素：（1）应当以公司的实际经营范围，而非登记的经营范围为基准。由于在经营范围问题上，非属于许可经营项目的事项均属于公司的经营范围，但公司可能并未实际经营，应将未实际经营的事项予以排除，以避免过于泛化。（2）应当以能够产生竞争关系的地域范围为限。比如，如果公司并未在某一区域开展营业或者投入资源，应认定为不具有实质竞争关系。(3) 该同业竞争行为是否实质上损害了公司的期待利益,这是同业竞争的损害性之所在。

三、规制程序

如前所述,本条规定采相对禁止模式,自营或者为他人经营与其任职公司同类业务的董事、监事、高级管理人员向董事会或者股东会报告,并经董事会或者股东会决议通过,可以豁免该利益冲突行为。

在规制程序上,要点有二:其一,自营或者为他人经营与其任职公司同类业务的董事、监事、高级管理人员负有向公司报告的义务。其二,根据章程规定由董事会或股东会决议。在通过比例上,经普通决议通过即可。在董事会表决中,关联董事应就该决议回避表决,在无关联关系董事人数少于 3 人时,应将该事项提交股东会审议。

◆ 关联规范

《刑法》(2023 年修正)

第 165 条 【非法经营同类营业罪】国有公司、企业的董事、监事、高级管理人员,利用职务便利,自己经营或者为他人经营与其所任职公司、企业同类的营业,获取非法利益,数额巨大的,处三年以下有期徒刑或者拘役,并处或者单处罚金;数额特别巨大的,处三年以上七年以下有期徒刑,并处罚金。

其他公司、企业的董事、监事、高级管理人员违反法律、行政法规规定,实施前款行为,致使公司、企业利益遭受重大损失的,依照前款的规定处罚。

◆ 案例指引

【典型案例】某热力公司诉李某损害公司利益责任纠纷案(北京市第三中级人民法院发布二十个公司类纠纷典型案例之十六)

裁判要旨

本案中,某维修公司与某热力公司主张李某离职后成立存在竞争关系的某设备公司造成公司损失。诉讼中，某热力公司明确表示起诉基于2018年《公司法》，李某违反高级管理人员义务。因此，某热力公司在本案中的请求权基础是2018年《公司法》关于高级管理人员履行职务存在过错的规定。公司高级管理人员损害公司利益责任有四个构成要件：（1）主体要件，即责任主体应为高级管理人员；（2）损害行为要件，即高级管理人员在执行公司职务过程中有违反法律、行政法规或者公司章程规定的行为；（3）损害事实要件，即公司遭受了直接或间接的损失；（4）因果关系要件，即高级管理人员的损害行为与公司遭受损失的事实之间具有引起与被引起的关系。本案中，李某在设立某设备公司时已非某热力公司的高级管理人员，李某注册某设备公司的行为亦与履行某热力公司的职务没有关联性，故某热力公司相应主张所依据的事实不符合上述构成要件中的主体要件及损害行为要件。因此，某热力公司基于2018年《公司法》关于高级管理人员履职过错导致公司损害的规定要求李某承担赔偿责任没有事实依据且不符合法律规定。

第一百八十五条　【利益冲突事项的回避表决】

董事会对本法第一百八十二条至第一百八十四条规定的事项决议时，关联董事不得参与表决，其表决权不计入表决权总数。出席董事会会议的无关联关系董事人数不足三人的，应当将该事项提交股东会审议。

◆ 条文主旨

本条规定了利益冲突事项表决规则的规定。

◆ **修改情况**

本条为 2023 年修订的新增条文，首次系统规定了关联董事的回避表决制度，适用于自我交易与关联交易、利用公司商业机会、经营同类业务等利益冲突事项。

◆ **条文注释**

在公司法上，存在各类基于利害关系导致的表决回避规则，本条所规定的关联董事表决回避规则是其中之一。

本条的规范要旨包括：

一、适用情形

根据本条的规定，回避事由包括本法第 182 条至第 184 条的三类利益冲突交易的表决事项，即自我交易与关联交易、利用公司机会、经营同类业务。

二、回避主体

本条所规定的回避主体为关联董事。本法第 265 条第 4 项规定，关联关系，是指公司控股股东、实际控制人、董事、监事、高级管理人员与其直接或者间接控制的企业之间的关系，以及可能导致公司利益转移的其他关系。但是，国家控股的企业之间不仅因为同受国家控股而具有关联关系。因此，与所表决的事项存在直接或间接的利益关系的董事均为关联董事。由于关联关系和关联董事认定的复杂性，公司章程可将该事项予以具体规定，在董事会表决时先对关联关系的认定进行预先表决。

三、回避表决后的会议和决议程序

形成完整的公司决议需要董事会会议和表决两项程序。在关联董事回避后，其不能行使和代理他人行使表决权，其表决权既不计入表决通过的分母，也不计入表决通过的分子。对于普通决议事项，该事项的董事会会议由过半数的无关联关系董事出席即可举行，所作决议须经无关联关系董事过半数通过。在无关联关系董事人数不足3人时，此时董事会无法形成多数决议，应当将该决议事项应提交股东会审议。

除了表决回避之外，关联董事的其他权利仍然可以行使，比如接收会议通知、参加会议、会议发言等。

四、关联董事未回避表决的决议效力

本法第25条至第27条规定了董事会决议无效、可撤销、不成立的效力规则。通常而言，关联董事违反本法规定的回避规则未予以回避，此时董事会决议系属于违反法律规定程序的决议，瑕疵事由为可撤销事由。但是，也应当分情况对待。如果排除关联董事的表决权不影响决议成立所必需的多数表决权，也不存在关联董事支配其他董事表决等事由的，则决议瑕疵可以豁免。如果排除关联董事的表决权后导致董事会参会人数不足或者表决比例不足，则应认定为决议不成立。如果董事会决议的内容违法、严重损害公司或股东利益的，也可能导致决议无效。

第一百八十六条　【归入权】

董事、监事、高级管理人员违反本法第一百八十一条至第一百八十四条规定所得的收入应当归公司所有。

◆ **条文主旨**

本条规定了公司归入权。

◆ **修改情况**

2023年《公司法》将2018年《公司法》第148条第2款中公司归入权的规则单列为本条；同时，本条将监事新增为公司归入权规则的适用对象。

◆ **条文注释**

归入权是指公司将其董事、监事、高级管理人员违反忠实义务所获得的收益收归公司的权利。之所以作此规定，系因为董事、监事、高级管理人员对公司负有信义义务，其违反信义义务之所得，应归于作为委托人的公司。

本条的规范要旨包括：

一、归入权的构成要件

根据本条规定，公司归入权的构成要件包括：（1）董事、监事、高级管理人员存在违反忠实义务的行为，具体包括本法第181条至第184条的规定；（2）董事、监事、高级管理人员因违反忠实义务而获得收益；（3）董事、监事、高级管理人员违反忠实义务的行为与其实际获益之间存在因果关系。至于公司是否存在实际损失，在所不问。

二、公司归入权的数额认定

根据本条规定，公司行使归入权的数额为董事、监事、高级管理人员的"所得收入"。但是，所得收入的数额认定十分复杂，是司法实践中的一大难题。一般意义而言，该收入应当包括违反忠实义务期间所产生的全部所得。具体而言，可根据董事、监事、高级管理人员违反忠实义务的具体情形予以认定。

1. 违反本法第181条规定的行为。对于侵占公司财产、挪用公司资金、以个人名义或他人名义存储公司资金等的行为，公司可主张返还，如果无法返还，则全部所得均为公司归入权标的。对于利用职权贿赂或者收受其他非法收入、接受他人与公司交易的佣金归为己有，则全部所得为归入权标的。对于擅自披露公司秘密，其全部非法所得为归入权标的。

2. 违反本法第 182 条规定的行为。董事、监事、高级管理人员违反进行自我交易或关联交易时，其基于交易所得利益应归入公司。

3. 违反本法第 183 条规定的行为。董事、监事、高级管理人员篡夺公司商业机会行为的，其全部所得应归入公司。

4. 违反本法第 184 条规定的行为。董事、监事、高级管理人员违反规定进行同业经营的，其所得利润或任职薪酬等，应当归入公司。

三、归入权与损害赔偿请求权的关系

对于归入权和损害赔偿请求权之间的关系，理论和实务上有多种认识，主要包括择一说、并列说、补充说等。所谓择一说，是指公司可以择一行使归入权和损害赔偿请求权。所谓并列说，是指公司可以同时行使归入权和损害赔偿请求权。所谓补充说，是指公司可以行使归入权，在不足以填补的损失范围内可以主张损害赔偿请求权，如果行使归入权足以填补损害发生，则不应允许公司行使损害赔偿请求权。对此，本书认为，公司的两项权利基础不同，不存在彼此干涉，为保护公司利益，应允许公司同时行使两项权利。

在公司行使归入权的路径上，本法提供的救济渠道公司诉讼和股东代表诉讼：一是，公司直接向董事、监事、高级管理人员提起直接诉讼。二是，如果公司怠于提起诉讼，则符合条件的股东可基于《公司法》第 189 条向董事、监事、高级管理人员提起股东代表诉讼甚至股东双重代表诉讼。

◆ 案例指引

【典型案例】 谢某与冷某峰借款合同纠纷上诉案（重庆市高级人民法院（2020）渝民终 543 号）

裁判要旨

董事和高管对公司具有忠实义务，即董事和高管应竭尽忠诚地

履行职务，为公司的最佳利益和适当目的行事，当自身利益与公司利益存在冲突时，不得将自身利益置于公司利益之上。反映在法律义务上，则是违反委托义务或者信义义务，应承担相应的损害赔偿责任。本案中，冷某峰作为云创公司的执行董事兼总经理，属于该条规定的高级管理人员，理应履行对公司的忠实义务。由于云创公司章程中没有允许董事、高级管理人员与本公司订立合同或者进行交易的明确规定，且冷某峰假借他人名义与云创公司订立借款合同，出借资金给云创公司，并未经股东会同意或得到另一股东谢某的同意。该行为违反了公司法中关联交易正当程序规定，冷某峰通过借款收取的利息，应当归公司所有。

第一百八十七条 【董事、监事、高级管理人员列席股东会会议】

股东会要求董事、监事、高级管理人员列席会议的，董事、监事、高级管理人员应当列席并接受股东的质询。

◆ **条文主旨**

本条规定了董事、监事、高级管理人员应要求列席股东会和股东质询权的规定。

◆ **修改情况**

2023年《公司法》将2018年《公司法》第150条董事、监事、高级管理人员对股东会和监事会的义务分列为两条，本条专门规定了董事、监事、高级管理人员应股东会要求列席股东会并接受质询的义务。

此外，在文字上，本条相应将股东会和股东大会统称为股东会。

◆ 条文注释

根据本条规定，应股东会要求，董事、监事、高级管理人员应当列席股东会，该义务系法定义务，其不得拒绝。质询权的权利主体为股东，义务主体为公司的董事、监事、高级管理人员，质询权的行使方式为在股东会会议质询公司的董事、监事、高级管理人员。

值得注意的是，本条并未规定董事、监事、高级管理人员违反前述义务的诉讼救济，应理解为无法通过司法途径进行救济。如果董事、监事、高级管理人员拒绝履行前述义务，股东会可以决议予以解任、更换。如果其行为损害了公司或股东利益的，可基于《公司法》第 189 条、第 190 条的规定提起股东代表诉讼或股东直接诉讼。

第一百八十八条 【董事、监事、高级管理人员的赔偿责任】

董事、监事、高级管理人员执行职务违反法律、行政法规或者公司章程的规定，给公司造成损失的，应当承担赔偿责任。

◆ 条文主旨

本条规定了董事、监事、高级管理人员的损害赔偿责任。

◆ 修改情况

本条未作实质修改，在文字表述上将 2018 年《公司法》第 149 条中的"执行公司职务时"修改为"执行职务"，表述更加简洁精准。

◆ 条文注释

董事、监事、高级管理人员对公司负有信义关系，根据本法第

180 条规定,董事、监事、高级管理人员对公司负有忠实义务和勤勉义务,应当勤勉尽责。其中,遵守法律、行政法规和公司章程的规定是最基本的要求。违反上述规定的行为是违反信义义务的表现,由此给公司造成损失的,应当承担赔偿责任。

根据本条规定,董事、监事、高管对公司承担损害赔偿责任的构成要件包括:(1)董事、监事、高级管理人员执行职务的行为违反法律、行政法规或者公司章程。(2)董事、监事、高级管理人员存在主观过错。(3)该违法行为给公司造成了损害。(4)董事、监事、高级管理人员的违法行为与公司损失之间具有因果关系。(5)董事、监事、高级管理人员不存在免责事由,如股东会决议豁免等。

在公司主张救济的路径上,可通过公司诉讼和股东代表诉讼:一是,公司直接向董事、监事、高级管理人员提起直接诉讼。二是,如果公司怠于提起诉讼,则符合条件的股东可基于《公司法》第189 条向董事、监事、高级管理人员提起股东代表诉讼甚至股东双重代表诉讼。

此外,除了本条规定的董事、监事、高级管理人员对公司的内部责任之外,本法第 191 条还规定了董事、高级管理人员的外部责任,即董事、高级管理人员对第三人的赔偿责任,共同构成了董事、高级管理人员的内外部责任体系。

◆ 案例指引

【典型案例】方某某与郑州四维节能技术有限公司、郑州四维粮油工程技术有限公司损害公司利益责任纠纷案(河南省郑州市中级人民法院(2021)豫 01 民终 4901 号)

裁判要旨

商事交易中,公司控股股东、董事、监事、高级管理人员等公司高管利用关联交易损害公司利益的情况时有发生，严重破坏公平公正的市场交易秩序。本案中，被告系原告公司的控股股东、执行董事兼总经理，又是关联公司的股东兼监事，其代表原告公司与关联公司签订购销合同，将设备低价出售给关联公司，损害了原告公司利益。因原告公司无法主动提起诉讼，公司监事可以代表公司对该执行董事兼总经理提起代表诉讼，其应当依法对关联交易给公司造成的损失承担赔偿责任。本案通过支持监事代表诉讼，强化控股股东、公司高管的责任，对关联交易进行规制，有力保护了市场主体的合法权益，维护了公平诚信的市场交易秩序。

第一百八十九条　【股东代表诉讼】

董事、高级管理人员有前条规定的情形的，有限责任公司的股东、股份有限公司连续一百八十日以上单独或者合计持有公司百分之一以上股份的股东，可以书面请求监事会向人民法院提起诉讼；监事有前条规定的情形的，前述股东可以书面请求董事会向人民法院提起诉讼。

监事会或者董事会收到前款规定的股东书面请求后拒绝提起诉讼，或者自收到请求之日起三十日内未提起诉讼，或者情况紧急、不立即提起诉讼将会使公司利益受到难以弥补的损害的，前款规定的股东有权为公司利益以自己的名义直接向人民法院提起诉讼。

他人侵犯公司合法权益，给公司造成损失的，本条第一款规定的股东可以依照前两款的规定向人民法院提起诉讼。

公司全资子公司的董事、监事、高级管理人员有前条规定情形，或者他人侵犯公司全资子公司合法权益造成损失的，有限责任公司的股东、股份有限公司连续一百八十日以上单独或者合计持有公司百分之一以上股份的股东，可以依照前三款规定书面请求全资子公司的监事会、董事会向人民法院提起诉讼或者以自己的名义直接向人民法院提起诉讼。

◆ **条文主旨**

本条规定了股东代表诉讼。

◆ **修改情况**

本条在 2018 年《公司法》第 151 条股东代表诉讼制度的基础上，引入了股东双重代表诉讼，允许股东代表诉讼扩展至全资子公司。

◆ **条文注释**

股东代表诉讼，又称股东代位诉讼或股东派生诉讼，指当公司利益受到侵害而公司不能或怠于起诉时，公司股东为了公司利益以自己的名义代表公司提起的诉讼。当董事、监事、高级管理人员损害公司利益时，公司又是在董事、监事、高级管理人员的管理之下，可能会拒绝或怠于提起诉讼。为此，公司法上设置了股东代表诉讼制度解决公司诉讼能力丧失的问题。

本条规定了股东代表诉讼和股东双重代表诉讼制度，分述如下：

一、**股东代表诉讼**

根据本条规定，股东代表诉讼制度的规范要旨包括以下四点：

1. 股东代表诉讼的原告资格

根据本条第 1 款的规定，股东代表诉讼的原告因有限责任公司和股份有限公司而不同，有限责任公司的任一股东即可，股份有限公司的股东则需要满足连续 180 日以上单独或者合计持有公司 1% 以上股份的条件。由此可见，股份有限公司的股东提起股东代表诉讼，存在持股时间和持股比例两项限制。之所以要对股份有限公司的股东设定限制，是为了平衡公司与股东利益，避免代表诉讼制度被滥用。

至于成为股东的时间，并不影响股东成为原告的资格。《九民纪要》第 24 条规定，股东提起股东代表诉讼，被告以行为发生时原告尚未成为公司股东为由抗辩该股东不是适格原告的，人民法院不予支持。

此外，《公司法司法解释（四）》第 24 条规定了股东代表诉讼的其他诉讼主体安排，即该股东为原告，一审法庭辩论终结前符合条件的其他股东请求申请参加诉讼的，作为共同原告；存在违法行为的董事、监事、高级管理人员为被告；同时列公司为第三人参加诉讼。

2. 股东代表诉讼的被告

根据本条第 1 款和第 3 款的规定，公司的合法权益侵害可能来自两个方面：内部的董事、监事、高级管理人员；外部的他人。前述侵害公司权益的主体均为股东代表诉讼的适格被告。

对于被告的反诉，《九民纪要》第 26 条规定，股东依据 2018 年《公司法》第 151 条第 3 款的规定提起股东代表诉讼后，被告以原告股东恶意起诉侵犯其合法权益为由提起反诉的，人民法院应予受理。被告以公司在案涉纠纷中应当承担侵权或者违约等责任为由对公司提出的反诉，因不符合反诉的要件，人民法院应当裁定不予受理；已经受理的，裁定驳回起诉。

3. 股东代表诉讼的前置程序

股东代表诉讼，本质上是股东代表公司行使诉权，通常应以公司不行使或无法行使为前提。

根据本条第 1 款规定，董事、高级管理人员违反法律、行政法规、公司章程给公司造成损害的，股东应先书面请求监事会向人民法院提起诉讼；监事存在前述行为的，股东应书面请求董事会向人民法院提起诉讼。只有当监事会或者董事会收到前款规定的股东书面请求后拒绝提起诉讼，或者自收到请求之日起 30 日内未提起诉讼时，股东方可提起代表诉讼。除了履行前置程序之外，如果股东能够证明属于"情况紧急、不立即提起诉讼将会使公司利益受到难以弥补的损害"的情形，也可直接提起诉讼。

根据本法第 69 条和第 121 条规定，如果公司选择单层制的公司治理架构，由审计委员会行使本法规定的监事会的职权。根据该条文作体系解释，前述前置程序中的监事会，应由审计委员会替代。但是，理论上对此仍有争议，有待后续的司法解释予以明确规定。根据本法第 83 条的规定，规模较小或者股东人数较少的有限责任公司，可以不设监事会，设一名监事，行使本法规定的监事会的职权；经全体股东一致同意，也可以不设监事。在该种情形下，既无监事会或监事，也无审计委员会，故无须履行上述前置程序。

此外，履行前置程序要求的前提是存在公司起诉的可能性。《九民纪要》第 25 条明确规定，"一般情况下，股东没有履行前置程序的，应当驳回起诉，但前置程序针对的是公司治理的一般情况，即在股东向公司有关机关提出书面申请之时，存在公司有关机关提起诉讼的可能性"；如果公司不存在该种可能性，股东履行前置程序的义务也应被免除。典型的情形如公司的董事会成员与监事均为被告，无法既代表公司又代表被告；或是有权代表公司提起诉讼的董事或监事均因利益冲突而须回避，无法代表公司提起诉讼。

4. 股东代表诉讼的效果归属

股东代表诉讼系为了公司利益、代表公司提起的诉讼，其效果应归属于公司。

此外，为避免原告股东与被告通过调解损害公司利益，《九民纪要》第 27 条规定："人民法院应当审查调解协议是否为公司的意思。只有在调解协议经公司股东（大）会、董事会决议通过后，人民法院才能出具调解书予以确认。至于具体决议机关，取决于公司章程的规定。公司章程没有规定的，人民法院应当认定公司股东（大）会为决议机关。"

二、股东双重代表诉讼制度

股东双重代表诉讼是 2023 年《公司法》的新增制度，以解决实践中公司通过设立子公司的方式规避股东代表诉讼的问题。对于公司集团而言，股东双重代表诉讼也是重要的制度供给。

本条第 4 款对股东双重代表诉讼制度进行了规定，并引致本条前三款规定。具体而言，股东双重代表诉讼的规范构造如下：

1. 双重代表诉讼的适格原告

本条第 4 款将股东双重代表诉讼的主体限定为全资母子公司之间，即母公司为子公司的全资股东。在 2023 年《公司法》修订中，存在较大争议的是，能否将全资子公司扩大至控股子公司。最终立法选择了较为稳妥的全资子公司的范围，后续可待积累司法经验后，再予以优化。

在解释上，此处的全资子公司，包括直接全资子公司和间接全资子公司。所谓直接全资子公司，即母公司直接持有子公司 100%的股权。所谓间接全资子公司，即母公司虽然实质全资持有子公司 100%的股权，但系通过间接持股关系实现。比如，A 公司持有 B 公司 100%股权，A 公司持有 C 公司 90%股权，B 公司持有 C 公司 10%股权，此时，虽然 C 公司不是 A 公司的直接全资子公司，但 A 公司实质上仍然是最终全资母公司，此时符合本条规定条件。

2. 双重代表诉讼的前置程序

从公司法原理上来看，双重股东代表诉讼的前置程序与普通代表股东的原理相同，因此，母公司的股东需"竭尽母、子公司内部救济"，即母公司股东须履行双重的前置程序，分别向子公司和母公司提起救济请求，只有当二者均不可行时，才能以自己的名义提起双重代表诉讼。这种双重前置程序虽然周全，但也将降低股东双重代表诉讼的效率。我国股东代表诉讼本身并不活跃，为了简化程序，提升诉讼效率，本条第4款规定，母公司股东只需书面请求全资子公司的监事会、董事会向人民法院提起诉讼即可，而不要求其向母公司董事会、监事会再行请求。

3. 双重代表诉讼的效果归属

股东双重代表诉讼的胜诉利益应归属于子公司而非母公司。

◆ **关联规范**

1. 《公司法司法解释（四）》（2020年修正）

第23条 **【当事人的诉讼地位】** 监事会或者不设监事会的有限责任公司的监事依据公司法第一百五十一条第一款规定对董事、高级管理人员提起诉讼的，应当列公司为原告，依法由监事会主席或者不设监事会的有限责任公司的监事代表公司进行诉讼。

董事会或者不设董事会的有限责任公司的执行董事依据公司法第一百五十一条第一款规定对监事提起诉讼的，或者依据公司法第一百五十一条第三款规定对他人提起诉讼的，应当列公司为原告，依法由董事长或者执行董事代表公司进行诉讼。

第24条 **【股东代表诉讼当事人的诉讼地位】** 符合公司法第一百五十一条第一款规定条件的股东，依据公司法第一百五十一条第二款、第三款规定，直接对董事、监事、高级管理人员或者他人提起诉讼的，应当列公司为第三人参加诉讼。

一审法庭辩论终结前，符合公司法第一百五十一条第一款规定条件的其他股东，以相同的诉讼请求申请参加诉讼的，应当列为共同原告。

第25条　【股东代表诉讼胜诉利益归属】 股东依据公司法第一百五十一条第二款、第三款规定直接提起诉讼的案件，胜诉利益归属于公司。股东请求被告直接向其承担民事责任的，人民法院不予支持。

第26条　【费用承担】 股东依据公司法第一百五十一条第二款、第三款规定直接提起诉讼的案件，其诉讼请求部分或者全部得到人民法院支持的，公司应当承担股东因参加诉讼支付的合理费用。

2.《九民纪要》(2019年11月8日起施行)

（七）关于股东代表诉讼

24.**【何时成为股东不影响起诉】** 股东提起股东代表诉讼，被告以行为发生时原告尚未成为公司股东为由抗辩该股东不是适格原告的，人民法院不予支持。

25.**【正确适用前置程序】** 根据《公司法》第151条的规定，股东提起代表诉讼的前置程序之一是，股东必须先书面请求公司有关机关向人民法院提起诉讼。一般情况下，股东没有履行该前置程序的，应当驳回起诉。但是，该项前置程序针对的是公司治理的一般情况，即在股东向公司有关机关提出书面申请之时，存在公司有关机关提起诉讼的可能性。如果查明的相关事实表明，根本不存在该种可能性的，人民法院不应当以原告未履行前置程序为由驳回起诉。

26.**【股东代表诉讼的反诉】** 股东依据《公司法》第151条第3款的规定提起股东代表诉讼后，被告以原告股东恶意起诉侵犯其合法权益为由提起反诉的，人民法院应予受理。被告以公司在案涉纠纷中应当承担侵权或者违约等责任为由对公司提出的反诉，因不符合反诉的要件，人民法院应当裁定不予受理；已经受理的，裁定驳回起诉。

27.【股东代表诉讼的调解】公司是股东代表诉讼的最终受益人，为避免因原告股东与被告通过调解损害公司利益，人民法院应当审查调解协议是否为公司的意思。只有在调解协议经公司股东（大）会、董事会决议通过后，人民法院才能出具调解书予以确认。至于具体决议机关，取决于公司章程的规定。公司章程没有规定的，人民法院应当认定公司股东（大）会为决议机关。

◆ 案例指引

【公报案例】周某春与庄士中国投资有限公司、李某慰、彭某傑及第三人湖南汉业房地产开发有限公司损害公司利益责任纠纷案（最高人民法院（2019）最高法民终1679号，载《最高人民法院公报》2020年第6期）

裁判要旨

一般情况下，股东没有履行前置程序的，应当驳回起诉。但是，该项前置程序针对的是公司治理的一般情况，即在股东向公司有关机关提出书面申请之时，存在公司有关机关提起诉讼的可能性。如果不存在这种可能性，则不应当以原告未履行前置程序为由驳回起诉。

其一，本案中，李某慰、彭某傑为湖南汉业公司董事，周某春以李某慰、彭某傑为被告提起股东代表诉讼，应当先书面请求湖南汉业公司监事会或者监事提起诉讼。但是，在二审询问中，湖南汉业公司明确表示该公司没有工商登记的监事和监事会。周某春虽然主张周某科为湖南汉业公司监事，但这一事实已为另案人民法院生效民事判决否定，湖南汉业公司明确否认周某科为公司监事，周某春二审中提交的证据也不足以否定另案生效民事判决认定的事实。从以上事实来看,本案证据无法证明湖南汉业公司设立了监事会或监事,周某春对该公司董事李某慰、彭某杰提起股东代表诉讼的前置程序客观上无法完成。

其二,庄士中国公司不属于湖南汉业公司董事、监事或者高级管理人员,因湖南汉业公司未设监事会或者监事,周某春针对庄士中国公司提起代表诉讼的前置程序应当向湖南汉业公司董事会提出,但是,根据查明的事实,湖南汉业公司董事会由李某慰(董事长)、彭某杰、庄某农、李某心、周某春组成。除周某春以外,湖南汉业公司其他四名董事会成员均为庄士中国公司董事或高层管理人员,与庄士中国公司具有利害关系,基本不存在湖南汉业公司董事会对庄士中国公司提起诉讼的可能性,再要求周某春完成对庄士中国公司提起股东代表诉讼的前置程序已无必要。

因此,周某春主张可以不经股东代表诉讼前置程序直接提起本案诉讼的上诉理由成立。

【公报案例】浙江和信电力开发有限公司、金华市大兴物资有限公司与通和置业投资有限公司、广厦控股创业投资有限公司、上海富沃企业发展有限公司、第三人通和投资控股有限公司损害公司权益纠纷案(最高人民法院(2008)民二终字第123号,载《最高人民法院公报》2009年第6期)

裁判要旨

本案涉及股东代表诉讼的调解。针对诉讼过程中各方达成调解协议的效力,最高人民法院认为该调解协议是各方当事人在自愿基础上的真实意思表示,不违反法律、行政法规的禁止性规定。调解协议的内容不仅经过了提起代表诉讼的股东即和信公司、大兴公司以及作为诉讼第三人的公司即通和控股的同意,而且也已经经过了通和控股中的其他所有股东的书面同意,所以调解协议没有损害通和控股及其股东的利益。最高人民法院对以上调解协议予以确认，调解书与判决书具有同等法律效力。

> **第一百九十条　【股东直接诉讼】**
> 董事、高级管理人员违反法律、行政法规或者公司章程的规定，损害股东利益的，股东可以向人民法院提起诉讼。

◆ **条文主旨**

本条规定了股东直接诉讼的规定。

◆ **修改情况**

本条对 2018 年《公司法》第 152 条未作修改。

◆ **条文注释**

股东直接诉讼是指股东为自己的利益，以自己的名义向公司或者董事、监事、高级管理人员等提起的诉讼。本条规定的股东直接诉讼与前条规定的代表诉讼，在适用情形、诉讼程序、效果归属等方面均存在差异。

根据本条规定，股东提起诉讼的事由，是公司董事、高级管理人员违反法律、行政法规或者公司章程的规定，对股东利益造成了损害。此时，股东利益受损，不仅具有实体法上的救济权利，也具有程序法上的诉权。此时，无须履行代表诉讼的前置程序，此所谓"直接诉讼"之所在。所产生的诉讼效果，也归属于股东而非公司。

本条的适用难点在于损害股东利益的认定，此时应当区分公司利益与股东利益，在此基础上，应进一步区分公司利益受损导致的股东利益间接受损、股东利益直接受损两种情形。如果公司利益受损导致了股东利益间接受损,此时股东应提起股东代表诉讼。如果股东利益直接受损,则股东应根据本条规定提起直接诉讼。

◆ 关联规范

《虚假陈述司法解释》(2022年1月22日起施行)

第5条 证券法第八十五条规定的"未按照规定披露信息",是指信息披露义务人未按照规定的期限、方式等要求及时、公平披露信息。

信息披露义务人"未按照规定披露信息"构成虚假陈述的,依照本规定承担民事责任;构成内幕交易的,依照证券法第五十三条的规定承担民事责任;构成公司法第一百五十二条规定的损害股东利益行为的,依照该法承担民事责任。

第一百九十一条 【董事、高级管理人员对第三人责任】

董事、高级管理人员执行职务,给他人造成损害的,公司应当承担赔偿责任;董事、高级管理人员存在故意或者重大过失的,也应当承担赔偿责任。

◆ 条文主旨

本条规定了董事、高级管理人员对第三人责任。

◆ 修改情况

本条为2023年《公司法》修订的新增条文。

◆ 条文注释

本条规定了董事、高级管理人员对第三人的责任,是本轮公司法修订中争议最大的条文之一。为表述方便，下文以董事为例阐述，高级管理人员同理。

一、立法背景

我国 2018 年《公司法》与《民法典》均未设一般条款规定董事对第三人的责任，仅有个别特殊规定。根据《民法典》第 62 条规定，法定代表人因执行职务造成他人损害的，由法人承担民事责任。法人承担民事责任后，依照法律或者法人章程的规定，可以向有过错的法定代表人追偿。《民法典》第 1191 条第 1 款规定，用人单位的工作人员因执行工作任务造成他人损害的，由用人单位承担侵权责任。用人单位承担侵权责任后，可以向有故意或者重大过失的工作人员追偿。根据前述规定，均采取外部责任与内部责任区分的配置方案。

在公司法上，2018 年《公司法》第 189 条规定了公司清算时清算组成员因故意或者重大过失损害债权人的应当承担赔偿责任。《公司法司法解释（三）》第 13 条、第 14 条规定了公司资本维持过程中董事对债权人的责任，但仅限于公司不能清偿其债务的情形。除此之外，《公司法》并未规定其他阶段或其他情况下董事对第三人的责任，导致现行《公司法》对第三人利益保护不足。

在证券法上，《证券法》第 85 条规定了董事、监事、高级管理人员进行虚假陈述时对投资人的直接责任，董事、监事、高级管理人员应与发行人承担连带赔偿责任，但能够证明自己没有过错的除外，系证券法域为完善资本市场监管，针对上市公司董事对投资人信息披露义务所作的特别法规定。

在破产法上，《企业破产法》第 125 条第 1 款规定了董事、监事、高级管理人员违反信义义务导致企业破产的民事责任，"企业董事、监事或者高级管理人员违反忠实义务、勤勉义务，致使所在企业破产的，依法承担民事责任"，同样系特别法对于董事对第三人责任作出的特别规范。

《公司法（修订草案一审稿）》首次规定了董事对第三人责任，引起了社会各界的广泛讨论。反对观点主要在于董事对第三人责任未严格区分公司对外责任与董事对公司责任，冲击了法人机关理论与替代责任理论；董事与第三人之间缺乏作为承担责任的前提条件的基础法律关系；增加董事对第三人的责任可能导致董事责任泛化，导致董事的权利义务责任失衡，应将董事对第三人责任限制在特定领域。支持董事对第三人责任的观点则认为，董事对第三人责任本质上并未违反传统的法人机关理论，同时加强了对第三人的保护；董事通过公司而与第三人之间存在间接的基础法律关系；董事承担一定限度的责任符合现实需求，但应对责任构成、责任形式作进一步明确。

从法理角度而言，法人实在说旨在解决的是由法人承担其成员责任的问题，而无法否定董事作为其成员对第三人的责任。董事作为公司组织机构之成员，其行为具有两面性，既有个体一面，又有组织一面。更重要的是，董事通过公司侵害第三人利益时，其行为具有可归责性，该责任无法因组织关系而免除。

从功能主义的角度而言，在我国公司治理实践中，由于信义义务的缺乏，董事滥用权利通过公司损害第三人利益的案例层出不穷。董事的各类违法违规行为表面上体现为公司行为的外衣，给社会公众造成了包括人身权、财产权的严重损害，深刻体现了规制公司董事不当行为的实践需求。通过董事对第三人责任，可以实现合理震慑、督促其履职勤勉尽责的制度目的。

由此，本法第191条前段规定，董事、高级管理人员执行职务，给他人造成损害的，由公司承担赔偿责任，这是对于法人机关理论的重申。本条后段规定，董事、高级管理人员存在故意或者重大过失的，也应当承担赔偿责任，即董事对第三人承担责任。由此，我国公司法上形成了"公司替代责任+董事直接责任"的董事责任模式,是对因董事滥权而无法在传统公司法人制度框架内获得周全保障的第三人的救济。

二、董事对第三人责任的性质

对于本条所规定的董事对第三人责任的法律性质,在修法过程中争议较大,主要有侵权责任说和法定责任说两种。董事对第三人责任的法律属性,并非立法上所要解决的问题,可交由公司法理论予以阐释。

侵权责任说主张,董事执行职务损害第三人权益时,按照侵权责任的构成要件承担责任即可,无须判断董事是否违反信义义务。法定责任说则主张,董事对第三人责任的本质是董事违反信义义务导致第三人损害,因此应当同时具备组织法要件和侵权法要件。所谓组织法要件,即需要满足公司法上董事违反信义义务的组织法要求;所谓侵权法要件,即需要满足侵权法上损害他人权益的要件。

本书认为,董事对第三人责任是需要同时满足组织法要件与行为法要件的法定责任。其中,组织法要件包括:(1)主体要件为董事;(2)执行公司事务;(3)违反信义义务;(4)存在组织法上的故意或重大过失。侵权法要件包括:(1)存在违法行为;(2)对他人造成了损害;(2)存在因果关系;(4)存在侵权法上的过错。

三、董事对第三人责任的构成要件

对于本条规定,理论和实务上不乏董事对第三人责任被泛化的担忧。如上所述,本责任存在严格的构成要件,分述如下:

1. 董事对第三人责任的组织法要件

(1)主体要件为董事、高级管理人员。此处的董事,不仅包括形式董事,也包括本法第180条第3款所规定的事实董事,以及本法第192条所规定的影子董事。本处所规定的高级管理人员,也包括本法第192条所规定的影子高管。

（2）执行公司事务。董事执行公司事务的认定，应当符合以下标准：其一，董事在其法定或章程规定的职权范围内行使职权，或者具有前述职权外观的范围内行使职权；其二，董事执行的系公司管理经营事务，与其董事的职位具有直接关系，不包括一般的公司具体事务，如驾驶汽车。如果董事所从事行为与公司无关，或者与董事职位无关，则不属于本条规范范畴。

（3）违反信义义务。根据本法第180条规定，董事对公司负有忠实义务和勤勉义务。董事对第三人责任的构成，本质上系组织法与侵权法的复合性责任。在组织法上，以董事违反信义义务为其可归责之实质基础。

（4）存在组织法上的故意或重大过失。本法规定的故意或重大过失，系指公司法或组织法上的故意或重大过失，而非侵权法层面的故意或重大过失。否则，如果将故意或重大过失视为侵权法上的要件，将导致一般侵权行为要件中过失要件的改变。所谓故意，是指故意违反信义义务进行损害行为的主观状态。所谓重大过失，根据本法第180条第2款的规定，系指董事严重违反管理者通常应有的合理注意义务。有观点认为，违反信义义务的要件可被本要件所吸收。基于违反信义义务要件的实质基础性和极端重要性，本书予以单列。

2. 董事对第三人责任的侵权法要件

本要件为损害第三人产生赔偿责任的题中之义，可适用侵权责任的一般规定，本法第191条未予以列举。

（1）存在违法行为，即董事执行公司事务的行为。

（2）对他人产生了损害。

首先，本条中他人系指公司的外部人，不包括公司股东。董事对股东利益的损害，应通过股东直接诉讼解决，董事通过损害公司利益间接损害股东利益，应通过派生诉讼救济，从而不必将股东纳入"第三人"范畴，以避免董事承担双重损害赔偿责任。

其次，本条对第三人的范围并未作出限制，可涵盖各类可能因董事利用公司实施行为而遭受损害的主体。第三人的范围可包括投资者、员工、消费者、供应商等公司利益相关者，如非法集资、毒奶粉、问题疫苗等。

最后，董事执行职务给他人造成了损害，这种损害指现实、确定的损害。本条并未要求第三人证明公司财产丧失清偿能力，但域外的经验表明，由于董事个人的清偿能力通常逊色于公司，针对董事的第三人责任诉讼通常在公司丧失清偿能力后展开。

（3）存在因果关系。董事执行公司事务的行为与损害后果之间应具有侵权法上的因果关系。

（4）存在侵权法上的过错。董事所进行的致害行为，不但构成了公司法上的故意和重大过失，也违反了保护他人之法律，存在侵权法上的过错。该过错的构成，以侵权法为其规范依据。

四、董事对第三人责任的责任形态

本条规定，在符合前述要件时，董事对第三人承担"赔偿责任"，改变了《公司法（修订草案一审稿）》中规定的连带责任形式的立场。因此，本条规定的补充责任完全不同于证券虚假陈述的比例连带责任。在证券虚假陈述中，各责任主体在确认的比例范围内承担连带责任，但董事对第三人责任并非连带责任。

对于本条所规定的赔偿责任，本书从以下方面予以阐释：

首先，董事对第三人的责任非连带责任。一则连带责任须以法律明确规定或当事人明确约定为前提。二则《公司法（修订草案一审稿）》曾规定连带责任的规定，但最终为通过的《公司法》所舍弃。

其次，董事对第三人承担的赔偿责任应为补充责任。根据本条规定的责任顺序为：公司系第一责任主体，董事的个人责任顺位在公司责任之后，应为补充责任。将其界定为补充责任，一方面不会减损公司应承担的责任，另一方面也能够有效避免董事承担过重责任而损害其履职的积极性。

最后，由于董事通常通过董事会集体履职，还存在董事之间如何分配责任的问题。对此，应根据董事的过错程度及对损害的作用力承担按份责任。

1. 在责任范围上，补充责任指董事仅对公司债务不能清偿的部分承担补充责任。第三人仍然享有直接起诉董事的权利，但受到董事基于"公司应先清偿债务"的先诉抗辩权限制。

2. 董事的责任份额应在个案中根据董事的类型、过错程度及其行为与损害后果之间的原因力程度具体确定。不同类型董事的职责要求、参与决策的程度存在差异，通常情况下执行董事责任应重于非执行董事、董事长责任应重于普通董事、具有专业知识背景的董事应重于不具备特定知识背景的董事。个别董事参与决策的程度不同，其对于损害后果的作用力亦不相同。同时，在司法实践中还应考虑董事具体薪酬与市场平均薪酬情况，综合认定董事的责任份额。

◆ **关联规范**

1. 《证券法》（2019年修订）

第85条 【违反信息披露义务的民事赔偿责任】信息披露义务人未按照规定披露信息，或者公告的证券发行文件、定期报告、临时报告及其他信息披露资料存在虚假记载、误导性陈述或者重大遗漏，致使投资者在证券交易中遭受损失的，信息披露义务人应当承担赔偿责任；发行人的控股股东、实际控制人、董事、监事、高级管理人员和其他直接责任人员以及保荐人、承销的证券公司及其直接责任人员，应当与发行人承担连带赔偿责任，但是能够证明自己没有过错的除外。

2. 《企业破产法》(2007年6月1日起施行)

第125条 【董事、监事、高级管理人员致使企业破产的法律责任】企业董事、监事或者高级管理人员违反忠实义务、勤勉义务，致使所在企业破产的，依法承担民事责任。

有前款规定情形的人员，自破产程序终结之日起三年内不得担任任何企业的董事、监事、高级管理人员。

3. 《公司法司法解释（二）》(2020年修正)

第18条 【不作为的侵权民事责任】有限责任公司的股东、股份有限公司的董事和控股股东未在法定期限内成立清算组开始清算，导致公司财产贬值、流失、毁损或者灭失，债权人主张其在造成损失范围内对公司债务承担赔偿责任的，人民法院应依法予以支持。

有限责任公司的股东、股份有限公司的董事和控股股东因怠于履行义务，导致公司主要财产、账册、重要文件等灭失，无法进行清算，债权人主张其对公司债务承担连带清偿责任的，人民法院应依法予以支持。

上述情形系实际控制人原因造成，债权人主张实际控制人对公司债务承担相应民事责任的，人民法院应依法予以支持。

第19条 【作为的侵权民事责任】有限责任公司的股东、股份有限公司的董事和控股股东，以及公司的实际控制人在公司解散后，恶意处置公司财产给债权人造成损失，或者未经依法清算，以虚假的清算报告骗取公司登记机关办理法人注销登记，债权人主张其对公司债务承担相应赔偿责任的，人民法院应依法予以支持。

第20条 【未经清算注销的民事责任】公司解散应当在依法清算完毕后，申请办理注销登记。公司未经清算即办理注销登记，导致公司无法进行清算，债权人主张有限责任公司的股东、股份有限公司的董事和控股股东，以及公司的实际控制人对公司债务承担清偿责任的，人民法院应依法予以支持。

公司未经依法清算即办理注销登记，股东或者第三人在公司登记机关办理注销登记时承诺对公司债务承担责任，债权人主张其对公司债务承担相应民事责任的，人民法院应依法予以支持。

4.《公司法司法解释（三）》(2020年修正)

第13条 【股东未履行或者未全面履行出资义务的责任】股东未履行或者未全面履行出资义务，公司或者其他股东请求其向公司依法全面履行出资义务的，人民法院应予支持。

公司债权人请求未履行或者未全面履行出资义务的股东在未出资本息范围内对公司债务不能清偿的部分承担补充赔偿责任的，人民法院应予支持；未履行或者未全面履行出资义务的股东已经承担上述责任，其他债权人提出相同请求的，人民法院不予支持。

股东在公司设立时未履行或者未全面履行出资义务，依照本条第一款或者第二款提起诉讼的原告，请求公司的发起人与被告股东承担连带责任的，人民法院应予支持；公司的发起人承担责任后，可以向被告股东追偿。

股东在公司增资时未履行或者未全面履行出资义务，依照本条第一款或者第二款提起诉讼的原告，请求未尽公司法第一百四十七条第一款规定的义务而使出资未缴足的董事、高级管理人员承担相应责任的，人民法院应予支持；董事、高级管理人员承担责任后，可以向被告股东追偿。

第14条 【股东抽逃出资责任】股东抽逃出资，公司或者其他股东请求其向公司返还出资本息、协助抽逃出资的其他股东、董事、高级管理人员或者实际控制人对此承担连带责任的，人民法院应予支持。

公司债权人请求抽逃出资的股东在抽逃出资本息范围内对公司债务不能清偿的部分承担补充赔偿责任、协助抽逃出资的其他股东、董事、高级管理人员或者实际控制人对此承担连带责任的，人民法院应予支持；抽逃出资的股东已经承担上述责任，其他债权人提出相同请求的，人民法院不予支持。

> **第一百九十二条　【影子董事与影子高管】**
> 公司的控股股东、实际控制人指示董事、高级管理人员从事损害公司或者股东利益的行为的，与该董事、高级管理人员承担连带责任。

◆ **条文主旨**

本条规定了影子董事和影子高管的法律责任。

◆ **修改情况**

本条为 2023 年《公司法》修订的重要新增条款。

◆ **条文注释**

一、立法背景

现代公司以委托管理为其基本特征，董事作为受托管理者，构成了公司治理的实质核心。我国公司股权分布高度集中，控股股东、实际控制人在公司治理中往往有较强的控制力，滥用权利损害公司、股东、债权人利益的情形十分普遍。控股股东或实际控制人时常通过各种方式操纵董事会及董事，时常使得董事会或董事沦为公司治理中的提线木偶。对此，在 2023 年《公司法》修订过程中，各方面意见均建议强化控股股东、实际控制人的法律责任，以与事实上的控制权相一致。

在具体的路径上，主要有两种意见：一种意见认为，在公司法上应当直接赋予控股股东、实际控制人以信义义务；另一种意见则反对该种路径，应当通过实质董事制度予以规制，避免对守法的控股股东、实际控制人进行过度规制。本条采取了第二种路径，规定了影子董事与影子高管的规则，与本法第180条第3款对事实董事的规定，一同构成了我国法上的实质董事规则体系。① 之所以选取该路径，其理由有三：

其一，通过赋予控股股东或实际控制人以信义义务和责任固然干脆利落，但伴随着信义义务向其他主体的扩张，亦将导致非董事主体履行信义义务行为对公司独立性的消极影响。两相比较，通过实质董事的规制路径和通过控制股东的规制路径是存在价值差异的，即是否肯认董事在公司管理中的中枢地位。如果肯认董事的职位和权利，那么应然的规范设置应当相应增加实质董事和其他管理人员的可问责性规范，而非径行穿透至幕后控制股东。事实上，赋予控股股东和实际控制人以信义义务必将导致进一步的追问：是否应赋予控股股东以管理权？其在履行信义义务的时候，是否可以援引商事判断原则？其履行信义义务的行为，与董事履行信义义务的行为之间发生冲突，应以何者为是？否则，控股股东有权无责却获取制度上的利益，不承认控股股东的治理权，也就难有理由追求其治理不当的法律责任。故而，相较于通过控制控股股东和实际控制人的规制，通过实质董事的规制路径，彰显了强化公司人格和独立性之价值。

其二，实质董事的规制路径能够提供对控股股东、实际控制人和公司的双向保护，体现了控股股东、实际控制人与其他主体之间的利益平衡价值。在任意规模的组织中，决定都是由某些个人作出并由其他人执行的，权力的职能以权力行使者的行为正确为条件，不负责任的权力可能会犯下不必要的错误，故而组织治理的要害在

---

① 刘斌：《重塑董事范畴：从形式主义迈向实质主义》，载《比较法研究》2021年第5期。

于权力和责任的平衡。在公司治理中，董事对内具有执行决策权，公司控制人并无执行决策权限。在公司法未赋予控股股东、实际控制人相应法律上权利的情形下，径行赋予其信义义务或将导致权利和责任的失衡，在一定程度上违反前述组织治理的一般原则。在实质董事的规制路径下，发挥实质董事作用的幕后主体并非因其控制权而负担信义义务，而是因其实质上履行了董事职责使然。故而，通过实质董事的规制路径实则限制了对控股股东、实际控制人过度规制的矫枉过正，调和了控股股东、实际控制人和公司之间的利益张力。

其三，赋予控股股东信义义务的规制路径与商事实践亦难谓契合。在公司并购市场中，投资者寻求控制权收购通常系由于控制权溢价的存在，限制其行为自由将不可避免地对控制权市场造成消极影响，降低控制权溢价，抑制收购的积极性。相反，通过实质董事的规制路径将并不必然导致前述后果。究其原因，系在于两种路径对商事自由的规制程度存在差异，因通过控制控股股东的规制路径粗放且严格，通过事实董事的规制路径有着更为正当的基础。在迈向更有效率、更有活力的资本市场过程中，过分干涉控股股东权利将产生消极影响。

在域外立法例上，公司控制者滥用权利的规制亦为各国家和地区的立法重点。例如，德国《股份法》第 117 条规定：（1）利用其对公司的影响指使董事、监事、经理或者全权代办人损害公司或者其股东利益的人，对由此产生的损害向公司承担赔偿责任。（2）董事和监事违反其义务行为的，作为连带债务人与上述当事人一同承担责任。对于其是否尽到了一个通常、认真的经营负责人的注意有争议的，由其承担证明责任。基于股东大会的合法决议而行为的，董事和监事不对公司和股东承担赔偿责任。不能因其行为系经监事会同意而免于赔偿责任。（3）因损害行为获益的人，只要故意策动这一影响的，也作为连带债务人承担责任。韩国《商法典》第 401

条之二规定了业务执行指示人责任：（1）符合下列各项规定的人员，针对其指示的业务或者执行的业务，在适用第399条、第400条和第403条规定时，视为董事：（a）利用对公司的影响力指示董事执行业务的人；（b）以董事的名义直接执行业务的人；（c）非董事而以社长、副社长、专务、常务以及其他具有代表公司权限的人的名义执行公司业务的人员。（2）第1项的情形下，对公司或第三人负有损害赔偿责任的董事与第1项规定的人员，承担连带责任。我国台湾地区"公司法"第8条第3款规定，公司之非董事，而实质上执行董事业务或实质控制公司之人事、财务或业务经营而实质指挥董事执行业务者，与本法董事同负民事、刑事及行政罚之责任。但政府为发展经济、促进社会安定或其他增进公共利益等情形，对政府指派之董事所为之指挥，不适用之。

二、规范要旨

1. 主体要件

本条的规制主体是控股股东和实际控制人，二者分别是通过股权以及以其他权利媒介对公司享有实际控制权的主体。该规定打破了公司控股股东和实际控制人长期以来存在的规范壁垒，即公司通常只能追究公司董事或高级管理人员的责任，而无法直接向实际作出决策的控股股东或实际控制人进行追责。本条规定，有助于实现我国公司治理体系中的"权责一致"，促使公司控股股东和实际控制人更谨慎地行使权利，不得作出有损公司和其他股东利益的决策行为。

根据本法第265条规定，控股股东，是指其出资额占有限责任公司资本总额超过50%或者其持有的股份占股份有限公司股本总额超过50%的股东；出资额或者持有股份的比例虽然低于50%，但依其出资额或者持有的股份所享有的表决权已足以对股东会的决议产生重大影响的股东。实际控制人，是指通过投资关系、协议或者其他安排，能够实际支配公司行为的人。

我国公司法并不承认法人董事，董事必须为自然人。那么，如果公司的控股股东、实际控制人为法人，其是否为承担本条所规定责任的适格主体？从本条和本法第 265 条的规定来看，承担影子董事责任的主体并不限于自然人，法人作为控股股东、实际控制人的情形下，如果有违反本条规定的行为，仍然要承担责任。由此可见，影子董事并不以自然人为限，也包括滥权的法人股东或法人实际控制人。

在我国公司治理实践中，经常存在多重持股关系，那么，对于穿越多重控股关系而操控公司董事、高级管理人员的行为，可否予以穿透认定？根据本条文义，但凡公司的控股股东、实际控制人存在指示董事、高级管理人员从事损害公司或者股东利益的行为的，均需承担法律责任，并不限于直接指示的本公司股东。易言之，如果置身于多重持股关系幕后的控股股东、实际控制人存在本条规定的违法行为，仍然是承担责任的适格主体，对此可以予以穿透认定。

值得注意的是，控股股东的身份认定较为稳定，但实际控制人的身份认定是动态的。按照本法第 265 条的规定，实际控制人支配公司的形式包括通过投资关系、协议或者其他安排，认定的标准是能够实际支配公司行为。如果实际控制人能够对公司董事会或董事会中的大多数成员形成有效的指示，足以构成支配公司行为的话，也将因其指示行为而构成实际控制人。因此，对于本条适用的主体条件，不应持静态的僵化立场，而应当予以动态认定。

2. 存在指示行为

本条规定的行为要件是控股股东和实际控制人"指示"董事、高级管理人员从事损害公司或者股东利益的行为。然而，在司法实践中，应当如何认定"指示"的构成标准？举证责任又应当如何分配？这是本条适用的核心问题。

所谓指示，是指控股股东、实际控制人对董事、高级管理人员处理公司事务所作出的表示行为,并要求董事、高级管理人员按照其指示的方式处理事务。就指示的时间,可以是在董事、高级管理人员处理公司事务之前作出,也可以是在董事、高级管理人员处理公司事务之中作出。对于董事而言,这种指示包括投赞成票、反对票或弃权票的指示,通过某个议案的指示等。对于高级管理人员而言,这种指示包括对财务、业务等事项的指示。

从指示的形式来看,包括明示的指示和暗示的指示。对于明示的指示,例如有书面的决议或批示,则显然可以被涵盖进本条的规制范围,或虽没有正式的批示,但有直接的聊天记录或其他非正式的指示性内容,应当也可以解释为作出了指示。如果控股股东并不存在明确的指示内容,但是通过某种行动或者语言暗示了董事或高管实施某种行为,此时的指示虽然可以充分构成,但因具有隐蔽性而可能存在举证上的困难。

如果仅仅是提供咨询建议而非指示,应当排除其影子董事的法律责任,例如公司的法律顾问通常不构成影子董事。例如,英国2006年《公司法》第251条第2款规定了影子董事的排除情形,一个人并非仅因下列事项行事而被视为影子董事:基于专业身份提供建议者;该人在行使或根据一项制定法赋予的职责提出的指示、指导、指引或建议等。尽管存在前述例外情形,但如果前述主体超出了职业活动的范围而实质性地涉入公司管理事务,同样可能被认定为影子董事。比如,在 Re Tasbian Ltd 案中,公司的会计决定偿付某些债权人的债务,被法院认定为事实上进行公司事务决策,进而被判定为影子董事。① 故而,专业咨询服务人员虽然对公司财务、业务等专业事务影响力巨大,但此系其职业之本旨价值,通常不应纳入影子董事之列,除非其逾越了专业咨询的职业边界,实质性地涉足

---

① Re Tasbian Ltd No 3 (1993).

了公司决策。

3. 董事、高级管理人员基于指示从事损害公司或者股东利益的行为

从损害对象来看，既包括损害公司利益的情形，此时，幕后指示者与董事、高级管理人员一起向公司承担连带责任；也包括损害股东利益的情形，此时，幕后指示者与董事、高级管理人员一起向股东承担连带责任。无论基于何种原因，董事、高级管理人员如果服从了控股股东、实际控制人的指示，进而从事了损害公司或者股东利益的行为，则满足了本条规定的行为要件。比如，基于控股股东或实际控制人的指示，担任法定代表人的董事越权签署了公司对外担保的合同，导致公司承担了损害赔偿责任。此时，幕后指示的控股股东和实际控制人也应当承担连带责任。

影子董事则通常置身幕后，指示或操纵幕前董事以实现其控制公司之目的。本条规定的影子董事责任，以指示主体具有控股股东或实际控制人身份为要件，这一点与英国法不同。根据英国2006年《公司法》第251条的规定，影子董事是指公司董事习惯于根据其指导或指示而行事的人，但这一标准仍然有待判例明确。在判例上，英国法院对影子董事之构成有更为具体的界定。在Re Hydrodam (Corby) Ltd案中，法院将影子董事的构成要件界定为：（1）影子董事于幕后操纵形式董事或事实董事，不直接参与公司业务的决策执行；（2）影子董事对公司业务执行决策具有支配和控制的影响力，足以使得董事会遵守其指令；（3）此种支配控制力须达到持续影响，使得董事会习惯于服从影子董事之指令；（4）不必须以支配控制公司的所有行为为限。① 但是，在2000年的Secretary of State for Trade and Industry v. Deverell案中，前述构成要素呈现出发展变化。该案

---

① Re Hydrodam (Corby) Ltd (1994) B.C.C. 161, at 163.

法官认为，如果能够证明全部或部分董事将自己置于服从的地位或者放弃其独立判断时，支配和控制者自然可以构成影子董事，并不以董事会完全丧失独立性为前提。[1] 易言之，基于Deverell案，影子董事的成立不再要求董事会与控制者之间存在绝对服从关系，也不以幕后操纵为必然，亦可以幕前身份公然支配控制公司董事。由此可见，英国法上的影子董事构成与我国并不相同。

4. 前述行为与损害结果之间存在因果关系

责任的认定以损害的发生和因果关系的存在为其前提。虽然有基于指示从事损害公司或者股东利益的行为，但并未造成损害发生，也不存在法律责任。如果前述行为与损害结果之间不存在因果关系，也不存在法律责任。

5. 责任形式为连带责任

根据本条规定，幕后指示者与董事、高级管理人员承担连带责任。该责任是共同的、无顺位的。值得讨论的是，在公司或利益受损的股东请求控股股东、实际控制人或董事、高管承担责任之后，在二者内部如何分配责任的终局性归属。有观点认为，应当确立二者间的不真正连带责任，由实施指示行为的控股股东承担终局性的责任。这种观点关注到了控股股东对董事、高管决策的实质性影响，认为控股股东才是实质的"始作俑者"，故而应当承担终局责任。但是，虽然在客观上控股股东对于董事、高管行为的影响力较大，但毕竟法律施以了董事和高管明确的信义义务，二者也必须基于自己的考量对其决策进行审慎的评估，如果其明知控股股东的指示行为会损害公司或股东利益，而仍实施了该行为，那么其自身同样有不可忽视的过错，也同样应当承担相应的责任。总体而言，在责任分配方面应当综合考量控股股东和董事、高管对损害造成的作用力和

---

[1] Secretary of State for Trade and Industry v. Deverell (2000) B. C. C. at 1057.

自身过错两方面内容，在个案中具体分析二者对损害行为产生的作用以及自身在主观上的过错程度来确认责任分配比例，从而确定其内部的责任比例。

> **第一百九十三条　【董事责任保险】**
> 公司可以在董事任职期间为董事因执行公司职务承担的赔偿责任投保责任保险。
> 公司为董事投保责任保险或者续保后，董事会应当向股东会报告责任保险的投保金额、承保范围及保险费率等内容。

◆ **条文主旨**

本条规定了董事责任保险制度。

◆ **修改情况**

本条为2023年《公司法》修订的新增条款，首次明确规定公司可以投保董事责任保险，并明确了投保或续保后董事会的报告义务。

◆ **条文注释**

董事责任保险，指当董事因履职过错被追究赔偿责任时，由保险机构予以赔付的职业责任保险。除了董事责任保险之外，实践中还包括监事、高级管理人员的责任保险。董事、监事及高管责任保险（Directors and Officers Liability Insurance，简称D&O保险），最早出现在20世纪的美国，在1960年代后开始快速发展，在我国出现较晚。2002年1月7日证监会公布的《上市公司治理准则》（已失效）第39条规定，经股东大会批准，上市公司可以为董事购买责任保险。之后，我国上市公司投保董事责任保险的比例一直不高。直到 2021 年康美药业案中董事被判承担巨额连带责任之后，董事责任保险才开始在国内获得广泛关注。

本条第 1 款规定，公司可以在董事任职期间为董事因执行公司职务承担的赔偿责任投保责任保险。本款规定为倡导性规定，对资本市场而言是一个积极信号。董事责任保护具有以下价值：其一，保护董事利益。董事是宝贵的人力资源，董事责任保险可以为董事履职提供保障，免去或减少董事的后顾之忧，维护董事履职的积极性和创造性，避免董事如履薄冰。商业经营风险与收益通常是同比例的，风险越大收益越大。通过合理转移董事责任，可以降低董事履职风险，便于公司吸收优秀的管理人才。其二，保护公司利益。董事责任保险可以为公司和董事承担赔偿责任提供保险支撑，有助于提升公司的责任能力。其三，保护投资者。董事责任保险有助于保护投资者权益，提升证券民事诉讼案件的执行率，从而促进资本市场发展。

本条第 2 款规定，为董事投保责任保险或者续保后，董事会应当向股东会报告责任保险的投保金额、承保范围及保险费率等内容，即董事会具有董事责任保险的报告义务。之所以作此规定，系为了保障股东的知情权，避免董事通过责任保险机制自我卸责。

◆ **关联规范**

1.《上市公司治理准则》(2018 年修订)

第 24 条 经股东大会批准，上市公司可以为董事购买责任保险。责任保险范围由合同约定，但董事因违反法律法规和公司章程规定而导致的责任除外。

2.《上市公司独立董事管理办法》(2023 年 9 月 4 日起施行)

第 40 条 上市公司可以建立独立董事责任保险制度，降低独立董事正常履行职责可能引致的风险。

第九章 公司债券

> **第一百九十四条 【公司债券的定义】**
> 本法所称公司债券,是指公司发行的约定按期还本付息的有价证券。
> 公司债券可以公开发行,也可以非公开发行。
> 公司债券的发行和交易应当符合《中华人民共和国证券法》等法律、行政法规的规定。

◆ **条文主旨**

本条规定了公司债券的定义、发行机制和适用规范。

◆ **修改情况**

在 2018 年《公司法》第 153 条第 2 款的基础上,本条作出如下修改:

1. 本条第 1 款调整了公司债券定义的表述方式。2018 年《公司法》规定:"本法所称公司债券,是指公司依照法定程序发行、约定在一定期限还本付息的有价证券。"经修改后的定义表述更加洗练,可以涵盖各类公开发行和非公开发行的公司债券。

2. 本条第 2 款新增了公司债券的发行方式,包括公开发行和非公开发行。

3. 本条第 3 款新增了"公司债券的交易",同时明确公司债券的发行和交易除应当符合《证券法》外,还应当符合相关行政法规的规定。

◆ 条文注释

一、修订背景

自20世纪80年代以来，我国债券市场逐渐形成了企业债券、公司债券、非金融企业债务融资工具三大市场，并分别由发改委、证监会、中国人民银行分头监管，产生了监管差异和监管套利空间。据中国人民银行统计，截至2023年底，我国债券市场余额超157万亿元，其中公司信用类债券余额超32万亿元，两者规模均为全球第二、亚洲第一。[1] 就融资数额而言，公司债券是比股票更为重要的融资方式，是仅次于银行信贷的第二大企业融资渠道，意义重大。2023年3月，中共中央、国务院印发了《党和国家机构改革方案》，对我国金融监管框架进行了重大调整，将证监会由国务院直属事业单位调整为国务院直属机构。在债券监管领域，将由发改委统一负责的公司（企业）债券发行审核工作划入证监会，由证监会统一负责公司（企业）债券发行审核工作。由此，债券市场的三头监管机构（央行、发改委和证监会）调整为央行与证监会，进一步体现了功能监管理念。

在此背景下，本轮公司法修订对公司债券一章进行了系统修改，以适应公司债券管理体制改革要求和债券市场发展实践需要。在公司法审议过程中，有的地方、部门、专家学者和社会公众建议，落实党中央关于公司债券管理体制改革要求，适应债券市场发展实践需要，完善相关规定。宪法和法律委员会经研究，建议作以下修改：一是，根据国务院机构改革方案将发改委的企业债券审核职责划入证监会的要求，删去国务院授权的部门对公开发行债券注册的规定；二是，明确公司债券可以公开发行，也可以非公开发行；三是，将

---

[1] 参见中国人民银行网站，http://www.pbc.gov.cn/diaochatongjisi/116219/116319/4780803/4780808/index.html，最后访问日期：2024年2月1日。

债券存根簿改为债券持有人名册；四是，将发行可转债的公司由上市公司扩大到所有股份有限公司；五是，增加债券持有人会议决议规则和效力的规定，增加债券受托管理人相关规定。

二、规范要旨

1. 公司债券的定义

本条第1款规定了公司债券的定义。根据本条规定，公司债券具有以下两个特征：其一，公司债券的约定条件系按期还本付息。公司债券持有人本质上属于公司的债权人，不同于股东，不基于公司法享有利润分配、选择管理者等权利。按照公司债券的约定条件，无论公司盈亏，公司债券持有人均有权按期要求公司还本付息，其权利属于固定收益请求权。在公司解散时，公司债券持有人的债权优先于股东的剩余财产分配权。其二，公司债券在法律性质上属于有价证券。不同于公司订立的借贷合同，公司债券具有证券属性，适用证券法上的证券发行、证券交易等规则。即使是非公开发行的公司债券，其也受公司法和证券法的规制。比如，根据本法第59条规定，就发行公司债券事项作出决议系属于股东会的法定权力，但股东会可以授权董事会对发行公司债券作出决议。公司订立借贷合同，决议机关则不受此限。

尽管我国公司债券市场中形成了企业债券、公司债券和非金融企业债务融资工具等类型，但三者均具有共同的法律属性，均系还本付息的有价证券。各类公司债券应当适用相同的法律规则，包括公司债券发行、行政监管、信息披露和司法救济等方面。在发行机制上，2019年公布的《证券法》废除了公司债券发行的审核制，改采注册制。国务院办公厅在《关于贯彻实施修订后的证券法有关工作的通知》（国办发〔2020〕5号）中指出："依据修订后的证券法规定，公开发行公司债券应当依法经证监会或者国家发展改革委注册。"发行机制的统一，推动了债券市场的统一和融合。在信息披露方面，为推动公司信用类债券信息披露规则统一，完善公司信用类债券信息披露制度，促进我国债券市场持续健康发展，中国人民银行会同发改委、证监会，制定了《公司信用类债券信息披露管理办法》。在法律适用上，最高人民法院在《债券纠纷会议纪要》中指出："人民法院在审理此类案件中，要根据法律和行政法规规定的基本原理，对具有还本付息这一共同属性的公司债券、企业债券、非金融企业债务融资工具适用相同的法律标准。"

2. 公司债券的发行方式

本条规定了公司债券的发行方式，可以公开发行，也可以非公开发行。公开发行公司债券和非公开发行公司债券需要遵循不同的发行条件和程序，其中，公开发行公司债券是公司法和证券法的规范重点。根据《证券法》第15条规定，公开发行公司债券，应当符合以下条件：（1）具备健全且运行良好的组织机构；（2）最近3年平均可分配利润足以支付公司债券1年的利息；（3）国务院规定的其他条件。根据《证券法》第16条规定，申请公开发行公司债券，应当向国务院授权的部门或者国务院证券监督管理机构报送下列文件：（1）公司营业执照；（2）公司章程；（3）公司债券募集办法；（4）国务院授权的部门或者国务院证券监督管理机构规定的其他文件。依照本法规定聘请保荐人的，还应当报送保荐人出具的发行保荐书。根据《证券法》第17条规定，有下列情形之一的，不得再次公开发行公司债券：（1）对已公开发行的公司债券或者其他债务有违约或者延迟支付本息的事实，仍处于继续状态；（2）违反本法规定，改变公开发行公司债券所募资金的用途。

与公开发行不同，非公开发行公司债券应当向专业投资者发行，且不得采用广告、公开劝诱和变相公开方式，每次发行对象不得超过200人。非公开发行公司债券豁免注册程序，但在实践中需要向中国证券业协会进行及时报备。报备本身不构成合规性审查，不构成市场准入,也不能豁免相关主体的违规责任。在遵守证券交易场所制定的业务规则并经证券交易场所同意的情况下,非公开发行公司债券可以在证券交易场所转让。在符合柜台转让规则的情况下,也可以在证券公司柜台转让。无论何种转让,均仅限于专业投资者范围内,且转售后的投资者人数不得超过公开发行的人数上限。

3. 公司债券的发行和交易规则

本条规定了公司债券发行和交易适用的规范。公司债券的发行和交易,除了适用本法第9章的规定之外,还适用《证券法》等法律、行政法规的规定。公司法上的公司债券规则以组织法为重心,证券法上的公司债券规则以规制发行和交易的行为法为重心,共同构成了公司债券的基础性规则体系。除此之外,企业债券还适用国务院《企业债券管理条例》的规定。

◆ 关联规范

1.《证券法》(2019年修订)

第9条 【发行注册】公开发行证券,必须符合法律、行政法规规定的条件,并依法报经国务院证券监督管理机构或者国务院授权的部门注册。未经依法注册,任何单位和个人不得公开发行证券。证券发行注册制的具体范围、实施步骤,由国务院规定。

有下列情形之一的,为公开发行:

(一)向不特定对象发行证券;

(二)向特定对象发行证券累计超过二百人,但依法实施员工持股计划的员工人数不计算在内;

(三)法律、行政法规规定的其他发行行为。

非公开发行证券,不得采用广告、公开劝诱和变相公开方式。

第15条 【公开发行债券的条件】公开发行公司债券,应当符合下列条件:

（一）具备健全且运行良好的组织机构；

（二）最近三年平均可分配利润足以支付公司债券一年的利息；

（三）国务院规定的其他条件。

公开发行公司债券筹集的资金，必须按照公司债券募集办法所列资金用途使用；改变资金用途，必须经债券持有人会议作出决议。公开发行公司债券筹集的资金，不得用于弥补亏损和非生产性支出。

上市公司发行可转换为股票的公司债券，除应当符合第一款规定的条件外，还应当遵守本法第十二条第二款的规定。但是，按照公司债券募集办法，上市公司通过收购本公司股份的方式进行公司债券转换的除外。

第16条　【债券发行文件】申请公开发行公司债券，应当向国务院授权的部门或者国务院证券监督管理机构报送下列文件：

（一）公司营业执照；

（二）公司章程；

（三）公司债券募集办法；

（四）国务院授权的部门或者国务院证券监督管理机构规定的其他文件。

依照本法规定聘请保荐人的，还应当报送保荐人出具的发行保荐书。

第17条　【债券发行限制】有下列情形之一的，不得再次公开发行公司债券：

（一）对已公开发行的公司债券或者其他债务有违约或者延迟支付本息的事实，仍处于继续状态；

（二）违反本法规定，改变公开发行公司债券所募资金的用途。

2. 《公司债券发行与交易管理办法》（2023 年修订）

第 2 条 在中华人民共和国境内，公开发行公司债券并在证券交易所、全国中小企业股份转让系统交易，非公开发行公司债券并在证券交易所、全国中小企业股份转让系统、证券公司柜台转让的，适用本办法。法律法规和中国证券监督管理委员会（以下简称中国证监会）另有规定的，从其规定。本办法所称公司债券，是指公司依照法定程序发行、约定在一定期限还本付息的有价证券。

第 3 条 公司债券可以公开发行，也可以非公开发行。

第 14 条 公开发行公司债券，应当符合下列条件：

（一）具备健全且运行良好的组织机构；

（二）最近三年平均可分配利润足以支付公司债券一年的利息；

（三）具有合理的资产负债结构和正常的现金流量；

（四）国务院规定的其他条件。

公开发行公司债券，由证券交易所负责受理、审核，并报中国证监会注册。

第 15 条 存在下列情形之一的，不得再次公开发行公司债券：

（一）对已公开发行的公司债券或者其他债务有违约或者延迟支付本息的事实，仍处于继续状态；

（二）违反《证券法》规定，改变公开发行公司债券所募资金用途。

第 31 条 公开发行的公司债券，应当在证券交易场所交易。

公开发行公司债券并在证券交易场所交易的，应当符合证券交易场所规定的上市、挂牌条件。

第 32 条 证券交易场所应当对公开发行公司债券的上市交易实施分类管理，实行差异化的交易机制，建立相应的投资者适当性管理制度，健全风险控制机制。证券交易场所应当根据债券资信状况的变化及时调整交易机制和投资者适当性安排。

第33条 公开发行公司债券申请上市交易的,应当在发行前根据证券交易场所的相关规则,明确交易机制和交易环节投资者适当性安排。发行环节和交易环节的投资者适当性要求应当保持一致。

◆ 案例指引

【典型案例】华泰汽车集团有限公司与浙商银行股份有限公司公司债券回购合同纠纷案(北京市高级人民法院(2020)京民终738号)

裁判要旨

本案中,华泰汽车公司发布《募集说明书》和《发行结果公告》,通过发行公司债券的方式募集资金,并经中国证券监督管理委员会核准发行。浙商银行合法持有华泰汽车公司发行的案涉公司债券,故双方当事人成立合法有效的合同关系。上述《募集说明书》和《发行结果公告》中的内容对双方当事人均有约束力,华泰汽车公司应当维护浙商银行享有的法定权利和《募集说明书》中约定的权利。浙商银行按照华泰汽车公司发布的《回售公告》中限定的日期进行了回售申报登记,但华泰汽车公司未按照《回售公告》确定的兑付期限向浙商银行兑付债券本金并支付利息,构成违约。应当按照《回售公告》以及《募集说明书》的相关内容,向浙商银行兑付债券本金并支付相应的利息与逾期利息。

第一百九十五条 【公司债券募集办法】

公开发行公司债券,应当经国务院证券监督管理机构注册,公告公司债券募集办法。

公司债券募集办法应当载明下列主要事项:

(一)公司名称;

(二)债券募集资金的用途;

(三)债券总额和债券的票面金额;

(四)债券利率的确定方式;

(五)还本付息的期限和方式;

(六)债券担保情况;

(七)债券的发行价格、发行的起止日期;

(八)公司净资产额;

(九)已发行的尚未到期的公司债券总额;

(十)公司债券的承销机构。

◆ 条文主旨

本条规定了公开发行公司债券的注册、公司债券募集办法的公告和记载事项。

◆ 修改情况

本条将 2018 年《公司法》第 154 条规定的"核准"修改为"注册",并调整了行政管理机构。

全国人民代表大会宪法和法律委员会向全国人大常委会作出的《公司法(修订草案三审稿)》审议说明指出,为落实党中央关于公司债券管理体制改革要求,适应债券市场发展实践需要,完善相关规定。根据国务院机构改革方案将发改委的企业债券审核职责划入证监会的要求,本条删去了2018年《公司法》第154条中"发行公司债券的申请经国务院授权的部门核准后"的规定,修改为"公开发行公司债券,应当经国务院证券监督管理机构注册"。

◆ **条文注释**

与《证券法》所进行的全面注册制改革相适应,本条第1款规定了公开发行公司债券的申请经国务院证券监督管理机构注册。《证券法》第9条第1款规定:"公开发行证券,必须符合法律、行政法规规定的条件,并依法报经国务院证券监督管理机构或者国务院授权的部门注册。未经依法注册,任何单位和个人不得公开发行证券。证券发行注册制的具体范围、实施步骤,由国务院规定。"2020年3月1日,证监会办公厅发布了《关于公开发行公司债券实施注册制有关事项的通知》(证监办发〔2020〕14号),自2020年3月1日起,公司债券公开发行实行注册制。同日,发改委发布了《关于企业债券发行实施注册制有关事项的通知》(发改财金〔2020〕298号),企业债券发行由审核制改为注册制。加之2008年《银行间债券市场非金融企业债务融资工具管理办法》第4条所规定的债务融资工具注册制,公司债券发行的注册制得以全面实现。

比较而言,在审核制之下,监管机构需要对发行人的条件进行实质审查,由此带来了审核周期长、发行人负担较重、市场效率不高等问题。改采注册制之后,监管机构的审查重点不再是发行人发行证券的实质条件,仅对发行人信息披露的完整性、正确性进行审查,有助于缩短审核周期、降低发行人负担,发挥市场配置资源的作用。在注册制下,强化发行人信息披露的重要性更加突出。

公司债券募集办法,实践中通常称之为公司债券募集说明书,是公开发行债券过程中的核心法律文件。根据《证券法》第16条规定,申请公开发行公司债券,应当报送的文件之一即公司债券募集办法。公司债券募集办法在法律性质上构成要约或要约**邀请**,理论和实务上存在争议。根据《民法典》第 473 条第 1 款的规定,债券募集办法、招股说明书等为要约邀请。在实务中,债券募集办法构成债券交易的一部分,债券持有人享有债券募集说明书中载明的权利。

根据本条规定,以下为公司债券募集办法中应当载明的事项:

1. 公司名称。以明确公司债券的发行人,确定债务人主体。

2. 债券募集资金的用途。公司债券募集资金的用途是投资者认购公司债券的重要基础信息,对于评估公司债券的风险和收益有重要价值。公开发行公司债券所募集的资金,必须按照公司债券募集办法所列资金用途使用,改变资金用途的,必须履行约定程序,如经债券持有人会议作出决议。在定期报告中,发行人应当**披露**公开发行公司债券募集资金的使用情况。擅自改变公司公开发行公司债券所募资金用途的,不得再次公开发行公司债券。

3. 债券总额和债券的票面金额。债券总额是指当次发行的公司债券的总金额,不包括已发行的公司债券余额,表明了当次发行公司债券的规模。债券的票面金额,是指当次发行的公司债券票面上标明的金额,表征了公司债券的票面价值。债券总额对于债券持有人会议的召集和表决具有重要价值,例如,在债券受托管理人应当召集而未召集债券持有人会议时,单独或合计持有本期债券总额 10%以上的债券持有人有权自行召集债券持有人会议。

4. 债券利率的确定方式。公司债券公开发行的价格或利率通常以询价或公开招标等市场化方式确定,应当在债券募集办法中予以明确。公开发行公司债券的,发行人最近 3 年平均可分配利润应当足以支付公司债券 1 年的利益。

5. 还本付息的期限和方式。这是发行人履行债务的重要信息,对于投资者决定认购与否具有重要影响。

6. 债券担保情况。公司债券的发行人可以采取各种内外部增信措施，提高偿债能力，控制公司偿债风险，包括但不限于第三方担保、商业保险、资产抵押和质押担保、限制发行人债务及对外担保规模、限制发行人对外投资规模、限制发行人向第三方出售或抵押主要资产、设置债券回售条款等。

7. 债券的发行价格、发行的起止日期。债券的发行价格是债券交易的必要条款，发行的起止日期是投资者可以认购债券的时间。

8. 公司净资产额。公司净资产额是公司的资产信用基础，是投资者判断公司债券风险的重要标志。在公司债券发行后，发行人新增借款或对外担保、放弃债券或财产达到净资产一定比例的，可能对投资者权益产生较大影响，并进而触发发行人的报告义务。

9. 已发行的尚未到期的公司债券总额。已发行的尚未到期的公司债券总额，加之当次发行的债券总额，构成了累计发行的公司债券总额，是投资者判断公司债券风险的重要依据。

10. 公司债券的承销机构。承销机构是公司债券发行中的重要参与者，对投资者权利保护十分重要。证券公司承销公司债券，有义务对公司债券发行文件的真实性、准确性和完整性进行审慎核查，并有合理谨慎的理由确信发行文件披露的信息不存在虚假记载、误导性陈述或重大遗漏。

除前述内容之外，公司债券募集说明书中还通常包括以下事项：

1. 公司债券违约条款。包括债券违约的情形、违约责任及承担方式，以及债券违约后的诉讼、仲裁或者其他争议解决方式。

2. 债券受托管理人事项。在债券存续期限内，由债券受托管理人按照规定或协议的约定维护债券持有人的利益。通常在债券募集办法中约定，投资者认购或持有本期公司债券视作同意债券受托管理协议、债券持有人会议规则及债券募集办法中其他有关发行人、债券持有人权利义务的相关约定。

3. 债券持有人会议规则。本法第 204 条规定了债券持有人会议的一般规则，公司债券募集办法中应当约定更为具体的规则，包括但不限于债券持有人通过债券持有人会议行使权利的范围，债券持有人会议的召集、通知、决策生效条件与决策程序、决策效力范围和其他重要事项。

4. 发行人及其控股股东、实际控制人、董事、监事、高级管理人员等作出公开承诺的，应当在募集办法等文件中披露。

◆ **关联规范**

1. 《企业债券管理条例》（2011 年修订）

第 13 条 企业发行企业债券应当制订发行章程。

发行章程应当包括下列内容：

（一）企业的名称、住所、经营范围、法定代表人；

（二）企业近 3 年的生产经营状况和有关业务发展的基本情况；

（三）财务报告；

（四）企业自有资产净值；

（五）筹集资金的用途；

（六）效益预测；

（七）发行对象、时间、期限、方式；

（八）债券的种类及期限；

（九）债券的利率；

（十）债券总面额；

（十一）还本付息方式；

（十二）审批机关要求载明的其他事项。

第 14 条 企业申请发行企业债券，应当向审批机关报送下列文件：

（一）发行企业债券的申请书；

（二）营业执照；

（三）发行章程；

（四）经会计师事务所审计的企业近3年的财务报告；

（五）审批机关要求提供的其他材料。

企业发行企业债券用于固定资产投资，按照国家有关规定需要经有关部门审批的，还应当报送有关部门的审批文件。

第15条 企业发行企业债券应当公布经审批机关批准的发行章程。

企业发行企业债券，可以向经认可的债券评信机构申请信用评级。

2.《公司债券发行与交易管理办法》（2023年修订）

第52条 公司债券募集资金的用途应当在债券募集说明书中披露。发行人应当在定期报告中披露公开发行公司债券募集资金的使用情况、募投项目进展情况（如涉及）。非公开发行公司债券的，应当在债券募集说明书中约定募集资金使用情况的披露事宜。

◆ 案例指引

【典型案例】东飞马佐里纺机有限公司、朱某欺诈发行证券案（江苏省盐城市中级人民法院（2017）苏09刑初10号）

裁判要旨

法院认为，欺诈发行债券罪中涉及的文件称为募集办法，而本案涉及的文件是募集说明书，但募集说明书与募集办法仅是名称不同，实质二者的功能以及内容是相同的。在债券发行过程中二者都是为了向投资者说明债券发行的具体情况。公司债募集办法应当载明的主要事项包括公司名称、债券募集资金的用途、债券总额和债券的票面金额、债券利率的确定方式、还本付息的期限和方式、债券担保情况、债券的发行价格、发行的起止日期、公司净资产额、已发行的尚未到期的公司债券总额、公司债券的承销机构。对照《深圳证券交易所中小企业私募债券业务试点办法》第 12 条中对私募债券募集说明书应当载明内容的规定，其中列举的十五项内容基本涵盖了上述公司债券募集办法中的主要事项。故辩护人提出募集说明书和募集办法不是一回事的辩护意见不成立，法院不予采纳。

> **第一百九十六条　【公司债券的票面记载事项】**
> 公司以纸面形式发行公司债券的，应当在债券上载明公司名称、债券票面金额、利率、偿还期限等事项，并由法定代表人签名，公司盖章。

◆ **条文主旨**

本条规定了以纸面形式发行债券的票面记载事项。

◆ **修改情况**

本条将 2018 年《公司法》第 155 条中的"实物券方式"修改为"纸面形式"；将"必须"修改为"应当"。

◆ **条文注释**

根据本条规定，公司以纸面形式发行的债券的，应当载明公司名称、票面金额、利率、偿还期限等法定必要记载事项。前述事项是债券持有人判断债务人主体信用情况、主张权利的重要事项，应当予以明确记载，以便于债券持有人行使权利。公司债券为要式证券，需要满足法律规定的形式，除必须记载上述事项外，还须由法定代表人签名、公司盖章。随着公司债券的电子化和数字化，纸面形式的债券已经逐渐退出市场，十分少见。

> **第一百九十七条　【记名债券】**
> 公司债券应当为记名债券。

◆ 条文主旨

本条规定了公司债券应当为记名形式。

◆ 修改情况

本条将2018年《公司法》第156条所规定"公司债券，可以为记名债券，也可以为无记名债券"，修改为"公司债券应当为记名债券"，删除了无记名债券的形式。

◆ 条文注释

根据是否在公司债券上记载债券持有人的姓名或名称，公司债券可以分为记名债券和无记名债券。按照2018年《公司法》第156条的规定，公司债券可以为记名债券，也可以为无记名债券。记名债券与无记名债券在权利的归属确认、债券转让、债券兑付、灭失救济等方面存在诸多差异。记名债券是指券面上记载有公司债券持有人的姓名或者名称的债券。当记名债券被盗、遗失或者灭失时，债券持有人可以依照《民事诉讼法》规定的公示催告程序，请求人民法院宣告失效，依法进行补救。无记名债券上不记载权利人的姓名或名称，债券持有人名册上也无法记载，依公司债券的实际占有来确定其权利人。无记名债券的债券持有人不能依照公示催告程序获得救济。

在我国公司债券实践中，伴随着公司债券的无纸化，纸面形式发行的债券已经十分少见。通过电子簿记的方式，公司债券实际上是实名制的。因此，基于反洗钱的有关要求，以及我国公司债券的发行实践，2023年《公司法》修订后取消了无记名债券形式，只能为记名债券形式。

> **第一百九十八条　【公司债券持有人名册】**
> 公司发行公司债券应当置备公司债券持有人名册。
> 发行公司债券的，应当在公司债券持有人名册上载明下列事项：
> （一）债券持有人的姓名或者名称及住所；
> （二）债券持有人取得债券的日期及债券的编号；
> （三）债券总额，债券的票面金额、利率、还本付息的期限和方式；
> （四）债券的发行日期。

◆ **条文主旨**

本条规定了公司债券持有人名册的置备及其记载事项。

◆ **修改情况**

本条将 2018 年《公司法》第 157 条中规定的"债券存根簿"修改为"公司债券持有人名册"，并相应删除了公司债券存根簿中无记名公司债券的记载事项规定。

◆ **条文注释**

本条第 1 款规定，发行公司债券应当置备公司债券持有人名册，系发行公司的法定义务。2023 年《公司法》将公司债券凭证由债券存根簿调整为债券持有人名册，以适应债券市场中普遍使用债券持有人名册的实践变化。债券持有人名册通常为电子名册，纸质的债券存根簿也已经逐渐从市场中退出。债券持有人名册是确定债券持有人的重要凭据，债券转让、设定担保等均需在债券持有人名册上作相应记载。

本条第 2 款规定，公司发行记名债券时，应在公司债券持有人名册上载明下列事项：债券持有人的姓名或者名称及住所；债券持有人取得债券的日期及债券的编号；债券总额，债券的票面金额，债券的利率，债还本付息的期限和方式；债券的发行日期。前述事项应当记载明确，符合法定要求。

> **第一百九十九条 【公司债券的登记结算】**
> 公司债券的登记结算机构应当建立债券登记、存管、付息、兑付等相关制度。

◆ 条文主旨

本条规定了公司债券的登记结算制度。

◆ 修改情况

与本法第197条删除无记名债券相适应，本条将2018年《公司法》第158条中的"记名公司债券"修改为"公司债券"。

◆ 条文注释

《证券法》第9章专章对证券登记结算机构进行了明确规定。根据该法第145条第1款的规定，证券登记结算机构为证券交易提供集中的登记、存管与结算服务，不以营利为目的，依法登记，法人资格。设立证券登记结算机构必须经证监会的批准。

根据本条规定，公司债券的登记结算机构应当建立债券登记、存管、付息、兑付等相关制度。《证券法》第147条规定了证券登记结算机构的职能，包括：（1）证券账户、结算账户的设立；（2）证券的存管和过户；（3）证券持有人名册登记；（4）证券交易的清算和交收；（5）受发行人的委托派发证券权益；（6）办理与上述业务有关的查询、信息服务；（7）国务院证券监督管理机构批准的其他业务。《证券法》第 149 条规定，证券登记结算机构应当依法制定章程和业务规则，并经国务院证券监督管理机构批准。证券登记结算业务参与人应当遵守证券登记结算机构制定的业务规则。

◆ **关联规范**

1. 《证券登记结算管理办法》（2022 年修订）

第 2 条 在证券交易所和国务院批准的其他全国性证券交易场所（以下统称证券交易场所）交易的股票、债券、存托凭证、证券投资基金份额、资产支持证券等证券及证券衍生品种（以下统称证券）的登记结算，适用本办法。证券可以采用纸面形式、电子簿记形式或者中国证券监督管理委员会（以下简称中国证监会）规定的其他形式。

未在证券交易场所交易的证券，委托证券登记结算机构办理证券登记结算业务的，证券登记结算机构参照本办法执行。

境内上市外资股、存托凭证、内地与香港股票市场交易互联互通等的登记结算业务，法律、行政法规、中国证监会另有规定的，从其规定。

第 27 条 上市或挂牌证券的发行人应当委托证券登记结算机构办理其所发行证券的登记业务。

证券登记结算机构应当与委托其办理证券登记业务的证券发行人签订证券登记及服务协议，明确双方的权利义务。

证券登记结算机构应当制定并公布证券登记及服务协议的范本。

证券登记结算机构可以根据政府债券主管部门的要求办理上市政府债券的登记业务。

2. 《银行间债券市场债券登记托管结算管理办法》（2009 年 5 月 4 日起施行）

第 1 条 为规范债券登记、托管和结算行为，保护投资者合法权益,维护债券登记、托管和结算秩序,促进债券市场健康发展,依据《中华人民共和国中国人民银行法》等有关法律法规,制定本办法。

第2条 固定收益类有价证券(以下简称债券)在银行间债券市场的登记、托管和结算适用本办法。

商业银行柜台记账式国债的登记、托管和结算适用《商业银行柜台记账式国债交易管理办法》。

第3条 债券登记、托管和结算业务遵循安全、高效的原则,采取全国统一的运营管理模式。

第4条 中国人民银行依法对银行间债券市场债券登记托管结算机构和债券登记、托管和结算业务进行监督管理。

第5条 本办法所称债券登记托管结算机构是指在银行间债券市场专门办理债券登记、托管和结算业务的法人。

中央国债登记结算有限责任公司是中国人民银行指定的债券登记托管结算机构。

第7条 债券登记托管结算机构在债券登记、托管和结算业务中履行下列职能:

(一) 设立和管理债券账户;

(二) 债券登记;

(三) 债券托管;

(四) 债券结算;

(五) 代理拨付债券兑付本息和相关收益资金;

(六) 跨市场交易流通债券的总托管;

(七) 提供债券等质押物的管理服务;

(八) 代理债券持有人向债券发行人依法行使债券权利;

(九) 依法提供与债券登记、托管和结算相关的信息、查询、咨询、培训服务;

(十) 监督柜台交易承办银行的二级托管业务;

（十一）中国人民银行规定的其他职能。

> **第二百条　【公司债券转让】**
> 公司债券可以转让，转让价格由转让人与受让人约定。
> 公司债券的转让应当符合法律、行政法规的规定。

◆ **条文主旨**

本条规定了公司债券的转让规则。

◆ **修改情况**

本条第 2 款将 2018 年《公司法》第 159 条第 2 款"公司债券在证券交易所上市交易的，按照证券交易所的交易规则转让"的规定，修改为"公司债券的转让应当符合法律、行政法规的规定。"通过该引致规范，将非公开发行债券、不在证券交易所上市交易的公开发行债券纳入本条的规制范围，与第 194 条明确公司债券可公开发行或非公开发行的规定相衔接。

◆ **条文注释**

公司债券的法律性质为有价证券，具有流通性，债券持有人有权依法自由转让。

本条第 1 款规定，公司债券可以转让，转让价格由转让人与受让人自由约定，取决于市场对该种债券的供求情况。

本条第 2 款规定，公司债券的转让应当符合法律、行政法规的规定。除了本法之外，公司债券转让还应当遵守《公司债券发行与交易管理办法》等规定。根据《公司债券发行与交易管理办法》规定，公开发行的公司债券，应当在证券交易场所交易；公开发行公司债券并在证券交易场所交易的，应当符合证券交易场所规定的上市、挂牌条件。非公开发行公司债券,可以申请在证券交易场所、证券公司柜台转让;非公开发行公司债券并在证券交易场所转让的,应当遵守证券交易场所制定的业务规则,并经证券交易场所同意;非公开发行公司债券并在证券公司柜台转让的,应当符合证监会的相关规定。

> **第二百零一条 【公司债券的转让方式】**
> 公司债券由债券持有人以背书方式或者法律、行政法规规定的其他方式转让;转让后由公司将受让人的姓名或者名称及住所记载于公司债券持有人名册。

◆ 条文主旨

本条规定了公司债券的转让方式。

◆ 修改情况

1. 本条将2018年《公司法》第160条第1款中的"公司债券存根簿"修改为"公司债券持有人名册"。

2. 与本法第197条删除无记名公司债券相适应,本条删除了2018年《公司法》第160条第2款关于无记名公司债券转让的规定。

◆ 条文注释

根据本条规定,公司债券有两种转让方式:一是债券持有人以背书方式转让,以纸面形式发行的债券转让采取该种方式。二是法律、行政法规规定的其他方式转让。根据《证券法》第37条和第38条的规定,公开发行的证券,应当在依法设立的证券交易所上市交易或者在国务院批准的其他全国性证券交易场所交易。证券在证券交易所上市交易,应当采用公开的集中交易方式或者国务院证监督管理机构批准的其他方式。非公开发行的证券，可以在证券交易所、国务院批准的其他全国性证券交易场所、按照国务院规定设立的区域性股权市场转让。非公开发行公司债券并在证券交易场所转让的，应当遵守证券交易场所制定的业务规则，并经证券交易场所同意。非公开发行公司债券并在证券公司柜台转让的，应当符合证监会的相关规定。

不同于普通债权，公司债券是一种证券化的债权，债券持有人在转让公司债券后，无须依照《民法典》适用债权人转让债权通知债务人的程序。

◆ **关联规范**

《公司债券发行与交易管理办法》(2023年修订)

第31条 公开发行的公司债券，应当在证券交易场所交易。

公开发行公司债券并在证券交易场所交易的，应当符合证券交易场所规定的上市、挂牌条件。

第32条 证券交易场所应当对公开发行公司债券的上市交易实施分类管理，实行差异化的交易机制，建立相应的投资者适当性管理制度，健全风险控制机制。证券交易场所应当根据债券资信状况的变化及时调整交易机制和投资者适当性安排。

第33条 公开发行公司债券申请上市交易的，应当在发行前根据证券交易场所的相关规则，明确交易机制和交易环节投资者适当性安排。发行环节和交易环节的投资者适当性要求应当保持一致。

第34条 非公开发行的公司债券应当向专业投资者发行，不得采用广告、公开劝诱和变相公开方式，每次发行对象不得超过二百人。

第35条 承销机构应当按照中国证监会、证券自律组织规定的投资者适当性制度，了解和评估投资者对非公开发行公司债券的风险识别和承担能力，确认参与非公开发行公司债券认购的投资者为专业投资者，并充分揭示风险。

第36条 非公开发行公司债券，承销机构或依照本办法第三十九条规定自行销售的发行人应当在每次发行完成后五个工作日内向中国证券业协会报备。

中国证券业协会在材料齐备时应当及时予以报备。报备不代表中国证券业协会实行合规性审查，不构成市场准入，也不豁免相关主体的违规责任。

第37条 非公开发行公司债券，可以申请在证券交易场所、证券公司柜台转让。

非公开发行公司债券并在证券交易场所转让的，应当遵守证券交易场所制定的业务规则，并经证券交易场所同意。

非公开发行公司债券并在证券公司柜台转让的，应当符合中国证监会的相关规定。

第38条 非公开发行的公司债券仅限于专业投资者范围内转让。转让后，持有同次发行债券的投资者合计不得超过二百人。

第二百零二条 【可转换公司债券的发行】

股份有限公司经股东会决议，或者经公司章程、股东会授权由董事会决议，可以发行可转换为股票的公司债券，并规定具体的转换办法。上市公司发行可转换为股票的公司债券，应当经国务院证券监督管理机构注册。

发行可转换为股票的公司债券，应当在债券上标明可转换公司债券字样，并在公司债券持有人名册上载明可转换公司债券的数额。

◆ **条文主旨**

本条规定了发行可转换公司债券的决议、注册和债券记载事项。

◆ **修改情况**

本条在 2018 年《公司法》第 161 条的基础上，作出如下修改：

1. 在发行管理机制上，本条将 2018 年《公司法》第 161 条第 1 款中的"核准"修改为"注册"。

2. 在发行主体上，从上市公司修改为股份有限公司。由此，可发行可转换债的主体不再限于上市公司，而是所有股份有限公司，即上市公司、股票公开转让的非上市公众公司、非公众公司均可发行可转换债，将大大扩宽尚未上市的股份有限公司的融资渠道，促进债券市场发展。

3. 在发行决议机制上，本条将 2018 年《公司法》第 161 条第 1 款中的"经股东大会决议"修改为"经股东会决议，或者经公司章程、股东会授权由董事会决议"。

4. 将"公司债券存根簿"修改为"公司债券持有人名册"。

◆ **条文注释**

可转换为股票的公司债券，简称可转债，是一种特殊的公司债券。可转换债券的债券持有人享有转换权，可以在一定期间内依据约定的条件将该债券转换为股份，但是也可以选择不行使转换权，在约定的债券期限届满时要求公司还本付息。可转换为股票的公司债券具有股权和债权的双重属性，因此，受到比普通公司债券更为严格的规制。根据《证券法》第 15 条的规定，上市公司发行可转换为股票的公司债券，除应当符合发行债券的条件外，还应当遵守发行股份的规定。

本条的规范要旨包括：

1. 在发行主体上，各类股份有限公司均可发行可转债，包括上市公司、非上市公众公司和非公众公司。

2. 在发行条件上，需要同时具备发行股票和发行债券的条件。上市公司发行可转换为股票的公司债券，应当经国务院证券监督管理机构注册。

3. 在发行程序上，需要经过股东会决议，或者经公司章程、股东会授权由董事会决议。这与本法第59条所第2款所规定的"股东会可以授权董事会对发行公司债券作出决议"，以及本法第152条所规定的授权资本制相一致。

4. 在债券记载事项上，应当在债券上标明可转换公司债券字样，并在公司债券持有人名册上载明可转换公司债券的数额。

◆ **关联规范**

1.《证券法》（2019年修订）

第15条　【发行债券的条件】公开发行公司债券，应当符合下列条件：

（一）具备健全且运行良好的组织机构；

（二）最近三年平均可分配利润足以支付公司债券一年的利息；

（三）国务院规定的其他条件。

公开发行公司债券筹集的资金，必须按照公司债券募集办法所列资金用途使用；改变资金用途，必须经债券持有人会议作出决议。公开发行公司债券筹集的资金，不得用于弥补亏损和非生产性支出。

上市公司发行可转换为股票的公司债券，除应当符合第一款规定的条件外，还应当遵守本法第十二条第二款的规定。但是，按照公司债券募集办法，上市公司通过收购本公司股份的方式进行公司债券转换的除外。

2.《公司债券发行与交易管理办法》（2023年修订）

第 11 条　发行公司债券，可以附认股权、可转换成相关股票等条款。上市公司、股票公开转让的非上市公众公司股东可以发行附可交换成上市公司或非上市公众公司股票条款的公司债券。商业银行等金融机构可以按照有关规定发行公司债券补充资本。上市公司发行附认股权、可转换成股票条款的公司债券，应当符合上市公司证券发行管理的相关规定。股票公开转让的非上市公众公司发行附认股权、可转换成股票条款的公司债券，由中国证监会另行规定。

3.《可转换公司债券管理办法》（2021年1月31日起施行）

第 1 条　为了规范可转换公司债券（以下简称可转债）的交易行为，保护投资者合法权益，维护市场秩序和社会公共利益，根据《证券法》、《公司法》等法律法规，制定本办法。

第 2 条　可转债在证券交易所或者国务院批准的其他全国性证券交易场所（以下简称证券交易场所）的交易、转让、信息披露、转股、赎回与回售等相关活动，适用本办法。

本办法所称可转债，是指公司依法发行、在一定期间内依据约定的条件可以转换成本公司股票的公司债券，属于《证券法》规定的具有股权性质的证券。

第 8 条　可转债自发行结束之日起不少于六个月后方可转换为公司股票，转股期限由公司根据可转债的存续期限及公司财务状况确定。

可转债持有人对转股或者不转股有选择权，并于转股的次日成为发行人股东。

第 9 条　上市公司向不特定对象发行可转债的转股价格应当不低于募集说明书公告日前二十个交易日发行人股票交易均价和前一个交易日均价，且不得向上修正。

上市公司向特定对象发行可转债的转股价格应当不低于认购邀

请书发出前二十个交易日发行人股票交易均价和前一个交易日均价,且不得向下修正。

> **第二百零三条 【可转换公司债券的转换】**
> 发行可转换为股票的公司债券的,公司应当按照其转换办法向债券持有人换发股票,但债券持有人对转换股票或者不转换股票有选择权。法律、行政法规另有规定的除外。

◆ **条文主旨**

本条规定了可转换公司债券转换为股票的事项。

◆ **修改情况**

本条在2018年《公司法》第162条的基础上新增了"法律、行政法规另有规定的除外"。

2023年《公司法》赋予了非上市股份有限公司发行可转换公司债券的权利,本条新增的但书条款为非上市公司股份有限公司可转换债的具体转换规则应受到的《证券法》等法律、行政法规限制留出了规范空间。

◆ **条文注释**

在债券期限届满后,可转换公司债的债券持有人可以选择还本付息,也可以选择转换为公司股票。可转换公司债券的转换权由债券持有人享有,其转换权为形成权。因此,如果可转债持有人选择行使转换权,发行人则负有转换义务,否则将导致违约责任之产生。发行人应当在公司债券募集办法中约定构成可转债违约的情形、违约责任及其承担方式以及可转债发生违约后的诉讼、仲裁或其他争议解决机制。

对于转股价格，按照证监会《可转换公司债券管理办法》第 10 条的规定，募集说明书应当约定转股价格调整的原则及方式。发行可转债后，因配股、增发、送股、派息、分立、减资及其他原因引起发行人股份变动的，应当同时调整转股价格。上市公司可转债募集说明书约定转股价格向下修正条款的，应当同时约定：（1）转股价格修正方案须提交发行人股东大会表决，且须经出席会议的股东所持表决权的 2/3 以上同意，持有发行人可转债的股东应当回避；（2）修正后的转股价格不低于前项通过修正方案的股东大会召开日前 20 个交易日该发行人股票交易均价和前 1 个交易日均价。

> **第二百零四条　【债券持有人会议】**
>
> 公开发行公司债券的，应当为同期债券持有人设立债券持有人会议，并在债券募集办法中对债券持有人会议的召集程序、会议规则和其他重要事项作出规定。债券持有人会议可以对与债券持有人有利害关系的事项作出决议。
>
> 除公司债券募集办法另有约定外，债券持有人会议决议对同期全体债券持有人发生效力。

◆ **条文主旨**

本条规定了债券持有人会议的设立、决议事项、表决规则和决议效力。

◆ **修改情况**

本条为 2023 年《公司法》修订的重要新增条款。

◆ **条文注释**

债券持有人作为特殊的公司债权人,其权利保护或通过个别行使权利的方式得以实现,或通过集体行使权利的方式得以实现。对于债券持有人而言,单独行使权利不仅面临巨大的经济成本,也不利于形成统一的集体力量与公司债券发行人相抗衡。对于公司债券发行人而言,逐一与单一债券持有人协商的成本无疑也是巨大的。总之,分散保护模式对债券持有人保护不足的问题在各国普遍存在,但各国法上的解决路径存在差异,主要有三种模式:(1)债券持有人会议模式,即以债券持有人会议作为决议机关,行使债券持有人权利,以法国、瑞士为代表;(2)债券受托管理人模式,通过间接承认的方式确立公司债券持有人团体的主体性,以英国、美国为代表;(3)兼采债券持有人会议和债券受托管理人模式,以日本和我国台湾地区为其著例。

一、立法背景

早在2003年,证监会在《证券公司债券管理暂行办法》(已失效)中即首次引入了债券持有人会议制度;2015年颁布的《公司债券发行与交易管理办法》(已失效)中对债券持有人会议的表决事项、议事规则等作出了细化规定;上海证券交易所和深圳证券交易所还分别制定了《公司债券上市规则》,进一步细化了《公司债券发行与交易管理办法》的规则。

2019年修订后的《证券法》第92条规定了公司债券持有人会议制度,明确了公开发行公司债券时债券持有人会议的必设性,并且规定了债券持有人会议以决议方式变更债券受托管理人、改变资金用途等职权,但是对于其他决议事项、会议程序、决议效力、决议救济等问题均未加规定。2023年《公司债券发行与交易管理办法》进一步规定了制定债券持有人会议规则应当满足的基本要求和内容、召集债券持有人会议的情形等规则，实质上将债券持有人会议的规则设定交由各方自治。但是，《证券法》对债券持有人会议的组织规则规定未有涉及，部门规章和交易所规则又难以解决组织规则层面的法律效力问题。对此，2023 年《公司法》明确规定了债券持有人会议制度，在《证券法》第 92 条第 1 款的基础上，进一步明确了债券持有人会议的表决事项、表决规则与决议效力范围，针对公司债券持有人相关知情权无法得到有效行使的情形提供组织法的制度供给，回应了公司债券市场发展的实践需求，旨在改善公司债券持有人基本被排除出公司治理的现状。

我国公司债券市场由证监会、中国人民银行、发改委分头监管，除了证监会制定的前述规则之外，中国人民银行监管的银行间债券市场适用 2023 年修订的《银行间债券市场非金融企业债务融资工具持有人会议规程》。作为行业自律规则，该会议规程规定了债券持有人会议的召开条件、召集程序、参会机构、表决方式等。在发改委监管的企业债券领域，债券持有人会议的运作主要是通过政策性文件予以规范。发改委在 2011 年发布的《关于进一步加强企业债券存续期监管工作有关问题的通知》中规定，如发行人拟变更债券募集说明书约定条款，拟变更债券受托管理人，担保人或担保物发生重大变化，作出减资、合并、分立、解散及申请破产决定等对债券持有人权益有重大影响的事项，应当召开债券持有人会议并取得债券持有人法定多数同意方可生效，并及时公告。

自 2014 年我国信用债市场首例违约"11 超日债"事件后，债券违约事件频繁发生，呈现出密集化、常态化趋势，涉及金额巨大。债券持有人人数众多，但个体力量往往较为弱小，无法有效制衡发行债券的公司。为保护债券持有人利益，需要建立一个协调债券持有人利益诉求、扩大债券持有人对公司重大事项的参与权和发言权的机制。

最高人民法院在《债券纠纷会议纪要》中指出，债券持有人会议是强化债券持有人权利主体地位、统一债券持有人立场的债券市场基础性制度，也是债券持有人指挥和监督受托管理人勤勉履职的专门制度安排。

二、规范要旨

经由本轮修改，公司法进一步完善了债券持有人会议制度的组织法建设，并统一适用于各类公司债券领域。本条规定主要解决了以下三个问题：

1. 债券持有人会议的设立和职权

债券持有人会议，是指由同期发行的公司债券持有人组成，就与债券持有人的共同利害关系事项作出决议，并对同期全体债券持有人具有约束力的临时合议机构。公开发行公司债券的，债券持有人会议为必设机构，由同期债券持有人组成。如果公司多次公开发行公司债券，各期债券持有人的利益具有异质性，应当分别设立债券持有人会议，以维护各期债券持有人利益。

债券持有人会议的职权，应当以债券持有人的共同利益为限制，即本条所规定之"与债券持有人有利害关系的事项"，非属于共同利害关系事项，则不在其职权之列。典型的共同利害关系事项包括债券支付缓期或责任免除、受托管理人的辞任同意与解任请求、对资本金额减少或合并的异议、特别代表人的选任、决议执行人的选任、会议的延期或续会、不公正行为撤销请求诉讼的提起、担保的变更等。例如，《证券法》第92条规定，债券持有人会议可以决议变更债券受托管理人。第15条规定，公开发行公司债券筹集的资金，必须按照公司债券募集办法所列资金用途使用；改变资金用途，必须经债券持有人会议作出决议。

《公司债券发行与交易管理办法》与《上海证券交易所公司债券上市规则》均对债券持有人通过债券持有人会议行使权利的事项

范围作出了明确列举，债券存续期间出现以下可能影响债券投资者权益的重大事项，应当按照规定或者约定及时召集债券持有人会议：（1）拟变更债券募集说明书的约定；（2）拟修改债券持有人会议规则；（3）拟变更债券受托管理人或者受托管理协议的主要内容；（4）发行人不能按期支付本息；（5）发行人减资、合并等可能导致偿债能力发生重大不利变化，需要决定或者授权采取相应措施；（6）发行人分立、被托管、解散、申请破产或者依法进入破产程序；（7）保证人、担保物或者其他偿债保障措施发生重大变化；（8）发行人、单独或合计持有本期债券总额10%以上的债券持有人书面提议召开；（9）发行人管理层不能正常履行职责，导致发行人债务清偿能力面临严重不确定性；（10）发行人提出债务重组方案的；（11）发生其他对债券持有人权益有重大影响的事项。

对全体债券持有人具有约束力的例外情形主要包括非属于共同利益的权利、程序性权利以及保留的重大事项决定权。例如，《债券纠纷会议纪要》第6条规定了债券持有人单独诉讼的权利，即"在债券持有人会议决议授权受托管理人或者推选代表人代表部分债券持有人主张权利的情况下，其他债券持有人另行单独或者共同提起、参加民事诉讼，或者申请发行人破产重整、破产清算的，人民法院应当依法予以受理"。

2. 债券持有人会议的召集和表决规则

根据本条规定，债券持有人会议决议应当经出席债券持有人会议且有表决权的持有人所持表决权的过半数通过。本条的要点有二：其一，对债券持有人会议未设最低出席比例或定足数的要求，未设立出席会议的最低表决权数要求；其二，本条仅规定了普通决议形式，未设定特别决议要求，但债券募集说明书中可作特别规定，比如，对与债券持有人利益攸关的重大事项处置，可采绝对多数决的特别决议要求。

此外，债券持有人应分组召开、分组表决。虽然公司法未明确债券持有人会议的分组召开和表决机制，但其明确债券持有人会议是由同期发行的公司债券持有人组成，即蕴含了分组召开和分组表决的要求。因为公司债券类型的多元化，不同批次的债券持有人的利益诉求存在差异。《公司债券发行与交易管理办法》和《上海证券交易所债券上市规则》也均规定了债券持有人会议的参会范围为本批次的债券持有人，与其他批次的债券持有人分别召开。

本法未对会议召集、主持、最低出席比例、回避表决等规则进行明确，相关表决程序问题在实践中应结合证监会制定的规则与交易所的自治性规则进行操作，如《公司债券发行与交易管理办法》《上海证券交易所公司债券上市规则》与《深圳证券交易所公司债券上市规则》的细化规定。

（1）债券持有人会议的召集权人。《公司债券发行与交易管理办法》第63条规定了债券受托管理人应当召集债券持有人会议的十一种情形，如果债券受托管理人应当召集而未召集债券持有人会议时，单独或合计持有本期债券总额10%以上的债券持有人有权自行召集债券持有人会议；《上海证券交易所公司债券上市规则》在前述主体范围内增加了发行人作为召集主体。

（2）债券持有人会议的召集规则。《上海证券交易所公司债券上市规则》第4.3.3条规定，发行人、少数债券持有人向受托管理人提议召开，受托管理人应当自收到书面提议之日起5个交易日内向提议人书面回复是否召集持有人会议，并说明召集会议的具体安排或不召集会议的理由；同意召集会议的，应当在15个交易日内召开，不同意的，前述请求召开会议的主体可以自行召开，但应以履行前述请求为前置程序。

3. 债券持有人会议决议的效力

债券持有人之间既有共同利益，也存在利益冲突，需要法律层面的利益分配规范。根据《立法法》第 91 条的规定，没有法律或者国务院的行政法规、决定、命令的依据，部门规章不得设定减损公民、法人和其他组织权利或者增加其义务的规范。债券持有人会议采决议机制，通过后的决议必然剥夺或限制少数债券持有人的权利。由此视之，债券持有人会议决议的效力范围以及效力瑕疵，已经超出了部门规章和交易所规则的范畴。虽然通过自治约定的方式能够厘定债券持有人会议的一般规则，但仍然面临约束力之质疑。本条克服了前述问题，明确了债券持有人会议决议对同期全体债券持有人发生效力，但公司债券募集办法可以另外作出自治安排。

如果债券持有人对决议有异议，债券持有人会议决议的约束力存在例外情形，比如单独提起诉讼或仲裁。最高人民法院《债券纠纷会议纪要》第 6 条规定，在债券持有人会议决议授权受托管理人或者推选代表人代表部分债券持有人主张权利的情况下，其他债券持有人另行单独或者共同提起、参加民事诉讼，或者申请发行人破产重整、破产清算的，人民法院应当依法予以受理。债券持有人会议以受托管理人怠于行使职责为由作出自行主张权利的有效决议后，债券持有人根据决议单独、共同或者代表其他债券持有人向人民法院提起诉讼、申请发行人破产重整或者破产清算的，人民法院应当依法予以受理。第 16 条规定了债券持有人对重大事项可保留决定权：债券持有人会议授权的受托管理人或者推选的代表人作出可能减损、让渡债券持有人利益的行为，在案件审理中与对方当事人达成调解协议，或者在破产程序中就发行人重整计划草案、和解协议进行表决时，如未获得债券持有人会议特别授权的，应当事先征求各债券持有人的意见或者由各债券持有人自行决定。

债券持有人会议决议系决议的一种，在法律性质上为民事法律行为。公司法并未专门规定债券持有人会议决议效力瑕疵规则，由于债券持有人会议决议与股东会决议、董事会决议同属组织法决议，具有规范适用上的同质性,司法实践中债券持有人会议决议瑕疵规则可参照公司法上股东会、董事会决议效力瑕疵制度。对于存在程序或内容瑕疵的债券持有人会议决议,可参照适用本法第25条、第26条和第27条之规定。债券持有人会议的决议瑕疵事由既包括程序上的原因,如会议的召集程序和决议作出方式违反规定或约定;也包括内容上的原因,如决议违反债券持有人的共同利益、显失公平等。具体而言,瑕疵事由根据具体情形分属于决议不成立、决议可撤销或决议无效情形。

◆ **关联规范**

1. 《证券法》(2019年修订)

第92条 【债券持有人会议和债券受托管理人】 公开发行公司债券的,应当设立债券持有人会议,并应当在募集说明书中说明债券持有人会议的召集程序、会议规则和其他重要事项。

公开发行公司债券的,发行人应当为债券持有人聘请债券受托管理人,并订立债券受托管理协议。受托管理人应当由本次发行的承销机构或者其他经国务院证券监督管理机构认可的机构担任,债券持有人会议可以决议变更债券受托管理人。债券受托管理人应当勤勉尽责,公正履行受托管理职责,不得损害债券持有人利益。

债券发行人未能按期兑付债券本息的,债券受托管理人可以接受全部或者部分债券持有人的委托,以自己名义代表债券持有人提起、参加民事诉讼或者清算程序。

2. 《债券纠纷会议纪要》(2020年7月15日起施行)

一、关于案件审理的基本原则

4. 坚持纠纷多元化解原则。债券纠纷案件涉及的投资者人数众多、发行和交易方式复杂、责任主体多元,要充分发挥债券持有人会议的议事平台作用,保障受托管理人和其他债券代表人能够履行参与诉讼、债务重组、破产重整、和解、清算等债券持有人会议赋予的职责。要进一步加强与债券监管部门的沟通联系和信息共享，建立、健全有机衔接、协调联动、高效便民的债券纠纷多元化解机制，协调好诉讼、调解、委托调解、破产重整、和解、清算等多种司法救济手段之间的关系，形成纠纷化解合力，构建债券纠纷排查预警机制，防止矛盾纠纷积累激化。充分尊重投资者的程序选择权，着眼于纠纷的实际情况，灵活确定纠纷化解的方式、时间和地点，尽可能便利投资者，降低解决纠纷成本。

二、关于诉讼主体资格的认定

会议认为，同期发行债券的持有人利益诉求高度同质化且往往人数众多，采用共同诉讼的方式能够切实降低债券持有人的维权成本，最大限度地保障债券持有人的利益，也有利于提高案件审理效率，节约司法资源，实现诉讼经济。案件审理中，人民法院应当根据当事人的协议约定或者债券持有人会议的决议，承认债券受托管理人或者债券持有人会议推选的代表人的法律地位，充分保障受托管理人、诉讼代表人履行统一行使诉权的职能。对于债券违约合同纠纷案件，应当以债券受托管理人或者债券持有人会议推选的代表人集中起诉为原则，以债券持有人个别起诉为补充。

5. 债券受托管理人的诉讼主体资格。债券发行人不能如约偿付债券本息或者出现债券募集文件约定的违约情形时，受托管理人根据债券募集文件、债券受托管理协议的约定或者债券持有人会议决议的授权，以自己的名义代表债券持有人提起、参加民事诉讼，或者申请发行人破产重整、破产清算的，人民法院应当依法予以受理。

受托管理人应当向人民法院提交符合债券募集文件、债券受托管理协议或者债券持有人会议规则的授权文件。

6. 债券持有人自行或者共同提起诉讼。在债券持有人会议决议授权受托管理人或者推选代表人代表部分债券持有人主张权利的情况下，其他债券持有人另行单独或者共同提起、参加民事诉讼，或者申请发行人破产重整、破产清算的，人民法院应当依法予以受理。

债券持有人会议以受托管理人怠于行使职责为由作出自行主张权利的有效决议后，债券持有人根据决议单独、共同或者代表其他债券持有人向人民法院提起诉讼、申请发行人破产重整或者破产清算的，人民法院应当依法予以受理。

四、关于债券持有人权利保护的特别规定

会议认为，债券持有人会议是强化债券持有人权利主体地位、统一债券持有人立场的债券市场基础性制度，也是债券持有人指挥和监督受托管理人勤勉履职的专门制度安排。人民法院在案件审理过程中，要充分发挥债券持有人会议的议事平台作用，尊重债券持有人会议依法依规所作出决议的效力，保障受托管理人和诉讼代表人能够履行参与诉讼、债务重组、破产重整、和解、清算等债券持有人会议赋予的职责。对可能减损、让渡债券持有人利益的相关协议内容的表决，受托管理人和诉讼代表人必须忠实表达债券持有人的意愿。支持受托管理人开展代债券持有人行使担保物权、统一受领案件执行款等工作，切实保护债券持有人的合法权益。

15. 债券持有人会议决议的效力。债券持有人会议根据债券募集文件规定的决议范围、议事方式和表决程序所作出的决议，除非存在法定无效事由，人民法院应当认定为合法有效，除本纪要第 5 条、第 6 条和第 16 条规定的事项外，对全体债券持有人具有约束力。

债券持有人会议表决过程中，发行人及其关联方，以及对决议事项存在利益冲突的债券持有人应当回避表决。

16. 债券持有人重大事项决定权的保留。债券持有人会议授权的受托管理人或者推选的代表人作出可能减损、让渡债券持有人利益的行为，在案件审理中与对方当事人达成调解协议，或者在破产程序中就发行人重整计划草案、和解协议进行表决时，如未获得债券持有人会议特别授权的，应当事先征求各债券持有人的意见或者由各债券持有人自行决定。

17. 破产程序中受托管理人和代表人的债委会成员资格。债券持有人会议授权的受托管理人或者推选的代表人参与破产重整、清算、和解程序的，人民法院在确定债权人委员会的成员时，应当将其作为债权人代表人选。

债券持有人自行主张权利的，人民法院在破产重整、清算、和解程序中确定债权人委员会的成员时，可以责成自行主张权利的债券持有人通过自行召集债券持有人会议等方式推选出代表人，并吸收该代表人进入债权人委员会，以体现和代表多数债券持有人的意志和利益。

20. 共益费用的分担。债券持有人会议授权的受托管理人或者推选的代表人在诉讼中垫付的合理律师费等维护全体债券持有人利益所必要的共益费用，可以直接从执行程序、破产程序中受领的款项中扣除，将剩余款项按比例支付给债券持有人。

七、关于发行人破产管理人的责任

34. 破产管理人无正当理由不予确认债权的赔偿责任。债券发行人进入破产程序后，受托管理人根据债券募集文件或者债券持有人会议决议的授权，依照债券登记机关出具的债券持仓登记文件代表全体债券持有人所申报的破产债权，破产管理人应当依法及时予以确认。因破产管理人无正当理由不予确认而导致的诉讼费用、律师费用、差旅费用等合理支出以及由此导致债权迟延清偿期间的利息损失，受托管理人另行向破产管理人主张赔偿责任的，人民法院应当予以支持。

3. 《公司债券发行与交易管理办法》(2023年修订)

第62条 发行公司债券，应当在债券募集说明书中约定债券持有人会议规则。

债券持有人会议规则应当公平、合理。债券持有人会议规则应当明确债券持有人通过债券持有人会议行使权利的范围，债券持有人会议的召集、通知、决策生效条件与决策程序、决策效力范围和其他重要事项。债券持有人会议按照本办法的规定及会议规则的程序要求所形成的决议对全体债券持有人有约束力，债券持有人会议规则另有约定的除外。

◆ 案例指引

【典型案例】凯迪生态环境科技股份有限公司与方正证券承销保荐有限责任公司公司债券交易纠纷上诉案（最高人民法院（2020）最高法民终708号）

裁判要旨

本案中，债券发行人凯迪生态公司存在履约能力困难的情形。根据《债券持有人会议规则》，在发生发行人未能按期支付本期债券利息和/或本金、担保人发生重大不利变化、其他对债券持有人权益有重大影响的事项，应召开债券持有人会议。本案中，民族证券公司作为债券受托管理人，召开债券持有人会议。虽然该召开债券持有人会议的通知时间与规则不符，但该不符已经经过债券持有人会议表决并通过的《关于豁免本次债券持有人会议提前15日发出会议通知的议案》同意豁免该规定。出席本次会议的债券持有人及代理人所持本期债券面额占本期债券持有人所持有表决权的比例，符合《债券持有人会议规则》。因此，民族证券公司召集的11凯迪债第一次债券持有人会议符合《募集说明书》及《债券持有人会议规则》的程序性规定，所作出的决议亦达到出席会议的本期未偿还债券持有人所持表决权的1/2以上通过的规定，故11凯迪债第一次债券持有人会议作出的议案具有程序上的合法性。

第二，就决议的内容而言，债券持有人会议决议的内容为11凯迪债加速到期。法院认为，依据《债券纠纷会议纪要》第 21 条第 2 款规定，债券持有人以发行人出现债券募集文件约定的违约情形为由，要求发行人提前还本付息的，人民法院应当综合考量债券募集文件关于预期违约、交叉违约等的具体约定以及发生事件的具体情形予以判断。案涉《担保函》第 9 条和《募集说明书》第 4 节第 2 项第 9 条均约定，在债券到期前，担保人发生分立、破产等足以影响债券持有人利益的重大事项时，债务人应在两个月内提供新的担保，债务人不提供新的担保的，债券持有人有权要求债务人、担保人提前兑付债券本息。担保人阳光凯迪公司的财产因涉及多起仲裁案件已被多次轮候冻结，其持有的凯迪生态公司股票价格已跌破平仓线。同时，凯迪生态公司于 2018 年 5 月 7 日、5 月 8 日发布了其关于 6.9 亿余元中期票据违约的情况和因其涉嫌信息披露违规被证监会立案调查的情况；5 月 9 日案涉债券信用等级被下调；5 月 11 日凯迪生态公司被核查出违规挪用资金 4.02 亿元。上述事实足以表明债务人凯迪生态公司存在无力清偿案涉债务的可能，属于案涉协议约定的担保人发生足以影响债券持有人利益的重大事项。据此，民族证券公司于 5 月 11 日向凯迪生态公司发送追加担保函，要求其追加担保并于两个工作日内回复意见，符合合同约定。然而，凯迪生态公司在收到函件后未予回复，也未表示追加担保的意愿或计划，实际上也未追加任何担保。凯迪生态公司不提供新的担保，11 凯迪债加速到期的条件已经成就，民族证券公司无须等到 2018 年 7 月 11 日才宣布债券加速到期，其于 2018 年 5 月 30 日召开债券持有人会议通过决议案涉债券于 2018 年 5 月 31 日加速到期，具备合理性。

综上，本案中债券持有人会议作出的债券加速到期决议有效，债券受托管理人有权根据规则以及债券持有人会议授权向债券发行人和担保人请求偿还债券本金和利息。

【典型案例】 甲信托公司诉乙公司等公司债券交易纠纷案（上海市静安区人民法院（2019）沪 0106 民初 2755 号，2020 年度上海法院金融商事审判十大案例）

裁判要旨

法院认为，被告乙公司未能按约支付利息，构成违约，依据《募集说明书》中提前到期条款的约定，原告有权要求被告乙公司提前履行还本付息的义务。债券持有人会议通过的议案已经宣布系争债券项下全部本息自议案通过之日起立即到期，要求清偿本息。该议案是全体债券持有人共同向被告乙公司主张权利，要求构成违约的债券发行人提前履行还本付息义务，并不违反法律的规定，原告作为债券持有人之一，无须单独要求解除与被告乙公司签订的合同。在案涉债券提前到期后，对于因被告乙公司不能清偿本息而继续占用资金所造成的损失，债券持有人可以向被告乙公司主张。按照《股权质押合同》的约定，被告乙公司未能按约偿还债券本息，作为质权人的第三人或债券持有人有权依法处分质押股权及其他派生权益，所得款项及权益用于清偿"金玛债券"持有人的债券本金、利息及其他应付款项，该约定符合法律规定。债券发行人未按约支付到期利息，触发《募集说明书》中提前到期条款约定的，债券持有人有权要求发行人提前履行还本付息义务，并要求发行人赔偿债券到期后因不能按约清偿本息而继续占用资金所造成的损失。在债券持有人自行起诉的情况下，其有权要求依法处置登记于受托管理人名下的担保物权，并按其持有的债券本金占担保物所担保的全部债券本金总额的比例优先受偿。

第二百零五条　【债券受托管理人】

公开发行公司债券的，发行人应当为债券持有人聘请债券受托管理人，由其为债券持有人办理受领清偿、债权保全、与债券相关的诉讼以及参与债务人破产程序等事项。

◆ **条文主旨**

本条规定了债券受托管理人的聘任和委托事项。

◆ **修改情况**

本条为 2023 年《公司法》修订的重要新增条款。

◆ **条文注释**

债券受托管理人，是根据债券受托管理协议设立的维护债券持有人利益的机构。根据本条规定，对于公开发行的公司债券，发行人有法定义务聘请债券受托管理人。2019 年《证券法》第 92 条规定："公开发行公司债券的，发行人应当为债券持有人聘请债券受托管理人，并订立债券受托管理协议……债券发行人未能按期兑付债券本息的，债券受托管理人可以接受全部或者部分债券持有人的委托，以自己名义代表债券持有人提起、参加民事诉讼或者清算程序。"在此基础上，本条更为全面地规定了对债券受托管理人的委托事项，包括为债券持有人办理受领清偿、债权保全、与债券相关的诉讼以及参与债务人破产程序等事项。

一、立法背景

公司债券托管制度肇始于 2007 年证监会发布的《公司债券发行试点办法》(已失效)。证监会制定的《公司债券发行与交易管理办法》进一步规定了公司债券受托管理人的产生、职责等事项。从委任机制上而言，受托管理人由公司债券的发行人聘请，受托管理协议的签订主体系发行人和受托管理人。从利益归属上而言,债券受托管理协议系为了维护债券持有人的利益。在实务中,发行人通常在债券募集说明书中约定,投资者认购或持有本期公司债券视作同意债券受托管理协议、债券持有人会议规则及债券募集说明书中其他有关发行人、债券持有人权利义务的相关约定。

基于受托管理协议,公司债券的受托管理人取得代理公司债券全体持有人办理担保登记、代持增信措施、受领清偿、债权保全、与债券相关的诉讼以及参与债务人破产程序等事项的实体权利与程序权利。依照《证券法》第92条第3款规定,债券发行人未能按期兑付债券本息的,债券受托管理人可以接受全部或者部分债券持有人的委托,以自己名义代表债券持有人提起、参加民事诉讼或者清算程序。最高人民法院《债券纠纷会议纪要》规定,债券发行人不能如约偿付债券本息或者出现债券募集文件约定的违约情形时,受托管理人根据债券募集文件、债券受托管理协议的约定或者债券持有人会议决议的授权,以自己的名义代表债券持有人提起、参加民事诉讼,或者申请发行人破产重整、破产清算的,人民法院应当依法予以受理。由此可见,债券受托管理人只有在取得全部或部分债券持有人授权的情况下,方能采取诉讼等措施,债券持有人的授权是其采取诉讼等措施的权利基础。由受托管理人代为诉讼或参加清算程序,有助于维护中小投资者利益、节约诉讼成本和提高债券违约的处置效率。

在任职资格上,根据证监会《公司债券发行与交易管理办法》第58条的规定,债券受托管理人由本次发行的承销机构或其他经证监会认可的机构担任。债券受托管理人应当为中国证券业协会会员。为本次发行提供担保的机构不得担任本次债券发行的受托管理人。

二、规范要旨

1. 设置债券受托管理人的法定情形。根据本条规定,公开发行公司债券的，发行人有义务为债券持有人聘请债券受托管理人。非公开发行公司债券的，《公司债券发行与交易管理办法》规定："发行人应当在募集说明书中约定债券受托管理事项。"对于可转换公司债券，向不特定对象发行可转债的，发行人应当为可转债持有人聘请受托管理人，并订立可转债受托管理协议。向特定对象发行可转债的，发行人应当在募集说明书中约定可转债受托管理事项。

2. 债券受托管理人的职权。根据本条规定，债券受托管理人的职权为办理受领清偿、债权保全、与债券相关的诉讼以及参与债务人破产程序等事项。基于债券持有人的集体性、同质性、众多性等特征，《债券纠纷会议纪要》也指出："采用共同诉讼的方式能够切实降低债券持有人的维权成本，最大限度地保障债券持有人的利益，也有利于提高案件审理效率，节约司法资源，实现诉讼经济。案件审理中，人民法院应当根据当事人的协议约定或者债券持有人会议的决议，承认债券受托管理人或者债券持有人会议推选的代表人的法律地位，充分保障受托管理人、诉讼代表人履行统一行使诉权的职能。"债券受托管理人的具体职权，可详见2023年《公司债券发行与交易管理办法》第59条的规定。

◆ 关联规范

1.《证券法》(2019年修订)

第92条 【债券持有人会议和债券受托管理人】公开发行公司债券的，应当设立债券持有人会议，并应当在募集说明书中说明债券持有人会议的召集程序、会议规则和其他重要事项。

公开发行公司债券的，发行人应当为债券持有人聘请债券受托管理人，并订立债券受托管理协议。受托管理人应当由本次发行的承销机构或者其他经国务院证券监督管理机构认可的机构担任，债券持有人会议可以决议变更债券受托管理人。债券受托管理人应当勤勉尽责，公正履行受托管理职责，不得损害债券持有人利益。

债券发行人未能按期兑付债券本息的，债券受托管理人可以接受全部或者部分债券持有人的委托，以自己名义代表债券持有人提起、参加民事诉讼或者清算程序。

2.《民法典担保制度司法解释》（2021年1月1日起施行）

第4条　【担保物权的委托持有】有下列情形之一，当事人将担保物权登记在他人名下，债务人不履行到期债务或者发生当事人约定的实现担保物权的情形，债权人或者其受托人主张就该财产优先受偿的，人民法院依法予以支持：

（一）为债券持有人提供的担保物权登记在债券受托管理人名下；

（二）为委托贷款人提供的担保物权登记在受托人名下；

（三）担保人知道债权人与他人之间存在委托关系的其他情形。

3.《债券纠纷会议纪要》（2020年7月15日起施行）

5.债券受托管理人的诉讼主体资格。债券发行人不能如约偿付债券本息或者出现债券募集文件约定的违约情形时，受托管理人根据债券募集文件、债券受托管理协议的约定或者债券持有人会议决议的授权，以自己的名义代表债券持有人提起、参加民事诉讼，或者申请发行人破产重整、破产清算的，人民法院应当依法予以受理。

受托管理人应当向人民法院提交符合债券募集文件、债券受托管理协议或者债券持有人会议规则的授权文件。

6.债券持有人自行或者共同提起诉讼。在债券持有人会议决议授权受托管理人或者推选代表人代表部分债券持有人主张权利的情况下，其他债券持有人另行单独或者共同提起、参加民事诉讼，或者申请发行人破产重整、破产清算的，人民法院应当依法予以受理。

债券持有人会议以受托管理人怠于行使职责为由作出自行主张权利的有效决议后，债券持有人根据决议单独、共同或者代表其他债券持有人向人民法院提起诉讼、申请发行人破产重整或者破产清算的，人民法院应当依法予以受理。

7. 资产管理产品管理人的诉讼地位。通过各类资产管理产品投资债券的，资产管理产品的管理人根据相关规定或者资产管理文件的约定以自己的名义提起诉讼的，人民法院应当依法予以受理。

8. 债券交易对诉讼地位的影响。债券持有人以债券质押式回购、融券交易、债券收益权转让等不改变债券持有人身份的方式融资的，不影响其诉讼主体资格的认定。

4. 最高人民法院关于《国土资源部办公厅关于征求为公司债券持有人办理国有土地使用权抵押登记意见函》的答复（2010年6月23日起施行）

基于公司债券持有人具有分散性、群体性、不易保护自身权利的特点，《公司债券发行试点办法》（以下简称《办法》）规定了公司债券受托管理人制度，以保护全体公司债券持有人的权益。基于此，《办法》第二十五条对公司债券受托管理人的法定职责进行了规定，同时允许当事人约定权利义务范围。

根据《物权法》的规定，函中所述案例的抵押权人为全体公司债券持有人。抵押权的设定有利于保护全体公司债券持有人的利益。在公司债券持有人因其不确定性、群体性而无法申请办理抵押权登记的情形下，认定公司债券受托管理人可以代理办理抵押权登记手续，符合设立公司债券受托管理人制度的目的，也不违反《办法》第二十五条的规定。在法律没有禁止性规定以及当事人之间没有禁止代为办理抵押登记约定的情形下，应认定公司债券受托管理人可代理全体公司债券持有人申请办理土地抵押登记。

5. 《公司债券发行与交易管理办法》（2023年修订）

第57条 公开发行公司债券的，发行人应当为债券持有人聘请债券受托管理人，并订立债券受托管理协议；非公开发行公司债的，发行人应当在募集说明书中约定债券受托管理事项。在债券存续期限内，由债券受托管理人按照规定或协议的约定维护债券持有人的利益。

发行人应当在债券募集说明书中约定，投资者认购或持有本期公司债券视作同意债券受托管理协议、债券持有人会议规则及债券募集说明书中其他有关发行人、债券持有人权利义务的相关约定。

第58条 债券受托管理人由本次发行的承销机构或其他经中国证监会认可的机构担任。债券受托管理人应当为中国证券业协会会员。为本次发行提供担保的机构不得担任本次债券发行的受托管理人。债券受托管理人应当勤勉尽责，公正履行受托管理职责，不得损害债券持有人利益。对于债券受托管理人在履行受托管理职责时可能存在的利益冲突情形及相关风险防范、解决机制，发行人应当在债券募集说明书及债券存续期间的信息披露文件中予以充分披露，并同时在债券受托管理协议中载明。

第59条 公开发行公司债券的受托管理人应当按规定或约定履行下列职责：

（一）持续关注发行人和保证人的资信状况、担保物状况、增信措施及偿债保障措施的实施情况，出现可能影响债券持有人重大权益的事项时，召集债券持有人会议；

（二）在债券存续期内监督发行人募集资金的使用情况；

（三）对发行人的偿债能力和增信措施的有效性进行全面调查和持续关注，并至少每年向市场公告一次受托管理事务报告；

（四）在债券存续期内持续督导发行人履行信息披露义务；

（五）预计发行人不能偿还债务时，要求发行人追加担保，并可以依法申请法定机关采取财产保全措施；

（六）在债券存续期内勤勉处理债券持有人与发行人之间的谈判

或者诉讼事务；

（七）发行人为债券设定担保的，债券受托管理人应在债券发行前或债券募集说明书约定的时间内取得担保的权利证明或其他有关文件，并在增信措施有效期内妥善保管；

（八）发行人不能按期兑付债券本息或出现募集说明书约定的其他违约事件的，可以接受全部或部分债券持有人的委托，以自己名义代表债券持有人提起、参加民事诉讼或者破产等法律程序，或者代表债券持有人申请处置抵质押物。

第 60 条 非公开发行公司债券的，债券受托管理人应当按照债券受托管理协议的约定履行职责。

第 64 条 发行人可采取内外部增信机制、偿债保障措施，提高偿债能力，控制公司债券风险。内外部增信机制、偿债保障措施包括但不限于下列方式：

（一）第三方担保；

（二）商业保险；

（三）资产抵押、质押担保；

（四）限制发行人债务及对外担保规模；

（五）限制发行人对外投资规模；

（六）限制发行人向第三方出售或抵押主要资产；

（七）设置债券回售条款。

公司债券增信机构可以成为中国证券业协会会员。

第 65 条 发行人应当在债券募集说明书中约定构成债券违约的情形、违约责任及其承担方式以及公司债券发生违约后的诉讼、仲裁或其他争议解决机制。

◆ **案例指引**

【典型案例】正源房地产开发有限公司与民生证券股份有限公司、湖南正源尚峰尚水房地产开发有限公司等公司债券交易纠纷案（辽宁省高级人民法院（2022）辽民终305号）

裁判要旨

法院认为，《证券法》第92条第3款明确规定，债券发行人未能按期兑付债券本息，债券受托管理人有权接受全部或部分债券持有人的委托，代表他们提起、参加民事诉讼或清算程序。民生证券作为"16正源01"和"16正源02"债券的受托管理人，在接受债券持有人的委托并提起诉讼的行为，是完全符合法律规定的。此请求基于正源房地产公司未能履行合同义务，故法院支持民生证券的请求。

第二百零六条　【债券受托管理人的义务和责任】

债券受托管理人应当勤勉尽责，公正履行受托管理职责，不得损害债券持有人利益。

受托管理人与债券持有人存在利益冲突可能损害债券持有人利益的，债券持有人会议可以决议变更债券受托管理人。

债券受托管理人违反法律、行政法规或者债券持有人会议决议，损害债券持有人利益的，应当承担赔偿责任。

◆ **条文主旨**

本条规定了债券受托管理人的义务、变更和法律责任。

◆ **修改情况**

本条为2023年《公司法》修订的新增条款，衔接前条新增的债券受托管理人制度，对受托管理人的义务与法律责任作出了配套性规定。

◆ 条文注释

受托管理人作为受托者，根据法律规定和受托管理协议履行管理职责。受托管理人的义务主要来源于两部分，一部分是法律规定的职责，一部分是债券受托管理协议中的约定职责。

本条第1款规定了债券受托管理人的勤勉、忠实义务，即为了债券持有人利益勤勉履职的义务，为其法定义务。《公司债券发行交易管理办法》第59条进一步规定了债券受托管理人的具体职责，包括持续关注发行人的资信状况与偿债能力、担保及其他偿债保障情况、发行人募集资金的使用情况、采取诉讼或非诉讼措施以保障债券持有人利益、及时召集债券持有人会议等。除此之外，债券受托管理人还需要勤勉履行债券受托管理协议中的约定义务。

公司债券的受托管理事项十分复杂，涉及诸多问题。总体而言，前述受托管理人的职责主要可分为三大部分：其一，对发行人偿债能力的常态化关注，包括日常监督检查、定期报告等；其二，发行人出现重大风险事件时，进行特别关注，包括专项调查、临时报告和采取措施；其三，发行人违约后，为债券持有人利益采取违约后救济措施。

本条第2款规定了债券受托管理人的变更机制。受托管理人为发行人所聘请，但须为债券持有人利益而履行职责，本身即存在潜在的利益冲突。如果受托管理人与债券持有人之间存在直接利益冲突，可能损害债券持有人利益，债券持有人会议有权通过决议的方式予以变更。拟变更债券受托管理人的，需要按照规定或约定召集债券持有人会议。在债券受托管理人应当召集而未召集债券持有人会议时，单独或合计持有本期债券总额10%以上的债券持有人有权自行召集债券持有人会议。决议的表决比例等事项，适用本法第204条的规定和公司债券募集说明书的约定。

本条第3款规定了债券受托管理人的法律责任。债券受托管理人应当遵守法律、行政法规，执行债券持有人会议决议，妥当保护债券持有人利益。本条第1款规定了债券受托管理人的法定义务，如果债券受托管理人未勤勉履职，导致了债券持有人利益受损，将产生违反法定义务之侵权责任。债券受托管理协议中约定受托管理人和债券持有人之间的合同权利和义务，受托管理人对协议的违反将产生违约责任。总之，如果债券受托管理人未尽其法定或约定义务，债券持有人可以基于侵权或违约向受托管理人主张损害赔偿。

◆ 关联规范

《公司债券发行交易管理办法》（2023年修订）

第61条 受托管理人为履行受托管理职责，有权代表债券持有人查询债券持有人名册及相关登记信息、专项账户中募集资金的存储与划转情况。证券登记结算机构应当予以配合。

第63条 存在下列情形的，债券受托管理人应当按规定或约定召集债券持有人会议：

（一）拟变更债券募集说明书的约定；

（二）拟修改债券持有人会议规则；

（三）拟变更债券受托管理人或受托管理协议的主要内容；

（四）发行人不能按期支付本息；

（五）发行人减资、合并等可能导致偿债能力发生重大不利变化，需要决定或者授权采取相应措施；

（六）发行人分立、被托管、解散、申请破产或者依法进入破产程序；

（七）保证人、担保物或者其他偿债保障措施发生重大变化；

（八）发行人、单独或合计持有本期债券总额百分之十以上的债券持有人书面提议召开；

（九）发行人管理层不能正常履行职责，导致发行人债务清偿能力面临严重不确定性；

（十）发行人提出债务重组方案的；

（十一）发生其他对债券持有人权益有重大影响的事项。

在债券受托管理人应当召集而未召集债券持有人会议时，单独或合计持有本期债券总额百分之十以上的债券持有人有权自行召集债券持有人会议。

◆ 案例指引

【典型案例】雷某强诉中信建投证券股份有限公司证券托管纠纷案（北京市朝阳区人民法院（2014）朝民（商）初字第 27934 号）

裁判要旨

本案是一个涉及公司债券、信用等级、受托管理人职责、破产重整等多个方面的复杂案件。超日公司的经营困境和信用等级下调导致其无法按期支付债券利息，引发了投资者的诉讼。中信建投公司作为受托管理人在事件中的角色和行为也受到了投资者的质疑。

北京市朝阳区人民法院经审理认为：公开发行公司债券的募集说明书明确写明 "11 超日债" 的承销商中信建投公司是债券受托管理人，受托管理人应作为全体债券持有人的代理人，为全体债券持有人的利益，勤勉处理债券持有人与发行人之间的谈判或者诉讼事务及其他相关事务等。雷某强成功购买并持有 "11 超日债"，说明认可此安排，故应认定雷某强与中信建投公司之间成立证券托管关系。

关于中信建投公司被诉未尽受托管理人义务的四个方面：

1. 关于变更保险受益人的问题：雷某强在 2013 年 4 月提出变更保险受益人的要求。但证据显示，中信建投公司已经发布了履职情况公告，并向超日公司发出电子邮件，要求其采取相应的担保措施。此外，"11 超日债"的第一期利息已经按时支付，因此，雷某强的提议在当时已经不再现实。

2. 关于两家银行提供贷款的问题：超日公司与两家银行的协议中，并没有明确规定必须提供贷款。中信建投公司已经发出备忘录，提醒超日公司可以申请两家银行的流动性贷款。但是，超日公司的资金链出现问题，流动性贷款的申请难以执行。因此，中信建投公司的行为并不构成未履行受托管理人的义务。

3. 关于追加担保和财产保全的问题：中信建投公司已经在公告中提醒投资者注意风险，并在电子邮件中关注到了超日公司的不良经营状况。但是，从超日公司发布第一期利息兑付公告到被申请破产重整，时间并不长。中信建投公司转为积极参与破产重整，也是履行其受托管理人义务的方式。没有证据显示，中信建投公司的行为导致了超日公司的资产或权益损失。

4. 关于召集债券持有人会议的问题：雷某强曾试图自行召集债券持有人会议，但他个人持有的债券数量并未达到召集会议的条件。中信建投公司已经发布了多次通知，说明了召集债券持有人会议的事项和基本情况。证据表明，中信建投公司已经按照相关规定履行了召集债券持有人会议的义务。

综上，法院认为中信建投公司在超日公司的经营问题和破产重整过程中，已经尽到了受托管理人的义务。雷某强的诉讼请求缺乏依据，其所提的损失应被视为正常的商业投资风险，遂予以驳回。

第十章 公司财务、会计

> **第二百零七条 【公司财务、会计制度】**
> 公司应当依照法律、行政法规和国务院财政部门的规定建立本公司的财务、会计制度。

◆ **条文主旨**

本条规定了公司应当依法建立财务、会计制度。

◆ **修改情况**

本条对 2018 年《公司法》第 163 条未作修改。

◆ **条文注释**

本条确立了公司依法建立财务、会计制度的法定义务。所谓公司财务,是指与公司财务管理相关的各项制度,包括财务预算决算、资产管理、负债管理、成本与费用管理、税款缴纳、利润分配、公积金提取等内容。所谓公司会计制度,是指公司会计核算、会计记账的各项制度。公司财务制度和公司会计制度密切关联,公司法上所规定的财务制度需要会计制度来具体实现。

公司财务会计制度具有多方面的价值:(1)保护公司利益。通过清晰明确的财务和会计记载,能够明确公司的资产负债,确保公司财产的独立性。(2)保护债权人利益。在公司融资过程中,对于债权人而言,公司的财务会计信息是重要的信用信息。(3)保护股东利益。根据本法第 57 条和第 110 条规定,符合条件的股东可以查阅会计账簿、会计凭证。对前述事项的知情权本身就是股东权利的重要内容，也是保障股东其他权利实现的重要信息保障。（4）便于行政执法。税务征收、市场监管等的行政执法行为，有赖于相关财务会计信息。

根据本条规定，公司建立财务、会计制度的基本依据有：（1）法律，包括《公司法》《会计法》《注册会计师法》等。其中，《会计法》是会计领域的基本法律制度，规定了会计核算、会计监督、会计机构和会计人员、法律责任等内容。（2）行政法规，即国务院通过或批准的规范性文件，如国务院《企业财务会计报告条例》《总会计师条例》等。（3）部门规章，即国务院财政部门颁布的规范性文件，如财政部《企业会计准则——基本准则》等。

◆ **关联规范**

《会计法》（2017年修正）

第8条 【统一的会计制度】国家实行统一的会计制度。国家统一的会计制度由国务院财政部门根据本法制定并公布。

国务院有关部门可以依照本法和国家统一的会计制度制定对会计核算和会计监督有特殊要求的行业实施国家统一的会计制度的具体办法或者补充规定，报国务院财政部门审核批准。

中国人民解放军总后勤部可以依照本法和国家统一的会计制度制定军队实施国家统一的会计制度的具体办法，报国务院财政部门备案。

> **第二百零八条　【财务会计报告】**
> 公司应当在每一会计年度终了时编制财务会计报告，并依法经会计师事务所审计。
> 财务会计报告应当依照法律、行政法规和国务院财政部门的规定制作。

◆ **条文主旨**

本条规定了编制财务会计报告和审计的要求。

◆ **修改情况**

本条对 2018 年《公司法》第 164 条未作修改。

◆ **条文注释**

根据对《企业会计准则——基本准则》第 44 条的规定，公司财务会计报告，是指公司对外提供的反映公司某一特定日期财务状况和某一会计期间经营成果、现金流量的文件。财务会计报告包括会计报表及其附注和其他应当在财务会计报告中披露的相关信息和资料。会计报表至少应当包括资产负债表、利润表、现金流量表等报表。小企业编制的会计报表可以不包括现金流量表。根据该准则第 4 条规定，财务会计报告的目标是向财务会计报告使用者提供与企业财务状况、经营成果和现金流量等有关的会计信息，反映企业管理层受托责任履行情况，有助于财务会计报告使用者作出经济决策。财务会计报告使用者包括投资者、债权人、政府及其有关部门和社会公众等。

本条对公司企业的财务会计报告要求有：

（1）在每一会计年度终了时编制。按照《会计法》第 11 条的规定，会计年度自公历 1 月 1 日起至 12 月 31 日止。

(2)依法经会计师事务所审计。该规定旨在确保财务会计报告的真实性、准确性。这里的"依法",包括需要审计的公司范围和审计程序等均须依照法律、行政法规等规定,并非所有的公司均需要进行强制审计。

根据本条第 2 款规定,除本法之外,财务会计报告应当根据《会计法》《企业财务会计报告条例》等法律、行政法规、部门规章的规定制作。例如,按照《会计法》第 21 条规定,财务会计报告应当由单位负责人和主管会计工作的负责人、会计机构负责人(会计主管人员)签名并盖章;设置总会计师的单位,还须由总会计师签名并盖章。公司应当保证财务会计报告真实、完整。按照《企业财务会计报告条例》第 6 条、第 7 条等的规定,财务会计报告分为年度、半年度、季度和月度财务会计报告。年度、半年度财务会计报告应当包括会计报表、会计报表附注、财务情况说明书。会计报表应当包括资产负债表、利润表、现金流量表及相关附表。

◆ 关联规范

1.《会计法》(2017 年修正)

第 11 条 会计年度自公历 1 月 1 日起至 12 月 31 日止。

第 20 条 财务会计报告应当根据经过审核的会计帐簿记录和有关资料编制,并符合本法和国家统一的会计制度关于财务会计报告的编制要求、提供对象和提供期限的规定;其他法律、行政法规另有规定的,从其规定。

财务会计报告由会计报表、会计报表附注和财务情况说明书组成。向不同的会计资料使用者提供的财务会计报告,其编制依据应当一致。有关法律、行政法规规定会计报表、会计报表附注和财务情况说明书须经注册会计师审计的,注册会计师及其所在的会计师事务所出具的审计报告应当随同财务会计报告一并提供。

2.《企业财务会计报告条例》(2001年1月1日起施行)

第2条 企业(包括公司,下同)编制和对外提供财务会计报告,应当遵守本条例。

本条例所称财务会计报告,是指企业对外提供的反映企业某一特定日期财务状况和某一会计期间经营成果、现金流量的文件。

第7条 年度、半年度财务会计报告应当包括:

(一)会计报表;

(二)会计报表附注;

(三)财务情况说明书。

会计报表应当包括资产负债表、利润表、现金流量表及相关附表。

第二百零九条　【财务会计报告的公示】

有限责任公司应当按照公司章程规定的期限将财务会计报告送交各股东。

股份有限公司的财务会计报告应当在召开股东会年会的二十日前置备于本公司,供股东查阅;公开发行股份的股份有限公司应当公告其财务会计报告。

◆ **条文主旨**

本条规定了公司财务会计报告的报送和公开制度。

◆ **修改情况**

本条将2018年《公司法》第165条中的"依照"修改为"按照",将"股东大会"修改为"股东会",将"股票"修改为"股份",将"必须"修改为"应当",其他未作修改。

◆ **条文注释**

为保护股东的知情权和其他股东权利行使，本条规定了公司财务会计报告向股东的报送和公开要求。

第一，有限责任公司的报送义务。根据本条第1款规定，有限责任公司应当按照公司章程规定的期限将财务会计报告送交各股东。有限责任公司的股东在50人以内，通常人数较少，所以可以通过报送的方式交至各股东。需要注意的是，本法虽然未直接规定送交期限，但根据本条第1款，公司应当在章程中进行规定。公司章程中既可以规定某个期日，也可以规定为财务报告制定后的某个期间。

第二，股份有限公司的置备义务。本条第2款前段规定，股份有限公司要将财务会计报告在召开股东会年会的20日前置备于本公司，以便供股东查阅。之所以作此规定，是因为股份有限公司的股东可能人数较多，难以通过一一送交的方式予以报告。

第三，公开发行股票的股份有限公司的公告义务。根据本条第2款后段规定，公开发行股票的股份有限公司不仅应当将财务会计报告置备于本公司，而且还必须公告其财务会计报告。之所以作此规定，是因为公开发行股票的股份有限公司股东众多，股份交易频繁，应当保障公众投资者的知情权。

◆ **关联规范**

《证券法》（2019年修订）

第79条 【定期报告】 上市公司、公司债券上市交易的公司、股票在国务院批准的其他全国性证券交易场所交易的公司，应当按照国务院证券监督管理机构和证券交易场所规定的内容和格式编制定期报告，并按照以下规定报送和公告：

（一）在每一会计年度结束之日起四个月内，报送并公告年度报告，其中的年度财务会计报告应当经符合本法规定的会计师事务所审计；

（二）在每一会计年度的上半年结束之日起二个月内，报送并公告中期报告。

> **第二百一十条　【公积金提取与利润分配】**
> 公司分配当年税后利润时，应当提取利润的百分之十列入公司法定公积金。公司法定公积金累计额为公司注册资本的百分之五十以上的，可以不再提取。
> 公司的法定公积金不足以弥补以前年度亏损的，在依照前款规定提取法定公积金之前，应当先用当年利润弥补亏损。
> 公司从税后利润中提取法定公积金后，经股东会决议，还可以从税后利润中提取任意公积金。
> 公司弥补亏损和提取公积金后所余税后利润，有限责任公司按照股东实缴的出资比例分配利润，全体股东约定不按照出资比例分配利润的除外；股份有限公司按照股东所持有的股份比例分配利润，公司章程另有规定的除外。
> 公司持有的本公司股份不得分配利润。

◆ 条文主旨

本条规定了公司的法定公积金、任意公积金和利润分配规则。

◆ 修改情况

本条在 2018 年《公司法》第 166 条的基础上，作出如下修改：

其一，将 2018 年《公司法》第 34 条关于股东红利分配的规则合并进本条第 3 款的税后利润分配规则，规定了公司税后利润分配与公积金提取的规则。

其二，将2018年《公司法》第166条第5款剥离至本法第211条，单独规定了违法分配利润的法律后果。

其三，将"股东大会"修改为"股东会"。

◆ 条文注释

根据《企业会计准则——基本准则》第37条的规定，公司利润是指公司在一定会计期间的经营成果。利润包括收入减去费用后的净额、直接计入当期利润的利得和损失等。利润金额取决于收入和费用、直接计入当期利润的利得和损失金额的计量。在利润表上，利润应当按照营业利润和净利润等利润的构成分类分项列示。

对于税后利润的分配，本条规定的要旨如下：

第一，弥补公司以前年度亏损。根据本条第2款规定，公司的法定公积金不足以弥补以前公司亏损的，在依照规定提取法定公积金之前，应当先用当年利润弥补以前年度的亏损。

第二，提取公积金。公积金，又称公司储备金，主要用于弥补公司亏损和增加注册资本。公积金分为资本公积金、法定公积金和任意公积金三种。资本公积金，是指公司以超过股票票面金额的价格发行股份所得的溢价，发行无面额股所得未计入注册资本的金额，以及公司获得的捐赠等非经营所得的收入。法定公积金，是指公司分配当年税后利润时，按照公司法规定的比例提取的公积金。任意公积金，是指公司提取法定公积金之后，按照公司章程的规定或经股东会决议，从当年税后利润中提取的公积金。

公司在缴纳税款后分配利润前，应当提取利润的10%列入公司法定公积金；当法定公积金累积额达公司注册资本的50%以上时，可以不再提取。虽然资本公积金同样具有法定性，但公司法对其的规定单列于本法第213条，不属于本处所规定的法定公积金。

第三，进行利润分配。公司弥补亏损和提取公积金后所余税后利润，是进行利润分配的基础。具体分配的数额，由董事会制订分配方案，由股东会表决通过。对于分配比例，本条规定区分了有限责任公司和股份有限公司：有限责任公司按照股东的出资比例分配，股份有限公司按照股东持有的股份比例分配；但是，有限责任公司股东一致同意不按出资比例分配的，股份有限公司章程规定不按持股比例分配的除外。易言之，本条所规定的按出资比例或持股比例分配的规则并非强制性规定，有限责任公司全体股东或股份有限公司的章程可以变更。需要注意的是，有限责任公司需全体股东一致同意，全体股东一致同意的章程条款也可以视为一致同意的表现方式，但是多数决通过的章程条款不能产生此效力。

在决议程序上，根据本法第59条、第67条的规定，由董事会制订公司的利润分配方案和弥补亏损方案，股东会审议批准公司的利润分配方案和弥补亏损方案。据此，利润分配系属于公司自治事项，股东请求公司分配利润通常须以利润分配决议为基础，司法通常不予干预。股东的具体利润分配请求权，其性质上为现实的债权，而非期待权。因此，依据《公司法司法解释（四）》第14条规定："股东提交载明具体分配方案的股东会或者股东大会的有效决议，请求公司分配利润，公司拒绝分配利润且其关于无法执行决议的抗辩理由不成立的，人民法院应当判决公司按照决议载明的具体分配方案向股东分配利润。"一旦有效的分配决议作出，股东获得利润分配的债权即为成立。

但是，如果公司不分配利润系违反法律规定滥用股东权利所导致，根据《公司法司法解释（四）》第15条规定："股东未提交载明具体分配方案的股东会或者股东大会决议，请求公司分配利润的，人民法院应当驳回其诉讼请求，但违反法律规定滥用股东权利导致公司不分配利润，给其他股东造成损失的除外。"据此以保障股东的抽象利润分配请求权。

第四，公司持有的本公司股份不得分配利润。对于公司而言，库存股相当于未发行的股份，如果进行利润分配将导致资产流回公司，不具有法律意义和商业价值。

◆ **关联规范**

1.《证券法》(2019年修订)

第91条　【现金分红】 上市公司应当在章程中明确分配现金股利的具体安排和决策程序，依法保障股东的资产收益权。

上市公司当年税后利润，在弥补亏损及提取法定公积金后有盈余的，应当按照公司章程的规定分配现金股利。

2.《公司法司法解释（四）》(2020年修正)

第13条　【当事人的诉讼地位】 股东请求公司分配利润案件，应当列公司为被告。

一审法庭辩论终结前，其他股东基于同一分配方案请求分配利润并申请参加诉讼的，应当列为共同原告。

第14条　【请求分配利润之诉的审理】 股东提交载明具体分配方案的股东会或者股东大会的有效决议，请求公司分配利润，公司拒绝分配利润且其关于无法执行决议的抗辩理由不成立的，人民法院应当判决公司按照决议载明的具体分配方案向股东分配利润。

第15条　【未提交决议请求分配利润】 股东未提交载明具体分配方案的股东会或者股东大会决议，请求公司分配利润的，人民法院应当驳回其诉讼请求，但违反法律规定滥用股东权利导致公司不分配利润，给其他股东造成损失的除外。

◆ **案例指引**

【公报案例】甘肃乾金达矿业开发集团有限公司与万城商务东升庙有限责任公司盈余分配纠纷案（最高人民法院（2021）最高法民再23号，载《最高人民法院公报》2023年第1期）

裁判要旨

万城公司作出了分配2013年度利润的股东会决议并载明了具体分配方案。该决议一经作出，抽象性的利润分配请求权即转化为具体性的利润分配请求权，权利性质发生变化，从股东的成员权转化为独立于股东权利的普通债权，不必然随着股权的转让而转移。除非有明确约定，否则股东转让股权的，已经转化为普通债权的具体性的利润分配请求权并不随之转让。因此，乾金达公司虽于2015年将所持万城公司股权转让给他人，但当事人均确认，该股权转让协议中并没有对2013年度利润分配请求权作出特别约定，故乾金达公司对于万城公司2013年度未分配利润仍享有请求权。

载明具体利润分配方案的公司股东会决议一经作出，抽象性的利润分配请求权即转化为具体性的利润分配请求权，权利性质发生变化，从股东的成员权转化为独立于股东权利的普通债权。股东转让股权时，抽象性的利润分配请求权随之转让，而具体性的利润分配请求权除另有约定外并不随股权转让而转让。因此，当分配利润时间届至而公司未分配时，原股东仍可直接请求公司按照决议载明的具体分配方案给付利润。

【公报案例】甘肃居立门业有限责任公司与庆阳市太一热力有限公司、李某军公司盈余分配纠纷案（最高人民法院（2016）最高法民终528号，载《最高人民法院公报》2018年第8期）

裁判要旨

本案涉及股东滥用权利的认定以及实际控制人滥用控制权对公

司与股东的损失赔偿责任问题。

就股东滥用权利的认定而言,最高人民法院认为,盈余分配是用公司的利润进行给付,公司本身是给付义务的主体,若公司的应分配资金因被部分股东变相分配利润、隐瞒或转移公司利润而不足以现实支付时,不仅直接损害了公司的利益,也损害到其他股东的利益。本案中,李某军同为太一热力公司及其控股股东太一工贸公司法定代表人,未经公司另一股东居立门业公司同意,没有合理事由将5600万余元公司资产转让款转入兴盛建安公司账户,转移公司利润,给居立门业公司造成损失,属于太一工贸公司滥用股东权利,构成对股东权利的侵害,此时应要求公司向股东支付盈余分配款。

李某军既是太一热力公司法定代表人,又是兴盛建安公司法定代表人,其利用关联关系将太一热力公司5600万余元资产转让款转入关联公司,若李某军不能将相关资金及利息及时返还太一热力公司,则李某军应当就该损失向公司承担赔偿责任。在公司无法履行向股东支付盈余分配款的义务时,李某军应对股东承担责任。

【典型案例】 四川国栋建设集团有限公司、王某鸣与公司有关的纠纷案(最高人民法院(2020)最高法民申3891号)

裁判要旨

国栋建设集团《2016年利润分配股东会决议》有效、决议内容未违反《公司法》利润分配规则,公司应当按照该决议向股东进行利润分配。

首先,本案的利润分配符合公司有利润才分配的要求。在公司临时股东会上,股东会审议并经持有公司75%股权的股东表决通过了公司2016年度财务报表及企业所得税汇算报告。股东会在此基础上,决议将税后利润进行全部一次性分配。本次分配决议是依据该公司的财务报表及企业所得税汇算报告,也按照决议的内容向王某鸣支付分红,因此,临时股东会决议对确认进行税后利润分红的部分应属有效。其次,根据《公司法司法解释(四)》第14条规定,股东提交载明具体分配方案的股东会或者股东大会的有效决议,请求公司分配利润,公司拒绝分配利润且其关于无法执行决议的抗辩理由不成立的,人民法院应当判决公司按照决议载明的具体分配方案向股东分配利润。在本案中,国栋建设公司已按《2016年利润分配股东会决议》载明的方案进行了完税,并将税后利润进行了分配,故《2016年利润分配股东会决议》属于有利润分配方案的决议。因此,国栋建设集团《2016年利润分配股东会决议》符合《公司法》规定的利润分配规则,内容有效,公司应当按照该决议向股东进行利润分配。

> **第二百一十一条　【违法利润分配的法律后果】**
> 公司违反本法规定向股东分配利润的,股东应当将违反规定分配的利润退还公司;给公司造成损失的,股东及负有责任的董事、监事、高级管理人员应当承担赔偿责任。

◆ **条文主旨**

本条规定了违反分配利润的法律后果。

◆ **修改情况**

本条前段来自2018年《公司法》第166条第5款,后段为2023年《公司法》修订的新增内容,增加规定了股东、董事、监事、高级管理人员违法分配利润给公司造成损失的赔偿责任。

◆ **条文注释**

本法第210条规定了利润分配的条件和程序,即公司在依法纳税、弥补亏损和提取公积金之后有剩余利润时,才可向股东分配利润。如果违反了该条规定，公司所作出的利润分配决议无效，并导致本条规定的法律后果。

根据本条规定，违法分配利润的法律后果包括两个方面：

1. 股东的返还义务。本法第210条的规定为法律强制性规定，违反该规定作出的利润分配决议无效。根据本法第25条和《公司法司法解释（四）》的有关规定，股东、董事、监事等可请求法院确认该分配决议无效。基于无效决议进行的分配行为不发生法律效力，股东所获得的分配财产应予返还。

2. 股东及负有责任的董事、监事、高级管理人员的赔偿责任，系2023年《公司法》修订新增内容。本次公司法修订的重要内容即强化了董事、监事、高级管理人员维护资本充实的义务和责任。如果因违法利润分配给公司造成了损害，包括股东和负有责任的董事、监事、高级管理人员应承担赔偿责任。该责任的构成，应满足违法分配行为、造成公司损害、存在因果关系、对违法分配行为存在过错等条件。需要注意的是，此处规定为赔偿责任，而非连带责任，应当根据各主体的行为、过错及原因力等内容予以分配。

◆ **关联规范**

《上市公司章程指引》（2023年修正）

第153条 公司分配当年税后利润时，应当提取利润的百分之十列入公司法定公积金。公司法定公积金累计额为公司注册资本的百分之五十以上的，可以不再提取。

公司的法定公积金不足以弥补以前年度亏损的，在依照前款规定提取法定公积金之前，应当先用当年利润弥补亏损。

公司从税后利润中提取法定公积金后，经股东大会决议，还可以从税后利润中提取任意公积金。

公司弥补亏损和提取公积金后所余税后利润，按照股东持有的股份比例分配，但本章程规定不按持股比例分配的除外。

股东大会违反前款规定，在公司弥补亏损和提取法定公积金之前向股东分配利润的，股东必须将违反规定分配的利润退还公司。

公司持有的本公司股份不参与分配利润。

公司应当在公司章程中明确现金分红相对于股票股利在利润分配方式中的优先顺序，并载明以下内容：

（一）公司董事会、股东大会对利润分配尤其是现金分红事项的决策程序和机制，对既定利润分配政策尤其是现金分红政策作出调整的具体条件、决策程序和机制，以及为充分听取独立董事和中小股东意见所采取的措施。

（二）公司的利润分配政策尤其是现金分红政策的具体内容，利润分配的形式，利润分配尤其是现金分红的期间间隔，现金分红的具体条件，发放股票股利的条件，各期现金分红最低金额或比例（如有）等。

> **第二百一十二条　【利润分配的时限】**
> 股东会作出分配利润的决议的，董事会应当在股东会决议作出之日起六个月内进行分配。

◆ **条文主旨**

本条规定了利润分配的时限。

◆ **修改情况**

本条为2023年《公司法》修订的新增条款。

2018年《公司法》并未对股东会作出分配利润决议后的分配期限，《公司法司法解释（五）》将分配期限限制为不超过1年。本次公司法修订缩短了《公司法司法解释（五）》的期限限制，将分配时间规定为6个月。

◆ **条文注释**

针对实践中公司执行利润分配决议不及时的问题，本条将分配权限明确规定为6个月。本条规定的要旨包括：

1. 利润分配决议的执行主体。根据本条规定，对于股东会作出的利润分配决议，董事会负责执行，系法定的分配执行义务主体。

2. 董事会应当在股东会决议作出之日起6个月内进行分配，缩短了《公司法司法解释（五）》规定的1年期限。对此，公司章程或股东会决议可否就利润分配时间另行作出约定，比如缩短至6个月以内，或者延长至6个月以上？这一点可以从2023年《公司法》的修订过程中得知。《公司法（修订草案一审稿）》曾规定，公司章程或股东会决议另有规定的除外，最终通过的2023年《公司法》删除了但书规定，体现了本条所规定的6个月系最长法定期间。因此，章程或股东会决议约定的利润分配时间可以缩短，但不得延长。

至于本条规定期限和《公司法司法解释（五）》第4条规定的新旧衔接问题，应以决议作出时间和法律文件的时间效力为基础进行判断。在2023年《公司法》施行之后，执行分配的期间依照新法规定执行。

◆ **关联规范**

《公司法司法解释（五）》（2020年修正）

第4条　【利润分配的期限限制】 分配利润的股东会或者股东大会决议作出后，公司应当在决议载明的时间内完成利润分配。决议没有载明时间的，以公司章程规定的为准。决议、章程中均未规定时间或者时间超过一年的，公司应当自决议作出之日起一年内完成利润分配。

决议中载明的利润分配完成时间超过公司章程规定时间的，股东可以依据民法典第八十五条、公司法第二十二条第二款规定请求人民法院撤销决议中关于该时间的规定。

第二百一十三条　【资本公积金】

公司以超过股票票面金额的发行价格发行股份所得的溢价款、发行无面额股所得股款未计入注册资本的金额以及国务院财政部门规定列入资本公积金的其他项目，应当列为公司资本公积金。

◆ **条文主旨**

本条规定了资本公积金的来源和会计科目。

◆ **修改情况**

本条在2018年《公司法》第167条的基础上，新增了发行无面额股时资本公积金的计入规则。

在文字上，将原法条中的"股份有限公司"略写为"公司"，将"其他收入"修改为"其他项目"。

◆ **条文注释**

资本公积金是公司非营业活动所产生的收益，与公司盈余无关，系来自股东投入但不构成注册资本的资金部分或其他非营业活动所产生的收益。

按照本条规定，资本公积金的构成及来源是：

1. 股票溢价款。对于面额股，超出面额部分的溢价发行所得计入资本公积金。

2. 发行无面额股所得股款未计入注册资本的金额。本法第142

条第 3 款规定，采用无面额股的，应当将发行股份所得股款的 1/2 以上计入注册资本。至于计入的具体比例，因注册资本系属于章程必要记载事项，应由股东会决定。

3. 国务院财政部门规定列入资本公积金的其他项目。本处所规定的其他项目主要包括资本溢价、股权溢价、资产评估增值、接受捐赠等。

第二百一十四条 【公积金的用途】

公司的公积金用于弥补公司的亏损、扩大公司生产经营或者转为增加公司注册资本。

公积金弥补公司亏损，应当先使用任意公积金和法定公积金；仍不能弥补的，可以按照规定使用资本公积金。

法定公积金转为增加注册资本时，所留存的该项公积金不得少于转增前公司注册资本的百分之二十五。

◆ 条文主旨

本条规定了公积金的用途。

◆ 修改情况

本条对 2018 年《公司法》第 168 条进行了重大修改，允许资本公积金用于弥补亏损。但是，在使用资本公积金弥补亏损之前，应当先使用任意公积金和法定公积金。

◆ 条文注释

公司公积金系公司资产之一部分，与公司的注册资本密切相关，被视为注册资本基础之上的附加资本，因此，其用途受法律规制。

一、公积金的法定用途

根据本条规定，公司公积金的用途有三：弥补公司的亏损、扩大公司生产经营或者转为增加公司注册资本。

1. 弥补公司亏损

公积金可以用于弥补公司亏损。根据本条第2款的规定，使用公积金弥补亏损，应当遵循先使用盈余公积金包括任意公积金和法定公积金；仍不能弥补的，再按照规定使用资本公积金的顺序。

（1）法定公积金和任意公积金最重要的功能即为弥补亏损。之所以提取法定公积金和任意公积金，其目的本身就是应对公司经营的潜在风险。至于法定公积金和任意公积金弥补亏损的顺序，本法未作规定，可由公司自主确定。

（2）资本公积金可以用于弥补亏损，但是存在顺位条件：即仅在任意公积金和法定公积金不能弥补的情况下才能使用资本公积金弥补亏损。这是2023年《公司法》修订中一项重大改变。

2. 扩大公司生产经营

通过使用公积金，可以在不进行股权融资或债券融资的条件下扩大公司的生产经营规模。

3. 增加公司注册资本

公积金在性质上属于公司资产，可以用于增加公司的注册资本。根据本法第59条、第112条，股东会可以决议增加注册资本。从具体实现方式上，可以通过向公司股东送股、增加股份面额、在无面额股下直接调整注册资本等方式实现。

二、关于资本公积金用于弥补公司亏损

1993年《公司法》第179条规定，公司的公积金用于弥补公司的亏损，扩大公司生产经营或者转为增加公司资本。该条文并未规定资本公积金能否用于弥补亏损，解释上应解释为并无禁止性规定。2001年，"郑百文—三联"重组事件中，郑百文董事会通过资本公积弥补亏损，使得公司亏损得以填补，产生了粉饰财务报表的效果。2001年6月，证监会发布了《公开发行证券的公司信息披露规范问答第3号》（已失效），规定公司当年对累计亏损的弥补，应按照任意盈余公积、法定盈余公积的顺序依次弥补，公司采用上述方式仍不足以弥补累计亏损的，可通过资本公积中的股本溢价、接受现金捐赠、拨款转入及其他资本公积明细科目部分加以弥补。2005年修订后的《公司法》第169条明确规定，公司的公积金用于弥补公司的亏损、扩大公司生产经营或者转为增加公司资本。但是，资本公积金不得用于弥补公司的亏损。

2023年《公司法》改变了2018年《公司法》关于资本公积金不得用于弥补亏损的规定，规定任意公积金和法定公积金不能弥补公司亏损的，可以按照规定使用资本公积金。之所以作此规定，系因为资本公积金在法律性质上属于公司财产，原则上属于公司自主使用的财产范围，包括用于弥补亏损。2018年《公司法》基于资本维持原则禁止资本公积金用于弥补亏损，超出了资本维持的必要限度。无论股份有限责任公司抑或有限责任公司，股东对债权人承担责任的边界均为其注册资本，附加资本的维持超出了对债权人保护的法定限度。从会计角度而言，资本公积金本质上属于股东的剩余索取权标的，在性质上应当可以用于弥补公司亏损。从域外立法例来看，仅存在资本公积金弥补亏损的顺位限制，但并不绝对禁止用资本公积金弥补亏损。该条款的解禁，对于弥补企业亏损、纾解企业困境而言，具有重要意义。

同时，本条第2款规定，使用资本公积金弥补亏损应"按照规定"，即需要符合相关的会计处理要求。在决策程序上，根据《公司法》第59条、第112条的规定，使用公积金弥补亏损的方案应由董事会制定、由股东会批准。

第二百一十五条　【聘用、解聘会计师事务所】

公司聘用、解聘承办公司审计业务的会计师事务所，按照公司章程的规定，由股东会、董事会或者监事会决定。

公司股东会、董事会或者监事会就解聘会计师事务所进行表决时，应当允许会计师事务所陈述意见。

◆ 条文主旨

本条规定了聘用、解聘会计师事务所的规则。

◆ 修改情况

本条在2018年《公司法》第169条的基础上，将监事会增加为由章程规定可以聘用、解聘承办公司审计业务的会计师事务所的主体，扩充了监事会的职权。

在文字上，将"股东大会"统一修改为了"股东会"。

◆ 条文注释

本条的规范要旨包括：

1. 适用情形。本条规定的情形为聘用、解聘承办公司审计业务的会计师事务所。至于非属于审计业务的其他咨询类业务，不适用本条规定。

2. 决定主体。根据本条规定，应当依照公司章程的规定，由股东会、董事会或监事会决定。从决定主体的确定上，具体由章程规定，可确定为股东会、董事会或监事会。其中，监事会为2023年修订的新增主体，以强化监事会的职权。

3. 解聘程序。为了防止公司随意解聘会计师事务所，本条规定，在公司股东会或者董事会就解聘会计师事务所进行表决时，应当允许会计师事务所陈述自己的意见。

◆ **关联规范**

《国有企业、上市公司选聘会计师事务所管理办法》(2023年2月20日起施行)

第3条 本办法所称选聘会计师事务所,是指国有企业、上市公司根据相关法律法规要求,聘任会计师事务所对财务会计报告发表审计意见、出具审计报告的行为。

国有企业、上市公司聘任会计师事务所从事除财务会计报告审计之外的其他法定审计业务的,可以比照本办法执行。

第4条 国有企业选聘会计师事务所,应当由董事会审计委员会(或者类似机构,下同)提出建议后,由股东(大)会或者董事会决定。

对于未设股东(大)会或者董事会的国有企业,由履行出资人职责的机构决定或者授权国有企业决定相关事项。

根据工作需要,履行出资人职责的机构可以直接选聘会计师事务所,对其出资的国有企业进行审计。

第5条 上市公司聘用或解聘会计师事务所,应当由审计委员会审议同意后,提交董事会审议,并由股东大会决定。

第二百一十六条 【提供真实会计资料】

公司应当向聘用的会计师事务所提供真实、完整的会计凭证、会计账簿、财务会计报告及其他会计资料,不得拒绝、隐匿、谎报。

◆ **条文主旨**

本条规定了公司提供真实会计资料的义务。

◆ **修改情况**

本条对 2018 年《公司法》第 170 条未作修改。

◆ **条文注释**

根据本条规定，公司向会计师事务所提供会计资料时应当履行如下法定义务：

1. 提供真实、完整的会计资料。《会计法》第 3 条规定，各单位必须依法设置会计账簿，并保证其真实、完整。《会计法》第 5 条规定，公司的法定代表人要对本单位的会计工作和会计资料真实性、完整性负责。公司的会计机构、会计人员要依法进行会计核算，实行会计监督。任何单位或者个人不得以任何方式授意、指使、强令会计机构、会计人员伪造、变造会计凭证、会计账簿和其他会计资料，提供虚假财务会计报告。会计凭证、会计账簿、财务会计报告和其他会计资料，必须符合国家统一会计制度的规定。

2. 不得拒绝、隐匿、谎报。公司必须按照会计师事务所的要求提供相关的会计资料，不得故意拒绝、隐匿、谎报，否则应依法承担相应的法律责任。本法第 254 条规定，有下列行为之一的，由县级以上人民政府财政部门依照《会计法》等法律、行政法规的规定处罚：（1）在法定的会计账簿以外另立会计账簿；（2）提供存在虚假记载或者隐瞒重要事实的财务会计报告。

第二百一十七条　【会计账簿和开立账户的禁止行为】

公司除法定的会计账簿外，不得另立会计账簿。

对公司资金，不得以任何个人名义开立账户存储。

◆ 条文主旨

本条规定了不得另立会计账簿、不得以任何个人名义开立账户存储公司资产。

◆ 修改情况

本条将2018年《公司法》第171条中的"公司资产"修改为"公司资金"。

◆ 条文注释

会计账簿是指记载和反映公司财产状况和营业状况的各种账簿、文书的总称,包括总账、明细账、日记账和其他辅助性账簿。《会计法》第3条规定,各单位必须依法设置会计账簿,并保证其真实、完整。第9条规定,各单位必须根据实际发生的经济业务事项进行会计核算,填制会计凭证,登记会计账簿,编制财务会计报告。在法定会计账簿之外另立会计账簿的行为,包括在法定的会计账簿、文书之外另设一套或者多套会计账簿。第16条明确规定,各单位发生的各项经济业务事项应当在依法设置的会计账簿、文书上统一登记、核算,不得违反《会计法》及国家统一会计制度的规定私设会计账簿登记、核算。

对于另立会计账簿的行为,本法第254条规定,由县级以上人民政府财政部门按照《会计法》等法律、行政法规的规定处罚。相关法律责任参见本法第254条的释义部分。

将公司资金以个人名义存储于银行,将损害公司的资产独立性,增加公司的资产风险,间接损害债权人利益。为了维护公司利益不受侵害,本条明确规定禁止将公司资金以任何个人名义开立账户存储。

◆ **关联规范**

《会计法》(2017年修正)

第3条 【会计账簿的设置】 各单位必须依法设置会计帐簿,并保证其真实、完整。

第15条 【会计账簿的登记】 会计帐簿登记,必须以经过审核的会计凭证为依据,并符合有关法律、行政法规和国家统一的会计制度的规定。会计帐簿包括总帐、明细帐、日记帐和其他辅助性帐簿。

会计帐簿应当按照连续编号的页码顺序登记。会计帐簿记录发生错误或者隔页、缺号、跳行的,应当按照国家统一的会计制度规定的方法更正,并由会计人员和会计机构负责人(会计主管人员)在更正处盖章。

使用电子计算机进行会计核算的,其会计帐簿的登记、更正,应当符合国家统一的会计制度的规定。

第16条 【禁止私设会计账簿】 各单位发生的各项经济业务事项应当在依法设置的会计帐簿上统一登记、核算,不得违反本法和国家统一的会计制度的规定私设会计帐簿登记、核算。

第十一章 公司合并、分立、增资、减资

> **第二百一十八条** 【公司合并方式】
> 公司合并可以采取吸收合并或者新设合并。
> 一个公司吸收其他公司为吸收合并,被吸收的公司解散。两个以上公司合并设立一个新的公司为新设合并,合并各方解散。

◆ 条文主旨

本条规定了公司合并方式,包括吸收合并和新设合并。

◆ 修改情况

本条文对2018年《公司法》第172条未作修改。

◆ 条文注释

公司合并是指两个以上的公司订立合并协议,不经过清算程序而合并成为一个公司。公司分立是指某一公司通过订立协议,不经过清算程序分成两个或两个以上的公司。

根据本条规定,公司合并分为两种方式,即吸收合并和新设合并。吸收合并,是指两个或两个以上的公司中,一个公司存续,其他公司解散,存续的公司吸收解散的公司,这种合并又称为兼并。第二种为新设合并,两个或两个以上的公司中,各个公司均解散,另外组建一个新公司。两者的差异在于,在吸收合并中,被吸收公司消灭,吸收公司继续存续;在新设合并中,所有被合并的公司均

消灭，组成一个新的公司。

根据本法第 59 条和第 112 条的规定，公司合并、分立的决定权属于股东会职权。除本法规定的简易合并之外，参与合并的各公司或将进行分立的公司必须经各自的股东会决议，以通过特别决议所需要的多数赞成票同意合并协议、分立协议。在股东会作出合法的分立、合并决议之后，董事会必须遵从，不能作出相反决策。

公司合并分立可能导致以下三种的重大变化，需要办理登记：（1）公司变更登记。在吸收合并中，吸收其他公司而存续的公司，因资本合并、财产转移、股权结构改变等需要申请注册资本、经营范围、有限责任公司股东等事项的变更登记。（2）公司设立登记。在新设合并中，所成立的新公司需要依照公司设立的程序申请设立登记。（3）公司注销登记。因合并而解散的公司，需要申请注销登记。但是，该公司无须进行清算程序，其债权债务关系承继至合并后公司。

> **第二百一十九条　【简易合并】**
>
> 公司与其持股百分之九十以上的公司合并，被合并的公司不需经股东会决议，但应当通知其他股东，其他股东有权请求公司按照合理的价格收购其股权或者股份。
>
> 公司合并支付的价款不超过本公司净资产百分之十的，可以不经股东会决议；但是，公司章程另有规定的除外。
>
> 公司依照前两款规定合并不经股东会决议的，应当经董事会决议。

◆ **条文主旨**

本条规定了简易合并，包括母子公司合并和小规模合并两种情形。

◆ **修改情况**

本条为2023年《公司法》修订的新增条款。

◆ **条文注释**

所谓简易合并，是指无须通过股东会决议，仅需经董事会决议即可进行的公司合并。根据本法关于股东会、董事会职权的规定，普通的公司合并需要由董事会制定合并方案、股东会通过特别决议进行合并。与普通合并相比，简易合并不需要股东会决议，只需要经过董事会决议即可，大大提升了合并效率。根据本条规定，简易合并适用于母子公司合并和小规模合并两种情形。域外法上，通常将本条第1款规定的情形称为简易合并，第2款称为小规模合并。考虑到二者均简化了某一公司的股东会决议程序，可统称为简易合并。在合并方式上，既包括吸收合并，也包括新设合并。

一、母子公司合并

本条第1款规定母子公司之间的简易合并，在"公司与其持股百分之九十以上的公司合并"时方可适用简易程序，并额外规定了子公司的通知义务、子公司股东的回购请求权。

1. 合并程序

在持股90%以上的母子公司简易合并中，"合并公司"是指母公司，"被合并公司"是指子公司，二者分别适用不同的决议程序：（1）合并公司依照一般合并程序进行，即由董事会制定公司合并方案，股东会对公司合并作出决议。另外，满足本条第2款规定的小规模合并的，也可适用简易程序。（2）被合并公司可以省去股东会决议，其原因在于：对被合并公司而言，小股东所掌握的资本不及所有股份的10%，无论是一般决议还是特别决议，均无法阻却股东会决议之形成，即使持反对意见，也无法阻止合并的进行，该股东会决议不具有实质价值，因而可以省去，仅需通过董事会决议进行合并。

对于母子公司合并时所豁免的决议程序，在域外法上存在两种规范路径：其一，有国家和地区规定母子公司均可省略股东会决议。例如，美国《示范公司法》第11.04条规定："任何公司，如至少拥有另一公司各类别发行在外股份总数的90%，可将该公司合并过来而无需双方公司股东表决同意。"其二，有国家规定可省略被合并公司股东会的决议。例如，韩国《商法典》第527条之二规定："① 将要合并的公司的一方在合并之后存续时，若因合并而消灭的公司的全体股东已同意，或者由合并后存续的公司所有该公司的发行股份总数的90%以上时，可以以董事会的承认替代因合并而被消灭的公司的股东大会的承认。② 在第1款之情形下，因合并而被消灭的公司，应自制作合并合同之日起两周之内，将不经股东大会承认而合并之意进行公告或者通知给股东。但是，全体股东同意时除外。"

本法采取的是省略被合并公司股东会决议的模式。在本条的制定过程中，有观点认为，省略母公司之决议更为恰当，其理由在于：对母公司而言，由于子公司90%的利益本来在其掌握之中，合并对其股东的利益没有实质性的影响，可认为是日常经营管理的内容，由董事会决议即可。对此，实际上可以适用本条第2款关于小规模合并的规定，即公司合并支付的价款不超过本公司净资产10%的，可以豁免股东会决议。

2. 被合并公司的通知义务

由于被合并公司省去了股东会决议程序，为了确保被合并公司的小股东能够合法行使权利，本条第1款规定了被合并公司的通知义务。通过该义务，实际上赋予了小股东以知情权。

至于通知义务的主体，由于被合并公司未进行股东会决议，董事会作为合并决议的作出机构，应当对合并事项负责，也应当对股东负责，承担通知义务。

3. 被合并公司股东的回购请求权

本法第162条规定："公司不得收购本公司股份。但是，有下列情形之一的除外：……（二）与持有本公司股份的其他公司合并；……"从适用范围来看，该条规定只适用于股份有限公司。与之相比，本条所规定的股份回购请求权可适用于有限责任公司和股份有限公司，其他股东可以要求公司按照合理价格收购自己的股权或股份，以实现退出公司的结果。

二、小规模合并

小规模合并，又称不对称合并，是指合并双方规模差异很大，由规模较大的公司将规模较小的公司收购、合并的情况。其中"合并公司"即为收购公司，"被合并公司"为被收购公司。

1. 小规模合并的适用情形

根据本条第2款的规定，小规模合并仅适用于"公司合并支付的价款不超过本公司净资产百分之十"的情形。由此可见，我国公司法对"小规模"的认定是从收购公司的角度出发，收购活动需要支付的价款不超过其净资产的10%，对公司利益影响较小，因而可以适用简易程序。此外，本款但书部分允许公司章程对此另作规定，但以本条规定的净资产标准为其上限。

与我国的净资产标准相比，域外法上的标准并不相同，多采用新发行股份数量的比例标准。例如，美国《示范公司法》第11.03条规定：下列情形时无需存续公司股东会就合并计划作出决议：（1）存续公司的章程与该公司合并前之章程并无不同之处（除了该法第10.02条列举的修订）；（2）存续公司股东持有的合并生效日之前的股份，在合并后必须同合并前数量相等并具有相同的名称、优惠、限制及相关权利；（3）合并后增加发行的有表决权股份（普通股）的总额不超过存续公司合并前发行的有表决权股份总数的20%；（4）合并后增加发行的优先股的数量不超过存续公司发行的优先股总数的20%。韩国《商法典》第527条之三规定：在合并后存续的公司因合并而要发行的新股的总数未超出该公司的发行股份总数的10%时，可以以董事会的承认来替代存续公司的股东大会的承认。但是，在已决定应向因合并而消灭的公司的股东支付的金额时，该金额将超过存续公司的最终资产负债表上现存的净资产额的5%时除外。

2. 小规模合并的程序豁免

在小规模合并中，收购公司与被收购公司分别适用不同的程序：（1）被收购公司依照一般合并程序进行，即由董事会制定公司合并方案，股东会对公司合并作出决议。（2）收购公司可以省去股东会决议，其原因在于：被合并公司相对于合并公司而言，其规模较小，合并结果对合并公司的实质影响不大，对股东利益的影响也不大，所以可适用简易合并程序，不需要经合并公司股东会之决议即可进行。

3. 小规模合并中的股东权利救济

被收购公司的股东可以依据本法第89条、第162条主张异议股东回购请求权。收购公司因未召开股东会，也未形成股东会决议，其股东可以通过董事会决议瑕疵诉讼、股东代表诉讼等方式实现权利救济。

> **第二百二十条　【公司合并的程序】**
> 公司合并，应当由合并各方签订合并协议，并编制资产负债表及财产清单。公司应当自作出合并决议之日起十日内通知债权人，并于三十日内在报纸上或者国家企业信用信息公示系统公告。债权人自接到通知之日起三十日内，未接到通知的自公告之日起四十五日内，可以要求公司清偿债务或者提供相应的担保。

◆ 条文主旨

本条规定了公司合并的程序。

◆ 修改情况

本条在2018年《公司法》第173条的基础上新增了通过"国家企业信用信息公示系统"进行公告的方式。

◆ 条文注释

公司合并不仅仅是重大组织变更事项，涉及公司、股东利益。同时，公司合并也涉及公司资产的重新配置，将对公司的债务清偿能力产生实质影响，从而影响债权人利益。因此，公司合并必须遵守法定的程序。

1. 签订合并协议。公司合并协议是进行合并的两个或两个以上的公司就合并事项签订的书面协议。书面协议应当包括合并的主要事项，包括合并前后的各公司基本情况、合并后公司的公司章程、注册资本、股东、股权比例或股份数额、资产处理方案、债权债务的处理方案等内容。

2. 编制资产负债表和财产清单。合并各方应当全面、真实地编制资产负债表，反映公司的资产和负债情况。同时，公司应当编制财产清单，以反映公司的真实财产状况。

3. 形成合并决议。除本法第 219 条规定的情形之外，进行公司合并的各方应当根据本法规定由股东会形成合并决议。对于国有独资公司，本法第 172 条规定，公司的合并事项，应当由履行出资人职责的机构决定。按照《企业国有资产法》第 34 条规定，重要的国有独资公司合并、分立、解散、申请破产的，履行出资人职责的机构在作出决定或者向其委派参加国有资本控股公司股东会会议、股东大会会议的股东代表作出指示前，应当报本级人民政府批准。

4. 向债权人发出通知或公告。公司应当自作出合并决议之日起 10 日内通知债权人，并于 30 日内在报纸上或者国家企业信用信息公示系统公告。对于公司的已知债权人应当采用通知方式告知，对于未知或难以通过通知方式告知的债权人，方可以通过公告的方式告知。2023 年《公司法》修改新增了通过国家企业信用信息公示系统公告作为公告方式之一。债权人自接到通知之日起 30 日内，未接到通知的自公告之日起 45 日内，可以要求公司清偿债务或者提供相应的担保。其中，对于已经到期的债权，债权人可以要求公司清偿。对于未到期的债权，债权人只可以要求提供担保，合并各方无法提供担保时，债权人可以主张清偿，但应当扣除未到期的利息。

5. 合并登记。在合并完成后，因新设合并或吸收合并所需要办理的变更事项不同。在新设合并中，需要办理新设公司的设立登记，同时办理解散公司的注销登记。在吸收合并中，吸收一方需要办理变更登记，被吸收一方办理注销登记。只有完成前述公司登记事项后，前述事项方能发生相应效力。

◆ 关联规范

《最高人民法院关于审理与企业改制相关的民事纠纷案件若干问题的规定》(2020年修正)

第30条 企业兼并协议自当事人签字盖章之日起生效。需经政府主管部门批准的,兼并协议自批准之日起生效;未经批准的,企业兼并协议不生效。但当事人在一审法庭辩论终结前补办报批手续的,人民法院应当确认该兼并协议有效。

◆ 案例指引

【典型案例】广州红棉吉它有限公司、佛山市南海音源乐器板材制造有限公司等买卖合同纠纷案(广东省佛山市中级人民法院(2021)粤06民终14165号)

裁判要旨

2018年《公司法》第173条规定的登报公告为公司合并的法定程序,债权人在法定期限内申报债权是债权人的权利,并非义务。债权人没有及时申报债权并不产生债权消灭的法律效果,债权人仍然可以向合并后的公司主张权利。根据2018年《公司法》第174条规定,本案中吉它公司吸收合并了埃士顿公司,故埃士顿公司对音源公司的债务应由吉它公司继受。

第二百二十一条 【公司合并时债权债务的承继】

公司合并时,合并各方的债权、债务,应当由合并后存续的公司或者新设的公司承继。

◆ 条文主旨

本条规定了公司合并时债权债务的承继规则。

◆ **修改情况**

本条未作修改。

◆ **条文注释**

公司合并后,合并各方的不动产、动产、股权、债权、商标、专利等资产和债务,均由存续公司或新设公司承继。这是主体承继性原则的结果。《民法典》第 67 条第 1 款规定,法人合并的,其权利和义务由合并后的法人享有和承担。

在合并完成后,即使未办理被合并公司的注销登记,存续公司仍应承担被合并公司的债务。2020 年最高人民法院修正后的《关于审理与企业改制相关的民事纠纷案件若干问题的规定》第 33 条规定:企业吸收合并或新设合并后,被兼并企业应当办理而未办理工商注销登记,债权人起诉被兼并企业的,人民法院应当根据企业兼并后的具体情况,告知债权人追加责任主体,并判令责任主体承担民事责任。

◆ **关联规范**

1. 《民法典》(2021 年 1 月 1 日起施行)

第 67 条 【法人合并和分立】法人合并的,其权利和义务由合并后的法人享有和承担。

法人分立的,其权利和义务由分立后的法人享有连带债权,承担连带债务,但是债权人和债务人另有约定的除外。

2. 《最高人民法院关于审理与企业改制相关的民事纠纷案件若干问题的规定》(2020 年修正)

第 31 条 企业吸收合并后,被兼并企业的债务应当由兼并方承担。

第 32 条 企业新设合并后,被兼并企业的债务由新设合并后的企业法人承担。

第 33 条 企业吸收合并或新设合并后,被兼并企业应当办理而未办理工商注销登记，债权人起诉被兼并企业的，人民法院应当根据企业兼并后的具体情况，告知债权人追加责任主体，并判令责任主体承担民事责任。

第34条 以收购方式实现对企业控股的，被控股企业的债务，仍由其自行承担。但因控股企业抽逃资金、逃避债务，致被控股企业无力偿还债务的，被控股企业的债务则由控股企业承担。

◆ **案例指引**

【典型案例】日照银行股份有限公司与日照华东酒业有限公司、日照宏伟贸易有限公司借款合同纠纷案（山东省日照市东港区人民法院（2017）鲁1102民初6436号）

裁判要旨

因日照嘉宏生物科技有限公司已与被告华东酒业有限公司合并，根据2018年《公司法》第174条之规定，合并各方的债权、债务应由合并后存续的公司承继，因此该担保责任应由华东酒业有限公司承继，但因华东酒业有限公司系借款人，其承担的直接还款责任覆盖了其承担的保证责任，不再另行承担担保责任。故对被告宏伟贸易有限公司、被告东成生物有限公司承担连带清偿责任的诉讼请求成立，法院予以支持。被告宏伟贸易有限公司、被告东成生物有限公司承担担保责任后，享有向被告华东酒业有限公司追偿的权利。

第二百二十二条 【公司分立】

公司分立，其财产作相应的分割。

公司分立，应当编制资产负债表及财产清单。公司应当自作出分立决议之日起十日内通知债权人，并于三十日内在报纸上或者国家企业信用信息公示系统公告。

◆ **条文主旨**

本条规定了公司分立的程序。

◆ **修改情况**

本条在 2018 年《公司法》第 175 条的基础上，新增了通过"国家企业信用信息公示系统"进行公告的方式。

◆ **条文注释**

公司分立，其影响可分为组织和财产两大方面：在组织上，公司分立将导致公司组织上的重大变更，甚至消灭公司的法人资格；在财产上，公司分立将导致公司的资产债务进行重新配置，对公司债权人利益产生影响。因此，公司分立必须遵守法定的程序。

根据公司分立的形式，可分为两种：第一种为新设分立，也称解散分立，是指原公司解散，将其拆分为两个或两个以上的新公司。第二种是派生分立，也称存续分立，原公司继续存在，并另外组建一个或多个新公司。分立后的各公司，为独立法人。

在公司分立时，其财产应该作相应分割。所谓相应分割，是指由股东会决定对公司的各项财产进行重新配置。与公司合并不同，公司分立系公司自身的行为，不需要与第三方协商，由股东会决议即可。

在程序上，公司应当编制资产负债表及财产清单。公司应当自作出分立决议之日起 10 日内通知债权人，并于 30 日内在报纸上或者国家企业信用信息公示系统公告。与公司合并不同的是，本条并未赋予债权人以要求公司清偿债务或者提供相应的担保的权利。这并非因为公司分立时无须考量债权人的利益，而是本法第 223 条规定了分立后各公司对分立前债务承担连带责任，能够为债权人提供保护。

公司分立后，其法律后果包括以下方面：（1）派生分立中，原公司的登记事项发生变化，并产生新的公司，需要分别办理变更登记和设立登记。在新设分立中，原公司解散，并产生两个或两个以上的新的公司，须办理相应的设立登记。（2）股东和股权的变动。在派生分立中，原公司的股东可以从原公司中分立出来，成为新公司的股东，也可以减少对原公司的股权，而相应地获得对新公司的股权。在新设分立中，对原公司的股权因原公司消灭而消灭，但相应地获得对新公司的股权。（3）债权、债务的承受。公司分立后，其权利和义务由分立后的公司享有连带债权，承担连带债务，但是债权人和债务人另有约定的除外。

> **第二百二十三条　【公司分立前的债务承担】**
> 公司分立前的债务由分立后的公司承担连带责任。但是，公司在分立前与债权人就债务清偿达成的书面协议另有约定的除外。

◆ **条文主旨**

本条规定了公司分立前的债务承担规则。

◆ **修改情况**

本条未作修改。

◆ **条文注释**

本条第1句规定，公司分立后，对于分立前的债权债务，由分立后的公司享有连带债权，承担连带债务。根据《民法典》第67条第2款的规定："法人分立的，其权利和义务由分立后的法人享有连带债权，承担连带债务，但是债权人和债务人另有约定的除外。"如果公司分立前未能与债权人达成协议，或者协议约定不明，则适用本条规定的连带债务规则。最高人民法院《关于审理与企业改制相关的民事纠纷案件若干问题的规定》第12条规定，"债权人向分立后的企业主张债权，企业分立时对原企业的债务承担有约定，并经债权人认可的，按照当事人的约定处理；企业分立时对原企业债务承担没有约定或者约定不明，或者虽然有约定但债权人不予认可的，分立后的企业应当承担连带责任"。

本条第2句是但书部分，规定了公司在分立前与债权人就债务清偿达成的书面协议另有约定的除外情形。如果公司分立前与债权人达成了书面协议另做安排，系双方意思自治安排，应予尊重。从基础逻辑来看，债务分配直接关系债权人的利益，其性质为债务承担，按民法原理，债务承担须经债权人同意。所以，公司分立中的债务分配协议应当经过债权人的同意，未经债权人同意的协议无效。

◆ 关联规范

1. 《民法典》（2021年1月1日起施行）

第67条 【法人合并和分立】法人合并的，其权利和义务由合并后的法人享有和承担。

法人分立的，其权利和义务由分立后的法人享有连带债权，承担连带债务，但是债权人和债务人另有约定的除外。

2. 《最高人民法院关于审理与企业改制相关的民事纠纷案件若干问题的规定》（2020年修正）

四、企业分立

第12条 债权人向分立后的企业主张债权，企业分立时对原企业的债务承担有约定，并经债权人认可的，按照当事人的约定处理；企业分立时对原企业债务承担没有约定或者约定不明，或者虽然有约定但债权人不予认可的，分立后的企业应当承担连带责任。

第13条 分立的企业在承担连带责任后，各分立的企业间对原企业债务承担有约定的，按照约定处理；没有约定或者约定不明的，根据企业分立时的资产比例分担。

◆ **案例指引**

【典型案例】扶余市路桥工程有限责任公司、吉林省晨光经贸有限责任公司等买卖合同纠纷案（吉林省松原市中级人民法院（2022）吉07民终95号）

裁判要旨

原扶余市公路管理段在法人分立时就债务清偿问题的约定属于内部约定，效力不及于债权人。2018年《公司法》第176条规定："公司分立前的债务由分立后的公司承担连带责任。但是，公司在分立前与债权人就债务清偿达成的书面协议另有约定的除外。"即在没有书面协议另有约定的情况下，对晨光经贸公司而言，分立后的扶余市公路管理段及扶余路桥公司对案涉债务均应承担连带给付责任，而不论晨光经贸公司是否知晓其内部债务分担情况。

第二百二十四条 【公司减资】

公司减少注册资本，应当编制资产负债表及财产清单。

公司应当自股东会作出减少注册资本决议之日起十日内通知债权人，并于三十日内在报纸上或者国家企业信用信息公示系统公告。债权人自接到通知之日起三十日内，未接到通知的自公告之日起四十五日内，有权要求公司清偿债务或者提供相应的担保。

公司减少注册资本，应当按照股东出资或者持有股份的比例相应减少出资额或者股份，法律另有规定、有限责任公司全体股东另有约定或者股份有限公司章程另有规定的除外。

◆ **条文主旨**

本条规定了公司减资的程序。

◆ **修改情况**

本条在 2018 年《公司法》第 177 条的基础上，作出如下修改：

其一，新增了本条第 3 款同比例减资的要求，同时设定了法律另有规定、有限责任公司全体股东另有约定或者股份有限公司章程另有规定等例外情形；

其二，新增了本条第 2 款通过"国家企业信用信息公示系统"进行公告的方式；

其三，文字调整，将"必须"修改为"应当"等。

◆ **条文注释**

减少资本，简称减资，是指公司依照法定条件和程序，减少公司的注册资本总额。减资将导致公司注册资本的减少，进而降低公司的资本信用。在法定资本制的国家，减资行为受法律的严格规制，只有符合法律规定的条件和程序时，方能进行减资。

一、减资的原因与类型

公司减资通常基于以下原因：（1）缩小经营规模，减少资本过剩和浪费。（2）提升资本运营效率。如果原定公司资本过高，将导致资本的运营效率下降，不利于充分发挥社会财富的经济效益。（3）缩小资本与净资产差距，真实反映公司资本信用状况。如果公司亏损严重，资本与其净资产差额过大，公司资本会失去其应有的标示公司资本信用状况的法律意义，通过减资，可以使得二者保持基本的一致。（4）降低利润分配门槛，便利股利分配。在"无盈不分"的盈利分配原则之下，公司的盈利必须首先用于弥补亏损，如果公司亏损严重，将使股东长期得不到股利的分配。通过减资，可以尽快改变公司的亏损状态，使公司具备向股东分配股利的条件。

(5) 公司分立。在派生分立情况下，原公司的主体地位不变，但资产减少，也会要求资本的相应减少。

基于不同效果，可将减资分为实质减资和形式减资、同比例减资与不同比例减资。

1. 实质减资和形式减资。所谓实质减资，是指减少注册资本的同时，将公司部分资产返还给股东或者减免股东的出资义务，从而导致减少注册资本的同时也减少了公司资产。所谓形式减资，是指减少注册资本的同时，并不将公司资产向股东返还，也不减免股东的出资义务，此时仅减少公司注册资本但不造成公司资产减少。后者只是形式上减少了注册资本数额，故称为形式减资。本法第225条规定的简易减资程序，其所适用的情形即形式减资。相反，实质减资有着严格的程序限制。

2. 同比例减资与不同比例减资。所谓同比例减资，即各股东按原出资比例或持股比例相应减少出资，减资后各股东的股权比例或持股比例不变。不同比例减资，即各股东改变原出资比例或持股比例而减少出资，减资后各股东的股权比例或持股比例将发生变化。不同比例减资将导致股东表决权变化，特别是大股东滥用资本多数决时，可能会造成中小股东的权益损害。

二、减资的程序

公司减资不仅关涉公司利益，也关涉股东利益、债权人利益。为保护各方利益，公司法规定了严格的减资程序，包括以下方面：

1. 编制资产负债表和财产清单。资产负债表可以反映公司的资产和负债情况，财产清单记载着公司的财产状况。无论是股东参加股东会进行表决，抑或债权人要求公司清偿债务或提供担保，前提都是对公司的资产负债状况有充分的了解。因此，在进行减资时，必须首先编制资产负债表和财产清单。

2. 股东会决议。公司增加或减少注册资本应属于股东会特别决议事项，有限责任公司必须经代表 2/3 以上表决权的股东通过，股份有限公司必须经出席股东会的股东所持表决权的 2/3 以上通过。大股东滥用资本多数决，通过减资方式损害中小股东利益的，可能构成股东压制等滥用权利行为，进而导致本法第 21 条、第 89 条等条款所规定的损害后果。

3. 向债权人发出通知和公告。实质减资将导致公司的清偿能力变化，影响债权人利益。因此，本条规定，公司应当自股东会作出减少注册资本决议之日起 10 日内通知债权人，并于 30 日内在报纸上或者国家企业信用信息公示系统公告。对于公司的已知债权人应当采用通知方式告知，对于未知或难以通过通知方式告知的债权人，方可以通过公告的方式告知。2023 年《公司法》修订新增了通过国家企业信用信息公示系统公告作为公告方式之一。债权人自接到通知之日起 30 日内，未接到通知的自公告之日起 45 日内，有权要求公司清偿债务或者提供相应的担保。其中，对于已经到期的债权，债权人可以要求公司清偿。对于未到期的债权，债权人只可以要求提供担保，公司无法提供担保时，债权人可以主张清偿，但应当扣除未到期的利息。

4. 减资登记。公司减资后，应当办理注册资本的变更登记，以完成减资程序。

三、同比例减资规则及其例外

2023 年修订后的《公司法》增加了同比例减资的规则。根据本条第 3 款规定，公司减少注册资本，应当按照股东出资或者持有股份的比例相应减少出资额或者股份，法律另有规定、有限责任公司全体股东另有约定或者股份有限公司章程另有规定的除外。由此形成同比例减资的"一般—例外"规则体系。

《公司法（修订草案三审稿）》第 224 条第 3 款曾规定，公司减少注册资本，应当按照股东出资或者持有股份的比例相应减少出额或者股份，本法或者其他法律另有规定的除外。根据该规定，仅设定了法定例外情形。对此，有的代表、部门、专家学者和社会公众提出，等比例减资有利于实现股东平等，但也应尊重公司意思自治，适应商业实践需要，允许股东对非等比例减资作出约定。宪法和法律委员会经研究，建议增加"有限责任公司全体股东另有约定或者股份有限公司章程另有规定"作为等比例减资的例外情形，直至新法条文规定如是。

根据本款规定，同比例减资系一般规则。本条之所以增设了同比减资的规则，其原因在于：（1）保护公司利益，防止部分股东随意退出公司损害公司利益进而损害其他股东利益。在经营状况出现问题的公司中，部分股东可能通过不同比减资从公司中抽离资本，减损公司的注册资本和责任财产，损害公司利益；并且，部分股东减资后，公司经营可能越发困难，减少其他股东获益的可能。（2）保护中小股东利益，防止大股东利用控制权损害中小股东利益。在经营状况良好的公司中，股东可能通过资本多数决的方式以不同比减资减少中小股东所占股份份额，获得更多的控制权、分配更多的利润；也可能通过不同比减资直接使中小股东退出公司，使其无法获得投资权益。在公司经营状况不好时，大股东可能利用资本多数决进行不同比例减资从公司优先抽身而退，将亏损公司留给中小股东，损害中小股东利益。

在同比例减资的一般规则基础上，2023年《公司法》还设定了三项例外：

1. 法律另有规定。根据本法规定，可以进行不同比例减资的，有以下情形：根据本法第52条规定，对未履行出资义务的股东催缴后发出失权通知的，由此导致的减资不受同比例减资的限制。根据本法第89条规定，公司回购异议股东股权（第1款）、公司回购被压制股东的股权（第3款）而导致的公司减资，可以不同比例减资。根据本法第 161 条规定，公司回购异议股东股份而导致的减资，根据本法第 162 条规定原因回购股份而导致的减资，均为法定例外情形。

2. 有限公司全体股东另有约定。公司法保护公司和股东的自由意志，股东可以通过较为严格的程序放弃自身的权利，对有限责任公司而言，可以通过全体股东一致同意的方式放弃股东的部分权利。因此，本款允许有限责任公司全体股东一致同意的情形下，不受同比例减资的限制。

3. 股份公司章程另有规定。对于股份公司，由于其股东较多，很难获得全体股东的同意，因此，本条规定，股份公司章程另有规定的，不受同比例减资的限制。但是，章程条款以不损害中小股东利益为其合法性基础，否则不同比例减资的公司决议效力仍然需要接受司法审查。根据举轻以明重的原则，如果股份有限公司全体股东另有约定的，亦应允许不同比例减资。

◆ **案例指引**

【**典型案例**】耿某诉李某甲等股东损害公司债权人利益责任纠纷案（北京市第二中级人民法院（2020）京 02 民终 148 号）

裁判要旨

本案中，仲裁调解书已于 2018 年 4 月 16 日确认九唐公司对耿某所负的债务，此后九唐公司于 2018 年 11 月 9 日减资。九唐公司在减资过程中负有依法通知已知债权人耿某的义务，且耿某依法享有要求九唐公司清偿债务或提供相应担保的权利。上述义务、权利不因九唐公司的股东系认缴出资而受影响。九唐公司在减资时既未依法通知耿某，亦未向耿某清偿债务或提供担保，股东李某甲、李某乙在明知该公司对耿某负有债务的情况下，向登记机关出具情况说明承诺公司对外无债权债务，其行为违反 2018 年《公司法》规定，损害了债权人的合法权益。故耿某因九唐公司未能对其清偿债务，要求李某甲、李某乙在减资范围内承担相应的补充赔偿责任，法律依据充分，应予支持。

【典型案例】上海博达数据通信有限公司诉梅斯信息科技（苏州）有限公司、杨某、陈某等买卖合同纠纷案（上海市高级人民法院（2020）沪民再28号）

裁判要旨

公司减资依法应当通知债权人。债权人范围不仅包括公司股东会作出减资决议时已确定的债权人，还包括公司减资决议后工商登记变更之前产生的债权债务关系中的债权人。至于债权未届清偿期或者尚有争议，均不影响债权人身份的认定。本案中，博达公司与梅斯公司之间的买卖合同分别于2015年10月8日、2015年11月11日、2016年1月5日签订。买卖合同签订之日，即博达公司与梅斯公司的债权债务关系发生之时。博达公司享有要求梅斯公司支付货款的请求权，是梅斯公司的债权人。至于债权尚未到期或者债权数额尚未明确，均不影响博达公司作为债权人的身份。梅斯公司对博达公司负有通知义务。减资通知方式分为书面通知和公告通知。对已知的、明确的债权人，公司必须以书面方式通知；只有对无法找到或者无法通知到的债权人，才可采取公告方式通知。本案中，博达公司是明确的债权人，梅斯公司应以书面方式通知，而不得以公告方式替代。梅斯公司未以书面通知形式履行通知义务，存在违法减资行为。

第二百二十五条 【简易减资】

公司依照本法第二百一十四条第二款的规定弥补亏损后，仍有亏损的，可以减少注册资本弥补亏损。减少注册资本弥补亏损的，公司不得向股东分配，也不得免除股东缴纳出资或者股款的义务。

依照前款规定减少注册资本的，不适用前条第二款的规定，但应当自股东会作出减少注册资本决议之日起三十日内在报纸上或者国家企业信用信息公示系统公告。

公司依照前两款的规定减少注册资本后，在法定公积金和任意公积金累计额达到公司注册资本百分之五十前，不得分配利润。

◆ **条文主旨**

本条规定了简易减资制度。

◆ **修改情况**

本条为 2023 年《公司法》修订的新增条款。

◆ **条文注释**

根据本条规定，在公司以法定公积金、资本公积金弥补亏损后，仍有亏损的，可以以亏损数额为限，相应地减少公司的注册资本数额，并简化了一般减资情形下的债权人保护程序，仅需要公司依法进行公告即可。简易减资制度的规范要旨包括以下方面：

一、简易减资的适用情形

如前条释义所言，从减资的效果而言，减资可分为实质减资和形式减资。由于效果差异，二者所适用的程序不同，实质减资适用普通减资程序，形式减资适用简易减资程序。因此，普通减资与形式减资的区分，更多是从减资程序的角度进行的分类。本条规定的简易减资程序，适用于形式减资。根据本条规定，简易程序适用于公司以法定公积金、资本公积金弥补亏损后，仍有亏损的情形。此时，公司可以亏损数额为限，相应地减少公司的注册资本数额。在该种情形下，虽然减少注册资本，但并不将公司资产向股东返还，也不减免股东的出资义务，因而，并不造成公司资产减少。

简易减资具有以下价值：一是缩小资本与净资产差距，真实反映公司资本信用状况。在公司亏损状态，注册资本与实际资产状况之间可能存在较大偏差，无法反映公司实际的资信状况和清偿能力。二是降低利润分配门槛。如果公司长期亏损严重，将使股东长期得不到股利的分配，投资目的迟迟不能得以实现。通过简易减资程序，可以弥补亏损，使公司尽快满足向股东分配利润的条件。三是并不损害公司的偿债能力。由于简易减资并不返还出资也不免除股东的出资义务，公司的偿债能力并未降低，不会对债权人实现债权造成影响。

二、简易减资的程序简化

公司进行简易减资的前提条件是存在亏损，并且已经用尽其他补亏手段。公司确定是否存在亏损的方式一般是进行资产评估后，若公司的净资产低于注册资本，则认定其存在亏损。此时，公司可以根据本法第214条第2款的规定进行补亏：在使用公司当年利润、任意公积金和法定公积金、资本公积金弥补亏损后，仍存在亏损的，公司方可以进行简易减资。如果仍然存在公司当年利润、任意公积金和法定公积金、资本公积金等可以补亏的财源，则不得进行简易减资。

相较于普通减资程序，简易减资程序被部分简化，但仍然要履行未被法律规定省略的程序。本条第2款规定，简易减资不适用本法第224条第2款的规定，但应当自股东会作出减少注册资本决议之日起30日内在报纸上或者国家企业信用信息公示系统公告。根据本法第224条的规定，普通减资程序中，公司弥补亏损方案、减少注册资本应当报经股东会决议，并依法履行登记手续。减资决议应当经代表2/3以上表决权的股东通过，减资应当通知债权人并公告，债权人享有提前清偿请求或要求担保的权利。

根据前述两个条款的规定，简易减资程序虽然减免了对债权人的通知、清偿或担保程序，但股东会决议程序并未简化，仍应依法进行。省略的程序有二：一是省略了通知债权人的程序，不再需要逐一通知债权人，仅需要自股东会作出减少注册资本决议之日起 30 日内在报纸上或者国家企业信用信息公示系统公告即可。其中，通过国家企业信用信息公示系统公告是 2023 年《公司法》修订新增的信息公示渠道。不仅降低了公司的公示成本，提高了公告效率，也使得债权人等第三方主体更易查询到公司的减资情况。二是简化了债权人要求公司清偿债务或者提供相应担保的程序。

在简易减资中，公司虽然减少了注册资本，但不得向股东分配，也不得免除股东缴纳出资或者股款的义务。只有形式减资可以适用简易程序，任何减少公司偿债能力的减资，考虑到对债权人利益的保护，都不能适用简易程序。

三、简易减资后的分配限制

本条第 3 款规定，简易减资后的利润分配受到限制，即简易减资后，在法定公积金和任意公积金累计额达到公司注册资本 50% 前，不得分配利润。公司简易减资可以实现账目上的不亏损，也能使注册资本更精确地反映公司的经营情况和偿债能力，但并不意味着允许减少公司的责任财产。因而在公司获得收入时，需要首先偿还债务、提取公积金，达到法律规定的额度之后方能进行分配。

◆ **案例指引**

【典型案例】丰汇世通（北京）投资有限公司与黑龙江省农业生产资料公司案外人执行异议之诉纠纷再审案（最高人民法院（2019）最高法民再 144 号）

裁判要旨

本案中，寒地黑土集团在减少注册资本过程中，存在先发布减资公告后召开股东会、变更登记时提供虚假材料等违反 2018 年《公司法》关于公司减资程序规定的情形，但作为寒地黑土集团股东的省农资公司并未利用寒地黑土集团减资实际实施抽回出资的行为。省农资公司虽将其登记出资由 5000 万元减至 3000 万元，但寒地黑土集团的权益并未因省农资公司的行为受到损害，资产总量并未因此而减少、偿债能力亦未因此而降低。省农资公司的行为不属于《公司法司法解释（三）》第 12 条规定的情形，不存在抽逃出资的行为，不应当被追加为被执行人。

第二百二十六条　【违法减资的法律后果】

违反本法规定减少注册资本的，股东应当退还其收到的资金，减免股东出资的应当恢复原状；给公司造成损失的，股东及负有责任的董事、监事、高级管理人员应当承担赔偿责任。

◆ **条文主旨**

本条规定了违法减资的法律后果。

◆ **修改情况**

本条为 2023 年《公司法》修订的新增条款。

◆ **条文注释**

一、立法背景

我国 2018 年《公司法》在公司减资制度上采信息披露模式，通过通知和公告方式为债权人提供保护，但未明确规定违法减资的行为效力。在司法实践中，通常的减资瑕疵多为通知程序瑕疵。对于违反通知义务时减资行为的效力问题，存在不同的主张：其一为无效说，该观点认为通知债权人是公司减资的生效要件，未履行该程序的减资行为无效。其二为对抗说，该观点认为公司减资行为自公司作出减资决议时即为生效，是否履行通知程序仅为对抗要件。其三为效力区分说，此观点主张瑕疵减资行为的效力状况应视具体的减资类型和事由经法院审理后予以确定。

此外，2018年《公司法》仅在第204条规定了公司瑕疵减资的行政责任，但是对于违反通知义务导致债权人权益受损时的民事责任则未予以规定，因此，司法实践中对于该类案件的法律适用也呈现出较为混乱的状态。既有的裁判路径可分为四种：一是类推适用《公司法司法解释（三）》第14条第2款规定的抽逃出资之规定。二是类推适用《公司法司法解释（三）》第13款第2条规定的未履行或未全面履行出资责任之情形。三是类推适用第三人侵权之情形。四是将股东向市场监督部门出具的减资说明认定为公司债务清偿的担保。实践中多数判决倾向于采取类推适用抽逃出资之情形，究其原因，系由于以下原因：其一，股东抽逃出资和瑕疵减资均是对公司责任财产和责任能力的减损，客观上违反了资本维持。其二，就责任主体来说，减资决议的作出须经股东会作出特别决议，因此除了董事、高管及实际控制人以外，股东作为该决议的实际参与者和决策者也应尽到审慎义务，此与抽逃出资的主体认定是相契合的。其三，在法律后果上，股东因具有违规减资的主观过错而造成债权人利益受损的结果也与抽逃出资具有一致性。尽管如此，类推适用仍存有不足，如股东承担补充赔偿责任后，其他债权人就同一情形再次提起诉讼的，法院一般不予支持，这显然有悖于公平原则。

二、规范要旨

对于前述立法疏漏，本条规定予以填补，其制度要旨包括以下两个方面：

1. 违法减资股东的返还责任。违反本法规定减少注册资本的，股东应当退还其收到的资金，减免股东出资的应当恢复原状。该责任的适用主体仅为股东，原因在于返还财产是相关主体获益后的恢复手段，违法减资使得股东获得利益，则股东应当对其进行返还。其他主体并未基于违法减资行为从公司获得利益，因此不能成为该责任的适用主体。

该责任的表现形式有二：一是股东退还收取的资金，若股东从公司抽回了资产，必须将其返还，实现恢复原状的法律效果；二是股东的出资义务恢复原状，即使股东实际并未从公司中获取资产，其出资义务的减免也会损害公司的偿债能力，必须将其出资义务恢复原状。

该责任是一种无过错责任，其内涵是指行为人对自己行为所造成的损害后果，不论是否具有故意或者过失的心理，都应当承担民事责任。股东在违法减资过程中，无论是获得资金，还是被减免出资义务，都是实际受益人。即使是在股东会决议上投出反对票的股东，只要其因减资从公司中获得了利益，就会造成公司责任财产流失，需要承担返还财产、恢复原状的责任。

2. 损害赔偿责任。违法减资行为给公司造成损失的，股东及负有责任的董事、监事、高级管理人员应当承担赔偿责任。该赔偿责任的适用主体是股东及负有责任的董事、监事、高级管理人员。其中，股东为公司违法减资承担责任的观点被广为接受，但董事、监事、高管是否应当承担赔偿责任一直存在争议。2023年《公司法》对此进行了规定，原因在于：（1）董事、监事、高级管理人员的权责应当相统一。经营权与所有权的分离是现代公司发展的趋势，董监高负责公司的日常运营，深入了解公司的经营情况，能够对公司是否符合减资条件作出判断。基于权责相统一的原则，董事、监事、高级管理人员应当在职权范围内承担相应责任。（2）公司减资离不开董事、监事、高级管理人员的协助,若完全忽视其法律责任是一种立法上的缺位,董事、监事、高级管理人员在协助进行违法减资的过程中常常是存在过错的,应当追究相应的法律责任。

从归责原则来看,该赔偿责任是一种过错责任。对于股东来说,承担过错责任的股东可能是通过减资程序从公司中取得财产的股东,该股东常常是直接责任人;也可能是协助其他股东作出减资决议的股东,若对股东会违法减资决议的作出存在故意或重大过失,即使自身并没有从公司取回资本,也可能要对公司承担赔偿责任。对于董事、监事、高级管理人员来说,在减资过程中,董事、监事、高级管理人员的过错主要表现为提出的减资方案违反法律规定、未核实公司通知债权人情况、协助公司违法办理减资登记等。董事、监事、高级管理人员不是公司减资的直接受益人,如果按照无过错责任归责,不仅有失公平,而且导致董事、监事、高级管理人员的责任过重,不利于公司发展。因此,在责任厘定上,应根据各主体的过错进行划分,而不是由股东和董事、监事、高级管理人员承担不加区分的责任。当然,如果股东与董事、监事、高级管理人员存在共同侵权行为时,也可能导致连带责任。

◆ 案例指引

【典型案例】中储国际控股集团有限公司与山西煤炭运销集团曲阳煤炭物流有限公司公司减资纠纷上诉案(最高人民法院(2017)最高法民终 422 号)

裁判要旨

公司在仅进行减资公告而未向已知债权人履行通知义务的情况下完成减资,违反了公司资本不变和资本维持的原则,与股东未履行出资义务及抽逃出资对于债权人利益的侵害实质上一致,应根据《公司法司法解释(三)》第 13 条第 2 款"公司债权人请求未履行或未全面履行出资义务的股东在未出资本息范围内对公司债务不能清偿部分承担补充赔偿责任的，人民法院应予支持"的规定，判决减资股东在减资范围内对公司债务承担补充赔偿责任。

【典型案例】佛山市物业资产经营有限公司诉邱某丙等股东损害公司债权人利益责任纠纷案（广东省高级人民法院（2019）粤民再432号）

裁判要旨

对未届认缴期限的出资进行减资时，公司仍然应当履行法定减资程序。不当减资行为构成抽逃出资的，不当减资的股东等责任主体应当在不当减资的本息范围内，就公司债务不能清偿部分向债权人承担补充赔偿责任。根据（2017）粤06民终391号判决认定，景星公司应当向佛山物业公司支付的租金从2015年7月21日开始计算，并从2015年12月1日起应当支付迟延违约金。因此，自2015年7月21日开始，佛山物业公司就已经是景星公司的债权人，到2015年12月1日，景星公司已出现迟延履行到期债务的情形。2016年2月5日，景星公司召开由黄某某与李某甲参加的股东会，共同决定将注册资本由1000万元变更为200万元，并于3月25日变更了工商登记。黄某某与李某甲作为时任景星公司股东，知道或者应当知道景星公司对佛山物业公司负有到期债务未履行，但未依照法定减资程序通知佛山物业公司，应当同时作为抽逃出资与协助抽逃出资的股东，承担相应法律责任。景星公司于2016年3月25日不当减资800万元，故黄某某与李某甲应当在该800万元的本息范围内对景星公司的案涉债务不能清偿部分向佛山物业公司承担补充赔偿责任。

> **第二百二十七条　【优先认购权】**
>
> 有限责任公司增加注册资本时，股东在同等条件下有权优先按照实缴的出资比例认缴出资。但是，全体股东约定不按照出资比例优先认缴出资的除外。
>
> 股份有限公司为增加注册资本发行新股时，股东不享有优先认购权，公司章程另有规定或者股东会决议决定股东享有优先认购权的除外。

◆ **条文主旨**

本条规定了公司增资时股东的优先认购权规则。

◆ **修改情况**

本条在 2018 年《公司法》第 34 条的基础上，将有限责任公司和股份有限公司的股东优先认购权规定纳入同一条文。

◆ **条文注释**

为了筹集资本、扩大经营等目的，公司可以依照法定条件和程序增加公司的注册资本。从资金来源来看，主要包括两种：一是吸收股东的投资，包括现有股东和将来股东；二是以利润或公积金转增资本。在后一种情形下，不涉及股东认购出资的问题，不适用本条规定。

在吸收股东投资而增加注册资本的情况下，有可能改变现有股东的持股比例和股东结构，进而导致公司管理机构的变化。因此，公司在增资过程中，涉及股东利益、管理层利益等不同主体的利益。因此，股东是否享有优先认购权，将对公司、股东本身、其他股东、董监高等主体的利益造成多元影响。基于有限责任公司和股份有限公司的封闭性预设差异，本条对两类公司的有限认购权作了区别规定：对于有限责任公司，其优先认购权采"默示选入、明示排除"模式；对于股份有限公司，其优先认购权采"默示排除、明示选入"默示。

一、有限责任公司股东默示具有优先认购权

本条第1款规定，有限责任公司增加资本时，股东在同等条件下有权优先按照实缴的出资比例认缴出资。在优先认购权的行使上，有两个条件限制：一是须符合同等条件，如果其他投资者的认购条件更为优越，现有股东则无法行使优先认购权。二是须按照实缴的出资比例认缴出资，即以其实缴出资对应的持股比例为行使优先认购权的基础。

之所以作此规定，是因为优先认购权与有限责任公司的封闭性相一致，维持公司内部的信任基础和紧密联系。此外，新股优先认购权有利于维护既有股权结构，维持公司的稳定发展。新股认购往往意味着会改变原有的股权结构和权利分配，甚至会改变控股股东和中小股东的地位，因此，股东应当有权通过优先认购维持既有的股权结构。

但是，有限责任公司股东的优先认购权也不是绝对的，本款但书部分规定了例外情形，即全体股东约定不按照出资比例优先认缴出资的除外。究其原因，新股优先认购权本质上是股东的自益权，应当遵从当事人自由处分的原则，只要全体股东均作出同意的意思表示，则意味着全体股东对既有权利的放弃和处分，应该得到公司法的尊重。需要注意的是，本款规定的例外情形需要全体股东一致决定，而不是多数表决，以避免损害中小股东的合法权益。

二、股份有限公司股东默示不具有优先认购权

本条第2款规定，股份有限公司为增加资本发行新股时，股东不享有优先认购权。之所以作此规定，是与股份有限公司被预设为公开公司相一致的。在股份有限公司中，采该规范模式，还有助于

提升公司股份发行的效率，提高融资效率。

本款后段规定了例外情形，即公司章程另有规定或者股东会决议赋予股东优先认购权的除外。与公司章程对应，此处的"股东会决议"应理解为股东会特别决议，须经出席股东会会议的股东所持表决权的 2/3 以上通过。

第二百二十八条　【公司增资时的出资缴纳】

有限责任公司增加注册资本时，股东认缴新增资本的出资，依照本法设立有限责任公司缴纳出资的有关规定执行。

股份有限公司为增加注册资本发行新股时，股东认购新股，依照本法设立股份有限公司缴纳股款的有关规定执行。

◆ **条文主旨**

本条规定了公司增资时的出资缴纳规则。

◆ **修改情况**

本条未作修改。

◆ **条文注释**

公司增加注册资本，简称公司增资，是指公司基于筹集资金、扩大经营、调整股权结构、公司合并等多种目的，依照法定的条件和程序增加公司的注册资本总额。

根据本法规定，公司增资的主要程序为：（1）公司作出决议。根据本法第 59、67、112、120 条，公司增资方案由公司董事会制订，提交股东会通过特别决议进行决定。（2）投资人认缴出资或认购股份。根据本条规定，股东认缴新增资本、认购新股，应当分别依照本法设立有限责任公司缴纳出资、设立股份有限公司缴纳股款的有关规定执行。在股东优先认购权的问题上，还需要遵守本法第227条的规定。（3）变更登记。根据本法35条规定，公司增资应当变更公司章程，并办理相应的变更登记手续。

本法对设立有限责任公司缴纳出资、设立股份有限公司缴纳股款的限制也适用于增资过程中。主要包括以下规则：

（1）股东出资形式的限制。股东可以用货币出资，也可以用实物、知识产权、土地使用权、股权、债权等可以用货币估价并可以依法转让的非货币财产作价出资；但是，法律、行政法规规定不得作为出资的财产除外。

（2）有限责任公司注册资本采限期认缴制。无论是设立公司还是新增资本时，全体股东认缴出资额的具体缴纳期限由公司章程规定，但其最长不得超过5年。

（3）股份有限公司的股份缴纳采实缴制。根据本法第98条规定，发起人应当在公司成立前按照其认购的股份足额缴纳股款。根据本法第101条，认股人应当及时缴足股款，经依法设立的验资机构验资并出具证明。因此，与前述规则相一致，股份有限公司增资中认购出资的股东亦应当即时实缴。

（4）股东未按期足额缴纳出资给公司造成损失的，应当承担赔偿责任。

第十二章　公司解散和清算

> **第二百二十九条　【公司解散事由】**
> 公司因下列原因解散：
> （一）公司章程规定的营业期限届满或者公司章程规定的其他解散事由出现；
> （二）股东会决议解散；
> （三）因公司合并或者分立需要解散；
> （四）依法被吊销营业执照、责令关闭或者被撤销；
> （五）人民法院依照本法第二百三十一条的规定予以解散。
> 公司出现前款规定的解散事由，应当在十日内将解散事由通过国家企业信用信息公示系统予以公示。

◆ 条文主旨

本条规定了公司解散事由，以及解散事由出现时的信息公示要求。

◆ 修改情况

本条在2018《公司法》第180条的基础上，除将"股东大会"修改为"股东会"外，新增本条第2款的规定，要求"在十日内将解散事由通过国家企业信用信息公示系统予以公示"。

◆ **条文注释**

公司解散是公司因出现法定事由或章程规定事由时，停止其经营活动并进行清算程序，以终止法人资格的法律行为。根据公司解散事由，可以分为自愿解散、行政解散和司法解散。在公司解散过程中，公司的法人资格并未消灭，处于非正常经营状态，系为进行清算而存在的公司。在公司解散的过程中，涉及公司、股东、债权人等众多主体的利益，因而，法律规定了严格的解散和清算程序。经过依法进行清算、了结债权债务、向股东分配剩余财产、进行公司注销登记等行为，公司的法人资格方归于消灭。

基于解散是否系基于公司意愿，公司解散可分为自愿解散和强制解散。其中，自愿解散指基于公司或股东的意愿而导致的公司解散，如公司章程规定的营业期限届满或者公司章程规定的其他解散事由出现；股东会决议解散；因公司合并或者分立需要解散等。强制解散是指非依公司或股东自己的意愿，而是基于行政主管机关的决定命令或法院的裁决而发生的解散，可进一步区分为行政决定解散与司法判决解散。行政决定解散，公司因其行为违反了法律法规而损害了社会公共利益或公共秩序从而被行政主管机关依职权责令解散的情形，包括依法被吊销营业执照、责令关闭或者被撤销。司法判决解散，因公司经营管理发生严重困难，继续存续会使股东利益受到重大损失，通过其他途径不能解决的，持有公司全部股东表决权10%以上的股东向人民法院提起解散公司诉讼，请求人民法院解散。

根据本条规定，公司解散的原因包括：

（1）公司章程规定的营业期限届满或者公司章程规定的其他解散事由出现。我国公司法未对公司营业期限设定限制，也未强制要求公司章程对其作出规定，因而，在我国公司法上，营业期限是公司章程的任意记载事项。但是，一旦公司章程中记载了营业期限，期限届满后股东会又未修改章程形成延长营业期限的决议，公司即进入解散程序。公司章程也可以规定其他解散事由，当解散事由出现时，股东会可以决议解散公司。

（2）股东会决议解散。有限责任公司经代表2/3以上表决权的股东通过，股份有限公司经出席股东会的股东所持表决权的2/3以上通过，股东会可以作出解散公司的决议。国有独资公司因不设股东会，其解散的决定应由履行出资人职责的机构作出。

（3）因公司合并或者分立需要解散。当公司吸收合并时，吸收方存续，被吸收方解散；当公司新设合并时，合并各方均解散。当公司分立时，如果原公司存续，则不存在解散问题；如果原公司分立后不再存在，则原公司应解散。公司的合并、分立决议均应由股东会议特别决议作出。

（4）依法被吊销营业执照、责令关闭或者被撤销。根据相关的法律法规，吊销企业营业执照情形主要有：虚报注册资本、提交虚假材料或者采取其他欺诈手段隐瞒重要事实取得公司登记的；公司成立后无正当理由超过6个月未开业的，或者开业后自行停业连续6个月以上的；用公司名义从事危害国家安全、社会公共利益的严重违法行为的；实行注册资本实缴登记制的市场主体虚报注册资本取得市场主体登记，情节严重的；未依法办理变更登记，情节严重的等。

（5）司法强制解散。根据本法第231条规定，公司经营管理发生严重困难，继续存续会使股东利益受到重大损失，通过其他途径不能解决的，持有公司10%以上表决权的股东，可以请求人民法院解散公司。

前述解散事由的出现，对公司信用、交易安全、行政监管、社会监督等均有直接影响，特别是公司的债权人等外部主体的利益也与之相关。为此，2023年《公司法》修订新增了在10日内将解散事由通过国家企业信用信息公示系统予以公示的要求。

◆ **关联规范**

1. 《民法典》（2021年1月1日起施行）

第69条 【法人解散的情形】有下列情形之一的，法人解散：

（一）法人章程规定的存续期间届满或者法人章程规定的其他解散事由出现；

（二）法人的权力机构决议解散；

（三）因法人合并或者分立需要解散；

（四）法人依法被吊销营业执照、登记证书，被责令关闭或者被撤销；

（五）法律规定的其他情形。

2. 《证券法》（2019年修订）

第122条 【证券公司重大事项变更的批准】证券公司变更证券业务范围，变更主要股东或者公司的实际控制人，合并、分立、停业、解散、破产，应当经国务院证券监督管理机构核准。

3. 《保险法》（2015年修正）

第89条 【保险公司解散的批准】保险公司因分立、合并需要解散，或者股东会、股东大会决议解散，或者公司章程规定的解散事由出现，经国务院保险监督管理机构批准后解散。

经营有人寿保险业务的保险公司，除因分立、合并或者被依法撤销外，不得解散。

保险公司解散，应当依法成立清算组进行清算。

4. 《企业国有资产法》（2009年5月1日起施行）

第31条 【国有独资企业、国有独资公司重大事项的决定】国有独资企业、国有独资公司合并、分立，增加或者减少注册资本，发行债券，分配利润，以及解散、申请破产，由履行出资人职责的机构决定。

第34条　【国有独资企业、国有独资公司重大事项的批准】重要的国有独资企业、国有独资公司、国有资本控股公司的合并、分立、解散、申请破产以及法律、行政法规和本级人民政府规定应当由履行出资人职责的机构报经本级人民政府批准的重大事项，履行出资人职责的机构在作出决定或者向其委派参加国有资本控股公司股东会会议、股东大会会议的股东代表作出指示前，应当报请本级人民政府批准。

本法所称的重要的国有独资企业、国有独资公司和国有资本控股公司，按照国务院的规定确定。

第37条　【国家出资企业重大事项的民主管理】国家出资企业的合并、分立、改制、解散、申请破产等重大事项，应当听取企业工会的意见，并通过职工代表大会或者其他形式听取职工的意见和建议。

第二百三十条　【特定解散情形下的公司存续】

公司有前条第一款第一项、第二项情形，且尚未向股东分配财产的，可以通过修改公司章程或者经股东会决议而存续。

依照前款规定修改公司章程或者经股东会决议，有限责任公司须经持有三分之二以上表决权的股东通过，股份有限公司须经出席股东会会议的股东所持表决权的三分之二以上通过。

◆ 条文主旨

本条规定了通过修改章程或经股东会决议而使公司存续。

◆ 修改情况

本条在2018《公司法》第181条的基础上作出如下修改：

1. 扩充了公司存续情形，新增了本法第229条第1款第2项"股东会决议解散"情形可适用修改公司章程或经股东会决议而存续的制度。

2. 新增了公司存续需要满足的条件，要求"尚未向股东分配财产的"，方可通过修改公司章程或股东会决议而存续。

3. 新增了使公司存续的方式，在2018年《公司法》所规定的"通过修改公司章程"之外，增加了"经股东会决议"方式。

4. 从文字表述上，将股份公司的"股东大会"修改为"股东会"。

◆ 条文注释

企业维持原则是重要的商法原则。在企业存在存续或维持可能的情况下，公司法以维持企业存续为价值导向。根据本条规定，公司章程规定的营业期限届满或者公司章程规定的其他解散事由出现，或者股东会决议解散，前述解散事由可以因修改章程或股东会决议而治愈。但是，并不是所有的解散事由都可以治愈，本法第229条规定的解散事由，除了第1项、第2项之外的其他解散事由，并不适用本条规定。

从使得公司存续的方式上，本条规定了通过修改公司章程或者经股东会决议两种方式。在2018年《公司法》所规定修改公司章程方式的基础上，2023年《公司法》新增了股东会决议方式。修改公司章程和作出股东会决议，均需要经过2/3以上表决权通过，二者虽然形式不同，但决议程序和比例实质相同，对公司产生同等的法律效力。

在公司发生解散事由后，理应开始进行清算、注销程序。在公司向股东分配财产后，公司失去了独立的责任财产，破坏了公司的独立人格，即使尚未注销，也很难存续。因此，本条规定，公司可否存续必须以向股东分配财产为时间节点。在向股东分配财产前，本法允许公司反悔，并通过一定的程序终止解散后清算的程序，体现了对公司自治的尊重。

第二百三十一条　【司法强制解散公司】

公司经营管理发生严重困难，继续存续会使股东利益受到重大损失，通过其他途径不能解决的，持有公司百分之十以上表决权的股东，可以请求人民法院解散公司。

◆ 条文主旨

本条规定了司法强制解散公司的条件。

◆ 修改情况

本条删除了 2018 年《公司法》第 182 条中"持有公司全部股东表决权"中的"全部股东"，未作实质修改。

◆ 条文注释

公司经营管理发生严重困难，也称"公司僵局"，是指因股东间或公司管理人员之间的利益冲突和矛盾，公司治理机制完全失灵，股东会、董事会、监事会等组织机构无法对公司的任何事项作出决议，公司的经营管理事务处于瘫痪，公司的运行陷于僵局。此时，公司的经营管理事务难以正常进行，公司财产面临损耗和流失，但公司的组织机构却无能为力。在该种情形下，持有公司 10% 以上表决权的股东，可以请求人民法院解散公司。法院判决解散公司，将直接造成公司无法存续，进而进入清算和注销程序，是一种非常严厉的救济措施，应当谨慎适用。

根据本条规定，司法强制解散公司应当符合以下要件：

1. 公司经营管理发生严重困难。公司经营管理的严重困难包括以下类型：基于资本多数决导致的经营管理困难，如股东会会议中表决无法达到法定或公司章程规定的表决比例而无法形成决议；基于人头多数决导致的经营管理困难，如董事会会议在表决中无法达到法定或章程规定的表决比例而无法形成决议。有的公司章程甚至规定某些决议事项需要达到100%表决比例方能通过决议，更易于导致公司僵局出现。《公司法司法解释（二）》进一步规定了经营管理发生严重困难的具体情形。至于公司是否盈利，并不影响公司经营管理困难的认定。

2. 继续存续会使股东利益受到重大损失。由于公司本身的功能、目标和营业情况不同，即使公司经营管理发生严重困难，也并不必然导致公司及股东利益受到严重损害。如果公司继续存续并不会导致公司及股东利益受到严重损害，解散公司是一种不利益的行为，则不应当解散公司。

3. 经过其他途径不能解决。公司的经营管理出现严重困难，首先应当在公司内部解决，如果通过自力救济、行政管理等手段能够解决问题，则无须解散。人民法院审理解散公司诉讼案件，应当注重调解。克服公司僵局的方式包括但不限于公司回购部分股东股份、其他股东受让部分股东股份、他人受让部分股东股份、公司减资、公司分立等方式。当事人协商一致以前述方式使公司存续，且不违反法律、行政法规强制性规定的，人民法院应予支持。当事人不能协商一致使公司存续的，人民法院应当及时判决。

4. 须持有公司10%以上表决权的股东提出请求。如果公司经营管理出现困难，任何股东均可以申请公司解散，将使公司的经营处于不稳定状态，不利于公司的发展和相关主体的利益保护。为了避免前述问题，本条将提出解散公司请求的主体限定在单独或合并持有公司10%以上表决权的股东。需要注意的是，本条规定的表决权包括基于类别股所获得的特殊表决权，此时并不基于股东所持股份数进行计算。

◆ 关联规范

1.《公司法司法解释（二）》（2020年修正）

第1条　【解散公司诉讼的受理】单独或者合计持有公司全部股东表决权百分之十以上的股东，以下列事由之一提起解散公司诉讼，并符合公司法第一百八十二条规定的，人民法院应予受理：

（一）公司持续两年以上无法召开股东会或者股东大会，公司经营管理发生严重困难的；

（二）股东表决时无法达到法定或者公司章程规定的比例，持续两年以上不能做出有效的股东会或者股东大会决议，公司经营管理发生严重困难的；

（三）公司董事长期冲突，且无法通过股东会或者股东大会解决，公司经营管理发生严重困难的；

（四）经营管理发生其他严重困难，公司继续存续会使股东利益受到重大损失的情形。

股东以知情权、利润分配请求权等权益受到损害，或者公司亏损、财产不足以偿还全部债务，以及公司被吊销企业法人营业执照未进行清算等为由，提起解散公司诉讼的，人民法院不予受理。

第2条　【解散公司诉讼与公司清算案例的分离】股东提起解散公司诉讼，同时又申请人民法院对公司进行清算的，人民法院对其提出的清算申请不予受理。人民法院可以告知原告，在人民法院判决解散公司后，依据民法典第七十条、公司法第一百八十三条和本规定第七条的规定，自行组织清算或者另行申请人民法院对公司进行清算。

第3条 【解散公司诉讼中的保全】股东提起解散公司诉讼时，向人民法院申请财产保全或者证据保全的，在股东提供担保且不影响公司正常经营的情形下，人民法院可予以保全。

第4条 【解散公司诉讼的当事人】股东提起解散公司诉讼应当以公司为被告。

原告以其他股东为被告一并提起诉讼的，人民法院应当告知原告将其他股东变更为第三人；原告坚持不予变更的，人民法院应当驳回原告对其他股东的起诉。

原告提起解散公司诉讼应当告知其他股东，或者由人民法院通知其参加诉讼。其他股东或者有关利害关系人申请以共同原告或者第三人身份参加诉讼的，人民法院应予准许。

第5条 【解散公司诉讼中的调解】人民法院审理解散公司诉讼案件，应当注重调解。当事人协商同意由公司或者股东收购股份，或者以减资等方式使公司存续，且不违反法律、行政法规强制性规定的，人民法院应予支持。当事人不能协商一致使公司存续的，人民法院应当及时判决。

经人民法院调解公司收购原告股份的，公司应当自调解书生效之日起六个月内将股份转让或者注销。股份转让或者注销之前，原告不得以公司收购其股份为由对抗公司债权人。

第6条 【解散公司诉讼判决的约束力】人民法院关于解散公司诉讼作出的判决，对公司全体股东具有法律约束力。

人民法院判决驳回解散公司诉讼请求后，提起该诉讼的股东或者其他股东又以同一事实和理由提起解散公司诉讼的，人民法院不予受理。

2.《公司法司法解释（五）》(2020年修正)

第5条 【股东纠纷的调解】 人民法院审理涉及有限责任公司股东重大分歧案件时，应当注重调解。当事人协商一致以下列方式解决分歧，且不违反法律、行政法规的强制性规定的，人民法院应予支持：

（一）公司回购部分股东股份；

（二）其他股东受让部分股东股份；

（三）他人受让部分股东股份；

（四）公司减资；

（五）公司分立；

（六）其他能够解决分歧，恢复公司正常经营，避免公司解散的方式。

◆ 案例指引

【指导案例8号】林某清诉常熟市凯莱实业有限公司、戴某明公司解散纠纷案（江苏省高级人民法院（2010）苏商终字第0043号）

裁判要旨

2005年《公司法》第183条将"公司经营管理发生严重困难"作为股东提起解散公司之诉的条件之一。判断"公司经营管理是否发生严重困难"，应从公司组织机构的运行状态进行综合分析。公司虽处于盈利状态，但其股东会机制长期失灵，内部管理有严重障碍，已陷入僵局状态，可以认定为公司经营管理发生严重困难。对于符合公司法及相关司法解释规定的其他条件的，人民法院可以依法判决公司解散。

【公报案例】陈某与陕西博鑫体育文化传播有限公司等公司解散纠纷案（最高人民法院（2021）最高法民申6453号，载《最高人民法院公报》2023年第1期）

裁判要旨

首先，根据《公司法司法解释（三）》第16条的规定，股东因未履行或者未全面履行出资义务而受限的股东权利，并不包括其提起解散公司之诉的权利。其次，2018年《公司法》第182条规定的"严重困难"包括对外的生产经营困难及对内的管理困难。

【公报案例】吉林省金融控股集团股份有限公司与吉林省金融资产管理有限公司、宏运集团有限公司公司解散纠纷案（最高人民法院（2019）最高法民申1474号，载《最高人民法院公报》2021年第1期）

裁判要旨

大股东利用优势地位单方决策，擅自将公司资金出借给其关联公司，损害小股东权益，致使股东矛盾激化，公司经营管理出现严重困难，经营目的无法实现，且通过其他途径已无法解决，小股东诉请解散公司的，人民法院应予支持。

【公报案例】吉林荟冠投资有限公司及第三人东证融成资本管理有限公司与长春东北亚物流有限公司、第三人董占琴公司解散纠纷案（最高人民法院（2017）最高法民申2148号，载《最高人民法院公报》2018年第7期）

裁判要旨

公司解散的目的是维护小股东的合法权益，其实质在于公司存续对于小股东已经失去了意义，表现为小股东无法参与公司决策、管理、分享利润，甚至不能自由转让股份和退出公司。在穷尽各种救济手段的情况下，解散公司是唯一的选择。公司理应按照公司法良性运转，解散公司也是规范公司治理结构的有力举措。

【典型案例】安徽省兴华房地产投资（集团）有限公司等与金濠（合肥）建设发展有限公司等公司解散纠纷上诉案（最高人民法院（2019）最高法民终1504号）

裁判要旨

公司章程或工商登记信息显示股东单独或合计持有公司全部股东表决权10%以上的，即使该股东没有实际出资到位或未实际支付受让股权的转让款，也不影响其具有提起解散公司诉讼的主体资格。判定公司经营管理是否发生严重困难，不在于公司是否盈利及经营困难，而在于股东之间矛盾引起公司管理存在严重的内部障碍，股东会、董事会等内部运行机制失灵，致使公司无法形成自主意志，并持续存在不可化解。

【典型案例】高某某、丁某某诉广州澎内传建材有限公司公司解散纠纷案（广东省广州市中级人民法院（2020）粤01民终4365号）

裁判要旨

公司解散属于公司的生死存亡问题，关涉公司股东、债权人及员工等多方利益主体，关涉市场经济秩序的稳定和安宁。因此，人民法院对公司解散应慎重处理，应综合考虑公司的设立目的能否实现、公司运行障碍能否消除等因素。只有公司经营管理出现严重困难，严重损害股东利益，且穷尽其他途径不能解决的，才能判决解散公司。经审查，广州澎内传公司符合公司司法解散的法定条件。一、广州澎内传公司人合属性不复存在，公司设立的目的无法实现，经营管理已发生严重困难。二、广州澎内传公司继续存续会使高某秋、丁某俊的股东权益受到重大损失。三、通过其他途径亦不能解决广州澎内传公司股东之间的冲突。基于有限责任公司的人合性，股东之间应当互谅互让，积极理性地解决冲突。在广州澎内传公司股东发生矛盾冲突后，广州澎内传公司试图于2019年4月26日召开股东会，但除大股东向东外，其他股东均未到会。基于慎用司法手段强制解散公司，一、二审法院数次组织双方当事人进行调解，最终双方均未能就转让股权或通过其他方式协商处理矛盾达成一致意见，调解未果。综合来看，广州澎内传公司股东之间长期冲突，公司继续存续的人合基础丧失，公司设立目的无法实现，司法解散广州澎内传公司的条件已经成就。为充分保护中小股东合法权益，依法规范公司治理和股东退出，促进市场经济健康发展，一审法院根据查明的案件事实，作出解散广州澎内传公司的判决，并无不当，本院予以维持。

第二百三十二条　【清算义务人和清算组】

公司因本法第二百二十九条第一款第一项、第二项、第四项、第五项规定而解散的，应当清算。董事为公司清算义务人，应当在解散事由出现之日起十五日内组成清算组进行清算。

清算组由董事组成，但是公司章程另有规定或者股东会决议另选他人的除外。

清算义务人未及时履行清算义务，给公司或者债权人造成损失的，应当承担赔偿责任。

◆ 条文主旨

本条规定了公司解散时的清算义务人及其法律责任、清算组的组成。

◆ 修改情况

在2018年《公司法》第183条的基础上，本条作了以下修改：

其一，第1款回应了长期以来的理论与实务争议，明确了董事为清算义务人；

其二，第 2 款明确了清算组由董事组成，新增"但是公司章程另有规定或者股东会决议另选他人的除外"。

其三，第 3 款新增规定了清算义务人违反清算义务时对公司或债权人的损害赔偿责任。

◆ 条文注释
一、公司的清算情形和清算义务人

本条第 1 款规定，公司依照第 229 条第 1 款第 1、2、4、5 项规定解散的，公司的清算义务人应当在解散事由出现后 15 日内成立清算组。因合并、分立以外的原因解散的，需要进行清算。需要进行清算的事由包括：（1）公司章程规定的营业期限届满或者公司章程规定的其他解散事由出现；（2）股东会决议解散；（3）依法被吊销营业执照、责令关闭或者被撤销；（4）因公司陷入僵局，人民法院依照本法第 231 条的规定予以解散。

2023 年《公司法》区分了清算义务人和清算组成员，后者也称为清算人，二者并不相同。清算义务人，是指在公司解散时负责启动清算程序、成立清算组的人，未履行清算义务时需要承担法律责任。各国公司法大多将董事作为公司的清算义务人。清算组，是指由清算义务人组建、负责公司清算事务的组织，在清算过程中代表公司。清算组成员则是在清算组中实际进行清算工作的人。清算组成员通常由董事担任，股东会也可以决议另选他人。

在 2023 年《公司法》之前，理论和实务中对清算义务人存在较多争议。最高人民法院在《公司法司法解释（二）》第 18 条中规定："有限责任公司的股东、股份有限公司的董事和控股股东未在法定期限内成立清算组开始清算，导致公司财产贬值、流失、毁损或者灭失，债权人主张其在造成损失范围内对公司债务承担赔偿责任的，人民法院应依法予以支持……上述情形系实际控制人原因造成，债权人主张实际控制人对公司债务承担相应民事责任的，人民法院应依法予以支持。"根据该规定，有限责任公司的股东为清算义务人，股份公司的董事和控股股东为清算义务人。

在司法实践中，不少法院根据《公司法司法解释（二）》第18条将有限责任公司的所有股东认定为清算义务人，导致了不参与公司经营的小股东也承担责任。最高人民法院在《九民纪要》中指出，《公司法司法解释（二）》第18条第2款规定的"怠于履行义务"，是指有限责任公司的股东在法定清算事由出现后，在能够履行清算义务的情况下，故意拖延、拒绝履行清算义务，或者因过失导致无法进行清算的消极行为。股东举证证明其已经为履行清算义务采取了积极措施，或者小股东举证证明其既不是公司董事会或者监事会成员，也没有选派人员担任该机关成员，且从未参与公司经营管理，以不构成"怠于履行义务"为由，主张其不应当对公司债务承担连带清偿责任的，人民法院依法予以支持。

2021年施行的《民法典》第70条进一步明确了法人的清算义务人，"法人解散的，除合并或者分立的情形外，清算义务人应当及时组成清算组进行清算。法人的董事、理事等执行机构或者决策机构的成员为清算义务人。法律、行政法规另有规定的，依照其规定。清算义务人未及时履行清算义务，造成损害的，应当承担民事责任；主管机关或者利害关系人可以申请人民法院指定有关人员组成清算组进行清算"。根据该规定，法人的董事、理事等执行机构或者决策机构的成员为清算义务人。与《民法典》的规定一致，2023年修订后的《公司法》明确规定，董事为公司的清算义务人，解决了长期以来的争议。

之所以将董事而非股东作为清算义务人，其理由有三：其一，股东并不直接向公司负担信义义务，对公司的日常经营缺乏控制力。特别是，随着股东会中心主义向董事会中心主义转型，股东与公司的经营管理事务日趋遥远。其二，客观上股东缺乏启动清算的条件，财务会计账册在公司管理者掌控之下，而非在股东掌控之下。其三，股东缺乏启动清算的主观能动性，其与债权人、职工等公司利益相关者经常处于利益冲突状态，可能导致其怠于履行清算义务。

二、清算组的组成

根据本条第 2 款规定，清算组是依法成立的，用以接管解散公司、负责解散公司财产的保管、清理、估价、处理、分配等事务的专门机构。本款规定，清算组由董事组成，但是公司章程另有规定或者股东会决议另选他人的除外。尽管清算义务人为董事，清算组由董事组成，具有人员上的重合性，但是，清算义务人和清算组是两个完全不同的概念，所负担的义务也不相同。在清算程序启动后，清算义务人的职责即可完成。清算组在清算程序启动时成立，履行清理公司财产、编制资产负债表和财产清单、制订清算方案，报送股东会或者人民法院确认等职责。

三、清算义务人的赔偿责任

本条第 3 款规定，清算义务人未及时履行清算义务，给公司或者债权人造成损失的，应当承担赔偿责任。清算过程涉及一系列过程，包括启动清算程序成立清算组、进行清算、完成清算、发现公司财产不足清偿债务应向法院申请宣告破产等。清算义务人的义务不是完成前述全部过程。根据本条第 1 款规定，清算义务人的清算义务是，应当在解散事由出现之日起 15 日内组成清算组进行清算。如果公司在解散原因出现后 15 日内不成立清算组的，即可认为"清算义务人未及时履行清算义务"，进而产生损害赔偿责任。

清算义务人所承担的赔偿责任范围，限于其未及时履行清算义务而给公司或者债权人造成的损失。如果行为和损害之间不存在因果关系，清算义务人则不应承担法律责任。比如，清算义务人不履行清算义务的行为与《公司法司法解释（二）》第 18 条规定的

"公司主要财产、账册、重要文件等灭失，无法进行清算"的结果之间没有因果关系的情形。

◆ 关联规范

1.《民法典》(2021年1月1日起施行)

第70条 【清算义务人及清算责任】法人解散的，除合并或者分立的情形外，清算义务人应当及时组成清算组进行清算。

法人的董事、理事等执行机构或者决策机构的成员为清算义务人。法律、行政法规另有规定的，依照其规定。

清算义务人未及时履行清算义务，造成损害的，应当承担民事责任；主管机关或者利害关系人可以申请人民法院指定有关人员组成清算组进行清算。

2.《公司法司法解释（二）》(2020年修正)

第8条 【强制清算组成员的指定】人民法院受理公司清算案件，应当及时指定有关人员组成清算组。

清算组成员可以从下列人员或者机构中产生：

（一）公司股东、董事、监事、高级管理人员；

（二）依法设立的律师事务所、会计师事务所、破产清算事务所等社会中介机构；

（三）依法设立的律师事务所、会计师事务所、破产清算事务所等社会中介机构中具备相关专业知识并取得执业资格的人员。

第9条 【强制清算组成员的更换】人民法院指定的清算组成员有下列情形之一的，人民法院可以根据债权人、公司股东、董事或其他利害关系人的申请，或者依职权更换清算组成员：

（一）有违反法律或者行政法规的行为；

（二）丧失执业能力或者民事行为能力；

（三）有严重损害公司或者债权人利益的行为。

第 18 条 【清算中公司的民事诉讼】有限责任公司的股东、股份有限公司的董事和控股股东未在法定期限内成立清算组开始清算,导致公司财产贬值、流失、毁损或者灭失,债权人主张其在造成损失范围内对公司债务承担赔偿责任的,人民法院应依法予以支持。

有限责任公司的股东、股份有限公司的董事和控股股东因怠于履行义务,导致公司主要财产、账册、重要文件等灭失,无法进行清算,债权人主张其对公司债务承担连带清偿责任的,人民法院应依法予以支持。

上述情形系实际控制人原因造成,债权人主张实际控制人对公司债务承担相应民事责任的,人民法院应依法予以支持。

3.《九民纪要》(2019 年 11 月 8 日起施行)

(五)关于有限责任公司清算义务人的责任

关于有限责任公司股东清算责任的认定,一些案件的处理结果不适当地扩大了股东的清算责任。特别是实践中出现了一些职业债权人,从其他债权人处大批量超低价收购僵尸企业的"陈年旧账"后,对批量僵尸企业提起强制清算之诉,在获得人民法院对公司主要财产、账册、重要文件等灭失的认定后,根据公司法司法解释(二)第 18 条第 2 款的规定,请求有限责任公司的股东对公司债务承担连带清偿责任。有的人民法院没有准确把握上述规定的适用条件,判决没有"怠于履行义务"的小股东或者虽"怠于履行义务"但与公司主要财产、账册、重要文件等灭失没有因果关系的小股东对公司债务承担远远超过其出资数额的责任,导致出现利益明显失衡的现象。需要明确的是,上述司法解释关于有限责任公司股东清算责任的规定,其性质是因股东怠于履行清算义务致使公司无法清算所应当承担的侵权责任。在认定有限责任公司股东是否应当对债权人承担侵权赔偿责任时,应当注意以下问题:

14.【怠于履行清算义务的认定】公司法司法解释(二)第 18

条第 2 款规定的"怠于履行义务",是指有限责任公司的股东在法定清算事由出现后,在能够履行清算义务的情况下,故意拖延、拒绝履行清算义务,或者因过失导致无法进行清算的消极行为。股东举证证明其已经为履行清算义务采取了积极措施,或者小股东举证证明其既不是公司董事会或者监事会成员,也没有选派人员担任该机关成员,且从未参与公司经营管理,以不构成"怠于履行义务"为由,主张其不应当对公司债务承担连带清偿责任的,人民法院依法予以支持。

15.【因果关系抗辩】有限责任公司的股东举证证明其"怠于履行义务"的消极不作为与"公司主要财产、账册、重要文件等灭失,无法进行清算"的结果之间没有因果关系,主张其不应对公司债务承担连带清偿责任的,人民法院依法予以支持。

16.【诉讼时效期间】公司债权人请求股东对公司债务承担连带清偿责任,股东以公司债权人对公司的债权已经超过诉讼时效期间为由抗辩,经查证属实的,人民法院依法予以支持。

公司债权人以公司法司法解释(二)第 18 条第 2 款为依据,请求有限责任公司的股东对公司债务承担连带清偿责任的,诉讼时效期间自公司债权人知道或者应当知道公司无法进行清算之日起计算。

4.《最高人民法院印发〈关于审理公司强制清算案件工作座谈会纪要〉的通知》(2009 年 11 月 4 日起施行)

29. 债权人申请强制清算,人民法院以无法清算或者无法全面清算为由裁定终结强制清算程序的,应当在终结裁定中载明,债权人可以另行依据公司法司法解释二第十八条的规定,要求被申请人的股东、董事、实际控制人等清算义务人对其债务承担偿还责任。股东申请强制清算,人民法院以无法清算或者无法全面清算为由作出终结强制清算程序的,应当在终结裁定中载明,股东可以向控股股东等实际控制公司的主体主张有关权利。

第二百三十三条　【强制清算】

公司依照前条第一款的规定应当清算，逾期不成立清算组进行清算或者成立清算组后不清算的，利害关系人可以申请人民法院指定有关人员组成清算组进行清算。人民法院应当受理该申请，并及时组织清算组进行清算。

公司因本法第二百二十九条第一款第四项的规定而解散的，作出吊销营业执照、责令关闭或者撤销决定的部门或者公司登记机关，可以申请人民法院指定有关人员组成清算组进行清算。

◆ **条文主旨**

本条规定了强制清算的启动情形和申请主体。

◆ **修改情况**

本条在 2018 年《公司法》第 183 条的基础上，作出如下修改：

1. 新增"成立清算组后不清算的"强制清算情形。

2. 将申请主体从债权人扩大到利害关系人，扩大了申请人的范围。

3. 增加了本条第 2 款规定，作出吊销营业执照、责令关闭或者撤销决定的部门或者公司登记机关，可以申请人民法院指定有关人员组成清算组进行清算。

◆ **条文注释**

一、清算的类型

根据清算的启动情形和程序，可以分为自愿清算、强制清算、破产清算。严格来说，还包括豁免清算程序的简易注销。

自愿清算，也称普通清算，是指在公司营业期限届满、股东会决议解散等情形下，由公司自己组织对其财产和债权债务进行清理的活动。

强制清算，是指在清算义务人逾期不成立清算组或者成立清算组后不进行清算的情形下，经利害关系人申请，由人民法院指定人员组成清算组，对公司财产和债权债务进行清理的活动。

破产清算，是指在公司不能清偿到期债务，并且资产不足以清偿全部债务或者明显缺乏清偿能力的情形下，由人民法院宣告公司破产并指定破产管理人，对公司财产和债权债务进行清理的活动。

简易注销，是指公司在存续期间未产生债务，或者已清偿全部债务，经全体股东承诺，履行公告程序后债权人无异议的，即可以向公司登记机关申请注销登记的程序。公司通过简易程序注销后，如发现债务，全体股东应当承担连带责任。简易注销是近年来我国完善市场主体退出机制的改革举措。

二、条文要旨

根据本条规定，强制清算的启动主体有两种，一是利害关系人，二是作出吊销营业执照、责令关闭或者撤销决定的部门或者公司登记机关。两者的启动条件不同。

利害关系人申请法院强制清算，需要满足三个条件：（1）公司具有法定的清算事由。具体包括：公司章程规定的营业期限届满或者公司章程规定的其他解散事由出现；股东会决议解散；依法被吊销营业执照、责令关闭或者被撤销；因公司陷入僵局，人民法院依照本法第231条的规定予以解散。出现前述事由时，公司应当清算。（2）公司未进行清算。该行为可分为两种情况：清算义务人违反清算义务，逾期不成立清算组；清算组成立后清算人未实际进行清算行为。《公司法司法解释（二）》第7条规定的强制清算情形还包括"违法清算可能严重损害债权人或者股东利益的"。（3）申请人为利害关系人。2018 年《公司法》第 183 条规定："……逾期不成立清算组进行清算的，债权人可以申请人民法院指定有关人员组成清算组进行清算。人民法院应当受理该申请，并及时组织清算组进行清算。"2023 年修订后的《公司法》将强制清算申请人范围由"债权人"扩大至"利害关系人"，可以包括公司股东、董事、职工等利益相关者。对于符合前述条件的申请，人民法院应当受理，并及时组织清算组进行清算。

除了利害关系人之外，相关政府部门也可以成为强制清算的申请人。公司因依法被吊销营业执照、责令关闭或者被撤销而解散的，由于作出相关决定的部门或者公司登记机关对公司具有监管职责，若公司逾期不成立清算组进行清算或者成立清算组后不清算，相关部门或者公司登记机关可以行使职权，申请法院强制清算。对此，人民法院应当受理，并及时组织清算组进行清算。

在提起强制清算的程序上，并非通过诉讼程序，而是向人民法院提出申请，法院通过裁定启动清算程序。根据《强制清算与破产案件信息业务标准》，法院对强制清算申请采用书面审查或者听证的方式进行审理。最高人民法院《关于审理公司强制清算案件工作座谈会纪要》规定，因公司强制清算案件在案件性质上类似于企业破产案件，因此强制清算案件应当由负责审理企业破产案件的审判庭审理。有条件的人民法院，可由专门的审判庭或者指定专门的合议庭审理公司强制清算案件和企业破产案件。公司强制清算案件应当组成合议庭进行审理。

需要指出的是，法院在作出司法解散公司的判决时，并不需要指定清算组，而是由清算义务人，即公司董事负责成立清算组。如果逾期不成立清算组进行清算或者成立清算组后不清算的，方启动本条规定的程序。

◆ **关联规范**

1. 《公司法司法解释（二）》（2020年修正）

第7条 【强制清算程序的启动】公司应当依照民法典第七十条、公司法第一百八十三条的规定，在解散事由出现之日起十五日内成立清算组，开始自行清算。

有下列情形之一，债权人、公司股东、董事或其他利害关系人申请人民法院指定清算组进行清算的，人民法院应予受理：

（一）公司解散逾期不成立清算组进行清算的；

（二）虽然成立清算组但故意拖延清算的；

（三）违法清算可能严重损害债权人或者股东利益的。

2. 《最高人民法院印发〈关于审理公司强制清算案件工作座谈会纪要〉的通知》（2009年11月4日起施行）

十、关于强制清算清算组的指定

22. 人民法院受理强制清算案件后，应当及时指定清算组成员。公司股东、董事、监事、高级管理人员能够而且愿意参加清算的，人民法院可优先考虑指定上述人员组成清算组；上述人员不能、不愿进行清算，或者由其负责清算不利于清算依法进行的，人民法院可以指定《人民法院中介机构管理人名册》和《人民法院个人管理人名册》中的中介机构或者个人组成清算组；人民法院也可根据实际需要，指定公司股东、董事、监事、高级管理人员，与管理人名册中的中介机构或者个人共同组成清算组。人民法院指定管理人名册中的中介机构或者个人组成清算组，或者担任清算组成员的，应当参照适用最高人民法院《关于审理企业破产案件指定管理人的规定》。

23. 强制清算清算组成员的人数应当为单数。人民法院指定清算组成员的同时，应当根据清算组成员的推选，或者依职权，指定清算组负责人。清算组负责人代行清算中公司诉讼代表人职权。清算组成员未依法履行职责的，人民法院应当依据利害关系人的申请，或者依职权及时予以更换。

十六、关于强制清算和破产清算的衔接

32. 公司强制清算中，清算组在清理公司财产、编制资产负债表和财产清单时，发现公司财产不足清偿债务的，除依据公司法司法解释二第十七条的规定，通过与债权人协商制作有关债务清偿方案并清偿债务的外，应依据公司法第一百八十八条和企业破产法第七条第三款的规定向人民法院申请宣告破产。

33. 公司强制清算中，有关权利人依据企业破产法第二条和第七条的规定向人民法院另行提起破产申请的，人民法院应当依法进行审查。权利人的破产申请符合企业破产法规定的，人民法院应当依法裁定予以受理。人民法院裁定受理破产申请后，应当裁定终结强制清算程序。

34. 公司强制清算转入破产清算后，原强制清算中的清算组由《人民法院中介机构管理人名册》和《人民法院个人管理人名册》中的中介机构或者个人组成或者参加的，除该中介机构或者个人存在与本案有利害关系等不宜担任管理人或者管理人成员的情形外，人民法院可根据企业破产法及其司法解释的规定，指定该中介机构或者个人作为破产案件的管理人，或者吸收该中介机构作为新成立的清算组管理人的成员。

上述中介机构或者个人在公司强制清算和破产清算中取得的报酬总额，不应超过按照企业破产计付的管理人或者管理人成员的报酬。

35. 上述中介机构或者个人不宜担任破产清算中的管理人或者管理人的成员的，人民法院应当根据企业破产法和有关司法解释的规定，及时指定管理人。原强制清算中的清算组应当及时将清算事务及有关材料等移交给管理人。公司强制清算中已经完成的清算事项，如无违反企业破产法或者有关司法解释的情形的，在破产清算程序中应承认其效力。

十七、关于强制清算程序的终结

36. 公司依法清算结束，清算组制作清算报告并报人民法院确认后，人民法院应当裁定终结清算程序。公司登记机关依清算组的申请注销公司登记后，公司终止。

37. 公司因公司章程规定的营业期限届满或者公司章程规定的其他解散事由出现，或者股东会、股东大会决议自愿解散的，人民法院受理债权人提出的强制清算申请后，对股东进行剩余财产分配前，公司修改章程、或者股东会、股东大会决议公司继续存续，申请人在其个人债权及他人债权均得到全额清偿后，未撤回申请的，人民法院可以根据被申请人的请求裁定终结强制清算程序，强制清算程序终结后，公司可以继续存续。

第二百三十四条　【清算组的职权】

清算组在清算期间行使下列职权：

（一）清理公司财产，分别编制资产负债表和财产清单；

（二）通知、公告债权人；

（三）处理与清算有关的公司未了结的业务；

（四）清缴所欠税款以及清算过程中产生的税款；

（五）清理债权、债务；

（六）分配公司清偿债务后的剩余财产；

（七）代表公司参与民事诉讼活动。

◆ **条文主旨**

本条规定了清算组的职权。

◆ **修改情况**

本条将 2018 年《公司法》第 184 条第 6 项中的"处理"修改为"分配",未作其他修改。

◆ **条文注释**

清算组,是指由清算义务人组建、负责公司清算事务的组织,在清算过程中代表公司。在清算过程中,所涉及利益冲突众多,需要清理的资产和债务纷繁复杂。为了确保清算事务顺利进行,本条赋予了清算组以法定职权。

根据本条规定,清算组的职权包括以下内容:

1. 清理公司财产,分别编制资产负债表和财产清单。公司清算时,应当全面清理公司的财产,包括各类不动产、动产、商标、专利、投资权益等各类财产,制作财产清单。同时,应当全面清理公司的负债情况,编制资产负债表,明晰公司的资产负债情况。

2. 通知、公告债权人。本法第 235 条规定,清算组应当自成立之日起 10 日内通知债权人,并于 60 日内在报纸上或者国家企业信用信息公示系统公告。在实践中,公司可能存在清算组未知的债权人,对已知债权人要进行通知,对未知债权人要进行公告。之所以要通知和公告,是为了确保债权人能够在法定期间内向清算组申报债权。

3. 处理与清算有关的公司未了结的业务。进入清算程序后,有些国家将处于清算阶段的公司称为"清算法人"或"清算公司",虽然公司法人人格仍在,但是公司的权利能力、行为能力均受到限制,一般不允许进行新的经营活动。我国公司法亦然。根据本法第 236 条第 3 款的规定,清算期间,公司存续,但不得开展与清算无关的经营活动。对于未了结的业务,清算组可以通过继续履行或者终止履行等方式予以了结。值得注意的是，2018年《公司法》第205条规定，公司在清算期间开展与清算无关的经营活动的，由公司登记机关予以警告，没收违法所得。该条规定在2023年《公司法》被删除。

4. 清缴所欠税款以及清算过程中产生的税款。缴纳税款是公司的法定义务，对于解散前以及清算过程中公司欠缴的国家税款，清算组应当从公司财产中予以缴纳。对于不缴或者少缴税款的行为，须根据《税收征收管理法》等税务法律承担责任。

5. 清理债权、债务。包括代表公司向债务人主张并实现债权、向债权人履行债务。如果公司对某一当事人既享有债权，又负有债务，可以依法抵销。

6. 分配公司清偿债务后的剩余财产。公司财产在分别支付清算费用、职工的工资、社会保险费用和法定补偿金，缴纳所欠税款，清偿公司债务后的剩余财产，有限责任公司按照股东的出资比例分配，股份有限公司按照股东持有的股份比例分配。

7. 代表公司参与民事诉讼活动。在清算期间，清算组代表公司从事一切对外事务，包括参加诉讼。解散公司起诉或应诉，均由清算组代表公司进行。清算组不仅可以代表公司进行民事诉讼，还可以代表公司进行行政诉讼活动。

在清算期间，股东会及监事会仍然存在，董事会及执行机构的高级管理人员则失去其权限，而由清算组代替，公司的财产、印章、财务文件等均由清算组接管。清算组的职权是《公司法》赋予清算组在清算期间享有的权利。因此，清算组的职权不是一般民事权利，而是法定的职权。清算组在清算期间应严格行使职权，履行职责。

◆ 关联规范

1.《民法典》（2021年1月1日起施行）

第71条 【法人的清算程序和清算组职权】法人的清算程序和

清算组职权，依照有关法律的规定；没有规定的，参照适用公司法律的有关规定。

2.《公司法司法解释（二）》（2020年修正）

第10条 【清算中公司的民事诉讼】公司依法清算结束并办理注销登记前，有关公司的民事诉讼，应当以公司的名义进行。

公司成立清算组的，由清算组负责人代表公司参加诉讼；尚未成立清算组的，由原法定代表人代表公司参加诉讼。

3.《上市公司章程指引》（2023年修正）

第182条 清算组在清算期间行使下列职权：

（一）清理公司财产，分别编制资产负债表和财产清单；

（二）通知、公告债权人；

（三）处理与清算有关的公司未了结的业务；

（四）清缴所欠税款以及清算过程中产生的税款；

（五）清理债权、债务；

（六）处理公司清偿债务后的剩余财产；

（七）代表公司参与民事诉讼活动。

第二百三十五条 【债权人申报债权】

清算组应当自成立之日起十日内通知债权人，并于六十日内在报纸上或者国家企业信用信息公示系统公告。债权人应当自接到通知之日起三十日内，未接到通知的自公告之日起四十五日内，向清算组申报其债权。

债权人申报债权，应当说明债权的有关事项，并提供证明材料。清算组应当对债权进行登记。

在申报债权期间，清算组不得对债权人进行清偿。

◆ **条文主旨**

本条规定了清算组的通知义务、债权人申报债权的规则。

◆ **修改情况**

本条在2018年《公司法》第185条的基础上,增加了通过国家企业信用信息公示系统公告的方式,将"通知书"修改为了"通知",其他未作修改。

◆ **条文注释**

向债权人清偿债务系公司清算的核心事务,须以清算组全面掌握的公司债务信息为前提。清算组成立后,应及时通知各债权人申报债权,以便制作债务清册、资产负债表。

根据本条第1款规定,清算组成立后,对于住所明确的债权人,应从成立之日起10日内以书面方式通知债权人,催促其尽快申报债权。对于住所不明确的债权人,难以用通知书通知其申报债权,清算组应自成立之日起60日内在报纸上或者国家企业信用信息公示系统上公告公司解散事项,催促债权人尽快申报债权。收到通知的债权人应自收到通知之日起30日内,向清算组申报债权。未收到通知的债权人应自公告之日起45日内,向清算组申报债权。

根据本条第2款规定,债权人申报债权时,应在债权申报书中明确提供其债权内容、数额、债权成立的时间、地点等有关事项,并提出有关证明材料,如合同书等,以便清算组进行审核,为清偿债务作准备。对于按期申报的债权,清算组应当进行登记,如登记债权人姓名、地址、债权有无担保、是否到期等,作为以后清偿债务的根据。

根据本条第3款的规定,在申报债权期间,清算组不得对任一债权人进行清偿。其原因在于,在申报债权期间尚不能确定公司的财产是否足以偿还所有债务,为了防止清算人对部分债权人进行清偿，进而损害其他债权人利益，故作此规定。

根据《公司法司法解释（二）》的规定，债权人在规定的期限内未申报债权，在公司清算程序终结前补充申报的，清算组应予登记。债权人补充申报的债权，可以在公司尚未分配财产中依法清偿。公司尚未分配财产不能全额清偿，债权人主张股东以其在剩余财产分配中已经取得的财产予以清偿的，人民法院应予支持；但债权人因重大过错未在规定期限内申报债权的除外。

◆ **关联规范**

1. 《公司法司法解释（二）》（2020年修正）

第11条　【解散清算事宜的通知】 公司清算时，清算组应当按照公司法第一百八十五条的规定，将公司解散清算事宜书面通知全体已知债权人，并根据公司规模和营业地域范围在全国或者公司注册登记地省级有影响的报纸上进行公告。

清算组未按照前款规定履行通知和公告义务，导致债权人未及时申报债权而未获清偿，债权人主张清算组成员对因此造成的损失承担赔偿责任的，人民法院应依法予以支持。

第12条　【核定债权的异议】 公司清算时，债权人对清算组核定的债权有异议的，可以要求清算组重新核定。清算组不予重新核定，或者债权人对重新核定的债权仍有异议，债权人以公司为被告向人民法院提起诉讼请求确认的，人民法院应予受理。

第13条　【债权的补充申报】 债权人在规定的期限内未申报债权，在公司清算程序终结前补充申报的，清算组应予登记。

公司清算程序终结，是指清算报告经股东会、股东大会或者人民法院确认完毕。

第14条　【补充申报债权的清偿】 债权人补充申报的债权，可以在公司尚未分配财产中依法清偿。公司尚未分配财产不能全额清偿，债权人主张股东以其在剩余财产分配中已经取得的财产予以清偿的，人民法院应予支持；但债权人因重大过错未在规定期限内申报债权的除外。

债权人或者清算组，以公司尚未分配财产和股东在剩余财产分配中已经取得的财产，不能全额清偿补充申报的债权为由，向人民法院提出破产清算申请的，人民法院不予受理。

2.《**市场主体登记管理条例**》（2022年3月1日起施行）

第32条　【清算公告和申请注销登记】市场主体注销登记前依法应当清算的，清算组应当自成立之日起10日内将清算组成员、清算组负责人名单通过国家企业信用信息公示系统公告。清算组可以通过国家企业信用信息公示系统发布债权人公告。

清算组应当自清算结束之日起30日内向登记机关申请注销登记。市场主体申请注销登记前，应当依法办理分支机构注销登记。

第二百三十六条　【清算程序】

清算组在清理公司财产、编制资产负债表和财产清单后，应当制订清算方案，并报股东会或者人民法院确认。

公司财产在分别支付清算费用、职工的工资、社会保险费用和法定补偿金，缴纳所欠税款，清偿公司债务后的剩余财产，有限责任公司按照股东的出资比例分配，股份有限公司按照股东持有的股份比例分配。

清算期间，公司存续，但不得开展与清算无关的经营活动。公司财产在未依照前款规定清偿前，不得分配给股东。

◆ **条文主旨**

本条规定了清算程序。

◆ **修改情况**

本条将 2018 年《公司法》第 186 条中清算组"制定"清算方案，修改为"制订"，"股东大会"修改为"股东会"，其他未作修改。

◆ **条文注释**

本条第 1 款规定，当清算组在清理公司财产，编制资产负债表和财产清单后，应尽快制订清算方案。清算方案规定如何清偿债务、如何分配公司剩余财产。本款规定的有权确认清算方案的主体有股东会和人民法院两个主体，以避免股东会怠于通过清算方案的情形。如果股东会或人民法院认为清算方案有瑕疵而不予确认的，清算组应当修改清算方案，直至股东会或人民法院确认为止。

本条第 2 款规定了处理公司财产诉讼应遵循的顺序：

（1）支付清算费用，指从组建清算组，到清算结束所支出的合理费用，包括公司财产的评估费、保管费、变卖和分配费用，通知及公告费用、清算组成员的报酬、律师费、诉讼费等。如果清算费用暂时不能确定的，应当预留足够费用。

（2）支付职工工资、社会保险费用和法定补偿金。该债务支付优先于税款的支付。

（3）缴纳税款，包括各种欠缴、漏缴的税款。

（4）清偿债务，包括各类合同债务、侵权之债等。

（5）分配剩余资产，有限责任公司按照股东的出资比例分配，股份有限公司按照股东持有的股份比例分配，这是股东的剩余价值请求权的内容，是股权的组成部分。

另外，公司财产是公司对债权人的担保，在债务清偿之前分配公司财产,将损害债权人的利益,各债权人可以向法院提起民事诉讼,请求法院判决清算组的清算行为无效,重新进行清算。

本条第 3 款第 1 句规定了清算中公司的权利能力和行为能力。清算期间,公司的权利能力、行为能力有所限制,有些国家将处于清算阶段的公司称为"清算法人"或"清算公司"。在清算阶段,公司并不消灭其人格,与清算前公司为同一人格,只不过能力缩限到清算的范围。故本款规定,清算期间,公司存续,但不得开展与清算无关的经营活动。此时,公司的全部活动应局限于清理公司已经发生但尚未了结的事务,包括清偿债务、实现债权以及处理公司内部事务。

本条第 3 款第 2 句规定,清算期间,公司财产在未按法定程序清偿前,不得分配给股东。公司财产必须先支付清算费用、职工工资、社会保险费用和法定补偿金、缴纳所欠税款、清偿公司债务,这之后如果还有剩余财产,才能对股东进行分配。

◆ 关联规范

1.《民法典》(2021 年 1 月 1 日起施行)

第 72 条 【清算中法人地位、清算后剩余财产的处理和法人终止】清算期间法人存续,但是不得从事与清算无关的活动。

法人清算后的剩余财产,按照法人章程的规定或者法人权力机构的决议处理。法律另有规定的,依照其规定。

清算结束并完成法人注销登记时,法人终止;依法不需要办理法人登记的,清算结束时,法人终止。

2.《公司法司法解释(二)》(2020 年修正)

第 15 条 【清算方案的确认】公司自行清算的,清算方案应当报股东会或者股东大会决议确认;人民法院组织清算的,清算方案应当报人民法院确认。未经确认的清算方案,清算组不得执行。

执行未经确认的清算方案给公司或者债权人造成损失，公司、股东、董事、公司其他利害关系人或者债权人主张清算组成员承担赔偿责任的，人民法院应依法予以支持。

第 16 条 【强制清算的期限】人民法院组织清算的，清算组应当自成立之日起六个月内清算完毕。

因特殊情况无法在六个月内完成清算的，清算组应当向人民法院申请延长。

第 17 条 【协定债务清偿方案】人民法院指定的清算组在清理公司财产、编制资产负债表和财产清单时，发现公司财产不足清偿债务的，可以与债权人协商制作有关债务清偿方案。

债务清偿方案经全体债权人确认且不损害其他利害关系人利益的，人民法院可依清算组的申请裁定予以认可。清算组依据该清偿方案清偿债务后，应当向人民法院申请裁定终结清算程序。

债权人对债务清偿方案不予确认或者人民法院不予认可的，清算组应当依法向人民法院申请宣告破产。

第二百三十七条 【破产申请】

清算组在清理公司财产、编制资产负债表和财产清单后，发现公司财产不足清偿债务的，应当依法向人民法院申请破产清算。

人民法院受理破产申请后，清算组应当将清算事务移交给人民法院指定的破产管理人。

◆ 条文主旨

本条规定了公司申请破产的情形和清算事务移交。

◆ **修改情况**

本条在2018年《公司法》第187条的基础上作了如下修改：

其一，将"应当依法向人民法院申请宣告破产"修改为"应当依法向人民法院申请破产清算"。

其二，将清算事务移交的时点从"人民法院裁定宣告破产后"，修改为"人民法院受理破产申请后"。

其三，清算组移交清算事务的对象由"人民法院"修改为"人民法院指定的破产管理人"。

◆ **条文注释**

本条第1款规定了清算组的破产申请义务。公司解散时应清偿其全部债务。清算组在制定资产负债表时，应当确认公司财产是否足以清偿债务。如果公司财产不足以清偿债务，清算组应当立即向法院申请破产清算，不必向股东会提交清算方案。

本条第2款规定，人民法院接到清算组或债权人的破产申请后，应依法进行审查。根据我国《企业破产法》第10条、第11条、第13条等的规定，若人民法院裁定受理破产申请，应当同时指定破产管理人，并在裁定作出之日起5日内送达被申请破产之公司。该公司应当自裁定送达之日起15日内，向人民法院提交财产状况说明、债务清册、债权清册、有关财务会计报告以及职工工资的支付和社会保险费用的缴纳情况，并将清算事务移交给人民法院指定的破产管理人。

◆ **关联规范**

1.《企业破产法》（2007年6月1日起施行）

第17条 【债务人财产的移交】人民法院受理破产申请后，债务人的债务人或者财产持有人应当向管理人清偿债务或者交付财产。

债务人的债务人或者财产持有人故意违反前款规定向债务人清

偿债务或者交付财产，使债权人受到损失的，不免除其清偿债务或者交付财产的义务。

2.《九民纪要》(2019年11月8日起施行)

117.【公司解散清算与破产清算的衔接】要依法区分公司解散清算与破产清算的不同功能和不同适用条件。债务人同时符合破产清算条件和强制清算条件的，应当及时适用破产清算程序实现对债权人利益的公平保护。债权人对符合破产清算条件的债务人提起公司强制清算申请，经人民法院释明，债权人仍然坚持申请对债务人强制清算的，人民法院应当裁定不予受理。

第二百三十八条　【清算组成员的义务与责任】

清算组成员履行清算职责，负有忠实义务和勤勉义务。

清算组成员怠于履行清算职责，给公司造成损失的，应当承担赔偿责任；因故意或者重大过失给债权人造成损失的，应当承担赔偿责任。

◆ **条文主旨**

本条规定了清算组成员的义务与责任。

◆ **修改情况**

本条在2018年《公司法》第189条的基础上作了如下修改：

其一，本条第1款明确规定了清算组成员负有忠实义务，新增了勤勉义务，删除了2018年《公司法》第189条第2款中"清算组成员不得利用职权收受贿赂或者其他非法收入，不得侵占公司财产"的具体列举。

其二，本条第2款区分了"给公司造成损失"和"给债权人造成损失的"两种情形,并分别规定了清算组成员对公司和公司债权人的赔偿责任。

◆ **条文注释**

在清算期间,清算组成员应当依法履行清算职责,妥善处理清算事务,对公司负有忠实和勤勉义务。所谓忠实义务,是指清算组成员应当采取措施避免自身利益与公司利益冲突,不得利用职权谋取不正当利益。清算组成员利用其职权,将公司财产据为己有,或者通过非法形式获得不正当利益,或者从第三人处获得非法利益,均系违反忠实义务的行为,公司可以提起返还财产或损害赔偿之诉。所谓勤勉义务,是指清算组成员在执行清算事务时,应当为公司的最大利益尽到管理者通常应有的合理注意。如果清算组成员怠于履行职责,对公司造成损害,应当承担赔偿责任。

本条第2款细化了清算组成员的法律责任,将其区分为对公司的责任和对债权人的责任。

其一,对公司而言,如果清算组成员怠于履行清算职责,给公司造成损失的,应当承担赔偿责任。该责任的构成要件包括:(1)清算组成员违背忠实义务或勤勉义务,怠于履行清算职责。所谓怠于履行清算职责,是指本应履行清算职责却不履行,包括故意不履行清算职责和过失未正确履行其清算职责。无论何者,均系违反忠实义务或勤勉义务的行为。(2)清算组成员主观上存在故意或过失。故意,是指清算组成员明知其行为违反法律法规,仍然追求或放任损害结果发生;过失,是指清算组成员未能谨慎处理清算事务,对损害结果的发生缺乏应有的合理注意。(3)给公司造成损失。清算组成员承担责任以损害结果发生为前提,如果其虽然怠于履行职责但未造成损害,也不导致法律责任。(4)清算组成员的不当行为与损害后果之间存在因果关系。如果系属于公司财产的自然灭失或损耗，并非因清算组成员的行为而导致，则不能认定清算行为与公司损失之间存在因果关系。

其二，对债权人而言，如果清算组成员因故意或者重大过失给债权人造成损失的，应当承担赔偿责任。该责任的构成要件包括：(1) 清算组成员存在违反其清算义务的不当行为。(2) 清算组成员存在故意或重大过失。与对公司造成损失的情形不同，对债权人的赔偿责任以清算组成员具有故意或重大过失为限，普通过失并不承担赔偿责任。比如，通过恶意处置公司财产的方式帮助公司逃废债务等，给债权人造成损失的。(3) 给债权人造成了损失。(4) 清算组成员的不当行为与债权人的损失之间具有因果关系。

此外，清算组成员的不当行为还可能导致行政责任。根据本法第 256 条的规定，公司在进行清算时，隐匿财产，对资产负债表或者财产清单作虚假记载，或者在未清偿债务前分配公司财产的，由公司登记机关责令改正，对公司处以隐匿财产或者未清偿债务前分配公司财产金额 5% 以上 10% 以下的罚款；对直接负责的主管人员和其他直接责任人员处以 1 万元以上 10 万元以下的罚款。

◆ 关联规范

《公司法司法解释（二）》(2020 年修正)

第 19 条 【违法清算的民事责任】有限责任公司的股东、股份有限公司的董事和控股股东，以及公司的实际控制人在公司解散后，恶意处置公司财产给债权人造成损失，或者未经依法清算，以虚假的清算报告骗取公司登记机关办理法人注销登记，债权人主张其对公司债务承担相应赔偿责任的，人民法院应依法予以支持。

第 23 条 【对清算组成员的诉讼】清算组成员从事清算事务时，违反法律、行政法规或者公司章程给公司或者债权人造成损失，公司或者债权人主张其承担赔偿责任的，人民法院应依法予以支持。

有限责任公司的股东、股份有限公司连续一百八十日以上单独或者合计持有公司百分之一以上股份的股东,依据公司法第一百五十一条第三款的规定,以清算组成员有前款所述行为为由向人民法院提起诉讼的,人民法院应予受理。

公司已经清算完毕注销,上述股东参照公司法第一百五十一条第三款的规定,直接以清算组成员为被告、其他股东为第三人向人民法院提起诉讼的,人民法院应予受理。

◆ **案例指引**

【典型案例】王某森与青海昆源矿业有限公司清算责任纠纷再审申请案(最高人民法院(2020)最高法民申5085号)

裁判要旨

首先,公司在解散清算时,清算组除需要在报纸上刊登公告外,还应书面通知全体已知债权人,王某森自认清算组未向昆源公司书面告知森和公司解散清算事宜,应认定其未履行通知义务。其次,王某森、顾某娟作为森和公司清算组成员,于2018年8月1日签字确认《青海省森和煤业有限责任公司清算报告及确认清算报告的决定》,并称注销清算已结束,公司债权债务已清理完毕,清算报告所列事项准确无误、合法、有效,公司债权债务如有遗漏由公司股东承担,同日,市场监督管理部门准予森和公司注销登记。王某森作为清算组组长以及森和公司唯一股东,明知森和公司债务未清理完毕,未书面通知债权人申报债权,以虚假的清算报告骗取公司登记机关办理法人注销登记,存在重大过错,原审法院判决王某森对昆源公司未获申报和清偿的债权承担赔偿责任,符合前述法律规定。

【典型案例】黄某某、黄某潮金融借款合同纠纷再审申请案（广东省高级人民法院（2019）粤民申 7304 号）

裁判要旨

公司清算组通知债权人申报债权的方式视债权人为"已知债权人"和"未知债权人"而有所区别。对于已知债权人，清算组应以书面形式进行个别通知。对于未知债权人，应在相应级别的媒体上以公告方式催告债权人申报债权。"已知债权人"是公司清算组掌握其主体身份、交易信息并留有有效通讯地址的债权人，与清算中的公司存在合同关系的债权人一般应识别为已知债权人。已知债权人的债权在公司清算时是否已届履行期，或债权金额是否确定，均不影响已知债权人的身份认定。对汇盈公司清算组来说，建行四会支行应当识别为已知债权人，并向建行四会支行发送书面的债权申报通知。案涉担保责任的实际发生时间、金额均不确定。但因《楼宇抵押贷款合作协议》并不因汇盈公司办理注销登记而终止，汇盈公司清算组成员黄某某、黄某潮、黄某亮应当知晓汇盈公司在案涉《楼宇抵押贷款合作协议》项下对建行四会支行可能产生的担保责任，故其应在清算过程中向建行四会支行发送书面的债权申报通知，并与建行四会支行协商未来可能产生的担保责任之清理方案。汇盈公司向建行四会支行申请撤销公司银行账户，不能视为其向建行四会支行发送书面的债权申报通知。因黄某某、黄某潮、黄某亮在一、二审中均未能证明汇盈公司清算组在清算过程中依法书面通知建行四会支行申报债权，且汇盈公司的责任财产本足以清偿建行四会支行的案涉债权。三人作为汇盈公司原股东和清算组成员，应当对建行四会支行未能申报债权的损失承担赔偿责任。

第二百三十九条 【清算结束后程序】

公司清算结束后,清算组应当制作清算报告,报股东会或者人民法院确认,并报送公司登记机关,申请注销公司登记。

◆ **条文主旨**

本条规定了清算结束后的法律程序。

◆ **修改情况**

本条将 2018 年《公司法》第 188 条中的"股东大会"统一为"股东会",并删除了"公告公司终止"。

◆ **条文注释**

经过清算程序,公司的债权债务清理完结,有剩余财产的,按照股东的出资比例、持股比例或者章程规定分配给股东,清算程序即告结束。但是,清算结束后,清算组的义务并未结束,还应当制作完整的清算报告,并附带清算期间的收支报表、各种财务账册,向股东会或人民法院报送。股东会或人民法院经审查未发现问题的,应当予以确认,清算组不再对清算事务承担责任。如果在审查时发现清算中存在违法行为的,有权要求清算组予以解释并进行纠正,必要时可以要求清算组重新进行清算工作。在清算中,如果公司债权确实无法收回,清算组决议放弃的,应当经股东会或人民法院确认。如果清算组存在故意或重大过失造成公司损失的行为,如擅自放弃债权,应当对公司承担损害赔偿责任。

在清算报告被股东会或人民法院确认后,清算组应将清算报告送公司登记机关,申请注销登记,这是清算组的最后一项工作。清算组应当自清算结束之日起 30 日内向登记机关申请注销登记。公司申请注销登记前，应当依法办理分支机构注销登记。公司申请办理注销登记，应当提交下列材料：（1）申请书；（2）依法作出解散、注销的决议或者决定，或者被行政机关吊销营业执照、责令关闭、撤销的文件；（3）清算报告、负责清理债权债务的文件或者清理债务完结的证明；（4）税务部门出具的清税证明。此外，人民法院指定清算人、破产管理人进行清算的，应当提交人民法院指定证明。

公司登记机关接到注销申请及前述文件后，经审查认为情况属实、合法的，应办理注销公司登记。注销公司登记后，公司民事主体资格消灭，公司终止，清算组随即解散。公司清算完结不申请注销登记的，由公司登记机关依职权吊销营业执照，并予以公告。在符合本法规定的强制注销条件时，公司登记机关还可以强制注销登记。

◆ 关联规范

1.《民法典》（2021年1月1日起施行）

第68条 【法人终止】有下列原因之一并依法完成清算、注销登记的，法人终止：

（一）法人解散；

（二）法人被宣告破产；

（三）法律规定的其他原因。

法人终止，法律、行政法规规定须经有关机关批准的，依照其规定。

2.《公司法司法解释（二）》（2020年修正）

第20条 【未经清算注销的民事责任】公司解散应当在依法清算完毕后，申请办理注销登记。公司未经清算即办理注销登记，导致公司无法进行清算，债权人主张有限责任公司的股东、股份有限公司的董事和控股股东，以及公司的实际控制人对公司债务承担清偿责任的,人民法院应依法予以支持。

公司未经依法清算即办理注销登记,股东或者第三人在公司登记机关办理注销登记时承诺对公司债务承担责任,债权人主张其对公司债务承担相应民事责任的,人民法院应依法予以支持。

第21条 【清算义务人的内部责任分担】 按照本规定第十八条和第二十条第一款的规定应当承担责任的有限责任公司的股东、股份有限公司的董事和控股股东,以及公司的实际控制人为二人以上的,其中一人或者数人依法承担民事责任后,主张其他人员按照过错大小分担责任的,人民法院应依法予以支持。

第22条 【未缴出资下的清算及民事责任】 公司解散时,股东尚未缴纳的出资均应作为清算财产。股东尚未缴纳的出资,包括到期应缴未缴的出资,以及依照公司法第二十六条和第八十条的规定分期缴纳尚未届满缴纳期限的出资。

公司财产不足以清偿债务时,债权人主张未缴出资股东,以及公司设立时的其他股东或者发起人在未缴出资范围内对公司债务承担连带清偿责任的,人民法院应依法予以支持。

3.《最高人民法院关于民事执行中变更、追加当事人若干问题的规定》(2020年修正)

第21条 【违法注销的被执行人变更、追加】 作为被执行人的公司,未经清算即办理注销登记,导致公司无法进行清算,申请执行人申请变更、追加有限责任公司的股东、股份有限公司的董事和控股股东为被执行人,对公司债务承担连带清偿责任的,人民法院应予支持。

第22条 【被执行人出现解散事由后股东、出资人或主管部门无偿接受其财产的被执行人追加、变更】 作为被执行人的法人或非法人组织,被注销或出现被吊销营业执照、被撤销、被责令关闭、歇业等解散事由后,其股东、出资人或主管部门无偿接受其财产,致使该被执行人无遗留财产或遗留财产不足以清偿债务，申请执行人申请变更、追加该股东、出资人或主管部门为被执行人，在接受的财产范围内承担责任的，人民法院应予支持。

4.《市场主体登记管理条例》（2022年3月1日起施行）

第31条　【注销登记】市场主体因解散、被宣告破产或者其他法定事由需要终止的，应当依法向登记机关申请注销登记。经登记机关注销登记，市场主体终止。

市场主体注销依法须经批准的，应当经批准后向登记机关申请注销登记。

第32条　【清算公告和申请注销登记】市场主体注销登记前依法应当清算的，清算组应当自成立之日起10日内将清算组成员、清算组负责人名单通过国家企业信用信息公示系统公告。清算组可以通过国家企业信用信息公示系统发布债权人公告。

清算组应当自清算结束之日起30日内向登记机关申请注销登记。市场主体申请注销登记前，应当依法办理分支机构注销登记。

5.《市场主体登记管理条例实施细则》（2022年3月1日起施行）

第44条　【注销登记】市场主体因解散、被宣告破产或者其他法定事由需要终止的，应当依法向登记机关申请注销登记。依法需要清算的，应当自清算结束之日起30日内申请注销登记。依法不需要清算的，应当自决定作出之日起30日内申请注销登记。市场主体申请注销后，不得从事与注销无关的生产经营活动。自登记机关予以注销登记之日起，市场主体终止。

第45条　【清算公告】市场主体注销登记前依法应当清算的，清算组应当自成立之日起10日内将清算组成员、清算组负责人名单通过国家企业信用信息公示系统公告。清算组可以通过国家企业信用信息公示系统发布债权人公告。

> **第二百四十条　【简易注销】**
> 公司在存续期间未产生债务，或者已清偿全部债务的，经全体股东承诺，可以按照规定通过简易程序注销公司登记。
> 通过简易程序注销公司登记，应当通过国家企业信用信息公示系统予以公告，公告期限不少于二十日。公告期限届满后，未有异议的，公司可以在二十日内向公司登记机关申请注销公司登记。
> 公司通过简易程序注销公司登记，股东对本条第一款规定的内容承诺不实的，应当对注销登记前的债务承担连带责任。

◆ **条文主旨**

本条规定了通过简易程序注销公司登记的规则。

◆ **修改情况**

本条为2023年《公司法》修订的新增条款。

◆ **条文注释**

简易注销制度是2023年《公司法》修订新增的重要制度之一，提供了大幅简化的注销程序选项，以便利公司退出。由此，我国公司法上的注销登记制度可以分为普通注销登记和简易注销登记。

一、立法背景

普通注销程序较为复杂，需要提交的材料较多。《市场主体登记管理条例实施细则》第46条规定："申请办理注销登记，应当提交下列材料：（一）申请书；（二）依法作出解散、注销的决议或者决定，或者被行政机关吊销营业执照、责令关闭、撤销的文件；

(三）清算报告、负责清理债权债务的文件或者清理债务完结的证明；（四）税务部门出具的清税证明。除前款规定外，人民法院指定清算人、破产管理人进行清算的，应当提交人民法院指定证明；合伙企业分支机构申请注销登记，还应当提交全体合伙人签署的注销分支机构决定书。个体工商户申请注销登记的，无需提交第二项、第三项材料；因合并、分立而申请市场主体注销登记的，无需提交第三项材料。"从前述程序的设计本旨来看，系为了通过严格的注销程序预防市场主体恶意注销逃废债务、扰乱市场秩序。但是，严格的注销程序也提高了公司的注销成本，导致了不少公司选择成为"僵尸公司"而不履行注销程序。

自 2014 年以来，伴随着商事制度改革，我国公司登记管理实践中逐渐发展出了简易注销制度。2014 年 6 月，《国务院关于促进市场公平竞争维护市场正常秩序的若干意见》提出完善企业注销流程，试行对个体工商户、未开业企业以及无债权债务企业实行简易注销程序。自 2015 年起，市场监管部门开始组织开展未开业企业、无债权债务企业简易注销试点。原国家工商总局于 2015 年 1 月 6 日印发《工商总局关于开展企业简易注销改革试点的通知》（已失效），于 2015 年 9 月 2 日印发《关于进一步推动企业简易注销改革试点有关工作的通知》（已失效）。2015 年 4 月 30 日，原国家工商总局印发《关于同意上海市等部分地方企业简易注销改革试点方案的批复》，同意上海市浦东新区、江苏省盐城市、浙江省宁波市、广东省深圳市开展未开业企业、无债权债务企业简易注销登记试点工作方案，支持其正式启动试点。2015 年 9 月 2 日，原国家工商总局批复同意天津等 7 省（区、市）开展企业简易注销改革试点，明确只要各地的试点方案符合《国务院关于促进市场公平竞争维护市场正常秩序的若干意见》和总局试点原则的要求，不必再经总局批准，直接开展企业简易注销试点工作，试点实施方案报总局备案即可。之后，试点地区逐步扩大到19个省（区、市）。2016年12月26日，原国家工商总局印发《关于全面推进企业简易注销登记改革的指导意见》，要求从2017年3月1日起，在全国范围内全面实行企业简易注销登记改革。根据国家市场监督管理总局《对十三届全国人大一次会议第2366号建议的答复》中的统计数据，截至2018年2月，全国共有46.6万户企业进行简易注销公告，其中27.6万户企业通过简易注销登记程序退出市场，占同期注销企业总数（131.91万户）的20.92%。为进一步完善简易注销登记改革试点工作，2018年12月3日，市场监管总局印发《关于开展进一步完善企业简易注销登记改革试点工作的通知》，决定在北京市、天津市宝坻区、浙江省杭州市和宁波市、安徽省芜湖市和蚌埠市、福建省泉州市、江西省赣州市和九江市、山东省济南市和日照市、河南自贸试验区等地开展工作试点，进一步探索完善企业简易注销登记改革。2019年6月22日，国家发展改革委等部门联合印发的《加快完善市场主体退出制度改革方案》指出，完善市场主体退出制度，对推进供给侧结构性改革、完善优胜劣汰的市场机制、激发市场主体竞争活力、推动经济高质量发展具有重要意义。2022年3月1日起施行的《市场主体登记管理条例》第33条规定了简易注销制，该制度第一次在行政法规层面得以规定。2023年《公司法》修订之后，在法律层面进一步明确了该制度中的法律责任问题，更为完善。

二、规范要旨

根据《公司法》《市场主体登记管理条例》《市场主体登记管理条例实施细则》等的规定，该制度的主要内容为：

1. 适用范围。根据本条第1款规定，简易注销程序适用于"未产生债务，或者已清偿全部债务"的公司。《市场主体登记管理条例》第33条规定，简易注销程序适用于"未发生债权债务或者已将债权债务清偿完结，未发生或者已结清清偿费用、职工工资、社会保险费用、法定补偿金、应缴纳税款（滞纳金、罚款），并由全体投资人书面承诺对上述情况的真实性承担法律责任的"公司。从规范表述来看，《市场主体登记管理条例》对债务的列举更为具体，《公司法》第236条规定的债务包括清偿费用、职工工资、社会保险费用、法定补偿金、应缴纳税款等内容。

从消极条件来看，《市场主体登记管理条例》第33条第4款规定了不适用简易注销的情形：市场主体注销依法须经批准的，或者市场主体被吊销营业执照、责令关闭、撤销，或者被列入经营异常名录的，不适用简易注销程序。《市场主体登记管理实施细则》第48条规定：有下列情形之一的，市场主体不得申请办理简易注销登记：（1）在经营异常名录或者市场监督管理严重违法失信名单中的；（2）存在股权（财产份额）被冻结、出质或者动产抵押，或者对其他市场主体存在投资的；（3）正在被立案调查或者采取行政强制措施，正在诉讼或者仲裁程序中的；（4）被吊销营业执照、责令关闭、撤销的；（5）受到罚款等行政处罚尚未执行完毕的；（6）不符合《条例》第33条规定的其他情形。

2. 申请材料。《市场主体登记管理条例实施细则》第47条规定："申请办理简易注销登记，应当提交申请书和全体投资人承诺书。"其中，申请书为简易注销登记申请书，全体投资人承诺书则是全体投资人对未产生债务，或者已清偿全部债务的书面承诺。与普通注销登记相比，简易注销程序大幅简化了公司注销登记的材料要求，契合了"放管服"背景下便利公司退出的制度需求。

3. 简易注销的程序。通过简易程序注销公司的，需要履行下列程序：第一，申请人应当将承诺书及注销登记申请提交至市场监督管理部门。第二，登记机关在收到申请后，应当对申请材料进行形式审查，满足形式条件之后通过国家企业信用信息公示系统进行公示，公示期不少于20日。第三，在公示期内无相关部门、债权人及其他利害关系人提出异议的，公司可以于公示期届满之日起20日内向登记机关申请注销登记。第四，对于公告期内被提出异议的公司，登记机关应当在3个工作日内依法作出不予简易注销登记的决定；对于公告期内未被提出异议的公司，登记机关应当在公告期满后3个工作日内依法作出准予简易注销登记的决定。

4. 法律责任。本条第3款规定，公司通过简易程序注销公司登记，股东对第1款规定的内容承诺不实的，应当对注销登记前的债务承担连带责任。同时，登记机关还可以撤销注销登记，并将企业列入严重违法失信企业名单。

总之，简易注销制度作为我国商事制度改革中的制度创新，有助于公司便利退出市场，提高公司退出效率，优化营商环境。简易注销程序与普通注销程序双规并行，给公司退出市场时赋予了新的选择和自由权，更加符合市场经济的效率需求。

◆ 关联规范

1. 《市场主体登记管理条例》（2022年3月1日起施行）

第33条 【简易注销登记】市场主体未发生债权债务或者已将债权债务清偿完结，未发生或者已结清清偿费用、职工工资、社会保险费用、法定补偿金、应缴纳税款（滞纳金、罚款），并由全体投资人书面承诺对上述情况的真实性承担法律责任的，可以按照简易程序办理注销登记。

市场主体应当将承诺书及注销登记申请通过国家企业信用信息公示系统公示，公示期为20日。在公示期内无相关部门、债权人及其他利害关系人提出异议的，市场主体可以于公示期届满之日起20日内向登记机关申请注销登记。

个体工商户按照简易程序办理注销登记的，无需公示，由登记机关将个体工商户的注销登记申请推送至税务等有关部门，有关部门在 10 日内没有提出异议的，可以直接办理注销登记。

市场主体注销依法须经批准的，或者市场主体被吊销营业执照、责令关闭、撤销，或者被列入经营异常名录的，不适用简易注销程序。

2.《市场主体登记管理条例实施细则》（2022 年 3 月 1 日起施行）

第 47 条 【简易注销登记】申请办理简易注销登记，应当提交申请书和全体投资人承诺书。

第 48 条 【不得简易注销的情形】有下列情形之一的，市场主体不得申请办理简易注销登记：

（一）在经营异常名录或者市场监督管理严重违法失信名单中的；

（二）存在股权（财产份额）被冻结、出质或者动产抵押，或者对其他市场主体存在投资的；

（三）正在被立案调查或者采取行政强制措施，正在诉讼或者仲裁程序中的；

（四）被吊销营业执照、责令关闭、撤销的；

（五）受到罚款等行政处罚尚未执行完毕的；

（六）不符合《条例》第三十三条规定的其他情形。

第 49 条 【简易注销登记的公示】申请办理简易注销登记，市场主体应当将承诺书及注销登记申请通过国家企业信用信息公示系统公示，公示期为 20 日。

在公示期内无相关部门、债权人及其他利害关系人提出异议的，市场主体可以于公示期届满之日起 20 日内向登记机关申请注销登记。

◆ 案例指引

【典型案例】王某、周某剑等侵权责任纠纷执行异议案（广东省深圳市龙华区人民法院（2022）粤0309执异487号执行裁定书）

裁判要旨

依据《市场主体登记管理条例》第33条的规定，市场主体未发生债权债务或者已将债权债务清偿完结，由全体投资人书面承诺对上述情况的真实性承担法律责任的，可以按照简易程序办理注销登记。本案中，江西励志坊贸易有限公司作为被执行人，存在未清偿完结的债务，不应适用简易程序办理注销登记。但其仍选择适用简易程序办理注销登记，其股东在承诺书中虚假陈述公司无债权债务，从而逃避清算，属于"未经清算即办理注销登记，导致无法进行清算"的情形。因此，申请人请求追加公司的股东周某剑为被执行人，符合上述情形，本院予以支持。

第二百四十一条 【强制注销】

公司被吊销营业执照、责令关闭或者被撤销，满三年未向公司登记机关申请注销公司登记的，公司登记机关可以通过国家企业信用信息公示系统予以公告，公告期限不少于六十日。公告期限届满后，未有异议的，公司登记机关可以注销公司登记。

依照前款规定注销公司登记的，原公司股东、清算义务人的责任不受影响。

◆ 条文主旨

本条规定了公司登记机关强制注销公司登记制度。

◆ **修改情况**

本条为2023年《公司法》修订的新增条文。

◆ **条文注释**

强制注销，也称依职权注销、依职能注销等，是指满足法定条件的市场主体未主动组织清算、申请注销的情况下，公司登记机关依职权经特定程序注销市场主体、强制终止市场主体资格的行为。

一、立法背景

伴随着我国法律上设定的公司设立门槛降低，加之清算和普通注销程序烦琐，简易注销适用情形有限，市场中产生了大量的僵尸企业，占用了宝贵的企业名称资源，扰乱了市场主体的管理秩序，有待清理。强制注销制度最早起源于我国各地的立法试点和政策试点，旨在解决我国大量僵尸企业的清理问题。在地方立法层面，《上海市浦东新区市场主体退出若干规定》《深圳经济特区商事登记若干规定》《海南自由贸易港市场主体注销条例》等都对强制注销制度作了相关规定。在不断深化推进强制注销制度试点实践的基础上，国务院办公厅《关于印发全国深化"放管服"改革优化营商环境电视电话会议重点任务分工方案的通知（2020）》（国办发〔2020〕43号）又进一步提出了"探索开展长期吊销未注销企业强制注销试点，明确强制注销的适用情形、具体条件和办理程序，并依法保障当事人合法权利，进一步提高市场主体退出效率"的要求。在《市场主体登记管理条例》制定的过程中，曾在草案中设计了强制退出制度，但因争议较大最终未被正式纳入条例之中。经2023年《公司法》修订，本条作为新增条款正式确立了公司强制注销制度。

二、规范要旨

根据本条规定，公司强制注销制度的内容主要包括以下方面：

1. 强制注销的适用情形。强制注销的适用包括两个条件：其一，强制注销的公司限于被吊销营业执照、责令关闭或者被撤销的公司。之所以限于前述三种情形，是因为公司一旦被吊销营业执照、责令关闭或被撤销，已经失去了进行经营的资格和可能，有待完成清算后彻底退出市场。其二，前述情形的公司尚需要满3年未清算完毕的，方可适用强制注销制度。吊销营业执照、责令关闭或者被撤销后，公司应当及时进行清算、注销程序。但是，如果满3年仍未清算完毕，则表明公司怠于履行清算、注销义务，此时公司已然处于僵尸企业状态，有待于通过公权力介入的方式予以清理。

2. 强制注销的负责机关。根据本条规定，公司登记机关作为公司设立、变更、注销的登记管理部门，具有实施强制注销的权力。公司登记机关也是进行强制注销的唯一主体，其他任何行政管理部门不得越权注销公司登记。

3. 强制注销的法定程序。当公司存在强制注销规定的情形时，登记机关并不可直接办理注销登记，而是需要履行法定程序。强制注销公司前，公司登记机关需要通过国家企业信用信息公示系统予以公告，并且公告期不少于60日。在公告期间内，公司及其他利害关系人有权提出异议，请求中止注销程序。在公告期限届满后，如果没有异议，公司登记机关方可以实施强制注销。

4. 强制注销后的债务处理和责任承担。按照《公司法》规定的债务清理程序，公司需要按法定程序清理债权债务，处分剩余财产。如果资产不足以清偿全部债务，则需要通过破产程序清算债务。但是，强制注销作为大幅简化退出程序的公司出清制度，被强制注销的公司未经法定清算程序，其债权债务关系也未得到清理。故而，本条规定原公司股东、清算义务人的责任不受影响。易言之，在公司被强制注销登记之后，如果原公司股东、清算义务人仍负有尚未履行的义务和责任，并不因公司被强制注销而消灭。该规定不仅可以持续保障公司债权人的权利，也可以督促"僵尸公司"积极主动按照法定程序退出市场。从清算与注销的先后顺位上,强制注销制度也可以产生从"先清算,再注销"转换为"先注销,再清算"的结果。

> **第二百四十二条　【破产清算】**
> 公司被依法宣告破产的,依照有关企业破产的法律实施破产清算。

◆ **条文主旨**

本条规定了公司宣告破产后的清算制度衔接。

◆ **修改情况**

本条对 2018 年《公司法》第 190 条未作修改。

◆ **条文注释**

在市场经济中,公司参与市场竞争的结果必然是优胜劣汰,公司破产是市场经济的必然现象。按照清算是否在破产情形下进行,清算可以分为破产清算和非破产清算。破产清算,是指公司被宣告破产后,按照《企业破产法》规定程序清理财产、清偿债务的清算过程。破产清算的相关制度主要规定在我国《企业破产法》之中。

非破产清算有可能转化为破产清算。根据本法第 237 条规定,清算组在清理公司财产、编制资产负债表和财产清单后,发现公司财产不足清偿债务的,应当依法向人民法院申请破产清算。人民法院受理破产申请后,清算组应当将清算事务移交给人民法院指定的破产管理人。

◆ **关联规范**

1. 《企业破产法》(2007年6月1日起施行)

第107条 【破产宣告】人民法院依照本法规定宣告债务人破产的,应当自裁定作出之日起五日内送达债务人和管理人,自裁定作出之日起十日内通知已知债权人,并予以公告。

债务人被宣告破产后,债务人称为破产人,债务人财产称为破产财产,人民法院受理破产申请时对债务人享有的债权称为破产债权。

2. 《市场主体登记管理条例》(2022年3月1日起施行)

第34条 【强制清算或宣告破产后的注销登记】人民法院裁定强制清算或者裁定宣告破产的,有关清算组、破产管理人可以持人民法院终结强制清算程序的裁定或者终结破产程序的裁定,直接向登记机关申请办理注销登记。

第十三章　外国公司的分支机构

> **第二百四十三条**　【外国公司的概念】
> 本法所称外国公司,是指依照外国法律在中华人民共和国境外设立的公司。

◆ **条文主旨**

本条规定了外国公司的概念。

◆ **修改情况**

本条将2018年《公司法》第191条"在中国境外"的表述修改为"在中华人民共和国境外"。

◆ **条文注释**

在外国公司与内国公司的区分标准上,立法例上主要有以下三种标准:其一,以公司的主要营业所在地为标准;其二,以公司股东或者控制人的国籍为标准;其三,以公司设立时依据的法律为标准,这也是域外公司法上的通行标准。根据本条规定,我国公司法采准据法兼设立行为地的标准。根据本条规定,无论外国公司的股东国籍为何,资金来源为何,并不影响其外国公司的身份认定。

由此可见,本法所称的外国公司,不同于我国《外商投资法》所规定的外商投资企业。外商投资企业是指全部或者部分由外国投资者投资,依照中国法律在中国境内经登记注册设立的企业。因此,无论股东国籍、资金来源为何,《外商投资法》意义上的企业本质上均为国内企业。反之，依照外国法律在我国境外设立的公司，则为外国公司。

◆ **关联规范**

《外资银行管理条例》（2019 年修订）

第 2 条 本条例所称外资银行，是指依照中华人民共和国有关法律、法规，经批准在中华人民共和国境内设立的下列机构：

（一）1 家外国银行单独出资或者 1 家外国银行与其他外国金融机构共同出资设立的外商独资银行；

（二）外国金融机构与中国的公司、企业共同出资设立的中外合资银行；

（三）外国银行分行；

（四）外国银行代表处。

前款第一项至第三项所列机构，以下统称外资银行营业性机构。

第 3 条 本条例所称外国金融机构，是指在中华人民共和国境外注册并经所在国家或者地区金融监管当局批准或者许可的金融机构。

本条例所称外国银行，是指在中华人民共和国境外注册并经所在国家或者地区金融监管当局批准或者许可的商业银行。

◆ **案例指引**

【典型案例】佳兆业集团（深圳）有限公司、江苏银行股份有限公司深圳分行金融借款合同纠纷案（广东省高级人民法院（2022）粤民辖终 186 号）

裁判要旨

从公司的工商登记看，佳兆业集团（深圳）有限公司于 1999 年 6 月 3 日在深圳市市场监督管理局登记，经营期限 30 年，法定代表人黄某开。佳兆业集团（深圳）有限公司不是佳兆业集团有限公司的分支机构,具备中国企业法人资格。本案所涉合同签署地、履行地、标的物、法律关系发生地均在中国境内,各当事人均为在中国境内注册的独立法人,并不涉及境外事项,不符合《最高人民法院关于适用〈中华人民共和国民事诉讼法〉的解释》关于涉外民事案件的认定,故本案不是涉外民事案件。

> **第二百四十四条　【外国公司分支机构的设立程序】**
> 　　外国公司在中华人民共和国境内设立分支机构,应当向中国主管机关提出申请,并提交其公司章程、所属国的公司登记证书等有关文件,经批准后,向公司登记机关依法办理登记,领取营业执照。
> 　　外国公司分支机构的审批办法由国务院另行规定。

◆ 条文主旨

本条规定了外国公司分支机构的设立程序。

◆ 修改情况

本条将2018年《公司法》"在中国境内"的表述修改为"在中华人民共和国境内",将"必须向中国主管机关提出申请"的表述修改为"应当向中国主管机关提出申请"。

◆ 条文注释

对于外国公司在东道国设立分支机构,各国立法例上有准则主义、许可主义等不同立场。按照本条第1款规定,外国公司在中国设立分支机构,需要经过批准和登记两项程序,旨在对外国公司在中国的分支机构实施必要的监督管理,明确外国公司在我国的法律地位。首先,外国公司必须向中国主管机关提出申请,并提交其公司章程、所属国公司登记证书等文件，以明确该公司的国籍及其责任形式。符合我国法律规定条件的，我国主管机关依法予以批准。其次，在其申请被主管机构批准后，外国公司须持批准文件及有关证明文件，再向我国的公司登记机关办理设立登记，领取营业执照后，外国公司的分支机构即告成立，可以在中国境内开展营业活动。

本条第 2 款授权国务院另行规定外国公司分支机构的审批办法，以规范外国公司设置分机构的审批活动，并根据我国实际情况进行适时调整。

需要注意的是，外国公司分支机构不同于外国企业常驻代表机构。根据《外国企业常驻代表机构登记管理条例》的规定，外国企业常驻代表机构，是指外国企业依照本条例规定，在中国境内设立的从事与该外国企业业务有关的非营利性活动的办事机构。代表机构不具有法人资格，不得从事营利性活动。代表机构可以从事与外国企业业务有关的下列活动：（1）与外国企业产品或者服务有关的市场调查、展示、宣传活动；（2）与外国企业产品销售、服务提供、境内采购、境内投资有关的联络活动。从设立程序上而言，外国企业常驻代表机构设立代表机构应当向登记机关申请设立登记，并按规定进行变更登记、注销登记等。

◆ 关联规范

1.《外商投资法》（2020 年 1 月 1 日起施行）

第 4 条 【国民待遇和负面清单管理制度】国家对外商投资实行准入前国民待遇加负面清单管理制度。

前款所称准入前国民待遇，是指在投资准入阶段给予外国投资者及其投资不低于本国投资者及其投资的待遇；所称负面清单，是指国家规定在特定领域对外商投资实施的准入特别管理措施。国家对负面清单之外的外商投资，给予国民待遇。

负面清单由国务院发布或者批准发布。

中华人民共和国缔结或者参加的国际条约、协定对外国投资者准入待遇有更优惠规定的，可以按照相关规定执行。

2.《外商投资企业授权登记管理办法》（2022年4月1日起施行）

第2条 外商投资企业及其分支机构登记管理授权和规范，适用本办法。

外国公司分支机构以及其他依照国家规定应当执行外资产业政策的企业、香港特别行政区和澳门特别行政区投资者在内地、台湾地区投资者在大陆投资设立的企业及其分支机构登记管理授权和规范，参照本办法执行。

◆ **案例指引**

【典型案例】 黄某秀、陈某英买卖合同纠纷案（广东省广州市中级人民法院（2019）粤01民终2894号）

裁判要旨

Kirens公司广州办事处未经合法注册登记，并不存在。以不存在的广州办事处名义经营，其责任应由设立该办事处的外国公司Kirens公司或外国人Jas承担。陈某英受雇于Kirens公司或外国人Jas，其在交易过程中的行为应认定为职务行为。

第二百四十五条 【外国公司分支机构的设立条件】

外国公司在中华人民共和国境内设立分支机构，应当在中华人民共和国境内指定负责该分支机构的代表人或者代理人，并向该分支机构拨付与其所从事的经营活动相适应的资金。

> 对外国公司分支机构的经营资金需要规定最低限额的，由国务院另行规定。

◆ **条文主旨**

本条规定了外国公司在我国设立分支机构的条件。

◆ **修改情况**

本条将2018年《公司法》"在中国境内"的表述修改为"在中华人民共和国境内"，将"必须在中国境内指定负责该分支机构的代表人或者代理人"的表述修改为"应当在中华人民共和国境内指定负责该分支机构的代表人或者代理人"。

◆ **条文注释**

本条对外国公司在中国境内设立分支机构规定了以下条件：

1. 外国公司在其本国已经合法成立，并且已经开始营业。外国公司的分支机构以其本国公司的存续为条件，未取得其本国公司地位的，不得在我国设立分支机构。

2. 外国公司必须在中国境内指定负责该分支机构的代表人或代理人。外国公司分支机构的代表人或代理人，代表或代理该外国公司分支机构进行经营活动，包括签订合同、起诉或应诉等，其法律后果由外国公司承担。该代表人或代理人可以是中国公民，也可以是非中国公民，但应当符合主管部门规定的资格要求。

3. 外国公司应向该分支机构拨付与其所从事的经营活动相适应的资金。该项经营资金需要规定最低限额的，由国务院另行规定。对外国公司分支机构的经营资金需要规定最低限额的，由国务院根据各类分支机构的不同行业和经营规模另行规定。法律之所以作此规定，一方面是为了保证该外国公司分支机构的生产经营活动得以正常进行，维护正常的经营秩序；另一方面是为了让外国公司的分支机构有能力承担民事责任，以保护债权人和社会公众的利益。值得注意的是，上述"相适应的资金"和"最低限额"并非该外国公司分支机构承担民事责任的限度。当外国公司分支机构需要依法承担民事责任时，不以该外国公司分支机构的经营资金数额及该外国公司分支机构所支配的财产为限，而应由设立该分支机构的外国公司全部承担。

◆ **案例指引**

【典型案例】申某与以色列迈高安全系统有限公司北京代表处等劳动争议案（北京市第三中级人民法院（2019）京 03 民终 11649 号）

裁判要旨

迈高北京代表处属于迈高公司在中国境内设立的从事与其业务有关的非营利性活动的办事机构，并非公司法概念上的从事经营活动的分支机构，亦不得进行经营性活动；其虽不具备独立的公司法人资格，但进行了相应工商登记，具备独立的用工主体资格。本案中，与申某、中智公司签订终止协议的系迈高北京代表处，并非迈高公司，申某虽主张迈高公司签署过协议应承担责任，但并未提交充分证据证明其主张成立，故依照协议的约定和相关法律的规定，一审法院判决由迈高北京代表处支付协议约定的解除劳动合同补偿金及报销费用、垫付税款，并无不当。申某主张迈高北京代表处因用工产生的相应民事责任应当由迈高公司承担，于法无据，本院不予支持。

第二百四十六条 【外国公司分支机构的名称】

外国公司的分支机构应当在其名称中标明该外国公司的国籍及责任形式。

外国公司的分支机构应当在本机构中置备该外国公司章程。

◆ **条文主旨**

本条规定了外国公司分支机构的名称标注和章程置备。

◆ **修改情况**

本条对 2018 年《公司法》第 194 条未作修改。

◆ **条文注释**

本条第 1 款规定，外国公司的分支机构应当在其名称中标明该外国公司的国籍及责任形式。外国公司分支机构的名称是区别于其他民事主体的标志。在分支机构名称中标明该外国公司的国籍，可以使得交易相对人准确了解其法律性质、国籍和责任形式。外国公司可能包括有限责任公司、股份有限公司、无限责任公司、两合公司等责任形式。该款规定的目的仍在维护交易安全，因此，外国公司分支机构的名称应当完整、清楚、明确，符合法律要求。

本条第 2 款规定，外国公司的分支机构应当在本机构中置备该外国公司章程。该款规定的目的在便于外国公司分支机构的债权人查阅，以便了解该外国公司的责任形式、资信情况、内部组织机构等，从而判断交易风险。同时，外国公司分支机构在本机构中置备公司章程，也便于公司登记机关、税务机关和有关管理机关开展行政管理工作。

> **第二百四十七条 【外国公司分支机构的法律地位】**
> 外国公司在中华人民共和国境内设立的分支机构不具有中国法人资格。
> 外国公司对其分支机构在中华人民共和国境内进行经营活动承担民事责任。

◆ 条文主旨

本条规定了外国公司分支机构的法律地位。

◆ 修改情况

与其他条文相一致，本条将 2018 年《公司法》第 195 条中的"在中国境内"表述修改为"在中华人民共和国境内"。

◆ 条文注释

本条第 1 款规定了外国公司分支机构的法律地位。外国公司是依照外国法律在中国境外登记成立的公司，属于外国法人，不具备中国法人资格。外国公司的分支机构，即使经中国主管机关批准，并经中国公司登记机关登记、发给营业执照，但其本质上仍然属于外国公司在中国设立的派出机构而非子公司，不具备中国法人资格。外国公司分支机构没有独立的财产，不进行独立核算，与外国公司在财务上系一体核算，无法独立承担民事责任。

本条第 2 款规定了外国公司分支机构的民事责任承担。由于外国公司分支机构不具有中国法人资格，经营活动以外国公司名义进行，产生的权利义务同样归属于设立该分支机构的外国公司，故而，外国公司需要对其分支机构在中国境内进行经营活动承担民事责任。实践中，外国公司分支机构在中国境内的债务，一般首先由该分支机构进行清偿，不足部分由所属外国公司进行清偿。当然，外国公司也可以直接清偿其分支机构的债务。

◆ **关联规范**

《民事诉讼法司法解释》（2022年修正）

第52条　【民事诉讼法上其他组织的类型】民事诉讼法第五十一条规定的其他组织是指合法成立、有一定的组织机构和财产，但又不具备法人资格的组织，包括：

（一）依法登记领取营业执照的个人独资企业；

（二）依法登记领取营业执照的合伙企业；

（三）依法登记领取我国营业执照的中外合作经营企业、外资企业；

（四）依法成立的社会团体的分支机构、代表机构；

（五）依法设立并领取营业执照的法人的分支机构；

（六）依法设立并领取营业执照的商业银行、政策性银行和非银行金融机构的分支机构；

（七）经依法登记领取营业执照的乡镇企业、街道企业；

（八）其他符合本条规定条件的组织。

> **第二百四十八条　【外国公司分支机构的活动原则】**
>
> 经批准设立的外国公司分支机构，在中华人民共和国境内从事业务活动，应当遵守中国的法律，不得损害中国的社会公共利益，其合法权益受中国法律保护。

◆ **条文主旨**

本条规定了外国公司分支机构的活动原则。

◆ **修改情况**

本条将 2018 年《公司法》第 196 条中的"在中国境内"修改为"在中华人民共和国境内",将"必须遵守中国的法律"的表述修改为"应当遵守中国的法律"。

◆ **条文注释**

外国公司分支机构在中国境内从事业务活动时,应当遵守以下原则:

1. 应当遵守中国的法律。依据属地管辖原则,外国公司在中国境内的营业活动,受中国法律管辖。外国公司分支机构应当遵守中国法律,在中国境内依法开展生产经营活动。外国公司分支机构不得在中国境内非法开展业务,不得拒绝履行其应当履行的法律义务,不得扰乱中国正常的经济秩序,否则将受到中国法律的制裁,并不因其为外国公司的分支机构而特殊。

2. 不得损害中国的社会公共利益。社会公共利益是指全体社会成员的共同利益,对社会公共利益的损害,意味着对社会秩序的破坏。我国《民法典》第 8 条规定,民事主体从事民事活动,不得违反法律,不得违背公序良俗。第 132 条规定,民事主体不得滥用民事权利损害国家利益、社会公共利益或者他人合法权益。外国公司分支机构在我国从事经营活动,同样应当遵守前述规定。

3. 外国公司分支机构的合法权益受法律保护。我国坚持对外开放的基本国策,鼓励外国投资者在中国境内投资,外国公司分支机构的合法权益当然受中国法律保护,比如财产所有权、结汇权等。中国的有关管理机关应依法履行自己的职责,切实保障外国公司分支机构的合法权益。任何侵犯外国公司分支机构合法权益的行为都将受到法律的追究。外国公司在其分支机构的合法经营活动受到不法侵害时,有权在中国提起诉讼,寻求司法保护,以维护其合法权益。

◆ **关联规范**

1.《**外商投资法**》(2020年1月1日起施行)

第3条 【鼓励外商投资】国家坚持对外开放的基本国策，鼓励外国投资者依法在中国境内投资。

国家实行高水平投资自由化便利化政策，建立和完善外商投资促进机制，营造稳定、透明、可预期和公平竞争的市场环境。

第5条 【保护外国投资者权益】国家依法保护外国投资者在中国境内的投资、收益和其他合法权益。

第6条 【外国投资者、外商投资企业的义务】在中国境内进行投资活动的外国投资者、外商投资企业，应当遵守中国法律法规，不得危害中国国家安全、损害社会公共利益。

2.《**民事诉讼法**》(2023年修正)

第5条 【涉外民事诉讼同等原则、对等原则】外国人、无国籍人、外国企业和组织在人民法院起诉、应诉，同中华人民共和国公民、法人和其他组织有同等的诉讼权利义务。

外国法院对中华人民共和国公民、法人和其他组织的民事诉讼权利加以限制的，中华人民共和国人民法院对该国公民、企业和组织的民事诉讼权利，实行对等原则。

3.《**外资银行管理条例**》(2019年修订)

第4条 外资银行必须遵守中华人民共和国法律、法规，不得损害中华人民共和国的国家利益、社会公共利益。

外资银行的正当活动和合法权益受中华人民共和国法律保护。

第二百四十九条 【外国公司分支机构的撤销与清算】

外国公司撤销其在中华人民共和国境内的分支机构时，应当依法清偿债务，依照本法有关公司清算程序的规定进行清算。未清偿债务之前，不得将其分支机构的财产转移至中华人民共和国境外。

◆ **条文主旨**

本条规定了外国公司分支机构的撤销与清算。

◆ **修改情况**

本条将 2018 年《公司法》第 197 条中"中国"的表述调整为"中华人民共和国"，将"必须依法清偿债务"的表述修改为"应当依法清偿债务"。

◆ **条文注释**

外国公司分支机构的撤销与清算，适用中国法律的规定。外国公司分支机构的撤销包括自愿撤销和非自愿撤销两种情形。所谓自愿撤销，是指外国公司基于自主决定选择关闭在中国境内的分支机构，不再在中国境内从事经营活动；所谓非自愿撤销，是指外国公司分支机构因从事违法活动，公司登记机关责令其停止营业，收回营业执照。无论何种情形，外国公司撤销其在中国境内的分支机构时，必须依法清偿债务，按照本法有关公司清算程序的规定进行清算。

外国公司分支机构清算的程序包括：（1）出现清算事由时，应当在事由出现之日起 15 日内组成清算组进行清算。逾期不成立清算组的，债权人可以申请人民法院指定有关人员组成清算组，进行清算。(2) 清算组应当自成立之日起 10 日内通知债权人，并于 60 日内在报纸上或者国家企业信用信息公示系统公告。债权人应当自接到通知之日起 30 日内，未接到通知的自公告之日起 45 日内，向清算组申报其债权。(3) 清算组在清理公司财产、编制资产负债表和财产清单后，应当制订清算方案并进行债务清偿。(4) 经清理，财产不足以清偿债务的，由外国公司对其分支机构的债务承担清偿责任。

需要指出的是，外国公司分支机构的债务，实质上是外国公司的债务，因此，用于清偿债务的财产不限于外国公司分支机构的财产，而是包括外国公司的全部财产。在外国公司分支机构支付其清算费用、职工工资、社会保险费用、欠缴税款、清偿债务之前，不得将其财产转移至中国境外。否则，一旦外国公司分支机构将其财产转移至境外，其尚未偿还的债务将难以得到清偿，其财产被执行的难度和成本不可避免地增加，对债权人的合法权益造成严重损害。

生变更时，未依照本法规定办理有关变更登记的，由公司登记机关责令限期登记；逾期不登记的，处以 1 万元以上 10 万元以下的罚款。

本条所规定的欺诈登记包括以下三种情形：

1. 虚报注册资本。虚报注册资本是指为了获得公司登记而故意夸大资本数额，实际上没有出资或者没有全部出资。这里的注册资本，是指公司登记机关登记的资本数额，包括公司设立时公司的注册资本，也包括公司成立后增加的注册资本。如果仅在章程中记载，但未在公司登记机关进行登记，则不适用本条规定。需要注意的是，本条规定适用于施行注册资本实缴登记制的公司。根据《市场主体登记管理条例》第 45 条的规定，实行注册资本实缴登记制的市场主体虚报注册资本取得市场主体登记的，由登记机关责令改正，处虚报注册资本金额 5% 以上 15% 以下的罚款；情节严重的，吊销营业执照。

2. 提交虚假材料。虚假材料，主要是指设立（变更、注销）登记申请书、公司章程、公司决议、验资证明、地址证明等文件和从事法律、行政法规规定须报经有关部门审批的批准文件是虚假的。比如提交了虚假的公司决议，以获得法定代表人的登记变更。

3. 采取其他欺诈手段隐瞒重要事实，即采取了前述行为之外的其他隐瞒事实真相的方法欺骗公司登记机关的行为。

（二）欺诈登记行为的法律责任

本条规定了对欺诈登记行为的行政处罚措施。由于撤销公司登记是对违法行为的纠正，不属于行政处罚，2023 年《公司法》修订后将其统一规定于本法第二章"公司登记"部分。

1. 从行政处罚的主体而言，公司登记机关负责对欺诈登记行为的行政处罚，即市场监督管理部门。

2. 欺诈登记的法律责任包括以下三种：（1）责令改正。虽然行政处罚未将责令改正列为行政处罚的种类之一，但任何一种违法行为均应予改正。（2）罚款。对虚报注册资本的公司，处以虚报注册资本金额5%以上15%以下的罚款。对提交虚假材料或者采取其他欺诈手段隐瞒重要事实的公司，处以5万元以上200万元以下的罚款；情节严重的，吊销营业执照。（3）吊销营业执照。吊销营业执照是公司登记机关强行收回公司营业执照并予以注销的行政处罚，适用于本条所规定的情节严重情形。

3. 从行政处罚的相对人而言，在登记申请人之外，2023年《公司法》新增了直接负责的主管人员和其他直接责任人员，强化行政处罚的针对性。公司法上的行政处罚不应简单归结于"公司"，公司为拟制主体，导致行政处罚的违法行为来自董事、监事、高级管理人员、股东、员工等具体主体，存在行为主体和责任主体的错位，无法通过行政处罚矫正违法主体的不当行为。公司遭受处罚的损失虽然可能通过向过错行为人追偿得以填补，但这本质上属于间接责任而非直接责任。在公司控制权归属于所有者或管理者之时，公司对提起此类诉讼的积极性并不强烈。本条新增了直接负责人的行政处罚，填补了单罚制的缺憾。

此外，对于依法实行注册资本实缴登记制的公司，虚报注册资本数额巨大、后果严重或者有其他严重情节的，还可能构成《刑法》第158条规定的虚报注册资本罪。

◆ 关联规范

1.《刑法》（2023年修正）

第158条 【虚报注册资本罪】 申请公司登记使用虚假证明文件或者采取其他欺诈手段虚报注册资本，欺骗公司登记主管部门，取得公司登记，虚报注册资本数额巨大、后果严重或者有其他严重情节的，处三年以下有期徒刑或者拘役，并处或者单处虚报注册资本金额百分之一以上百分之五以下罚金。

单位犯前款罪的，对单位判处罚金，并对其直接负责的主管人员和其他直接责任人员，处三年以下有期徒刑或者拘役。

2. 全国人民代表大会常务委员会《关于〈中华人民共和国刑法〉第一百五十八条、第一百五十九条的解释》（2014 年 4 月 24 日第十二届全国人民代表大会常务委员会第八次会议通过）

全国人民代表大会常务委员会讨论了公司法修改后刑法第一百五十八条、第一百五十九条对实行注册资本实缴登记制、认缴登记制的公司的适用范围问题，解释如下：

刑法第一百五十八条、第一百五十九条的规定，只适用于依法实行注册资本实缴登记制的公司。

3.《市场主体登记管理条例》（2022 年 3 月 1 日起施行）

第 44 条　【欺诈登记的法律责任】提交虚假材料或者采取其他欺诈手段隐瞒重要事实取得市场主体登记的，由登记机关责令改正，没收违法所得，并处 5 万元以上 20 万元以下的罚款；情节严重的，处 20 万元以上 100 万元以下的罚款，吊销营业执照。

第 45 条　【虚报注册资本等的法律责任】实行注册资本实缴登记制的市场主体虚报注册资本取得市场主体登记的，由登记机关责令改正，处虚报注册资本金额 5% 以上 15% 以下的罚款；情节严重的，吊销营业执照。

实行注册资本实缴登记制的市场主体的发起人、股东虚假出资，未交付或者未按期交付作为出资的货币或者非货币财产的，或者在市场主体成立后抽逃出资的，由登记机关责令改正，处虚假出资金额 5% 以上 15% 以下的罚款。

第 49 条　【行政处罚裁量】违反本条例规定的，登记机关确定罚款金额时，应当综合考虑市场主体的类型、规模、违法情节等因素。

4.《市场主体登记管理条例实施细则》（2022年3月1日起施行）

第50条　【登记机关查处职权】对涉嫌提交虚假材料或者采取其他欺诈手段隐瞒重要事实取得市场主体登记的行为，登记机关可以根据当事人申请或者依职权主动进行调查。

第71条　【欺诈登记的行政处罚】提交虚假材料或者采取其他欺诈手段隐瞒重要事实取得市场主体登记的，由登记机关依法责令改正，没收违法所得，并处5万元以上20万元以下的罚款；情节严重的，处20万元以上100万元以下的罚款，吊销营业执照。

明知或者应当知道申请人提交虚假材料或者采取其他欺诈手段隐瞒重要事实进行市场主体登记，仍接受委托代为办理，或者协助其进行虚假登记的，由登记机关没收违法所得，处10万元以下的罚款。

虚假市场主体登记的直接责任人自市场主体登记被撤销之日起3年内不得再次申请市场主体登记。登记机关应当通过国家企业信用信息公示系统予以公示。

◆ 案例指引

【检例169号】浙江省杭州市某区人民检察院督促治理虚假登记市场主体检察监督案（《最高人民检察院公报》2023年第3号）

裁判要旨

人民检察院在开展行政诉讼监督中发现存在虚假登记市场主体问题，可以依法制发检察建议，督促行政主管部门依法履行监管职责。某区人民检察院经审查认为，杭州某灯饰有限公司等74家公司提交虚假材料取得公司登记用于违法犯罪活动，已严重损害人民群众的财产安全、信用安全，情节严重，根据2018年《公司法》第198条、《公司登记管理条例》（已失效）第64条规定，应当吊销营业执照。杭州市某区市场监督管理局对上述违法行为负有法定监督管理职责，但并未依法尽责履职。2020年5月29日，某区人民检察院向区市场监督管理局发出检察建议书,建议:1. 履行监管职责,吊销杭州某灯饰有限公司等74家公司的营业执照;2. 开展案涉公司法定代表人的关联公司信息排查专项行动;3. 建立长效监管机制,利用大数据排查等方式加强日常巡查。

> **第二百五十一条　【未依法公示信息的法律责任】**
> 　　公司未依照本法第四十条规定公示有关信息或者不如实公示有关信息的,由公司登记机关责令改正,可以处以一万元以上五万元以下的罚款。情节严重的,处以五万元以上二十万元以下的罚款;对直接负责的主管人员和其他直接责任人员处以一万元以上十万元以下的罚款。

◆ **条文主旨**

本条规定了未依法公示信息的法律责任。

◆ **修改情况**

本条为2023年《公司法》修订的新增条款,规定了未依法公示公司有关信息或者不如实公示有关信息时公司、直接负责的主管人员和其他直接责任人员的法律责任。之所以新增该规定,《公司法(修订草案四审稿)》的审议说明指出,是为了进一步完善公司出资制度,强化股东出资责任。

◆ **条文注释**

依照本法第40条的规定,公司应当按照规定通过国家企业信用信息公示系统公示下列四类事项:(1)有限责任公司股东认缴和实缴的出资额、出资方式和出资日期,股份有限公司发起人认购的股份数;(2)有限责任公司股东、股份有限公司发起人的股权、股变更信息；(3) 行政许可取得、变更、注销等信息；(4) 法律、行政法规规定的其他信息。公司未依法公示或不如实公示，即构成违法行为。

未依法公示或不如实公示的，公司登记机关应责令改正，以纠正公司的违法行为。在责令改正的基础上，公司登记机关可以根据违法行为的情节对公司及相关人员处以罚款：(1) 可以对公司处以1万元以上5万元以下的罚款；(2) 情节严重的，可以对公司处以5万元以上20万元以下罚款；(3) 可以对直接负责的主管人员和其他直接责任人员处以1万元以上10万元以下的罚款。

《企业信息公示暂行条例》第17条规定了未依法公示或不如实公示规定的法律责任：由县级以上工商行政管理部门列入经营异常名录，通过企业信用信息公示系统向社会公示，提醒其履行公示义务；情节严重的，由有关主管部门依照有关法律、行政法规规定给予行政处罚；造成他人损失的，依法承担赔偿责任；构成犯罪的，依法追究刑事责任。循此规定，除了本条规定的行政处罚措施之外，公司登记机关仍可依《企业信息公示暂行条例》将相关公司列入经营异常名录或严重违法企业名单。

第二百五十二条　【虚假出资的法律责任】

公司的发起人、股东虚假出资，未交付或者未按期交付作为出资的货币或者非货币财产的，由公司登记机关责令改正，可以处以五万元以上二十万元以下的罚款；情节严重的，处以虚假出资或者未出资金额百分之五以上百分之十五以下的罚款；对直接负责的主管人员和其他直接责任人员处以一万元以上十万元以下的罚款。

◆ **条文主旨**

本条规定了公司的发起人、股东虚假出资的法律责任。

◆ **修改情况**

在 2018 年《公司法》第 199 条的基础上，本条作出如下修改：

其一，调整了虚假出资、瑕疵出资的责任梯度。对于"未交付或者未按期交付作为出资的货币或者非货币财产的"，在"由公司登记机关责令改正"的基础上增加"可以处以五万元以上二十万元以下的罚款"的法律责任；并新增"情节严重的，处以虚假出资或者未出资金额百分之五以上百分之十五以下的罚款"。

其二，新增了直接负责人员的法律责任："对直接负责的主管人员和其他直接责任人员处以一万元以上十万元以下的罚款。"

◆ **条文注释**

虚假出资是指公司发起人、股东故意违反本法规定，未交付或未按期交付作为出资的货币或非货币财产的行为。虚假出资的行为不仅损害公司、其他股东、债权人等主体的利益，导致发起人、股东的私法责任，还损害市场经济秩序，应当承担相应的行政处罚。需要注意的是，本条适用于实行注册资本实缴登记制的公司。

本条规定虚假出资的法律责任包括两个梯度：其一，责令改正，可以处以 5 万元以上 20 万元以下的罚款。公司登记机关应当责令虚假出资的公司发起人、股东履行其出资义务，改正虚假出资行为。其二，情节严重的，对虚假出资的发起人、股东处以虚假出资或者未出资金额 5% 以上 15% 以下的罚款。

2023 年《公司法》还新增了直接负责的主管人员和其他直接责任人员的行政责任，处罚对象不限于公司的发起人、股东，对于直接负责的主管人员和其他直接责任人员，也应处以 1 万元以上 10 万元以下的罚款。

此外，对于依法实行注册资本实缴登记制的公司，公司发起人、股东违反公司法的规定未交付货币、实物或者未转移财产权，虚假出资，数额巨大、后果严重或者有其他严重情节的，还可能构成《刑法》第159条规定的虚假出资罪。

◆ 关联规范

1.《刑法》（2023年修正）

第159条　【虚假出资、抽逃出资罪】公司发起人、股东违反公司法的规定未交付货币、实物或者未转移财产权，虚假出资，或者在公司成立后又抽逃其出资，数额巨大、后果严重或者有其他严重情节的，处五年以下有期徒刑或者拘役，并处或者单处虚假出资金额或者抽逃出资金额百分之二以上百分之十以下罚金。

单位犯前款罪的，对单位判处罚金，并对其直接负责的主管人员和其他直接责任人员，处五年以下有期徒刑或者拘役。

2.《市场主体登记管理条例》（2022年3月1日起施行）

第45条　【虚报注册资本等的法律责任】实行注册资本实缴登记制的市场主体虚报注册资本取得市场主体登记的，由登记机关责令改正，处虚报注册资本金额5%以上15%以下的罚款；情节严重的，吊销营业执照。

实行注册资本实缴登记制的市场主体的发起人、股东虚假出资，未交付或者未按期交付作为出资的货币或者非货币财产的，或者在市场主体成立后抽逃出资的，由登记机关责令改正，处虚假出资金额5%以上15%以下的罚款。

◆ **案例指引**

【典型案例】傅某才与南宁市工商行政管理局工商行政处罚纠纷上诉案（广西壮族自治区高级人民法院（2019）桂行终1099号）

裁判要旨

从1993年《公司法》颁布至今，历经多次修正、修订，均明确规定"股东应当按期足额缴纳公司章程中规定的各自所认缴的出资额"，且对公司的发起人、股东出资违法的法律责任作出明确规定。2005年《公司法》第200条规定："公司的发起人、股东虚假出资，未交付或者未按期交付作为出资的货币或者非货币财产的，由公司登记机关责令改正，处以虚假出资金额百分之五以上百分之十五以下的罚款。"2013年《公司法》第199条与2005年《公司法》第200条规定的内容完全一致，仅条款序号不同，被诉105号行政处罚决定在适用法律时未注明法律实施时间，存在瑕疵。但原南宁市工商行政管理局适用2005年《公司法》第200条的规定，作出被诉105号行政处罚决定，并未加重对上诉人傅某才的处罚，该行政处罚决定结果正确。据此，原南宁市工商行政管理局认定"当事人在南宁百利公司增资108万美元的过程中，并未履行出资义务，行为已违法"，决定对傅文才等人虚假出资违法行为进行处罚，适用法律并无不当。

第二百五十三条　【抽逃出资的法律责任】

公司的发起人、股东在公司成立后，抽逃其出资的，由公司登记机关责令改正，处以所抽逃出资金额百分之五以上百分之十五以下的罚款；对直接负责的主管人员和其他直接责任人员处以三万元以上三十万元以下的罚款。

◆ 条文主旨

本条规定了发起人、股东抽逃出资的法律责任。

◆ 修改情况

本条在2018年《公司法》第200条的基础上，新增了直接负责人员的法律责任："对直接负责的主管人员和其他直接责任人员处以三万元以上三十万元以下的罚款。"

◆ 条文注释

股东抽逃出资，本质上属于公司财产向股东的违法分配行为，系对公司财产权的损害。为此，本法第53条规定，公司成立后，股东不得抽逃出资。违反前款规定的，股东应当返还抽逃的出资；给公司造成损失的，负有责任的董事、监事、高级管理人员应当与该股东承担连带赔偿责任。《公司法司法解释（三）》第12条明确规定，公司成立后，公司、股东或者公司债权人以相关股东的行为符合下列情形之一且损害公司权益为由，请求认定该股东抽逃出资的，人民法院应予支持：（1）制作虚假财务会计报表虚增利润进行分配；（2）通过虚构债权债务关系将其出资转出；（3）利用关联交易将出资转出；（4）其他未经法定程序将出资抽回的行为。从形式上而言，抽逃出资的形式是多种多样的。

需要注意的是，本条适用于实行注册资本实缴登记制的公司。根据《市场主体登记管理条例》第45条第2款的规定，实行注册资本实缴登记制的市场主体的发起人、股东虚假出资，未交付或者未按期交付作为出资的货币或者非货币财产的，或者在市场主体成立后抽逃出资的，由登记机关责令改正，处虚假出资金额5%以上15%以下的罚款。

在责任形式上，本条规定的法律责任包括责令改正和罚款。其一，责令改正。公司登记机关应当责令抽逃出资的公司发起人、股东改正抽逃出资行为，返还抽逃的出资。其二，对抽逃出资的公司发起人、股东处以所抽逃出资金额 5% 以上 15% 以下的罚款。

除了抽逃出资的发起人、股东之外，本条还新增了直接负责人员的法律责任，对直接负责的主管人员和其他直接责任人员处以 3 万元以上 30 万元以下的罚款。抽逃出资行为往往离不开公司董事、监事、高级管理人员、财务人员等主体的协助，本次公司法修订新增了直接责任人员的法律责任，更具有针对性。

此外，对于依法实行注册资本实缴登记制的公司，在公司成立后又抽逃其出资，数额巨大、后果严重或者有其他严重情节的，还可能构成《刑法》第 159 条规定的抽逃出资罪。

◆ **关联规范**

1. **《刑法》**（2023 年修正）

第 159 条 【**虚假出资、抽逃出资罪**】公司发起人、股东违反公司法的规定未交付货币、实物或者未转移财产权，虚假出资，或者在公司成立后又抽逃其出资，数额巨大、后果严重或者有其他严重情节的，处五年以下有期徒刑或者拘役，并处或者单处虚假出资金额或者抽逃出资金额百分之二以上百分之十以下罚金。

单位犯前款罪的，对单位判处罚金，并对其直接负责的主管人员和其他直接责任人员，处五年以下有期徒刑或者拘役。

2. **《市场主体登记管理条例》**（2022 年 3 月 1 日起施行）

第 45 条 【**虚报注册资本等的法律责任**】实行注册资本实缴登记制的市场主体虚报注册资本取得市场主体登记的，由登记机关责令改正，处虚报注册资本金额 5% 以上 15% 以下的罚款；情节严重的，吊销营业执照。

实行注册资本实缴登记制的市场主体的发起人、股东虚假出资，未交付或者未按期交付作为出资的货币或者非货币财产的，或者在市场主体成立后抽逃出资的,由登记机关责令改正,处虚假出资金额5%以上15%以下的罚款。

> **第二百五十四条 【违法会计行为的法律责任】**
> 有下列行为之一的,由县级以上人民政府财政部门依照《中华人民共和国会计法》等法律、行政法规的规定处罚:
> (一)在法定的会计账簿以外另立会计账簿;
> (二)提供存在虚假记载或者隐瞒重要事实的财务会计报告。

◆ 条文主旨

本条规定了公司另立会计账簿和提供虚假财务会计报告的法律责任。

◆ 修改情况

本条合并了2018年《公司法》第201条和第202条的规定,删除了法律责任的规定,引致按照《会计法》等法律、行政法规的规定予以处罚。同时,删除了2018年《公司法》第203条规定的不按照规定提取法定公积金的法律责任。

◆ 条文注释

公司的会计账簿是公司用以记载其营业及财产状况,依法编制的簿册。《公司法》专设"公司财务、会计"一章,对会计账簿的设置的基本内容予以规范,设置会计账簿是公司的法定义务。会计账簿全面地记载着公司的资产负债情况、财务变动情况、利润分配情况和生产经营成果。公司会计账簿包括下列财务会计报告及附属明细表：（1）资产负债表；（2）损益表；（3）财务状况变动表；（4）财务情况说明书；（5）利润分配表。按我国公司法和有关企业财务、会计法规的规定，公司应当在每一会计年度终了时编制财务会计报告，并依法经会计师事务所审计。公司财务会计报告还要依法向股东或社会公众公告。

本条所规定的违法行为包括两种：其一，在法定的会计账簿以外另立会计账簿。按照本法第217条第1款规定，公司除法定的会计账簿外，不得另立会计账簿。其二，提供存在虚假记载或者隐瞒重要事实的财务会计报告。在商业实践中，为了逃税避税、业绩需求、套取补贴、违规支出等不同目的，另立会计账簿、在财务会计报告中进行虚假记载或隐瞒重要事实的行为屡见不鲜。这些行为不仅损害了公司、股东利益，也损害了国家的会计管理制度，由县级以上人民政府财政部门按照《会计法》等法律、行政法规的规定处罚。

隐匿或者故意销毁依法应当保存的会计凭证、会计帐簿、财务会计报告，情节严重的，可能构成《刑法》第162条之一规定的隐匿、故意销毁会计凭证、会计帐簿、财务会计报告罪。

负有信息披露义务的公司，向股东和社会公众提供虚假的或者隐瞒重要事实的财务会计报告，严重损害股东或者其他人利益，或者有其他严重情节的，可能构成《刑法》第161条规定的违规披露重要信息罪。

◆ **关联规范**

1. 《刑法》（2023年修正）

第161条 【违规披露、不披露重要信息罪】 依法负有信息披露义务的公司、企业向股东和社会公众提供虚假的或者隐瞒重要事实的财务会计报告，或者对依法应当披露的其他重要信息不按照规定披露，严重损害股东或者其他人利益，或者有其他严重情节的，对其直接负责的主管人员和其他直接责任人员，处五年以下有期徒刑或者拘役，并处或者单处罚金；情节特别严重的，处五年以上十年以下有期徒刑，并处罚金。

前款规定的公司、企业的控股股东、实际控制人实施或者组织、指使实施前款行为的，或者隐瞒相关事项导致前款规定的情形发生的，依照前款的规定处罚。

犯前款罪的控股股东、实际控制人是单位的，对单位判处罚金，并对其直接负责的主管人员和其他直接责任人员，依照第一款的规定处罚。

第162条之一　【隐匿、故意销毁会计凭证、会计帐簿、财务会计报告罪】隐匿或者故意销毁依法应当保存的会计凭证、会计帐簿、财务会计报告，情节严重的，处五年以下有期徒刑或者拘役，并处或者单处二万元以上二十万元以下罚金。

单位犯前款罪的，对单位判处罚金，并对其直接负责的主管人员和其他直接责任人员，依照前款的规定处罚。

2.《会计法》（2017年修正）

第42条　【会计违法行为的法律责任】违反本法规定，有下列行为之一的，由县级以上人民政府财政部门责令限期改正，可以对单位并处三千元以上五万元以下的罚款；对其直接负责的主管人员和其他直接责任人员，可以处二千元以上二万元以下的罚款；属于国家工作人员的，还应当由其所在单位或者有关单位依法给予行政处分：

（一）不依法设置会计账簿的；

（二）私设会计账簿的；

（三）未按照规定填制、取得原始凭证或者填制、取得的原始凭证不符合规定的；

（四）以未经审核的会计凭证为依据登记会计账簿或者登记会计

账簿不符合规定的；

（五）随意变更会计处理方法的；

（六）向不同的会计资料使用者提供的财务会计报告编制依据不一致的；

（七）未按照规定使用会计记录文字或者记账本位币的；

（八）未按照规定保管会计资料，致使会计资料毁损、灭失的；

（九）未按照规定建立并实施单位内部会计监督制度或者拒绝依法实施的监督或者不如实提供有关会计资料及有关情况的；

（十）任用会计人员不符合本法规定的。

有前款所列行为之一，构成犯罪的，依法追究刑事责任。

会计人员有第一款所列行为之一，情节严重的，五年内不得从事会计工作。

有关法律对第一款所列行为的处罚另有规定的，依照有关法律的规定办理。

第43条 【伪造、编造会计凭证等的法律责任】伪造、变造会计凭证、会计账簿，编制虚假财务会计报告，构成犯罪的，依法追究刑事责任。

有前款行为，尚不构成犯罪的，由县级以上人民政府财政部门予以通报，可以对单位并处五千元以上十万元以下的罚款；对其直接负责的主管人员和其他直接责任人员，可以处三千元以上五万元以下的罚款；属于国家工作人员的，还应当由其所在单位或者有关单位依法给予撤职直至开除的行政处分；其中的会计人员，五年内不得从事会计工作。

第44条 【隐匿或销毁会计凭证等的法律责任】隐匿或者故意销毁依法应当保存的会计凭证、会计账簿、财务会计报告，构成犯罪的，依法追究刑事责任。

有前款行为，尚不构成犯罪的，由县级以上人民政府财政部门予以通报，可以对单位并处五千元以上十万元以下的罚款；对其直接负责的主管人员和其他直接责任人员，可以处三千元以上五万元以下的罚款；属于国家工作人员的，还应当由其所在单位或者有关单位依法给予撤职直至开除的行政处分；其中的会计人员，五年内不得从事会计工作。

第 45 条　【授意、指使、强令伪造会计凭证等的法律责任】 授意、指使、强令会计机构、会计人员及其他人员伪造、变造会计凭证、会计账簿，编制虚假财务会计报告或者隐匿、故意销毁依法应当保存的会计凭证、会计账簿、财务会计报告，构成犯罪的，依法追究刑事责任；尚不构成犯罪的，可以处五千元以上五万元以下的罚款；属于国家工作人员的，还应当由其所在单位或者有关单位依法给予降级、撤职、开除的行政处分。

第二百五十五条　【不按规定通知债权人的法律责任】

公司在合并、分立、减少注册资本或者进行清算时，不依照本法规定通知或者公告债权人的，由公司登记机关责令改正，对公司处以一万元以上十万元以下的罚款。

◆ **条文主旨**

本条规定了公司在合并、分立、减少注册资本或进行清算时，公司违反通知或公告债权人义务的法律责任。

◆ **修改情况**

本条对 2018 年《公司法》第 204 条第 1 款未作修改。

◆ **条文注释**

按照本法规定，公司在合并、分立、减少注册资本、清算时，均应通知或公告债权人。

（1）公司合并。公司应当自作出合并决议之日起10日内通知债权人，并于30日内在报纸上或者国家企业信用信息公示系统公告。债权人自接到通知之日起30日内，未接到通知的自公告之日起45日内，可以要求公司清偿债务或者提供相应的担保。

（2）公司分立。公司分立，应当编制资产负债表及财产清单。公司应当自作出分立决议之日起10日内通知债权人，并于30日内在报纸上或者国家企业信用信息公示系统公告。

（3）减少注册资本。公司应当自股东会作出减少注册资本决议之日起10日内通知债权人，并于30日内在报纸上或者国家企业信用信息公示系统公告。债权人自接到通知之日起30日内，未接到通知的自公告之日起45日内，有权要求公司清偿债务或者提供相应的担保。即使在按照本法第225条规定进行简易减资时，同样应当在报纸或统一的企业信用公示系统公告。

（4）清算。清算组应当自成立之日起10日内通知债权人，并于60日内在报纸上或者国家企业信用信息公示系统公告。债权人应当自接到通知之日起30日内，未接到通知的自公告之日起45日内，向清算组申报其债权。

在前述情形下，公司的重大变化对债权人利益有重要影响，关系到债权人债权的实现方式和可能。因此，本条规定，公司在合并、分立、减少注册资本或者进行清算时，不依照本法规定通知或者公告债权人的，由公司登记机关责令改正，对公司处以1万元以上10万元以下的罚款。

> **第二百五十六条 【违法清算的法律责任】**
>
> 公司在进行清算时,隐匿财产,对资产负债表或者财产清单作虚假记载,或者在未清偿债务前分配公司财产的,由公司登记机关责令改正,对公司处以隐匿财产或者未清偿债务前分配公司财产金额百分之五以上百分之十以下的罚款;对直接负责的主管人员和其他直接责任人员处以一万元以上十万元以下的罚款。

◆ 条文主旨

本条规定了违法清算的法律责任。

◆ 修改情况

本条未作修改。

需要注意的是,虽然本条未作修改,但是存在相关条款变化。在违法清算活动的法律责任方面,2023年《公司法》删除了2018年《公司法》第205条所规定的"公司在清算期间开展与清算无关的经营活动的,由公司登记机关予以警告,没收违法所得"。

此外,2023年《公司法》还删除了2018年《公司法》第206条所规定的"清算组不依照本法规定向公司登记机关报送清算报告,或者报送清算报告隐瞒重要事实或者有重大遗漏的,由公司登记机关责令改正。清算组成员利用职权徇私舞弊、谋取非法收入或者侵占公司财产的,由公司登记机关责令退还公司财产,没收违法所得,并可以处以违法所得一倍以上五倍以下的罚款"。

◆ 条文注释

根据本条规定,公司违法清算的行为主要包括以下类型:(1)公司在进行清算时,隐匿财产。所谓隐匿财产,是指公司某些财产可能在账面上未作记载，在清算时故意隐瞒不报，损害公司、股东或债权人利益的行为。（2）对资产负债表或者财产清单作虚假记载。资产负债表和财产清单，是公司进行清算的重要财务文件，其内容不实将直接影响公司债务清偿和财产分配。（3）在未清偿债务前分配公司财产。公司财产在分别支付清算费用、职工的工资、社会保险费用和法定补偿金，缴纳所欠税款，清偿公司债务后的剩余财产方可进行分配。在未清偿债务前分配公司财产，违反了本法规定，严重损害了债权人的利益。

对于前述行为，本法规定了公司登记机关予以处罚的权力。从责任类型来看，包括责令改正和罚款两种。前述行为属于清算中的违法行为，公司登记机关应当责令改正。罚款的责任主体有二：一是对公司处以隐匿财产或者未清偿债务前分配公司财产金额5%以上10%以下的罚款；二是对直接负责的主管人员和其他直接责任人员处以1万元以上10万元以下的罚款。

公司进行清算时，隐匿财产，对资产负债表或者财产清单作虚伪记载或者在未清偿债务前分配公司财产，严重损害债权人或者其他人利益的，还可能构成《刑法》第162条规定的妨害清算罪。

◆ 关联规范

《刑法》（2023年修正）

第162条 【妨害清算罪】公司、企业进行清算时，隐匿财产，对资产负债表或者财产清单作虚伪记载或者在未清偿债务前分配公司、企业财产，严重损害债权人或者其他人利益的，对其直接负责的主管人员和其他直接责任人员，处五年以下有期徒刑或者拘役，并处或者单处二万元以上二十万元以下罚金。

> **第二百五十七条** 【资产评估、验资或者验证机构违法的法律责任】
> 承担资产评估、验资或者验证的机构提供虚假材料或者提供有重大遗漏的报告的，由有关部门依照《中华人民共和国资产评估法》、《中华人民共和国注册会计师法》等法律、行政法规的规定处罚。
> 承担资产评估、验资或者验证的机构因其出具的评估结果、验资或者验证证明不实，给公司债权人造成损失的，除能够证明自己没有过错的外，在其评估或者证明不实的金额范围内承担赔偿责任。

◆ **条文主旨**

本条规定了资产评估、验资或者验证机构违法的法律责任。

◆ **修改情况**

本条第1款删除了2018年《公司法》第207条中所规定的行政处罚措施，并引致按照《资产评估法》《注册会计师法》等法律、行政法规的规定处罚。

本条第2款未作修改。

◆ **条文注释**

资产评估机构、验资或验证机构等社会中介机构作为专业从事资产评估、验资或验证的机构，进行资产评估、验资或者验证，对确保公司资本充实、信息正确、维护公司和债权人利益而言十分重要。本条所规定的中介机构包括资产评估机构、会计师事务所、审计师事务所、律师事务所等。

其中，资产评估是指评估机构及其评估专业人员根据委托对不动产、动产、无形资产、企业价值、资产损失或者其他经济权益进行评定、估算的行为。评估机构及其评估专业人员应当依法独立、客观、公正开展业务，保证评估报告等材料的客观、真实、合理，不得出具虚假评估报告。评估机构违反法律出具虚假评估报告的，应当承担相应的法律责任。验资是指对公司发起人、股东的出资情况进行核验，并出具验资证明的行为。根据《注册会计师法》的规定，注册会计师承办验证企业资本，出具验资报告的审计业务。注册会计师依法执行审计业务出具的报告，具有证明效力。

本条第1款规定了承担资产评估、验资或者验证的机构提供虚假材料或者提供有重大遗漏的报告的情形下，所应当承担的行政处罚。根据本款规定，由有关机关按照《资产评估法》《注册会计师法》等法律、行政法规的规定处罚。

本条第2款规定了承担资产评估、验资或者验证的机构因其出具的评估结果、验资或者验证证明不实，给公司债权人造成损失的，承担民事赔偿责任。该责任的构成须注意以下方面：

其一，资产评估、验资或者验证的机构承担的是过错推定责任，如果其不能证明自己没有过错，即应当就给公司债权人造成损失的承担赔偿责任。从举证责任分配来看，遭受损失的公司债权人只需要举证证明其信任了中介机构的不实评估结果、验资或验证证明，并因此遭受了损失即可，不需要举证证明中介机构存在过错。

其二，资产评估、验资或者验证的机构在其评估或者证明不实的金额范围内承担赔偿责任。资产评估、验资或者验证的机构所出具的评估结果、验资或者验证证明，往往不仅提供给有关部门，还可能提供给了社会公众、股民等，所产生的后续损失可能数额巨大，超出了前述机构的预见能力。因此，本条将赔偿范围限定在"评估或者证明不实的金额范围内"，从责任性质上，系属于补充赔偿责任。

◆ 关联规范

1.《资产评估法》(2016 年 12 月 1 日起施行)

第 44 条 【评估专业人员的法律责任】评估专业人员违反本法规定，有下列情形之一的，由有关评估行政管理部门予以警告，可以责令停止从业六个月以上一年以下；有违法所得的，没收违法所得；情节严重的，责令停止从业一年以上五年以下；构成犯罪的，依法追究刑事责任：

（一）私自接受委托从事业务、收取费用的；

（二）同时在两个以上评估机构从事业务的；

（三）采用欺骗、利诱、胁迫，或者贬损、诋毁其他评估专业人员等不正当手段招揽业务的；

（四）允许他人以本人名义从事业务，或者冒用他人名义从事业务的；

（五）签署本人未承办业务的评估报告或者有重大遗漏的评估报告的；

（六）索要、收受或者变相索要、收受合同约定以外的酬金、财物，或者谋取其他不正当利益的。

第 45 条 【评估专业人员签署虚假评估报告的法律责任】评估专业人员违反本法规定，签署虚假评估报告的，由有关评估行政管理部门责令停止从业两年以上五年以下；有违法所得的，没收违法所得；情节严重的，责令停止从业五年以上十年以下；构成犯罪的，依法追究刑事责任，终身不得从事评估业务。

第 46 条 【未经工商登记以评估机构名义从事评估业务的法律责任】违反本法规定，未经工商登记以评估机构名义从事评估业务的，由工商行政管理部门责令停止违法活动；有违法所得的，没收违法所得，并处违法所得一倍以上五倍以下罚款。

第 47 条 【评估机构违法行为的法律责任】 评估机构违反本法规定，有下列情形之一的，由有关评估行政管理部门予以警告，可以责令停业一个月以上六个月以下；有违法所得的，没收违法所得，并处违法所得一倍以上五倍以下罚款；情节严重的，由工商行政管理部门吊销营业执照；构成犯罪的，依法追究刑事责任：

（一）利用开展业务之便，谋取不正当利益的；

（二）允许其他机构以本机构名义开展业务，或者冒用其他机构名义开展业务的；

（三）以恶性压价、支付回扣、虚假宣传，或者贬损、诋毁其他评估机构等不正当手段招揽业务的；

（四）受理与自身有利害关系的业务的；

（五）分别接受利益冲突双方的委托，对同一评估对象进行评估的；

（六）出具有重大遗漏的评估报告的；

（七）未按本法规定的期限保存评估档案的；

（八）聘用或者指定不符合本法规定的人员从事评估业务的；

（九）对本机构的评估专业人员疏于管理，造成不良后果的。

评估机构未按本法规定备案或者不符合本法第十五条规定的条件的，由有关评估行政管理部门责令改正；拒不改正的，责令停业，可以并处一万元以上五万元以下罚款。

第 48 条 【评估机构出具虚假评估报告的法律责任】 评估机构违反本法规定，出具虚假评估报告的，由有关评估行政管理部门责令停业六个月以上一年以下；有违法所得的，没收违法所得，并处违法所得一倍以上五倍以下罚款；情节严重的，由工商行政管理部门吊销营业执照；构成犯罪的，依法追究刑事责任。

第 49 条 【评估机构、评估专业人员屡次违法的法律责任】 评估机构、评估专业人员在一年内累计三次因违反本法规定受到责令停业、责令停止从业以外处罚的,有关评估行政管理部门可以责令其停业或者停止从业一年以上五年以下。

第50条 【评估机构、评估专业人员的赔偿责任】评估专业人员违反本法规定,给委托人或者其他相关当事人造成损失的,由其所在的评估机构依法承担赔偿责任。评估机构履行赔偿责任后,可以向有故意或者重大过失行为的评估专业人员追偿。

第51条 【未依法委托评估机构进行评估的法律责任】违反本法规定,应当委托评估机构进行法定评估而未委托的,由有关部门责令改正;拒不改正的,处十万元以上五十万元以下罚款;情节严重的,对直接负责的主管人员和其他直接责任人员依法给予处分;造成损失的,依法承担赔偿责任;构成犯罪的,依法追究刑事责任。

第52条 【委托人违法的法律责任】违反本法规定,委托人在法定评估中有下列情形之一的,由有关评估行政管理部门会同有关部门责令改正;拒不改正的,处十万元以上五十万元以下罚款;有违法所得的,没收违法所得;情节严重的,对直接负责的主管人员和其他直接责任人员依法给予处分;造成损失的,依法承担赔偿责任;构成犯罪的,依法追究刑事责任:

(一)未依法选择评估机构的;

(二)索要、收受或者变相索要、收受回扣的;

(三)串通、唆使评估机构或者评估师出具虚假评估报告的;

(四)不如实向评估机构提供权属证明、财务会计信息和其他资料的;

(五)未按照法律规定和评估报告载明的使用范围使用评估报告的。

前款规定以外的委托人违反本法规定,给他人造成损失的,依法承担赔偿责任。

2. **《注册会计师法》**（2014 年修正）

第 39 条 【会计师事务所出具虚假的审计、验资报告的法律责任】会计师事务所违反本法第二十条、第二十一条规定的，由省级以上人民政府财政部门给予警告，没收违法所得，可以并处违法所得一倍以上五倍以下的罚款；情节严重的，并可以由省级以上人民政府财政部门暂停其经营业务或者予以撤销。

注册会计师违反本法第二十条、第二十一条规定的，由省级以上人民政府财政部门给予警告；情节严重的，可以由省级以上人民政府财政部门暂停其执行业务或者吊销注册会计师证书。

会计师事务所、注册会计师违反本法第二十条、第二十一条的规定，故意出具虚假的审计报告、验资报告，构成犯罪的，依法追究刑事责任。

第 40 条 【未经批准承办审计业务的法律责任】对未经批准承办本法第十四条规定的注册会计师业务的单位，由省级以上人民政府财政部门责令其停止违法活动，没收违法所得，可以并处违法所得一倍以上五倍以下的罚款。

第 41 条 【会计师事务所的复议诉讼权利】当事人对行政处罚决定不服的，可以在接到处罚通知之日起十五日内向作出处罚决定的机关的上一级机关申请复议；当事人也可以在接到处罚决定通知之日起十五日内直接向人民法院起诉。

复议机关应当在接到复议申请之日起六十日内作出复议决定。当事人对复议决定不服的，可以在接到复议决定之日起十五日内向人民法院起诉。复议机关逾期不作出复议决定的，当事人可以在复议期满之日起十五日内向人民法院起诉。

当事人逾期不申请复议，也不向人民法院起诉，又不履行处罚决定的，作出处罚决定的机关可以申请人民法院强制执行。

第 42 条 【会计师事务所对委托人、利害关系人的赔偿责任】

会计师事务所违反本法规定,给委托人、其他利害关系人造成损失的,应当依法承担赔偿责任。

> **第二百五十八条　【公司登记机关违法的法律责任】**
> 公司登记机关违反法律、行政法规规定未履行职责或者履行职责不当的,对负有责任的领导人员和直接责任人员依法给予政务处分。

◆ 条文主旨

本条规定了公司登记机关违法的法律责任。

◆ 修改情况

本条在 2018 年《公司法》第 208 条的基础上,将公司登记机关的违法情形修改为"公司登记机关违反法律、行政法规规定未履行职责或者履行职责不当的",对领导人员的处罚修改为"对负有责任的领导人员和直接责任人员依法给予政务处分"。

◆ 条文注释

根据本法第 31 条规定,申请设立公司,符合本法规定的设立条件的,由公司登记机关分别登记为有限责任公司或者股份有限公司;不符合本法规定的设立条件的,不得登记为有限责任公司或者股份有限公司。根据《市场主体登记管理条例》第 16 条的规定,申请办理市场主体登记,应当提交下列材料:(1)申请书;(2)申请人资格文件、自然人身份证明;(3)住所或者主要经营场所相关文件;(4)公司、非公司企业法人、农民专业合作社(联合社)章程或者合伙企业合伙协议;(5)法律、行政法规和国务院市场监督管理部门规定提交的其他材料。根据《市场主体登记管理条例实施细则》

第 26 条规定，申请办理公司设立登记，还应当提交法定代表人、董事、监事和高级管理人员的任职文件和自然人身份证明。除前款规定的材料外，募集设立股份有限公司还应当提交依法设立的验资机构出具的验资证明；公开发行股票的，还应当提交国务院证券监督管理机构的核准或者注册文件。涉及发起人首次出资属于非货币财产的，还应当提交已办理财产权转移手续的证明文件。

对于申请人提交的材料，登记机关应当进行形式审查。对申请材料齐全、符合法定形式的予以确认并当场登记。不能当场登记的，应当在 3 个工作日内予以登记；情形复杂的，经登记机关负责人批准，可以再延长 3 个工作日。申请材料不齐全或者不符合法定形式的，登记机关应当一次性告知申请人需要补正的材料。登记申请不符合法律、行政法规规定，或者可能危害国家安全、社会公共利益的，登记机关不予登记并说明理由。

本条所规定的公司登记机关责任包括两种情形：一是公司登记机关对不符合本法规定条件的登记申请予以登记。此时，公司登记机关审查不严，使得本不符合公司设立条件的经营者获得公司登记，可能会损害国家、个人和其他组织的合法权益，损害市场经济秩序。二是对符合本法规定条件的登记申请不予登记。如果申请人符合公司设立条件，但公司登记机关拒不登记，将侵害当事人进行公司经营的合法权益，同时也损害公司登记机关的公信力。

根据本条规定，承担责任的主体包括直接负责的主管人员和其他直接责任人员。根据《公职人员政务处分法》的规定，政务处分的种类包括警告、记过、记大过、降级、撤职、开除等，具体则根据相关行为的情节严重程度予以处分。除了政务处分之外，国家有关主管部门的国家机关工作人员，徇私舞弊，滥用职权，对不符合法律规定条件的公司设立、登记申请予以批准或者登记，致使公共财产、国家和人民利益遭受重大损失的，还将构成滥用管理公司职权罪。

此外，2018年《公司法》还规定了公司登记机关的上级部门违法的法律责任，经过2023年《公司法》修订后被删除。在公司登记的过程中，公司登记机关应当依法履行其职责，不受非法干扰。公司登记机关的上级部门，不得强令公司等机关违法履行登记职责，也不得对公司登记机关的违法登记行为进行包庇。如果存在上述行为，仍然可能触发政务处分乃至于刑事责任。

◆ **关联规范**

《刑法》（2023年修正）

第403条 【滥用管理公司、证券职权罪】国家有关主管部门的国家机关工作人员，徇私舞弊，滥用职权，对不符合法律规定条件的公司设立、登记申请或者股票、债券发行、上市申请，予以批准或者登记，致使公共财产、国家和人民利益遭受重大损失的，处五年以下有期徒刑或者拘役。

上级部门强令登记机关及其工作人员实施前款行为的，对其直接负责的主管人员，依照前款的规定处罚。

第二百五十九条　【冒用公司名义的法律责任】

未依法登记为有限责任公司或者股份有限公司，而冒用有限责任公司或者股份有限公司名义的，或者未依法登记为有限责任公司或者股份有限公司的分公司，而冒用有限责任公司或者股份有限公司的分公司名义的，由公司登记机关责令改正或者予以取缔，可以并处十万元以下的罚款。

◆ **条文主旨**

本条规定了冒用公司名义的法律责任。

◆ **修改情况**

本条未作修改。

◆ **条文注释**

根据本法规定，申请设立公司，应当依法向登记机关申请设立登记。符合本法规定的设立条件的，由公司登记机关分别登记为有限责任公司或股份有限公司；不符合本法规定的设立条件的，不得登记为有限责任公司或者股份有限责任公司。行为人未依法登记为有限责任公司或者股份有限公司，而冒用有限责任公司或者股份有限公司名义的，或者未依法登记为有限责任公司或者股份有限公司的分公司，而冒用有限责任公司或者股份有限公司的分公司名义的，属于欺诈行为。这种行为不但损害我国的市场经济秩序，也会损害交易相对人的利益，应予禁止。值得注意的是，本条规定的违法主体不限于自然人，也可能是法人、非法人组织，甚至包括有限责任公司、股份有限公司。

对于冒用公司名义或分公司名义进行活动，公司登记机关可以根据其行为情节、损害后果等责令改正或者予以取缔。对于危害不大的冒用行为，可以责令改正，补足公司登记手续。对于危害较大的冒用行为，则应当予以取缔。除了责令改正或者予以取缔之外，公司登记机关还可以并处 10 万元以下的罚款。如果冒用情节严重，同时触犯我国刑法规定的，还可能构成诈骗罪等。

> **第二百六十条 【逾期开业、停业、不依法办理变更登记的法律责任】**
>
> 公司成立后无正当理由超过六个月未开业的，或者开业后自行停业连续六个月以上的，公司登记机关可以吊销营业执照，但公司依法办理歇业的除外。
>
> 公司登记事项发生变更时，未依照本法规定办理有关变更登记的，由公司登记机关责令限期登记；逾期不登记的，处以一万元以上十万元以下的罚款。

◆ 条文主旨

本条规定了公司逾期开业、停业、不依法办理变更登记的法律责任。

◆ 修改情况

本条第1款新增"公司依法办理歇业的除外"的规定。

◆ 条文注释

公司完成设立登记后，即取得法人资格，可以作为独立的民商事主体进行营业活动，实现营利目的。如果公司成立后无正当理由长时间不开业，或者开业后长时间停业，或者登记事项发生变更后不及时变更登记，均会与公司登记所产生的营业外观或登记外观相偏离，导致社会公众误解，损害商事登记的公信效力，进而可能为不法分子所利用而开展各类欺诈行为，故而，本条对此予以规范。

本条第1款规定了公司成立后无正当理由超过6个月未开业的，或者开业后自行停业连续6个月以上的法律责任。本条所称的"未开业"，是指没有正式对外营业。至于本条所规定的"无正当理由"，由于公司运营实践复杂，需要公司登记机关根据具体情况来认定，诸如不可抗力等。特别是，吊销营业执照是一种十分严厉的行政处罚，登记机关应当审慎处理。

2023年《公司法》修订还新增了公司依法办理歇业的除外规定，将其作为豁免行政处罚的一项法定事由。歇业登记制度最早在我国深圳等地开展试点探索，旨在为因自然灾害、事故灾难、公共卫生事件和社会安全事件等原因造成经营困难的企业提供缓冲性的制度选项，降低市场主体维持成本，帮助企业纾困。自2022年3月1日起施行的《市场主体登记管理条例》第30条新增了歇业登记制度。该条规定，因自然灾害、事故灾难、公共卫生事件、社会安全事件等原因造成经营困难的，市场主体可以自主决定在一定时期内歇业。市场主体应当在歇业前与职工依法协商劳动关系处理等有关事项。市场主体应当在歇业前向登记机关办理备案。登记机关通过国家企业信用信息公示系统向社会公示歇业期限、法律文书送达地址等信息。市场主体歇业的期限最长不得超过3年。市场主体在歇业期间开展经营活动的，视为恢复营业，市场主体应当通过国家企业信用信息公示系统向社会公示。市场主体歇业期间，可以以法律文书送达地址代替住所或者主要经营场所。

本条第2款规定了不依法办理变更登记的法律责任。根据本法第32条第1款规定，公司登记事项包括6种，即名称、住所、注册资本、经营范围、法定代表人的姓名、有限责任公司股东、股份有限公司发起人的姓名或者名称。上述事项是最重要的公司信息，对于保障交易安全至关重要，也是国家对公司进行行政管理的重要依据，应当在发生变更时进行及时变更登记。根据《市场主体登记管理条例》第24条第1款的规定，市场主体变更登记事项，应当自作出变更决议、决定或者法定变更事项发生之日起30日内向登记机关申请变更登记。该条例第25条规定，公司、非公司企业法人的法定代表人在任职期间发生不得担任法定代表人事项的，应当向登记机关申请变更登记。该条例第 26 条规定，市场主体变更经营范围，属于依法须经批准的项目的，应当自批准之日起 30 日内申请变更登记。许可证或者批准文件被吊销、撤销或者有效期届满的，应当自许可证或者批准文件被吊销、撤销或者有效期届满之日起 30 日内向登记机关申请变更登记或者办理注销登记。

在发生前述登记事项变更时，申请变更登记的义务主体为公司。如果公司未在法定期间内申请变更登记，将违反其法定义务，公司登记机关应首先责令其限期登记。限期登记是责令改正的一种方式，如果在限期内公司办理了变更登记，即不需要再给予行政处罚。如果公司逾期仍然不登记的，则处以 1 万元以上 10 万元以下的罚款。

第二百六十一条 【外国公司擅自设立分支机构的法律责任】

外国公司违反本法规定，擅自在中华人民共和国境内设立分支机构的，由公司登记机关责令改正或者关闭，可以并处五万元以上二十万元以下的罚款。

◆ 条文主旨

本条规定了外国公司擅自设立分支机构的法律责任。

◆ 修改情况

本条将 2018 年《公司法》第 212 条"在中国境内"的表述修改为"在中华人民共和国境内"。

◆ 条文注释

根据本法第 244 条规定，外国公司在中华人民共和国境内设立分支机构，应当向中国主管机关提出申请，并提交其公司章程、所属国的公司登记证书等有关文件，经批准后，向公司登记机关依法办理登记，领取营业执照。根据本法第 245 条第 1 款规定，外国公司在中华人民共和国境内设立分支机构，应当在我国境内指定负责该分支机构的代表人或者代理人，并向该分支机构拨付与其所从事的经营活动相适应的资金。未经履行前述登记管理程序即擅自设立分支机构的，将损害我国对外国公司分支机构的管理秩序。对此，本条规定处以责令改正或关闭，并可以并处 5 万元以上 20 万元以下的罚款。

第二百六十二条 【利用公司名义从事严重违法行为的法律责任】

利用公司名义从事危害国家安全、社会公共利益的严重违法行为的，吊销营业执照。

◆ **条文主旨**

本条规定了利用公司名义从事危害国家安全、社会公共利益等行为的法律责任。

◆ **修改情况**

本条未作修改。

◆ **条文注释**

本条为 2005 年《公司法》修订新增加的条款，主要是为了解决利用公司名义从事非法活动的问题。公司从事经营活动，不得危害国家安全、社会公共利益，否则，公司将被吊销营业执照，不能作为合法主体而存续。

除此之外，构成犯罪的，依法追究刑事责任。

◆ 案例指引

【典型案例】湖北省荆州市荆州号餐饮服务有限公司诉荆州市市场监督管理局质量监督检验检疫行政管理纠纷一案（湖北省荆州市中级人民法院（2020）鄂10行终54号）

裁判要旨

本案是在国家强力推进长江大保护背景下，因行政处罚引发的纠纷。上诉人因违规向长江偷排餐饮废水，经荆州市环境保护监测站现场采样监测，其排放的废水中主要污染物排放浓度均超过国家规定排放标准，而受到原荆州市环境保护局责令关闭的行政处罚。虽然该处罚决定经行政复议和一、二审诉讼，对其中存在的事实和证据问题予以了指出，但行政处罚决定并未被撤销，仍具有法律效力。原荆州市工商行政管理局以此为基础，认为上诉人登记的经营住所存在影响公共利益的因素，先后向其下达《行政指导建议（意见）书》和《责令改正通知书》，责令其在规定时间内办理公司经营住所变更登记或公司注销登记以及限期依法成立清算组、开展清算。在上诉人未理睬的情况下，该局依法履行行政处罚听证告知义务后，根据2018年《公司法》第213条和《公司登记管理条例》（已失效）第78条规定，对上诉人作出吊销营业执照的行政处罚，并无不当。

第二百六十三条　【民事赔偿优先】

公司违反本法规定，应当承担民事赔偿责任和缴纳罚款、罚金的，其财产不足以支付时，先承担民事赔偿责任。

◆ 条文主旨

本条规定了民事赔偿责任优先于罚款、罚金。

◆ **修改情况**

本条未作修改。

◆ **条文注释**

公司的违法行为，可能同时导致民事责任、行政责任和刑事责任。其中，民事赔偿责任是当事人对侵害他人民事权利而导致的损害，以其财物予以填补的民事责任形式。赔偿损失是最基本的民事责任方式，以填平为其基本原则。罚款是行政处罚之一种，是行政机关强制违法者在一定期限内向国家缴纳一定数量货币的处罚措施。罚金是法定的刑罚之一，由人民法院依法判处罪犯向国家缴纳一定数额的金钱。如果公司同时存在民事赔偿责任和罚金、罚款等责任，其财产可能不足以承担所有责任，前述各类责任之间会产生冲突关系和顺位问题。为此，本条确立了民事赔偿责任优先原则。

之所以规定民事赔偿责任优先原则，其原因在于：其一，公司法的基本属性是私法，以填补当事人的损害为基本定位。虽然行政责任和刑事责任同样系保障公司法有效实施的责任制度，但仍然劣后于私法救济的基本功能。其二，通过民事赔偿优先原则，公司的各利益相关主体可通过自治方式实现其利益保护，而非必须诉诸公权力。通过私法自治而非公权力介入，是公司法上各主体之权利得到救济的最有效渠道，进而实现公司法秩序的有效维护。其三，民事赔偿优先原则体现了立法上将私法主体利益置于国家之前，私法主体的损害救济位列于政府的罚没收入之前，优先保护弱者的价值立场显而易见。

第二百六十四条　【刑事责任】

违反本法规定，构成犯罪的，依法追究刑事责任。

◆ 条文主旨

本条规定了违反公司法规定，构成犯罪的，依法追究刑事责任。

◆ 修改情况

本条未作修改。

◆ 条文注释

除民事责任和行政责任外，本条还衔接性地规定了刑事责任。严重违反公司法规定，应当追究刑事责任的犯罪行为涉及刑法上的多个罪名。从主体上而言，我国刑法上规定了单位犯，公司是适格的犯罪主体，在特定情形下需要以法人主体的身份承担刑事责任。从行为上而言，我国刑法上涉及违反公司法规定的犯罪行为有多个条款，存在多种表现形式。通过严厉的刑事责任，能够为公司法的实施提供刑事保障。

在我国刑法上，涉及违反公司法规定的犯罪行为主要有：（1）虚报注册资本罪；（2）虚假出资、抽逃出资罪；（3）欺诈发行证券罪；（4）违规披露、不披露重要信息罪；（5）妨害清算罪；（6）隐匿、故意销毁会计凭证、会计帐簿、财务会计报告罪；（7）虚假破产罪；（8）非国家工作人员受贿罪；（9）对非国家工作人员行贿罪；（10）非法经营同类营业罪；（11）为亲友非法牟利罪；（12）签订、履行合同失职被骗罪；（13）国有公司、企业、事业单位人员失职罪；（14）徇私舞弊低价折股、出售公司、企业资产罪；（15）背信损害上市公司利益罪；等等。这些罪名对于维护公司治理秩序，强化高管的信义义务，确保公司资本充实，具有重要价值。

在公司法与刑法的关系上，二者存在复杂的关系，在司法实践中，刑法与公司法的民刑交叉案件同时涉及不同法秩序的差异乃至于冲突。根据本条规定，构成前述涉公司类犯罪的行为，以违反公司法规定为其前提和基础，比如，刑法上的抽逃出资罪中抽逃出资的行为认定，应以构成公司法上的抽逃出资标准为前提。再比如，刑法上的非法经营同类营业罪，应当以构成公司法上的非法经营同类营业为前提。如果某一行为尚且不构成对公司法的违反，其更不能构成违法犯罪行为。因此，在公司法上的相关制度进行调整时，以公司法为基础的刑法条文即需要加以调整。比如，2013 年《公司法》修订之后，全国人大常委会通过《关于〈中华人民共和国刑法〉第 158 条、第 159 条的解释》，以立法解释的方式明确虚报注册资本罪、虚假出资罪、抽逃出资罪仅适用于施行注册资本实缴制的公司。

某一行为如果仅违反公司法的规定，其也不能直接导致刑事责任，刑事责任的构成需要符合我国刑法的规定。比如，根据《刑法》第 158 条的规定，虚报注册资本罪的构成，除了需要存在虚报注册资本的行为之外，还需要存在虚报注册资本数额巨大、后果严重或者有其他严重情节的要件。因此，在司法实践中，应当区分一般的民事违法行为和刑事违法行为，划清民事责任与刑事责任，以避免以刑代民和刑事责任的不当适用。

◆ **关联规范**

《刑法》(2023 年修正)

第 158 条 【虚报注册资本罪】申请公司登记使用虚假证明文件或者采取其他欺诈手段虚报注册资本，欺骗公司登记主管部门，取得公司登记，虚报注册资本数额巨大、后果严重或者有其他严重情节的，处三年以下有期徒刑或者拘役，并处或者单处虚报注册资本金额百分之一以上百分之五以下罚金。

单位犯前款罪的，对单位判处罚金，并对其直接负责的主管人员和其他直接责任人员，处三年以下有期徒刑或者拘役。

第 159 条 【虚假出资、抽逃出资罪】公司发起人、股东违反公司法的规定未交付货币、实物或者未转移财产权,虚假出资,或者在公司成立后又抽逃其出资,数额巨大、后果严重或者有其他严重情节的,处五年以下有期徒刑或者拘役,并处或者单处虚假出资金额或者抽逃出资金额百分之二以上百分之十以下罚金。

单位犯前款罪的,对单位判处罚金,并对其直接负责的主管人员和其他直接责任人员,处五年以下有期徒刑或者拘役。

第160条 【欺诈发行证券罪】在招股说明书、认股书、公司、企业债券募集办法等发行文件中隐瞒重要事实或者编造重大虚假内容,发行股票或者公司、企业债券、存托凭证或者国务院依法认定的其他证券,数额巨大、后果严重或者有其他严重情节的,处五年以下有期徒刑或者拘役,并处或者单处罚金;数额特别巨大、后果特别严重或者有其他特别严重情节的,处五年以上有期徒刑,并处罚金。

控股股东、实际控制人组织、指使实施前款行为的,处五年以下有期徒刑或者拘役,并处或者单处非法募集资金金额百分之二十以上一倍以下罚金;数额特别巨大、后果特别严重或者有其他特别严重情节的,处五年以上有期徒刑,并处非法募集资金金额百分之二十以上一倍以下罚金。

单位犯前两款罪的,对单位判处非法募集资金金额百分之二十以上一倍以下罚金,并对其直接负责的主管人员和其他直接责任人员,依照第一款的规定处罚。

第161条 【违规披露、不披露重要信息罪】依法负有信息披露义务的公司、企业向股东和社会公众提供虚假的或者隐瞒重要事实的财务会计报告,或者对依法应当披露的其他重要信息不按照规定披露,严重损害股东或者其他人利益,或者有其他严重情节的,对其直接负责的主管人员和其他直接责任人员,处五年以下有期徒刑或者拘役,并处或者单处罚金;情节特别严重的,处五年以上十年以下有期徒刑，并处罚金。

前款规定的公司、企业的控股股东、实际控制人实施或者组织、指使实施前款行为的，或者隐瞒相关事项导致前款规定的情形发生的，依照前款的规定处罚。

犯前款罪的控股股东、实际控制人是单位的，对单位判处罚金，并对其直接负责的主管人员和其他直接责任人员，依照第一款的规定处罚。

第162条　【妨害清算罪】公司、企业进行清算时，隐匿财产，对资产负债表或者财产清单作虚伪记载或者在未清偿债务前分配公司、企业财产，严重损害债权人或者其他人利益的，对其直接负责的主管人员和其他直接责任人员，处五年以下有期徒刑或者拘役，并处或者单处二万元以上二十万元以下罚金。

第162条之一　【隐匿、故意销毁会计凭证、会计帐簿、财务会计报告罪】隐匿或者故意销毁依法应当保存的会计凭证、会计帐簿、财务会计报告，情节严重的，处五年以下有期徒刑或者拘役，并处或者单处二万元以上二十万元以下罚金。

单位犯前款罪的，对单位判处罚金，并对其直接负责的主管人员和其他直接责任人员，依照前款的规定处罚。

第162条之二　【虚假破产罪】公司、企业通过隐匿财产、承担虚构的债务或者以其他方法转移、处分财产，实施虚假破产，严重损害债权人或者其他人利益的，对其直接负责的主管人员和其他直接责任人员，处五年以下有期徒刑或者拘役，并处或者单处二万元以上二十万元以下罚金。

第163条　【非国家工作人员受贿罪】公司、企业或者其他单位的工作人员，利用职务上的便利，索取他人财物或者非法收受他人财物，为他人谋取利益，数额较大的，处三年以下有期徒刑或者拘役，并处罚金；数额巨大或者有其他严重情节的，处三年以上十年以下有期徒刑,并处罚金;数额特别巨大或者有其他特别严重情节的,处十年以上有期徒刑或者无期徒刑,并处罚金。

公司、企业或者其他单位的工作人员在经济往来中,利用职务上的便利,违反国家规定,收受各种名义的回扣、手续费,归个人所有的,依照前款的规定处罚。

国有公司、企业或者其他国有单位中从事公务的人员和国有公司、企业或者其他国有单位委派到非国有公司、企业以及其他单位从事公务的人员有前两款行为的,依照本法第三百八十五条、第三百八十六条的规定定罪处罚。

第164条 【对非国家工作人员行贿罪】为谋取不正当利益,给予公司、企业或者其他单位的工作人员以财物,数额较大的,处三年以下有期徒刑或者拘役,并处罚金;数额巨大的,处三年以上十年以下有期徒刑,并处罚金。

【对外国公职人员、国际公共组织官员行贿罪】为谋取不正当商业利益,给予外国公职人员或者国际公共组织官员以财物的,依照前款的规定处罚。

单位犯前两款罪的,对单位判处罚金,并对其直接负责的主管人员和其他直接责任人员,依照第一款的规定处罚。

行贿人在被追诉前主动交待行贿行为的,可以减轻处罚或者免除处罚。

第165条 【非法经营同类营业罪】国有公司、企业的董事、监事、高级管理人员,利用职务便利,自己经营或者为他人经营与其所任职公司、企业同类的营业,获取非法利益,数额巨大的,处三年以下有期徒刑或者拘役,并处或者单处罚金;数额特别巨大的,处三年以上七年以下有期徒刑,并处罚金。

其他公司、企业的董事、监事、高级管理人员违反法律、行政法规规定,实施前款行为,致使公司、企业利益遭受重大损失的,依照前款的规定处罚。

第 166 条 【为亲友非法牟利罪】国有公司、企业、事业单位的工作人员，利用职务便利，有下列情形之一，致使国家利益遭受重大损失的，处三年以下有期徒刑或者拘役，并处或者单处罚金；致使国家利益遭受特别重大损失的，处三年以上七年以下有期徒刑，并处罚金：

（一）将本单位的盈利业务交由自己的亲友进行经营的；

（二）以明显高于市场的价格从自己的亲友经营管理的单位采购商品、接受服务或者以明显低于市场的价格向自己的亲友经营管理的单位销售商品、提供服务的；

（三）从自己的亲友经营管理的单位采购、接受不合格商品、服务的。

其他公司、企业的工作人员违反法律、行政法规规定，实施前款行为，致使公司、企业利益遭受重大损失的，依照前款的规定处罚。

第 167 条 【签订、履行合同失职被骗罪】国有公司、企业、事业单位直接负责的主管人员，在签订、履行合同过程中，因严重不负责任被诈骗，致使国家利益遭受重大损失的，处三年以下有期徒刑或者拘役；致使国家利益遭受特别重大损失的，处三年以上七年以下有期徒刑。

第 168 条 【国有公司、企业、事业单位人员失职罪】【国有公司、企业、事业单位人员滥用职权罪】国有公司、企业的工作人员，由于严重不负责任或者滥用职权，造成国有公司、企业破产或者严重损失，致使国家利益遭受重大损失的，处三年以下有期徒刑或者拘役；致使国家利益遭受特别重大损失的，处三年以上七年以下有期徒刑。

国有事业单位的工作人员有前款行为，致使国家利益遭受重大损失的,依照前款的规定处罚。

国有公司、企业、事业单位的工作人员,徇私舞弊,犯前两款罪的,依照第一款的规定从重处罚。

第169条 【徇私舞弊低价折股、出售公司、企业资产罪】国有公司、企业或者其上级主管部门直接负责的主管人员,徇私舞弊,将国有资产低价折股或者低价出售,致使国家利益遭受重大损失的,处三年以下有期徒刑或者拘役;致使国家利益遭受特别重大损失的,处三年以上七年以下有期徒刑。

其他公司、企业直接负责的主管人员,徇私舞弊,将公司、企业资产低价折股或者低价出售,致使公司、企业利益遭受重大损失的,依照前款的规定处罚。

第169条之一 【背信损害上市公司利益罪】上市公司的董事、监事、高级管理人员违背对公司的忠实义务,利用职务便利,操纵上市公司从事下列行为之一,致使上市公司利益遭受重大损失的,处三年以下有期徒刑或者拘役,并处或者单处罚金;致使上市公司利益遭受特别重大损失的,处三年以上七年以下有期徒刑,并处罚金:

(一)无偿向其他单位或者个人提供资金、商品、服务或者其他资产的;

(二)以明显不公平的条件,提供或者接受资金、商品、服务或者其他资产的;

(三)向明显不具有清偿能力的单位或者个人提供资金、商品、服务或者其他资产的;

(四)为明显不具有清偿能力的单位或者个人提供担保,或者无正当理由为其他单位或者个人提供担保的;

(五)无正当理由放弃债权、承担债务的;

(六)采用其他方式损害上市公司利益的。

上市公司的控股股东或者实际控制人,指使上市公司董事、监事、高级管理人员实施前款行为的,依照前款的规定处罚。

犯前款罪的上市公司的控股股东或者实际控制人是单位的,对单位判处罚金,并对其直接负责的主管人员和其他直接责任人员,依照第一款的规定处罚。

第十五章　附　　则

第二百六十五条　【本法相关用语的含义】

本法下列用语的含义：

（一）高级管理人员，是指公司的经理、副经理、财务负责人，上市公司董事会秘书和公司章程规定的其他人员。

（二）控股股东，是指其出资额占有限责任公司资本总额超过百分之五十或者其持有的股份占股份有限公司股本总额超过百分之五十的股东；出资额或者持有股份的比例虽然低于百分之五十，但依其出资额或者持有的股份所享有的表决权已足以对股东会的决议产生重大影响的股东。

（三）实际控制人，是指通过投资关系、协议或者其他安排，能够实际支配公司行为的人。

（四）关联关系，是指公司控股股东、实际控制人、董事、监事、高级管理人员与其直接或者间接控制的企业之间的关系，以及可能导致公司利益转移的其他关系。但是，国家控股的企业之间不仅因为同受国家控股而具有关联关系。

◆ **条文主旨**

本条规定了《公司法》相关用语的含义。

◆ 修改情况

本条对 2018 年《公司法》第 216 条作了如下修改：

其一，对于控股股东的持股要求，将"百分之五十以上"的表述修改为"超过百分之五十"，将"不足百分之五十"的表述修改为"低于百分之五十"。

其二，修改了实际控制人的定义，删除了"虽不是公司的股东"的构成要件。

◆ 条文注释

本条决定了我国公司法上的四个重要概念，包括高级管理人员、控股股东、实际控制人、关联关系。

一、高级管理人员

高级管理人员，是指在公司管理层中担任重要职务、负责公司经营管理的人员。本项规定了高级管理人员的范围包括两类：一类是指公司法直接规定的高级管理人员，包括公司的经理、副经理、财务负责人，上市公司董事会秘书。另一类是公司章程规定的高级管理人员。

其一，就法定的高级管理人员而言，其当然属于公司的高级管理人员，无需章程进行规定。其中，经理是指总经理，在实践中多称总经理、总裁、CEO 等，是公司的日常业务执行机关。副经理，即副总经理。根据本法第 67 条的规定，经理由董事会聘任或解聘，对董事会负责；副经理由经理提请董事会聘任或解聘。财务负责人同样是由经理提请董事会聘任或者解聘，是负责公司财务的重要人员。根据本法第 138 条的规定，上市公司董事会秘书是上市公司的必设机构，负责公司股东会和董事会会议的筹备、文件保管以及公司股东资料的管理，办理信息披露事务等事宜。

其二，章程规定的其他人员。本条规定赋予了公司自治的权力，允许公司通过章程自主确定高级管理人员范围。明确规定于公司章程的高级管理人员，应当符合本法关于高级管理人员的任职资格，履行本法规定的高级管理人员的义务。

二、控股股东

本条第2项规定了控股股东的概念。控股股东，是指通过股权对公司的重大决策实现控制的股东。与控股股东相比，实际控制人不通过股权对公司施加控制，而是通过投资关系、协议或者其他安排，实现对公司行为的支配。因此，二者区分的标准不在于是否具有股东身份，而是在于通过何种方式实现对公司的控制。

根据本项规定，控股股东包括两种类型：绝对控股股东和相对控股股东。

其一，绝对控股股东，是指其出资额占有限责任公司资本总额超过50%或者其持有的股份占股份有限公司股本总额超过50%的股东。该种情形下，控股股东可以超过50%的表决权支配股东会的重大决议，系最为典型的控股股东。

其二，相对控股股东，是指出资额或者持有股份的比例虽然低于50%，但依其出资额或者持有的股份所享有的表决权已足以对股东会的决议产生重大影响的股东。由于公司股权的分散问题，很多情形下股东实现对公司的控制并不需要超过50%的持股比例。此时，股东所持的股权比例并非判断是否为控股股东的绝对标准，而是需要判断某一股东或者数个股东对公司具有实质上的控制力。

在2023年《公司法》修订中，强化控股股东的责任是一条重要的修改主线。《公司法（修订草案一审稿）》的审议说明指出，针对实践中控股股东、实际控制人滥用控制地位侵害公司及中小股东权益的突出问题，借鉴一些国家法律规定，明确规定了影子董事条款：公司的控股股东、实际控制人利用其对公司的影响，指使董事、高级管理人员从事损害公司利益或者股东利益的行为，给公司或者股东造成损失的，与该董事、高级管理人员承担连带责任。在《公司法（修订草案三审稿）》中，第 180 条新增了第 3 款关于事实董事的规定，即公司的控股股东、实际控制人不担任公司董事但实际执行公司事务的，适用前两款规定。事实董事与影子董事构成了完整的实质董事体系。由此，构筑了通过董事责任规制控股股东、实际控制人的完整体系。①

三、实际控制人

本条第 3 项规定了实际控制人的概念。实际控制人，是指通过投资关系、协议或者其他安排，能够实际支配公司行为的人。相较于 2018 年《公司法》，2023 年修订后的《公司法》修改了实际控制人的定义，删除了"虽不是公司的股东"的构成要件。相较于控股股东通过股权控制公司的方式，实际控制人支配公司的方式更为隐蔽、复杂，其范围十分宽泛。

实际控制人的规制基点在于其对公司行为的支配控制。美国法律研究院将控制权定义为"直接或间接地对一个商业组织的管理或经营政策施加控制性影响的权力，这种权力可以一个人形式，也可以根据与他人达成的协议或共识几个人一起行使"。在控制权行使的层级上，控制权人既可以直接行使，可以间接行使，既可以通过单层代理人行使，也可以通过多层代理人行使。依照美国学者伯利和米恩斯的观点，对公司拟施加的控制形态可以分为五种：（1）通过近乎全部所有权实施的控制；（2）多数所有权控制；（3）不具备多数所有权，但通过合法手段实施的控制；（4）少数所有权控制；（5）经营者控制。尽管控制存在多种样态，但一个人不能仅仅因为其担任某商业组织的董事或主要经理人而被认定为对该商业组织拥

---

① 刘斌：《重塑董事范畴：从形式主义迈向实质主义》，载《比较法研究》2021 年第 5 期。

有控制权。

需要特别注意的是，在本法第 192 条引入影子董事条款之后，对实际控制人的界定也将产生重大影响。如果实际控制人能够对公司董事会或董事会中的大多数成员形成有效的指示，足以构成支配公司行为的话，也将因其指示行为而构成实际控制人。易言之，实际控制人的判定，更多需要依赖其行为进行判断，而非系对其身份的简单认定。

四、关联关系

根据本条第 4 项规定，关联关系，是指公司控股股东、实际控制人、董事、监事、高级管理人员与其直接或者间接控制的企业之间的关系，以及可能导致公司利益转移的其他关系。根据本项规定，关联关系主要包括以下类型：其一，公司控股股东、实际控制人、董事、监事、高级管理人员与其直接控制的企业之间的关系。如某一公司的控股股东、实际控制人、董事、监事、高级管理人员与其控制或任职的公司之间的关系，属于关联关系。其二，公司控股股东、实际控制人、董事、监事、高级管理人员与其间接控制的企业之间的关系。如果前述主体与某一企业虽然不存在前述直接控制关系，但是通过母子公司、第三方控制等间接方式实现控制的，也属于存在关联关系。其三，可能导致公司利益转移的其他关系。该类关联关系的认定以实质影响为判断标准，即该关系是否可能导致公司利益转移。例如，《上市公司信息披露管理办法》规定，中国证监会、证券交易所或者上市公司根据实质重于形式的原则认定的其他与上市公司有特殊关系，可能或者已经造成上市公司对其利益倾斜的自然人。

但是，国家控股的企业之间不仅因为同受国家控股而具有关联关系。虽然国家控股的企业同受国家控制，但各主体通常系独立商事主体，并无利益转移的动力，故不应当认定存在关联关系。

◆ 案例指引

【典型案例】防城港务集团有限公司与广西桂建房地产有限责任公司等案外人执行异议之诉上诉案（广西壮族自治区高级人民法院（2020）桂民终147号）

裁判要旨

根据2018年《公司法》第216条关于实际控制人、关联关系的规定，公司法所称的控制、关联关系，既包括公司股东的相互交叉，也包括公司共同由第三人直接或者间接控制，或者股东之间、公司的实际控制人之间存在直系血亲、姻亲、共同投资等可能导致利益转移的其他关系。因此，本案中应认定秉泰公司与各被执行人及参与资金流转的公司、股东之间存在关联关系并由覃某权实际控制。

第二百六十六条　【施行日期与过渡安排】

本法自2024年7月1日起施行。

本法施行前已登记设立的公司，出资期限超过本法规定的期限的，除法律、行政法规或者国务院另有规定外，应当逐步调整至本法规定的期限以内；对于出资期限、出资额明显异常的，公司登记机关可以依法要求其及时调整。具体实施办法由国务院规定。

◆ 条文主旨

本条规定了2023年修订后的《公司法》的施行日期与出资期限的过渡安排。

◆ 条文注释

依照本条第1款规定，本法自2024年7月1日起施行，2018年

《公司法》作为旧法则自该日起停止施行。

本条第 2 款规定了存量公司的过渡安排和出资期限、出资额明显异常的公司的处理方式。根据本条规定，2024 年 7 月 1 日之后，我国公司可分为三类：

（1）新设立公司。2024 年 7 月 1 日之后，新设立的公司均须按照本法规定进行注册登记，有限责任公司采限期认缴制，股份有限公司采实缴制。

（2）存量但出资额、出资期限并不异常的公司。在 2024 年 7 月 1 日之前登记注册的公司，由于当时生效的法律对有限责任公司和股份有限责任公司均采完全认缴制，其出资期限可能超出本法所规定的五年最长期限。对于此类公司，本条要求其逐步调整至本法规定的期限内。至于如何进行逐步调整，具体实施办法由国务院规定。

对于新法施行之后如何对待存量公司，有三种主张：

其一，主张新老划断，新公司适用新法，存量公司适用旧法。该方案符合"法不溯及既往"的原则。由于我国公司平均生命周期为 4.4 年，中位数 3.6 年，存量公司将逐渐退出市场，按照 2023 年《公司法》设立的企业将逐渐成为市场中的多数，实现存量公司的市场化淘汰和自然更替。同时，这样的方案不会造成存量公司的过渡成本和负担。但是，该方案也存在不少缺点。存量公司有可能长期存在，需要持续适用 2013 年《公司法》或 2018 年《公司法》的规定，导致与按照 2023 年《公司法》设立的公司存在法律适用的差异，将造成司法、行政执法等过程中需要区分对待的法律实施成本，加剧问题的复杂化。在存量公司分立、合并、增资、减资等过程中，如何适用法律也将导致很多困难。比如，存量公司如果进行合并、分立，其是否可以采完全认缴制，抑或必须转向实缴制或认缴制？采限期认缴制的公司和采完全认缴制的公司合并后，其资本缴纳制度如何设定？前述问题将导致巨大的争议和解决成本。此外，该种方式还可能造成 2024 年 7 月 1 日之前产生大量的公司抢注现象，存量公司甚至成为稀有的"壳"资源，进而产生"买壳卖壳"的现象。

其二，主张直接适用 2023 年《公司法》，在新法施行后，存量公司应直接根据新法调整其章程规定和资本缴纳情况。该方案的优势在于简单易行，但是"一刀切"的处理方式过于武断，将导致存量公司短期内面临巨大的压力。调整出资额、出资期限与公司、股东、债权人利益休戚相关，绝难以一蹴而就。出资额、出资期限的调整需要召开股东会会议、形成调整方案、协调股东间关系等，如果进行减资，还需要按照公司法的规定履行减资程序，变更公司公示事项。前述事项均非行政手段可以替代和直接干预，难以实现直接调整。

其三，主张设置一定的过渡期，要求存量公司在过渡期内逐步过渡至 2023 年《公司法》规定的资本制度。这是一种折中方案。由于我国公司数量众多，行业、投资者背景等差异巨大，需要区分对待。本条所规定的"逐步"如何实现，需要由国务院制定具体实施办法。从反面解释，"逐步调整"不能是"一刀切"，应当区分公司类型、出资期限、出资额、经营事项等因素予以差异化对待。

本条第 2 款显然采取了第三种方案，即要求本法施行前已登记设立的公司，出资期限超过本法规定的期限的，除法律、行政法规或者国务院另有规定外，应当逐步调整至本法规定的期限以内。全国人民代表大会宪法和法律委员会在关于《中华人民共和国公司法（修订草案四次审议稿）》修改意见的报告（2023 年 12 月 29 日）中指出，国家市场监督管理总局建议对新法施行前已设立的公司的出资期限设置过渡期，并授权国务院制定具体办法。根据国家市场监督管理总局的意见，宪法和法律委员会经研究，建议增加规定了本条第 2 款。同时，宪法和法律委员会建议，法律出台后，国务院方面应当抓紧制定实施办法，保证与法律同步实施并做好宣传解读工作。

（3）对于存量的出资期限、出资额明显异常的公司，公司登记机关可以依法要求其及时调整。具体实施办法同样由国务院规定。本款所谓明显异常公司，包括出资期限明显异常和出资额明显异常的公司。在公司登记实践中，存在长达7000多年出资期限的公司，也存在注册资本高达153万亿之巨的公司，显然属于出资期限或出资额明显异常。对于此类公司，公司登记机关可以依法要求其及时调整。所谓"可以"，是指公司登记机关可以裁量其行为的危害性，作出要求调整或不要求调整的决定。所谓"依法"，是指公司登记机关要求其调整时，应有明确的法律和行政法规依据。所谓"及时"，是指不受非异常的存量公司过渡期的限制，公司登记机关可以要求其在短于过渡期的时间内完成调整。对于"明显异常"的标准，由国务院在实施办法中予以规定。

致　谢

2023年12月29日，十四届全国人大常委会第七次会议审议通过了修订后的《中华人民共和国公司法》。这是自1993年《公司法》制定以来的第六次修改，是自2005年《公司法》修订以来的第二次结构性改革，也是过去三十年中修订幅度最大的制度变革。2023年《公司法》的通过，宣告了为时三年多的本轮公司法立法工作圆满完成，但也意味着对公司法的解释工作又来到了新的历史起点。

2020年3月起，我作为公司法修改工作专班成员全程参加了本轮公司法的修订工作。公司法修订涉及面广泛，涉及相关部委、司法机关、高校、企业等方方面面，十分复杂。在本轮公司法修订中，科学立法、民主立法、依法立法是立法工作遵循的基本原则，开门立法是凝聚共识的重要渠道。法律文本的最终形成，一定是多数人共识的产物，而非简单逻辑推理的产物。

感谢最高立法机关给我提供了如此宝贵的学习和参与机会，过去三年是我学术生涯中最值得庆幸的时光。感谢杨合庆主任，杨主任是中国公司法发展的亲历者，对这部法律有很深的感情，对公司法的发展脉络如数家珍，屡屡让我受教。感谢王翔主任、林一英处长、沈朝晖教授和工作专班的各位老师，这是一段难得的经历。

感谢中国政法大学商法研究所的各位老师。感谢赵旭东教授的提携、关照和支持，使得我能够获得参与立法的机会，每次遇到困惑，都能得到赵老师拨云见日的指点。感谢王涌教授、李建伟教授、陈景善教授、吴日焕教授、朱晓娟教授等商法研究所同仁，商法研究所是我国最权威的商法智库，为我们提供了此次法律修改过程中的各种智识。

感谢我的学生。我的博士研究生梁樱子，硕士研究生徐恭平、梅龄丰、王秋沣、孙轶铮、黄维倩、谢其均、朱雨娴、熊雪卿、王玉琪、刘雨霏、王鸿飞、祁培文、潘乘风承担了本书的资料搜集和整理工作，奠定了这本书的文献基础，感谢他们的努力和付出。

感谢本书编辑戴蕊、程思、于昆、邢尚女士的辛勤付出，使这本书得以见到大家。

2024 年元旦于蓟门桥

图书在版编目（CIP）数据

新公司法注释全书／刘斌编著．—北京：中国法制出版社，2024.3

ISBN 978-7-5216-3823-3

Ⅰ.①新… Ⅱ.①刘… Ⅲ.①公司法-法律解释-中国 Ⅳ.①D922.291.915

中国国家版本馆 CIP 数据核字（2023）第 157878 号

策划编辑：戴　蕊
责任编辑：程　思　　　　　　　　　　　　　封面设计：蒋　怡

新公司法注释全书
XIN GONGSIFA ZHUSHI QUANSHU

编著／刘斌
经销／新华书店
印刷／三河市紫恒印装有限公司
开本／880 毫米×1230 毫米　32 开　　　　印张／30.25　字数／634 千
版次／2024 年 3 月第 1 版　　　　　　　　2024 年 3 月第 1 次印刷

中国法制出版社出版
书号 ISBN 978-7-5216-3823-3　　　　　　　定价：108.00 元

北京市西城区西便门西里甲 16 号西便门办公区
邮政编码：100053　　　　　　　　　　　　传真：010-63141600
网址：http://www.zgfzs.com　　　　　　 编辑部电话：010-63141806
市场营销部电话：010-63141612　　　　　　印务部电话：010-63141606

（如有印装质量问题，请与本社印务部联系。）